원대 중후기 정치사 연구

■ 권용철 權容徹

1983년 경기도 구리 출생, 고려대학교 동양사학과를 졸업하고, 같은 대학교 대학원 사학과에서 석사·박사학위를 취득했다. 서울대학교 동양사학과 박사후연구원(2018.7~2019.6)을 역임했다. 현재 고려대학교·이화여자대학교 강사로 활동하고 있다.

주요 논저로는 「大元帝國 末期 政局과 고려 충혜왕의 즉위, 복위, 폐위」(『韓國史學報』 56, 2014), 「大元제국 시기 至順 원년(1330)의 정변 謀議와 그 정치적 영향」(『中央아시아硏究』 23-1, 2018), 「『高麗史』에 기록된 元代 케식文書史料의 분석」(『한국중세사연구』 58, 2019) 외 10여 편의 논문과 번역서로 『몽골족의 역사』(모노그래프, 2012), 『만주실록 역주』(소명출판, 2014, 공역), 『돈황학대사전』(소명출판, 2016, 공역)이 있다.

원대 중후기 정치사 연구

초판 1쇄 발행   2019년 12월 30일
초판 2쇄 발행   2020년 09월 25일

지은이   권용철
펴낸이   신학태
펴낸곳   도서출판 온샘

등 록   제2018-000042호
주 소   서울시 용산구 한강대로 208-6 1층
전 화   (02) 6338-1608   팩스   (02) 6455-1601
이메일   book1608@naver.com

ISBN   979-11-966441-3-0   93910
값 35,000원

원대 중후기 정치사 연구

권 용 철

도서출판 온샘

책을 펴내며

본서는 필자가 2017년에 제출한 박사학위논문 『元代 중·후기 權臣 정치 연구』를 수정·보완한 결과물이다. 학부생 시절 몽골제국사, 원대사를 공부하고자 결심하고 대학원에 진학한 뒤 10여 년이 지나 조그만 성과를 출판할 수 있게 되어 뿌듯하면서도 부족한 점이 많다는 것 역시 절감하게 되어 더 노력해야겠다는 다짐도 하게 된다. 또한 본서의 출간은 필자가 앞으로 치열한 문제의식을 가지고 더욱 다양한 인물과 폭넓은 주제에 접근할 수 있는 계기를 마련해주는 것이라는 의미를 스스로 부여하고 있다.

학부생 시절에 들었던 한 수업에서부터 시작된 몽골제국에 대한 필자의 관심은 대학원 진학 이후에는 제국의 말기로 집중되었다. 몽골제국의 등장과 제국의 급격한 팽창, 그리고 13세기 세계화 시대를 이끌었던 제국의 전성기에 대해서는 많은 연구자들이 주목했고 지금도 그 의미가 새롭게 재조명되고 있다. 하지만 몽골제국의 쇠락 시기에 대해서는 상대적으로 알려진바가 많지 않다는 점이 늘 아쉬웠고, 이에 약간의 내용이라도 밝힐 수 있는 여지를 찾아 여기까지 오게 되었다. 특히 몽골제국 정치의 특성을 상세하게 분석해보면 쇠락의 한 요인을 찾을 수 있을 것이라는 생각을 가지면서 제위계승분쟁을 중심으로 일어난 수많은 정쟁 과정들을 들여다보았다.

쿠빌라이 이후 제국의 정쟁을 분석하면서 몽골제국 초기에 비해 후기로 갈수록 칭기스 칸의 후손들이 계승분쟁에서 발휘하는 실력이 점점 줄어들고 있다는 것에 주목했다. 몽골제국에서 제위를 놓고 벌어지는 분쟁은 실력자를 가리는 중요한 정치적 과정이었고, 여기에서 승리하여 능력을 인정받는 인물이 황제 혹은 칸으로서의 권위를 확보할 수 있게 된다. 그런데

14세기 제국의 쇠락기에는 칭기스 칸의 후손이 아닌 사람들이 분쟁의 전면에 나서서 활약하고, 황제를 옹립하는 모습이 보인다. 그 결과 황제의 권위를 위협할 정도의 강력한 위상을 보유한 權臣이 등장하게 되었던 것이다. 필자는 몽골-대원제국에서 황제가 교체될 때마다 다양한 양상으로 발생했던 제위계승분쟁과 그로 인한 권신 권력의 확대를 둘러싸고 나타난 정치적 현상들이 원대 중후기 정치사를 검토하기 위한 중요한 주제가 될 수 있다고 생각한다.

원대 중후기 정치사를 살펴보면서 흥미있게 바라보았던 또 하나의 현상은 '황태자'에 관한 것이었다. 황태자는 다음 황제에 즉위하게 될 사람으로 그 지위를 분명하게 보장한다는 의미를 가지고 있다. 그러나 몽골-대원제국에서 황제의 적장자로서 황태자에 책립되어 즉위한 사례는 한 번에 불과했다. 나머지는 실력 경쟁에서 이긴 사람이 즉위하는 경우, 황태자이기는 하지만 황제의 동생이었던 경우, 조정의 실력자가 다음 황제를 지명했던 경우 등의 현상이 확인된다. 게다가 황제의 적장자가 황태자가 되는 것에도 반발이 심해 그로 인한 역풍이 컸다는 사실은 몽골-대원제국의 제위계승에서는 황태자라고 하더라도 차후 치열한 경쟁을 거쳐야만 했음을 보여준다. 필자는 황태자라고 하는 중국식 제도를 쿠빌라이가 받아들였음에도 불구하고, 원대 중후기의 제위계승은 결코 안정적으로 흘러가지 않았다는 점이 대원제국의 중요한 특징이라고 보았고 이것을 제국 쇠락의 한 요인으로 볼 수 있다고 파악했다.

이러한 문제의식을 가지고 박사학위논문을 집필하고 본서를 완성하는 과정에서 많은 어려움에 부딪치게 되었는데, 가장 큰 난관은 싸움과 갈등 그리고 정쟁으로 점철되어 있는 이 시기의 역사를 서술하는 방법에 대한 문제였다. 단순한 분쟁 이야기를 넘어서 당시의 정치사를 어떻게 구조화하여 설명할 수 있을까를 늘 고민해야 했던 것이다. 또 하나의 문제는 사료였다. 원대 중후기의 정치사에 대해서 『元史』가 풍부한 기록을 남겨놓지 않아서 각종 문집과 필기 자료 및 고려 측의 사료와 티베트어나 몽골어 자료까지 일부 검토해야만 했기 때문이다. 또한 원대 중후기의 정치사에서는 황태후, 황후 등 궁정 여성들의 역할이 두드러지는데, 사료에는 여성들과 관련된 기록의 양이 적을 뿐만 아니라 부정적인 시각이 담겨 있는 경우가 많아 이를 비판적으로 다루어야 했다. 이러한 문제들을 최대한 해결하기 위해 선행 연구 성과들을 최대한 긁어모아 종합적인 분석을 시도했고, 그 결과 본서를 완성할 수 있었다. 하지만 본서가 결코 완벽하게 모든 문제를 해결한 최종 성과라고 하기는 어렵고, 앞으로 본서에서 시도한 분석들을 기반으로 여러 곳에 보이는 공백들을 하나씩 보충해야 할 것이다. 그것이 필자가 앞으로 해 나갈 연구 방향이기도 하다.

본서가 나오기까지 많은 분들의 도움 그리고 지적 자극이 있었다. 필자가 몽골을 포함한 북방 유목민족의 역사에 관심을 가지는 계기를 만들어주신 고려대학교 박원호 명예교수님과 동북아역사재단에 있으시면서 필자에게 격려를 아끼지 않으셨던 노기식 선생님께 감사를 드린다. 두 선생님의 지원이 있어 외로운 공부를 하면서도 힘을 받을 수 있었다. 또한 필자의 박사학위논문 지도에 너무나도 많은 애를 써주신 고려대학교 박상수 선생님께도 감사의 말씀을 드리고 싶다. 대학원에서 공부할때부터 시작하여 학위논문의 작성과 심사에 이르기까지 여러 방면에서 도움을 주셔서 필자가 무사히 박사과정을 졸업할 수 있었기 때문이다. 그리고 필자의 학위논문 심사에 참여해주셨던 네 분의 선생님께도 감사를 드린다. 논문을 꼼꼼히 살펴봐주시고 수많은 조언을 해주셨던 고려대학교 민족문화연구원의 김선민 선생님, 석사과정 때 불쑥 찾아가 인사를 드린 이후 지금까지도 필자를 격려해주시고 지적 원동력을 제공해주시는 서울대학교 김호동 선생님, 날카롭고 냉철한 시각을 제시해주시며 필자에게 새로운 연구 주제를 늘 생각하게 만들어주시는 강원대학교 윤은숙 선생님, 필자의 학교 선배로서 대학원 시절부터 후배를 격려해주시며 앞길을 개척해 나가셨던 충남대학교 고명수 선생님께 감사드린다.

그리고 같은 분야의 공부를 하면서 서로의 연구 주제에 대해 관심을 공유하고 기꺼이 도움을 주셨던 송원사학회의 여러 선생님들께도 감사를 드리지 않을 수 없다. 현재 송원사학회 회장님이신 이석현 선생님은 한결같은 학문적 열정을 보여주시면서 필자를 응원해주셨고, 학회에 소속된 여러 선생님들께서도 필자의 공부에 관심을 가지시면서 격려를 아끼지 않으셨다. 몽골제국사 공부를 하면서 자연스럽게 고려시대사를 연구하시는 선생님들과도 학문적 교류를 많이 하게 되었는데, 이 역시 필자가 학위논문을 쓰는 원동력이 되었다. 이정신 선생님, 김난옥 선생님, 이정란 선생님, 허인욱 선생님, 김보광 선생님, 이미지 선생님은 낯선 공부를 하고 있는 필자를 대학원 재학 시절 때부터 응원해주셨다. 또한 서울교육대학교 정동훈 선생님의 소개로 참석하게 된 한국역사연구회 중세국제관계사반에서 외교사, 관계사를 연구하시는 여러 선생님들께도 감사드린다. 필자가 원대사 공부를 하면서 고려사와 관련된 논문들을 읽어보고 고려 자료들을 활용할 수 있었던 것은 한국사를 연구하시는 선생님들과의 교류에 힘입은 바가 크다.

이외에도 감사를 드려야 할 분들이 너무나 많다. 일일이 이름을 다 거론하지는 않지만, 대학원 재학 시절 공부를 위한 공통의 고민을 함께 나누어 준 고려대학교 사학과의 선배님들과 후배님들께도 큰 신세를 졌다. 이 자리를 빌려 감사하다는 말씀을 꼭 전하고 싶다. 그리고 박사학위 취득 후 강단에서 수업을 하면서 학부생들로부터도 지적인 자극을 많이 받고 있다. 필자가 진행하는 특이한 주제의 수업을 경청해준 고려대학교, 이화여자대학교, 가천대학교, 동국대학교 학부생 여러분들께도 감사를 드린다. 필자가 지금까지 공부에 매진할 수 있었던 것은 전적으로 부모님의 지원 덕분이다. 기쁨 혹은 걱정을 함께 나눌 부모님의 응원이 있었기에 본서가 나올 수 있었다고 해도 과언이 아니다. 부모님께 무한한 감사와 사랑의 말씀을 전해드린다.

국내 출판계의 어려운 환경 속에서 학술 연구서를 출판한다는 것은 정말로 쉬운 일이 아니다. 그럼에도 불구하고, 필자의 거친 원고를 검토해주시고 꼼꼼한 편집을 해 주신 도서출판 온샘의 신학태 대표님과 관계자 여러분들께도 감사의 말씀을 드린다. 많은 분들의 도움과 격려 덕분에 본서가 출판될 수 있었다. 필자가 과분하게 받았던 큰 격려와 응원에 보답하는 길은 연구 주제를 계속 개발하면서 꾸준히 글을 쓰는 것이라고 믿고 있다. 본서의 출판을 디딤돌로 삼아서 꼭 보답해드릴 수 있기를 소망한다.

2019년 11월
홍릉연구실에서   권 용 철

차 례

책을 펴내며

서 론 ····· 1
  1. 연구 과제 ··· 3
  2. 기존 연구 검토 ·· 12
  3. 사료의 활용 ·· 44
  4. 본서의 구성 ·· 49

제1장 제위계승분쟁의 시작과 權臣의 출현 ····· 53
  1. 황제와 황태자의 갈등 ·· 56
    1) 카이샨의 등극 ·· 56
    2) 尙書省 설치와 政爭의 발생 ····························· 72
  2. 仁宗 시기의 황실 정치 ······································ 90
    1) 황태후의 영향력 강화 ····································· 90
    2) 仁宗의 정치적 우위 ·· 101
    3) 황태자 교체와 權臣 테무데르 ························· 107

제2장 權臣 권력의 성장과 갈등의 고조 ····· 123
  1. 英宗 즉위 전후의 혼란 ······································ 126
    1) 테무데르의 축출과 복귀 ································· 126
    2) 英宗의 즉위와 폐립 모의 ································ 143
  2. 南坡之變의 因果 ·· 157
    1) 바이주의 등장 ·· 157
    2) 테무데르의 몰락과 새로운 대립 ····················· 172
    3) 파국의 제위계승과 回回人 權臣 ····················· 184

제3장 제위계승내란과 全權 權臣의 집권 ······ 209

　1. 킵차크인 權臣 엘테무르 ··· 212
　　1) 엘테무르의 등장 배경 ··· 212
　　2) 엘테무르의 쿠데타 ··· 222
　2. 天曆의 내란과 그 영향 ··· 234
　　1) 엘테무르의 위상 강화 ··· 234
　　2) 엘테무르의 '再造之功' ·· 246
　　3) 明宗 암살의 여파 ··· 258
　3. 權臣 권력의 극대화 ··· 268
　　1) 바얀의 초기 행적 ··· 268
　　2) 바얀의 집권과 권력 투쟁 ··· 279
　　3) 全權 權臣의 몰락 ··· 288

제4장 元代 후기의 제위계승문제와 權臣 정치 ······ 301

　1. 惠宗의 親政 ·· 304
　　1) 惠宗의 권위 확립 ··· 304
　　2) 至正 초기의 정쟁 ··· 315
　2. 權臣 정치의 재개와 '內禪' 분쟁 ·· 328
　　1) 기황후와 톡토 ··· 328
　　2) 톡토의 權臣 정치 ··· 341
　　3) '內禪' 시도와 제위계승분쟁 ·· 359
　　4) 내전의 지속과 大撫軍院 ·· 379

結　論 ······ 393

참고문헌 ······ 411

영문초록 ······ 441

원대 황실 세계도 ······ 446

찾아보기 ······ 447

서 론

1. 연구 과제

1206년, 몽골 초원을 기반으로 세력을 지속적으로 확장했던 칭기스 칸이 주변의 여러 부족들을 제압하면서 마침내 대몽골국(Yeke Mongyol Ulus)[1]이 탄생하였다. 이후 몽골은 전례가 없는 속도로 팽창하기 시작했고, 그 결과 유라시아 세계의 거의 대부분이 몽골제국의 지배를 받게 되었다. 13세기 전반의 몽골제국은 세계 최강의 국가였고, 이러한 몽골제국의 등장으로 인해 세계사에 획기적인 변화가 발생했다는 점은 연구자들의 대다수가 인정하고 있는 사실이다. 광범한 지역에 대한 군사 원정, 동서 교류의 촉진과 문화의 전파, 더욱 넓어진 세계관과 이로 인해 탄생한 세계사의 서술 및 세계지도의 등장 등 몽골제국의 역사적 영향은 다방면에 걸쳐 나타나고 있는 것이다.

몽골제국의 역사적 역할을 밝혀내기 위해서는 제국이 보유한 '특징'들을 살펴보고 이것이 어떠한 작용을 했는가를 언급하는 과정이 반드시 필요하다. 그래서 몽골제국의 탄생과 신속한 정복, 이후의 번영을 만들어낼 수 있었던 다양한 배경과 특성들에 대해 많은 연구자들이 주목했다. 이를 통해 몽골제국의 군사적 성공 요인들이 언급되기 시작했고, 더 나아가 세계제국을 건설할 수 있었던 정치·경제·사상 등의 요소들도 하나씩 부각되었다. 몽골제국의 성장을 설명하기 위해서 필요한 몽골제국 고유의 특징들에 대한 세부적인 연구가 진행되고 있는 것이다. 그 결과 죽음과 파괴 혹은 '타타르의 멍에'라는 부정적인 이미지로만 인식되었던 몽골제국의 시대가 이제는 '팍스 몽골리카(Pax Mongolica, 몽골에 의한 평화)'라는 용어가 자연스럽게 사용될 정도로 중요한 역사적 의미를 지닐 수 있게 되었다. 최근에는 여기에서 더 나아가 몽골제국 이후의 시대상을 이해하기 위해 몽골제

---

1) '대몽골울루스'의 탄생과 그 의미에 대해서는 金浩東, 「몽골제국의 '울루스 체제'의 형성」, 『東洋史學研究』 131, 2015, 337~343쪽을 참고.

국이 남긴 역사적 영향과 여파를 구체적으로 살펴보려는 연구도 다양하게 시도되는 추세이다. 그 결과 '몽골의 유산(Mongol Legacy)'[2]을 더욱 적극적으로 해석하게 되면서 '포스트 몽골제국'[3]의 관점에서 중앙유라시아의 역사를 바라보는 노력들이 지속되고 있다.

문제는 몽골제국이 세계를 정복하며 신속히 팽창하고 지배 체제를 만들었던 과정에 대한 연구는 수도 없이 많지만, 이후 제국이 몰락해가는 시기는 상대적으로 주목을 받지 못했다는 사실이다. 몽골제국사의 연구 경향이 세계사의 흐름 속에서 제국의 역할을 재조명하는 것에 맞추어져 있었기 때문에 주로 몽골제국의 정복 전쟁으로 인한 파괴 이후 새로 만들어진 세계

---

2) 몽골의 유산에 대한 논의를 개략적으로 정리하고, 明 조정에 끼친 몽골제국의 영향을 상세히 분석한 연구로는 David M. Robinson, "The Ming Court and the Legacy of the Yuan Mongols", David M. Robinson ed., *Culture, Courtiers, and Competition: The Ming Court(1368-1644)*, Cambridge & London: Harvard University Press, 2008을 참고. 최근에 Robinson은 몽골에 대한 기억과 그 유산을 활용하고 통제하여 명 태조가 자신의 정통성을 구축하려는 측면이 있었음을 주장하는 연구를 발표하기도 했다. 이에 대해서는 David Robinson, "Controlling Memory and Movement: The Early Ming Court and the Changing Chinggisid World", *Journal of the Economic and Social History of the Orient* Vol. 62, 2019를 참고.

3) 예를 들면 몽골제국, 티무르, 사파비, 맘루크 시대의 여러 주제들을 다양하게 다룬 논문집의 제목에 '포스트 몽골제국'이라는 용어를 사용했던 것(Judith Pfeiffer, Sholeh A. Quinn eds., *History and Historiography of Post-Mongol Central Asia and the Middle East*, Wiesbaden: Harrassowitz Verlag, 2006)은 몽골제국이 남긴 광범한 영향력을 연구자들이 분명히 인식하고 있음을 드러내고 있다. 최근에 이주엽 역시 카자크에 대한 본인의 연구서 제목에 '포스트 몽골제국'을 붙이면서 그러한 시각을 이어가고 있다(Joo-Yup Lee, *Qazaqliq, or Ambitious Brigandage, and the Formation of the Qazaqs: State and Identity in Post-Mongol Central Eurasia*, Leiden: Brill, 2016). 일본에서는 杉山正明이 몽골제국의 등장으로 형성된 세계사의 새로운 구조와 그것이 몽골제국 이후 시기의 역사에 어떤 의미를 지니는지를 서술한 바 있다(杉山正明, 『モンゴル帝國と長いその後』, 東京: 講談社, 2008). 즉, 몽골제국은 세계사의 전개에서 하나의 커다란 '분기점'으로서의 의미를 지니게 된 것이다.

의 모습을 밝히는 것에 집중되어 있었던 점도 14세기 중·후반 몽골제국의 역사가 소홀히 다루어지는 데에 일조했다. 몽골제국의 '세계성'은 다양한 주제를 통해 연구되고 있고 여전히 검토되어야 할 부분이 많아서 연구자들이 주로 이에 대한 고찰에 집중하고 있고, 여러 가지 언어로 기록된 사료를 활용하는 다양한 연구자들의 공동 연구도 활발하게 진행되는 중이다. 그러다보니 14세기 제국의 역사와 그 의미에 대한 관심은 상대적으로 저조했던 것으로 보인다. 또한, 어느 왕조든 몰락해가는 시기가 주목을 끌기는 어렵다[4]는 현실적인 측면도 또 하나의 이유로 언급할 수 있을 것이다.

　물론, 유목제국 특유의 계승분쟁으로 인한 불안정한 상황의 지속과 피정복 지역 문화로의 동화·흡수(예를 들면 漢化, 이슬람화) 등을 논하며 몽골제국의 고유한 강점이 사라졌다는 논의가 일찍부터 지적되어 왔던 것은 주지의 사실이다. 하지만 계승분쟁은 몽골제국이 확장을 해 나가던 초기부터 이미 격렬하게 진행되고 있었던 점을 생각한다면, 계승분쟁의 존재로만 쇠퇴의 모든 것을 설명하기에는 부족한 측면이 분명히 존재한다. 최근에는 일방적인 흡수나 동화의 시각을 재검토하는 과정에서 몽골이 그 자체의 문화를 유지하고 있었다는 주장이 전개되면서 기존의 관점에 대한 변화를 촉구하고 있다. 그렇다면 몽골제국의 쇠퇴를 설명함에 있어서 다른 요소들을 탐색해야 할 필요성이 커지게 된다.

　몽골제국을 바라보는 관점의 변화는 國號 '元'에 대한 논의를 통해서도 확인된다. 국호 元은 쿠빌라이가 중국식의 왕조를 표방하기 위해 제정했다는 기존 논의의 틀을 벗어나 정확한 국호는 '大元'이고 이는 예케 몽골 울루스를 한자로 번역한 것이라는 김호동의 연구가 영향력을 발휘하기 시작

---

4) 이영옥, 『견제받는 권력: 만주인 청나라의 정치구조, 1616~1912』, 전남대학교출판부, 2016, 212쪽. 이영옥은 청나라의 전체 정치구조를 다루면서 청나라 쇠퇴기의 많은 문제들을 기존의 왕조체제 속에서 이해하고 접근해야 할 필요성을 역설하고 있는데, 이는 몽골제국의 역사 연구에 있어서도 시사점을 제공하고 있다고 생각된다.

한 것이다.[5] 大元은 전체 몽골제국을 가리키는 것이고, 한자를 사용하는 문화권에서만 통용되는 국호였다는 설명은 중원 왕조로만 국한되었던 元의 성격을 재검토하는 출발점으로 작용했다. 이에 姚大力은 여전히 元은 중국 소수민족의 역사이고 그 강역은 중국사에 귀속된다는 기존 논의를 강조하고 있지만, 大元이 몽골세계제국과 중원 왕조로서의 양면성을 가지고 있는 국호라고 하면서 김호동의 주장을 부분적으로 받아들이고 있다.[6] 결국 大元이라는 국호에 대한 새로운 논의는 기존의 元에 담겨 있던 제한적 성격을 타파하고 몽골 고유의 특징을 부각시킨다는 점에서 중요한 의미를 가지고 있다.[7]

14세기 大元帝國의 역사에서 관점의 또 다른 변동이 요구되는 부분은 바로 '멸망'이라는 용어와 이에 담긴 인식에 대한 것이다. 1368년에 明太祖 朱元璋이 大都를 점령하면서 明朝가 패권을 장악하고 元은 멸망했다는 기존의 서술은 현재까지도 널리 받아들여지고 있는 것으로 생각되는데, 사실 이러한 역사 인식에 문제가 전혀 없는 것은 아니다. 왕조의 멸망이라고 단정할 수 있는 중대한 요건은 바로 皇統의 단절인데, 1368년에 대원의 황통은 결코 끊어지지 않았던 것이다. 우리가 대원의 마지막 황제라고 칭하는 惠宗 토곤테무르(妥懽貼睦爾, Toγon-Temür)[8]는 1368년에 大都에서 탈

---

5) 이에 대해서는 김호동, 「몽골제국과 '大元'」『歷史學報』 192, 2006을 참고. 김호동의 이 논문은 보완의 과정을 거쳐 최근에 중국어(金浩東, 「蒙古帝國與 "大元"」『淸華元史』 2, 北京: 商務印書館, 2013)와 영어(Hodong Kim, "Was 'Da Yuan' a Chinese Dynasty?", *Journal of Song-Yuan Studies* Vol. 45, 2015)로도 발표되었고, 이후 大元이라는 국호에 대한 다양한 논의가 전개되는 중이다.

6) 姚大力, 「怎樣看待蒙古帝國與元代中國的關係」『重新講述蒙元史』, 北京: 生活·讀書·新知三聯書店, 2016.

7) 본서에서는 大元을 정식 국호로 인정하면서 우선은 한자 문화권에서 일컫는 중원왕조를 가리키는 개념으로 사용하고, 관용적으로 사용되는 元이라는 국호는 大元의 줄임말이라는 점을 언급해둔다.

8) 토곤테무르는 현재까지도 明太祖에 의해 붙여진 '順帝'라는 廟號로 주로 불리고 있지만, 元에서 독자적으로 惠宗이라는 廟號를 분명히 정했다는 점을 고려하여

출하여 몽골로 가서 1370년에 사망했고, 그의 후손들은 1388년까지 '카안' 의 자리를 유지했다. 혜종은 몽골의 마지막 군주가 아니었던 것이다. 당시 고려가 몽골로 귀환한 제국을 지칭하기 위해 '北元'이라는 새로운 용어를 만들어냈다는 것 역시 대원제국은 1368년에 멸망하지 않았음을 보여준다. 1388년에 토구스테무르(脫古思帖木兒, Toγus-Temür)가 암살되면서 쿠빌라 이(忽必烈, Qubilai)의 혈통이 끊어지고 대원이라는 국호도 사용하지 않게 되었지만, 그 이후에도 아릭부케(阿里不哥, Arig-Böke)의 후손들이 카안을 칭하면서 여전히 칭기스 칸의 후손들은 최고 군주의 위상을 지켜나갔다.

　　1388년에 '쿠빌라이의 大元'은 없어졌지만, 이후에도 몽골의 역사는 주 체적으로 유지되었다. 明代에 편찬된 여러 한문 사료들에는 몽골을 '폄하' 하는 관점이 기본적으로 내재되어 있지만 상당한 분량을 할애하여 몽골의 역사를 서술하고 있고, 17세기부터 본격적으로 등장하는 몽골어 사료는 대원제국 시기보다 오히려 15세기 이후의 역사를 더욱 상세하게 전하고 있다. 그 흐름을 개략적으로 살펴보게 되면, 대원제국 시기부터 이어져 내 려오는 한 가지 특징을 발견할 수 있는데 그것은 바로 '權臣'의 정치적 활 약이 두드러지게 나타난다는 점이다. 특히 15세기 권신들의 호칭인 '타이 시'가 14세기 대원제국 권신들이 보유하기 시작했던 칭호인 太師에 그 기 원을 두고 있다는 사실[9]은 권신 정치의 영향력이 오랫동안 지속되었음을 보여주는 증거라고 할 수 있다. 1368년에 大都에서부터 물러난 몽골은 결 코 멸망하여 사라진 것이 아니라 대원제국 시기 정치의 특징을 이후에도 계속 유지했다는 것이다. 즉, 권신 정치는 몽골의 정치사를 바라보는 하나

본서에서는 이에 따라 順帝 대신 惠宗으로 표기한다.

9) Henry Serruys, "The Office of Tayisi in Mongolia in the Fifteenth Century", *Harvard Journal of Asiatic Studies* Vol. 37, No. 2, 1977 ; Ho Kai-lung(何啓 龍), "The Office and Noble Titles of the Mongols from the 14th to 16th century, and the study of the "White History" *Čaγan Teüke*", *Central Asiatic Journal* Vol. 59, No. 1-2, 2016, pp.141~143.

의 중요한 관점이 될 수 있음을 주목할 필요가 있다.

권신의 사전적인 뜻은 '권세가 있는 신하'인데, 이 자체만으로는 가리키는 범주가 상당히 넓다고 할 수 있다. 하지만 역사 서술에서는 권력을 가지고 있었던 모든 신료들을 권신이라고 칭하기보다는 주로 권력을 장악하여 '專橫'을 휘두른 大臣을 지칭하는 데에 권신이라는 용어를 사용하는 경향이 존재한다. 권신은 어느 시대, 어느 왕조에서든지 나타날 수 있는 존재였고 권신이 권력을 잡을 수 있게 된 배경은 상황에 따라 달라졌다. 外戚이라는 혈연을 기반으로 권신이 출현하기도 했고, 휘하의 군사력을 바탕으로 武功을 세워 권력을 탈취한 사례도 있으며 황제의 측근에서 총애를 받아 궁정을 장악하는 등 여러 경로를 통해 권신의 존재가 부각되었다. 심지어 권신이 황제를 폐위시키고 직접 제위에 오르면서 왕조 자체가 바뀌는 경우도 있었다.

중화제국에서 권신들의 대부분은 明太祖 朱元璋이 재상을 폐지하기 이전까지는 丞相이나 宰相 등 관료제 내의 최고 지위에 있으면서 권력을 행사했다. 이들 재상은 형식적으로는 황제에 종속되었지만, 현실정치에서 양자의 관계는 매국면마다 권력 투쟁을 통해 재정립되었다.[10] 그 과정에서 황제가 패배할 경우에는 皇權이 무력해진 상태에서 상대적으로 臣權이 강화되어 권신이 출현할 수 있는 최적의 환경이 조성되었다. 반면에 황제가 재상과의 권력 투쟁에서 승리하게 되면 황권의 우세로 인해 권신이 출현할 수 없을 것으로 생각되지만, 실상은 조금 달랐다. 황제는 강화된 권력을 유지하기 위해 자신의 권력 투쟁을 도운 측근 신료에게 강력한 권한을 부여하는 경우가 많았고, 이로 인해 강력한 황권을 배경으로 권력을 행사하는 유형의 권신이 출현하게 되는 것이다. 그렇기 때문에 전횡을 일삼는 권신의 출현을 억제하기 위해서는 황제의 권한 이외에 여러 제도적 장치가 마

---

10) 송재윤, 「皇帝와 宰相: 南末代(1127~1279) 權力分立理論」『퇴계학보』140, 2016, 282쪽.

련되어야 했고, 그래야만 상호 견제를 통해 권력이 어느 한 사람에게 과도하게 집중되는 현상을 최대한 피할 수 있었다. 그래서 이론적으로 권신의 출현은 이를 막을 수 있는 제도가 제대로 작동하지 않기 시작하는 왕조의 쇠퇴기 혹은 말기에 주로 보이는 현상으로 늘 부정적으로 인식되어 왔다.

宋代가 되면 권신들이 왕조의 말기에 국한되지 않고 연속적으로 출현하기에 이른다. 과거제도의 전폭적인 확대를 배경으로 이른바 '士大夫' 계층이 형성되면서 이들이 정권을 장악했고, 황권은 사대부 권신들에 의해 도구로 이용되었던 것이다. 이러한 현상은 이미 北宋 초기 眞宗 시기부터 전개되었고,[11] 이에 따라 상당히 치열한 당쟁이 주기적으로 벌어졌다. 당쟁이 일어났다는 것 자체는 북송에서 권신의 출현을 막는 정치 구조가 유지되고 있었음을 의미한다. 하지만 南宋에서는 권력 투쟁이 더욱 첨예하게 이루어지면서 秦檜, 韓侂胄, 史彌遠, 賈似道 등 일련의 권신들이 조정을 장악했다. 이들은 외부적으로는 金, 몽골과 대립하는 정국을 최대한 이용했고, 내부적으로는 자신들을 견제하는 역할을 맡은 臺諫에까지 영향력을 행사하는 방식으로 권력을 유지했다.[12] 여기에 한탁주, 가사도는 외척으로서의 지위까지 적극적으로 활용했다. '武'와는 거리가 먼 문신 사대부 관료들이 왕조 교체와는 상관없이 송대의 관료제 틀 안에서 연속적으로 권신의 지위를 차지한 것이었다.[13] 즉, 왕조 멸망의 前兆로서 권신이 출현했다기

---

11) 王瑞來는 북송 초기의 재상인 丁謂를 첫 번째 '權相'으로 규정하면서 그의 집권과 통치 방식이 이후 송대 권신들의 모델이 되었다는 연구를 발표한 바 있다(王瑞來,『宋代の皇帝權力と士大夫政治』, 東京: 汲古書院, 2001, 331~410쪽). 이 연구에서 王瑞來는 '奸臣'이라는 도덕적인 평가는 잠시 제쳐두고 정위의 언행이 나올 수 있었던 배경과 그 의미를 최대한 객관적으로 분석할 필요가 있다고 역설했다. 이러한 시각은 단지 정위에만 한정된 것이 아니라 오랫동안 간신으로 인식되었던 여러 권신들에 대해서도 적용될 가능성은 충분하다고 여겨진다.

12) 남송 권신들의 등장과 권력 장악 과정에 대해서는 何忠禮,『宋代政治史』, 杭州: 浙江大學出版社, 2007의 해당 내용이 도움이 된다. 臺諫과 권신들과의 관계에 대해서는 賈玉英,「臺諫與宋代權臣當政」『河南大學學報(社會科學版)』 36-3, 1996을 참고.

보다는 송대 황제독재체제의 강화와 사대부 지배계층의 성장으로 인해 권신 정치가 하나의 통치 형태로 변모했다고 할 수 있다.

한편, 몽골 이전의 유목제국은 권신들이 자주 등장할 수 있는 정치적 환경을 가지고 있었다. 중화제국과는 달리 지도자의 지위를 계승하는 것에 일정한 원칙이 없어 계승 시기마다 분쟁이 발생하는 경우가 많았던 것이다. 그리고 유목제국의 또 다른 특징은 지도자 가문 및 이들과 혼인을 맺는 姻戚 가문이 대부분 고정되어 있었다는 점이다. 그래서 정치적 분쟁에는 늘 宗室과 外戚들이 강력한 영향력을 행사했다. 예를 들면, 거란족이 세운 요제국에서는 종실 耶律氏와 외척 蕭氏가 조정을 장악하고 이들 중에서 권신이라 부를 수 있는 인물들이 출현했다.[14] 그러나 아무리 강력한 권신이라고 해도 지도자 가문이나 씨족을 바꿀 수는 없었고, 위구르 제국의 쿠틀룩(骨咄祿, Qutluɣ)이 카간의 씨족을 바꾼 것은 매우 특수한 사례에 속한다.[15]

몽골-대원제국에서도 권신 정치가 등장하는데, 그 양상에는 중국의 송 및 이전 유목제국들과는 다른 측면이 존재했다. 대원제국에서는 인재 선발 제도인 과거가 남송을 정복하고 대략 35년이 지나고 난 뒤부터 실시되었고, 그나마 과거를 통해 관료가 된 인물들의 정치적 영향력은 송대 권신들과는 비교도 할 수 없을 정도로 상당히 낮았다. 오히려 카안 혹은 황제의 측근에서 호위를 담당했던 케식(怯薛, kesig)의 정치적 권위가 훨씬 높았고, 케식 출신의 인물들 다수가 궁정의 핵심 관료로 진출했다. 유목제국 특

---

13) 남송의 대표적인 권신 4명의 집권 과정과 배경을 개략적으로 논한 연구로는 王玉連·鄧亞偉, 「南末權臣探究」『焦作大學學報』 2011-4를 참고.

14) 요 제국의 제위계승을 다룬 나영남의 연구에서는 世選制의 전통에 따른 계승 방식, 종실간의 권력 투쟁, 后族과 종실의 비대화로 인해 분쟁이 끊이지 않았음을 밝히고 있다. 이에 대해서는 羅永男, 「遼代 皇位 繼承을 둘러싼 權力鬪爭의 樣相」『中國史研究』 98, 2015를 참고.

15) 김호동, 『아틀라스 중앙유라시아사』, 사계절, 2016, 104쪽. 쿠틀룩이 집권하는 과정에 대해서는 정재훈, 『위구르 유목제국사 744~840』, 문학과지성사, 2005, 258~282쪽의 내용을 참고.

유의 제위계승분쟁이 상당히 빈번하게 발생하는 환경 속에서 케식의 역할
은 더욱 중요해졌고, 이들이 계승분쟁 과정을 주도하면서 권신 정치의 모
습이 나타나기 시작했다. 이는 송대 사대부 관료 중심의 권신 정치와는 성
격이 다른 것이었고, 또 주목할 수 있는 점은 대원제국 권신들의 권력 기
반 중에서 宗室과 외척의 지위가 차지하는 비중이 높지 않았다는 사실이
다. 대원제국의 宗親은 대부분 封地를 따로 받으면서 궁정 내에 머무르지
않았기 때문에 제국의 수도에서 자신의 영향력을 발휘할 기회가 많지 않았
고, 오히려 황후나 황태후가 직접 정치에 적극적으로 간여하면서 자신의
가족이 아닌 측근 신료를 활용했던 것이다. 그래서 대원제국의 권신들 중
에는 칭기스 칸의 혈통을 가진 인물이 없었고, 권력을 형성한 이후 혼인
가능 대상이 아님에도 불구하고 원칙을 깨고 황실과 혼인한 사례는 있지만
황실과 혼인을 했다는 배경만으로 권신의 지위에 오른 경우는 없었다. 이
로 인해 대원제국의 권신은 크게 황제의 측근 신료, 황후 혹은 황태후의
측근 신료 두 계통으로 분류될 수 있다.

　대원제국의 권신은 세조 쿠빌라이 시기부터 출현하기 시작했다. 대표적
인 인물이 아흐마드(阿合馬, Ahmad)와 셍게(桑哥, Sengge)인데, 이들은 쿠
빌라이의 재정 확대 정책을 적극적으로 보좌하면서 신임을 받아 권력을 획
득했다. 하지만 이에 대한 御史臺 위주의 탄핵과 견제가 집요하게 이루어
졌고, 아흐마드와 셍게의 부정부패 진상이 드러나자 쿠빌라이는 탄핵을 받
아들이면서 아흐마드를 부관참시에 처했고 셍게를 처형했다. 대원제국 초
기 권신인 아흐마드와 셍게는 제위계승분쟁과는 아무런 상관없이 단지 쿠
빌라이의 정책 노선을 충실히 따르면서 지위를 얻었지만 권력의 집중에 대
한 견제로 인해 황제의 신임을 잃으면서 곧바로 모든 권력을 상실했던 것
이다. 하지만 14세기에 접어들면 대원제국의 제위계승분쟁이 한층 격렬해
지고, 승리한 황제의 측근들이 권력을 장악하면서 황제는 자신의 즉위에
큰 공을 세운 이들에 대한 신임을 거두지 않았다. 이에 따라 쿠빌라이 시
기보다 권력의 집중에 대한 견제가 이루어지지 못했고, 결국 황제가 교체

된 이후의 정치적 상황에 따라 내전이나 암살 등의 폭력적인 방식으로 집
권 세력이 바뀌는 현상이 초래되었다. 여기에 종종 황후, 황태후까지 영향
력을 발휘하며 자신의 측근에게 권력을 장악하게 하면서 권신 정치는 장기
적으로 지속되는 양상을 보였다.

이에 본서에서는 武宗의 즉위부터 대원제국 황실이 大都를 떠나 북쪽으
로 옮겨가는 시기(1307~1368)까지의 역사를 제위계승분쟁으로 인해 출현
한 권신 정치와 그 여파를 중심으로 조망하고자 한다. 무종의 즉위 과정을
시작으로 제위계승분쟁은 황제 후보자들 간의 갈등은 물론이고 황태자 선
정 과정에서의 마찰로까지 확대되었다. 이러한 계승분쟁에 직접 영향을 끼
치고 그로 인해 조정 내에서 재상의 위치에 오르며 위상이 강화된 권신 역
시 무종의 즉위 이후부터 본격적으로 출현하고 있다. 게다가 계승분쟁이
서로 다른 정치적 배경 하에서 자주 발생했기 때문에 그때마다 등장하는
권신들도 실로 다양한 면모를 가지고 있다는 점이 특징적이다. 그러므로
빈번했던 제위계승분쟁을 통해 나타난 권신 정치의 모습을 추적하면서 분
쟁으로 점철된 元代 중기와 후기의 복잡한 역사를 일괄적으로 조명함은 물
론이고, 14세기 대원제국 특유의 정치사를 서술함으로써 혼란의 시기가
지속적으로 이어지게 된 하나의 원인을 제시하게 될 것이다.

2. 기존 연구 검토

1) 몽골제국사 연구 경향

몽골제국이 관할하는 범위는 유라시아 전체에 걸쳐 있을 정도로 광대했
기 때문에 이에 대한 연구 역시 다른 분야에 비해 상당히 다채롭게 전개되
었다고 평가할 수 있다. 특히 몽골제국사를 연구하기 위한 가장 중요한 사
료가 한문과 페르시아어로 기록되어 있고, 그 이외에 러시아어, 아랍어, 라
틴어, 시리아어, 몽골어, 아르메니아어 등 여러 언어로 된 사료가 존재하고

있다는 사실은 몽골제국사 연구가 그만큼 다양하면서도 어렵다는 것을 동시에 드러내고 있다. 이로 인해 몽골제국사 연구는 구미, 중국, 일본, 한국 등지의 학계에서 각각의 연구 전통에 따라 분절적으로 진행되는 경향이 지금까지 유지되고 있고, 이 중에서 다양한 언어로 된 사료를 모두 활용하는 능력을 가진 학자들이 각 학계에서 배출되면서 몽골제국사 연구의 세계성을 확인시키고 있다.[16)]

먼저 구미학계에서는 이미 18·19세기부터 시작된 연구의 전통을 물려받아 주로 페르시아어 사료를 활용하여 훌레구(Hülegü) 울루스를 중심으로 몽골제국사 연구를 진행한 학자들과 한문 사료 혹은『몽골비사』를 이용하여 元을 연구하는 학자들이 분리되어 있었다.[17)] 그 중에서도 Joseph F. Fletcher처럼 다양한 언어를 구사하는 소수의 학자들이 이러한 환경 속에서 발군의 역할을 발휘했다. 그리고 1986년에 데이비드 모건이 The Mongols라는 단행본에서 페르시아와 중국, 러시아 등과 관련된 내용을 모두 언급하면서 몽골제국사 연구를 위한 더욱 광범한 시각이 필요하다는 점이 부각되기 시작했다. 때마침 1987년에는 Thomas T. Allsen이 1979년에 작성한 박사학위논문을 단행본의 형식으로 출간했는데,[18)] 여기에서 Allsen은 뭉케(Möngke) 재위 시기(1251~1259) 몽골제국을 한문, 페르시아어, 러시아어 등 다양한 사료를 모두 활용하여 분석했고 이후의 연구들을 통해

---

16) 김호동은 1986년부터 2017년까지의 세계 몽골제국사 연구 동향을 일목요연하게 정리한 논고를 발표한 바 있다. 본서에서 서술한 전체적 연구 동향보다 더욱 상세한 분석을 살펴보기 위해서는 김호동, 「最近 30年(1986-2017) 몽골帝國史 硏究: 省察과 提言」『중앙아시아연구』 22-2, 2017을 참고.

17) 구미학계의 한문 사료 중심의 元代史 연구 경향에 대해서는 Bettine Birge, 「北美 的元代研究: 歷史槪況·主要貢獻以及當前的趨勢」, 張海惠 主編,『北美中國學－硏 究槪述與文獻資源』, 北京: 中華書局, 2010에 체계적으로 잘 정리되어 있다.

18) Thomas T. Allsen, *Mongol Imperialism: The Policies of the Grand Qan Möngke in China, Russia, and the Islamic Lands, 1251-1259*, Berkeley·Los Angeles·London: University of California Press, 1987.

통해 대원제국-고려 관계사 연구가 기존 한중관계사의 모식에서 탈피하는
방향으로 활발하게 이루어지고 있고 최근에 잇달아 출간된 연구들은 한국
학계가 이 분야에 가장 크게 기여하고 있음을 보여준다.[29]

몽골제국사의 연구는 각국 학계의 자료 활용 상황에 따라 中國學의 입
장이 중심이 된 元代史와 이란학의 전통에 따른 중세 페르시아 역사 서술
로 각각 발전해오다가 몽골 특유의 역사적 역할이 강조되기 시작하면서 이
를 접목한 蒙元史 혹은 더 넓게는 내륙아시아사라는 분야로 확대되는 추세
에 있다. 여기에서 더 나아가 한문, 페르시아어로 대표되는 동·서방 사료
를 모두 활용하는 '세계사'의 관점을 채택한 연구자들이 왕성하게 성과를
내면서 몽골제국사를 연구하는 모든 학자들이 광범한 지역을 대상으로 하
는 연구들로부터 직접·간접적인 영향을 받고 있다.

2) 元代 중·후기 연구

13세기 몽골제국이 번영할 수 있었던 동력과 세계 지배의 구체적인 양
상을 새롭게 추적하는 연구들이 단계적으로 이루어지고 있는 반면에 14세

---

29) 대원-고려 관계를 다룬 대표적인 연구로는 김호동, 『몽골제국과 고려』, 서울대학
   교출판부, 2007 ; 이개석, 『고려-대원 관계 연구』, 지식산업사, 2013 ; 이강한,
   『고려와 원제국의 교역의 역사』, 창비, 2013 ; 이명미, 『13~14세기 고려·몽골
   관계 연구』, 혜안, 2016 ; 고명수, 『몽골-고려 관계 연구』, 혜안, 2019 등이 있
   다. 중국학계에서는 烏云高娃가 활발한 성과를 내고 있고(烏云高娃, 『元朝與高麗
   關系研究』, 蘭州: 蘭州大學出版社, 2012), 일본학계에서는 森平雅彦의 연구(森平
   雅彦, 『モンゴル覇權下の高麗』, 名古屋: 名古屋大學出版會, 2013)를 대표로 꼽을
   수 있다. 대만학계에서는 梁英華의 연구(梁英華, 『蒙元高麗宗藩關係史述論』, 新
   北: 花木蘭文化出版社, 2015)가 출간된 바 있다. 최근에 이익주는 고려-몽골 관
   계 연구의 경향과 앞으로의 전망을 압축적으로 분석한 연구를 발표하여 이 분야
   연구 동향 파악에 큰 도움을 주고 있다(Ik-joo Lee, "Trends and Prospects:
   Historical Studies on Koryŏ-Mongol Relationship in the 13-14th centuries",
   The Review of Korean Studies Vol. 19, No. 2, 2016).

기 몽골제국의 역사를 본격적으로 다루고 있는 연구는 상대적으로 많지 않
다. 그나마 제국의 쇠퇴에 대한 논의들이 이루어지고 있지만, 몽골제국이
'분립'[30]의 과정을 거치고 난 이후 각 울루스들이 처한 환경과 상황이 달랐
기 때문에 일괄적으로 제국의 쇠락을 설명하기에는 분명 어려운 점이 존재
한다. 하지만 이러한 어려움에도 불구하고, 몽골제국의 쇠퇴를 설명하기
위한 노력이 전혀 없었던 것은 아니다. 14세기에 유독 빈번했던 자연재해
와 기후 변화 및 전염병의 출현을 통해 제국의 몰락을 설명하려는 시도가
있었고,[31] 과식과 알코올 중독 때문에 몽골제국 통치자들의 수명이 대체로

---

30) 몽골제국의 분립이라는 담론을 학계에 정착시킨 중요한 연구로는 Peter Jackson,
"The Dissolution of the Mongol Empire", *Central Asiatic Journal* Vol. 22, No.
3/4, 1978을 언급할 수 있을 것이다. 여기에서 Peter Jackson은 제국 내부에서
진행된 여러 가지 양상의 갈등과 분열 사례를 제시하며 몽골제국이 이른바 '칸
국'들로 나뉘는 과정을 탐구했다. 그러나 이후 몽골제국에 대한 연구가 다방면으
로 폭넓게 진행되면서 분립 담론에 대한 반론이 제기되기 시작했는데, 대표적인
연구자가 김호동이다. 몽골제국의 '통일성' 유지에 대한 김호동의 논의로는
Hodong Kim, "The Unity of the Mongol Empire and Continental Exchanges
over Eurasia", *Journal of Central Eurasian Studies* Vol. 1, 2009를 참고. 최근
에 Peter Jackson은 칭기스 가문이 공통의 조상과 정치적 유산을 가지고 있다는
것은 분명하지만, 훌레구 울루스 이외에는 카안의 권위에 대해 확실히 인정하지
않은 측면이 있다고 설명하면서 여전히 몽골 내부의 갈등과 분열 양상을 강조하
며 김호동과는 다른 논의를 전개하고 있다. 이에 대해서는 Peter Jackson, *The
Mongols and the Islamic World: From Conquest to Conversion*, New Haven
& London: Yale University Press, 2017, pp.182~209(특히 p.186의 서술)를 참고.
31) Timothy Brook은 원·명의 역사를 서술한 연구서에서 '아홉 번의 늪'이라는 장을
할애하여 원·명 제국이 기상 악화와 자연재해, 전염병 등으로 고통을 겪었음을
흥미롭게 서술한 바 있다(티모시 브룩, 조영헌 옮김, 『하버드 중국사 원·명 ─ 곤
경에 빠진 제국』, 너머북스, 2014, 107~156쪽). 그리고 14세기 중반에 발생한 흑
사병의 여파가 초원지대의 空洞化를 야기하면서 그것이 몽골제국의 쇠퇴와 연결
되었음을 언급한 William H. McNeill의 저명한 연구가 있고(윌리엄 H. 맥닐, 허
정 옮김, 『전염병과 인류의 역사』, 한울, 1998, 165~217쪽), 여기에서 더 나아가
주치 울루스 지역에 흑사병이 끼친 구체적 영향을 탐색하기 위한 試論的 연구도
진행된 바 있다(Uli Schamiloglu, "Preliminary remarks on the role of disease
in the history of the Golden Horde", *Central Asian Survey* Vol. 12, No. 4,

짧아지면서 정치적 혼란이 초래되어 이것이 제국의 쇠퇴와 연결되었음을
주장한 독특한 연구도 이루어졌다.[32] 또, 몽골제국 군주들의 수명이 짧았
던 원인을 식습관에서 찾기보다는 일정 부족 출신과만 이루어지는 황실의
근친혼으로 인해 태생적으로 약한 군주들이 탄생했다는 것으로 연결시키
는 연구도 발표되었다.[33]

몽골제국의 쇠퇴 원인을 탐색하기 위한 거시적인 연구들의 기반 위에서
14세기 각 울루스들의 약화를 불러온 세부적인 정치적 혼란을 설명하려는
시도들도 진행되어 나갔다. 우선, 훌레구 울루스의 경우에는 마지막 군주
였던 아부 사이드(Abū Saʿīd) 시기의 정치적 상황을 다루면서 몰락의 원인
과 추이를 다룬 Charles Melville의 연구를 대표적으로 언급할 수 있다.[34]
이를 통해 훌레구 울루스 내부의 파벌 갈등과 계승 위기 등 여러 요인이

1993). 최근에는 '소빙기'로의 기후 변화에 주목한 연구(Uli Schamiloglu, "Climate
Change in Central Eurasia and the Golden Horde", *Golden Horde Review*
No. 1, 2016)도 제출되어 14세기 중앙유라시아의 역사를 바라보는 또 하나의 관
점을 제시하고 있다.

32) John Masson Smith, Jr., "Dietary Decadence and Dynastic Decline in the
Mongol Empire", *Journal of Asian History* Vol. 34, No. 1, 2000.

33) George Qingzhi Zhao, "Population Decadence and Dynastic Decline in the
Mongol Empire", *Toronto Studies in Central and Inner Asia* No. 5, 2002.

34) Charles Melville, *The fall of Amir Chupan and the Decline of the Ilkhanate,
1327-1337: a Decade of Discord in Mongol Iran*, Bloomington: Research
Institute for Inner Asian Studies, 1999 ; "The End of the Ilkhanate and After:
Observations on the Collapse of the Mongol World Empire", Bruno De
Nicola and Charles Melville eds., *The Mongols' Middle East: Continuity and
Transformation in Ilkhanid Iran*, Leiden: Brill, 2016. Melville의 연구 이외에도
아부 사이드 사망 이후의 혼란을 다룬 연구로는 Patrick Wing, *The Jalayirids:
Dynastic State Formation in the Mongol Middle East*, Edinburgh: Edinburgh
University Press, 2016, pp.74~100의 서술이 있고, 훌레구 울루스 말기 여성들
의 정치적 역할과 몽골-투르크 풍속의 유지를 관련시켜 논한 연구(Hend
Gilli-Elewy, "On Women, Power and Politics During the Last Phase of the
Ilkhanate", *Arabica* Vol. 59, Issue. 6, 2012)도 참고의 가치가 있다.

복합적으로 작용하며 티무르 제국의 등장 이전까지 강력한 세력이 출현할
수 없었던 정황을 구체적으로 파악할 수 있게 되었다. 차가타이 울루스에
대해서는 관련 연구가 많지 않지만, 그나마 劉迎勝이 칸位 쟁탈로 인한 혼
란 및 울루스의 분열에 주목하여 차가타이 울루스의 쇠퇴를 밝힌 연구가
있어 상세한 내용을 파악하는 데에 큰 도움을 주고 있다.[35] 주치 울루스는
다른 지역과는 달리 분열 이후에도 다시 세력을 회복하며 상당히 오랫동안
통치를 유지했다는 특수성을 가지고 있고, '장기적' 몰락에 대해서는 그것이
모스크바 공국의 등장과 연결되어 있다는 점에서도 복합적인 연구를 필요로
하고 있으며 그 노력 역시 꾸준히 진행 중이다.[36] 최근에 David Morgan은
몽골제국 전체의 쇠퇴에 대해서 다루면서 각 울루스의 상황과 그에 따른
몰락 원인을 논했는데, 여기에서 그는 제국은 쇠퇴의 과정을 거친 이후에
멸망한다고 하는 이른바 '기번의 법칙(Gibbon's Law)'이 적용되지 않는 것
같다고 하면서 제국의 몰락이 너무나 갑작스럽게 이루어진 것으로 보고 있
다.[37] 이른바 '쇠퇴 없는 멸망'이라고 불릴 수 있는 이 주장은 비록 훌레구
울루스를 중심에 설정하고 있지만, 몽골제국의 몰락을 설명하기 위한 또

---

35) 劉迎勝, 『察合台汗國史硏究』, 上海: 上海古籍出版社, 2011, 430~471쪽. 한편, 차
   가타이 울루스 쇠퇴의 배경이 된 14세기 중반의 상황을 설명한 것으로는 Beatrice
   Forbes Manz, *The Rise and Rule of Tamerlane*, Cambridge: Cambridge University
   Press, 1989, pp.21~40을 참고.

36) 주치 울루스의 역사에 대한 대표적인 선구적 연구 중 하나는 바로 George
   Vernadsky, *The Mongols and Russia*, Binghamton: Yale University Press,
   1953인데 4장에서 주치 울루스의 쇠퇴와 러시아의 흥기를 다루고 있다. 이 내용
   은 최근에 한국어로 번역된 게오르기 베르낫스키, 김세웅 옮김, 『몽골제국과 러
   시아』, 선인, 2016, 337~480쪽을 참고. 러시아 정치에 끼친 몽골의 영향에 대해
   언급하면서 주치 울루스의 몰락을 압축적으로 다룬 Charles J. Halperin, *Russia
   and the Golden Horde: The Mongol Impact on Medieval Russian History*,
   Bloomington: Indiana University Press, 1985, pp.54~60도 참고.

37) David Morgan, "The Decline and Fall of the Mongol Empire", *Journal of the
   Royal Asiatic Society*(Third Series) Vol. 19, No. 4, 2009. 그리고 데이비드 O. 모
   건, 권용철 옮김, 『몽골족의 역사』, 모노그래프, 2012, 295~298쪽의 내용도 참고.

하나의 패러다임을 제시한 것이라고 할 수 있다.

중국을 통치했던 대원의 경우에는 그 몰락 과정이 주로 明의 건국 前史로 다루어지는 경향이 있었고, 주로 明太祖 주원장의 등장 배경을 설명하기 위한 장치로 활용되었다. 그러다보니 元代의 중앙 조정에서 벌어진 상세한 정치적 사건 전개 과정을 다소 소홀하게 취급했던 것도 사실이다. 게다가 중국학계를 중심으로 元末의 '농민전쟁'이 부각되기 시작하면서 상당히 방대한 양의 관련 연구가 쏟아져 나왔고, 여기에서 농민전쟁과 연관이 없는 元代 중·후기 자체의 역사는 주목의 대상이 되기 어려웠다.[38] 이렇게 되면서 元의 쇠망 원인을 주로 민족·계급간의 갈등에서 찾게 되었다.

특히 무종의 즉위(1307)부터 혜종의 즉위(1333) 사이 기간에 해당되는 이른바 '元代 중기'[39]의 정치사를 다룬 연구는 많지 않은데, 그 시대의 성

---

38) 元末의 농민전쟁을 다룬 연구는 일일이 소개할 수 없을 정도로 많은데, 그 중에서도 중요한 연구들에 대한 정리로는 劉曉, 『元史研究』, 福州: 福建人民出版社, 2006, 76~86쪽의 내용을 참고하는 것이 도움이 된다. 심지어 중국에서는 元代 농민전쟁과 관련된 사료를 취합해 上·中·下 세 권으로 나뉜 사료집(楊訥·陳高華 編, 『元代農民戰爭史料彙編』, 北京: 中華書局, 1985)을 출판했을 정도로 이 주제에 대한 관심이 높다. 일본학계에서도 이와 관련된 연구들이 이루어져 있다. 몇몇 연구들을 소개하면 다음과 같다. 相田洋, 「元末の反亂とその背景」 『歷史學研究』 361, 1970 ; 野口鐵郎, 「元末のいわゆる東系紅巾軍諸勢力について: 郭子興と芝麻李」 『橫浜國立大學人文紀要 - 第一類 哲學·社會科學』 20, 1974 ; 東鄕孝仁, 「妖僧彭瑩玉 - 元末西系紅巾の亂の宗敎的指導者 - に就いて」 『東洋史訪』 2, 1996 ; 東鄕孝仁, 「杜遵道と紅巾の亂 - 元末'紅巾'登場の背景」 『東洋史訪』 3, 1997 등을 참고.

39) 元代 역사의 시기 구분에서 이른바 '元代 중기'는 대체적으로는 무종의 즉위와 혜종의 즉위 사이의 시기로 설정되고 있지만, 이에 대한 이견들도 있다. 일부 연구자들은 始點을 成宗의 즉위(1294)로 보기도 한다. 또한, 그 終點에 있어서 필자는 제위계승분쟁에 직접 간여하여 문종을 옹립한 엘테무르(燕鐵木兒, El-Temür)의 출현(1328)이 더욱 획기적인 분기점이라는 입장을 가지고 있다. 반면, 張勁은 元代 중기의 제위계승분쟁을 논하면서 바얀의 몰락(1340) 이전까지를 설명의 범주로 삼고 있는데(張勁, 「論元代中期的帝位之爭」 『慶賀邱樹森敎授七十華誕史學論文集』, 香港: 華夏文化藝術出版社, 2007) 이는 무종의 상징적 영향력을 특히 중시하는 관점이라고 할 수 있다.

격을 이해하기 위해 필요한 중요 연구 성과들은 발표되어 있다. 우선, 시기
적으로 일본학계의 野口周一이 행한 일련의 연구들을 먼저 언급할 수 있
다. 野口周一은 王號의 수여 양상을 통해서 元代 중기의 정치적 변화에 대
해 상세한 고찰을 시도한 연구를 시작으로 성종부터 태정제에 이르는 시기
의 宰相들에 대한 분석을 통해 황제가 바뀔 때마다 변화하고 있는 권력층
의 모습을 개략적으로 설명했다.[40] 이 연구들은 元代 중기의 政局를 諸王
들과 관료 집단의 변화상을 중심으로 試論的 고찰을 시도했다는 점에서 의
미를 가지고 있고, 차후 이 연구들에 등장하는 인물들의 상세한 이력과 구
체적인 역할에 대한 분석이 더 이루어져야 할 것이다.

　野口周一의 뒤를 이어 元代 중기를 구체적으로 다룬 것으로는 한국학계
이개석의 연구들이 있다. 그는 특히 무종 재위 시기를 중심으로 元의 정치
적·경제적 상황을 다방면으로 고찰했고, 무종 시기의 정계 개편을 다루면
서 이 시기에 새롭게 부상한 세력들에 대한 검토도 함께 행하였다.[41] 이개

---

40) 野口周一, 「元代武宗期の王號受與について-『元史』諸王表に關する一考察」, 岡
　　本敬二先生退官記念論集刊行會, 『アジア諸民族における社會と文化-岡本敬二先
　　生退官記念論集』, 東京: 國書刊行會, 1984 ; 「元代後半期の王號受與について」『史
　　學』56-2, 1986 ; 「元代世祖·成宗期の王號受與について」, 野口鐵郎 編『中國史に
　　おける亂の構圖-筑波大學創立十周年記念東洋史論集』, 東京: 雄山閣出版, 1986 ;
　　「元代武宗政權における宰相層の人的構成に關する覺書」『新島學園女子短期大學
　　紀要』6, 1988 ; 「元代仁宗朝における宰相層についての一考察」『比較文化研究』
　　32, 1996 ; 「元代仁宗·英宗朝の政治的動向についての一考察」『吉田寅先生古稀
　　記念アジア史論集』, 東京: 吉田寅先生古稀記念論文集編集委員會, 1997 ; 「元代成
　　宗朝における宰相層についての一考察」『新島學園女子短期大學紀要』14, 1997 ;
　　「元代泰定帝朝における宰相層についての一考察」『新島學園女子短期大學紀要』
　　15, 1998.

41) 李玠奭, 「14世紀 初 漠北游牧經濟의 不安定과 部民生活」『東洋史學研究』46,
　　1994 ; 「元朝 中期의 財政改革과 그 意義」『慶北史學』19, 1996 ; 「元朝 中期 支
　　配體制의 再編과 그 構造-지배세력의 재편을 중심으로」『慶北史學』20, 1997 ;
　　「漠北의 統合과 武宗의 '創治改法'」, 서울大學校 東洋史學研究室 編『近世 東아
　　시아의 國家와 社會』, 지식산업사, 1998 ; 『14世紀 初 元朝支配體制의 再編과 그
　　背景』, 서울대학교 대학원 동양사학과 박사학위논문, 1998 ; 「元朝仁宗期的財政

석의 연구는 특히 무종 시기를 중점적으로 살펴보면서 제국 통치 성격의 변화를 탐구하여 무종의 즉위가 커다란 전환점이 되었음을 밝혔다는 점에서 큰 의미를 가지고 있다.

중국학계에서는 野口周一과 이개석이 수행했던 연속적인 연구들이 이루어지기보다는 개별적인 인물이나 정치적 사건을 중심에 둔 연구들이 주로 등장하였다. 특히 영종 시해 사건인 南坡之變을 분석한 연구들이 주로 이루어졌고,[42] 그 이외에는 인종 시기의 정치적 양상 변화가 儒治의 쇠퇴로 향하고 있음을 다룬 姚大力의 연구[43]와 인종·영종 시기의 권신인 테무데르(鐵木迭兒, Temüder)의 집권을 다룬 王頲의 연구를 주목할 만하다.[44] 하지만 이들 각각의 개별적인 연구들을 통해서 元代 중기 정치사의 전체적인 맥락을 파악하기가 쉽지 않았는데, 최근 대만에서 傅光森이 성종~문종 시기(1294~1332)를 '元朝 中葉'으로 설정하고 각 황제 재위 시기의 정치적 특징, 권력 구조의 변동 등을 분석한 학위논문을 발표하였다.[45]

한편, 元代 후기에 주목하는 소수의 연구들도 간헐적으로 이루어지는데,[46] 1970년대에 접어들면서부터 주목할 만한 연구 성과들이 나오기 시

穩定措施及其意義」『元史論叢』7, 南昌: 江西敎育出版社, 1999.

42) 秦新林, 「元英宗的革新與"南坡之變"」『安陽師專學報』1983-4 ; 蕭功秦, 「英宗新政與"南坡之變"」『元史論叢』2, 北京: 中華書局, 1983 ; 楊訥, 「泰定帝與南坡之變」『慶祝鄧廣銘敎授九十華誕論文集』, 石家庄: 河北敎育出版社, 1997 ; 王頲, 「元英宗朝政治與南坡之變」『暨南史學』1, 廣州: 暨南大學出版社, 2002 ; 劉曉, 「"南坡之變"芻議－從"武仁授受"談起」『元史論叢』12, 呼和浩特: 內蒙古敎育出版社, 2010 ; 咸成海, 「元中期"南坡之變"的歷史原因初探」『樂山師範學院學報』2012-2 ; 王欣, 「元泰定帝登位之原因及歷史背景」『黑河學刊』2016-5.

43) 姚大力, 「元仁宗與中元政治」『內陸亞洲歷史文化硏究－韓儒林先生紀念文集』, 南京: 南京大學出版社, 1996.

44) 王頲, 「仁·英承嗣與鐵木迭兒的弄權」『元史及民族史硏究集刊』14, 海口: 南方出版社, 2001.

45) 傅光森, 『元朝中葉中央權力結構與政治生態』, 國立中興大學歷史學系 博士學位論文, 2008. 이 논문은 2012년에 대만에서 上, 下 2권의 단행본으로 간행되었다.

46) 서구학계에서는 元代 후기 정치사의 이해를 위한 문헌자료 자체가 중심이 된 연

작했다. 가장 먼저 언급할 수 있는 것은 일본학계의 성과로, 高橋琢二와 藤島建樹의 논문이다. 高橋琢二는 元代 후기의 재상인 톡토(脫脫, Toɣto)의 행적을 다룬 연구를 발표했는데, 관련 사료의 소개 정도에 그치고 있고 당시 톡토가 중심이 된 권력 구조와 그로 인한 갈등에 대한 분석은 전혀 이루어지고 있지 않다.[47] 그래서 톡토를 중심 주제로 내세운 최초의 연구였음에도 불구하고, 후속 논의를 촉발시키지 못했다. 뒤에 이어진 藤島建樹의 연구들은 元代 중기와 후기의 정치사를 비교적 자세하게 논하면서 이전에 전혀 주목받지 못했던 주제를 부각시키는 데에 일조했다.[48] 하지만 이후 더욱 발전된 연구 성과가 나오지 않았다는 점이 아쉬움으로 남는다.

元의 쇠퇴와 몰락의 시대를 본격적으로 다룬 선구적인 업적으로는 John W. Dardess의 연구를 언급할 수 있다.[49] Dardess는 연구의 제목에서도 드러나는 것처럼, 元의 정치 구도를 크게 '초원'[conqueror]과 '중원'[confucian]으로 구분하면서 1329년 明宗의 피살과 文宗의 즉위는 초원을 기반으로 하는 몽골제국이 중원을 기반으로 하는 '元朝'에 자리를 내주게

구들부터 발표되기 시작하였다. F. W. Cleaves가 주로 元代 후기에 기록된 蒙漢合璧碑文들에 대한 연구들을 꾸준히 진행했고, 『元史』 卷138에 수록된 바얀(伯顏, Bayan) 열전에 대한 분석은 Louis Hambis가 시도했다(Louis Hambis, "Notes préliminaires à une biographie de Bayan le Märkit", *Journal Asiatique* 241, 1953). 필기 사료인 『山居新語』에 대해서는 Herbert Franke의 일련의 연구 (Herbert Franke, "Some remarks on Yang Yü and his *Shan-chü hsin-hua*", *Journal of Oriental Studies* 2, 1955 ; *Beiträge zur Kulturgeschichte Chinas unter der Mongolenherrschaft: das Shan-kü sin-hua des Yang Yü*, Wiesbaden: Franz Steiner, 1956)가 이루어졌고, 『庚申外史』에 대해서는 Helmut Schulte-Uffelage, *Das Keng-shen wai-shih: eine Quelle zur späten Mongolenzeit*, Berlin: Akademie-Verlag, 1963이 출간되었다.

47) 高橋琢二, 「右丞相脫脫」 『史學』 40-2・3, 1967.

48) 藤島建樹, 「元の明宗の生涯」 『大谷史學』 12, 1970 ; 「元の順帝とその時代」 『大谷學報』 49-4, 1970 ; 「元朝における權臣と宣政院」 『大谷學報』 52-4, 1973.

49) John W. Dardess, *Conquerors and Confucians: Aspects of Political Change in Late Yüan China*, New York & London: Columbia University Press, 1973.

된 획기적인 사건이었다고 설명하고 있다. 이를 계기로 중국식 유교 이념
을 받아들인 관료들이 점점 정책을 주도적으로 추진하고 황제를 포함한 상
위 통치자들에게 영향을 끼치게 되는 '유교화(confucianization)'가 진행되
었다는 것이다. 이러한 이분법적인 시각은 元代 중·후기 정치사를 서술하
는 기본적인 틀로 지금까지 효력을 발휘하고 있는데, 이로 인해 武宗과 泰
定帝, 明宗은 유목적인 성격이 강한 황제이고 仁宗과 英宗, 文宗, 惠宗은
漢文化를 대폭 받아들인 황제로 명확하게 구별되고 있다.

   Dardess의 연구를 시작으로 이후 여러 연구들 속에서 元代 중기 이후의
역사는 초원 문화와 중원 문화의 지속적인 대립 이후 후자의 승리로 인해
'漢化'가 진행되는 과정으로 주로 서술되었다. 유교화가 제국의 통치자들
로 국한된 개념이었다면, 漢化라는 용어에는 제국 전체가 중원의 문화를
받아들였다는 시각이 담겨 있다. 그리고 기존 중국 왕조에서 행해졌던 여
러 가지 정책들을 '漢法'이라 칭하면서 漢法의 실행이 곧 漢化의 과정이라
는 논의로 연결되었다. 하지만 몽골 고유의 특성을 배제하고 漢化에만 초
점을 맞춰야 하는가에 대한 비판적 접근이 최근에 등장하고 있다. 쿠빌라
이 시기에 대해서 기존의 연구들이 보여주고 있었던 漢化 강조의 시각을
비판적으로 재검토한 성과들이 속속 출간되고 있는 것이다.[50] 元代 중기와

---

50) 김장구는 쿠빌라이 정권의 성립기반과 漢地에 대한 인식 및 제국구조 등을 재검
   토하여 몽골제국의 분열, 漢化 담론을 비판했다(金壯求, 「쿠빌라이칸 政權과 몽
   골帝國의 발전」『東國史學』41, 2005). 고명수는 쿠빌라이 시기를 중심으로 몽
   골제국의 漢化에 대한 기존 연구들의 주장을 여러 가지 측면에서 비판적으로 검
   토한 논고들(고명수, 「쿠빌라이 정부의 大都건설과 역참교통체계 구축」『中央아
   시아硏究』15, 2010 ; 「潛邸시기 쿠빌라이의 漢地 경영과 세력형성─그의 漢化
   문제에 대한 재검토」『몽골학』31, 2011 ; 「쿠빌라이 시기 친킴-아흐마드 갈
   등의 배경과 성격─친킴의 漢化문제에 대한 재검토」『中央아시아硏究』18-1,
   2013 ; 「쿠빌라이 집권 초기 관리등용의 성격」『東國史學』55, 2013)을 발표하
   고 있다. 최근에는 페르시아의 훌레구 울루스에 대해서도 이슬람化만을 강조하
   지 않고, 몽골적인 전통과 초원의 정치적 문화 요소들이 유지되었다는 주장이 전
   개되었는데 이러한 논의도 주목할 가치가 있다(Reuven Amitai, *Holy War and*

후기의 역사에 대해서도 이러한 비판적 관점을 적용할 가능성은 충분하다. 예를 들면, 인종과 영종은 한문 사료에서 수사적으로 등장하는 내용과 같이 유교 군주로서의 덕목만 가지고 있었는지에 대한 문제와 문종의 즉위로 초원 정치의 모든 요소들이 사라지고 이른바 '元朝'의 중원 정치만이 살아남게 되었는가에 대한 논의 등에는 재검토의 여지가 있다.

　Dardess의 연구 이후에는 중국에서 邱樹森이 혜종의 생애를 중심으로 그 시기의 역사적 흐름을 서술한 단행본을 1991년에 출간한 바 있고,[51] 이를 전후하여 중국학계에서도 농민전쟁의 시각에만 매몰되지 않고 元代 후기의 역사를 바라보기 시작했다. 邱樹森의 연구는 Dardess 이후 元代 후기 정치사 연구의 또 다른 토대가 되었다고 할 수 있을 것이다. 그 결과 정쟁에 대한 세밀한 고찰과 이를 바탕으로 무능한 군주로만 여겨졌던 혜종의 정치적 역할과 素養을 재검토한 연구들이 이루어지기 시작했다.[52] 이러한 연구 성과들을 토대로 邱樹森의 연구를 발전적으로 계승한 연구서가 대만 학계의 洪麗珠에 의해 출간되었다.[53] 洪麗珠는 혜종 시기의 정국과 권력 구도를 상세하게 분석하면서 바얀의 등장부터 톡토의 몰락 시기까지는 이데올로기의 충돌이 정쟁 발생의 주된 요인이었고, 이후 이러한 이념 갈등이 해결되지 않은 채 일어난 권력 쟁탈이 元이 몰락한 직접적인 원인이 되었음을 지적했다. 이에 洪麗珠는 계급투쟁보다는 민족의 차이를 부각시켰는데, 이는 Dardess가 제시한 '초원'과 '중원' 대립 논의의 큰 틀을 계승하

Rapprochement: Studies in the Relations between the Mamluk Sultanate and the Mongol Ilkhanate(1260-1335), Turnhout: Brepols Publishers, 2013, p.11).

51) 邱樹森, 『妥懽貼睦爾傳』, 長春: 吉林敎育出版社, 1991.

52) 韓志遠, 「愛猷識理達臘與元末政治」 『元史論叢』 4, 北京: 中華書局, 1992 ; 趙永春·蘭婷, 「元順帝時期的黨爭及其危害」 『松遼學刊(社會科學版)』 1994-2 ; 劉艷波, 「略論元順帝時期統治階級內部爾爭的特點」 『松遼學刊(社會科學版)』 1997-4 ; 雷慶, 「元順帝新論」 『東北師大學報』 1999-3 ; 藍武, 「論元順帝安歡貼睦爾的文化素養及其文治」 『元史及民族史硏究集刊』 16, 海口: 南方出版社, 2003.

53) 洪麗珠, 『肝膽楚越－蒙元晚期的政爭(1333-1368)』, 新北: 花木蘭文化出版社, 2011.

고 있는 것이라 볼 수 있다.

Dardess부터 이어져 온 초원과 중원의 대립 담론은 결국 漢化의 승리라는 공식으로 귀결되었고, 이는 대원제국이 기존 중화제국과 같아질 수밖에 없다는 근거로 활용되었다. 하지만 이러한 전통적인 관점에 대한 비판적 재검토가 필요하다는 논의가 여러 연구들을 통해 제기되었고, 그 결과 元代의 여러 현상들을 설명하는 방식에 있어서 몽골-漢 문화의 '混用'이라고 하는 새로운 시각이 정립되기 시작했다.[54] 최근에는 이러한 혼용을 '內蒙外漢'이라는 용어를 통해 설명하고 있는데, 이 용어는 대원제국이 실질적으로는 몽골 고유의 제도를 여전히 유지하면서 겉으로는 중국 왕조의 모습을 취했음을 의미한다.[55] 이 새로운 개념의 도입을 통해 주로 쿠빌라이 시기를 중심으로 대원제국이 어느 한쪽의 문화에 치우친 것이 아니었다는 점이 밝혀지고 있고, 앞으로 쿠빌라이 이후 시기까지 논의의 대상이 확대될 것이다.

한편, 14세기 동북아시아의 역사를 조망하고 있는 David M. Robinson의 연구도 주목할 가치가 있다.[56] '제국의 황혼'이라는 그의 연구 제목으로 보아도 알 수 있듯이 무너져가는 元을 중심으로 동북아시아의 상황을 그려낸 이 연구는 홍건적 전쟁(Red Turban War)으로 인해 발생한 고려의 정치적 변화를 중심적으로 서술하면서 이와 관련된 元代의 역사에 대해서도 일정 지면을 할애하고 있다.

---

54) 元代 강남 지역의 불교 관련 행정 기구와 조직에 대해 설명하면서 몽골적 제도와 漢法의 절충은 끊임없이 진행되는 과정이었고, '유교화'라고 불리는 완벽한 과정은 결코 없었음을 논한 연구가 최근에 발표되었는데, 이 역시 몽골-漢 문화의 혼용을 새로운 관점으로 바라보는 것이라 할 수 있다. 이에 대해서는 Feifei Wang, "Negotiating between Mongol Institutions and "Han Traditions": Buddhist Administration in Southeastern China under the Yuan", *Journal of Song-Yuan Studies* Vol. 45, 2015를 참고.

55) 이를 설명한 대표적인 연구로는 李治安, 「元代"內蒙外漢"二元政策簡論」 『史學集刊』 2016-3을 참고할 수 있다.

56) David M. Robinson, *Empire's Twilight: Northeast Asia under the Mongols*, Cambridge, Mass. & London: Harvard University Press, 2009.

3) 元代 중·후기 제위계승분쟁과 權臣 연구

몽골제국의 후기를 다룬 여러 연구들은 몽골제국의 '계승분쟁'을 쇠퇴의 중요한 한 가지 요인으로 꼽고 있다.[57] 카안(혹은 황제)의 지위를 놓고 벌어진 제위계승분쟁은 칭기스 칸 사후부터 전개되기 시작했고, 그 이후 순탄하게 이루어진 계승이 거의 없었다고 칭할 수 있을 정도이다. 그래서 몽골제국의 역사는 제위를 둘러싸고 발생한 계승분쟁이 중심이 되어 펼쳐진 정국 변동의 과정이었다고 해도 과언이 아니다. 몽골제국 이외의 유목제국들에서도 계승분쟁은 정치사를 이해하는 데에 있어서 매우 중요한 논점으로 언급되고 있는데, 몽골제국도 예외가 될 수 없었던 것이다.

비록 쿠빌라이가 중국의 황태자 제도를 받아들이면서 제위계승의 과정이 순조롭게 진행될 것처럼 보였지만, 유목제국 고유의 '적임자 계승제'[58]

---

57) 元의 쇠망 원인 중에서 제국 내부의 '분쟁' 상황을 주목한 연구로는 李符桐, 「奇渥溫氏內訌與亂亡之探討」『國立臺灣師範大學歷史學報』 1974-2가 몽골-대원제국 전체 시기 역사를 제위계승분쟁과 諸王들의 반란을 중심으로 비교적 상세하게 다루고 있다. 馮作典, 「論元朝政權消亡的根本原因及其深刻的歷史敎訓」『內蒙古師大學報(哲學社會科學版)』 1998-5 역시 元이 쇠퇴하게 된 '근본' 원인 중 하나를 계승분쟁으로 설정하고 있다.

58) 유목제국의 계승분쟁에서는 어떤 일정한 원칙이 보이지 않고, 실력을 갖춘 사람이 군주의 지위를 차지하기 위한 전쟁의 과정이 수반되기 마련인데 이러한 현상을 Joseph Fletcher는 'tanistry'(스코틀랜드와 아일랜드의 켈트족이 족장을 결정할 때에 유능한 사람을 선출하는 관습을 지칭하는 말)라는 용어를 차용하여 표현하였다(Joseph F. Fletcher, "Turco-Mongolian monarchic tradition in the Ottoman Empire", *Eucharisterion: Essays Presented to Omeljan Pritsak (Harvard Ukrainian Studies* 3/4), 1979-1980, p.239). 그리고 이후 논문에서는 유목제국의 계승분쟁이 가진 특성을 분석하며 평상시에도 늘 계승분쟁의 잠재력이 존재하고 있음을 언급하고 있다(Joseph Fletcher, "The Mongols: Ecological and Social Perspectives", *Harvard Journal of Asiatic Studies* Vol. 46, No. 1, 1986, pp.24~28). 김호동은 계승의 원칙이 없는 것처럼 보이는 과정을 통해 유목국가가 필요로 하는 사람을 군주로 선출한다는 '적임자 계승제'라는 개념을 활용하여 계승분쟁의 면모를 설명하고 있다(金浩東, 「古代遊牧國家의 構造」, 서울

해 君尊臣卑의 개념이 더욱 강화되어 군신관계가 主-奴의 관계로 변화되면서 전제군주의 권위가 강해졌고, 제도적으로도 황권에 대한 견제가 이루어지지 못했다고 설명했다.[67] 이는 몽골-대원제국의 황제 권력이 강력해질수 있었던 요인을 분석했다는 점에서 가치가 있지만, 張帆과 마찬가지로 황실 여성들의 역할에 대한 검토가 없고 이러한 황권을 바탕으로 등장한 권신 재상들의 정치적 비중도 상당했다는 사실이 전혀 드러나지 않는다.[68] 또한, 황권과 臣權이라고 하는 포괄적인 주제를 다루다보니 자연스럽게 각 권신들의 집권 및 권력 유지의 배경과 권신들 간의 상이한 위상 등의 세부적인 사항을 종합적으로 논의하는 단계에는 이르지 못했다.

元代 중·후기에 등장한 권신들 각각에 대해서는 단편적인 연구들이 산발적으로 이루어져 왔는데, 그 중에서도 엘테무르(燕鐵木兒, El-Temür)와 바얀(伯顔, Bayan)에 관한 연구들을 주목할 필요가 있다. 우선, 엘테무르의 집권에 대한 고찰은 John W. Dardess의 연구에서 최초로 시도되었다. 특히 Dardess는 엘테무르가 정권을 잡기까지의 과정을 집중적으로 다루면서, 그가 등장할 수 있었던 정치적 배경을 파악하는 데에 많은 도움을 주고 있다. 하지만 앞에서 언급했던 것처럼, Dardess는 草原과 中原의 정치적 대립 구도를 기저에 두고 엘테무르의 집권을 언급하고 있다. 그래서 엘테무르의 집권은 권력을 차지하는 데 있어서 草原的 요소가 가지고 있는

---

67) 周良霄,「元代的皇權和相權」, 蕭啓慶 主編,『蒙元的歷史與文化－蒙元史學術硏討會論文集』, 臺北: 臺灣學生書局, 2001.

68) 姚大力 역시 몽골-대원제국의 황권에 대한 논문을 발표한 바 있다. 그는 황권 형성의 기반이 몽골식과 중국식 제도 양 측면에 모두 존재하고 있고, 황제의 측근들인 케식도 몽골 고유의 임무를 수행하면서 중국식 직함을 보유한 사례를 언급하며 '混用'의 의미를 강조하고 있다. 또한, 宋代부터 황제 권력이 강화되는 추세 속에서 몽골 고유의 主僕 관계가 군신 관계에 투영되기 시작하면서 황권 전제화의 경향이 가속화되었음을 지적했다. 다양한 사료들에 기록된 여러 사례를 제시하면서 논의를 풍부하게 하고 있고, 周良霄의 주장을 더욱 세부적으로 뒷받침한다고 볼 수 있다. 이에 대해서는 姚大力,『蒙元制度與政治文化』, 北京: 北京大學出版社, 2011, 139~194쪽을 참고.

비중을 줄어들게 하면서 제국의 유교화를 촉진시키는 과정이었다고 설명했다.[69] 그러나 엘테무르의 집권 과정을 상세히 추적해보면 몽골제국 고유의 요소가 가진 정치적 영향력을 결코 간과해서는 안 된다는 점을 알 수 있게 된다.

일본의 저명한 몽골제국사 연구자인 杉山正明도 Dardess의 관점을 거의 그대로 계승하고 있다. 엘테무르가 권력을 잡으면서 황제(혹은 카안)의 권위가 실추되고 제국의 융화와 통합이 일거에 허물어져 몽골공동체의 일체감이 급속하게 와해되었다고 하면서 이것이 몽골제국 역사의 커다란 분기점이 되었다고 설명하고 있는 것이다. 하지만 杉山正明의 서술 중에서 엘테무르가 秦王이라는 왕호를 가지고 수많은 직함을 겸직했고, 鄜王 등의 諸王을 모살한 것을 비롯하여 자신에게 거슬리는 사람을 모두 죽였다고 한 내용은 사실 관계에 있어서 치명적인 오류에 해당된다. 이는 엘테무르 이후에 등장하는 권신인 바얀과 관련된 것이기 때문이다.[70]

Dardess와 杉山正明의 주장은 엘테무르의 집권을 정치적 분기점으로 설정한 새로운 시도였다고 할 수 있다. 하지만, 여기에는 엘테무르가 집권을 위해 명종을 암살하는 등 中原에만 권력의 기반을 두고 집권했기 때문에 몽골제국의 일체성이 훼손되었다는 인식이 반영되어 있다. 엘테무르의 집권 과정과 그 정치적 배경에 대한 고찰이 Dardess의 연구 이후로는 거의 보완되지 않았고, 명종 암살 이전에 엘테무르가 어떻게 정치 무대에 등장할 수 있었는지에 대한 구체적인 고찰이 이루어지지 않았던 것이다. 이

---

69) John W. Dardess, *Conquerors and Confucians: Aspects of Political Change in Late Yüan China*, New York: Columbia University Press, 1973.

70) 스기야마 마사아키(杉山正明), 임대희·김장구·양영우 譯, 『몽골세계제국』, 신서원, 1999, 352~353쪽(原書는 杉山正明, 『モンゴル帝國の興亡〈下〉－世界經營の時代』, 東京: 講談社, 1996, 212~213쪽). 엘테무르와 바얀의 행적을 혼동하고 있는 중대한 오류는 杉山正明의 또 다른 연구서에서도 여전히 수정되지 않았음을 확인할 수 있다(杉山正明, 『モンゴル帝國と大元ウルス』, 京都: 京都大學學術出版會, 2004, 364쪽).

로 인해 Dardess의 연구가 이루어지고 20여 년이 지난 이후에도 杉山正明
은 엘테무르의 집권에 관해서 여전히 中原 요소만을 강조하는 설명을 할
수밖에 없었다.

　Dardess와 杉山正明과는 별도로 킵차크(欽察, Qipčaq)인들이 몽골-대
원에서 보여주었던 정치적·군사적 활약에 대한 연구들도 간헐적으로 이루
어졌다.[71) 이러한 연구들에서 킵차크 출신인 엘테무르가 언급되고 있기는
하지만, 그의 출신배경과 경력을 당시의 정치적 상황과 연계하여 상세하게
설명하는 측면에서는 부족함이 보이고 있다. 단지 킵차크인이 몽골제국의
주요 구성원이 되는 과정과 킵차크軍(킵차크衛)의 조직 및 활동에 대한 내
용이 주로 다루어지고 있을 뿐이다. 결국 Dardess의 언급 이후로는 2000
년대에 접어들기 전까지 엘테무르의 행적에 대한 상세한 고찰은 이루어지
지 않았다고 할 수 있다.

　하지만 2000년대에 접어들면서 엘테무르 혹은 엘테무르 가문을 중심에
둔 연구들이 차츰 등장하기 시작했다. 張沛之는 엘테무르의 祖父 토트칵
(Totqaq, 土土哈)과 아버지 중구르(Jünggür, 牀兀兒)의 활약을 중심으로 그
가문의 정치·군사적 위상을 연구하여 엘테무르의 집권 배경을 밝혔다.[72)

---

71) 이러한 연구들로는 太田彌一郎, 「元代の哈剌赤軍と哈剌赤戶－〈探馬赤戶〉の理解
　　に關って」『集刊東洋學』46, 1981, 1~4쪽 ; 葉新民, 「元代的欽察, 康里, 阿速, 唐
　　兀衛軍」『內蒙古社會科學(漢文版)』1983-6, 109~111쪽 ; Charles J. Halperin,
　　"The Kipchak connection: the Ilkhans, the Mamluks and Ayn Jalut", *Bulletin
　　of the School of Oriental and African Studies* Vol. 63, No. 2, 2000, p.240 ;
　　馬建春, 『元代東遷西域人及其文化研究』, 北京: 民族出版社, 2003, 40~45쪽 및
　　122~125쪽 등이 있다. 최근에 Allsen은 몽골 지배 시기 유라시아에서 발생한 인
　　구 이동을 다루면서 킵차크인들의 활약을 일부 언급하기도 했다(Thomas T.
　　Allsen, "Population Movements in Mongol Eurasia", Reuven Amitai & Michal
　　Biran eds., *Nomads as Agents of Cultural Change*, Honolulu: University of
　　Hawai'i Press, 2015, pp.124~126).

72) 張沛之, 「元代土土哈家族探研」『元史論叢』8, 南昌: 江西教育出版社, 2001 ; 張
　　沛之, 『元代色目人家族及其文化傾向研究』, 天津: 天津古籍出版社, 2009, 1~34쪽.
　　또 다른 논문으로 楊繼紅, 「論蒙元時期欽察人土土哈家族」『內蒙古農業大學學報

王頲은 여러 사료를 기반으로 엘테무르의 집권 과정 속에 보이는 政爭과 제위계승분쟁의 모습을 보여주었다.[73] 馬娟은 엘테무르의 事迹을 개략적으로 정리하고, 고려의 사료에 나타난 엘테무르의 모습까지 언급하면서 그가 가지고 있었던 '遊牧文化의 色彩'를 강조하였다.[74] 張金銑은 엘테무르가 집권하는 데 결정적인 역할을 했던 兩都內戰의 전개 과정과 영향을 자세히 분석하였다.[75] 傅光森은 君權과 相權의 변화 추이를 중심으로 '元代中期'의 政治史를 살피면서 엘테무르 정권의 성립 과정과 그 '君臣一體的' 성격을 규명하였다.[76] 그리고 내몽골 錫林郭勒盟 正藍旗에 위치한 羊群廟에서 발견된 石雕人像과 엘테무르 가문의 제사 유적의 관련성을 논하면서 엘테무르에 관해서 약간의 내용을 언급한 연구들도 있다.[77] 劉迎勝은 킵차크衛를 포함하여 킵차크인들이 관할했던 군사 조직을 다루면서 토트칵 가문의 정치적 위상이 상당히 강했음을 아주 개략적으로 다룬 논문을 발표하기도 하였다.[78] 최근에 Michael C. Brose는 엘테무르가 속한 킵차크 가문이 대원제국에서 활약한 역사와 군사·정치 네트워크 및 封地에 대한 분석을 통해 '킵차크 네트워크'가 가진 중요성을 밝혀냈다.[79]

(社會科學版)』 2009-3이 있으나 張沛之의 연구와 크게 다른 점이 없다.

73) 王頲, 「燕鐵木兒的軍事政變與明文禪替」 『歐亞學刊』 3, 北京: 中華書局, 2002 ; 王頲, 『龍庭崇汗－元代政治史研究』, 海口: 南方出版社, 2002, 288~309쪽.

74) 馬娟, 「元代欽察人燕鐵木兒事迹考論」 『元史論叢』 10, 北京: 中國廣播電視出版社, 2005.

75) 張金銑, 「元兩都之戰及其社會影響」 『安徽大學學報(哲學社會科學版)』 30-5, 2006.

76) 傅光森, 『元朝中葉中央權力結構與政治生態』, 國立中興大學歷史學系 博士學位論文, 2008, 285~346쪽.

77) 陳永志, 「羊群廟石雕人像與燕鐵木兒家族祭祀地」 『內蒙古社會科學(漢文版)』 2002-6 ; 魏堅, 「蒙古高原石雕人像源流初探: 兼論羊群廟石雕人像的性質與歸屬」 『文物』 2011-8, 61~63쪽.

78) Liu Yingsheng(劉迎勝), "From the Qipčaq Steppe to the Court in Daidu: A Study of the History of Toqtoq's Family in Yuan China", Morris Rossabi ed., *Eurasian Influences on Yuan China*, Singapore: Institute of Southeast Asian Studies, 2013.

이들 연구는 엘테무르 가문의 위상과 이를 기반으로 한 엘테무르의 집권 과정을 밝혔다는 점에서 의의를 찾을 수 있지만, 엘테무르와 관련된 기존의 시각을 돌파하려는 시도가 보이지 않는다는 한계점을 가지고 있다. 엘테무르의 집권은 草原의 정치가 中原의 정치에 의해 패배했음을 보여주는 것이라고 단정한 Dardess와 杉山正明의 관점은 그대로 유지되고 있는 상태에서 연구가 진행되고 있는 것이다. 또한, 위의 연구들은 엘테무르의 집권을 다루면서 그의 중요한 권력 기반이라고 할 수 있는 킵차크衛軍의 존재와 활약만을 주로 언급하고 있을 뿐이다. 특히 대표적인 연구자로서 張金銑과 馬娟을 들 수 있는데, 張金銑은 엘테무르가 집권하는 계기가 되었던 양도내전의 과정과 영향에 대해서만 상세히 분석했을 뿐이고, 馬娟은 엘테무르의 초기 행적 등을 다루면서 엘테무르가 가지고 있었던 유목문화의 색채를 언급하면서 시각의 전환을 모색했지만 이를 엘테무르가 집권하는 정치적 과정에 적극적으로 연결시키고 있지 않다는 점에서 아쉬움이 남는다. 그래서 엘테무르가 권력을 장악했던 전반적 상황을 기존 연구들이 다루고 있으면서도 정작 엘테무르가 황제를 옹립하기 이전의 행적과 그의 정치적 활약을 결부시키려는 모습이 보이지 않고, 이를 기반으로 새로운 관점을 확립하려는 노력이 부족했다는 결점이 존재한다.

이러한 결점을 보완하려는 노력이 전혀 없었던 것은 아니다. 대표적으로 이용규의 박사학위논문을 언급할 수 있는데, 그는 군주와 강력한 사적 유대감을 가진 侍衛軍의 존재가 내륙아시아 전통에서 기인한 것이고 이것이 서아시아와 중국에까지 확대되었음을 언급하면서 대원제국에서도 이러한 경향이 킵차크衛 등 色目衛軍의 설치로 나타났다는 점에 주목했다. 특히 무종이 즉위하는 과정에서 활약했던 인물들이 이러한 군대 조직에 대거 편입되었고, 엘테무르의 등장 역시 내륙아시아 전통에서 출발한 군주와의

---

79) Michael C. Brose, "Qipchak Networks of Power in Mongol China", Morris Rossabi ed., *How Mongolia Matters: War, Law, and Society*, Leiden·Boston: Brill, 2017, pp.69~86.

관계와 군대 조직을 통해 설명할 수 있다는 점을 제시했다.[80] 이는 문종의
즉위와 漢化를 강조했던 관점과는 다르게 실질적인 통치자 엘테무르의 집
권과 유목 전통의 계승을 개략적으로 논했다는 점에서 가치가 있다.

한편, 바얀에 대한 언급은 혜종 초기의 정치적 동향을 서술하는 연구에
서 주로 등장하고 있다. 특히 藤島建樹는 바얀이 집권했던 시기에 대해서
서술한 선구적 업적을 남겼다고 할 수 있다.[81] 이후에는 John. W. Dardess
가 元代 후기의 정치적 동향을 서술하면서 바얀의 집권과 그의 몰락 과정
을 다루었다.[82] 그의 연구는 바얀 집권 시기에 일어났던 사건들과 바얀의 정
책들을 상세하게 언급하고 분석했다는 점에서 의의를 가지고 있지만, 바얀
이 본격적으로 등장하기 이전의 모습에 대한 언급은 없다. 그리고 Dardess
는 바얀이 반유교적 반동정책(anti-confucian reaction)을 시행했던 점을
주로 부각시키고 있고, 元代 후기 정치에서 바얀의 집권과 몰락이 가지는
의미 역시 유교-반유교라는 틀 안에서만 분석하고 있다. Dardess의 연구
이후에 이루어진 邱樹森의 연구는 元代 후기의 정치적 동향을 구체적인 사
료 내용을 언급하며 서술하고 있는 장점을 가지고 있지만, 혜종의 일생을
중심에 두고 있는 탓에 바얀에 대한 상세한 논의는 이전 연구 수준에서 크
게 벗어나지 못했다.[83]

이러한 한계점을 보완한 것이 張建新의 연구이다.[84] 張建新은 바얀의
일생과 행적을 중심으로 元代 중기와 후기의 정치적 동향을 다루고 있는

---

80) Yonggyu Lee, *Seeking Loyalty: The Inner Asian Tradition of Personal Guards and its Influence in Persia and China*, Ph. D. Dissertation of Harvard University, 2004. 특히 무종과 엘테무르에 대해서는 pp.240~263을 참고.

81) 藤島建樹, 「元の順帝とその時代」『大谷學報』 49-4, 1970, 50~58쪽.

82) John W. Dardess, *Conquerors and Confucians: Aspects of Political Change in Late Yüan China*, New York and London: Columbia University Press, 1973, pp.53~74.

83) 邱樹森, 『妥懽貼睦爾傳』, 長春: 吉林教育出版社, 1991, 58~67쪽.

84) 張建新, 『蔑兒吉觧伯顔研究』, 香港大學中古文史 碩士學位論文, 1999.

데, 이는 바얀을 중심에 둔 최초의 연구라는 데에 의의가 있다. 또한 바얀에 대해서 민족차별주의자라고 하는 일방적인 정의를 내리지 않고, 균형있는 관점을 견지하려고 노력했다는 점도 주목할 만하다. 하지만 바얀의 행적과 그 시기의 정치적 동향 사이의 관계를 언급한 내용들에는 일부 재고의 여지가 있고, 바얀의 집권과 그의 몰락이 가지고 있는 의미에 대한 분석이 결여되어 있는 것은 아쉬움으로 남는다.

최근에는 洪麗珠가 元代 후기의 政事을 연구하면서 바얀에 대해 한 章을 할애했는데, 여기에서는 바얀을 '전형적'인 권신으로 규정하고 反漢法 정책은 바얀의 의식형태와 연계되어 있었음을 지적했다.[85] 그의 연구는 바얀의 행적과 그 정책을 세밀하게 분석하고 있다는 장점을 가지고 있지만, 바얀에 관한 몇 가지 사실을 간과하고 있다는 단점도 보이고 있다. 그리고 Dardess의 반유교 개념보다 한 단계 더 나아가 반한법이라는 용어를 사용하여 바얀의 정책과 그의 의식형태까지 규정하면서 이전 연구들을 더욱 발전적으로 계승했다고 볼 수 있다. 하지만 元代의 권신들은 당시의 정치적 상황에 따라 다양한 유형으로 등장하고 있는데, 굳이 바얀을 전형적인 권신으로 규정하면서 그의 반한법적 성향을 강조하게 되면 자칫 이념적인 성향이 권신을 규정하는 요소로 성급히 연결될 소지가 있다.

본서에서 다루는 元代 중·후기의 권신들은 수시로 발생했던 제위계승분쟁에 직·간접적으로 간여하면서 황제나 황후, 황태후의 신임을 얻거나 빈번한 계승분쟁으로 취약해진 황권을 강화하기 위한 정책으로 인해 조정에서 승상의 지위를 획득하면서 권력을 행사한 이들을 가리킨다. 이러한 권신들은 무종의 즉위 이후 尙書省을 장악한 신료들을 시작으로 元代 후기 기황후의 총애를 바탕으로 권력을 장악한 권신들에 이르기까지 60여 년 동안 끊이지 않고 등장하면서 제국의 주요 정책을 집행했다. 이들의 정책

---

85) 洪麗珠, 『肝膽楚越－蒙元晚期的政爭(1333-1368)』, 新北: 花木蘭文化出版社, 2011, 17~42쪽.

집행 방식은 대부분 상당히 일방적이면서도 독단적이었고, 그로 인해 형성된 각종 불만은 수많은 정치적 변동을 야기했다.

또한, 시기에 따라 각 권신들이 가지는 지위가 상이했는데 특히 격렬한 제위계승분쟁 과정에서 아무런 실질적 기반이 없었던 황제를 온전히 자신의 힘으로 옹립한 엘테무르가 등장하면서 권신의 권력은 더욱 막대해졌다. 엘테무르의 뒤를 이어 등장한 바얀은 엘테무르 가문의 견제로 인해 수행되기 어려웠던 혜종의 즉위를 적극 지원한 공으로 역시 막강한 권력을 가졌다. 이 두 권신은 승상, 諸王, 공신, 太師 등의 직함을 겸하면서 대규모의 군사 조직을 직접 관할하고 여러 정부 기구를 장악하며 황태자 혹은 황후의 선정에도 간여하는 등 거의 모든 정무 결정의 권한을 독점했다. 이에 '적임자 계승제'가 시행되는 상황에서 칭기스 가문의 황제 후보자를 대신하여 거의 '적임자'의 역할을 수행하면서 자신들이 선택한 인물을 옹립하고 제국 운영의 모든 권한을 장악한 엘테무르와 바얀을 '全權 權臣'이라는 용어로 정의하고자 한다. 엘테무르와 바얀의 등장으로 인해 칭기스 가문의 황제가 수행하는 역할이 대폭 줄어들었고, 全權 權臣이 정국의 중심이 되었기 때문에 元代 중·후기의 역사적 전개와 권신 권력의 강화 과정을 이해하기 위해서는 이들의 특별한 위상을 반드시 검토해야 한다. 또한 혜종 재위 시기에 여러 재상들이 등장하고 기황후가 권력의 중심으로 부상하는 등 복잡하게 전개되고 있는 정국에 대한 이해를 위해서도 계승분쟁과 권신의 출현에 대한 심도있는 논의가 필요하다.[86]

---

86) 최근 혜종 시기의 권력 구도에 대해서는 윤은숙이 일련의 상세한 연구를 제출한 바 있다. 혜종이 정치적으로 무능한 황제였다는 선입견을 극복하면서 혜종 시기의 정치적 구도가 어떻게 변화를 겪고 있었는지를 고찰한 것이라는 점에서 학술적 의미를 지니고 있다고 할 수 있겠다. 이에 대해서는 윤은숙, 「元末 토곤 테무르 카안의 耽羅宮殿」『耽羅文化』53, 2016 ; 「大元帝國 말기 奇皇后의 內禪시도」『몽골학』47, 2016 ; 「元末 토곤 테무르 카안의 통치와 至正更化」『역사문화연구』65, 2018 ; 「元末 토곤 테무르 카안의 宰相政治와 黨爭－톡토 派와 베르케 부카 派의 대립을 중심으로」『中央아시아硏究』23-2, 2018 ; 「元代 중·후기 皇

　지속적인 제위계승분쟁 과정에서 두각을 드러낸 권신들은 '內蒙外漢'의 모습을 보여주고 있다. 그들은 중국식 관료제도에 편입되어 겉으로는 승상이라는 직함을 보유하며 조정의 최고 권위자가 되었지만, 실질적인 권위는 몽골 고유의 정치적 제도와 관례에서 나오고 있었던 것이다. 이는 케식이라고 하는 몽골 고유의 護衛 출신으로 승상이면서도 군사 조직을 관할하고 있었다는 점, 황후나 황태후 등 황실 여성의 적극적인 정치 참여를 통해 전폭적인 지원을 받은 점, 큰 공적을 세우면 받게 되는 몽골 고유의 다르칸(答剌汗, Darqan) 칭호를 겸했다는 점 등을 통해 확인할 수 있다. 게다가 중국 전통의 과거제를 통해 入仕한 관료가 아니라 카안이나 카툰의 측근 혹은 家臣들이 권신이 되었다는 것도 또 다른 특징 중의 하나이다. 이들의 권력 장악이 중국식 제도 도입 이후에도 사라지지 않은 적임자 계승 방식의 치열한 계승분쟁 과정과 밀접하게 연결되어 있다는 사실은 '外漢'보다 '內蒙'의 기제가 더욱 활발하게 작동했다는 점을 상징한다.

3. 사료의 활용

　蒙元史의 연구는 몽골제국사 전체에 대한 이해를 기반으로 이루어지고 있기 때문에 관련된 다양한 사료들이 활용되고 있음은 이미 잘 알려진 바이다. 동방의 언어권에서는 한문 사료가 가장 중심적인 위상을 차지하고, 몽골어와 티베트어, 위구르어 등의 자료들이 그 뒤를 따르고 있다. 서방의 언어권에서는 페르시아어 사료가 가장 많이 활용되고 있고, 이외에 아랍어, 라틴어, 아르메니아어, 러시아어 등 몽골제국과 직접·간접적으로 관련되어 있는 지역의 언어들로 기록된 다양한 자료들이 고유한 가치를 지닌다. 하지만 이렇게 문화권 자체가 다른 사료들을 한 연구자가 광범하게 다

權과 權臣－톡 테무르와 토곤 테무르 시기를 중심으로」『耽羅文化』60, 2019 ; 「아유시리다라의 冊寶禮를 둘러싼 大元帝國 말기의 권력쟁탈」, 『史叢』98, 2019 등을 참고.

루는 것은 각 지역의 역사 서술 전통에 대한 이해까지 필요하기 때문에 상당히 어려운 일이고, 극소수의 학자들만이 이 어려운 작업을 시도하고 있다. 그나마 다행스러운 것은 사료의 이해를 위해 영어, 중국어 번역본이 지속적으로 출간되고 있어 비록 제한적이기는 하지만 다양한 사료에 대한 접근을 가능하게 만들었다는 점이다.

본서는 14세기 몽골제국, 그 중에서도 대칸이 직접 관할하는 울루스인 大元의 역사를 집중적으로 고찰한다. 그래서 여러 언어로 된 사료 중에서도 결국에는 『元史』를 중심으로 한문 사료가 가장 기본적인 자료로 활용된다. 물론, 『元史』의 편찬이 졸속으로 이루어졌기 때문에 오류와 결함이 많다는 점은 널리 알려져 있다. 이를 보완하기 위해 明代부터 민국 시기에 이르기까지 '더욱 완벽한' 『元史』를 만들기 위한 노력이 지속적으로 전개되었던 사실도 그만큼 『元史』가 蒙元史의 광범위함을 담아내지 못했음을 반영한다.[87] 그래서 전체 몽골제국사를 조망하는 데에 있어서 중국 중심적인 관점에서 기록된 『元史』는 부분적인 효용성만을 가지고 있을 뿐이다. 그럼에도 불구하고, 중국의 오래된 역사편찬 전통은 결코 무시할 수 없는 것이고 明에 의해 편찬된 正史로서의 위상까지 없어지지는 않는다. 특히 14세기 대원제국 조정 내부의 상황에 대해서는 『元史』만큼 상세한 내용을 알려주는 자료가 없고, 편찬에 걸린 시간이 짧았다는 것은 편찬자에 의한 자료의 改變이 적었음을 의미하는 것[88]이라고도 볼 수 있기 때문에 분명

---

87) 김호동은 『元史』가 중국 이외 지역에 대한 정보를 거의 담고 있지 않다는 한계성도 가지고 있다고 지적한 바 있다(金浩東, 「元代의 漢文實錄과 蒙文實錄-『元史』 「本紀」의 中國中心的 一面性의 解明을 위하여」 『東洋史學研究』 109, 2009). 이러한 『元史』의 보완을 목적으로 편찬된 史書들은 明代부터 이미 등장하기 시작했고(黃兆强, 「明人元史學探研」 『書目季刊』 34-2, 2000), 淸代부터는 더욱 활발하게 『元史』의 오류나 결함을 바로잡으려는 노력들이 진행되었다(조원, 「17-20세기 몽원사 연구에 나타난 청 지식인들의 '몽골제국' 인식-『元史類編』, 『元史新編』, 『新元史』를 중심으로」 『中國學報』 74, 2015).

88) 『元史』가 활용한 자료의 개변이 적었다는 점은 비교적 급하게 편찬된 사정과 관

활용 가치가 높은 사료라고 할 수 있다.

『元史』의 부족함을 보완하기 위해서는 正史가 아닌 자료를 활용해야 되는데, 우선 '政書'라고 부를 수 있는 기록들에 주목할 필요가 있다. 그 중에서 가장 많이 활용되는 것은 1320년대에 편찬된 『大元聖政國朝典章』(약칭 『元典章』) 및 『通制條格』(원래의 명칭은 『大元通制』)과 至正 6년(1346)에 반포되어 한국에서 殘本이 발견된 『至正條格』으로 대표되는 법령문서 모음이다. 여기에는 중요한 詔書의 내용부터 정치·경제·사회 제반 분야의 법률적 처리에 대한 사안들이 자세히 기록되어 있어 元代의 행정 제도와 정책의 집행 상황을 파악하는 데에 큰 도움이 된다.[89] 특히 『至正條格』에는 『元典章』과 『通制條格』이 편찬된 이후부터 至正 4년(1344)까지의 條文들이 수록되어 있어 중요한 사료적 가치를 가지고 있다.[90] 여기에 추가적으로 언급할 자료는 바로 大元제국의 감찰 기구인 御史臺의 문서들이다. 明 永樂帝 시기에 편찬된 『永樂大典』에 수록된 이 기록들은 『憲臺通紀』, 『憲臺通紀續集』, 『南臺備要』이고 중국과 대만에서 이를 모은 단행본이 출판되면서 자료에 대한 접근이 용이해졌다. 『憲臺通紀』에는 至元 5년(1268)부터 後至元 원년(1335) 사이의 어사대 문서들이 수록되어 있고, 『憲臺通

련되어 있음은 물론이고, 문장을 꾸미지 않고 사실 그대로 명백하게 서술하고자 하는 편찬 원칙이 작용한 현실적 결과였다는 점도 지적되었다. 李允碩, 「史不當 滅과 '論議之公' – 明初 『元史』 편찬 관념의 배경과 실제」 『東洋史學硏究』 138, 2017, 173쪽.

89) 최근 일본에서는 『元典章』이 편찬된 배경, 수록된 문서의 성격과 구조 및 『元典章』을 통해 드러나는 사회·경제적 실상에 대해 종합적으로 고찰한 연구서가 출판된 바 있다. 이에 대해서는 赤木崇敏 等, 『元典章が語ること – 元代法令集の諸相』, 吹田: 大阪大學出版會, 2017을 참고.

90) 『至正條格』의 사료적 가치에 대해서는 정식 출판물의 형태로 나오기 이전에 이미 이개석에 의해 분석된 바 있고(李玠奭, 「元朝中期 法典編纂 硏究와 『至正條格』의 發見」 『東洋史學硏究』 83, 2003), 중국에서는 『至正條格』의 정식 출간 이후부터 관련 연구가 활발하게 진행되고 있다. 중국학계의 『至正條格』 연구 경향에 대해서는 趙晶, 「《至正條格》研究管窺」, 曾憲義 主編, 『法律文化硏究』 6, 北京: 中國人民大學出版社, 2011을 참고.

紀續集』에 기록된 어사대 문서들의 작성 기간은 後至元 4년(1338)부터 至 正 7년(1347) 사이에 해당된다. 『南臺備要』에는 江南行御史臺(약칭 南臺) 가 설치된 至元 14년(1277)부터 至正 13년(1353) 사이에 南臺에서 주고받 았던 문서들이 수록되어 있다. 이는 14세기 대원제국 중앙 정치의 상황을 직접 보여주는 귀중한 자료들이고, 특히 1320년대 이후의 官撰 문건들이 상당수 기록되어 있기 때문에 더욱 중요한 가치를 지니고 있다.[91]

위에서 언급한 正史와 政書 이외에 14세기 대원제국 역사 연구에 꼭 필 요한 것들로는 文集과 筆記史料 및 石刻資料를 꼽을 수 있다. 문집, 필기, 석각 등의 자료에는 국가에서 공식적으로 출간한 正史나 政書에서 찾아볼 수 없거나 고의로 은폐한 내용들이 기록된 경우도 있고, 간략하게 줄여서 전해지는 인물 관련 傳記의 출처라고 할 수 있는 墓誌銘 등이 더욱 상세하 고 원본에 가까운 형태로 보존된 사례도 존재한다. 官撰 사료와는 또 다른 관점을 보여주는 이러한 자료들은 전근대 중국사 연구에서 중요한 위상을 차지하고 있고 14세기 대원제국의 중국 통치와 그 치하에서 활약했던 여 러 인물들의 모습을 생생하게 확인하는 데에도 반드시 필요한 기록이기도 하다. 그리고 延祐 2년(1315)부터 대원제국에서 과거제도를 실시하면서 비 록 제한된 수이기는 하지만 漢人, 南人 지식인들이 政界에 본격적으로 진 출하기 시작했고, 이들이 다양한 기록을 남겼다는 점도 주목해야 된다. 14 세기 대원제국에서 이전보다 활발해진 지식인들의 문필 활동으로 인해 탄 생한 문집과 1368년 이후 明朝 초기에 살았던 인물들이 남긴 기록은 當代 사료로서 큰 가치를 지니고 있다. 물론 漢人, 南人 관료들은 제국 정치의 '주변인'에 불과했기 때문에 기록의 내용과 시각의 측면에서 분명한 한계 가 존재하고 있다는 사실을 반드시 염두에 두어야 한다.

대원제국의 역사를 살펴보기 위한 한문 사료들 중에서 반드시 주목해야

---

91) 元代의 대표적인 政書의 편찬 배경과 개략적인 내용에 대한 소개로는 陳子丹, 『元 朝文書檔案工作硏究』, 北京: 中國社會科學出版社, 2014, 201~221쪽을 참고.

할 또 다른 것은 바로 조선에서 편찬한 正史 『高麗史』, 『高麗史節要』와 고려 후기 문인들의 문집이다. 이미 기존의 수많은 연구들을 통해 지적되었던 것처럼, 대원제국과 고려 사이에 이루어진 정치·경제·문화 방면의 교류는 상당히 긴밀하면서도 독특하게 이루어졌다. 이러한 시대적 환경 속에서 고려의 문인들은 대원제국과 직접적으로 관련된 다양한 기록들을 남겼고,[92] 거꾸로 대원제국 측의 자료에도 고려에 대한 내용이 상당한 정도로 기록되어 있다.[93] 특히 14세기 대원제국과 관련해서는 고려 후기 문인들의 문집에 몽골, 중국이 아닌 제3자의 시선에서 바라본 대원제국의 일면이 담겨 있다는 점을 주목할 필요가 있고 『高麗史』에 실린 대원제국 황제들의 詔書와 같은 공문서 역시 귀중한 가치를 지니는 자료라고 할 수 있다. 그래서 대원제국의 모습을 기록한 고려 자료를 최대한 충실하게 활용하는 것 역시 상당히 중요한 과제이다. 한편, 본서에서는 14세기 대원제국의 역사상을 밝히기 위해 주로 한문 사료를 이용하고, 필요에 따라서는 비한문 사료의 내용도 부분적으로 활용한다. 여기에서 말하는 비한문 사료는 페르시아어, 몽골어, 티베트어 등 다양한 언어로 기록된 문헌들을 일컫는데 한문 사료에 비해서 활용도는 그리 크지 않다. 그러나 전체 몽골제국을 고찰의 범주로 삼게 되면 비한문 사료 역시 중요한 위상을 차지하게 된다.

---

92) 필자는 李穀의 『稼亭集』을 중심으로 고려의 文集에 담긴 대원제국 관련 기록들을 검토한 바 있다. 이에 대해서는 권용철, 「李穀의 『稼亭集』에 수록된 大元帝國 역사 관련 기록 분석」, 『歷史學報』 237, 2018을 참고.

93) 대원제국 자료에 있는 고려 관련 기록에 대한 정리는 張東翼, 『元代麗史資料集錄』, 서울대학교출판부, 1997 ; 이근명 외, 『송원시대의 고려사 자료 2』, 신서원, 2010, 289~487쪽을 참고. 고려와 조선의 문집에 수록된 대원제국 관련 기록에 대해서는 杜宏剛·邱瑞中·崔昌源 輯, 『韓國文集中的蒙元史料』, 桂林: 廣西師範大學出版社, 2004를 참고.

4. 본서의 구성

본서는 제위계승분쟁이 본격화된 14세기 대원제국의 권신들이 집권할 수 있었던 배경과 권력을 지켜나간 방식에 대해서 상세하게 살펴보고자 한다. 이를 위해 황제가 교체될 때마다 벌어졌던 계승분쟁과 황태자 책립을 둘러싸고 진행된 갈등의 과정, 결과 및 영향을 검토하여 권신이 연속적으로 나타나게 된 원인을 알아볼 것이다. 또한 황제, 황(태)후와 권신 간의 관계가 어떠했고 권신들의 위상에서는 어느 정도의 차이가 발생하고 있었는지에 대해서도 분석할 것이다. 이를 통해 14세기 대원제국의 권신 정치는 왕조 말기에 국한된 일시적 현상이라기보다는 제국 고유의 정치 형태였다고 할 수 있고, 이것이 1368년 이후의 몽골 역사에서도 그대로 이어졌음을 논의하고자 한다.

14세기 대원제국의 제위계승분쟁과 권신 정치는 內蒙外漢의 구조와 불가분의 관계에 놓여 있다. 장자 상속제가 확립되어 있지 않고 실력 경쟁을 통한 적임자 계승이 이루어졌던 몽골제국의 고유한 계승 방식은 쿠빌라이가 중국식 제도인 황태자 선정을 받아들이면서 사라질 것처럼 보였지만, 실제로는 황태자 선정 과정 자체가 또 다른 적임자 계승제의 발현이었다. 겉으로는 황태자 제도가 도입되었지만 치열한 계승분쟁을 막을 수는 없었던 것이다. 이로 인해 등장한 여러 권신들은 중국식 관료제와 몽골 고유의 제도에서 창출되는 여러 지위를 겸비하며 정국을 이끌어 나갔다. 이에 본서에서는 내용을 4장으로 나누어 14세기 대원제국의 정치사를 제위계승분쟁과 권신 정치를 중심으로 고찰하고자 한다.

1장에서는 元代 중·후기 제위계승분쟁과 권신 정치 출현의 단초라고 할 수 있는 무종과 인종 재위 시기의 정국 동향을 검토하고자 한다. 무종은 카이두와의 전쟁을 지휘하면서 확보했던 군사력을 바탕으로 성종 사후의 제위계승분쟁에서 최종적으로 승리를 거두며 즉위했고, 가장 큰 공을 세운 동생을 황태자로 지명했다. 무종의 이러한 조치는 점점 성장하고 있

었던 무종의 近侍들과 황태자 세력 사이의 갈등을 야기했고, 이는 황태자
가 인종으로 즉위하는 과정과 그 이후의 궁정 정치에 커다란 여파를 남겼
던 점을 언급하게 될 것이다. 그리고 인종 즉위 이후 황태후가 정치에 적
극적으로 개입하기 시작하면서 제위계승문제에서도 결정적인 영향력을 행
사하였고, 이로 인해 새로운 권신 테무데르가 출현하게 되는 현상을 서술
할 것이다.

　2장에서는 무종, 인종 시기의 정치적 갈등과 권신 테무데르의 출현에
의해 점점 帝位의 위상은 불안정해지고 반대로 권신의 권력은 성장하는 과
정을 검토하고자 한다. 인종의 뒤를 이어 즉위한 영종은 비록 인종의 적장
자였음에도 불구하고, 무종과 인종 사이에 맺어진 계승의 합의를 모두 무
시하고 즉위한 것이었기 때문에 정통성의 측면에서 약점을 가지고 있었다.
적장자가 황태자 지위를 거쳐 적법한 절차에 따라 즉위한 것이지만, 황태
자 선정 과정에서의 갈등으로 인해 분란의 소지를 남기게 되었던 것이다.
결국 황제의 위상이 완벽하게 정립되지 못한 상태에서 권신의 권위는 유지
되었고, 이러한 상황에서 벗어나기 위한 영종의 시도는 자신이 암살되는
파국적인 결과를 초래하였음을 논의할 것이다. 그리고 영종이 암살된 이후
태정제가 즉위하는 과정에서는 태정제 자신이 제위를 확보하기 위해 적극
적으로 나섰던 것이 아니라 영종을 살해한 세력과 태정제 측근 신료들이
제위계승에 더욱 직접적으로 간여했음을 언급할 것이다. 이를 통해서 영종
과 태정제 시기에 지속적으로 등장하는 권신들의 권력이 점차적으로 성장
하고 있음이 드러나게 될 것이다.[94]

---

94) 2장에서 다루는 일부 내용들은 이미 필자가 학술지 논문에 발표한 바 있다. 무종
　　과 인종 시기에 일어난 계승분쟁의 상세한 경과를 다루면서 인종의 뒤를 이어 즉
　　위한 英宗이 바이주(拜住, Baiju)라는 재상을 등용하게 된 배경은 권용철, 「대원
　　제국 中期 영종의 위상 강화를 위한 노력―바이주의 중서좌승상 등용과 그의 활
　　약을 중심으로」『東方學志』175, 2016에서 서술한 부분이다. 그리고 영종의 황
　　권 강화 과정에서 이루어진 테무데르 세력에 대한 숙청과 바이주의 독재적 권력
　　장악이 영종과 바이주의 암살로 연결되었다는 내용은 권용철, 「元代 英宗 시기

3장에서는 제위계승내전을 통해서 등장한 권신 엘테무르와 바얀에 대해서 집중적으로 살펴보고자 한다. 특히 엘테무르와 바얀이 '全權 權臣'으로서 조정의 거의 모든 업무를 장악하고 황제에 버금가는 권력을 행사하게 된 배경과 과정을 상세하게 다룬다. 이들은 2장에서 언급할 권신 권력의 성장이라는 정치적 배경 아래에서 등장할 수 있었다는 점에 주목하고, 제위계승에서 주도적인 역할을 담당하면서 권력의 핵심으로 부상했음이 드러날 것이다. 그리고 全權 權臣의 출현으로 인해 황제의 권위가 이전보다 더욱 추락한 상황에서 엘테무르 가문과 바얀 가문 사이에서 권신의 지위를 독차지하려는 분쟁이 발생했고, 이러한 과정을 거치면서 바얀의 권력은 황제의 위상마저 넘어섰다고 평가될 정도로 극대화되었음을 논할 것이다.[95]

4장에서는 바얀이 몰락하고 혜종의 '親政'이 시작되면서 권력을 장악하는 다양한 주체들이 출현하게 되는 정국과 황태자 아유시리다라(愛猷識里達臘, Ayusiridara)와 奇皇后의 '內禪' 시도를 중심으로 元代 후기의 상황을 정리해보고자 한다. 바얀의 조카 톡토의 도움으로 全權 權臣을 몰아낸 혜종은 본격적으로 자신의 권위를 확립하기 시작했고, 조정에서는 재상들 상

정국과 南坡之變의 발생 배경」『전북사학』 56, 2019에서 조금 더 자세하게 다루었는데, 그 논문은 본서의 기반이 된 필자의 박사학위논문을 수정·보완한 것이고 본서의 집필 과정에서도 일부를 반영했다.

95) 3장의 내용 중에는 필자의 석사학위논문인 권용철, 『카안 울루스 말기 權臣 엘테무르와 바얀의 집권』, 고려대학교 대학원 사학과 석사학위논문, 2011에서부터 출발하여 그 이후 대폭 수정과 보완의 과정을 거쳐 두 편의 논문(권용철, 「大元제국 말기 權臣 바얀의 정치적 行蹟」『東洋史學研究』120, 2012 ; 권용철, 「大元帝國 末期 權臣 엘테무르의 쿠데타-'케식' 출신으로서의 정치적 명분에 대하여」『史叢』80, 2013)으로 확대된 것이 일부 포함되어 있다. 그리고 두 논문을 발표할 때 미처 참고하지 못했거나 발표 이후 새로 출간된 관련 연구 성과들을 추가적으로 반영하면서 본서의 바탕이 된 필자의 박사학위논문을 작성했고, 본서는 여기에 또 다시 수정 및 보완 작업을 덧붙였음을 밝혀둔다. 또한 3장의 일부 내용은 필자의 또 다른 논문(권용철, 「大元제국 시기 至順 원년(1330)의 정변 謀議와 그 정치적 영향」『中央아시아研究』23-1, 2018)에 게재가 되었고, 이 논문에서는 필자의 박사학위논문과 본서에는 없는 내용을 보완했음을 함께 밝혀둔다.

호 간에 견제가 이루어지면서 또 다른 全權 權臣은 1340년대 말까지는 출현하지 못했다. 그러나 권력 투쟁에서 톡토가 최종적으로 승리를 거두어 독단적인 정국을 운영하고 徐州에서 반란군을 직접 제압하면서 全權 權臣으로 차츰 변모하게 되고, 이를 견제하는 과정 속에서 기황후와 황태자의 영향력이 강화되었음을 설명하게 될 것이다. 이후, 자신들의 측근을 내세우며 기황후와 황태자는 세 번에 걸친 內禪 시도를 통해 정국을 장악하고자 했고, 이를 통해 생긴 갈등이 지방 군벌들에게로 확산되면서 군벌들이 권신의 지위에 접근하는 결과가 야기되었고 이때의 혼란은 元 조정을 무력하게 만들었음을 논의할 것이다.[96]

　元代 중·후기 정치사의 특징은 결국 주기적으로 발생한 제위계승분쟁과 이를 통해 탄생한 권신들의 존재로 설명될 수 있을 것이다. 대원제국은 대도를 버리고 북방으로 물러나기 직전까지도 제위계승분쟁과 그 여파로 인해 혼란을 겪고 있었다. 또한, 테무데르의 등장을 시작으로 확인되는 권신들의 권력 확장은 엘테무르와 바얀 집권 시기에 절정에 이르렀고 바얀의 몰락 이후에도 권신 정치의 여파는 완전히 사라지지 않았다. 따라서 본서는 대원제국의 역사를 기존의 논의처럼 민족 갈등이나 계급 갈등을 위주로 설명하는 측면 이외에 중앙 조정 정치의 특이성을 통해서도 논의하고자 한다. 또한, 元代 중기 및 후기의 제위계승분쟁과 권신의 출현을 유기적으로 연결시켜 설명하여 기존 연구의 한계점을 보완할 것이다.

---

96) 4장의 내용 중에는 필자가 박사학위논문을 기반으로 수정, 보완의 과정을 거쳐 발표한 논문들(권용철, 「大元제국 말기 군벌의 갈등과 大撫軍院의 置廢」『몽골학』 52, 2018 ; 권용철, 「대원제국 말기 재상 톡토의 至正 9년(1349) 再執權에 대한 검토」『大丘史學』 130, 2018 ; 권용철, 「大元제국 말기 재상 톡토의 獨裁 정치와 몰락」『東洋史學硏究』 143, 2018)의 서술이 일부 포함되어 있음을 밝혀둔다.

제1장

제위계승분쟁의 시작과
權臣의 출현

1206년에 칭기스 칸이 대몽골제국, 이른바 예케 몽골 울루스(Yeke Mongγol Ulus)를 건국하고 1227년에 西夏와의 전쟁 중에 사망한 이후 대칸의 자리를 둘러싸고 항상 정치적 갈등이 발생하였다. 그로 인해 우구데이(窩闊台, Ögödei)는 칭기스 칸 사후 2년 뒤에, 구육(貴由, Güyüg)은 우구데이 사후 5년 뒤에, 뭉케(蒙哥, Möngke)는 구육 사후 3년 뒤에 각각 정쟁에서 승리를 거두어 즉위했다. 심지어 世祖 쿠빌라이(忽必烈, Qubilai)는 자신의 정통성을 부정하고 따로 대칸이 된 동생 아릭부케(阿里不哥, Arig-Böke)와 벌어진 치열한 내전에서 승리를 거두며 비로소 명실상부한 대칸이 될 수 있었다. 대칸이 되기 위해서는 그에 수반되는 정치적 경쟁에서 반드시 승리를 거두어야 하는 과정이 필요했던 것이다. 세조 쿠빌라이 사후에 즉위한 成宗 테무르는 앞선 대칸, 황제들이 거쳤던 치열한 내전을 겪지는 않았지만 그 역시 페르시아어 사료『집사』에서도 드러나듯 형인 감말라(甘麻剌, Γammala)와 실력을 겨루어야 했다.[1] 이렇게 元에서는 제위를 둘러싸고 벌어진 계승분쟁이 필연적인 절차가 되고 있었고, 이는 성종 테무르 사후 元代 중·후기에서도 분명히 드러나는 현상이다. 한 가지 독특한 점이 있다면 元代 중·후기의 제위계승분쟁에서는 중국식 '皇太子' 제도가 결부되어 영향을 끼쳤다는 사실이다. 후계자를 미리 정하는 중국식 제도와 실력 경쟁을 통해 계승자를 정하는 몽골 고유의 관습이 혼재하게 되었던 것이다.

이렇게 元代 중·후기의 제위계승분쟁이 황태자 제도와도 연결되면서 황태자 선정을 둘러싸고도 갈등이 발생하기에 이르렀다. 그 과정에서 다양한 정치적 배경을 가진 권신들이 전면에 부각되기 시작했고, 제위계승의 향방에 따라 권력도 점차 커지게 되었다. 게다가 성종 테무르 사후부터 혜

---

[1] 라시드 앗 딘, 김호동 역주,『칸의 후예들』, 사계절, 2005, 470쪽.

종이 즉위할 때까지 26년 동안 무려 9명의 황제가 등장하면서 황제의 권위는 추락했고, 계승분쟁을 조정하는 권신들의 힘이 황제에 버금갈 정도로 커지는 경향이 나타났다. 이 모든 정치적 결과는 본서에서 설명의 출발점으로 삼고 있는 武宗의 즉위(1307)가 발단이 되어 발생한 것이었다. 그래서 1장에서는 무종의 즉위가 어떻게 이루어졌고, 또 무종의 즉위와 그의 통치가 남긴 어떠한 요소가 훗날 계승분쟁 및 권신의 출현과 연결되고 있는가를 살펴보고 나아가 황태자 선정 문제를 중심으로 무종-인종-영종으로 이어지는 제위계승에서 어떠한 우여곡절이 전개되었는지를 분석하고자 한다.

1. 황제와 황태자의 갈등

1) 카이샨의 등극

中統 5년(1264) 8월에 세조 쿠빌라이는 동생 아릭부케와의 계승분쟁에서 최종적으로 승리를 거둔 것을 기념하여 연호를 至元으로 바꾸었다.[2] 그러나 알타이 산맥 일대의 카얄릭(Qayaliq), 알말릭(Almaliq)을 근거지로 삼고 있었던 우구데이의 손자 카이두(海都, Qaidu)가 세조에게 반기를 들고 나서면서 몽골제국의 내분은 더욱 확대되었다.[3] 게다가 카이두가 차가타

---

2) 『元史』 卷5, 「世祖本紀二」, 99쪽(이후로는 中華書局 標點校勘本의 쪽수를 기록한다).

3) 카이두의 세력 결집 및 확장에 대한 연구로는 村岡倫, 「カイドゥと中央アジア―タラスのクリルタイをめぐって―」 『東洋史苑』 30・31, 1988 ; 村岡倫, 「オゴデイ＝ウルスの分立」 『東洋史苑』 39, 1992 ; Michal Biran, *Qaidu and the Rise of the Independent Mongol State in Central Asia*, Richmond Surrey: Curzon, 1997, pp.19~36 ; 류병재, 「카이두 올로스 성립에 있어 탈라스 코릴타의 역할」 『몽골학』 18, 2005 ; 류병재, 「카이도 휘하의 제왕(諸王)과 대신(大臣)」 『몽골학』 39, 2014 등을 참고할 수 있다.

이 울루스에 대한 통제권까지 확보하고 수장인 두아(都哇, Du'a)를 복속시
키면서 중앙아시아로 세력을 확대하고 元의 변경에 대한 침입을 감행하자
세조는 이를 막기 위해 지속적으로 西北邊에 군대를 파견했다. 비록 알타
이 산맥 부근은 카이두 진영에게 빼앗겼지만, 카라코룸을 중심으로 하는
몽골 초원은 지속적인 군대 파견을 통해 지켜낼 수 있었다.[4] 대몽골제국의
카안으로서의 정통성 확보에 고심하고 있었던 세조에게 있어서 카이두와
의 대립은 반드시 풀어야 할 과제였지만, 그의 치세 기간 동안에는 끝내
완벽한 해결이 이루어지지 못했다.

몽골제국 내의 이러한 대립은 세조의 뒤를 이어 즉위한 성종 테무르(鐵
穆耳, Temür) 시기까지 지속되었다. 元貞 2년(1296)에는 카이두 진영에서
활약하고 있었던 諸王 유부쿠르(要木忽而, Yubuqur), 울루스부카(兀魯思不
花, Ulus-buqa)와 장군 두르다카(朶兒朶海, Durdaqa)가 1만 2,000명의 군
대를 이끌고 元에 항복했다.[5] 성종은 이들의 귀순에 커다란 의의를 부여했
고, 이에 연호를 大德으로 바꾸었다.[6] 성종 역시 카이두 세력에 대한 제압
을 무엇보다도 중요하게 생각했음을 알 수 있다. 하지만 유부쿠르 등의 귀
순으로 위기감을 느꼈던 카이두는 이후 적극적인 공세에 나서기 시작했고
결국 大德 2년(1298)에 寧遠王 쿠케추(闊闊出, Kökeçü) 등이 변경에 대한
방비를 소홀히 하고 있는 틈을 타서 공격을 시도했다. 이 과정에서 쿠케추
는 도망을 갔고 성종의 사위였던 쿠르구스(闊里吉思, Körgüs)가 적군에 의
해 사로잡히는 사태까지 발생하고 말았다. 이에 성종은 조카 카이샨(海山,
Qaišan, 훗날의 武宗)을 파견하여 그에게 변경 방어의 임무를 맡겼고, 카

---

4) 村岡倫,「シリギの亂－元初モンゴリアの爭亂」『東洋史苑』24·25, 1985, 332쪽.
5) 라시드 앗 딘, 김호동 역주, 『칸의 후예들』, 사계절, 2005, 477쪽 ; 松田孝一,「ユ
　ブクル等の元朝投降」『立命館史學』4, 1983, 29~30쪽.
6) 『元典章』卷1,「詔令一·大德改元」(陳高華·張帆·劉曉·党寶海 點校本, 天津: 天津
　古籍出版社 ; 北京: 中華書局, 2011, 15~16쪽). 이에 대해서는 김석환,「카안 울
　루스와 1304년 諸울루스 간 大和約의 성립」『경상사학』27, 2011, 161~162쪽을
　참고.

이샨은 大德 3년(1299)에 北邊에 도착했다.[7]

이후 카이샨은 大德 4년(1300) 8월에 闊別列에서 카이두 군과 맞붙었다. 『元史』에서는 이 전투에서 카이두 군이 패배하였다고 간략하게 서술하고 있지만,[8] 실제 전투 결과는 그리 단순하지 않았다. 카이두 군의 야습으로 輜重을 약탈당해 군량이 부족해지는 어려움을 겪었고, 비록 카이샨이 승리를 거두기는 했으나 카이두 군이 그리 멀리 퇴각하지 않았다는 기록이 있는 것으로 볼 때 전투의 승패가 명확하게 결정되지 않았고, 카이두 군은 闊別列 전투 이후에도 여전히 카이샨 진영과 긴장 상태에 있었음을 알 수 있다.[9]

大德 5년(1301), 元 조정에서는 漠北의 군대가 조금 약해졌고 기율마저 잃어버렸다는 이유로 우치차르(月赤察兒, Učičar)에게 晉王[10]을 보좌하여 전투를 감독하라는 지시를 내렸다.[11] 우치차르는 칭기스 칸을 도와 몽골제국이 수립되는 과정에서 많은 戰功을 세웠던 보로굴(博爾忽, Boroɣul)의 손자였고, 大德 4년(1300)에는 太師에 拜受되었을 정도로 존경을 받으면서도 제국 내에서의 위상이 상당히 높은 인물이었다. 카이샨이 전투에서 확고한 승리를 거두지 못하고 오히려 위축되는 모습을 보이면서 조정에서는 우치차르를 파견하는 또 하나의 승부수를 던졌던 것이다. 게다가 그에게 晉王

---

7) 松田孝一, 「カイシャンの西北モンゴリア出鎭」 『東方學』 64, 1982, 73~75쪽.

8) 『元史』 卷22, 「武宗本紀一」, 477쪽.

9) 『牧庵集』 卷26, 「開府儀同三司太尉太保太子太師中書右丞相史公先德碑」(査洪德 編校, 『姚燧集』, 北京: 人民文學出版社, 2011, 400쪽).

10) 晉王은 세조 시기에 황태자에 책봉되었던 친킴(眞金, Činkim)의 장자이고, 성종의 兄인 감말라이다. 그는 至元 29년(1292)에 晉王에 봉해져 北邊 방어에 힘쓰고 祖宗의 故地라고 할 수 있는 칭기스 칸의 4大오르도(몽골어로 '궁정'을 뜻함)를 總領하는 임무를 맡았으며, 세조 사후에는 성종과 帝位를 두고 경쟁할 정도로 지위가 높았던 인물이었다.

11) 『元文類』 卷23, 「太師淇陽忠武王碑」(商務印書館 標點本, 『元文類(上)』, 北京: 商務印書館, 1958, 290쪽). 『元文類』의 사료적 가치와 이를 보여주는 내용에 대해서는 奧野新太郎, 「蘇天爵『國朝文類』について」 『中國文學論集』 42, 2013을 참고.

을 보좌하라고 했다는 것을 보면, 北邊 군대의 통수권이 카이샨에게 있었던 것은 아니었다고 볼 수 있다.[12]

이렇게 군 지휘에 대한 보완이 이루어졌던 그 해에 치열한 전투들이 벌어졌다. 『元史』「武宗本紀」에는 그 모습이 다음과 같이 서술되어 있다.

> (大德) 5년 8월 朔, 카이두와 迭怯里古의 땅에서 전투를 했는데 카이두 군이 무너졌다. 이틀 후, 카이두가 그 무리를 모두 합하여 와서 合剌合塔의 땅에서 큰 전투가 벌어졌다. 戰勢가 불리해지자 친히 出陣하여 힘써 싸워 그들을 대패시키고 그 輜重을 획득했으며 諸王, 駙馬의 군대를 모두 구해서 빠져나왔다. 다음 날 다시 전투가 벌어졌는데, 군대가 조금 물러나자 카이두가 이를 틈타 들어오니 황제(카이샨)가 군대를 지휘하여 힘써 싸워서 敵陣의 후방을 뚫고 나와 全軍이 돌아왔다. 카이두는 뜻을 이루지 못하고 되돌아가다가 사망했다.[13]

전투는 迭怯里古와 合剌合塔이라는 곳에서 벌어졌고, 3차에 걸쳐 전투가 진행되었음을 알 수 있다.[14] 迭怯里古 전투에서는 카이두 군이 무너졌다고 되어 있지만, 이틀 후에 무리를 다시 모았다는 것으로 보아 대패를 당한 것은 아니었다. 오히려 카이두가 무리를 모은 이후 合剌合塔에서 양 진영의 사활을 결정짓는 大戰이 벌어졌고, 카이샨은 겨우 카이두 군의 포위를 뚫고 빠져나온 것이라고 보아야 할 듯하다. 카이두 군과의 전투에서 카이샨이 직면했던 어려움은 낭기야다이(囊加歹, Nangyiyadai)의 열전에도 다음과 같이 서술되어 있다.

---

12) 松田孝一, 「カイシャンの西北モンゴリア出鎭」 『東方學』 64, 1982, 85쪽 ; 李治安, 「元代晋王封藩問題探討」 『元史論叢』 5, 北京: 中國社會科學出版社, 1993, 118쪽.

13) 『元史』 卷22, 「武宗本紀一」, 477쪽.

14) 이 전투들에 대한 상세한 분석과 현지답사를 통한 지명 비정에 대해서는 류병재, 「카이도의 최후 激戰地 연구」 『몽골학』 55, 2018을 참고.

무종이 潛邸에 있었을 때 낭기야다이는 일찍이 北征에 따라가서 카이두와 帖堅古에서 전투를 했다. 다음 날 또 전투를 했는데 카이두가 산 위에서 포위를 했고, 낭기야다이는 힘써 싸워서 포위를 뚫고 빠져나와 大軍과 만났다. 무종이 군대를 되돌리고 낭기야다이가 후미에 있는데 카이두가 길을 막아서 지나가지 못하게 되자 낭기야다이가 용감한 전사 1,000명을 뽑아 앞을 향하여 그들과 싸우니 카이두 군대가 무너졌고, 國兵은 이에 旭哥耳溫, 稱海를 지나 晉王의 군대와 합류했다. 이 싸움에서 낭기야다이는 너무나도 많은 전투를 치렀고, 병이 나서 돌아갔다.[15]

위 기록 역시 迭怯里古와 合刺合塔에서 벌어진 전투를 묘사한 것으로 낭기야다이가 카이두의 포위망을 여러 번 돌파하면서 힘겨운 전투를 했고, 결국에는 그로 인해 병이 들어 돌아갔다는 것으로 보면 전투 상황이 카이샨 진영에게 매우 불리하게 돌아가고 있었음을 짐작할 수 있다. 겨우 탈출한 카이샨은 晉王의 군대와 합류하면서 한숨을 돌릴 수 있었다. 라시드 앗 딘의 『집사』는 이 전투에 대해 "카이두가 테겔쿠라는 산에서 캄발라(晉王 감말라)와 전투를 했다"[16]고 서술했고, 카이샨이라는 이름은 전혀 등장하지 않고 있다. 이로 보아 카이샨은 1301년에는 대원제국의 군대를 대표하는 인물이 아니었음을 알 수 있고, 『元史』의 서술 내용만 살펴보아도 카이샨은 카이두와의 전쟁에서 확실한 戰功을 세우지는 못했음을 확인할 수 있다.

전쟁은 晉王軍을 비롯한 대원 진영의 5軍이 합세하여 카이두에 대한 총공격을 진행하면서 겨우 매듭지을 수 있었다.[17] 그리고 전투 이후에 카이

---

15) 『元史』卷131, 「囊加歹傳」, 3185쪽.

16) 라시드 앗 딘, 김호동 역주, 『칸의 후예들』, 사계절, 2005, 34쪽. 테겔쿠는 한문 사료의 迭怯里古, 帖堅古와 일치하는 지명이다.

17) 『元史』卷119, 「月赤察兒傳」, 2950~2951쪽. 『元史』에는 카이두에 대해 元軍이 큰 승리를 거두었다고 서술되어 있지만, 페르시아어 사료인『왓사프사』에는 카이두가 승리를 거두었다고 기록되어 있어서 어느 쪽이 확실히 승리했는지는 단언하기 어렵다고 할 수 있다(劉迎勝, 『察合台汗國史研究』, 上海: 上海古籍出版社,

두가 사망했고, 카이두에게 복속하고 있던 두아는 전투 도중에 부상을
입으면서 더 이상의 전쟁은 일어나지 않았다. 결국 大德 7년(1303)에 카이
두의 후계자인 차파르(察八兒, Čapar)와 두아는 元에 화평을 요청하였고
성종은 이를 받아들였다. 이듬해(1304)에 차파르와 두아의 사절이 來附하
고 성종이 이들에게 幣帛 600필을 사여하면서 '동서화해'가 이루어졌고 쿠
빌라이 시기부터 40여 년 동안 이어져오던 갈등이 이때에 와서 비로소 종
결되었다.[18] 하지만 元과 화평을 하려고 했던 차파르와 두아의 움직임에
동조하지 않는 세력들이 남아 있었고, 정치적 주도권을 둘러싼 경쟁으로
인해 차파르와 두아의 관계도 소원해지게 되면서 北邊은 여전히 불안정한
상태에 놓이게 되었다. 이에 두아는 元의 군사력을 이용하여 카이두의 후
계자들을 몰아내고 중앙아시아에 대한 지배권을 장악하여 이를 성종으로
부터 인정받고자 하였으며, 元은 두아와 협동하여 카이두 후계자들의 세력
을 일소시켜 北邊을 안정시키고자 하였다.[19]

　카이두와의 전투에서 뚜렷한 戰功을 세우지 못했던 카이산에게는 이것
이 절호의 기회였다. 이미 大德 6년(1302)에 晉王이 사망했고,[20] 大德 8년

2011, 302~304쪽을 참고).

18) '동서화해'의 자세한 정치적 내막에 대해서는 佐口透, 「十四世紀における元朝大
　　カーンと西方三王家との連帶性について - チャガタイ・ウルス史研究に寄せて」
　　『北亞細亞學報』1, 1942, 3~21쪽 ; 劉迎勝, 「元代蒙古諸汗國間的約和及窩闊台汗
　　國的滅亡」『新疆大學學報』1985-2 ; Michal Biran, *Qaidu and the Rise of the
　　Independent Mongol State in Central Asia*, Richmond Surrey: Curzon, 1997,
　　pp.69~80 ; 加藤和秀, 『ティームール朝成立史の研究』, 札幌: 北海道大學圖書刊
　　行會, 1999, 30~38쪽 등의 연구들을 참고할 수 있으며, 金石煥은 차가타이 울루
　　스와 우구데이 울루스 사이의 정치적 내막을 분석하고 차가타이 울루스의 수장
　　이었던 두아의 입장에서 '동서화해'의 단초가 되는 '大和約'과 그 이후의 상황을
　　분석한 연구를 내놓았다(金石煥, 『14세기 초 두아의 중앙아시아 覇權 장악과 그
　　意義』, 서울대학교 대학원 동양사학과 석사학위논문, 2010 ; 김석환, 「카안 울루
　　스와 1304년 諸울루스 간 大和約의 성립」『경상사학』27, 2011).

19) 劉迎勝, 「『史集』窩闊台汗國末年紀事補證 - 蒙古諸汗國間的約和與窩闊台汗國滅亡
　　之再研究」『元史及北方民族史研究集刊』10, 1986, 53쪽.

(1304)에는 성종으로부터 카이샨이 懷寧王의 王號까지 받았기 때문에[21] 카이두와의 전투를 치렀던 시기보다 지위는 분명히 확고해져 있었던 것이다. 그래서 大德 10년(1306)에 카이샨은 군대를 이끌고 서쪽으로 나아가 알타이 산을 넘고 이르티쉬 강 유역까지 진출하여 많은 戰功을 세우면서 北邊을 완전히 안정시켰다. 이로 인해 漠北에서의 카이샨의 위상은 한결 높아졌다.[22]

이렇게 漠北에서 카이샨이 명성을 쌓아가고 있는 동안에 중앙 조정의 동향은 어떠했을까? 성종은 오랫동안 고질병을 앓고 있어 제대로 정사를 돌볼 수가 없었고, 이에 성종 재위 후반기에는 황후 불루간(卜魯罕, Buluyan)이 실질적인 통치자의 역할을 수행하였다. 불루간 황후의 통치는 중서우승상 카라카순(哈剌哈孫, Qaraqasun)과 중서좌승상 아쿠타이(阿忽台, Aqutai)의 보좌를 받으면서 순조롭게 이루어졌던 것으로 보인다.[23] 또한, 大德 9년(1305) 6월에 皇子 德壽를 황태자로 책봉하면서[24] 懷寧王 王號를 받은 카이샨을 확실히 제위계승에서 배제시킬 수 있었다. 그러나 문제는 덕수가 황태자가 된 지 6개월 만에 사망하는 바람에[25] 성종의 뒤를 이을

---

20) 『元史』 卷20, 「成宗本紀三」, 439쪽 ; 『元史』 卷115, 「顯宗傳」, 2895쪽.

21) 『元史』 卷21, 「成宗本紀四」, 461쪽.

22) 李玠奭, 『14世紀 初 元朝支配體制의 再編과 그 背景』, 서울대학교 대학원 동양사학과 박사학위논문, 1998, 15·21쪽.

23) 『元史』 卷114, 「后妃傳一」, 2873쪽. 물론, 이에 대한 부정적인 시각도 존재한다. 대표적인 예로 大德 7년 8월 23일에 지진이 일어났을 때 妻道, 臣道, 子道가 도리를 잃어버리면 땅이 편안하지 않다고 하면서 성종이 병에 걸려 宰執들이 마음대로 권위를 행사하고 있음을 빗대어 표현한 기록이 보인다. 『滋溪文稿』 卷9, 「元故太史院使贈翰林學士齊文懿公神道碑銘」(陳高華·孟繁淸 點校本, 北京: 中華書局, 1997, 129쪽).

24) 『元史』 卷21, 「成宗本紀四」, 464쪽.

25) 『元史』 卷21, 「成宗本紀四」, 467쪽. 불루간 황후는 덕수 태자가 사망하자 티베트 승려 탄파(膽巴, Tan-pa)에게 "우리 부부가 스승으로 당신을 섬기기에 이르렀는데, 오직 하나뿐인 자식을 어찌 지켜주지 못했습니까!"라고 말했을 정도로 덕수 태자의 죽음을 안타까워했다(『山居新語』 卷1(元明史料筆記叢刊本, 北京: 中華書

후계자가 갑자기 사라지면서 나타났다. 결국 성종이 大德 11년(1307) 정월
에 후계자를 지명하지 않은 채 사망하면서 제위계승을 둘러싼 갈등이 발생
했다.

불루간 황후는 다음 황제로 安西王[26] 아난다(阿難苔, Ananda)를 옹립하
려 했고, 이 과정에서 걸림돌이 될 수 있는 카이샨 형제를 배제시키고자
하였다. 사실, 덕수 태자가 사망하기 전인 大德 9년 10월에 불루간 황후는
카이샨의 동생인 아유르바르와다(愛育黎拔力八達, Ayurbarwada)와 그의
모친 다기(苔己, Dagi)를 懷州(현재의 河南省 沁陽市)로 쫓아내라는 명령을
내렸고, 시간을 끌던 아유르바르와다 母子는 이듬해 12월이 되어서야 懷州
에 도착했다.[27] 성종이 세조 사망 이후 제위를 계승할 때 경쟁했던 친킴의
장남 晉王 가문은 이미 계승 후보에서 멀어지고 있었던 것으로 본다면,[28] 불

局, 2006, 207쪽)). 덕수는 불루간의 親子가 아니었음에도 불구하고, 덕수의 죽음
은 그녀의 지위를 크게 약화시킬 수도 있는 사안이었던 것이다. 덕수가 세상을
떠나면서 불루간은 황후에서 황태후로 위상이 높아질 수 있는 기회를 상실했다.
한편, 國師 탄파는 大德 7년에 덕수 태자보다 먼저 사망했기 때문에(『元史』 卷
202, 「釋老傳」, 4519쪽) 『山居新語』의 기록은 시기적으로는 문제가 있다.

26) 安西王에 대한 연구로는 松田孝一, 「元朝期の分封制－安西王の事例を中心として」
『史學雜誌』 88-8, 1979 ; 王宗維, 『元代安西王及其與伊斯蘭敎的關系』, 蘭州: 蘭
州大學出版社, 1993 등을 참고할 수 있다. 최근에 Ruth W. Dunnell도 아난다의
행적과 위상에 주목한 연구(Ruth W. Dunnell, "The Anxi Principality:
[un]Making a Muslim Mongol Prince in Northwest China during the Yuan
Dynasty", *Central Asiatic Journal* Vol. 57, 2014)를 발표하기도 했다.

27) 『元史』 卷24, 「仁宗本紀一」, 535쪽. 懷州는 카이샨과 아유르바르와다의 부친인
順宗 다르마발라가 세조 至元 28년(1291)에 出鎭했던 지역이었다. 아유르바르와
다 母子가 아예 연고가 없는 지역으로 쫓겨나지는 않았던 것이다. 그러나 大都에
머무르지 못했다는 것은 그만큼 정치 중심에서 멀어졌음을 뜻하기 때문에 그것
이 가지는 상징적인 의미는 분명하다. 또한, 아유르바르와다와 다기가 懷孟(懷州)
에 머무르고 있을 때 개구리의 울음소리에 잠을 이루지 못하자 다기가 "우리 母
子가 지금 심란한데, 개구리까지 사람을 괴롭히는가?"라고 말했다는 기록을 보
면 懷孟에서의 생활에도 상당한 불만을 가졌음을 짐작할 수 있다. 이에 대해서는
『南村輟耕錄』 卷2, 「懷孟蛙」(元明史料筆記叢刊本, 北京: 中華書局, 1959, 30쪽)
를 참고.

루간이 견제해야 될 대상은 친킴의 차남 다르마발라(答剌麻八剌, Darmabala) 의 소생인 카이샨과 아유르바르와다였던 것이다. 카이샨은 막북에서 활약 했기 때문에 중앙 조정으로부터 이미 멀리 떨어져 있었고, 그래서 불루간 황후는 아유르바르와다 세력만 견제하면 된다는 생각을 가지고 있었을 것 이다.

페르시아어 사료『왓사프사』에는 이와 관련된 흥미로운 내용이 기록되 어 있다. 성종은 자신의 형인 다르마발라가 사망하고 난 이후 다르마발라 의 부인이었던 다기와 혼인하려고 했고, 불루간 황후는 크게 분노했다는 것이다.[29] 사실, 몽골에는 형이 죽었을 때 동생이 형수와 혼인하는 풍속이 존재했기 때문에 싱종의 혼인 시도는 이상한 것이 아니지만, 어쨌든 불루 간은 이때부터 다기와 그의 아들들을 상당 정도로 견제하기 시작했다고 추 측된다. 讒言을 하는 사람들이 나라를 어지럽혀 아유르바르와다가 다기와 함께 懷州로 갔다가 곧 雲中(현재의 山西省 大同市를 가리키는 元代 이전 의 명칭)으로 옮기면서 이동하는 것에 쉴 틈이 없었다는 기록은 불루간의 견제가 심했음을 암시하는 것이기도 하다.[30]

그러면서 불루간 황후는 다기의 아들들이 아닌 세조의 3자 망갈라(忙哥 剌, Mangyala)의 아들 安西王 아난다를 황제 후보로 삼고자 했다. 망갈라 는 안서왕과 秦王의 王號를 동시에 받았고 河西, 티베트, 四川 일대를 관할 하면서 세력이 상당했던 諸王이었다.[31] 그러나 망갈라 사후부터 중앙 조정 의 諸王 견제 정책으로 인해 권력이 쇠약해지기 시작했고,[32] 또한 아난다

---

28) 최윤정, 「元代 兩都內戰(1328)과 동북지역 — 요양행성과 동도제왕 세력의 향배 및 세력 浮沈을 중심으로」『동북아역사논총』 46, 2014, 127~128쪽.

29) 『왓사프사』의 번역은 邱軼皓, 『蒙古帝國的權力結構(13~14世紀) — 漢文·波斯文史 料之對讀與研究』, 復旦大學 博士學位論文, 2011, 182쪽을 참고했다.

30) 『元史』 卷137, 「曲樞傳」, 3312쪽.

31) 망갈라의 행적과 그의 세력을 상세하게 다룬 최신의 연구로는 Vered Shurany, "Prince Manggala — The Forgotten Prince of Anxi", *Asiatische Studien Études Asiatiques* Vol. 71, Issue. 4, 2017을 참고.

가 세조의 차남 친킴의 후손이 아니었기 때문에 정통성의 측면에서 밀릴 가능성이 높았다. 하지만 황후의 지지를 받으면서 다른 경쟁자들을 배제시킬 수 있다면 충분히 황제가 될 수 있을 정도의 세력은 보유하고 있는 인물이었다. 페르시아어 사료인 『집사』에는 아난다가 이슬람교의 신봉자였다고 기록되어 있는데,[33] 이는 아난다가 관할 영역의 이슬람교 신봉자들을 포섭하고 조정에 있는 回回人들의 지지를 받기 위한 정치적 목적을 가지고 있었음을 보여주고 있다.[34] 『高麗史』에도 중앙 조정과는 별도로 고려에 사신을 파견한 기록이 남아 있는 것을 보면,[35] 아난다의 권위가 상당했음을 짐작할 수 있다.[36]

그러나 불루간 황후와 아난다의 계획은 결코 순조롭게 진행되지 못했다. 불루간의 아난다 옹립 계획을 우승상 카라카순이 반대하고 나섰기 때문이다. 諸王 야쿠두(牙忽都, Yaqudu)는 "세조 황제의 嫡孫이 있으니 보위는 당연히 그에 속한 것이다. 安西王은 藩王이니 계승을 위해 조정에 들어오는 것은 체제에 맞지 않는다."[37]라고 하며 아난다의 제위 계승에 반대 의사를 확실히 표명했다. 한편, 좌승상 아쿠타이는 불루간의 뜻을 따랐는데, 카라카순은 府庫를 봉하고 병을 칭하며 闕下에 常住하면서 불루간의

---

32) 陳廣恩, 「元安西王阿難答倡導伊斯蘭敎的眞正目的」 『西域硏究』 2005-2, 59~60쪽.
33) 라시드 앗 딘, 김호동 역주, 『칸의 후예들』, 사계절, 2005, 472~476쪽.
34) 陳廣恩, 「元安西王阿難答倡導伊斯蘭敎的眞正目的」 『西域硏究』 2005-2, 60~62쪽.
35) 『高麗史』 卷32, 「忠烈王世家五」, 忠烈王 27年(1301) 正月 己未 ; 『高麗史』 卷32, 「忠烈王世家五」, 忠烈王 28年(1302) 11月 丁巳 ; 『高麗史』 卷32, 「忠烈王世家五」, 忠烈王 30年(1304) 6月 丙申 ; 『高麗史』 卷32, 「忠烈王世家五」, 忠烈王 31年(1305) 9月 戊午.
36) 『집사』에는 아난다에게 속한 군사가 15만 명 정도였으며 그들 대부분이 무슬림이었다고 기록되어 있다. 이러한 군사적 실력과 종교를 통한 포섭을 통해 아난다 역시 여러 해에 걸쳐 카이두 세력과의 전쟁에 참여했고, 元 조정에서의 지위는 상당히 높았다고 볼 수 있다. 王向平, 『元成宗時期史實三考』, 暨南大學 碩士學位論文, 2012, 24쪽.
37) 『元史』 卷117, 「牙忽都傳」, 2909쪽.

의사에 따르지 않는 방향으로 일을 처리하면서 저항을 하기 시작했다.[38] 이는 비록 소극적이었지만 카라카순이 자신의 지위를 활용하여 불루간 일파의 정권장악기도를 저지하는 실질적이고 효과적인 방법이었다.[39] 카라카순은 北邊의 카이샨과 懷孟에 있던 아유르바르와다에게 은밀히 사절을 보내 대도로 오게 했다.[40] 아유르바르와다와 그의 모친 다기는 주위의 신료들을 불러모아 "지금 황제께서 세상을 떠나시고, 황후는 安西王 아난다를 옹립하려 한다. 너희들은 마땅히 세조, 裕宗의 靈이 하늘에 있음을 잊지 말고, 힘을 다해 두 皇子를 받들라."[41]라고 말하면서 불루간 일파의 뜻을 따르지 않겠다는 의사를 밝혔다. 그리고 불루간이 아난다를 옹립하려는 것에 반대한 사람들은 대부분 安西王이 裕宗(친킴)의 후손이 아니라는 이유를 주로 내세웠다.[42] 이제 제위계승을 둘러싼 본격적인 갈등이 시작된 셈이다.

이에 맞서 불루간 황후는 대도의 정세 탐지를 위해 카이샨이 파견했던 캉리톡토(康里脫脫, Qangli-Toɣto)가 카이샨이 있는 北邊으로 귀환하지 못하도록 通政使 지르칼랑(只兒哈郎, Jirqalang)에게 역마를 끊어버리라고 비밀리에 명령을 내렸다.[43] 그리고 카라카순의 부름에 응해 대도로 귀환했던 다기와 아유르바르와다를 아유르바르와다의 생일에 맞추어 제거하려는 계

---

38) 『中庵集』卷4, 「敕賜太傅右丞相贈太師順德忠獻王碑」(鄧瑞全·謝輝 校點, 『劉敏中集』, 長春: 吉林文史出版社, 2008, 44쪽).

39) 이개석, 『14世紀 初 元朝支配體制의 再編과 그 背景』, 서울대학교 대학원 동양사학과 박사학위논문, 1998, 98쪽.

40) 『元史』卷136, 「哈剌哈孫傳」, 3294쪽.

41) 『元史』卷131, 「囊加歹傳」, 3185쪽.

42) 위구르인 野訥은 카이샨과 아유르바르와다가 세조, 裕宗의 賢孫이므로 人心이 여기에 속한지 오래되었다고 하면서 불루간 황후의 아난다 옹립을 '邪謀'라고 말하고 있다(『元史』卷137, 「阿禮海牙傳」, 3313~3314쪽). 아유르바르와다의 신료였던 李孟도 "사악한 무리들이 祖訓을 어기고 황후에 아부하여 庶子를 세우려고 하니 天命과 人心을 모두 얻지 못할 것"(『元史』卷175, 「李孟傳」, 4086쪽)이라고 하며 아난다 옹립 시도를 비난하고 있다.

43) 『元史』卷136, 「阿沙不花傳」, 3298쪽.

획을 꾸몄다. 그러나 이는 카이샨의 신료에 의해 발각되었으며, 이에 아유르바르와다가 자신의 생일 이틀 전에 먼저 쿠데타를 일으켜 불루간 일파를 제거하면서 內難이 모두 평정되었다.[44] 이때 아유르바르와다 편에 섰던 인물로는 諸王 투레(禿剌, Töre), 다니시만드(答失蠻, Danišmand) 승상, 위구르족 출신의 벡부카(別不花, Beg-Buqa),[45] 고려의 충선왕[46] 등이 있었고 이들은 소수의 병력으로 불루간 일파에 대한 기습을 성공시켰다. 여기까지의 과정이 진행될 수 있었던 데에 큰 기여를 했던 사람은 바로 카라카순이었다고 할 수 있다.

사실, 카라카순은 中書省 내에서 약간은 고립되어 있었다. 중서성의 正, 副 재상급에 해당하는 인물 중 60~70%가 불루간과 아난다의 편에 서 있었기 때문이다. 그러나 이렇게 불리한 상황을 극복할 수 있었던 것은 케식(怯薛, kesig)의 지원이 있었기에 가능했다. 元의 케식은 날짜에 따라 돌아가면서 황제를 호위하는 등의 다양한 역할을 맡은 親衛 집단을 가리키는 것으로, 늘 황제의 곁에 있었기 때문에 정치적으로 상당히 중요한 존재였다. 그래서 李治安은 아유르바르와다 세력이 일으킨 정변이 성공할 수 있었던 관건은 조정의 중추 기구가 아닌 케식 인원들의 향배가 더 중요했다고 설명하고 있다.[47] 이들 케식이 정변을 원조해주지 않았다면, 소수의 병사들만으로 궁정을 그리 재빨리 장악할 수 없었을 것이다. 당시 元 궁정에서 宿衛를 맡았던 충선왕도 아유르바르와다의 정변을 돕기 위해 케식 인원들

---

44) 『金華黃先生文集』 卷28, 「敕賜康里氏先塋碑」(王頲 點校, 『黃溍全集』, 天津: 天津古籍出版社, 2008, 705쪽).

45) 페르시아어 사료 『왓사프사』에 이름이 기록된 인물들이다. 邱軼皓, 『蒙古帝國的權力結構(13~14世紀)－漢文·波斯文史料之對讀與研究』, 復旦大學 博士學位論文, 2011, 183~184쪽을 참고.

46) 충선왕이 아유르바르와다 세력이 일으킨 정변에 가담했던 사실은 『高麗史』 卷33, 「忠宣王世家一」, 忠烈王 33年(1307)의 일에 기록되어 있고, 함께 참여했던 인물들 중에 大王 都剌(투레)과 院使 別不花(벡부카)가 보인다.

47) 李治安, 『元代政治制度研究』, 北京: 人民出版社, 2003, 52~53쪽.

을 동원하는 역할을 담당했을 것이다.

쿠데타의 성공으로 불루간 일파를 제거한 이후 아유르바르와다의 측근 諸王들 중에서는 아유르바르와다가 제위에 오를 것을 권하는 인물이 있었다. 그러나 아유르바르와다는 자신의 형인 카이샨이 제위에 오르는 것이 마땅하다고 하면서 이 제안을 거절하였다.[48] 또한, 카이샨 형제의 어머니 다기는 카이샨보다는 아유르바르와다가 황제가 되기를 희망하였다. 정치적 위기에 봉착했을 때 그녀의 옆을 계속 지킨 사람이 아유르바르와다였기 때문일 것이다. 다기는 陰陽家의 말을 빌려 카이샨에게 帝位에 오르지 말도록 은근히 압박을 했으나[49] 카이샨은 캉리톡토에게 "내가 하려는 것이 天心과 백성의 신망에 부합한다면 하루가 비록 짧더라도 萬世에 명성을 드리우는 데에는 충분할 것이다. 어찌 陰陽家의 말로 祖宗의 부탁을 어그러뜨릴 수 있겠는가!"[50]라고 말하며 帝位를 향한 강한 열망을 드러냈고, 태후는 결국 자신의 뜻을 굽혔다.[51] 카이샨이 막북에서부터 양성했던 강력한 군사력을 보유하고 있었기 때문에 다기와 아유르바르와다는 결국 카이샨에게 帝位를 양보할 수밖에 없었던 것이다. 이렇게 무종 카이샨이 황제가 되는 데에 있어서는 그의 군사적 힘이 커다란 배경으로 작용했지만,[52] 결

---

48) 『元史』 卷24, 「仁宗本紀一」, 536쪽.

49) 김광철은 다기가 음양가의 말을 빌린 배경에는 아유르바르와다 지지세력들의 요구가 있었고, 안서왕 일파를 쉽게 숙청한 이들이 아유르바르와다의 제위 계승까지 담보하겠다는 의사를 분명히 전달한 것이라고 보았다(김광철, 「14세기초 元의 政局동향과 忠宣王의 吐蕃 유배」『한국중세사연구』 3, 1996, 298쪽).

50) 『元史』 卷116, 「后妃傳二」, 2900쪽.

51) 『元史』 卷138, 「康里脫脫傳」, 3322~3323쪽. 또한, 캉리톡토의 활약으로 인해 무종 즉위 후 三宮(황제 무종, 태후 다기, 황태자 아유르바르와다)이 함께 일을 처리하며 갈등이 없었다고 기록되어 있다. 하지만 훗날의 사건 전개를 통해 살펴보면 '三宮의 協和'라는 것은 표면적인 모습에 불과했다.

52) 무종이 대도로 향할 때 대군을 이끌고 西道로 진군하고 按灰는 中道로, 牀兀兒(牀兀兒)는 東道로 진군하는데 각각 勁卒 1만 명을 따르게 했다는 기록(『元史』 卷138, 「康里脫脫傳」, 3322쪽)을 통해서 카이샨이 이끈 군대가 최소 3만은 되었다고 할 수 있다.

정적인 역할을 한 것은 쿠데타를 일으켜 미리 대도 궁정을 장악했던 아유
르바르와다 세력이었음을 부정할 수는 없다. 결국 이 공적으로 인해 카이
샨 형제 사이에는 모종의 협약이 맺어졌다. 카이샨이 즉위하면서 동생인
아유르바르와다를 황태자로 삼아 후계를 보장해 주고, 아유르바르와다의
다음 帝位는 카이샨의 아들이 물려받도록 정했던 것이다.[53] 이 조치는 이
후 대원제국의 복잡한 계승분쟁을 야기하는 불씨로 작용하면서 혜종이 즉
위할 때까지 중앙 조정에 강력한 여파를 끼치게 된다.

　무종 카이샨이 즉위할 수 있었던 배경에는 그가 강력한 군사력을 보유
하고 있다는 점이 중요하지만, 諸王과 귀족들의 지지를 받고 있었다는 사
실도 빼놓을 수 없다. 이는 세조, 성종 시기에는 세조의 嫡孫들에게만 수여
되었던 一字王號가 무종 시기에 접어들면서 수여 범위가 확대되어 一字王
號를 가진 諸王들이 급격히 늘어나고 있는 것을 통해 확인할 수 있다. 무
종이 자신의 北邊 방어 및 즉위 과정에서 도움을 주었던 諸王 및 駙馬들에
대한 논공행상을 하면서 정치적 회유를 시도한 것이었다.[54] 무종에게 있어

---

53) 李玠奭, 『14世紀 初 元朝支配體制의 再編과 그 背景』, 서울대학교 대학원 동양사
　　학과 박사학위논문, 1998, 103쪽 ; 『元史』 卷31, 「明宗本紀」, 693쪽 ; 『元史』 卷
　　138, 「康里脫脫傳」, 3324쪽. 전통적인 관념상 황태자는 당연히 황제의 아들이어
　　야만 하지만, 무종은 동생을 皇太弟가 아닌 황태자로 지명했다. 이는 황제의 아
　　들이 아니더라도 다음 제위계승후보자를 무조건 황태자로 지칭했던 元代 특유의
　　호칭 사용법을 보여주는 사례라고 할 수 있다. 이에 대해서는 洪金富, 「元代文獻攷
　　釋與歷史研究－稱謂篇」 『中央研究院歷史語言研究所集刊』 81-4, 2010, 752~757쪽
　　참고.
54) 野口周一, 「元代武宗期の王號授與について－『元史』諸王表に關する一考察」 『ア
　　ジア諸民族における社會と文化－岡本敬二先生退官記念論集』, 東京: 國書刊行會,
　　1984, 291~292쪽. 고려 충선왕을 瀋陽王에 봉했다가 곧 瀋王으로 進封한 것도
　　하나의 예라고 할 수 있다. 충선왕이 무종 즉위에 기여한 것에 대해서는 高柄翊,
　　「高麗 忠宣王의 元 武宗 擁立」 『歷史學報』 17·18, 1962를 참고. 한편, 충선왕은
　　카이샨보다는 아유르바르와다와 더욱 친분을 맺었던 것으로 보이고 무종의 옹립
　　에 공을 세웠다고 하는 것도 아유르바르와다 세력의 쿠데타에 그가 참여했음을
　　뜻하는 것이다(『雪樓集』 卷18, 「大慶壽寺大藏經碑」(張文澍 校點, 『程鉅夫集』, 長

서 관직과 王號 수여는 자신의 즉위와 통치 과정에서 공을 세운 사람들에 대한 포상이었던 것이고,[55] 이는 유목봉건사회에서 유목 군주가 자신의 정권을 확립했을 때에 시행하는 통상적인 정치적 행위였다고 할 수 있다.[56]

하지만 일부 신료들은 무종의 관료 충원 방식이나 王號의 濫賜에 불만을 가지고 있었고 이것이 여러 기록들에 나타나고 있다.

(a) (大德 11년 6월 壬子) 鐵木兒不花, 憨剌合兒 등이 말하기를, "舊制에는 樞密院이 軍官을 선발할 때에 公議하여 황제께 보고했습니다. 근래에 近侍들이 스스로 선택한다는 것을 명분으로 삼아 內降旨를 따르고 있으니 세조 황제께서 정하신 제도를 무너뜨리고 國事를 그르칠까 염려됩니다. 성종 시기에 일찍이 旨가 있었는데, 임의로 추밀원의 일을 아뢰는 件은 本院이 다시 진술하게 허락하셨습니다. 臣 등이 생각건대 지금부터는 사람을 임용함에 마땅히 세조 황제의 成憲을 따라야 할 것입니다."라고 하였다. 황제가 말하기를, "그것은 前制를 따르게 하고 여타의 사람들은 임의로 주청하지 말라."라고 하였다. 또 말하기를, " …… 근래에 近侍들이 멋대로 萬戶, 千戶의 직을 황제께 청한 경우가 있어 聖旨를 안에서 내리셨는데 신 등은 감히 집행할 수 없습니다."라고 하였다.[57]

(b) 哈剌哈孫이 힘써 직언하기를, "祖宗의 제도에 親王이 아니면 一字의 封號로서 (그 지위를) 올릴 수 없습니다. 禿剌은 遠族인데 어찌 하루의 功으로 萬世의 제도를 무시할 수 있겠습니까."라고 하였으나 황제는 듣지 않았다.[58]

春: 吉林文史出版社, 2009, 223쪽)).
55) 李玠奭, 「漠北의 統合과 武宗의 '創治改法'」, 서울大學校 東洋史學研究室 編, 『近世 東아시아의 國家와 社會』, 지식산업사, 1998, 172쪽.
56) 傅光森, 『元朝中葉中央權力結構與政治生態』, 國立中興大學歷史學系 博士學位論文, 2008, 142쪽.
57) 『元史』 卷22, 「武宗本紀一」, 481~482쪽.
58) 『元史』 卷136, 「哈剌哈孫傳」, 3294쪽.

위 기록들을 통해 볼 때, 무종에 대한 불만은 하나같이 세조 시기에 만들어진 '舊制', '祖宗의 제도'를 지키지 않고 있다는 것에서 나오고 있다. (a)를 통해서는 무종 재위 초기부터 무종의 近侍들이 정권을 장악하면서 세조의 成憲을 따르지 않고 內降旨를 통해서만 관직의 임용이 이루어지고 있음을 알 수 있다. 여기에 만호, 천호의 임명에도 무종의 近侍들이 간여하면서 갈등의 분위기가 조성되었음을 파악할 수 있다.

(b)를 통해서는 諸王에 대한 王號 수여가 '祖宗의 제도'를 따르지 않고 행해졌음을 알 수 있다. 투레는 아유르바르와다의 쿠데타에서 큰 공을 세운 諸王으로, 무종이 즉위한 이후 越王으로 봉해졌다. 그러나 카라카순은 차가타이계 후손인 투레가 단번에 一字王號를 받은 것이 예전 제도에 맞지 않다고 말했던 것이다. 하지만 무종은 이를 받아들이지 않았으며 오히려 카라카순의 간언에 불만을 품은 투레가 카라카순을 참소했고, 이에 카라카순은 우승상에서 파면되고, 카라코룸으로 쫓겨나는 신세가 되고 말았다.[59] 이는 무종의 옹립에서 가장 커다란 역할을 수행했던 신료가 무종 정권의 확립 과정에서 중앙 정계로부터 밀려나게 되었음을 보여주는 것이다.

하지만 즉위 詔書에서 학교의 운영을 독려하고 儒戶의 差役을 면제해주게 한 사실이나[60] 孔子를 大成至聖文宣王으로 加封했던 조치[61] 등을 통해 보면 무종이 漢法을 완전히 무시하려는 의도는 가지지 않았다고 할 수

---

59) 『元史』卷136, 「哈剌哈孫傳」, 3294쪽. 중서우승상이었던 카라카순이 和林行省左 丞相(『元史』卷58, 「地理志一」, 1383쪽)이 된 것은 좌천이나 다름없는 조치였다. 최윤정도 중앙의 宰執이 추밀원이나 어사대로 轉任하는 경우보다 행성 재상으로 부임하는 것에는 어느 정도 '貶黜'의 의미가 있다고 보고 있다(崔允精, 「원대 요 양행성 宰相考」『大丘史學』116, 2014, 243쪽).

60) 『元史』卷22, 「武宗本紀一」, 479쪽.

61) 『元史』卷22, 「武宗本紀一」, 484쪽 ; 孔子의 加封을 명령한 聖旨는 蔡美彪 編, 『元代白話碑集錄』, 北京: 科學出版社, 1955, 54쪽에 수록되어 있다. 孔子의 加封 에 관한 더욱 상세한 내용은 宮紀子, 『モンゴル時代の出版文化』, 名古屋: 名古屋 大學出版會, 2006, 271~301쪽을 참고.

있다. 단지 무종은 세조와는 전혀 다른 정치적 환경 속에서 국가를 이끌어 나가야 했던 상황이었기에 관직과 王號를 남발하고 있었던 것이다. 세조 시기에 형성된 관습에 익숙해져 있던 臣僚들에게 있어서는 무종의 행동이 세조의 成憲을 무시하는 것으로 보였지만, 무종은 정권을 공고하게 만들기 위한 필연적인 선택을 한 것이었다.

2) 尙書省 설치와 政爭의 발생

무종은 北邊에서부터 동고동락하며 그를 扈從한 臣僚들에게 의지했으며,[62] 그들이 주도하는 정국을 이끌어가기 위해서 尙書省을 설립했다. 상서성은 唐代에 확립된 3省 6部制에서 중요한 위치를 점하는 정치 기구로 당대 중기까지는 중요한 집행 기관으로서의 역할을 충실히 수행하였다. 그러다가 당대 후기가 되면서부터 역할이 차츰 줄어들기 시작했고, 이러한 특성은 北宋 시기에도 그대로 이어졌다.[63] 北宋과 대치하고 있었던 遼에서도 상서성을 설치했지만, 역할은 그다지 크지 않았던 것으로 보인다.[64] 한편, 당의 제도 일부를 본받아 국가를 운영한 고려에서도 정치와 행정을 담당한 최고 기구의 하나로서 상서성이 설치되었다.[65] 金이 건국되고 여진족

---

62) Hsiao Ch'i-Ch'ing, "Mid-Yüan Politics", Herbert Franke & Denis Twitchett eds., *The Cambridge History of China vol. 6: Alien Regimes and Border States, 907~1368*, Cambridge: Cambridge University Press, 1994, p.507.

63) 唐代의 상서성에 대해서는 嚴耕望, 「論唐代尙書省之職權與地位」『中央研究院歷史語言研究所集刊』 24, 1953 ; 樓勁, 「唐代的尙書省 - 寺監體制及其行政機制」『蘭州大學學報(社會科學版)』 1988-2 ; 任士英, 「略論唐代三省體制下的尙書省及其變化」『烟臺師範學院學報(哲社版)』 1998-3 등의 연구들을 참고. 한편, 北宋 시대 상서성의 위상과 변화에 대해서는 袁良勇, 「關于北宋前期的尙書省」『河北學刊』 23-1, 2003을 참고.

64) 遼代의 상서성에 대해서는 唐統天, 「遼代尙書省研究」『北方文物』 1989-1을 참고.

65) 고려의 상서성에 대해서는 여러 연구가 있지만, 대표적인 성과로는 朴龍雲, 『高麗時代 尙書省 研究』, 景仁文化社, 2000을 언급할 수 있을 것이다.

이 한족 방식에 입각한 정치 개혁을 추진하는 과정에서는 상서성의 위상이
높아졌으며,[66] 그 뒤를 이은 元代의 상서성 역시 대단히 중요한 정치 기구
로 자리잡게 되었다.

元代 이전의 왕조들에 설립되었던 상서성은 하나같이 정치적 문서 행정
기구로서의 역할을 수행하였다고 볼 수 있는데, 元의 상서성은 기존과는
다른 임무를 맡게 되었다. 대원제국 상서성의 前身은 制國用使司인데, 이
미 그 명칭은 南宋 孝宗 乾道 2년(1166)에 설치된 戶部 國用司를 담당하는
관료인 制國用使에서 나타나고 있다.[67] 制國用使司는 재정을 관리하기 위
한 현실적인 필요성에서 세조 至元 3년(1266)에 설치되었고, 아흐마드(阿
合馬, Ahmad)가 이를 관할하게 되었다.[68] 재정적 실무에 밝은 回回人 아
흐마드를 등용하면서 세운 制國用使司의 역할은 財賦를 총괄하는 것이었
고,[69] 조금 더 구체적으로는 "漕運을 통하게 하고, 出納을 엄격히 하며 府
庫와 倉廩을 충실히 하여 백성을 부유하게 만들고 國用을 풍족하게 갖추
어 놓는"[70] 직무를 수행하였다. 이 制國用使司가 至元 7년(1270)에 폐지되
면서 대신에 상서성이 설립되었던 것이고, 아흐마드는 平章尚書省事에 임
명되었다.[71] 재정을 위주로 담당하는 기구의 명칭을 상서성으로 정한 것은

---

66) 金代의 상서성 설치와 위상 변화에 대해서는 孟憲軍, 「試論金代尚書省的建立和
發展」 『遼寧師範大學學報(社會科學版)』 23-3, 2000을 참고. 金代의 省 제도 전반
을 고찰하면서 상서성의 위상을 다룬 연구로는 程妮娜, 『金代政治制度研究』, 長
春: 吉林大學出版社, 1999, 98~133쪽을 참고.

67) 靑山公亮, 「元朝尚書省考」 『明治大學文學部研究報告東洋史』 1冊, 1951, 1쪽.

68) 『元史』 卷6, 「世祖本紀三」, 109쪽. 高榮盛은 制國用使司가 남송의 제도 명칭을
그대로 이어서 사용한 것으로 보았지만(高榮盛, 「元代海外貿易的管理機構」 『元
史論叢』 7, 南昌: 江西教育出版社, 1999, 88쪽), 張國旺은 아직 멸망하지 않은 남
송의 제도를 모방했다기보다는 재정을 뜻하는 일상적인 명칭을 취한 것이라는
반론을 제기했다(張國旺, 「元代制國用使司述論」 『史學集刊』 2006-6, 4쪽).

69) 『元史』 卷173, 「崔斌傳」, 4036쪽.

70) 『元文類』 卷14, 「三本書」(商務印書館 標點本, 『元文類(上)』, 北京: 商務印書館,
1958, 181쪽).

71) 『元史』 卷7, 「世祖本紀四」, 127쪽.

중서성과 대등한 지위에 있음을 보여주기 위한 것이었고,[72] 이때부터 元만의 특수한 재정 담당 기구이자 중추 행정 기구로서 상서성의 존재가 드러나게 되었다.

元의 독특한 상서성 운영은 세조 시기의 권신이 출현하는 중요한 배경으로 작용했다. 至元 7년에 아흐마드를 平章尙書省事에 임명한 것은 그가 보통 재무 관료가 아닌 재상의 반열에 올랐음을 의미한다. 상서성은 설치된 지 얼마 지나지 않아 至元 9년(1272) 정월에 중서성으로 흡수되는데, 이때 아흐마드를 비롯한 상서성의 재상들은 그대로 중서성의 관직 체계로 편입되었다.[73] 이미 至元 원년(1264)에 中書平章政事로 처음 임명되었던 아흐마드는 이때 다시 中書平章政事가 되었고, 이때부터 중서성 내에서 본격적인 정쟁이 시작되었다. 아흐마드는 세조의 전폭적인 신임을 얻으면서 세력을 형성할 수 있었고, 이를 기반으로 당시 중서우승상이었던 안통(安童, Antong)을 견제했다. 안통은 몽골제국의 勳臣 무칼리(木華黎, Muqali)의 후손으로 상당한 名望과 실력을 가진 인물이었음에도 불구하고, 결국 아흐마드와의 정쟁에서 밀려 至元 12년(1275)에 北邊으로 파견되는 처지에 놓이고 말았다.[74] 『元史』의 「宰相年表」에 따르면, 중서좌승상 쿠두차르(忽都察兒, Qudučar)가 至元 15년(1278)부터는 이름이 기록되어 있지 않다.[75] 至元 15년부터 중서우승상과 중서좌승상이 모두 空席이 되었고 중서평장정사 아흐마드가 조정의 최고 실력자로 등극했던 것이다. 이렇게 아흐마드가 권신이 되는 과정에서 상서성의 설치와 중서성으로의 편입은 중요한 의미를 지니고 있었다.

---

72) 靑山公亮, 「元朝尙書省考」 『明治大學文學部硏究報告東洋史』 1冊, 1951, 8쪽.
73) 『元史』 卷7, 「世祖本紀四」, 139쪽.
74) 안통과 아흐마드의 갈등 배경에 대해서는 고명수, 「쿠빌라이 시기 친킴-아흐마드 갈등의 배경과 성격-친킴의 漢化 문제에 대한 재검토」 『中央아시아硏究』 18-1, 2013, 58~59쪽 및 63~64쪽을 참고.
75) 『元史』 卷112, 「宰相年表」, 2799쪽.

아흐마드의 장기 집권은 至元 19년(1282)에 아흐마드가 피살되면서 끝이 났다. 세조가 上都에 있던 기간에 大都에서 정변이 발생했던 것이다. 세조는 이 소식을 듣고 아흐마드를 암살한 일당을 처벌했지만, 이후에 아흐마드의 부정부패가 밝혀지면서 아흐마드를 剖棺斬屍에 처했다.[76] 아흐마드는 장기간 집권했음에도 불구하고 스스로를 암살 시도로부터 지킬 수 있는 武力을 갖추지 못했고, 세조의 신임을 상실하자마자 극형에 처해지면서 가족들도 모두 처벌되고 재산까지 몰수당하는 처지에 놓였던 것이다. 아흐마드가 사라지면서 세조는 그의 역할을 대신할 수 있는 인물을 찾기 시작했고, 至元 21년(1284)에 盧世榮을 中書右丞에 임명했다. 하지만 노세영 역시 세조의 신임만을 믿고 행동하다가 이듬해에 어사대에 의해 탄핵되면서 결국 伏誅되었다.

조정 내부의 갈등과 극단적인 처결을 아흐마드와 노세영을 통해 두 번이나 경험했음에도 불구하고 세조는 財賦에 대한 관심을 결코 버리지 않았다. 세조는 셍게(桑哥, Sengge)를 등용하면서 자신이 지향하는 경제 정책을 실시하고자 했고, 至元 24년(1287)에 상서성을 다시 설치했다. 셍게는 상서성의 평장정사가 되어 아흐마드의 지위를 계승했는데, 이때의 상서성은 중서성 예하의 6부까지 흡수하면서 중서성의 권한에 치명적인 타격을 입혔다.[77] 얼마 지나지 않아 셍게는 尙書右丞相에 임명되었고[78] 이는 아흐마드 시기보다 상서성의 권력이 막강해졌음을 상징하는 것이었다. 셍게는 正1品의 開府儀同三司 官銜까지 받고 宣政院使까지 겸직하는 등 아흐마드보다 훨씬 높은 권위까지 보유했다. 이러한 상서성 중심의 정치 구도는 至元 27년(1290)까지 유지되었다.

---

76) 아흐마드 암살 사건의 상세한 정치적 배경에 관해서는 片山共夫, 「ア-マッドの暗殺事件をめぐって－元朝フビライ期の政治史」 『九州大學東洋史論集』 11, 1983을 참고.
77) 靑山公亮, 「元朝尙書省考」 『明治大學文學部硏究報告東洋史』 1冊, 1951, 37쪽.
78) 『元史』 卷14, 「世祖本紀十一」, 301쪽.

至元 28년(1291)에 어사대는 셍게의 전횡을 더 이상 참지 못하고 세조
에게 셍게를 탄핵하는 강경한 움직임을 보였다. 세조는 상서성과 어사대의
변론을 모두 들은 후에 결국 어사대의 손을 들어주었고, 그 결과 셍게는
伏誅되었으며 상서성은 또 다시 폐지되었다. 결국 세조 시기의 상서성은
아흐마드와 셍게라는 권신을 출현하게 만든 기구였는데, 아흐마드는 상서
성이 중서성에 편입된 후 중서성을 장악했지만 셍게는 상서성을 기반으로
권력을 행사했다는 점에서 차이가 있었다. 셍게가 집권했을 때의 상서성이
훨씬 독자적인 위상을 가졌던 것이다. 하지만 아흐마드와 노세영 및 셍게
모두 세조의 신임을 잃자마자 극형에 처해졌고,[79] 이 과정에서 어사대가
중요한 역할을 담당했다. 세조는 권신의 부정부패를 적발하는 어사대의 고
발에 귀를 막지 않았고,[80] 寵臣을 향해 직접 처벌을 내리면서 조정 내의
기강을 바로세우고자 노력했다.

셍게가 처형되면서 상서성은 다시 중서성으로 편입되었고,[81] 중서성의
역할도 곧 회복되었다. 이때부터 상서성이 존재하지 않다가 무종 즉위 이
후 과도한 賜與로 인한 재정 궁핍이라는 배경 속에서 재무 기구인 상서성
이 부활하는 조짐을 보이게 되었다. 무종이 즉위하고 4개월이 지난 大德
11년(1307) 9월에 상서성을 설치하라는 조서가 반포되었고, 中書平章政事
였던 톡토(脫虎脫, Toqto),[82] 敎化, 法忽魯丁 등이 상서성을 맡아 官屬을

---

79) 아흐마드, 노세영, 셍게에 대해서는 일찍이 『元史』에 기록된 그들의 열전 내용을
    번역하고 분석한 박사학위논문이 출간된 바 있다. Paul Balaran, *The Biographies
    of Three "Evil Ministers" in the Yüan shih*, Ph. D. Dissertation of Harvard
    University, 1978을 참고.

80) 페르시아어 사료인 『집사』에도 아흐마드를 부관참시에 처한 일과 셍게를 처형한
    이야기가 기록되어 있는데, 흥미롭게도 두 사람 모두 보석을 빼돌리고 쿠빌라이에
    게 바치지 않았다는 것이 처벌을 받은 결정적인 원인으로 묘사되어 있다(라시드
    앗 딘, 김호동 역주, 『칸의 후예들』, 사계절, 2005, 435~436·439~440쪽). 아마 어
    사대에서도 아흐마드와 셍게의 재물 착복을 가장 큰 죄목으로 강조했을 것이다.

81) 『元史』 卷16, 「世祖本紀十三」, 347쪽.

82) 脫虎脫의 몽골 발음 라틴 문자 전사는 王石莊 主編, 『《元史》名詞術語漢蒙對照詞

스스로 뽑으라는 지시가 내렸던 것이다.[83] 하지만 얼마 있지 않아 御史臺의 상소가 다음과 같이 올라왔다.

> 어사대의 신료가 말하기를, "至元 연간에 아흐마드가 財用을 관리하며 상서성을 세웠으나 3년 만에 중서성으로 편입했습니다. 그 후 셍게가 執政하여 다시 상서성을 세웠으나 일이 어그러져서 또 중서성으로 편입했습니다. 이후 大德 5년 이래 사방에 지진과 水災가 있고 해마다 작황이 좋지 않아 백성이 극도로 곤궁하여 便民의 정사를 폈고, 지금도 그렇게 하고 있습니다. 근자에 또 들으니 재용 관리를 위해 상서성을 세운다고 하는데, 이와 같이 하게 되면 반드시 소속 官司를 증치해야 하고 관리를 濫設하게 되니 자못 백성에 이득이 되지 않는 일입니다. 또 재용을 관리하는 것은 사람이 하는 일인데, 만약 중서성에 명해 정리하게 하더라도 불가하지는 않다고 봅니다. 신료들이 가만히 얘기를 하지 않은 것은 죄를 얻을까봐 두려워하는 것입니다."라고 했다.[84]

이는 굳이 번잡하게 상서성을 다시 설립하여 백성들에게 불편이 되는 일을 만들지 말라는 간언이었다. 또한 아흐마드와 셍게의 실패를 상기시키는 것이기도 했다. 이를 들은 무종은 "경의 말이 진실로 옳다. 이 세 신하가 그 일을 맡기를 원하여 임시로 실행을 허락한 것이다."[85]라고 하면서

典 上冊』, 呼和浩特: 內蒙古人民出版社, 2015, 323쪽에서는 톡톡(toqtoq)으로 표기했다. 하지만 일반적으로 사용되는 '톡토'가 더 자연스럽다고 보고 본서에서는 톡토로 쓰기로 한다. 단, 혜종 시기에 나오는 톡토(脫脫) 승상과는 동명이인이라는 점을 반드시 염두에 두어야 한다. 무종 시기의 톡토에 대해서는 기록이 많지 않아 그의 상세한 이력은 알려지지 않는데, 최근에 여러 문집과 지방지의 기록들을 발굴하여 톡토가 세조 재위 후기에 강남의 行大司農을 역임하고 이후 行宣政院使를 맡았음을 입증한 연구가 발표되었다. 이에 대해서는 陳新元, 「脫虎脫丞相史事探微－兼論元武宗朝尙書省之用人」『文史』 2018-3을 참고.

83) 『元史』 卷22, 「武宗本紀一」, 488쪽.
84) 『元史』 卷22, 「武宗本紀一」, 488~489쪽.
85) 『元史』 卷22, 「武宗本紀一」, 489쪽.

한 발 물러섰다. 여기에서의 세 신하는 앞서 상서성의 일을 맡게 했던 톡
토, 敎化, 法忽魯丁을 가리키는 것이었다. 한편, 죄를 얻을까봐 두려워서
신료들이 감히 나서지 못했다는 어사대 신료의 간언을 통해 추측해보면 상
서성 설립을 둘러싸고 무언가 억압적인 분위기가 있었음을 알 수 있다. 무
종의 近侍들이 정권을 잡는 과정에서 기존 관료들과 마찰을 불러일으키고
있었던 것이다. 위기를 느낀 중서성의 관료들은 아래와 같은 내용을 무종
에게 상주하였다.

> 중서성에서 상주하기를, "처음에 중서성을 설치할 때 太保 劉秉忠이 그 위치
> 의 마땅함을 헤아렸고, 裕宗이 中書令이 되었을 때 일찍이 省에 이르러 칙명에
> 서명을 하셨습니다. 그 후 셍계가 옮겨 상서성을 설립하고 4년이 되지 않아 폐
> 지하였습니다. 지금 다시 중서성을 舊省으로 옮기고 吉日을 택하여 中書令의
> 위상까지 바꾸자고 청하니, 이에 청컨대 황태자께서 한번 중서성에 오게 하시
> 기를 바랍니다."라고 하니 制를 내려 허락하였다.[86]

상서성의 설치 의도에 반발하며 나선 중서성의 신료들은 세조 재위 시
기의 황태자 裕宗이 中書令을 맡았던 전례를 언급하면서 위기에 대처하기
위한 수단으로 황태자 아유르바르와다를 끌어들였던 것이다. 이로 인해 무
종과 그의 近侍들이 중심이 된 상서성과 황태자가 중심이 된 중서성이 자
연스럽게 양 파벌로 갈라지는 단초가 마련되었다.[87]

---

86) 『元史』 卷22, 「武宗本紀一」, 489쪽.
87) 元 조정에서 황태자는 제위계승인이라는 자격을 보유하면서 정치적, 군사적 정
   책 결정에 있어서도 중요한 영향력을 행사하는 주체이기도 하였다. 그렇기 때문
   에 황제와는 별도의 政派를 구성하는 경우가 많았고, 이는 元代 정치의 두드러진
   특징 중의 하나로 손꼽히기도 한다. 이에 대해서는 陳一鳴, 「論元代的太子參政問
   題」 『內蒙古社會科學(文史哲版)』 1992-1과 더욱 논의를 상세하게 전개시킨 楊育
   鎂, 「元代皇太子預政的探討」 『淡江史學』 15, 2004를 참고. 또한, 쿠빌라이 시기
   황태자 제도의 설치와 황태자의 위상 문제에 대해서는 崔珍烈, 「쿠빌라이 시기

이렇게 무종 즉위 직후에 이루어졌던 상서성 설립의 시도는 실패로 끝 났지만, 또 다른 문제가 되었던 것은 '越職奏事'였다. 제대로 된 절차를 거 치지 않고 近侍들이 직접 황제에게 상주하여 중서성의 역할을 무시하는 일 이 빈번하게 발생했던 것이다. 심지어 상서성을 설치하려는 시도가 있기 전에도 이러한 越職奏事가 성행했고, 이를 금지하라는 논의가 「武宗本紀」 내에서만도 여러 번 등장하고 있다.[88]

越職奏事를 금지하라는 주청을 무종은 계속 받아들이고 있었음에도 불 구하고, 같은 논의가 계속 발생하고 있는 것을 보면 이러한 관행은 고쳐지 지 않았던 것으로 보인다. 상서성 설립 시도가 실패로 끝나 중서성의 역할 이 재차 확인된 이후에도 역시 중서성을 거치지 않고 직접 황제에게 상주 하는 越職奏事의 관행은 계속되고 있었다. 이는 무종의 近侍 집단이 중서 성과는 별도로 자신들만의 의사소통 수단을 마련하고 이를 지속시키려고 했던 것을 보여주고 있다. 결국 이러한 노력은 至大 2년(1309)에 무종 近侍 들의 건의로 상서성의 설립이 다시 추진되는 것으로 이어졌다.

至大 2년 7월, 무종의 近侍 중에 樂實이라는 자가 鈔法을 개혁해야 한 다고 언급하면서 이와 동시에 保八과 함께 상서성을 세울 것을 논의했 다.[89] 무종이 이에 동의하면서 상서성 설치 계획이 다시 표면화되었다. 결 국 무종은 "옛 일[舊事]은 中書를 따르고 새로운 정치는[新政] 尙書를 따르 게 하자"는 保八의 건의를 받아들였으며 老臣들과 이 일을 다시 논의할 것 을 청한 타스부카(塔思不花, Tas-Buqa)의 제안을 거절하였다.[90] 상서성 건 립을 위한 첫 번째 시도와는 달리 무종과 그 주변에서 정권을 장악하고자 했던 세력들의 움직임이 더욱 활발해졌던 것이다. 무종 즉위 이후 황제, 황 태후, 황태자가 각각 세력을 형성하여 이른바 '三宮' 정치가 시작되어 실제

皇太子制度와 그 성격」『서울大 東洋史學科論集』 27, 2003을 참고.

88) 『元史』 卷22, 「武宗本紀一」, 484쪽과 485쪽의 내용을 참고.

89) 『元史』 卷23, 「武宗本紀二」, 513쪽.

90) 『元史』 卷23, 「武宗本紀二」, 513쪽.

적으로 3개의 독립된 정치 중심이 생겨난 상황에서[91] 무종의 近侍들은 이
를 극복하고 자신들을 중심으로 하는 정권을 창출하고자 越職奏事를 통해
황제와 직접 소통하며 정사를 처결했고, 더 나아가 상서성을 수립하여 또
다른 세력 기반으로 삼고자 했던 것이다. 아마 상서성을 다시 설치하려는
시도 역시 중서성과의 어떠한 협의 절차를 거치지 않고 황제와 직접 상의
했을 가능성이 높다. 상서성의 설치와 관리 선발은 근본적으로 중국적 관
료제를 와해시키는 힘이 있었고,[92] 결국 이로 인해 중앙 조정 내의 정치적
갈등은 증폭되었다.

그러나 무종은 이번에는 물러서지 않았고, 결국 至大 2년 8월에 상서성
을 설립하여 乞台普濟를 우승상, 톡토를 좌승상(얼마 안 있어 乞台普濟가
물러나면서 우승상이 된다), 삼보노(三寶奴, Sambono)와 樂實을 평장정사,
保八을 우승, 忙哥鐵木兒를 좌승, 王羆를 참지정사에 기용하였다.[93] 이때
상서우승상과 상서좌승상을 모두 임명하면서 셍게가 홀로 우승상이었을
때보다 더욱 완비된 체제가 마련되었다고 할 수 있다. 이들 관원은 모두
무종의 오래된 侍從이었고,[94] 상서성의 본격적인 활동이 드디어 시작되었

91) 曹學川, 『元代武宗朝政治問題研究』, 西北師範大學 碩士學位論文, 2012, 26쪽.
92) 李玠奭, 「漠北의 統合과 武宗의 '創治改法'」, 서울大學校 東洋史學硏究室 編, 『近
    世 東아시아의 國家와 社會』, 지식산업사, 1998, 177쪽.
93) 무종 시기 상서성의 주요 관원들에 대해서는 『元史』 열전, 神道碑 등의 기록이
    거의 존재하지 않고 있어 상세한 사항을 알기가 쉽지 않다. 하지만 흩어져 있는
    여러 기록들을 종합한 다음 연구들을 참고할 만하다. 野口周一, 「元代武宗政權に
    おける宰相層の人的構成に關する覺書」 『新島學園女子短期大學紀要』 6, 1988 ;
    李鳴飛, 「元武宗尚書省官員小考」 『中國史研究』 2011-3 ; 曹學川, 『元代武宗朝政
    治問題研究』, 西北師範大學 碩士學位論文, 2012, 39~41쪽 ; 額爾敦巴特爾, 「樂實
    小考」 『蒙古史研究』 11, 北京: 科學出版社, 2013. 그리고 이개석, 「14世紀 初 元
    朝支配體制의 再編과 그 背景」, 서울대학교 대학원 동양사학과 박사학위논문,
    1998, 120~125쪽도 참고.
94) 趙文壇, 「元武宗改皇儲事件發微」 『中國史研究』 2005-2, 105쪽. 특히 삼보노의
    경우에는 무종의 近侍로서 무종을 황제로 옹립하는 일에도 일정한 기여를 했음
    이 기록에도 나타나 있다. 『雪樓集』 卷2, 「榮祿大夫遙授平章政事中政使翰林學士

다. 권력 구축에 걸림돌이 될 수도 있는 인물들을 이미 제거했기 때문에 상서성의 정책 추진은 비교적 신속하게 이루어졌다. 무종 옹립에 가장 중요한 역할을 담당하면서 무종 즉위 후 커다란 세력을 형성할 수도 있었던 카라카순을 카라코룸으로 쫓아냈고,[95] 그를 쫓아내는 데에 결정적 원인을 제공했던 越王 투레도 무종의 의심을 받다가 결국 국문을 당하고 살해되었다.[96] 아유르바르와다의 쿠데타에서 가장 큰 공적을 세웠던 신료와 諸王이 상서성 설립 이전에 중앙 조정으로부터 쫓겨나서 세상을 떠나거나 처형을 당하고 말았던 것이다.[97] 반면에, 주로 무종의 近侍들로 구성된 상서성의 관료들은 황제의 권력에 기대어 강력한 권위를 행사할 수 있게 되었고, 특히 상서성의 재상들이 중앙 정치에서 커다란 영향력을 발휘했다.

주변 상황을 정리한 무종과 그의 近侍들은 상서성을 세우고 신속하게 개혁을 추진하였다. 상서성이 추진한 개혁은 여러 가지 방면에서 이루어졌고,[98] 이 과정에서 중서성의 역할은 점점 축소되었다. 특히 상서성 평장정

承旨兼修國史三寶奴特受金紫光祿大夫上柱國遙授中書左丞相封蒲國公餘如故制」 (張文澍 校點, 『程鉅夫集』, 長春: 吉林文史出版社, 2009, 19쪽) 참고.

95) 『元史』 卷136, 「哈剌哈孫傳」, 3294쪽.

96) 『元史』 卷117, 「禿剌傳」, 2907쪽. 무종과 투레 사이의 갈등과 투레의 처형은 대원제국 쇠퇴의 시작을 알리는 사건으로 해석되기도 한다. 이에 대해서는 Geoffrey Humble, "Princely Qualities and Unexpected Coherence: Rhetoric and Representation in 'Juan' 117 of the 'Yuanshi'", *Journal of Song-Yuan Studies* Vol. 45, 2015, pp.326~329, p.337을 참고.

97) 이외에도 至大 3년(1310)에는 寧王 쿠쿠추(闊闊出, Kököčü)와 살해된 越王 투레의 아들인 아라트나시리(阿剌忒納失里, Aratnasiri)가 음모에 연루되는 등 무종 정권 안에서도 분란이 발생하고 있었다(『元史』 卷23, 「武宗本紀二」, 523쪽). 정확한 정황은 알 수 없지만, 상서성만이 중심이 된 독단적인 개혁이 諸王들 사이에서도 반감을 불러일으키지 않았나 생각된다.

98) 상서성이 추진한 개혁과 그 영향에 대해서는 李玠奭, 「漠北의 統合과 武宗의 '創治改法'」, 서울大學校 東洋史學硏究室 編, 『近世 東아시아의 國家와 社會』, 지식산업사, 1998 ; 李鳴飛, 『元武宗改革諸問題淺探』, 中央民族大學 碩士學位論文, 2007 ; 李鳴飛, 「試論元武宗朝尚書省改革的措施及其影響」 『中國邊疆民族研究』 1, 北京: 中央民族大學出版社, 2008 ; 曹學川, 『元代武宗朝政治問題研究』, 西北師範

사였다가 곧 좌승상이 되는 삼보노는 여러 가지 건의를 하면서 개혁을 추
진하는 중요한 인물로 부각되는데, 상서성이 설립되고 얼마 지나지 않은
시점에 나온 그의 말을 통해 상서성에 상당한 권한이 실려 있었음을 알 수
있다. 세조 시기의 상서성이 그랬던 것처럼, 설립된 이유는 경제 정책 추진
에 있었지만 시간이 지날수록 통치의 전반적인 사항들에 개입하게 되는 것
이다.

> 삼보노가 말하기를, "상서성이 설립되어 庶政을 更新하고 鈔法을 바꾸었으
> 며 관리 64명을 등용했는데, 그 가운데 宿衛 군사가 있으며 品秩이 이르지 못한
> 자도 있고 관직을 거치지 않은 자도 있습니다. 이들은 모두 평소에 일을 익혔고
> 이미 임용하였으니 先例에 구애되지 말고 宣敕을 내려주시기를 청합니다."라고
> 하니 制를 내려 허락했다.[99]

여기에 덧붙여 무종은 상서성의 일을 방해하는 자에게는 벌을 주겠다는
조서를 내리면서 상서성의 권한에 더욱 힘을 실어주기까지 했다. 게다가
관원 64명은 너무 많은 수치이고, 그 출신도 제각각이었는데 이미 임용했
으니 선례에 구애되지 말라고 하는 것은 황제가 독단적으로 처결하기를 바
라는 것이었다. 무종 즉위 직후에 "중서성 宰臣이 14명이고, 어사대부가 4
명인데 이는 예전 제도에는 없던 것"[100]이라고 하는 기록을 통해 보면 중
서성에 宰臣이 14명이 있는 것도 冗官이라고 하고 있는데 아무리 하급 관
리들까지 포함한다고 하더라도 64명의 임명을 그대로 인정하는 것은 중서
성을 무시하는 행위라고도 볼 수 있다. 상서성은 여기에서 그치지 않고 지
방의 行中書省도 모두 行尙書省으로 바꾸라는 조서를 받아냈다.[101] 이는

大學 碩士學位論文, 2012 등을 참고.
99) 『元史』 卷23, 「武宗本紀二」, 514쪽.
100) 『元史』 卷22, 「武宗本紀一」, 481쪽.
101) 『元史』 卷23, 「武宗本紀二」, 515쪽.

중앙 조정은 물론이고 지방의 행정까지 상서성이 모두 장악하겠다는 의사를 내비친 것이었다. 아유르바르와다의 侍從 신료였던 李孟, 野訥, 楊朶兒只 등이 실제 정사에 간여할 수 없는 지위 밖에 얻지 못하거나 아예 임용되지도 못했던 것[102]과는 너무나도 대조되는 상황이었다.

또한 상서성은 황제, 황태후, 황태자 三宮의 內降旨에 따른 의사 결정을 중서성이 금지하자고 청했는데, 이를 금지하지 말고 예전처럼 다시 시행하자고 주청했다.[103] 이는 중서성의 결재를 받지 않고 황제, 황태후, 황태자가 내키는대로 명령을 내릴 수 있는 체제를 만들자는 것으로 무종의 近侍들로 주로 이루어진 상서성이 황제에게 직접 상주하고, 직접 재가를 받아 모든 업무를 시행하겠다는 의지와 연결되어 있었다.[104] 상서성 신료들은 여기에서 그치지 않고 셍게가 집정했을 당시 상서성의 업무를 언급하면서 중서성의 모든 업무를 상서성으로 귀속시켜 상서성에서 인물을 임용하며 단지 散官 임명만 중서성에 위임하자는 의견을 상주했고, 무종은 이를 수락했다.[105] 아예 드러내놓고 상서성은 중서성이 가지고 있는 권한을 대신하고자 했고, 명예직이라고 할 수 있는 散官과 관련된 일은 중서성에 맡기

---

102) 楊育鎂, 「元代皇太子預政的探討」『淡江史學』 15, 2004, 109쪽. 李孟의 경우에는 인종이 즉위하기 이전인 至大 3년(1310)에 中書平章政事 직함을 받았지만, 실제로는 인종이 즉위한 이후에 '정말로[眞]' 중서평장정사에 임명되었다는 『元史』 「李孟傳」의 기록이 있는 것으로 보아서 이맹이 무종 재위시기에 받은 관직은 虛職이었음을 알 수 있다(王建軍, 「走近李孟」『元史及民族史研究集刊』 14, 海口: 南方出版社, 2001, 35쪽).

103) 『元史』 卷23, 「武宗本紀二」, 516쪽.

104) 정작 상서성은 설립 직후에 聖旨(황제의 명령), 懿旨(황태후의 명령), 令旨(황태자의 명령)가 있어 백성들에게 飮食을 요구하는 것이 매우 번잡스럽다는 건의를 받아들여 함부로 三宮의 명령을 칭하지 못하게 한 적이 있었다(『至正條格』 卷7, 「斷例·戶婚·投下占戶」(韓國學中央研究院 編, 『至正條格 校註本』, 휴머니스트, 2007, 233쪽)). 이전의 관례로 돌아가겠다는 것은 황제의 권위를 황태후, 황태자보다 더욱 높여서 三宮의 協和보다는 조금 더 독단적인 정치적 결정권을 황제 측이 가지겠다는 의미를 내포하지 않았나 생각된다.

105) 『元史』 卷23, 「武宗本紀二」, 516~517쪽.

는 형식만을 유지시켰던 것이다. 여기에 中書令이었던 황태자 아유르바르
와다를 尙書令으로 바꾸어 임명하면서[106] 중서성은 유명무실한 정치 기관
이 되고 말았다. 그래서 상서성의 신료들이 상주한 사안에는 人事, 財政 등
을 포함한 모든 행정 내용이 망라되어 있었고,[107] 이제 상서성은 무종의
비호 아래에 상당한 정치적 권력을 행사할 수 있게 되었다. 상서성이 설립
되어 조정의 정무와 天下之事를 다스리게 되면서 중서성은 단지 '閑局'으
로 전락하여 직무를 맡고 있는 사람들은 食祿을 받아먹기만 하는 처지가
되었다.[108] 중서성과 황태자 세력은 당연히 불만을 가지게 되었을 것이고,
처음부터 아유르바르와다를 지지했던 황태후도 무종의 이러한 조치를 반
갑게 받아들이지는 않았을 것이다.

　상서성이 독단적으로 정국을 운영하려는 움직임에 대해 당연히 반발도
일어났다. 중서성의 하급 관료였던 李守中이라는 사람은 "지난날 세조께서
계셨을 때 밤낮으로 다스리는 도리를 찾으시며 상서성을 따로 나누어 설치
해 중서성의 업무를 정돈시켰고, 명백히 조서를 내려 (상서성과 중서성이)
같이 존재하게 하셨습니다. 지금은 상서성의 신료들이 정권을 탈취하여 憲
章을 어지럽히고 사람을 등용하는 것에 법도가 없어 정치가 점점 크게 훼
손되고 있으니 도리어 중서성의 법제를 무너뜨리고 있는 것입니다. 중서성
이 왜 폐지되었고, 상서성이 왜 다스리는가를 마땅히 밝혀야 합니다."라고
하며 강한 비판을 제기했다. 이 비판에 상서성의 '權貴'들은 크게 노하여
李守中을 지방으로 쫓아냈다.[109] 또한, 韓公麟이라는 인물은 상서성의 신
료들이 정치에서 專權을 행사하자 병을 칭하고 집에 틀어박혀 淮安路總管

106)『元史』卷23,「武宗本紀二」, 517쪽.
107) 傅光森,『元朝中葉中央權力結構與政治生態』, 國立中興大學歷史學系 博士學位論
　　文, 2008, 158~159쪽.
108)『道園學古錄』卷34,「翰林直學士曾君小軒集序」(王頲 點校,『虞集全集』, 天津:
　　天津古籍出版社, 2007, 575쪽).
109)『滋溪文稿』卷11,「元故嘉議大夫工部尙書李公墓誌銘」(陳高華·孟繁淸 點校本,
　　北京: 中華書局, 1997, 174쪽).

에 제수되었으나 이에 응하지 않는 방식으로 불만을 표시하기도 하였다.[110] 상서성의 설치와 그 신료들의 정권 '탈취'로 인해 조정 내부에서 갈등의 분위기가 점점 커져갔던 것이다.[111] 이제는 특정한 권신 한 사람이 아니라 상서성 자체가 '權府'로 기능하고 있었다.

그런데 이러한 갈등 분위기를 더욱 고조시키는 일이 至大 3년(1310)에 발생하는데, 그것은 바로 황태자를 바꾸려는 시도였다. 무종의 동생을 황태자로 삼은 것을 취소하고 皇子를 새로 황태자에 임명하자는 것이었다. 이는 中書令과 樞密使 등을 맡아 활발하게 정치에 간여하고 있었던 아유르바르와다의 직위를 해제시키자는 의미였고, 무종이 즉위할 때에 맺었던 약속도 위반해야만 이루어질 수 있는 문제였다. 아유르바르와다의 입장에서는 상당히 위협적인 정치적 공격을 받았던 것이었다. 이 사건을 통해 상서성과 황태자 세력 사이의 갈등이 구체적으로 표출되기에 이르렀고, 더욱 주목할 점은 제위계승과 직접적으로 관련된 황태자 선정에 신료들이 간여하기 시작했다는 것이다. 중앙 정치의 여러 방면에서 실력을 행사하고 있던 상서성 신료들이 계승분쟁에까지 개입하는 권신의 길을 가고 있었던 것인데, 이는 아흐마드나 셍게는 시도조차 하지 않았던 일이었다. 구체적으로는 환관 李邦寧과 승상 삼보노의 건의가 아래와 같이 각각 기록에 남아 있다.

인종(아유르바르와다)이 황태자였을 때 승상 삼보노가 정사를 처리하면서 인종의 英明함을 두려워했는데, 李邦寧이 그 뜻을 헤아려 짐작하고 무종에게 말하기를, "폐하의 춘추가 지극하고, 皇子께서 점차 장성해지시니 아버지가 아

---

110) 『滋溪文稿』 卷22, 「資善大夫太醫院使韓公行狀」(陳高華·孟繁淸 點校本, 北京: 中華書局, 1997, 374쪽).

111) 상서성의 신료들이 無辜한 사람을 마구 죽이고 화폐를 가벼이 바꾸어 中外가 흉흉했다고 한 기록(『道園學古錄』 卷18, 「中書平章政事蔡國張公墓誌銘」(王頲 點校, 『虞集全集』, 天津: 天津古籍出版社, 2007, 890쪽))은 이러한 갈등 분위기를 암시적으로 잘 드러내고 있다.

들에게 계승하는 것은 예로부터의 道인데, 아들이 있는데도 동생을 세운 경우
는 들어보지 못했습니다."라고 했다. 무종은 불쾌해하며 말하기를, "짐의 뜻은
이미 정해졌으니, 네가 스스로 황태자에게 가서 말해보아라."라고 하니 이방녕
은 두려워하며 물러났다.[112]

그리고 승상 삼보노의 건의는 캉리톡토와의 대화 형식으로 다음과 같이
기록되어 있다.

　　삼보노 등이 무종에게 皇子를 皇太子로 세울 것을 권하였다. …… (삼보노가)
　　말하기를, "皇子께서 점점 장성해지시고, 황제께서는 최근 政務에 싫증을 내고
　　계시니 황태자를 마땅히 빨리 정해야 할 것입니다."라고 했다. 이에 캉리톡토가
　　말하기를, "국가의 大計는 신중하지 않을 수 없습니다. 당초에 太弟께서 몸소
　　大事를 결정하셔서 그 공이 宗社에 있어 東宮의 지위에 있게 하라는 명령이 이
　　미 정해졌고, 이로부터 兄弟, 叔姪이 대대로 계승하게 되었는데 누가 감히 이
　　질서를 어지럽히겠다는 것입니까? 우리들이 신하된 자로서 국가의 憲章을 바로
　　잡지는 못할망정 어찌 成憲을 무너뜨릴 수 있겠습니까?"라고 했다. 삼보노가 말
　　하기를, "지금은 형이 이미 동생에게 내려주었지만, 훗날에 숙부가 조카에게 내
　　려줄 지는 어찌 보장할 수 있겠습니까?"라고 했다. 캉리톡토가 말하기를, "우리
　　는 바꿀 수 없고, 다른 사람이 신뢰를 잃는다면 하늘이 실로 그것을 살필 것입
　　니다."라고 했다. 삼보노는 비록 동의하지 않았지만, 그 논의를 뒤집을 수는 없
　　었다.[113]

위의 기록들을 통해 보면, 황태자를 바꾸려는 시도가 상서성의 주축 신
료인 삼보노의 의중에서 나온 것이었음을 알 수 있다. 정치에 간여하면서

112) 『元史』 卷204, 「李邦寧傳」, 4551쪽.
113) 『元史』 卷138, 「康里脫脫傳」, 3324쪽.

상서성과 불화 관계에 있었던 황태자 아유르바르와다는 삼보노 등의 상서성 신료들이 두려워하는 존재가 되어 있었던 것이었다. 게다가 숙부가 조카에게 제위를 물려주는 것을 어떻게 보장할 수 있겠는가라고 하는 삼보노의 의문은 아유르바르와다에 대한 강력한 의구심을 드러내는 것이기도 하였다. 황태자를 교체하겠다는 상서성의 의도는 자신들을 견제할 수 있을 정도의 세력을 가지고 있는 아유르바르와다를 몰아내고 독단적인 정권을 수립하겠다는 의지의 표현이었다. 하지만 정작 황제 무종은 이에 따르지 않았다. 특히 무종의 親臣인 캉리톡토가 황태자 교체 안건에 강력한 반대 의사를 표명했던 점도 이 논의가 실행되지 못한 요인 중의 하나였다. 캉리톡토는 무종의 즉위 과정에 있어서 중요한 기여를 한 인물이면서도 상서성 신료들과는 정치적 견해가 일치하지 않았고 오히려 아유르바르와다와 정치적 의견이 더욱 가까웠던 것이다.[114] 이렇게 중요한 사건이 정작 『元史』의 본기에는 기록되어 있지 않은데, 아마도 갈등을 야기할 소지가 높은 이 논의가 그렇게 오랫동안 이어지지는 못했기 때문이 아니었을까 생각된다. 하지만 황태자 교체 논의가 있었다는 사실만으로도 이미 상서성 신료들과 황태자 세력 사이의 거리가 더욱 밀어졌을 것임은 분명하다. 그리고 아유르바르와다가 자신의 조카에 대해서 점점 의심을 가질 가능성도 높아졌다. 그러나 무종은 결국 자신의 아들을 태자로 세우지 않았고, 동생에게 제위를 물려주고 동생은 다시 조카에게 제위를 계승한다는 약속은 유지되었다.[115]

한편, 아유르바르와다는 황태자로서 국정에 간여하면서도 무종과의 갈

---

114) 趙文壇, 「元武宗改皇儲事件發微」 『中國史研究』 2005-2, 108쪽. 캉리톡토는 자신의 지위가 점점 상승하면서 '漢法'으로 漢地를 일정 부분 통치할 필요가 있다는 입장을 보였지만(張沛之, 『元代色目人家族及其文化傾向研究』, 天津: 天津古籍出版社, 2009, 60쪽), 황제의 동생이 황태자가 되는 非漢法적인 부분은 여전히 지지하고 있었다. 아마도 무종, 황태후, 황태자 三宮의 세력이 최대한 안정적으로 정국을 이끌어가는 방향을 가장 중시했기 때문으로 보인다.

115) 『石門集』 卷8, 「史二·元」(『元人文集珍本叢刊』 卷8, 臺北: 新文豊出版公司, 1985, 42~43쪽).

등이 표면에 드러나지 않게 하기 위해 노력을 했던 것으로 보인다.[116] 예를 들면, 황태자의 侍衛軍인 左衛率府가 至大 원년(1308)에 설치되고[117] 여기에 더하여 右衛率府를 추가로 설치하려는 움직임이 있었을 때 詹事院[118]의 신료 王約은 "左衛率府는 옛 제도에 있는 것이지만, 지금 右府는 무엇을 위해서 설치하는 것입니까? 諸公들께서는 마땅히 신중히 생각하셔서 황태자에게 해를 끼치지 않도록 해야 합니다."[119]라며 반대했다. 또한 아유르바르와다의 측근 중에 벡테무르(栢鐵木爾, Beg-Temür)라고 하는 인물도 또 親衛 부대를 설치하게 되면 갈등이 반드시 일어날 것이므로 신중하게 생각해야 한다고 하며 아유르바르와다에게 주의깊게 행동할 것을 깨우쳤다.[120] 그러나 이들의 반대에도 불구하고 右衛率府는 결국 설치되었고, 이에 대한 관할을 상서성 우승상인 톡토와 어사대부 不里牙敦이 맡으면서 황태자의 親軍을 상서성과 어사대가 견제하는 모습을 보였다.[121] 그래도 아유르바르와다는 별다른 불만을 제기하지 않았다. 하지만 황태자의 親衛 부대를 설치하는 과정에서 보이는 반대 의견 및 右衛率府가 상서성의 권신인 톡토의 관할 아래에 들어갔다는 사실은 상서성과 황태자 세력 사이에 존재했던 갈등을 보여주는 것이라고 할 수 있다.

---

116) 薛磊, 『元代宮廷史』, 天津: 百花文藝出版社, 2008, 169쪽.

117) 『元史』 卷22, 「武宗本紀一」, 496쪽. 「武宗本紀」에는 황태자의 衛率府를 세웠다고 기록되어 있는데, 아마도 이것이 左衛率府 탄생의 기원이었던 것으로 보인다. 『元史』 卷86, 「百官志二」, 2165쪽에는 左衛率府의 명칭이 延祐 6년(1319)에 '다시' 나타났다고 기록되어 있으므로 아마 설립 초부터 左衛率府라는 명칭을 가지고 있지 않았을까 생각된다.

118) 詹事院은 황태자를 보좌하는 기구로 쿠빌라이 시기의 황태자였던 친킴을 위해서 至元 19년(1282)에 처음 설치되었다. 이후에 置廢를 반복하다가 무종 즉위 이후 이전보다 品秩이 한 단계 상승한 從1品의 詹事院이 아유르바르와다를 위해 다시 설치되었던 것이다.

119) 『元史』 卷178, 「王約傳」, 4140쪽.

120) 『金華黃先生文集』 卷43, 「太傅文安忠憲王家傳」(王頲 點校, 『黃溍全集』, 天津: 天津古籍出版社, 2008, 427쪽).

121) 『元史』 卷23, 「武宗本紀二」, 514쪽.

황태자 교체 모의가 있었던 해의 11월에는 상서성에서 武衛親軍都指揮使 鄭阿兒思蘭과 그의 형인 鄭榮祖, 段叔仁 등이 반란을 모의했다고 하여 거짓으로 자백하게 만들어 형벌에 처하고 가산을 몰수하는 사건이 발생했다.[122] 이 사건에 대한 자세한 내막은 확인할 수 없지만, 아마도 황태자 아유르바르와다가 자신의 侍衛를 조직하는 과정과 모종의 관계가 있었던 것이 아닐까 추측되고 또한 이 사건과 황태자 교체 논의 사이에도 연결고리가 있었던 것으로 보인다.[123] 이렇게 상서성의 신료들이 중심이 되어 아유르바르와다를 정치적으로 공격했던 사실은 황태자 아유르바르와다가 그들을 견제할 수 있을 정도의 명분과 어느 정도의 실력을 가지고 있었음을 의미한다고 볼 수 있다. 앞서 언급했던 삼보노의 황태자 교체 건의 속에서도 드러나 있듯이 무종이 政事에 '싫증'을 내고 있었던 상황에서 상서성 신료들은 하루라도 빨리 자신들을 견제할 수 있는 세력을 소멸시키고 皇子를 옹립하여 굳건한 정치적 기반을 조성하려고 했던 것이다. 상서성 신료들이 무종의 건강 악화로 인한 정세 변화를 미리 감지하고 제위계승에 개입하여 명실상부한 권신의 지위를 획득하려 했다고 볼 수 있다. 그런데, 이렇게 대립이 고조되고 있는 상황에서 무종이 至大 4년(1311) 정월에 31세의 나이로 갑작스럽게 세상을 떠났다. 제위계승분쟁의 불씨가 될 수 있는 요소가 전혀 해결되지 못한 상태에서 무종 사망 이후의 정국은 또 다른 긴장 상태에 접어들게 되고, 황태자 아유르바르와다는 순조롭게 즉위할 수 없는 상황을 맞이하게 되었다.

무종이 漠北에서 양성한 군사적 실력을 기반으로 즉위한 이후, 조정의 권력은 차츰 무종을 侍從했던 인물들에게 넘어갔다. 특히 이들이 설립한

---

122) 『元史』卷23, 「武宗本紀二」, 530쪽.

123) 趙文壇, 「元武宗改皇儲事件發微」『中國史研究』2005-2, 107쪽. 鄭阿兒思蘭 등의 억울한 죽음은 아유르바르와다가 즉위하고 난 이후에 진상이 밝혀졌고, 이에 따라 몰수한 가산을 모두 돌려주는 조치가 시행된다(『元史』卷176, 「謝讓傳」, 4110~4111쪽).

상서성은 세조 시기 아흐마드, 셍게의 권력 기반으로서의 역할을 담당했던 기구였는데, 이를 계승하여 상서성 세력은 무종의 신임에 기대어 중서성의 권위를 침탈하기 시작했다. 이에 중서성은 유명무실한 존재가 되었고, 실질적인 모든 권력은 상서성에 귀속되기에 이르렀다. 무종은 상서성의 권위에 더욱 힘을 실어주면서 개혁을 이끌어나갔고, 이 과정에서 대부분 무종의 近侍 출신으로 구성되어 있었던 상서성 재상들은 황제의 전폭적인 지원을 받으면서 정국을 장악하게 되었다. 이들은 무종이 황태자로 세운 아유르바르와다와 정치적 갈등 및 견제의 관계에 놓여 있었고, 심지어 상서성을 중심으로 황태자를 교체하려는 시도까지 벌어졌다. 이는 막중한 권한을 행사하고 있던 상서성이 제위계승이라는 민감한 사안에 직접 개입하려는 모습을 보여주는 것이었다. 비록 황태자를 교체하지는 못했지만, 이러한 시도가 있었다는 것만으로도 상서성 세력의 권력이 아흐마드, 셍게 집권 시기에 비해서 크게 강화되었음을 분명히 확인할 수 있다. 이로 인해 상서성과 황태자 아유르바르와다 세력 사이에 정치적 갈등이 극도로 고조된 상태에서 무종이 갑자기 세상을 떠났고, 향후의 정국은 상서성 세력과 황태자 세력 사이의 대립이 어떠한 결과로 연결되느냐에 따라 크게 달라질 것이었다.

2. 仁宗 시기의 황실 정치

1) 황태후의 영향력 강화

무종이 사망한 이후, 상당히 빠르게 후속 조치를 취했던 사람은 황태자 아유르바르와다였다. 황태자로서 監國의 역할을 맡게 된 아유르바르와다는 무종이 사망하고 겨우 이틀이 지나고 난 뒤에 상서성을 혁파하고 주요 관료인 승상 톡토와 삼보노, 平章 樂實, 右丞 保八, 左丞 忙哥怗木兒, 參政 王㿊를 모두 옥에 가두고 鞫問을 시작했던 것이다. 그들의 죄목은 "옛 제도를 어지럽히고, 백성에게 해를 끼쳤다"는 것이었다. 국문이 시작되고 4일이 지난 후, 忙哥帖木兒를 해남으로 유배 보낸 것을 제외하고 나머지 관료들은 모두 처형되었다.[124] 『高麗史』에는 승상 삼보노의 黨與였던 平章迷里不花가 고려의 烏安島로 유배되었다는 기록이 보이는데,[125] 이를 통해 상서성의 중추 관료들은 물론이고 그들과 뜻을 함께했던 무리들까지 광범하게 처벌을 받았음을 짐작할 수 있다. 무종이 사망하고 1주일도 안 되어서 이 과정이 이루어졌고, 상서성의 중요 재상들을 포함한 무종의 관료들은 제대로 된 대응도 하지 못하고 숙청되었다. 이렇게 신속하게 상서성 혁파와 관련된 모든 조치가 이루어졌다는 것은 황태자 아유르바르와다가 미리 이러한 처결 과정을 준비하고 있었음을 시사한다. 무종 재위 시기에 이미 황태자 자리를 둘러싼 갈등이 상서성 세력들과 있었다는 점을 생각한다면, 아유르바르와다가 상서성 관료들을 상대로 쿠데타를 일으켰을 가능성이 있다.[126] 아유르바르와다는 무종 즉위 시에 쿠데타를 일으켰고, 무종 사망 직후에도 또 다른 쿠데타를 일으켰던 것이다. 쿠데타를 성공시킨 아유르바르와다는 중서성이 중심이 된 기존 관료 체제를 회귀시켰고, 지방의

---

124) 『元史』卷24,「仁宗本紀一」, 537쪽.

125) 『高麗史』卷34,「忠宣王世家二」, 忠宣王 3年(1311) 2月 辛未.

126) 藤島建樹도 전광석화와 같은 일련의 움직임은 주도적으로 계획된 쿠데타를 연상시키고, 그런 의미에서 무종의 죽음에도 의심이 가는 부분이 있다고 보고 있다(藤島建樹,「元朝における權臣と宣政院」『大谷學報』52-4, 1973, 19쪽). 심지어 宮紀子는 무종이 암살된 것이라고 단정하고 있기도 하다(宮紀子,『モンゴル時代の「知」の東西 上』, 名古屋: 名古屋大學出版會, 2018, 205쪽). 한편, 姚大力은 삼보노 등이 무종의 詔書를 위조하여 황태자를 바꿀 수도 있었던 상황을 대비하여 아유르바르와다가 선제 쿠데타를 감행했을 것이라고 보고 있다(姚大力,「元仁宗與中元政治」『內陸亞洲歷史文化研究－韓儒林先生紀念文集』, 南京: 南京大學出版社, 1996, 137쪽). 최윤정은 전임 대칸의 지명을 받은 계승자인 아유르바르와다가 이러한 숙청을 시행했다는 것은 매우 이례적인 일이고 이는 자신의 제위계승권을 박탈하려 했던 것에 대한 보복의 성격이 농후하다는 점을 역시 지적하고 있다(최윤정,「14세기 초(1307~1323) 元 政局과 고려－1320년 충선왕 토번유배 원인 재론」『歷史學報』226, 2015, 296쪽).

行尚書省도 行中書省으로 명칭을 고쳤다.

　아유르바르와다는 상서성 세력들을 몰아내고 난 이후에 곧바로 제위에 오르지는 않았다. 아마 제위를 둘러싸고 황태후와의 조율 과정이 필요했던 것으로 보인다. 그래서 중요한 일을 처리할 때 아유르바르와다는 황태자로서 슈旨를 내리고 황태후에게 다시 그 일을 상주하여 허락을 받는 절차를 거쳤다. 무종 재위 시기에도 권위가 높았던 황태후가 무종이 사망한 이후부터는 政事에 더욱 주체적으로 간여하기 시작했던 것이다. 그 사례로서 다음과 같은 내용이 보인다.

　　至大 4년 정월 16일, 詹事院의 官 月魯帖木兒가 특별히 皇太子의 슈旨를 받들기를, "이전 薛禪皇帝[127] 시기에는 단지 官, 寺院에 소속된 山場에서 생산되는 柴炭 등은 諸王, 駙馬, 官員, 權豪人들이 '준다'고 하는 聖旨에 의거하여 차지했고 또 개를 풀어 山場을 점유했던 경우가 많다. 하지만 그렇게 하는 것을 금지한 곳은 이전 薛禪皇帝 시기의 體例에 의거하여 곳곳에 되돌려 주어라. 나중에 차지한 것은 다시 침범하지 마라. 백성들은 옛 體例에 따라 채취하여 팔아라. 누구를 막론하고 抽分을 요구하지 마라. 月魯帖木兒는 伯顏과 함께 황태후께 아뢰어라."라고 하는 슈旨를 받들었기 때문에 (황태후께) 아뢰어 懿旨를 받들기를, "태자가 제안한 것이 옳으니 그렇게 하라. 詹事院으로 하여금 빨리 문서를 行移하게 하여 榜을 붙이게 하고, 중서성도 곳에 따라 榜을 붙여 알려라. 이렇게 알리고 난 다음에 차지하는 사람들과 抽分을 요구하는 사람들은 죄를 주어라."라는 懿旨가 있었다. 敬此.[128]

---

127) 薛禪皇帝는 元 세조의 몽골어 칭호인 세첸 카안(sečen qa'an, 몽골어로 현명한 카안이라는 뜻)을 한자식으로 옮긴 것이다. 대원 황제들의 몽골어 칭호에 관해서는 洪金富, 「元朝皇帝的蒙古語稱號問題」『漢學硏究』23-1, 2005를 참고.

128) 『通制條格』 卷27, 「雜令·山場」(方齡貴 校注, 『通制條格校注』, 北京: 中華書局, 2001, 642~643쪽).

山場의 점유를 둘러싸고 발생한 이 사안은 상서성의 주요 관원들을 모두 처형하고 이틀이 지난 뒤에 처결이 이루어진 것이다. '薛禪皇帝 시기의 體例'를 강조하고 있는 것은 아유르바르와다가 무종 시기에 잘 지켜지지 않았던 舊例를 되살리겠다는 의지를 보여주는 것으로, 아직 황제가 되지 않은 시기에 황태자의 令旨를 통해서 명령을 전달하고 있다. 그런데 절차가 황태자의 명령 전달로 끝나지 않고 다시 황태후에게 사안을 올리고 있고, 황태후가 懿旨를 내려 추가 내용을 지시하는 모습을 확인할 수 있다. 아유르바르와다가 정식으로 즉위하기 이전에는 황태자로서 令旨를 내리고 이를 황태후에게 그대로 아뢰어 懿旨를 최종적으로 받아내는 방식으로 정무의 처결이 이루어지고 있었다.[129)]

이 시기 元에서 황태후의 정치적 권위는 상당한 것이었다. 황실 여성의 적극적인 정치 참여가 이루어졌던 元에서 황태후의 지위는 황제에 버금가는 것으로도 볼 수 있기 때문이다.[130)] 예를 들면, 성종의 母后이자 다기의

---

129) 『元典章』에는 세조 황제가 만든 법에 따라 뇌물을 받은 사람을 監察, 廉訪司에서 糾彈하는 것 이외에 신고한 사람의 신고 내용이 맞으면 심문하도록 하자는 어사대의 건의(至大 4년 2월 21일)에 황태자 아유르바르와나가 令旨를 내리면서 역시 황태후에게도 이 사안을 아뢰도록 하고 있고, 황태후가 최종적으로 懿旨를 내리고 있는 사례가 보인다(『元典章』卷53, 「刑部15·禁例·傳聞不許言告」 (陳高華·張帆·劉曉·党寶海 點校本, 天津: 天津古籍出版社 ; 北京: 中華書局, 2011, 1797~1798쪽)). 한편, 『至正條格』에는 무종이 사망하고 아유르바르와다가 즉위하기 이전 시기의 條文이 2건 수록되어 있는데(『至正條格』卷2, 「斷例·職制·漏泄官事」 ; 卷5, 「斷例·職制·軍官被差違限」(韓國學中央研究院 編, 『至正條格 校註本』, 휴머니스트, 2007, 178~179쪽 ; 214쪽)), 여기에는 모두 聖旨를 받았다고 기록되어 있다. 이는 令旨의 오류로 보인다. 한편, 몽골제국 명령문서의 명칭에 대해서는 沈永煥, 「몽골시대 高麗의 王命」 『泰東古典研究』 29, 2012, 206쪽의 표2를 참고.

130) 쿠빌라이 시기까지 몽골-대원제국 여성의 정치 참여에 대해 논한 선구적인 연구로는 Morris Rossabi, "Khubilai Khan and the woman in his family", W. Bauer ed., *Studia Sino-Mongolica: Festschrift für Herbert Franke*, Wiesbaden: Franz Steiner Verlag, 1979(필자는 Morris Rossabi, *From Yuan to Modern China and Mongolia: The Writings of Morris Rossabi*, Leiden: Brill, 2014,

시어머니였던 쿠케진(闊闊眞, Kökejin)은 元에서 최초로 황태후가 되었던 인물인데 그녀는 성종 즉위 이후 상당한 정치적 권력을 가지고 있었다. 성종이 무사히 즉위하는 데에 있어서 크게 기여한 인물이 바로 쿠케진이었기 때문이다.[131] 물론, 몽골제국에서는 초기부터 황후들의 정치적 영향력이 강하게 발휘된 상태에서 제위계승이 이루어졌기 때문에 쿠케진이 특별한 경우라고는 할 수 없다. 그렇지만 황후의 의도대로 계승이 이루어진 이후에도 권위를 유지한 사례는 쿠케진이 처음이었다. 구육을 즉위시킨 투레게네, 뭉케를 즉위시킨 소르칵타니 모두 계승 후 얼마 지나지 않아 사망했기 때문에 '카안의 모친'으로서 강력한 위상을 보여줄 시간이 없었던 것이다.

---

pp.327~362에 재수록된 논문을 참고했다)가 있다. 이후의 연구들 중에서 元代 황후들의 적극적인 정치 개입 양상과 특징을 논한 것으로는 胡務, 「蒙元皇后與元朝政治」『求索』1990-3과 周志鋒, 「試論蒙元時期皇后的政治活動及其影響」『黑龍江民族叢刊』2003-1 등의 연구를 참고. 정치에서 중요한 역할을 한 황실 여성들을 중심으로 元代 역사를 개략적으로 서술한 것은 陳高華, 『中國婦女通史－元代卷』, 杭州: 杭州出版社, 2011, 26~43쪽이 대표적이며, 여성들의 일반적인 지위와 관련해서는 설배환, 「몽골제국에서 황실 여성의 位相 변화」『歷史學報』228, 2015가 도움을 주고 있다. 최근에 Bruno de Nicola는 훌레구 울루스의 카툰들을 다룬 연구에서 몽골제국의 여성에 대한 연구들을 정리하고 제국 초기 여성들의 정치적 역할과 위상을 밝히면서 이 분야의 연구를 한 단계 발전시켰다. 이에 대해서는 Bruno de Nicola, *Women in Mongol Iran: The Khātūns, 1206-1335*, Edinburgh: Edinburgh University Press, 2017, pp.1~89를 참고.

131) 성종의 즉위에 개입한 쿠케진의 일화에 대해서는 라시드 앗 딘, 김호동 역주, 『칸의 후예들』, 사계절, 2005, 469~470쪽 참고. 최근에 葛昊福은 군사적 실력을 가진 勳臣들의 지지가 성종이 즉위할 수 있었던 더욱 중요한 배경이었다고 보았지만(葛昊福, 「闊闊眞與成宗朝政治」『唐山師範學院學報』38-3, 2016, 90쪽), 이들 역시 쿠케진의 후원을 받았다는 점을 고려할 필요가 있을 것이다. 또한, 高齡인 세조를 대신하여 정무를 처리했던 남부이(南必, Nambui) 황후의 권력을 탈취하기 위해 쿠케진이 적극 나섰다는 것을 주장한 연구(George Q. Zhao & Richard W. L. Guisso, "Female Anxiety and Female Power: Political Interventions by Mongol Empresses during the 13th and 14th Centuries in China", *Toronto Studies in Central and Inner Asia* No. 7, 2005, pp.25~27)도 고려할 가치가 있다.

그러나 쿠케진은 大德 4년(1300)에 사망할 때까지 중앙 조정에서 중요한 정치적 역할을 담당했고, 이로 인해 "元貞, 大德 연간에 황태후가 어머니의 자격으로 東朝에 있으면서 (황제를) 보좌하고 바르게 이끈 공을 천하가 칭송했다."[132]라는 말까지 나올 정도였다.[133]

무종 즉위 이후 황태후가 된 다기 역시 권위 면에서는 결코 쿠케진에 뒤지지 않았다. 다기 황태후의 위상은 그녀의 출신 배경을 통해서도 뒷받침되었다. 다기는 콩기라트(Qonggirat, 『元史』에서는 弘吉剌로 표기) 씨족 출신으로, 칭기스 칸의 丈人인 데이 세첸(特薛禪, Dei-Sečen)의 아들 알친(Alčin, 按陳, 『集史』에서는 알치 노얀으로 등장)의 손자 쿤두테무르(渾都帖木兒, Qundu-Temür)의 딸이다.[134] 칭기스 칸의 정실부인 부르테(孛兒台, Börte)는 데이 세첸의 딸이고, 데이 세첸의 아들인 알친이 여러 공을 세우면서부터 元의 여러 황후들은 데이 세첸-알친의 후손 가문에서 나오는 경우가 많았다.[135] 특히 알친 가문의 여성들이 대를 이어 계속 황실과

---

132) 『道園學古錄』 卷17, 「徽政院使張忠獻公神道碑」(王頲 點校, 『虞集全集』, 天津: 天津古籍出版社, 2007, 1054쪽).

133) 페르시아어 사료 『집사』에도 쿠케진이 중요한 정책 결정에서 영향력을 행사했음을 보여주는 일화가 기록되어 있다. 성종은 이슬람교를 받아들인 안서왕 아난다와 대립했는데, 쿠케진이 이 대립을 종결시키는 역할을 했고(라시드 앗 딘, 김호동 역주, 『칸의 후예들』, 사계절, 2005, 474~475쪽), 카이두와의 전투를 위한 출정을 신중하게 생각하라는 쿠케진의 충고를 받아들여 출정이 지연되었다는 이야기(같은 책, 480쪽)도 확인된다.

134) 『元史』 卷118, 「特薛禪傳」, 2919쪽.

135) 元의 황실과 콩기라트 데이 세첸 후손 가문의 대대에 걸친 通婚에 대해서는 초기의 실상을 언급한 宇野伸浩, 「チンギス・カン家の通婚關係の變遷」 『東洋史研究』 52-3, 1993, 71~83쪽과 문종 시기까지의 혼인 패턴을 분석한 宇野伸浩, 「チンギス・カン家の通婚關係に見られる對稱的婚姻緣組」 『國立民族學博物館研究報告別冊』 20, 1999, 27~45쪽을 참고. 혼인의 전반적인 양상을 논한 George Qingzhi Zhao, *Marriage as Political Strategy and Cultural Expression: Mongolian Royal Marriages from World Empire to Yuan Dynasty*, New York: Peter Lang Publishing, 2008, pp.93~118도 참고. 콩기라트 씨족과 칭기스 칸 가문 전체와의 혼인 관계에 대한 것은 志茂碩敏, 『モンゴル帝國史研究 正

혼인을 했던 것은 알친이 데이 세첸의 반대에도 불구하고 칭기스 칸과의 혼인을 주선했다는 점[136]이 크게 작용하지 않았나 생각된다. 元의 황실과 콩기라트 씨족 가문의 혼인은 제국의 고유한 전통이 되었던 것이다.[137] 다기 황태후는 이러한 전통에 부합하는 인물이었고, 혈통적인 권위를 보유하고 있었다. 쿠케진 역시 콩기라트 씨족 출신이었지만 데이 세첸의 후손은 아니었는데, 다기는 황후를 오랫동안 배출해왔던 가문의 직계 여성이었던 것이다.[138]

쿠케진이 사망하고 난 이후부터 성종의 황후 불루간이 본격적으로 정사를 맡게 되었고, 다기는 제위계승이라는 민감한 문제로 인해 쫓겨나는 신세가 되었다. 하지만 아유르바르와다가 정변을 일으켜 불루간 일파를 제거했고, 다기는 이때부터 아유르바르와다의 즉위를 적극적으로 지지하는 등 자신의 영향력을 행사하기 시작했다. 다기 스스로가 정치적 야심을 가지고 있었던 것인데, 이제 자신이 처음부터 지지했던 아유르바르와다가 정국을

篇: 中央ユーラシア遊牧諸政權の國家構造』, 東京: 東京大學出版會, 2013, 737~752쪽의 내용이 양상을 파악하는 데에 유용하다.

136) 라시드 앗 딘, 김호동 역주, 『부족지』, 사계절, 2002, 268쪽.

137) 콩기라트 씨족은 "딸을 낳으면 후비가 되고, 아들을 낳으면 공주에게 장가를 가며 이는 대대로 끊이지 않는다."(『元史』 卷114, 「后妃傳一」, 2869쪽)라는 기록에서 보이는 것처럼 남성과 여성 모두 元 황실과의 혼인을 통해 긴밀히 연결되었음을 알 수 있다. 콩기라트 씨족의 대표적 인물에 관해서는 張岱玉, 「元代漠南弘吉剌氏駙馬家族首領考論－特薛禪·按陳·納陳及其諸子」 『內蒙古社會科學(漢文版)』 27-6, 2006을 참고. 칭기스 칸 가문의 여성들과 혼인한 콩기라트 출신 駙馬(투르크-몽골어로는 쿠레겐)에 대해서는 Ishayahu Landa, "Imperial Sons-in-law on the Move: Oyirad and Qonggirad Dispersion in Mongol Eurasia", *Archivum Eurasiae Medii Aevi* Vol. 22, 2016, pp.165~173을 참고.

138) 물론, 쿠케진이 데이 세첸 가문은 아니었지만 콩기라트 씨족 출신이라는 자체만으로도 큰 영향력을 가졌다는 점은 분명하다(Junko Miyawaki, "The Role of Women in the Imperial Succession of the Nomadic Empire", Veronika Veit ed., *The Role of Women in the Altaic World*, Wiesbaden: Harrassowitz Verlag, 2007, p.148). 그래서 콩기라트의 데이 세첸 가문이었던 다기는 쿠케진보다도 더욱 강력한 위상을 보유할 수 있었다.

장악하게 되자 적극적으로 제국의 정치에 개입하게 되었던 것이다.[139] 아유르바르와다는 모친 다기 황태후가 가진 위상의 도움을 받아 무종 사망이후 비교적 순조롭게 즉위할 수 있었기 때문에 항상 그녀의 눈치를 살펴야 했다. 이러한 상황은 황제의 측근으로 신임을 받거나 혹은 제위계승분쟁 과정에서 공적을 올린 인물이 아닌, 다소 의외의 권신이 출현하는 배경이 되었다.

황태자 아유르바르와다와 황태후 즉, '兩宮'이 무종 사망 직후의 조정을 재편하는 분위기 속에서 무종 시기에 등용되었던 인물들은 차츰 중앙 정계에서 소외되기 시작했다. 그 대표적인 사례가 바로 캉리톡토이다. 무종의 즉위 과정에서 큰 역할을 수행하고, 상서성 세력과 아유르바르와다가 황태자 교체 문제를 놓고 대립했을 때 황태자 교체를 반대했던 캉리톡토가 무종 사후 江浙行省左丞相으로 좌천되었던 것이다. 또한, 캉리톡토의 형인아샤부카(阿沙不花, Aša-Buqa)는 至大 2년(1309) 사망하기 전까지 廣武康里衛親軍都指揮使를 맡았던 것으로 보아[140] 元 궁정의 侍衛親軍 중 하나였던 康里衛를 아샤부카, 캉리톡토 집안에서 이끌었는데, 아유르바르와다는 康里衛를 폐지시키고 이전에 부여되었던 모든 권한을 회수하였다.[141] 캉리톡토는 "캉리 사람들을 모아 軍衛를 창립하고, 각 投下와 州郡의 백성들과

---

139) Morris Rossabi는 세조 이후 여성 엘리트들이 정책 결정에 더 이상 관여하는 모습이 보이지 않고, 이는 漢化로 인해 몽골 여성들이 정치에 참여할 기회가 줄었기 때문에 일어난 현상이라고 보았다(Morris Rossabi, "The Study of the Women of Inner Asia and China in the Mongol Era", *The Gest Library Journal* Vol. 5, No. 2, 1992, p.21). 하지만 14세기에도 궁정 여성들의 권력은 결코 사라지지 않았고, 이는 쿠케진이나 다기 그리고 훗날의 기황후에 이르기까지 지속적으로 나타난다.

140) 『金華黃先生文集』 卷28, 「敕賜康里氏先塋碑」(王頲 點校, 『黃溍全集』, 天津: 天津古籍出版社, 2008, 705쪽). 康里衛가 설립된 것은 至大 원년(1308) 7월이고, 이때부터 아샤부카가 중서평장정사를 맡으면서 康里衛親軍都指揮使의 직함을 겸했던 것이다(『元史』 卷22, 「武宗本紀一」, 499~500쪽).

141) 『元史』 卷24, 「仁宗本紀一」, 538쪽.

각종 노비 등이 넘쳐 그 수가 수만에 달할 정도로"[142] 세력을 형성하고 있었고, 이는 아유르바르와다와 황태후의 경계심을 불러일으키기에 충분했다. 비록 캉리톡토가 廣武康里衛親軍都指揮使였다는 기록은 보이지 않지만, 어떠한 형태로든 수많은 캉리인들을 장악하고 있었을 것이기 때문이다.[143] 그래서 아유르바르와다는 정식으로 즉위하기도 전에 康里衛를 폐지하고, 캉리톡토를 좌천시켰으며 이는 캉리톡토를 포함한 무종의 舊臣들을 정계에서 배제시키고 권력을 축소하려는 움직임 중의 하나였다. 캉리톡토는 그나마 상서성 관료들과 뜻을 같이 하지 않았기에 목숨을 잃지는 않았지만, 아유르바르와다는 그를 계속 중앙 조정의 관직에 임용하지 않으려고 했다. 이로 인해 康里衛는 얼마 지속되지도 못한 채 유일하게 단명한 色目衛軍이 되고 말았던 것이다.[144]

무종 사후 상서성의 중요 인사들이 숙청되고, 무종의 舊臣이었던 캉리톡토 등이 정계에서 축출되는 상황에서 정권의 중심으로 부상한 인물은 바로 테무데르(鐵木迭兒, Temüder)였다. 雲南行省左丞相이었던 그가 단숨에 中書右丞相에 임명되어 조정의 최고위 관료가 되었던 것이다. 사실, 그가 우승상에 임명될 특별한 功勳이 있었던 것은 아니었다. 테무데르는 성종 재위 시기에 同知宣徽院事, 通政院使에 재직했고, 무종이 즉위한 뒤에는 宣徽使가 되었다가 江西行省平章政事를 거쳐 雲南行省左丞相이 된 것이 관직 경력의 전부였다.[145] 무종의 즉위 과정에서 벌어진 계승분쟁에서 특별히 어떠한 역할을 수행했다는 기록도 없는 것으로 보아 무종이나 아유르바르와다를 수행했던 신료도 아니었다. 그런데, 至大 3년(1310) 10월에 테

---

142) 『元典章』卷2, 「聖政一・重民籍」(陳高華・張帆・劉曉・党寶海 點校本, 天津: 天津古籍出版社 ; 北京: 中華書局, 2011, 65쪽).

143) 井戸一公, 「元代侍衛親軍の諸衛について」 『九州大學東洋史論集』 12, 1983, 58쪽.

144) 史衛民, 「元代侍衛親軍建置沿革考述」 『元史論叢』 4, 北京: 中華書局, 1992, 92쪽 ; 杜鵬, 『元代侍衛親軍研究』, 西北師範大學 碩士學位論文, 2012, 14쪽.

145) 『元史』 卷205, 「鐵木迭兒傳」, 4576쪽.

무데르가 허락을 받지 않고 任地를 이탈하여 도성으로 왔다가 詰問을 받았는데, 황태후가 특별히 뮵를 내려 테무데르를 사면시키고 復職시켰던 일이 있었다.[146) 이를 통해 보면, 테무데르는 무종이나 아유르바르와다 세력이 아니라 황태후의 직접적인 庇護를 받고 있었음을 확인할 수 있다. 雲南行省左丞相 시절부터 탐욕스럽고 포학하여 사람을 죽이는 것을 마음대로 하다가 "生殺의 권한은 天子께 있는데, 당신은 한 지역을 맡은 신하임에도 마음대로 사람을 죽이고 있으니 그 뜻은 어디에 있는가?"[147)라는 비판을 들었을 정도였던 테무데르는 자신의 능력과 실력이 아예 없었던 것은 아니었겠지만 결국 황태후 덕분에 단숨에 최고위 관료가 될 수 있었던 것이다.[148) 테무데르와 황태후가 어떠한 사정에서 관계가 밀접해졌는지는 상세히 알 수 없지만,[149) 이 관계는 향후 元代의 궁정 정치에서 중요한 역할을

---

146) 『元史』 卷23, 「武宗本紀二」, 529쪽.

147) 『元史』 卷134, 「朶兒赤傳」, 3255쪽.

148) 조원희는 테무데르의 선조들의 활약과 테무데르의 행적을 함께 분석하면서 제국 초기에 주로 군사적 공적을 세웠던 선조들과 달리 테무데르는 행정적, 관료적 능력을 갖추면서 스스로를 변모시켰다는 점을 지적했다. 이에 대해서는 Wonhee Cho, "From Military Leaders to Administrative Experts: The Biography of the "Treacherous Minister" Temüder and his Ancestors", *Asiatische Studien Études Asiatiques* Vol. 71, Issue. 4, 2017 참고. 물론, 테무데르의 능력이 그의 권력 장악에 어느 정도 역할을 했다고 볼 수 있겠지만 그럼에도 불구하고 가장 결정적인 요소는 황태후의 강력한 후원이었다는 점은 분명하다.

149) 최윤정은 테무데르가 성종 大德 연간에 同知宣徽院事, 무종 즉위 초에 宣徽使를 역임했는데 宣徽院은 后妃가 직접 관할하기 때문에 이때 태후와 긴밀한 관계를 맺었다고 설명하고 있다(최윤정, 「14세기 초(1307~1323) 元 政局과 고려―1320년 충선왕 토번유배 원인 재론」『歷史學報』226, 2015, 299쪽). 이러한 설명은 蕭功秦의 연구에서도 보이는데, 그는 宣徽院을 后妃가 직접 관할한다고 서술해놓고 정작 그 근거는 徽政院이 태황태후에게 예속되어 있다는 앞뒤가 맞지 않는 기록을 제시하고 있다(蕭功秦, 「英宗新政與"南坡之變"」『元史論叢』2, 北京: 中華書局, 1983, 147쪽). 그렇기 때문에 宣徽院 출신 인사들이 태후와 긴밀한 관계를 맺었다고 단순하게 연결시키는 것에 대해서는 더욱 구체적이면서도 확실한 증거가 필요한 상황이다. 宣徽院을 后妃가 관할한다는 내용이 『元史』「百官志」등의 기록에는 보이지 않는다는 점도 고려해야 할 부분이다. 필자는

하게 된다.

테무데르가 갑자기 재상이 될 수 있었던 것은 황태후가 그를 불러서 중서우승상으로 삼으라는 명령을 내렸기 때문이었다.[150] 아유르바르와다는 자신이 즉위하기도 전에 시행된 가장 중요한 人事에서 황태후의 의중을 따르지 않을 수 없었다. 이로 인해 아무런 권력 기반도 가지고 있지 않았고 계승분쟁에서 공을 세우지도 않았던 테무데르가 갑자기 조정의 최고 관료가 되는 과정을 지켜보아야만 했던 것이다. 물론 당시의 기록에는 "인종 황제의 天性이 자애롭고 효성이 깊어 황태후를 섬기는 데에 있어서 꺼리는 것이 없었다."[151]라거나 "인종 황제가 황태후를 섬김에 효성으로 봉양하여 순종하며 (황태후를) 받들었고 오직 실천하지 못할 것을 염려했다."[152]는 식으로 아유르바르와다의 황태후에 대한 孝誠을 강조하고 있어서 황태후의 적극적인 천거로 중서우승상이 된 테무데르를 아유르바르와다가 순종적으로 받아들였던 것처럼 보이게 한다. 인종의 입장에서는 황태후가 제위계승에서 시종일관 자신을 지지했기 때문에 여기에서 나오는 정치적 영향력을 무시할 수 없었다는 현실적인 요인을 고려했을 것이다. 이렇게 황제의 뜻이 전혀 반영되지 않은 채 중서우승상이 임명되면서 궁정에서는 또 다시 첨예한 갈등이 생겨났다.

이전 연구들이 宣徽院과 徽政院을 같은 기관으로 誤認했던 것으로 보고 있다.

150) 『元史』卷205, 「鐵木迭兒傳」, 4577쪽.

151) 『元史』卷26, 「仁宗本紀三」, 594쪽.

152) 『滋溪文稿』卷11, 「元故贈推誠效節秉義佐理功臣光祿大夫河南行省平章政事追封魏國公諡文貞高公神道碑銘」(陳高華・孟繁清 點校本, 北京: 中華書局, 1997, 164쪽). 고려 말기와 조선 초기의 文人 정도전도 역시 인종 아유르바르와다에 대해서 천성이 慈孝하고, 황태후를 섬기는데 종신토록 안색이 변하지 않았다고 하는 등의 긍정적인 내용이 위주가 된 기록을 남기고 있다(『三峰集』卷12, 「經濟文鑑別集・君道」).

2) 仁宗의 정치적 우위

몽골-대원제국 황실이 콩기라트를 포함하여 정해진 일부 씨족들과만 혼인을 했던 사실은 이미 잘 알려져 있다. 극소수의 '엘리트'들만이 혼인을 통한 연맹의 대상이었던 것이다. 그 중에서 콩기라트 데이 세첸 가문은 황후와 駙馬를 동시에 배출했기 때문에 제국 내에서 가지는 위상이 매우 높을 수밖에 없었다. 다기 황태후는 이러한 가문 배경을 가지고 있으면서 두 황제의 모친이었기 때문에 다른 황실 여성들보다 높은 권위를 가질 수 있었다.

무종의 사망 이후 정치에 깊숙이 개입하게 된 다기 황태후는 자신의 親臣인 테무데르를 곧바로 중서우승상에 기용했다. 이 자체는 대원제국의 독특한 정치 구조를 보여주고 있다. 황후 혹은 황태후가 궁정 권력을 장악하게 되면, 자연스럽게 황후의 부친 혹은 형제 등의 영향력이 커지는 것이 일반적이고 이른바 '外戚' 위주의 정치가 시작되는데 대원제국에서는 그러한 현상이 나타나지 않았던 것이다. 『元史』의 데이 세첸과 그 후손들의 열전을 살펴보면 황실과 혼인을 한 콩기라트 남성들은 모두 정복이나 반란 진압 등의 군사적 원정에서 활약하고 있고 궁정 내에서 일어난 사건들에는 거의 개입하지 않았음을 확인할 수 있다.

이러한 전통으로 인해 다기 역시 자신의 親族을 궁정 정치에 끌어들이지 않고 테무데르를 내세웠다. 테무데르는 몽골인이기는 하지만, 몽골제국의 勳臣 가문 출신이 아니었고 무종이나 인종을 측근에서 보필하면서 카이두와의 전쟁이나 제위계승분쟁에서 활약한 인물도 아니었다. 앞에서 언급했던 것처럼 다기 황태후의 지원을 바탕으로 무종이 사망한 후 곧바로 중서우승상이 된 것이다.[153] 세조 시기의 아흐마드와 셍게, 무종 시기 상서성

---

153) 『왓사프史』에서는 인종의 즉위를 설명하면서 테무데르를 첫 번째로 임명된 승상이었다고 기록하고 있는데 다기의 영향력을 언급하지는 않는다. Sibylle Wentker, Elisabeth Wundsam, Klaus Wundsam eds., *Geschichte Wassaf's: Deutsch Übersetzt von Hammer-Purgstall Band 4*, Wien: Verlag der Österreichischen

의 재상들이 모두 황제의 측근에 있으면서 신임을 받아 권신의 지위에 올랐던 것과는 다른 국면이 전개되려 하고 있었다.

황태후가 임명한 우승상 테무데르와는 별개로 아유르바르와다 역시 자신의 親臣을 직접 등용했다. 황태자 시절에 자신을 보좌했던 太子詹事 울제이(Öljei, 完澤)와 集賢大學士 이맹을 中書平章政事에 기용하여 테무데르에 의한 독단적인 정치 운영을 막고자 했던 것이다. 우승상의 바로 아래 관직이었던 좌승상에는 임명되지 못했지만, 울제이와 이맹은 황제의 신임 아래에 조정으로 진출하여 정책 집행에 관여하는 위치에 오를 수 있었다. 인종이 즉위하기 이전에는 황태후와 황태자 각각의 친신들이 제위계승분쟁 과정에서 같은 세력에 속했지만, 무종의 사망과 인종의 즉위 이후 권력 장악이라는 측면에서는 서로 경쟁 상대가 될 수밖에 없었다.

이맹은 아유르바르와다의 의중을 충실히 따르면서 이른바 인종 시대의 '儒治'가 시행되는 발판을 마련했다. 이맹은 "賜與를 삼가고 名爵을 중요시했으며 관료들의 낭비를 감찰하고 衛士 중에서 쓸데없는 인원을 골라내어 貴戚, 近臣들은 자신들에게 불리하다고 여겨 싫어했지만 감히 말하지는 못했다." 또한, "이전에 세운 新法에 편하지 않은 것이 있어서 이를 革罷하고 百司의 庶政은 모두 세조황제의 成憲을 따라 행하자고 奏請"[154]하기도 하였다. 아유르바르와다는 무종 시기에 행해졌던 거의 모든 정책을 폐기하는 방향으로 정국을 이끌고자 하였고,[155] 이맹은 그러한 정책 노선을 집행하

Akademie der Wissenschaften, 2016, p.281.

154) 『金華黃先生文集』 卷23, 「元故翰林學士承旨中書平章政事贈舊學同德羽戴輔治功臣太保儀同三司上柱國追封魏國公謚文忠李公行狀」(王頲 點校, 『黃溍全集』, 天津: 天津古籍出版社, 2008, 419쪽).

155) 무종 시기의 정책 폐지는 상당히 급진적인 속도로 진행되었다. 戶部尚書 敬儼은 상서성의 弊政(특히, 화폐 정책)을 개혁하는 시도에 대해 "갑자기 화폐를 없애서 쓰지 않으면, 細民이 손해를 입을까 염려"(『元史』 卷175, 「敬儼傳」, 4094쪽)하기도 했지만, 인종은 이를 받아들이지 않고 무종 정권의 색깔을 빠르게 지워 내려고 하였다.

는 역할을 맡았던 것이다. 이러한 노선의 기본 방침은 인종의 즉위조서에서
도 이미 드러나고 있는데, 인종은 모든 관청의 庶政은 전부 중서성이 맡게
되었으니 각 아문과 近侍들은 중서성을 거치지 않고 상주하지 못하게 했
다.[156] 추밀원과 어사대, 휘정원, 宣政院은 모두 세조 시기에 정립된 舊制를
따르는 것은 물론이고 나머지 아문과 近侍들이 감히 중서성이 맡은 정무를
마음대로 상주하는 행위는 制를 어기는 것으로 다스리겠다고 천명한 것이
었다.[157] 인종의 정책 방침은 세조 시기의 舊制로 돌아가는 것을 기본적인
목표로 하고 있는데, '복고'를 표방한 이 정책 자체도 "天下를 感化"[158]시키
는 대규모의 개혁이었다고 볼 수 있다. 인종의 이러한 '복고적 개혁'을 실행
하는 데에 있어서 중서평장정사 이맹이 맡은 역할이 상당히 컸다.

　인종이 즉위하기 이전부터 황태후와 황제의 寵臣들이 각각 등장했고,
이는 또 다른 갈등을 일으킬 수 있는 요인이었다. 결국 정치적 대립은 인
종 아유르바르와다의 즉위식을 거행할 장소를 둘러싸고 발생하였다. 조정
의 신료들은 황태후의 명령을 받아 인종의 즉위식을 隆福宮에서 거행하려
고 했고, 준비가 다 이루어졌는데 御史中丞 張珪가 반대 의사를 표명했던
것이다. 어사대에서는 이미 정해진 논의를 바꿀 수 없다며 장규를 만류하
였지만, 隆福宮은 太后의 궁이고 칭기스 칸과 쿠빌라이의 자리인 大位에
등극하는데 황제가 大明殿을 버릴 수는 없다고 하면서 장규는 끝까지 자신
의 주장을 꺾지 않았다. 결국 인종은 장규의 건의를 받아들여 즉위 직전에
즉위식의 장소를 大明殿으로 바꾸었다.[159] 즉위식의 장소는 陰陽家의 말을
통해서 결정되었는데,[160] 이는 황태후 다기가 무종 즉위 이전에 陰陽家의

---

156)『元史』卷24,「仁宗本紀一」, 540쪽.

157)『中庵集』卷15,「皇慶改元歲奏議」(鄧瑞全·謝輝 校點,『劉敏中集』, 長春: 吉林文
　　史出版社, 2008, 184쪽).

158)『元史』卷176,「劉正傳」, 4108쪽.

159)『道園學古錄』卷18,「中書平章政事蔡國張公墓誌銘」(王頲 點校,『虞集全集』, 天
　　津: 天津古籍出版社, 2007, 890쪽).

160)『元史』卷178,「王約傳」, 4141쪽.

말을 빌려 제위를 양보할 것을 은근히 권했던 일을 연상시킨다. 황태후는 결정적인 순간에 陰陽家를 동원하여 자신의 위세를 드러내고자 했던 것이다.[161] 이를 통해 보면, 아유르바르와다는 정식으로 즉위하기 이전부터 이미 황태후의 높은 권위에 부딪치고 있었다. 장규의 반대로 인해 인종은 겨우 자신의 권위를 내세울 수 있게 되었지만, 이 사건은 앞으로도 황태후를 중심으로 하는 파벌과 인종 측에 있는 당파 사이에 정치적인 사안을 둘러싸고 갈등이 발생할 가능성을 암시하고 있었다. 실제로, 인종의 즉위식이 황태후의 궁전에서 개최되는 것을 반대했던 사람 중의 하나였던 王約을 陝西行省參知政事에 임명하자는 중서성의 上奏에 인종이 크게 노했다는 기록[162]이 보이는데, 이는 황태후의 권위에 도전했던 王約을 중앙 조정에서부터 멀리 떨어진 곳으로 보내려는 조치에 인종이 반발하고 있었음을 보여준다.

이렇게 인종 즉위 초기에 황태후의 권위가 상당했지만, 정작 중서우승상 테무데르가 황태후의 권위에 기대어 정치적으로 활약하는 모습은 자주 보이지 않고 있다. 인종이 즉위한 이후부터 테무데르가 병으로 사직하는 皇慶 2년(1313) 정월에 이르는 기간에 그와 관련된 기록은 皇慶 원년(1312) 3월에만 등장한다. 이때 테무데르는 "지금부터 左右司와 六部官 중에 마음을 다하지 않는 것이 있으면 처음에는 論決하고, 이를 고치지 않으면 내쫓아 다시 등용하지 않도록 해야 합니다."라고 건의하여 인종의 승낙을 받았다.[163] 이 내용은 『元史』의 테무데르 열전에는 더욱 상세하게 기록되어 있는데, 테무데르의 이 건의는 이맹 등의 한인 관료들과 마찰을 일으킬 소지의 내용은 아니었다. 그래서 인종도 별다른 이의 없이 테무데르의 주청을 받아들인 것으로 보인다. 또한, 丞相이 京師에 머무를 때는 張蓋를 준다는

---

161) 占卜은 몽골-대원제국의 정책 결정에서 중요한 역할을 담당하기도 했는데, 이에 대해서는 賈陳亮, 「占卜與元代政治」 『黑龍江史志』 2011-13을 참고.
162) 『元史』 卷178, 「王約傳」, 4141쪽.
163) 『元史』 卷24, 「仁宗本紀一」, 550쪽.

故事를 평장정사 울제이가 언급하면서 테무데르에게도 똑같이 해 줄 것을 청했다는 기록[164]이 있는 것을 보면 인종 즉위 초기에는 테무데르와 인종 측 관료들 사이에 뚜렷한 갈등이 발생하지는 않았다고 할 수 있다.

오히려 인종 즉위 이후 더욱 활발하게 정치적 의견을 내놓은 사람들은 한인 관료들이었다. 특히 秦國公으로 봉해진 이맹의 영향력이 상당했다. 앞에서도 언급했듯이, 이맹의 정책에 대해 貴戚, 近臣들이 이를 싫어하면서도 감히 말하지는 못했다고 할 정도였다. 인종을 潛邸 시절부터 수행한 관료였던 이맹은 인종이 황태자의 지위를 잃지 않고 순조롭게 황제로 등극하는 데에 큰 공을 세우면서 인종으로부터 막중한 신임을 받았던 것이다. 또한 황태후도 인종이 어려웠을 때부터 함께했던 이맹에 대해서 처음부터 부정적인 감정을 가지고 있지는 않았다. "지금 秦國公은 天子의 大臣으로 두 번이나 內難을 평정하였으니 그 道가 실행되지 않는다고 말할 수 없습니다. 軍國의 중요한 일은 상주하면 허락하지 않는 것이 없으니 그 말을 듣지 않는다고 할 수 없습니다."[165]라는 기록이 있을 정도로 이맹의 위상은 인종에게 있어서 테무데르보다도 절대적이었다. 인종은 두 번의 內難, 즉 성종 사후 제위계승분쟁과 무종 시기 황태자 교체 논의 및 무종 사후의 상서성 신료 숙청 과정에서 자신을 보필했던 이맹을 丞相 바로 다음 직위인 平章政事로 등용했다. 일부 예외가 있기는 하지만 원칙적으로 漢人은 승상이 될 수 없었기 때문에 이맹이 중서평장정사가 된 것은 그가 오를 수 있는 최고의 직함을 받은 것이었다. 그리고 즉위 조서에서 테무데르와 함께 "새롭게 통치를 정비[從新拯治]"[166]하라고 한 것은 황태후의 寵臣인 테무데르가 독단적으로 政事를 처결하는 것을 막기 위해 이맹을 등용했음을 보여주는 것이다. 元代 중기에 중추 기구에서 정책을 결정하는 역할을 하

---

164) 『元史』 卷205, 「鐵木迭兒傳」, 4577쪽.
165) 『歸田類稿』 卷6, 「李平章還山亭記」(李鳴·馬振奎 校點, 『張養浩集』, 長春: 吉林 文史出版社, 2008, 123쪽).
166) 『元史』 卷24, 「仁宗本紀一」, 540쪽.

면서 정치적인 중심인물이 된 漢人은 이맹 밖에 없었다는 평가도 전혀 과한 것이 아니었다.[167] 이렇게 이맹의 지위가 상승하게 된 것도 결국에는 제위계승분쟁에서 인종을 끝까지 보필하였기 때문에 나타난 결과였다.

무종이 사망한 이후 정국의 변화는 상당히 빠른 속도로 전개되었다. 무종의 권위에 기대어 상서성을 통해 권력을 행사했던 인물들은 무종의 사망과 함께 급속도로 힘을 잃고, 황태자 아유르바르와다가 일으킨 쿠데타로 인해 숙청되고 말았다. 그런데 아유르바르와다가 정식으로 즉위하기도 전에 정작 주도적인 권력을 잡았던 사람은 황태후의 비호를 받았던 테무데르였고, 아유르바르와다는 테무데르를 견제하기 위해 자신을 侍從했던 漢人 신료 이맹의 존재를 적극적으로 활용했다. 인종 재위 초기에는 견제가 나름 효율적으로 이루어졌고, 테무데르보다는 이맹의 활약이 더욱 두드러졌다. 게다가 이맹이 부모의 장례를 치르기 위해 잠시 물러날 것을 청했을 때 인종은 "일이 이루어지면, 마땅히 빨리 돌아와서 오래 지체하지 않기를 혼자 남은 朕은 바라는 바이다."라고 말했고, 그가 돌아왔을 때 크게 기뻐했다는 기록[168]은 인종이 이맹에게 정치적으로 의존했음을 보여주고 있다. 하지만 이맹은 조정으로 돌아온 직후 인종에게 辭職의 뜻을 견고하게 밝혔고, 결국 皇慶 원년 12월에 致仕의 방식으로 중서평장정사 자리에서 물러났다.[169] 이로서 이맹의 공식적인 직함은 사라졌지만, 인종은 이맹에게 평장정사의 자격으로 중서성의 사무를 계속 논의할 것을 명했고[170] 결국 황제의 총애를 받는 신료로서의 위상에는 변함이 없었다.

이와는 대조적으로, 테무데르는 조정의 최고 권위자였음에도 불구하고

167) 陳得芝, 「耶律楚材·劉秉忠·李孟合論－蒙元時代制度轉變關頭的三位政治家」『元史論叢』 9, 北京: 中國廣播電視出版社, 2004, 11~12쪽.

168) 『金華黃先生文集』 卷23, 「元故翰林學士承旨中書平章政事贈舊學同德翊戴輔治功臣太保儀同三司上柱國追封魏國公謚文忠李公行狀」(王頲 點校, 『黃溍全集』, 天津: 天津古籍出版社, 2008, 420쪽).

169) 『元史』 卷24, 「仁宗本紀一」, 554쪽.

170) 『元史』 卷175, 「李孟傳」, 4089쪽.

집권 초기에는 별다른 활약상이 보이지 않고 있고 결국 병을 이유로 중서
우승상 직에서 물러났다. 테무데르의 사퇴 이유는 공식적으로는 병환이었
지만, 아마 실제로는 인종과의 정치적 갈등이 그 배경이 되었을 것이다.[171]
皇慶 2년 정월에는 새로운 중서우승상으로 투글룩(禿忽魯, Tuyluq)이 임명
되었고, 테무데르가 부재한 상황에서 인종과 그의 寵臣 이맹은 이른바 '儒
治'에 입각한 개혁을 더욱 적극적으로 추진해 나갔다. 특히 테무데르가 우
승상에서 물러나면서 중앙 조정의 세력 균형에 변화가 일어났던 것이 배경
이 되어 이루어진 대표적인 조치가 바로 과거제의 실시였다. 대원제국에서
오랫동안 시행되지 않았던 과거제가 인종의 '독단적인' 결정[172]을 통해 정
식으로 도입되었던 것이다.[173] 테무데르를 성공적으로 견제한 이후, 인종
은 자신의 권위를 배경으로 과감하게 과거제 시행 의도를 관철시켰다. 하
지만 인종과 이맹의 우위는 오랫동안 지속되지 못했고, 정국은 또 다시 반
전의 길로 접어들었다.

3) 황태자 교체와 權臣 테무데르

皇慶 2년(1313) 정월에 테무데르가 중서우승상에서 물러나고, 그 자리
를 투글룩이 맡으면서 인종은 테무데르의 눈치를 볼 필요가 없어졌다. 그
래서 과거제 논의도 소신껏 밀어붙일 수가 있었다. 하지만 투글룩이 중서
우승상이 된 지 2개월 후인 3월에 "臣 등의 직무는 오로지 통치를 잘하는

---

171) 테무데르가 우승상이 되고 2년 후에 죄를 지어 파면되었다는 기록(『元史』 卷
     179, 「楊朶兒只傳」, 4153쪽)은 테무데르의 사퇴 요인이 단순한 질병 때문은 아
     니었음을 짐작하게 한다.
172) 『滋溪文稿』 卷29, 「題咸淳四年進士題名」(陳高華・孟繁淸 點校本, 北京: 中華書
     局, 1997, 491쪽).
173) 인종 시기 과거제 실시 배경과 과정 등의 사안에 대해서는 余來明, 『元代科擧與
     文學』, 武漢: 武漢大學出版社, 2013, 145~209쪽을 참고. 과거제 시행의 의미에
     관해서는 李文勝, 「論元代延祐科擧的意義」 『北方論叢』 2015-1을 참고.

것인데, 작년 가을부터 올 봄에 이르기까지 큰 가뭄이 들어 민간에 먹을
것이 부족하고 또 서리와 모래비가 내려 天文에 이변이 보이고 있습니다.
모두 황상의 은택을 베풀지 못해 이러한 災異가 발생했으니 청컨대 신 등
을 파면하여 天心을 따르십시오."라고 말하며 자신을 파직시켜줄 것을 요
청했고, 인종은 "이 일이 어찌 너희들과 관련이 있는 것이겠는가? 다시는
이런 말을 하지 마라."라고 하며 투글룩의 건의를 받아들이지 않았다. 그런
데도 투글룩은 災異가 일어난다는 이유로 放黜의 명을 내려줄 것을 다시
청했고 인종은 이를 허락하지 않았다. 이 시기에 가뭄이 들고, 지진이 일어
나는 등 천재지변이 있었던 것은 사실이지만 중서우승상을 얼마 역임하지
도 않은 투글룩이 자신의 파면을 계속 청하는 것에는 석연치 않은 점이 있
다. 자세한 내막은 더 이상의 기록이 존재하지 않기 때문에 알 수 없지만,
아마 황태후 측의 정치적 압박이 작용했을 것이다. 결국 투글룩은 延祐 원
년(1314) 정월에 또 다시 자신을 파면시킬 것을 요청했고, 이번에도 인종
은 받아들이지 않았다.[174] 하지만 세 번에 걸친 파면 요청과 이를 모두 거
절한 것에 대한 파장을 인종이 우려했던 탓인지 결국 延祐 원년 2월에 中
書左丞相이었던 하산(合(哈)散, Hasan)이 중서우승상에 임명되면서 투글룩
은 파면되었다.

　중서우승상에 하산이 임명된 것은 정계에서 물러나 있던 테무데르의 복
귀를 알리는 신호였다. 하산이 중서우승상이 되고 2개월이 지나 테무데르
는 錄軍國重事 겸 監修國史에 임명되는데,[175] 이는 하산의 다음과 같은 上
奏 내용이 받아들여졌음을 보여준다.

　　臣은 대대로 내려오는 勳臣 집안의 성원이 아닌데도 요행히 폐하를 만나 재
　상이 되었습니다. 그런데 승상 테무데르는 국가의 운영에 통달하고 또 일찍이

---

174) 『元史』 卷25, 「仁宗本紀二」, 555, 556, 563쪽.
175) 『元史』 卷25, 「仁宗本紀二」, 564~565쪽.

監修國史였으니 청컨대 그 印章을 주서서 翰林國史院을 관할하게 하고 軍國의 重務를 모두 그에게 논의하게 하십시오.[176]

하산은 테무데르를 실질적으로 정계에 복귀시킬 것을 인종에게 청했던 것이다. 이에 인종은 이 사안을 황태후에게 보고하게 하고, 大事의 결정에 반드시 테무데르가 간여할 수 있게 했다. 이렇게 잠시 물러났던 테무데르가 다시 중앙 조정으로 돌아오는 과정은 황태후 일파가 세력을 회복하고 정계의 중심으로 나서고 있음을 알리는 것이었다. 勳臣 가문 출신이 아니었던 테무데르는 결국 황제보다는 황태후의 지원을 배경으로 하여 세력을 얻을 수 있었고, 결국 延祐 원년 9월에 중서우승상으로 정계에 복귀했다. 그를 복귀시키는 데에 결정적인 역할을 담당한 하산은 중서좌승상의 자리로 돌아갔다. 그리고 인종은 같은 해 12월에 이맹을 다시 중서평장정사에 기용하면서 테무데르를 견제하고자 하였지만, 과거제 실시를 주도했던 시기와 같은 권위를 회복하지 못했고 부득이하게 테무데르 및 황태후와 협력을 해야만 했다. 기록을 살펴보면, 테무데르가 중서우승상을 처음 맡았을 때에는 별다른 惡政의 내용이 보이지 않다가 복귀하고 난 이후부터는 황태후의 권세를 믿고 전횡을 일삼는다는 식의 내용이 종종 등장하고 있다. 테무데르의 이러한 행적 변화 및 세력 강화는 인종 시기의 황태자 선정 문제와 긴밀하게 연관되어 있었다.

인종이 즉위하고 무종의 舊臣들이 대부분 숙청되었어도 무종이 즉위할 때 결정되었던 약속, 즉 무종은 동생에게 제위를 물려주고 동생은 다시 조카에게 제위를 계승한다는 원칙은 여전히 영향력을 발휘하고 있었다. 이에 따른다고 한다면, 인종은 무종의 장자인 코실라(和世㻋, Qosila)를 황태자로 삼아야 했다. 그러나 인종은 즉위한 해에 황태자 전담 기구인 詹事院을 폐지하면서 황태자를 바로 결정하지 않겠다는 의중을 드러냈다.[177] 무종이

---

176) 『元史』 卷205, 「鐵木迭兒傳」, 4577쪽.

살아있을 때 아유르바르와다가 조카에게 제위를 물려줄 것을 어떻게 장담할
것인가라는 의문을 제기하며 황태자 교체를 건의했던 삼보노의 우려가 현실
이 되는 순간이었다. 인종은 자신의 아들인 시데발라(碩德八剌, Sidebala)를
황태자로 세우기 위해 고심하고 있었던 것이다. 그리고 皇慶 원년(1312) 4
월에 시데발라를 위한 '四宿衛'를 설치했다는 기록은 3일을 주기로 돌아가
는 공식적인 숙위 집단인 4케식을 두면서 단순한 皇子 이상의 지위를 시데
발라에게 부여하고 있음을 알리는 것이었다.[178]

　延祐 원년 9월에 테무데르가 다시 중서우승상이 될 수 있었던 이유 중
의 하나는 인종이 시데발라를 황태자로 세우기 위해서 황태후와 테무데르
의 지원을 받아야 했던 것에 있다. 인종에게는 다행스럽게도 황태후와 테
무데르 모두 코실라보다는 시데발라를 황태자로 세워 제위계승에서 무종
의 후손들을 배제시키고자 했다. 황태후는 어렸을 때부터 총명했던 코실라
보다는 유약한 시데발라를 옹립하는 것이 좋을 것이라는 小人들의 의견을
받아들였고,[179] 테무데르는 황태후의 총애를 확고하게 얻기 위해 코실라를
몰아내려는 계획을 가지고 있었다.[180] 시데발라가 황태후에게 직접 "臣은
어려서 무능하고 또 형이 있으니 마땅히 형을 세우시고 저는 형을 보좌하
게 해 주십시오."라고 건의하며 兄 코실라가 엄연히 존재하고 있다는 점을
상기시켰지만, 황태후는 이를 받아들이지 않았다.[181] 결국 시데발라를 황
태자로 세우면서 무종과의 약조를 파기하려는 계획은 인종과 황태후, 테무
데르의 협력 하에 차근차근 진행되었다.

---

177) 『元史』 卷89, 「百官志五」, 2243쪽. 이렇게 황태자를 곧바로 결정하지 않고 시
　　간을 끌었던 이유는 코실라를 황태자로 삼는 것을 환영하지 않는 분위기가 존
　　재하고 있었기 때문이라고 할 수 있다(藤島建樹, 「元の明宗の生涯」 『大谷史學』
　　12, 1970, 16쪽).
178) 『元史』 卷24, 「仁宗本紀一」, 551쪽.
179) 『元史』 卷116, 「后妃傳二」, 2902쪽.
180) 『元史』 卷31, 「明宗本紀」, 693쪽.
181) 『元史』 卷27, 「英宗本紀一」, 597쪽.

테무데르가 중서우승상으로 복귀한 이듬해인 延祐 2년(1315)부터 황태
후, 테무데르의 권력 강화와 황태자 선정 문제가 동시에 논의되었다. 우선
황태후와 테무데르의 위상을 승격시키는 작업이 먼저 이루어졌다. 황태후
는 신료들로부터 이미 "儀天興聖慈仁昭懿壽元全德泰寧福慶皇太后陛下"라
고 불리고 있었던 상태에서 존호를 추가로 받았고,[182] 테무데르는 三公 중
의 으뜸인 太師 칭호를 받게 되었다. 황태후가 존호를 받은 것은 그녀가
무종과 인종 두 황제의 모친으로서 정치에 적극적으로 간여하며 정국을 이
끌어왔다는 점을 생각해보면 당연하다고 할 수도 있겠지만, 테무데르에게
太師 칭호를 주는 것에는 문제가 있었다. 元에서 테무데르 이전에 太師 칭
호를 받은 사람들은 모두 勳臣 가문 출신이었다. 그런데 제국 내에서 존경
을 받는 위치에 있는 인사들이 받는 太師 직함을 勳臣도 아닌 테무데르가
단지 황태후의 비호 덕분에 받을 수 있었던 것이다. 이에 일찍이 인종의
즉위식 장소 문제를 제기한 바 있었던 張珪는 테무데르를 太師로 임명하는
것에 대해 강력한 어조로 비판했다. 그는 "太師는 황제의 道德을 바르게
하는 자리인데, 테무데르는 그런 인물이 아닙니다."라고 하면서 테무데르
의 자격 미달을 언급했고, 결국 이로 인해 황태후의 분노를 사게 되면서
매질까지 당하는 수모를 겪게 되었다.[183]

무종 즉위 이후부터 테무데르가 太師가 될 때까지 太師를 역임했던 인
물들은 『元史』「三公表」에 따르면, 알라부카(阿刺不花, Ala-Buqa)와 토르
치얀(脫兒赤顏, Torčiyan), 아스칸(阿撒(思)罕, Asqan)이었다.[184] 이 세 인물

---

182) 『揭文安集』 卷6,「皇太后加尊號監修國史府賀表」(李夢生 標校, 『揭傒斯全集』,
  上海: 上海古籍出版社, 1985, 263쪽).
183) 『道園學古錄』 卷18,「中書平章政事蔡國張公墓誌銘」(王頲 點校, 『虞集全集』, 天
  津: 天津古籍出版社, 2007, 890~891쪽). 최윤정은 이 사료를 테무데르가 훗날
  太子太師에 임명될 때 張珪가 이를 반대한 내용으로 인용하고 있지만(최윤정,
  「14세기 초(1307~1323) 元 政局과 고려-1320년 충선왕 토번유배 원인 재론」
  『歷史學報』 226, 2015, 301쪽), 필자는 延祐 2년에 중서평장정사가 된 張珪가
  테무데르의 太師 임명을 반대하고 있는 것으로 보고자 한다.

중에서 알라부카에 대해서는 더 이상의 관련 기록을 찾아볼 수가 없지만,
토르치얀이 누구인지에 대해서는 추적이 가능하다. 『元史』「武宗本紀」를
살펴보면 至大 원년(1308) 8월에 仳頭라는 인물이 太師의 칭호를 특별히
받았다는 기록이 있다.[185] 그리고 이듬해 8월에 仳頭는 무종으로부터 토르
치얀이라는 이름을 하사받았다는 기록이 보이고,[186] 결국 토르치얀은 至大
원년부터 太師의 직함을 보유하고 있었던 것으로 볼 수 있다. 『元史』「三
公表」에 至大 3년(1310)부터 토르치얀이 太師였다고 한 기록은 오류인 것
이다. 그렇다면, 토르치얀은 과연 어느 가문 출신 인물이었는지를 살펴보
아야 하는데 여기에 중요한 단서를 제공하는 기록이 있다. 바로 인종이 즉
위하고 난 이후 皇慶 원년(1312) 정월에 太師 토르치얀에게 淇陽王의 王號
를 물려받게 했다는 사실이다.[187] 淇陽王은 성종 大德 연간에 太師였던 우
치차르가 받았던 王號였던 점을 생각한다면, 결국 토르치얀은 勳臣 우치차
르 가문 출신이었음을 알 수 있다. 토르치얀 다음으로 太師에 임명되었다
고 기록된 아스칸이 仳頭 및 토르치얀과 동일한 인물임을 고려하면,[188] 아

---

184) 무종 시기 상서성 승상이었던 톡토도 至大 3년(1310) 11월에 太師의 칭호를 받
　　았는데(『元史』 卷23, 「武宗本紀二」, 529쪽), 이후 2개월 후에 伏誅되었기 때문
　　에 「三公表」에서는 이를 누락시킨 것으로 보인다. 후술되는 내용에서도 살펴보
　　겠지만 仳頭-토르치얀이 이미 太師였기 때문에 톡토가 太師의 직함을 받았는가
　　에 대해서는 의심스러운 부분이 존재한다. 하지만 더 이상의 기록이 존재하지
　　않기 때문에 이후의 상세한 상황에 대해서는 알 수 없다.
185) 『元史』 卷22, 「武宗本紀一」, 502쪽.
186) 『元史』 卷23, 「武宗本紀二」, 514쪽.
187) 『元史』 卷24, 「仁宗本紀一」, 549쪽. 仳頭의 상세한 행적에 대해서는 『元文類』
　　卷23, 「太師淇陽忠武王碑」(商務印書館 標點本, 『元文類(上)』, 北京: 商務印書館,
　　1958, 292~293쪽)를 참고. 또한 淇陽王의 王號를 수여한다는 制는 『松雪齋集』
　　卷10, 「開府儀同三司太師錄軍國重事遙授中書右丞相宣徽使尙服使知樞密院事
　　領中正院事歪頭封淇陽王制」(錢偉彊 點校, 『趙孟頫集』, 杭州: 浙江古籍出版社,
　　2012, 260쪽)에 수록되어 있다. 여기서 歪頭는 仳頭의 異稱이고, 制의 제목에서
　　도 보이듯이 그가 遙授職까지 포함하여 많은 수의 직함을 겸직한 권위자였음을
　　확인할 수 있다.

스칸은 황제의 교체라는 정국 변화에도 불구하고 가문의 위세에 따라 계속 太師 직함을 보유하고 있었던 것이다.

테무데르는 자신의 출신 가문과는 위상이 너무나도 다른 우치차르 가문이 보유한 太師 칭호를 황태후의 비호 아래에서 강탈해 간 것이었다. 우치차르는 칭기스 칸 휘하에서 여러 공적을 세운 4걸 중의 한 사람인 보로굴의 손자였기 때문에 그 가문은 전통적인 勳舊의 위상을 보유하고 있었다. 그런데도 테무데르는 아스칸의 太師 칭호를 빼앗고, 더 나아가 그를 陝西行省左丞相으로 임명하여 사실상 좌천시키기까지 했던 것이다.[189] 대대로 勳臣의 역할을 했던 가문의 일원까지 정치적으로 도태시킬 수 있을 정도로 테무데르의 위상이 빠른 속도로 올라갔음을 알 수 있는 대목이다. 결국 延祐 2년 10월에 테무데르는 太師가 되었다.[190]

테무데르가 太師가 되고 1개월이 지난 延祐 2년 11월에 인종은 코실라를 周王으로 봉했다.[191] 형 무종과의 약속을 지키면서 코실라를 황태자에 봉한 것이 아니라 일개 諸王의 칭호만을 주었던 것이다. 테무데르에게 분에 넘치는 太師 칭호를 주었던 것과는 판이하게 다른 조치였다. 게다가 周王은 쿠빌라이 시기의 황태자 친킴이 보유하고 있었던 燕王과 같은 상징적인 王號도 아니었고, 코실라에게 처음으로 수여된 것이었다. 이는 코실라를 황태자로 삼지 않으려는 의도를 공식적으로 처음 드러냈던 것이라고 할

---

188) 杉山正明, 「大元ウルスの三大王國－カイシャンの奪權とその前後(上)」『京都大學文學部硏究紀要』34, 1995, 125~127쪽 ; 傅光森, 『元朝中葉中央權力結構與政治生態』, 國立中興大學歷史學系 博士學位論文, 2008, 188쪽.

189) 『元史』 卷31, 「明宗本紀」, 694쪽.

190) 이로 인해 테무데르는 宰相과 太師의 직함을 모두 보유하게 되었다. 물론, 그 이전에 무종 시기 상서성의 재상인 톡토가 太師가 된 사례가 있었지만 이는 앞에서 언급했듯이 의심스러운 부분이 존재하고 있다. 그래서 기존의 太師 아스칸을 쫓아내고 太師가 된 테무데르가 명실상부한 최초의 '太師右丞相'이라고 볼 수 있을 것이다.

191) 『元史』 卷25, 「仁宗本紀二」, 571쪽.

수 있다.

周王 코실라를 제위계승에서 확실하게 배제시키려는 인종과 황태후의 의도는 延祐 3년(1316)에는 더욱 노골적으로 나타났다. 코실라를 雲南으로 호송하고, 이를 위한 기구인 周王常侍府를 설치하여 관련 인원들을 배치하기 시작했던 것이다.[192] 사실 '周'라는 王號는 그 封地가 河南路를 중심으로 하는 河南行省 서북부 일대임을 암시하고 있지만,[193] 인종은 王號와는 결부되지 않는 雲南으로 코실라를 보내고자 하였다. 이는 코실라를 중앙 조정에서 최대한 멀리 떨어진 지역으로 축출하는 것이나 마찬가지였다.

인종과 황태후가 시행한 코실라 축출 조치에 대해 공공연하게 반대 의견들이 제시되었다. 하지만 인종은 반대 의견에 귀를 기울이지 않았다. 예를 들면, 인종의 親臣이었던 벡테무르가 "형제끼리 양위하는 것은 예전에는 흔하게 보이지 않았습니다. 이미 예전의 약속과 모두 맞았으니 지금 傳位의 순서를 논의하는데 형을 앞에 두고 뒤에 자신을 두어야 聖德을 온전하게 할 수 있습니다. 이전 사람들이 만들어놓은 순서를 바르게 해야 다른 날의 근심이 없을 것입니다. 오직 폐하께서 이것을 헤아리셔야 합니다."라고 하면서 무종과의 약조를 어기는 것을 비판했을 정도였는데, 인종은 이를 받아들이지 않았다.[194] 翰林應奉 鄭春谷도 인종에게 抗疏를 올려 무종 황제가 적장자가 아닌 동생에게 제위를 전해주었으니 마땅히 무종 황제의 뜻을 따라야 한다고 했다가 관직을 삭탈당하고 말았다.[195] "인종이 황태자를 세우는데, 士論이 이를 타당하다고 여기지 않았다."[196]는 기록 역시 당

---

192) 『元史』 卷25, 「仁宗本紀二」, 572~573쪽.

193) 王頲, 「仁·英承嗣與鐵木迭兒的弄權」 『元史及民族史研究集刊』 14, 海口: 南方出版社, 2001, 93쪽.

194) 『金華黃先生文集』 卷43, 「太傅文安忠憲王家傳」(王頲 點校, 『黃溍全集』, 天津: 天津古籍出版社, 2008, 430쪽).

195) 『析津志』 「名宦」(北京圖書館善本組 輯, 『析津志輯佚』, 北京: 北京古籍出版社, 1983, 160쪽).

196) 『析津志』 「名宦」(北京圖書館善本組 輯, 『析津志輯佚』, 北京: 北京古籍出版社,

시 조정의 전반적인 분위기를 드러내고 있는데, 이를 보면 무종과의 약조는 반드시 지켜야 할 '법률'과 같은 것으로 여겨졌고 이를 따르지 않는 인종의 처사에 불만을 가진 세력이 등장할 가능성이 충분히 있었음을 짐작할 수 있다.

코실라가 운남으로 쫓겨난 것으로 인한 갈등은 이곳저곳에서 드러났는데, 특히 고려시대의 文人이자 元統 원년(1333)에 시행된 과거에 합격하면서 명성을 날렸던 李穀의 문집인 『稼亭集』에 갈등의 구체적인 면모를 보여주는 중요한 기록이 있다. 그 기록을 살펴보자.

> 명종(코실라)이 周王에 봉해져서 장차 떠나려 할 때, 細甲을 인종에게 청하니 인종은 지급하라고 명하였다. 江浙省丞相 荅失蠻이 당시에 武備卿이었는데, 그가 武庫에 와서 武庫를 상징하는 물건을 가지고 가려고 하였다. 이에 公(韓永)이 말하기를 "경은 듣지 못했습니까? 세조께서 尙衣御鎧를 하사하시면서 이르기를 '이것으로 武庫를 상징하는 보물로 삼으라. 그리고 후세에 帝位를 계승한 자가 혹 戎輅를 탈 때에나 착용할 것이요, 그렇지 않을 경우에는 秘藏하여 대대로 보물로 간수하라.'라고 하셨습니다. 그래서 武庫를 관장하는 관원들이 서로 전하며 오직 근실하게 받들어 왔습니다."라고 하니, 그가 말하기를 "내가 가져다 보려고 할 따름이지 다른 뜻은 없다."라고 하였다. 그런데 그가 그 보물을 보자마자 가지고 달아났으므로, 공이 큰 소리로 "경은 황제의 명령을 어기고 있습니다."라고 외치면서 급히 달려가서 손으로 빼앗았으나 겨우 투구만 손에 넣었을 뿐이었다. 그러자 그가 또 투구까지 빼앗으려고 했는데, 공이 말하기를 "내 머리는 가져갈 수 있어도 이것만은 가져갈 수 없습니다."라고 하면서 투구를 품에 안고 통곡을 하니 그도 어떻게 할 수가 없어서 단지 갑옷만 가지고 周王이 거하는 곳에 가서 바쳤다. 그로부터 몇 개월이 지나서 인종이 그 御鎧를 가져오라고 명하였다. 이에 주관하는 자가 사실대로 대답을 하니 황상이 노하

_____

1983, 154쪽).

여 卿(答失蠻)을 극형에 처하였다.[197]

위 기록은 훗날 명종 황제가 되는 周王 코실라가 운남을 향해 떠나려고 할 때, 江浙省丞相 다니시만드(答失蠻)가 帝位를 상징하는 물건을 멋대로 가져가서 周王에게 바치려고 하다가 이를 막는 韓永과 충돌했고 이 사실을 확인한 인종이 다니시만드를 극형에 처했다는 줄거리로 구성되어 있다. 그렇다면, 여기에 등장하는 다니시만드는 누구일까? 『元史』에는 다니시만드 라는 이름을 가진 인물이 여러 명 등장하는데,[198] 그 중에서 江浙省丞相이 었던 사람은 무종 시기에 등장한다. 至大 3년(1310) 9월에 다니시만드는 天壽節에 江浙省의 평장정사를 구타했다는 내용으로 어사대의 고발을 받아 무종 황제로부터 힐문을 당했고,[199] 같은 해 11월에 江西省左丞相인 벡부카와 함께 무종을 알현하였다는 기록이 보인다.[200] 특히 이 중에서 벡부 카라는 인물과 함께 무종을 직접 찾아왔다는 것에 주목할 수 있다. 다니시 만드 승상과 벡부카는 아유르바르와다가 대도에서 쿠데타를 일으켰을 때 도움을 주어 무종이 즉위할 수 있게 했던 인물들로 『왓사프사』에도 기록이 남아 있음을 1장 1절에서 언급했다. 그들은 무종 즉위에 세운 공으로 다니시만드는 江浙省左丞相에, 벡부카는 江西省左丞相에 임명되었다. 그 다니시만드가 周王 코실라에게 제위를 상징하는 물건을 빼돌려서 가져다 주었던 것이다.

『稼亭集』에 실린 이 기록은 무종의 舊臣이었던 다니시만드가 코실라의 축출을 제위계승분쟁과 연결시켜 해석하고 있음을 보여준다. 코실라가 운 남으로 가는 것은 제위계승에서 배제시키려는 음모이고, 무종을 따랐던 신

---

197) 『稼亭集』卷12, 「有元故亞中大夫河南府路總管兼本路諸軍奧魯總管管內勸農事知河防事贈集賢直學士輕車都尉高陽侯謚正惠韓公行狀」.
198) 이에 대해서는 楊志玖, 「元代的幾個答失蠻」『內蒙古社會科學』1983-4를 참고.
199) 『元史』卷23, 「武宗本紀二」, 526쪽.
200) 『元史』卷23, 「武宗本紀二」, 530쪽.

하로서 자신은 코실라에게 제위가 전해져야 한다는 생각에 충실하게 따른 것이었다. 게다가 무종 시기에 江浙省左丞相(從1品)까지 지냈던 다니시만 드가 이때 武備卿(正3品)이었다는 내용은 인종 즉위 이후 그의 위상이 하 락했다는 것과 연결되고, 이로 인한 불만을 가져 더욱 코실라를 따랐을 가 능성도 있다.[201] 그러나 이 일이 인종에게 발각되어 다니시만드는 극형에 처해졌고, 이는 코실라가 제위계승에서 확실히 배제되었음을 보여주는 것 이다.

　결국 周王 코실라는 그를 따르는 常侍들과 함께 운남을 향해 떠날 수밖 에 없었다. 코실라를 따랐던 이들 常侍 중에는 투글룩이라는 인물도 있었 다. 테무데르가 병을 이유로 관직에서 물러나 있었을 시기에 중서우승상 직을 맡았던 그 투글룩이다.[202] 황태후 세력은 災異를 이유로 투글룩이 결 국에는 물러나게 압박을 한 것으로도 부족하여 투글룩을 코실라와 함께 중 앙 조정으로부터 쫓아내려고 했던 것이었다. 코실라의 '西行'은 황태후와 테무데르를 중심으로 한 정치적 세력이 정권을 장악하기 위해서 시행했던 '策略'이었다.

　코실라의 西行이 언제부터 시작되어 어떠한 경로를 거쳤는지에 대해서 는 자세한 기록이 없어 알 수가 없지만,[203] 『元史』「明宗本紀」에 따르면 인종이 코실라를 운남으로 護送할 것을 지시하고 난 지 8개월이 지난 延祐 3년 11월에 코실라 일행은 延安(현재 陝西省 延安市)에 도착했다. 여기에

---

201) 陳高華, 「《稼亭集》·《牧隱稿》與元史研究」, 郝時遠·羅賢佑 主編 『蒙元史暨民族 史論集－紀念翁獨健先生誕辰一百周年』, 北京: 社會科學文獻出版社, 2006, 323~ 324쪽.

202) 野口周一, 「元代仁宗·英宗朝の政治的動向についての一考察」『アジア史論集: 吉 田寅先生古稀記念』, 東京: 吉田寅先生古稀記念論文集編集委員會, 1997, 262쪽.

203) 현재 알려진 중앙아시아, 서아시아의 사료들에도 코실라의 西行과 정치적 변동 에 대한 기록이 없다고 한다(劉迎勝, 『察合台汗國史硏究』, 上海: 上海古籍出版 社, 2011, 400쪽 ; 赤坂恒明, 「ホシラの西行とバイダル裔チャガタイ家」『東洋 史研究』 67-4, 2009, 37쪽).

서 周王의 常侍들과 무종의 舊臣들이 회동을 가졌고, 그 중 한 사람이었던 教化는 "천하는 우리 무종 황제의 천하입니다. 出鎭의 사안은 본래 황제의 뜻이 아니고 좌우에서 모함하고 이간하여 그렇게 된 것입니다. 청컨대 그 緣故를 行省에 보고하고 조정이 알게 하여 이간질을 거의 그칠 수 있게 하십시오. 그렇지 않으면, 事變을 예측할 수 없을 것입니다."[204]라고 말하며 중앙 조정에 대한 강력한 반감을 드러냈다. 특히 '西行'의 결정을 내린 것이 황제가 아니고 주변 사람들의 모함이었다는 내용은 결국 황태후와 테무데르를 지목한 것이었음이 분명하다. 코실라를 제위계승에서 배제시키는 조치에 인종보다 황태후 세력이 더욱 깊숙이 개입했을 가능성이 높다는 점이 드러나고 있는 것이다.[205]

이렇게 황태후에 대한 반감이 코실라 진영에서 높아질 수 있었던 이유 중의 하나는 그들이 도착한 延安이 陝西行省의 관할 지역이기 때문이었다. 陝西行省의 승상이 바로 아스칸이었던 것이다. 아스칸은 테무데르에 의해 太師의 직함을 빼앗기고 陝西로 '좌천'되었기 때문에 당연히 테무데르를 중심으로 하는 세력에 깊은 원한을 가지고 있을 수밖에 없었다. 아스칸이 孤頭라는 이름으로 기록에 등장한 시기의 일을 살펴보면, 그는 무종으로부터 太師의 직함과 토르치얀이라는 새로운 이름까지 하사받았다는 점을 앞에서 언급했다. 아스칸은 무종으로부터 큰 혜택을 받은 무종의 舊臣이었던 것이다. 그러므로 아스칸이 섬서행성으로 쫓겨났다고 하더라도 고유한 그

---

204) 『元史』 卷31, 「明宗本紀」, 694쪽.
205) 이에 대해 岡田英弘은 코실라의 모친이 다기 태후와 같은 콩기라트 씨족이 아닌 이키레스 씨족 출신이었기 때문에 콩기라트 일파가 흥성궁의 이권을 상실할 것을 염려하여 제위계승 및 황태자 임명에 개입하게 된 것이라고 설명하고 있다. 시데발라의 모친은 콩기라트 씨족 출신이었기 때문에 다기 태후가 시데발라를 더욱 선호했다는 것이다(岡田英弘, 『チンギス・ハーンとその子孫ーもうひとつのモンゴル通史』, 東京: ビジネス社, 2016, 218쪽). 이 주장도 다기 태후가 적극적으로 황태자 선정 문제에 개입한 여러 이유 중의 하나를 설명하는 방식으로 이해할 수 있을 것이다.

의 위상까지 상실한 것은 아니었다. 아래 기록은 그러한 측면을 잘 보여주고 있다.

> 太師 아스칸은 섬서행성의 승상이었는데, 일찍이 영접을 명하는 늡가 있었어도 便服을 입고 절하지 않았다. 곧 하루가 지나 詔書가 내려오자 肩輿를 타고 堂上에 올라 北面하고 앉았다. 여러 사람들은 모두 그 무례함을 싫어하였지만, 위세가 대단하여 감히 말하는 자가 없었다. 公(陝西行御史臺 御史中丞 董士恭)이 화를 내며 소리 질러 말하기를, "천자께서 공(아스칸)의 足疾을 안타깝게 생각하여 공에게 便服을 하사하고 절하지 않게 한 것일 뿐입니다. 지금은 堂上에 앉아서 여러 관료들로 하여금 公服을 입고 堂下에서 羅拜하게 만들고 있으니 不敬이 어찌 이리 심합니까?"라고 하였다. 그리고 주위를 꾸짖어 肩輿를 치우게 하였다.[206]

위 내용은 아스칸이 무례를 범했다가 陝西行御史臺 御史中丞이었던 董士恭에게 질책을 당했던 사실을 기록한 것이다. 그 중의 내용을 살펴보면, 인종이 便服을 하사하고 절을 하지 말라는 편의를 제공했고 심지어 가마를 타고 堂上에 올라가 앉았어도 말리는 사람이 함부로 나서지 못했을 정도로 아스칸의 위상은 상당했음을 알 수 있다. 아스칸은 테무데르에 의해 太師 직함까지 뺏기고 섬서행성으로 쫓겨난 것에 대한 불만을 이렇게 제기했다. 또한 그러한 행동을 인종이 임명한 섬서행어사대 어사중승이 꾸짖고 있다는 것은 아스칸과 인종 사이의 미묘한 갈등을 암시하고 있는 것이기도 하다. 이렇게 정치적으로 민감한 상황 속에서 코실라가 쫓겨나 자신의 관할구역으로 오게 되면서 아스칸은 무종의 후손을 제위에 계승시켜야 한다는 명분으로 결국 군사를 일으키게 되었다.

---

206) 『金華黃先生文集』 卷26, 「資德大夫陝西諸道行御史臺御史中丞董公神道碑銘」(王頲 點校, 『黃溍全集』, 天津: 天津古籍出版社, 2008, 672쪽).

아스칸을 중심으로 뭉친 周王 진영의 군대는 陝西行省과 중서성의 경계에 위치한 河中府(현재 山西省 永濟市의 서남쪽으로 24리 떨어진 蒲州鎭)로 침입했다. 이에 河東郡(위치는 河中府와 일치)의 몽골 萬戶는 병력을 이끌고 근처의 冀寧(현재 山西省 太原市)으로 물러날 생각까지 했을 정도였다.[207] 그리고 아스칸의 병력을 방어하다가 힘에 부쳐 스스로 목숨을 끊은 劉天孚는 이를 '大變'이라고 하며 사태의 심각함을 인식했다.[208] 중앙 조정에서는 계엄의 조치가 내려졌고, 심지어 인종은 親征을 할 생각까지 가지고 있었다.[209] 그러나 이렇게 기세가 등등했던 아스칸의 군사 활동은 내분으로 인해 아스칸, 敎化 등이 살해되면서 갑작스럽게 종결되고 말았다. 지원 세력을 상실한 코실라는 알타이 방면으로 도망쳤다. "만약 (아스칸이) 關中을 지켰다면 (형세를) 알 수 없었을 것이다. 지금 갑자기 동쪽으로 나오니 같이 (움직인) 惡者들이 천자께서 京師에 있는 것을 알고 또 그 가족을 각자 보전하려고 하니 어찌 사악한 음모를 따랐겠는가! 이것이 전쟁을 하지 않고도 스스로 무너진 까닭이다."[210]라는 기록은 인종과 황태후 세력의 아스칸에 대한 대응도 상당히 강경했음을 암시하고 있고, 이에 따라 아스칸 세력 내부에서 이탈자가 발생한 것으로 볼 수 있다. 실제로 周王의 常侍 중 한 사람이었던 투글룩은 아스칸이 사망한 후 陝西行省左丞相의 자리에 오르는데, 이는 투글룩이 周王을 따르지 않고 인종, 황태후 진영에 결국 협력했기 때문에 아스칸의 뒤를 이어 陝西行省을 관할하게 되었음을 보여주는 것이다.

아스칸의 반란에는 일부 諸王들도 연루되었던 것으로 보인다. 대표적인

---

207) 『滋溪文稿』 卷8, 「元故中奉大夫江浙行中書省參知政事追封南陽郡公諡文靖孛朮魯公神道碑銘」(陳高華・孟繁淸 點校本, 北京: 中華書局, 1997, 123쪽).

208) 『元史』 卷193, 「忠義一・劉天孚」, 4388쪽.

209) 『危太樸文續集』 卷8, 「吳尙輔傳」(『元人文集珍本叢刊』 卷7, 臺北: 新文豊出版公司, 1985, 581쪽).

210) 『危太樸文續集』 卷8, 「吳尙輔傳」(『元人文集珍本叢刊』 卷7, 臺北: 新文豊出版公司, 1985, 581~582쪽).

인물로 楚王 투레 테무르(脫列帖木兒, Töre-Temür)[211]를 언급할 수 있다. 투레 테무르의 부친인 야쿠두는 무종의 즉위에 공을 세우면서 楚王에 봉해 졌다. 야쿠두의 아들인 투레 테무르는 무종을 북방에서 직접 수행했을 정도로 무종의 親臣이었다. 이러한 공으로 인해 인종 즉위 후에 투레 테무르는 사망한 부친의 뒤를 이어 楚王의 왕호를 물려받았다. 그런데 이렇게 무종, 인종 시기에 위상이 급격하게 올라간 楚王 투레 테무르가 '명종의 서쪽 出鎭'에 연루되어 西番으로 귀양을 가게 되고 家産의 절반을 몰수당하는 일이 발생했다.[212] 훗날 코실라가 황제로 즉위한 이후가 되어서야 호칭이 회복되고 몰수되었던 가산도 돌려주었다는 점을 본다면, 楚王 투레 테무르의 귀양은 그가 당시 운남으로 향했던 周王 코실라를 지지했기 때문에 벌어진 사건이었던 것으로 볼 수 있다. 게다가 반란을 주도했던 아스칸이 야쿠두의 사위였다는 점[213]은 楚王 가문이 코실라의 西行 당시 죄에 연루될 수밖에 없었던 이유 중의 하나가 될 수 있다.

무종과의 약속을 어기고 자신의 아들을 황태자로 삼으려고 했던 인종은 황태후의 비호를 받고 있었던 테무데르를 다시 기용하여 황태후 세력의 지지를 얻으려 했고, 황태후와 테무데르 역시 코실라를 제위계승에서 배제시

---

211) 楚王 투레 테무르는 톨루이의 8번째 아들 부첵(撥綽, Böček)의 증손자(『元史』卷107, 「宗室世系表」, 2721쪽)로, 그의 부친 야쿠두와 함께 페르시아어 사료『集史』에는(야쿠두는 자우투라는 이름으로 기록) 이름이 투라 티무르로 기록되어 있다(라시드 앗 딘, 김호동 역주,『칸의 후예들』, 사계절, 2005, 258쪽). 한편, 투레 테무르의 증조부인 부첵은 카르피니가 1246~1247년에 몽골을 방문하고 나서 남긴 여행기에 톨루이의 여러 아들들을 제치고 이름이 기록되어 있을 정도(김호동 역주,『몽골 제국 기행-마르코 폴로의 선구자들』, 까치, 2015, 89쪽)로 나름 영향력이 있었던 인물이었던 것 같다. 야쿠두와 투레 테무르는 그러한 부첵의 후손들이기 때문에 이들의 향방이 정치에 끼치는 영향도 상당했을 것이다.

212)『元史』卷117, 「牙忽都傳」, 2910쪽.

213)『元文類』卷23, 「太師淇陽忠武王碑」(商務印書館 標點本,『元文類(上)』, 北京: 商務印書館, 1958, 293쪽).

키기 위해 갖은 노력을 다했다. 이에 따라 다시 중서우승상이 된 테무데르의 권력은 점점 커져 갔고, 아스칸의 반란이 실패로 끝나 코실라가 서쪽으로 도망가면서 그의 권력은 정점에 달했다. 勳臣 가문 출신이 아닌 사람으로는 최초로 太師의 직함까지 받으며 테무데르가 승승장구할 수 있었던 배경에는 황태후라는 든든한 지원군과 황태자를 교체하려는 논의에서 거둔 최종적인 승리가 자리하고 있었다. 무종 시기의 상서성 재상들이 황태자 교체 시도에 실패한 후 결국에는 숙청될 수밖에 없었던 것과는 정반대의 결과였다. 그만큼 무종, 인종 시기 권력을 장악하고 있었던 세력과 황태자 선정 문제는 밀접하게 연관되어 있었던 것이다. 비록 황태후와 연결되어 있었지만 제위계승문제에 직접적으로 개입하여 자신에게 유리한 방향으로 문제를 해결한 테무데르의 지위는 더욱 올라갈 수밖에 없었고, 이제 명실상부한 권신으로 자리매김하게 되었다.

코실라의 西行과 아스칸의 반란이 발생했을 때의 『元史』「仁宗本紀」 기록을 보면 사건 자체는 물론이고 당시 조정의 분위기도 전혀 언급되어 있지 않다. 이는 인종과 황태후 세력이 최대한 이 사건을 은폐하려는 의도를 가지고 있었던 것이 아닌가 의심이 가게 만드는 부분이다. 무종과의 약속을 취소하기 위한 정당한 명분이 없이 여러 가지 갈등 요인을 그대로 놓아둔 상태에서 황태자만 우여곡절 끝에 바꾼 것이다. 결국 권신의 권력 성장을 방관한 채 정통성이 결여된 황태자를 선정하게 되면서 이후 元에서는 또 다른 제위계승분쟁이 발생했고, 그 과정에서 권신이 분쟁에 더욱 주도적으로 개입하면서 점차 더 큰 권력을 확보하는 정치적 배경이 조성되었다.

제2장

權臣 권력의 성장과
갈등의 고조

　북방에서 전쟁을 하고 있던 중에 직접 대도의 궁정 정치에 개입할 수 없었던 카이샨을 대신해 동생 아유르바르와다가 쿠데타를 일으켜 대도를 장악한 것은 무종 즉위의 핵심 과정이었다. 공적에 보답하는 차원에서 무종은 동생을 황태자에 임명하는 조치를 취했고, 동생의 다음 帝位는 자신의 아들에게 돌아갈 것이라는 순진한 생각을 했다. 인종은 자신이 눈치를 보고 있었던 母親인 황태후와 그녀가 기용한 테무데르와 연합하여 황태자를 순식간에 바꿔치기했고, 결과적으로 이 시도는 성공을 거두었다. 그러나 정당한 명분이 없는 황태자의 교체로 인해 결코 제위의 계승이 안정적인 단계로 접어들지 못했고, 인종은 결국 황태자 보호의 차원에서 황태후, 테무데르와 계속 정치적 연맹 관계를 유지해야만 했다.

　이러한 상황 속에서 제위계승의 불안정성은 결코 사라지지 않았고, 그렇기 때문에 황제의 권위 역시 약화되었다. 권신 테무데르는 황태후의 비호 속에서 인종과의 정치적 갈등에도 불구하고 계속 살아남았고, 황제의 권력이 약화될수록 테무데르의 위상은 높아져 갔다. 인종이 사망하고 결국 황태자(영종)가 즉위한 상황에서 교체에 큰 기여를 한 테무데르의 권력이 이전보다 더욱 커지게 되면서 제국 정치의 향방에 중요한 영향력을 행사할 수 있었다. 황태후와 테무데르가 잇달아 사망한 이후 영종은 자신이 직접 발탁한 새로운 재상을 등용하여 정치를 이끌고자 했지만, 테무데르의 여파는 여전히 남아 있었고 결국 그로 인해 황제가 시해되는 파국적인 결과가 발생하였다. 영종이 시해되고 다음 황제인 태정제가 즉위하는 과정에서는 제위계승과정에 직접 간여한 권신이 출현하게 되면서 대원제국의 권신 정치는 여전히 중요한 정치적 입김을 발휘했다. 또한 권신이 보유하는 권력과 위상이 갈수록 확대되는 현상도 나타났다.

　이에 본 장에서는 帝位가 불안정해지고 권신이 성장함으로 인해 전개된 元代 中期의 정국을 살펴볼 것이다. 그리고 그러한 정국이 황제에 버금가

는 권력을 가진 제국 後期 '全權 權臣'이 등장하는 배경이 되었음을 설명하
고자 한다.

1. 英宗 즉위 전후의 혼란

1) 테무데르의 축출과 복귀

周王 코실라의 제위계승권 회복을 명분으로 전개되었던 陝西行省에서
의 군사 행동은 결국 실패로 종결되었고, 코실라는 "어려움 속에서 배회하
고 草野를 다니며 露宿"[1]을 할 수밖에 없었던 상황 속에서 서쪽의 차가타
이 울루스 방면으로 피신하였다. 당시 차가타이 울루스는 인종 정권과 갈
등 관계에 놓여 있었다. 皇慶 2년(1313)에 차가타이 울루스의 군주 에센부
카(也先不花, Esen-Buqa)가 훌레구 울루스로 향하고 있던 인종의 사절단
을 구류시킨 이후로 군사적인 긴장 관계가 발생하면서 元과 차가타이 울루
스 사이의 대치가 심각한 상태로까지 전개되었던 것이다.[2] 그래서 차가타
이 울루스는 인종에게 통상적인 조공 사절단마저도 파견하지 않고 있는 중
이었다. 이러한 상태에서 코실라가 차가타이 울루스로 넘어왔고, 에센부카

---

1) 『至正集』 卷34, 「晋寧忠襄王碑序」(傅瑛·雷近芳 校點, 『許有壬集』, 鄭州: 中州古
籍出版社, 1998, 424쪽).

2) 이에 대한 기본적인 사료는 『淸容居士集』 卷34, 「拜住元帥出使事實」(李軍·施賢
明·張欣 校點, 『袁桷集』, 長春: 吉林文史出版社, 2010, 494~495쪽)을 참고. 한문,
페르시아어 사료를 바탕으로 元과 차가타이 울루스의 갈등 관계를 정리한 연구
로는 劉迎勝, 「皇慶·至治年間元朝與察合台汗國和戰始末」 『元史論叢』 5, 北京: 中
國社會科學出版社, 1993과 Liu Yingsheng, "War and Peace between the Yuan
Dynasty and the Chaghadaid Khanate(1312-1323)", Reuven Amitai & Michal
Biran eds., *Mongols, Turks, and Others – Eurasian Nomads and the Sedentary
World*, Leiden·Boston: Brill, 2005를 참고.

는 코실라의 정치적 망명을 기꺼이 받아들였다. 당시 중앙아시아에는 무종
이 카이두와의 전쟁을 위해 北邊에서 활약하고 있었을 때 그와 친분을 맺
은 인사들이 상당수 존재하고 있었고 코실라는 이들에게 의탁하기 위해 차
가타이 울루스 영역으로 들어갔던 것이었다. 이제 코실라는 돌이킬 수 없
는 강을 건넌 셈이었고, 이에 '반역자'이면서 적에게 도망간 '망명자'로 인
종과 황태후에 의해 낙인이 찍혔을 것이다. 이제 반역자라는 명분이 그럴
듯하게 만들어지게 되면서 코실라는 제위계승에서 더욱 완벽하게 배제될
수밖에 없었다.

아스칸의 반란이 진압되고 1개월이 지난 延祐 3년(1316) 12월에 인종은
시데발라를 정식으로 황태자로 세우며 中書令과 樞密使를 겸하게 했다.[3]
그만큼 황태자 책립은 인종과 황태후가 급하게 결정짓고자 한 사안이었다.
반란의 여파가 아직 채 가시지도 않은 상황에서 코실라의 복귀가 사실상
어려워지자 재빨리 황태자를 결정지었던 것이다. 그리고 아스칸이 사망하
면서 공백이 생긴 陝西行省左丞相의 자리를 반란에 협조하지 않은 周王府
常侍 투글룩에게 넘기면서 시데발라를 지지하는 안정적인 세력권을 만들
고자 했다. 또한 황태자로 선정되기 위한 정당한 명분이 거의 존재하지 않
았던 시데발라를 위해 여러 조치를 취했다. 우선, 시데발라가 황태자의 인
장을 받고 1개월도 채 지나지 않은 延祐 4년(1317) 정월 10일에 인종은 赦
免의 조서를 반포했다. 그 중에는 아스칸의 반란을 직접 언급하는 아래와
같은 내용이 포함되어 있다.

근래 코실라 무리들이 幼弱하여 간사한 아스칸 등(의 말)을 듣고 신뢰하면서
반란을 모의하여 나의 가문을 어지럽혔다. 이미 陝西行省과 行臺의 군사를 관
할하는 관리들이 叛賊 아스칸, 敎化, 체르케스(徹里哥思, Čerkes) 등을 참수하여
(국가를) 지켰다. 같이 (반란을) 모의하거나 협박으로 (반란에) 따르게 한 자들을

---

3) 『元史』 卷25, 「仁宗本紀二」, 575쪽.

모두 誅殺하고 싶었으나 차마 그렇게 하지는 않는다. 마땅히 넓은 은혜를 베푸니 自新의 길을 열도록 천하에 大赦를 내린다.[4]

위의 조서는 『元典章』의 첫 권에 황제의 즉위, 황태자 선정, 황태후 등의 존호 지정, 연호 개정 등 제국의 정치에서 상당히 중요한 비중을 차지하는 사안들에 관한 문서들을 모아놓은 부분에 수록되어 있는 것이다. 그만큼 인종의 이 사면 조서가 당시 元에서 커다란 가치를 지니고 있었음을 보여준다. 또한 사면의 조치는 정치적으로 중요한 사건이 발생하고 난 이후에 행해지는 것이 보통인데, 아스칸의 반란은 이러한 조서를 내려야 했을 정도로 긴급한 사태였다는 점을 다시 확인하게 된다.

반란 진압과 그에 따른 조치를 실행하고 난 이후, 延祐 4년 閏정월에 인종은 시데발라를 정식으로 황태자에 책봉하는 조서를 내렸다. 이 조서 역시 『元典章』에 수록되어 있는데, 첫머리에는 인종이 上天의 洪福을 받고 역대 황제들의 큰 계통을 계승하며 황태후의 '慈訓'을 받들었다고 기록되어 있다.[5] 上天 및 역대 황제가 내려준 은혜와 황태후의 가르침이 동등한 반열로 인식되었던 것이다. 그만큼 황태자 선정에 있어서 황태후의 영향력이 상당했음을 보여주는 것이고, 당연히 황태후가 임명한 권신 테무데르의 권력도 太師의 존함을 받은 이후로 또 한 단계 상승했을 것임을 충분히 짐작할 수 있다.

한편, 시데발라를 황태자로 책봉하는 조서에서 인종은 단순히 책봉 사실만을 확정한 것은 아니었다. 인종은 학교를 통한 인재 양성, 농사 독려, 腹裏(중서성 관할 지역)의 軍站이 延祐 4년에 납부해야 할 세금의 50% 면제, 아스칸의 반란으로 인해 피해를 입었던 지역의 延祐 4년 差發과 稅糧

---

4) 『元典章』 卷1, 「詔令一·赦罪詔」(陳高華·張帆·劉曉·党寶海 點校本, 天津: 天津古籍出版社 ; 北京: 中華書局, 2011, 24쪽).

5) 『元典章』 卷1, 「詔令一·建儲詔」(陳高華·張帆·劉曉·党寶海 點校本, 天津: 天津古籍出版社 ; 北京: 中華書局, 2011, 24~25쪽).

의 50% 면제, 반드시 필요한 공사 이외의 工役 중단, 名山大川과 聖帝 및
충신열사에 대한 제사 등의 사안을 建儲의 조서에서 언급했던 것이다. 마
치 새로운 황제가 즉위하고 난 이후 민심을 관리하는 것과 같은 모습을 보
였다고 할 수 있다. 여기에 더하여 인종은 鰥寡孤獨의 부류에 속하는 자들
에게 鈔를 하사했고 전국 각 路의 조세도 차등 있게 면제했다. 더 주목할
만한 것은 황태자 선정의 조서를 반포하던 朝會에 참석한 諸王과 宗戚들에
게 금, 은, 鈔를 상당한 정도로 하사했다는 사실이다.[6] 무종의 王號 하사
남발과 잦은 물품 賜與로 인해 재정이 곤란해졌던 이전의 상황을 감안해서
인종은 이러한 하사를 최대한 자제해 왔다. 그런데 황태자 선정 자리에 참
석하여 이에 동의한 宗室 가문에게는 아낌없는 사여를 베풀었던 것이다.
조세의 일부 면제와 諸王 및 宗戚에 대한 사여는 황태자 선정 과정을 통해
서 어지러워져 있었던 정국을 수습하는 수단이었음을 알 수 있다.

　이렇게 시데발라를 황태자로 책봉하기 위한 모든 절차를 마치고 난 이
후에 정국은 안정되는 것처럼 보였다. 그러나 이번에는 권신 테무데르를
둘러싸고 조정 내에서 갈등이 일어났다. 우선, 그 단초는 소바이주[蕭拜住]
라는 인물의 발언에서 확인할 수 있다. 소바이주는 通政院使, 戶部尙書, 御
史中丞 등의 관직을 거쳐 中書右丞이 되었다가 延祐 3년(1316)에 중서평장
정사로 승진한 인물인데, 승진한 이후로 줄곧 테무데르의 전횡을 견제하는
역할을 맡게 되었다.[7] 그 역할은 시데발라가 황태자로 공식 책봉되고 얼마
지나지 않은 延祐 4년 4월부터 드러나기 시작했다. 인종은 "비가 내리고
날씨가 맑은 것이 때에 맞지 않으니 어찌된 것인가?"라고 질문을 던졌는
데, 소바이주는 이에 "宰相의 禍"라고 대답했던 것이다.[8] 여기에서 소바이
주가 말하는 宰相은 당연히 테무데르를 지목하는 것이었고, 그의 전횡을

---

6) 『元史』 卷26, 「仁宗本紀三」, 577쪽.

7) 『元史』 卷179, 「蕭拜住傳」, 4157쪽 ; 『元史』 卷179, 「楊朶兒只傳」, 4153쪽.

8) 『元史』 卷26, 「仁宗本紀三」, 578쪽.

인종에게 간접적으로 알리고 있는 것이었다. 그러나 인종은 "卿은 중서성에 있는 것이 아닌가?"라고 반문하며 소바이주 역시 宰相의 반열에 있음을 지적하면서 테무데르의 잘못을 인정하지 않는 모습을 보였다. 소바이주 혼자서는 인종의 마음을 움직여서 테무데르를 견제하기 어려웠던 것이다. 또한 인종도 황태후의 강력한 지원을 받으면서 황태자 선정에도 도움을 준 테무데르를 구체적인 혐의가 없는 상태에서 또 다시 배척하기는 결코 쉽지 않았을 것이다.

그런데 그로부터 2개월이 지난 延祐 4년 6월에 감찰어사 40여 명이 테무데르를 탄핵하기에 이르렀다.[9] 어사대 휘하 감찰어사들이 집단적으로 의견을 제시하면서 테무데르를 궁지로 몰아붙였던 것이다. 감찰어사들은 테무데르를 중심으로 벌어진 뇌물 수수 사건을 집중적으로 추궁했다. 이 사건의 요체는 上都의 富民인 張弼이라는 자가 살인을 저지르고 옥에 갇혀 있었는데, 테무데르가 거액의 뇌물을 받고 그를 풀어주기 위해 上都留守였던 賀勝(혹은 하바얀[賀伯顔]이라고도 불림)을 협박했다는 것이었다.[10] 하지만 賀勝은 테무데르의 협박에 굴하지 않았고, 이 이야기가 평장정사 소바이주와 御史中丞 양도르지[楊朶兒只]의 귀에 들어갔다. 양도르지는 이를 다시 일부 감찰어사들에게 전달하면서 사건은 확대되기 시작했다. 延祐 3년에 감찰어사에 임명되었던 馬祖常은 다른 감찰어사들을 이끌고 테무데르가 저지른 불법 사항 10여 가지를 아뢰며 탄핵에 동조했다.[11]

---

9) 『元史』卷26,「仁宗本紀三」, 579쪽. 한편, 탄핵 이전인 延祐 3년에 百官이 모여 朝會를 하는데 테무데르가 가마를 타고 나타나서 殿廷 가운데에 앉자 감찰어사 董訥이 이를 예법에 어긋난다고 비판했다는 기록도 보이는데(『滋溪文稿』卷23, 「故嘉議大夫江西湖東道肅政廉訪使董公行狀」(陳高華・孟繁淸 點校本, 北京: 中華書局, 1997, 388쪽)), 이 사건은 테무데르의 권력이 극도로 커지고 있었고 그로 인해 감찰어사들의 견제가 시작되었음을 드러내고 있다.

10) 『道園學古錄』卷16,「御史中丞楊襄愍公神道碑」(王頲 點校, 『虞集全集』, 天津: 天津古籍出版社, 2007, 1063쪽) ; 『道園學古錄』卷18,「賀丞相墓誌銘」(王頲 點校, 같은 책, 885쪽).

『元史』의 테무데르 열전을 보면 그가 저질렀던 악행을 확인할 수 있다. 소바이주와 하승이 인종에게 상주한 내용 중에서 그의 구체적인 죄목이 아래와 같이 기록되어 있는 것이다.

> …… 晉王의 땅 1,000여 畝, 興敎寺 뒤의 비어있는 園地 30畝, 衛兵의 牧地 20여 畝를 탈취했습니다. 郊廟에 바치는 제사에 쓰일 말을 몰래 먹어버렸습니다. 諸王 하르반다(合兒班答, Kharbanda)가 보낸 사신으로부터 鈔 14만 貫을 받았고, 보석과 玉帶 및 융단, 비단을 받은 것을 모두 계산해보면 鈔 10여 만 貫이었습니다. 杭州 永興寺의 승려 章自福으로부터 뇌물로 금 150냥을 받았습니다. 살인범 張弼로부터 鈔 5만 貫을 취했습니다. 또한 지위가 이미 신하의 최고 자리에 있는데 또 선정원의 사무까지 맡았고 그 아들 바르기스(八里吉思, Bargis)를 宣政院使로 기용했습니다. 모든 아들들은 국가에 공이 없는데도 모두 지위가 높고 귀합니다. 家奴들은 마음대로 官府를 침범하여 그 해가 너무 많습니다.[12]

위 기록을 보면, 탄핵의 발단이 되었던 張弼의 뇌물 이외에도 테무데르가 여러 방면으로 부정부패를 저질렀음을 알 수 있다. 그리고 일부 사안들은 도가 지나치다고 할 정도였다. 晉王의 땅 1,000여 畝를 취했다는 기록에서 晉王은 훗날 태정제가 되는 이순테무르(也孫鐵木兒, Yisun-Temür)를 가리키는 것이다. 이순테무르의 부친은 바로 성종과 제위를 두고 경쟁했던 감말라였고, 北邊을 지키면서 대원제국 내에서는 상당히 높은 위상을 가진 諸王 가문이었다. 그런 諸王의 땅을 탈취했다는 사실은 宗室의 위계질서를 테무데르가 무시하고 있었다는 뜻으로 해석할 수 있다. 또, 郊廟에서 제사

---

11) 『滋溪文稿』 卷9, 「元故資德大夫御史中丞贈攄忠宣憲协正功臣魏郡馬文貞公墓誌銘」 (陳高華·孟繁清 點校本, 北京: 中華書局, 1997, 139쪽). 테무데르의 탄핵에 동조한 또 다른 감찰어사로는 우룩테무르(月魯帖木兒, Ürüg-Temür)가 있는데 그의 활약은 『元史』 卷144, 「月魯帖木兒傳」, 3434쪽 참고.

12) 『元史』 卷205, 「鐵木迭兒傳」, 4579쪽.

를 지낼 때 쓰이는 말을 몰래 먹어버렸다는 행동은 宗室을 뛰어넘어 皇室, 심지어 대원제국 자체의 위신을 손상시키는 것이기도 했다.

元의 위상과도 연결되는 문제 이외에 테무데르는 여러 부정부패에도 연루되고 있다. 특히 諸王 하르반다의 사신으로부터는 鈔 수십만 貫에 달하는 물품을 받았다는 점을 주목할 필요가 있다. 여기에 등장하는 하르반다는 훌레구 울루스의 군주 울제이투(재위 1304~1316)를 가리킨다. 하르반다 이전 시기부터 훌레구 울루스는 종주국인 元에 일종의 조공을 바치면서 무역을 시행했는데,[13] 여기에 테무데르가 개입하여 재산을 축적했던 것이다. 또한 테무데르가 지폐는 물론이고 보석, 비단과 같은 사치품까지 받았다는 점은 元의 국가적 차원에서 시행되었던 '中賣寶貨'에도 그가 간여하고 있었음을 추측하게 한다. 중매보화라는 것은 상인들이 황제에게 高價의 물건을 헌상하고 황제는 이에 대한 답례로 물건 가격의 몇 배에 달하는 물품 혹은 돈을 상인에게 回賜하는 관행을 일컫는 말이다.[14] 즉, 훌레구 울루스 측에서 황제에게 헌상하는 물품들을 테무데르가 개인적으로 수취했을 가능성이 존재하는 것이다. 만약에 그렇다고 한다면 이는 황제의 권위를 심각하게 손상시키는 일이었다.

한편, 테무데르는 宣政院이라는 기구도 관할하고 있었다. 선정원은 불교 및 티베트 지역의 사무를 담당하는 독립된 기관이었고, 테무데르는 중서우승상과는 별도로 또 다른 직함을 가지고 있었던 것이다. 테무데르가 선정원을 맡게 된 것은 그가 太師의 직함을 받기 3개월 전인 延祐 2년(1315) 7월의 일이었다.[15] 이 인사에는 아마도 불교를 숭상했던 황태후의

---

13) 훌레구 울루스와 대원제국 사이의 정치·경제적 관계의 역사에 대해서는 Thomas T. Allsen, *Culture and Conquest in Mongol Eurasia*, Cambridge: Cambridge University Press, 2001, pp.17~56과 徐良利, 『伊兒汗國史研究』, 北京: 人民出版社, 2009, 84~99쪽을 참고.

14) 金贊永, 『元代 皇室의 物資 조달 과정과 그 특징』, 서울대학교 대학원 동양사학과 석사학위논문, 2007, 45~46쪽 및 金贊永, 「元代 中賣寶貨의 意味와 그 特性」 『中央아시아研究』 12, 2007을 참고.

정치적 입김이 크게 작용했을 것이고, 이를 통해 몽골 귀족에게 영향력을 끼쳤던 帝師와 티베트 승려들의 지지를 얻을 수 있었을 것이다.[16] 선정원은 至元 25년(1288)에 기존의 總制院을 확대·개편한 기구였는데, 처음에는 宣政院使의 정원을 2명으로 정했다. 그러다가 무종 至大 연간 초기에 정원을 1명으로 줄였다.[17] 그런데 테무데르는 선정원사의 정원이 1명이던 시기에 자신의 아들 바르기스를 함께 선정원사로 임명했다.[18] 테무데르의 자식들은 국가에 별다른 공적을 세우지도 않고, 단지 부친 테무데르의 권력 때문에 높은 지위를 차지하게 되었던 것이다. 사실, 테무데르도 황태후의 비호를 받으면서 황태자 선정 과정에서 시데발라를 후원했다는 점을 제외하면 인종, 더 나아가 元을 위한 공적을 세운 적은 없었다.

테무데르에 대한 감찰어사들의 탄핵과 소바이주, 하승의 상주를 들은 인종은 크게 분노했다. 황태후의 존재와 황태자 선정 문제에서의 협력 때문에 어쩔 수 없이 테무데르를 우승상에 기용했지만, 각종 불법을 저지르면서 황제를 기만하는 행위까지는 용서할 수 없었던 것이다. 이에 인종은 테무데르의 太師 印章을 부수고, 곧 테무데르를 체포하여 문죄할 것을 명했다. 인종은 테무데르의 太師 직함을 박탈하려고 했고, 감찰어사들의 탄핵을 활용하여 그를 몰아내고자 했던 것이다. 자칫하면 쫓겨나는 것은 물론이고, 심지어 목숨까지 잃을 수도 있었던 테무데르가 의지할 곳은 황태후뿐이었다. 테무데르는 황태후를 가까이에서 모시는 侍衛의 집으로 도망쳐 들어갔고, 인종과 감찰어사들은 손을 쓸 도리가 없었다. 인종은 황태후의 권위에 도전할 수 없었기 때문에 차마 수색을 진행하지 못할 것이라는

15) 『元史』 卷25, 「仁宗本紀二」, 570쪽.

16) 藤島建樹, 「元朝における權臣と宣政院」 『大谷學報』 52-4, 1973, 26~27쪽.

17) 『元史』 卷87, 「百官志三」, 2193~2194쪽. 선정원의 기능에 관해서는 藤島建樹, 「元朝「宣政院」考-その二面的性格を中心として」 『大谷學報』 46-4, 1967을 참고.

18) 元代 宣政院使에 임명되었던 인물들과 그들의 출신에 대해서는 藤島建樹, 「元朝における政治と佛敎」 『大谷大學硏究年報』 27, 1975, 150~174쪽 및 張雲, 「元代宣政院歷任院使考略」 『西北民族硏究』 1995-2를 참고.

사실을 테무데르가 알고 있었던 것이다. 이러한 상황에서 감찰어사 黃肯播
는 테무데르가 저지른 더욱 포괄적인 죄목을 다시 언급했다.

> 승상(테무데르)은 세조의 제도를 어기고 江南의 땅을 조사해서 汀, 漳의 백
> 성들이 반란을 일으키게 하였습니다. 몰래 아스칸의 太師 관함을 빼앗아서 關,
> 陝이 편안하지 못하게 하였습니다. 諸王이 살피는 郡과 縣을 줄여서 宗親이 화
> 목하지 못하게 만들었습니다. 江, 淮 지역의 鹽課와 地稅를 늘리면서 백성들을
> 곤궁하게 만들었습니다. 탐욕스럽고 간사한 小人들을 끌어다 등용하여 조정의
> 정치를 혼란하게 만들었습니다.[19]

이를 보면, 테무데르를 탄핵한 감찰어사들은 당시의 혼란한 상황에 대
한 책임이 거의 모두 테무데르에게 있다고 인식했음을 알 수 있다. 가장
첫 번째로 지적된 江南의 땅을 조사한 것은 延祐 2년에 실시되었던 이른바
'延祐經理'를 일컫는 것인데, 이는 재정을 충당하기 위해 테무데르가 적극
적으로 지지했던 정책이었다. 전국에서 가장 부유한 지방이었던 江浙, 江
西, 河南 세 行省의 토지와 호적을 다시 조사하여 세량을 확보하고자 했던
것이다. 이 과정에서 세조의 제도를 어겼다고 나오는 것은 아마도 세조 至
元 연간 말기에 추진된 經理보다 토지 신고 기간이 짧고 관련 처벌은 더욱
과중했다는 점[20]을 지적한 것이라고 볼 수 있다. 그런데 이렇게 상당히 엄
격한 토지 조사 정책을 시행하다가 "寧都(현재 江西省 寧都縣)의 관리들이
田糧을 조사하는데 그 잔학함이 갈등을 발생시켜 난리가 크게 일어나 州의
관리들과 軍官들이 죽임을 당했다."[21]고 기록된 사건이 발생하는데, 이것

---

19) 『滋溪文稿』卷15, 「故奉政大夫遼陽行省郞中黃公神道碑銘」(陳高華·孟繁清 點校本,
   北京: 中華書局, 1997, 242쪽).
20) 陳高華·史衛民, 『中國經濟通史－元代經濟卷(上)』, 北京: 中國社會科學出版社, 2007,
   154쪽.
21) 『吳文正集』卷85, 「元故榮祿大夫江西等處行中書省平章政事李公墓誌銘」.

이 蔡五九의 반란이었다. 위 기록에서 언급된 汀, 漳의 반란은 바로 이를
가리키는 것이다. 여기에 더해 黃肯播는 테무데르가 아스칸의 太師 자리를
빼앗으면서 아스칸의 군사 반란이 일어나 關, 陝 일대가 소란에 휩싸였다
는 점도 정확히 지적하고 있다. 한 마디로 테무데르는 모든 측면에서 국정
을 망쳐놓은 악질 중의 악질이었다는 것이다.[22] 이렇게 테무데르에 대한
비판 기록이 끊이지 않고 등장하는 것은 테무데르가 무종, 인종의 즉위와
같은 중대한 사건에서 전혀 공을 세우지 못하고 단지 황태후의 위세만을
권력 기반으로 했다는 한계점을 가지고 있었기 때문이다.

이렇게 총체적인 비판을 받은 테무데르는 결국 인종의 분노를 샀지만,
이번에도 역시 황태후의 비호 덕분에 목숨은 보전할 수 있었다. 단지 테무
데르가 우승상에서 물러나는 것으로 사건이 일단락되었던 것이다. 이번이
벌써 두 번째 罷職이었다. 우승상의 빈자리는 좌승상 하산을 승진시키는
것으로 메웠는데, 앞 장에서 언급했듯이 하산은 테무데르가 延祐 원년에
우승상으로 복직할 때 중요한 도움을 주었던 인물이었다. 황태후의 영향력
은 여전히 크게 발휘되고 있었던 것이다. 더욱 주목할 것은 테무데르가 파
직되고 1개월이 지난 延祐 4년 7월에 이맹도 중서평장정사에서 물러났다
는 사실이다.[23] 테무데르가 皇慶 2년(1313)에 우승상에서 1차로 물러났을
때에 이맹은 과거제 시행 등의 정책에서 중요한 역할을 담당했는데, 테무
데르의 2차 파직 때에는 그러지 못하게 된 것이다. 이러한 조치는 테무데
르가 물러난 이후 정치적 주도권을 빼앗기지 않기 위해서 황태후 세력이
인종에게 모종의 압력을 가해서 이루어진 것이 아닐까 추측된다. 테무데르

---

22) 테무데르에 대한 극도로 부정적인 평가는 당시 기록에 보편적으로 보이고 있는
   것이지만, 이는 주로 漢人 정치가 혹은 유학자들의 관점이라고 할 수 있다. 그래
   서 일부 연구자들은 테무데르의 부정적인 측면에만 집중하지 않고, 그의 실무 행
   정 능력에 주목하면서 인종, 영종 시기 통치에 기여를 한 측면도 있음을 주장하기
   도 한다. 이에 대해서는 孟繁淸, 「關于鐵木迭兒的幾個問題」 『中國史研究』 2006-4
   를 참고.
23) 『元史』 卷26, 「仁宗本紀三」, 579쪽.

탄핵에 앞장섰던 御史中丞 양도르지는 황태후 세력에 의해 황태후의 늡를 어겼다는 이유로 힐난을 받았고, 인종은 황태후와 마찰을 일으키지 않기 위해 테무데르를 파직하는 선에서 일을 매듭짓고 양도르지를 集賢學士로 옮겨 어사대로부터 물러나게 했다.[24] 테무데르에 대한 탄핵은 테무데르의 파직으로 모두 정리되고, 이것이 황태후 세력에 대한 공격으로까지 정치적으로 확대되지는 않았다. 결국 테무데르를 완벽하게 몰아내지는 못했던 것이다. 이렇게 되면, 상황에 따라 테무데르가 또 다시 복직할 가능성이 높았다.

테무데르가 물러나고 하산이 우승상에 임명된 지 3개월이 지나자 하산은 이전에 테무데르를 복직시킬 때와 거의 비슷한 방법으로 사퇴를 요청했다. "故事에 승상은 반드시 몽골의 勳臣을 등용한다고 하였습니다. 하산은 回回人이라서 명망에 걸맞지 않습니다."[25]라고 인종에게 건의했던 것이다. 우승상으로 승진할 당시에는 가만히 있다가 약간의 시일이 지나고 나자 사퇴를 청한 것인데, 이에 인종은 테무데르가 아닌 宣徽使 바이다르 샤(伯答沙, Baidar-Shah)라는 인물을 중서우승상에 기용했다. 바이다르 샤는 몽골 제국 초기에 斷事官으로 명성이 높았던 멩게세르(忙哥撒兒, Menggeser)[26]의 손자로, 인종은 이번에는 몽골 勳臣 가문 출신이라고 확실히 인정할 수 있는 인물을 우승상으로 기용한 것이었다. 이렇게 되면서 테무데르가 우승

---

24) 『元史』 卷179, 「楊朶兒只傳」, 4154쪽.

25) 『元史』 卷26, 「仁宗本紀三」, 580쪽.

26) 멩게세르의 활약에 대해서는 『元史』 卷124에 수록된 그의 열전(영문 역주는 Francis W. Cleaves, 「The Biography of Mang-ko-sa-erh(Menggeser) in the Yüan shih」 『內陸亞洲歷史文化研究－韓儒林先生紀念文集』, 南京: 南京大學出版社, 1996)을 참고. 페르시아어 사료인 『集史』에서도 그의 이름이 언급되는데, 특히 뭉케 카안 즉위 시에 발생한 반역에 대한 엄중한 조사를 하는 과정에서 그의 활약이 돋보이고 있다(라시드 앗 딘, 김호동 역주, 『칸의 후예들』, 사계절, 2005, 320~330쪽). 또한, 그에 대한 서술로는 Thomas T. Allsen, *Mongol Imperialism: The Policies of the Grand Qan Möngke in China, Russia, and the Islamic Lands, 1251-1259*, Berkeley·Los Angeles·London: University of California Press, 1987, pp.93~94도 참고.

상으로 복귀할 수 있는 가능성은 줄어들었지만, 얼마 지나지 않아 테무데르는 또 다시 모습을 드러낸다.

정계에서 물러나 있던 테무데르가 다시 등장한 것은 延祐 6년(1319)이 되어서였다. 이 복귀 과정도 결국에는 황태자 문제와 연결되어 있다. 延祐 6년 정월에 감찰어사 孛朮魯翀 등은 "황태자께서 東宮에 계시고 이미 詹事院을 세워 家政을 총괄하게 하였으니 마땅히 나이가 지극하며 덕을 이루고 道義가 높은 자를 골라 스승, 막료로 삼아 마음을 다하여 보필하게 하고 밝은 학문을 널리 퍼뜨리게 해야 합니다."[27]라고 건의했다. 이는 황태자의 지위가 어느 정도 안정되었다는 것을 의미하고, 인종은 이 건의를 기꺼이 받아들였다. 그런데 인종은 황태자의 스승을 선택하라는 건의에 테무데르를 불러들이는 것으로 응답했다. 감찰어사들의 건의가 있고 3개월이 지나 인종은 테무데르를 太子太師에 임명했던 것이다. 당연히 감찰어사들은 테무데르를 황태자의 스승 직위에 임명하는 것은 불가하다고 저항했지만, 인종은 이를 무시해버렸다.[28]

테무데르 이전에 대원제국에서 太子太師와 관련된 사례로는 두 인물이 보인다. 첫 번째는 세조 초기인 中統 2년(1261)에 太子太師에 임명된 姚樞이고, 두 번째는 무종으로부터 大德 11년(1307)에 太子太師의 직함을 받았던 타라카이(塔剌海, Taraqai)이다. 타라카이는 무종 즉위 직후에 중서좌승상에 임명되었던 인물로 앞에서 언급했던 아스칸의 兄이기도 하다.[29] 太子太師는 다음 황제 후보자의 후견인과 같은 역할을 수행했고, 그만큼 정치

---

27) 『元史』 卷26, 「仁宗本紀三」, 587쪽. 孛朮魯翀의 神道碑에는 그가 內臺(어사대)로 들어왔는데 마침 황태자가 정해져서 마땅히 正人을 택하여 아침, 저녁으로 보필해야 한다는 내용의 건의를 올렸던 것으로 기록되어 있다. 이에 대해서는 『滋溪文稿』 卷8, 「元故中奉大夫江浙行中書省參知政事追封南陽郡公諡文靖孛朮魯公神道碑銘」(陳高華·孟繁淸 點校本, 北京: 中華書局, 1997, 123쪽)을 참고.

28) 『元史』 卷26, 「仁宗本紀三」, 589쪽.

29) 타라카이에 대해서는 『元文類』 卷23, 「太師淇陽忠武王碑」(商務印書館 標點本, 『元文類(上)』, 北京: 商務印書館, 1958, 291~292쪽)를 참고.

적 권력을 향한 지름길이 될 수도 있었다. 그 사례로 언급할 수 있는 인물이 바로 고려 충선왕이다. 주지하듯이, 충선왕은 인종이 대도에서 일으킨 쿠데타에서 큰 공을 세워 무종 옹립에 기여했고 이를 인정받아 瀋陽王의 王號까지 받았다. 여기에 인종이 황태자였던 시기에 太子太師가 되었다는 기록까지 보인다.[30] 충선왕이 구체적으로 언제 太子太師가 되었는지는 확인할 수가 없지만, 아마 타라카이가 至大 원년(1308)에 사망하고 나서 얼마 되지 않아 太子太師에 임명되었을 것이다. 그 근거로는 충선왕 즉위년(1308) 10월 辛亥日에 元으로부터 고려가 받은 조서가 있다. 여기에서 무종은 충선왕을 征東行中書省右丞相, 高麗國王이라고 하면서 開府儀同三司, 太子太師, 上柱國, 駙馬都尉, 瀋陽王을 유지할 것을 반포했다.[31] 충선왕이 고려왕으로 즉위할 때 이미 太子太師의 직함을 보유하고 온 것이었다. 충선왕이 太子太師였다는 점은 대원제국 측의 기록에서도 확인된다.[32]

쿠빌라이의 외손자로 고귀한 혈통을 가지고 있었던 충선왕은 太子太師가 될 자격이 충분했다. 거기에 무종 옹립의 공까지 세웠기 때문에 아마 그가 太子太師가 되는 데에는 별다른 저항이 없었을 것이다. 이렇게 아유르바르와다의 후견인 역할을 하게 된 충선왕은 인종 즉위 후에는 더욱 큰 영향력을 가지게 되었다. 과거제도 시행에 크게 기여한 사람이 충선왕이었다는 점은 이 사실을 잘 보여주고 있다. 또한, 太子太師가 권력으로 향하는 지름길이 될 수도 있었던 것은 인종이 충선왕에게 승상 직에 오를 것을 건의했다는 점에서 분명히 드러난다. 인종은 延祐 원년(1314)에 투글룩이 중서우승상에서 물러나자 그 자리를 충선왕에게 주고자 했던 것인데, 이는

---

30) 『益齋亂藁』 卷9上, 「有元贈敦信明義保節貞亮濟美翊順功臣太師開府儀同三司尙書右丞相上柱國忠憲王世家」.

31) 『高麗史』 卷33, 「忠宣王世家一」, 忠烈王 34년(1308) 10월 辛亥.

32) 『雪樓集』 卷18, 「大慶壽寺大藏經碑」(張文澍 校點, 『程鉅夫集』, 長春: 吉林文史出版社, 2009, 223쪽) ; 『元文類』 卷11, 「高麗國王封曾祖父母父母制」(商務印書館 標點本, 『元文類(上)』, 北京: 商務印書館, 1958, 140쪽) ; 『元文類』 卷12, 「高麗國王封曾祖父母制」(商務印書館 標點本, 『元文類(上)』, 北京: 商務印書館, 1958, 143쪽).

太子太師로서 인종을 황태자 시절부터 보필한 공을 높게 산 것이라고 볼
수 있다. 하지만 충선왕은 인종의 제안을 완곡하게 거절했다.[33] 충선왕의
사례를 통해서 살펴보면, 太子太師는 자신이 보필했던 황태자가 황제가 되
었을 때에 상당한 권위를 가졌다는 점을 알 수 있다.

그래서 테무데르를 太子太師로 삼은 행위는 그에게 정치적 권위를 다시
부여하겠다는 뜻으로 비칠 수 있었다. 어사대의 감찰어사들은 테무데르를
太子太師로 임명하는 것에 적극 반대했다. 테무데르를 탄핵했다가 집현학
사로 밀려난 양도르지도 "테무데르가 비록 군주의 곁을 떠났지만 도리어
東宮(황태자)의 師傅가 되어 태자의 곁에 있으니 간사함이 널리 퍼져 말할
수도 없는 재앙이 있을까 염려됩니다."[34]라고 걱정을 표시했다. 그렇다면,
인종은 강력한 반대에도 불구하고 왜 테무데르를 太子太師에 임명했던 것
일까?

인종이 테무데르를 太子太師에 임명한 이유가 직접적으로 기록에 언급
된 것은 아니지만, 당시 정세를 통해 추측은 해 볼 수 있다. 테무데르가 太
子太師로 임명된 이후 황태자와 관련된 단편적인 기록에서 실마리를 엿볼
수 있는 것이다. 『元史』의 「仁宗本紀」에서 찾아볼 수 있는 내용은 아래와
같이 총 4가지이다.

(1) (延祐 6년 6월) 癸丑日에 羽林親軍 10,000명을 東宮에 예속시켰다.[35]

(2) (延祐 6년 7월 壬戌日) 者連怯耶兒萬戶府의 군인 10,000명을 東宮에 예속시
키고 右衛率府를 두어 관품은 正3品으로 하였다.[36]

(3) (延祐 6년 10월) 戊午日에 중서우승상 바이다르 샤를 보내 符節을 지니고

33) 『高麗史』 卷34, 「忠宣王世家二」, 忠肅王 元年.
34) 『道園學古錄』 卷16, 「御史中丞楊襄愍公神道碑」(王頲 點校, 『虞集全集』, 天津: 天
    津古籍出版社, 2007, 1063쪽).
35) 『元史』 卷26, 「仁宗本紀三」, 589쪽.
36) 『元史』 卷26, 「仁宗本紀三」, 590쪽.

가서 황태자에게 玉冊을 주게 하였다. ; 丙子日에 황태자가 玉冊을 받은 사
실을 천하에 詔書를 내려 (알렸다).[37]

(4) (延祐 6년 12월) 壬戌日에 황태자로 하여금 國政에 참여하여 일을 처리할
것을 명하였다.[38]

위의 네 가지 기사는 테무데르의 太子太師 임명 이후 황태자와 관련하
여 조치된 사항들을 기록한 것이다. 우선, (1)의 羽林親軍을 살펴보자. 이
군대 조직은 무종 시기에 황태자 아유르바르와다를 위해 조직되었던 衛率
府에 연원을 두고 있다. 아마 衛率府는 당시 아유르바르와다의 세력 기반
으로 작용했던 것으로 보이는데, 인종이 즉위한 이후에도 계속 남아 있었
던 것으로 보인다. 그러다가 延祐 4년(1317)에 명칭을 中翊府로 바꾸었고
또 御臨親軍指揮司로 변경했다가 御臨이라는 말이 古典에 맞지 않는다고
해서 이듬해에 최종적으로 羽林이라는 이름을 가지게 된 것이었다.[39] 결국
羽林親軍은 인종이 황태자 시절부터 운용해 왔던 군사적 기반이었는데, 여
기에 속한 군사 1만 명을 황태자에게 예속시켰던 것이다. 황태자에게 상당
한 힘을 실어주었던 조치였음이 분명하다.

(2)의 者連怯耶兒萬戶府는 者連怯耶兒(몽골어로 '黃羊川'을 뜻하는 지명
으로, 현재 內蒙古 동쪽 일대)에 설치된 萬戶府이다. 제국의 수도가 아닌
지역에 설치된 군대 조직이었던 것이다. 그런데, 이미 (2)의 기사 이전에
해당되는 延祐 5년(1318)에 者連怯耶兒萬戶府를 右衛率府로 삼았다는 기
록[40]이 있는 것으로 보면 延祐 5년부터 인종은 황태자 侍衛軍 조직의 강화

---

37) 『元史』 卷26, 「仁宗本紀三」, 592쪽.
38) 『元史』 卷26, 「仁宗本紀三」, 592쪽.
39) 衛率府에 대한 내용은 『元史』 卷86, 「百官志二」, 2165쪽과 『元史』 卷99, 「兵志
   二·宿衛」, 2528쪽을 참고. 衛率府를 中翊府로 바꾼 것을 기록한 本紀의 기사는
   『元史』 卷26, 「仁宗本紀三」, 579쪽에 있고, 中翊府를 羽林親軍都指揮使司로 바
   꾼 내용의 本紀 기사는 『元史』 卷26, 「仁宗本紀三」, 586쪽에 있다.
40) 『元史』 卷26, 「仁宗本紀三」, 582쪽.

를 준비하고 있었던 것 같다. 그런 준비를 마치고 난 이후에 인종은 (1)의 기사에 보이는 羽林親軍을 左衛率府로 만들고 者連怯耶兒萬戶府와 迤東萬戶府, 女直萬戶府, 右翼屯田萬戶府의 병력을 합하여 右衛率府를 두어 이를 모두 황태자에게 예속시키면서 황태자의 군사적 기반을 강화했던 것이다. 이러한 조치는 모두 테무데르가 太子太師로 임명된 이후에 정식으로 시행되었다.

이렇게 황태자에게 군사적 권력 기반을 마련해주면서 인종은 (3)의 기사에 보이는 것처럼, 황태자에게 玉冊을 내려주었다. 이미 앞 장에서 서술했던 것처럼, 시데발라는 우여곡절을 거쳐 황태자로 이미 공식 지명되었던 상태였다. 게다가 太廟에도 황태자를 세웠다는 사실을 고하면서 지명을 확고히 했는데,[41] 여기에 더하여 이전보다 더욱 확실한 위상을 부여하는 의미로 또 다시 玉冊을 내린 것이다. 그리고 玉冊 전달의 역할을 중서우승상 바이다르 샤에게 맡기면서 모든 궁정 관료들이 황태자의 권위를 인정한다는 모양새까지 갖추었다. 무종과의 약조를 어기면서까지 정통성이 결여된 황태자를 지명했기 때문에 인종은 황태자의 권위 문제에 지속적으로 신경을 써야만 했다. 분명 현재 황제의 嫡長子를 황태자로 삼은 것이었음에도 불구하고, 적장자가 아닌 아들들도 황제의 후보가 될 수 있었던 元代의 제위계승 환경으로 인해 인종은 마음을 놓을 수가 없었던 것이다.

황태자 시데발라의 권위를 강화시키는 여러 조치들을 취한 이후, (4)의 기사에 기록된 내용처럼 인종은 황태자가 國政에 직접 참여할 것을 지시했다. 물론, 시데발라 이전의 元代 황태자들은 中書令이나 樞密使의 관직을 겸하고 있으면서 국가의 정치에 관여했지만 인종의 지시는 약간 특별한 것이었다고 보아야 한다. 왜냐하면 인종은 禪位를 염두에 두고 있었기 때문

---

41) 太廟에 시데발라의 황태자 선정을 고한 祝文이 기록에 남아 있고, 太后의 訓示가 황태자 선정에 큰 영향을 끼쳤다는 점이 확인된다. 『淸容居士集』卷35, 「內制·立皇太子告太廟祝文」(李軍·施賢明·張欣 校點, 『袁桷集』, 長春: 吉林文史出版社, 2010, 500쪽)을 참고.

이다. 이는 그가 近臣들에게 한 말을 통해서 확인할 수 있다.

> 짐은 前代에 모두 太上皇의 칭호가 있었다고 들었다. 지금 황태자가 또한 長成해서 大位를 차지할 수 있다. 짐은 太上皇이 되어 너희들과 西山을 유람하며 여생을 끝내고 싶은데 이 또한 좋지 않은가?[42]

물론, 禪位의 계획이 실행으로 옮겨지지는 못했지만 인종은 황태자를 하루빨리 '大位'에 올려놓고자 했다. 앞서 언급했던 모든 조치들은 인종의 의지를 보여주는 절차였고, 테무데르의 太子太師 임명도 역시 이러한 정세와 밀접하게 관련되어 있다고 보인다. 시데발라를 황태자로 만드는 데 있어서 도움을 주었던 인물이 테무데르였고, 또 그는 황태후의 정치적 비호를 받았기 때문에 황태자에 대한 정치적 공격을 막는 역할을 충분히 수행할 수 있으리라 보았던 것이다. 결국 황태자에게 상당한 정치·군사적 기반을 마련해 주었음에도 불구하고, 인종은 탄핵을 받아 물러난 테무데르를 황태자의 후견인으로 삼았다. 이렇게 되면, 시데발라가 황제로 즉위했을 때 후견인인 테무데르의 지위가 높아지게 될 것임은 불을 보듯 당연한 일이었다. 테무데르를 둘러싸고 정치적으로 첨예한 갈등이 발생했지만, 결과는 테무데르의 권위가 회복되는 방향으로 전개되었던 것이다.

황태자 시데발라에게 國政에 참여할 것을 지시한 다음 달인 延祐 7년 (1320) 정월에 인종은 36세의 나이로 세상을 떠났다. 황태자의 정통성 결여가 다시 부각될 수도 있는 시점이었지만, 인종이 생전에 취해놓은 황태자 권력 강화 조치로 인해 또 다른 제위계승분쟁은 발생하지 않았다. 문제는 황태후와 시데발라의 관계, 다시 정치 무대에 등장한 테무데르가 취할 정치적 행보에 있었다. 이에 대해서는 다음 항에서 살펴보도록 하겠다.

---

42) 『危太樸文續集』 卷7, 「故榮祿大夫江淛等處行中書省平章政事月魯帖木兒公行狀」 (『元人文集珍本叢刊』 卷7, 臺北: 新文豊出版公司, 1985, 568쪽).

2) 英宗의 즉위와 폐립 모의

인종은 황태후의 전폭적인 지원을 받았던 테무데르의 太師 직함을 박탈하고 그를 중서우승상의 자리에서도 내쫓았지만, 결국에는 황태자의 안정적인 계승을 위해 다시 太子太師로 임명했다는 사실을 앞에서 살펴보았다. 정통성이 부족했던 황태자 때문에 결국에는 황태후와 테무데르에게 굴복했던 것이다. 이렇게 테무데르가 다시 정치 무대에 등장하면서 그의 탄핵에 누구보다도 앞장섰던 여러 관료들의 입지 역시 불안해질 수밖에 없었다. 그나마 어사대의 도움으로 권신의 전횡을 막았지만, 테무데르의 太子太師 임명으로 인해 탄핵이 마치 없었던 일처럼 되고 말았기 때문이다. 그리고 인종이 사망한 이후, 정세는 테무데르에게 유리하게 흘러갔다.

인종이 사망한 뒤, 가장 먼저 시행되었던 것은 테무데르의 완전한 복귀였다. 인종이 사망하고 3일 밖에 지나지 않은 시점에서 황태후의 명으로 테무데르가 중서우승상에 임명되었던 것이다.[43] 예전에 무종이 사망한 이후, 당시 황태자였던 인종이 즉위하기도 전에 황태후가 테무데르를 중서우승상에 임명한 상황의 반복이었다. 비록 인종은 사망하기 이전에 황태자에게 모든 국정을 보고하고, 그가 결정을 내릴 권한까지 주었지만 테무데르의 우승상 임명은 오로지 황태후의 명령에 의해 이루어졌다. 테무데르가 延祐 원년(1314)에 중서우승상으로 복귀하기 이전에 우승상이었던 투글룩과 하산의 경우에는 그들 스스로가 물러나겠다는 뜻을 표시했던 적이 있었다. 하지만, 인종 사망 이전까지 중서우승상이었던 바이다르 샤에 대해서는 자진 사퇴와 관련된 기록이 전혀 보이지 않는다. 오히려 그가 우승상이었을 때에 관한 기록은 "태평한 시절이 오랫동안 지속되고, 조정은 淸明하였다. 君臣은 조정을 분명하면서도 간소하게 다스리고, 백성들은 아래에서 태평함을 누리고 있으니 이때를 정치가 맑고 사회가 평안하다고 칭했다."[44]

---

43) 『元史』 卷27, 「英宗本紀一」, 598쪽.

라고 되어 있어 특별한 문제점이 있는 것도 아니었음을 알 수 있다. 그런데도 황태후는 일방적으로 중서우승상을 교체시켰다. 마치 인종의 죽음을 기다리기라도 한 사람처럼 행동한 것이었다.

아직 황태자 시데발라가 공식적으로 즉위하기도 전에 황태후는 자신의 권력을 본격적으로 행사하기 시작했다. 이에 테무데르도 예전과는 달리 더욱 적극적으로 공세에 나섰다. 우선, 테무데르는 四川行省平章政事 趙世延을 체포해 京師로 데리고 오게 할 것을 청했다.[45] 왜 하필이면 수도로부터 한참 떨어져 있는 사람을 겨냥했던 것일까? 이는 조세연이 인종의 총애를 받아 御史中丞에 임명되었을 때에 테무데르를 탄핵하는 데에 큰 역할을 했기 때문이었다.[46] 결국 테무데르가 중서우승상으로 복귀하고 난 이후 제일 먼저 시행했던 것이 자신을 탄핵했던 세력에 대한 복수였다. 이후 테무데르의 보복은 그치지 않고 계속 진행되었다.

조세연에 대한 체포를 요청하고 난 이후에는 乞失監이라는 인물이 賣官의 죄에 연루되어 처벌을 받게 되었다. 테무데르는 이 乞失監에게 우룩테무르가 감찰어사였을 때에 자신이 뇌물을 받았다고 誣告했음을 고발하게 하였다. 뇌물 수수 사건이 발단이 되어 진행되었던 탄핵을 '誣告'라고 주장하고 나선 것이다. 테무데르는 자신을 탄핵했던 감찰어사 우룩테무르를 노리고 있었다. 이에 황태후는 좌승상 하산, 어사대부 토트칵(禿禿哈, Totqaq), 환관 시레문(失列門, Siremün)과 米撒彌 등에게 휘정원에서 이를 推問하게 하였지만 별다른 죄목을 밝혀내지 못했다. 그럼에도 불구하고, 테무데르는 우룩테무르를 山東鹽運司副使로 삼고 亞中大夫의 관함도 承事郎으로 낮출 것을 건의했다.[47] 복수를 위해서라면 황제든 황태후든 거리낄 것이 없다는

---

44) 『元史』卷124, 「伯答沙傳」, 3058쪽.

45) 『元史』卷27, 「英宗本紀一」, 598쪽.

46) 『元史』卷180, 「趙世延傳」, 4165쪽.

47) 우룩테무르에 대한 테무데르의 보복 내용은 『危太樸文續集』卷7, 「故榮祿大夫江浙等處中書省平章政事月魯帖木兒公行狀」(『元人文集珍本叢刊』卷7, 臺北: 新文

태도였다.

테무데르의 다음 목표는 이맹이었다. 이맹은 테무데르에 대한 탄핵과는 그다지 관련이 없었지만, 테무데르가 우승상에서 첫 번째로 물러나 있었을 때 과거제도의 시행 등 당시 정치적 현안에서 상당한 영향력을 발휘했다는 점에서 그의 '잠재적' 政敵이었다고 할 수 있다. 게다가 이맹은 인종의 親臣이었고, 시데발라와는 직접적인 관계를 형성하지 않았기 때문에 테무데르로서는 인종이 사망하면서 이맹의 위신을 깎아내릴 수 있을 것이라고 판단했을 가능성이 높다. 그래서 시데발라가 정식으로 즉위하기 이전에는 이맹이 받았던 秦國公의 制命을 회수했고,[48] 시데발라 즉위 후에는 이맹을 集賢侍講學士로 강등시키고 이전에 수여했던 모든 制命을 취소시켰다.[49] 테무데르는 강등된 직함을 이맹이 받아들이지 않을 것으로 예상했고, 예상이 들어맞았다면 아마도 이맹에게 또 다른 죄목을 뒤집어씌워서 처벌하려고 했던 것으로 보인다. 그러나 이맹은 테무데르의 예상과는 달리 강등된 직함을 그대로 받아들이면서 더 이상의 추궁은 받지 않았다.[50] 거의 모든 명예를 테무데르에 의해 다 잃어버린 이맹은 이듬해인 至治 원년(1321)에 세상을 떠났다.

테무데르의 복수는 그치지 않고 계속되었다. 우선, 테무데르의 탄핵에 일조했던 감찰어사 馬祖常을 여러 차례에 걸쳐 해치려고 했다. 그것이 뜻대로 되지 않자 테무데르는 馬祖常을 開平縣尹으로 좌천시켰다. 開平縣은 상도의 治所였기 때문에 재물들이 많이 모여들고 이에 따라 소송 사태가 빈번하게 발생하는 지역이었다는 점을 고려하여 여러 사건 중의 하나를 馬

豊出版公司, 1985, 568쪽) ; 『元史』 卷144, 「月魯帖木兒傳」, 3434쪽을 참고.

48) 『元史』 卷27, 「英宗本紀一」, 599쪽.

49) 『元史』 卷27, 「英宗本紀一」, 600쪽.

50) 『金華黃先生文集』 卷23, 「元故翰林學士承旨中書平章政事贈舊學同德翊戴輔治功臣太保儀同三司上柱國追封魏國公諡文忠李公行狀」(王頲 點校, 『黃溍全集』, 天津: 天津古籍出版社, 2008, 420쪽).

祖常 처벌의 명분으로 만들고자 했던 것이다. 馬祖常은 좌천의 명령에 따르지 않고 관직에서 물러나면서 테무데르가 설치해 놓은 덫에 걸려들지 않았다.[51]

테무데르를 탄핵할 때 그의 죄목을 조목조목 열거했던 감찰어사 黃肯播 역시 마찰을 피해갈 수 없었다. 仁宗實錄 작성을 위해 관직의 임명, 파면 등의 기록을 史館에 제출하는 과정에서 黃肯播가 테무데르의 옛 처벌 기록을 보고한 일이 화근이 되었던 것이다. 테무데르는 이에 원한을 품고 黃肯播를 해치려고 했다가 역시 뜻대로 되지 않자 그가 인종을 비방했다고 무고했다. 또한, 테무데르의 뜻에 동조하는 세력들은 그가 말해야 되지 않아야 할 것을 말했다고 하면서 죄를 가중시켜 家産을 몰수했다.[52] 實錄이라는 역사적 기록을 작성하는 데에 있어서 테무데르가 탄핵당한 일은 말해야 되지 않아야 할 내용이라는 죄목을 억지로 끼워 넣었던 것이다. 이에 黃肯播는 관직에서 물러나 사태를 관망하면서 목숨까지는 잃지 않았다.

위에서 언급한 테무데르의 복수 사례는 테무데르의 입장에서는 완벽하게 성공하지 못한 것들이었다. 테무데르는 자신을 정치적으로 공격했던 인물들의 목숨까지 빼앗고자 했지만, 다들 테무데르의 교묘한 작전에 휘말리지 않았기 때문이다. 우룩테무르에 대한 복수에는 황태후 세력까지 죄목 조사에 개입하고 있었고, 우룩테무르를 무고했던 乞失監의 처벌을 刑部가 정한 杖刑에서 笞刑으로 한 단계 낮출 것을 황태후가 명하기까지 했다. 그런데 시데발라는 "불가합니다. 법은 천하의 公法인데 사사로운 것에 휘둘려 형벌을 줄이거나 늘린다면, 이는 천하에 공평함을 보여주지 못하는 것입니다."[53]라고 하며 황태후의 명령을 따르지 않았다.

---

51) 『滋溪文稿』卷9, 「元故資德大夫御史中丞贈攄忠宣憲協正功臣魏郡馬文貞公墓誌銘」(陳高華·孟繁清 點校本, 北京: 中華書局, 1997, 141쪽)을 참고.

52) 『滋溪文稿』卷15, 「故奉政大夫遼陽行省郞中黃公神道碑銘」(陳高華·孟繁清 點校本, 北京: 中華書局, 1997, 242~243쪽).

53) 『元史』卷27, 「英宗本紀一」, 598쪽.

영종과의 미묘한 의견 차이 속에서도 테무데르는 소바이주, 양도르지, 하승에 대한 복수에는 완벽하게 성공했다. 소바이주, 양도르지, 하승은 테무데르가 탄핵되는 데에 중추적인 역할을 수행했던 인물들이었는데 우선 소바이주와 양도르지는 황태후의 명에 따라 휘정원에서 국문을 받게 되었다. 테무데르가 두 사람을 죽이려는 계획을 꾸미자 영종 시데발라는 "人命은 귀중하고 사형을 집행하는 것은 가벼운 일이 아니니 서둘러서는 안 된다. 두 명의 죄상이 아직 명확하지 않으니 마땅히 태후께 고해 상세히 조사하게 해서 만약에 억울함이 없다면 그때 죽여도 늦지 않다."[54]라고 신중한 의견을 표시하면서 테무데르의 즉각적인 복수를 허용하지 않고, 황태후에게 처결을 의뢰했다. 이들을 심문했던 자들은 徽政使 시레문과 어사대부 토트칵인데, 이들은 감찰어사 우룩테무르의 죄목을 밝혀내지 못한 전적이 있었다. 시레문과 토트칵은 황태후의 권위에 기대어 심문을 하면서 소바이주와 양도르지가 이전에 황태후의 명령을 어겼다는 죄목을 들고 나왔다. 테무데르를 탄핵했던 양도르지의 관직을 강등시켰을 때와 똑같은 행태를 반복한 것이다. 이에 양도르지는 "(御史)中丞의 직에 있으면서 즉시 너를 죽이지 못한 것이 한에 남는다. 천하에 사죄한다. 만약 태후의 명령을 어겼다면, 네가 어찌 오늘 있었겠느냐!"[55]라고 말하면서 테무데르와 황태후의 近臣들을 엄중히 꾸짖었다. 하지만 테무데르는 이번에는 황제의 명이라고 둘러대면서 이 두 사람을 황급히 처형했다. 나머지 한 사람인 하승에 대한 복수는 시데발라가 즉위한 이후에 시행되었다.

테무데르가 복수를 위해 황태후의 명령을 활용했을 때에 황태후의 의지를 직접 실천에 옮긴 인물은 시레문과 토트칵이었다. 그만큼 테무데르와 시레문, 토트칵의 관계는 극도로 밀접했던 것이다. 특히 이 중에서 시레문은 황태후의 충실한 심복 역할을 꾸준히 수행하였다. 시레문은 황태후의

---

54) 『元史』 卷179, 「蕭拜住傳」, 4157쪽.

55) 『道園學古錄』 卷16, 「御史中丞楊襄愍公神道碑」(王頲 點校, 『虞集全集』, 天津: 天津古籍出版社, 2007, 1063쪽) ; 『元史』 卷179, 「楊朶兒只傳」, 4154쪽.

전속 기관인 휘정원을 관리하는 徽政院使로서 황태후의 手足과 같은 역할을 한 것이다. 테무데르가 太師가 되는 것을 강력하게 반대했던 장규를 질책하며 杖刑을 가하라는 황태후의 명령을 전달했던 일,[56] 무종의 舊臣으로 참소를 당한 캉리톡토의 무죄를 입증하고 다시 지방으로 보내라는 황태후의 명령을 전달했던 일,[57] 무종의 장남 코실라를 참소하여 결국 쫓겨나게 만들었던 일[58] 등에는 모두 시레문이 연루되어 있었다.[59]

시레문이 인종 초기부터 황태후·테무데르 세력과 연합하는 행동을 보여주고 있었던 것에 비해서 토트칵은 인종 후기에 본격적으로 모습을 드러내기 시작했다. 토트칵이 어사대부에 임명된 시기는 테무데르가 太子太師가 되어 정계에 복귀하기 1개월 전으로, 인종은 토트칵이 勳舊의 후예이므로 특별히 그에게 어사대부의 자리를 주었다고 언급했다.[60] 토트칵이 정확히 누구의 후예인가는 『憲臺通紀』에 기록된 聖旨를 통해 알 수 있는데, 그는 우를룩 노얀(月呂魯那演, Ürlüg Noyan)의 아들이고 廣平王이라는 王號도 지니고 있었다.[61] 우를룩 노얀은 人名이 아니라 존칭인데, 우를룩은 문자 그대로는 영웅이라는 뜻이고 노얀은 귀족에게 붙이는 호칭이다. 우를룩 노얀은 주로 군사적인 방면에서 활동하는 인물들과 관련된 명칭인데,[62] 토

---

56) 『元史』 卷175, 「張珪傳」, 4073쪽.

57) 『元史』 卷138, 「康里脫脫傳」, 3325쪽.

58) 『元史』 卷31, 「明宗本紀」, 693쪽.

59) 延祐 4년(1317)에 기록된 한 금석문 자료에는 시레문의 직함이 '金紫光祿大夫徽政使章慶使中都威衛使領崇禧院殊祥院群牧監甄用監事提調左都威衛使司事會福院使'라고 기록되어 있는 것이 보이는데(『湖北金石志』 卷13, 「重修武安靈溪堰記碑」(國家圖書館善本金石組 編, 『歷代石刻史料彙編』 13, 北京: 北京圖書館出版社, 2000, 636쪽)), 이를 통해서 시레문이 휘정원사 이외에도 여러 직함을 겸하고 있으면서 권위가 상당했음을 짐작할 수 있다.

60) 『元史』 卷26, 「仁宗本紀三」, 588쪽.

61) 『憲臺通紀』, 「命脫禿哈帖木兒不花幷爲御史大夫制」(屈文軍 點校, 『憲臺通紀(外三種)新點校』, 香港: 華夏文化藝術出版社, 2006, 45쪽).

62) 札奇斯欽, 『蒙古文化與社會』, 臺北: 臺灣商務印書館, 1987, 317쪽.

트칵의 아버지로서 우를룩 노얀이라 불린 인물은 바로 우스 테무르(玉昔帖木兒, Üs-Temür)이다. 우스 테무르는 칭기스 칸을 보좌한 4명의 영웅 중 한 사람인 보오르추(博爾朮, Bo'orču)의 손자이다. 우스 테무르는 세조 재위 시기인 至元 12년(1275)에 어사대부에 임명되었고 軍功을 세우기도 했으며, 성종이 즉위하는 데에 있어서도 큰 역할을 담당했다.[63] 그래서 우스 테무르가 사망한 후 성종은 공적에 보답하는 차원에서 그를 廣平王으로 追封했던 것이고 그 王號를 아들인 토트칵이 물려받은 것이었다.

황태후 세력에 속한 토트칵이 勳臣 보오르추의 후예였다는 점은 중요한 정치적 의미를 가진다. 테무데르는 勳舊의 후예가 아니었고, 황태후와 테무데르가 연합하여 세운 황태자 시데발라는 정통성의 결여라는 약점을 가지고 있었기 때문에 勳舊의 후예인 토트칵의 존재는 테무데르와 황태후에게 큰 힘이 되어줄 수 있었던 것이다. 게다가 어사대는 테무데르의 탄핵을 이끄는 등 항상 대립적인 관계에 있었는데, 토트칵이 어사대부가 되면서 어사대의 일부 세력도 테무데르·황태후의 편에 서게 할 수 있었다. 보로굴-우치차르의 후예였던 아스칸을 테무데르가 쫓아내면서 淇陽王 가문과는 정치적 갈등 관계에 놓이게 되었지만, 이를 대신해서 보오르추-우스 테무르의 후예인 廣平王 토트칵을 포섭하면서 테무데르·황태후 세력이 또 다른 勳舊 가문의 지지를 확보했다는 점이 정치적으로 중요한 작용을 하게 된 것이다.

인종 사망 이후 테무데르·황태후 세력이 정치적으로 더욱 부상해가는 분위기 속에서 延祐 7년 3월에 시데발라가 즉위했다. 다기 황태후는 이제 太皇太后가 되어 정치적 위상이 한 단계 올라갔고, 興聖宮에서 百官들의

---

63) 우스 테무르의 활약에 대해서는 『元史』 卷119, 「玉昔帖木兒傳」, 2947~2948쪽을 참고. 페르시아어 사료인 『集史』에서 성종 즉위의 쿠릴타이가 열릴 때 참석했던 대아미르들 중에서 우룩룩이라는 인물이 보이는데(라시드 앗 딘, 김호동 역주, 『칸의 후예들』, 사계절, 2005, 469쪽), 이 우룩룩은 우스 테무르를 지칭하는 것으로 생각된다.

朝賀를 별도로 받았으며 테무데르는 박탈되었던 太師의 직함을 되찾게 되었다. 이제 테무데르와 태황태후는 자신들이 옹립시킨 것이나 마찬가지였던 영종 시데발라를 조종하면서 권위를 누리기만 하면 되었다. 그러나 영종은 쉽게 조종을 당할 정도로 유약한 인물이 아니었다. 황제에 즉위하기 이전부터 영종이 다기 황태후의 말을 듣지 않았던 것은 앞에서 언급한 乞失監의 처벌 사안을 통해서도 확인할 수 있었다. 그리고 한 가지 사례가 추가로 보인다. 휘정원사 시레문이 다기 황태후의 명령을 받들고 즉위 이전의 영종에게 조정의 관원을 바꿀 것을 청했을 때 "지금이 어찌 관직을 除授할 때란 말인가? 또 先帝의 舊臣들을 어찌 가볍게 변동시키는가? 내가 즉위하기를 기다려 종친, 원로와 논의하여 현명한 자는 임명하고 간사한 자는 쫓아내는 것이 옳다."라고 반발했던 일이 있었던 것이다.[64] 영종의 이 발언에는 중대한 뜻이 내포되어 있다. 우선, 자신이 즉위하기도 전에 이루어진 인사이동에 심히 불만을 가지고 있었던 점이 확연하게 드러난다. 그리고 그러한 인사이동이 先帝 인종의 구신들을 배제시키는 방향으로 흘러가고 있다는 점도 확인할 수 있다. 이에 영종은 공개적으로 자신의 祖母인 다기 황태후와 대립할 의사를 내비친 것이다. 처음부터 이러한 불만을 가지고 있었던 영종은 즉위 후에 태황태후가 축하의 뜻을 표하기 위해 왔을 때에도 결코 자신의 의사를 굽히지 않겠다는 의지를 표정으로 드러냈다. 태황태후는 이를 감지했고 "내가 이 아이를 키운 것이 아닌가!"라며 후회의 말을 내뱉었다.[65]

태황태후에 대한 영종의 태도가 상당히 강경했던 것과는 달리 영종은 테무데르를 감싸주는 듯한 모습을 보였다. 물론, 테무데르의 정치적 보복을 둘러싸고 약간의 이견이 존재하기는 했지만 영종은 테무데르의 권위를 보호해주고자 했던 것이다. 이는 中外에 조서를 내려 테무데르를 비난하지

---

64)『元史』卷27,「英宗本紀一」, 599쪽.
65)『元史』卷116,「后妃傳二」, 2902쪽.

말라고 했던 것을 통해서도 드러나고 있다.[66] 또한, 테무데르가 政務에 참
여하면서 신료들이 중서성을 거치지 않고 마음대로 상주하는 것을 금하게
하자는 요청을 받아들인 것도 테무데르의 권위를 분명히 인정하고 있음을
보여준다.[67] 아마도 영종은 태황태후보다는 太子太師로서 자신의 후견인
역할을 했던 테무데르에게 그나마 조금 더 호감을 가지고 있지 않았나 생
각된다. 그러나 테무데르가 독단적인 권력을 행사하는 것은 그의 권위를
인정하는 것과는 다른 문제에 속했다.

한편, 소바이주와 양도르지를 처형시킨 테무데르는 자신이 탄핵되는 결
정적인 단서를 제공한 上都留守 하승에 대한 복수를 영종 즉위 이후에 감
행했다. 여태까지의 복수에서 영종의 동의를 거의 받지 못했던 상황에서
테무데르는 하승에게 不敬罪 혐의를 뒤집어 씌웠다. 하사받은 수레에 올라
탄 상태에서 詔書를 받았다는 것이었다. 물론, 이는 하승을 죽이기 위한 무
고에 지나지 않았다. 하지만 이것이 영종을 자극시키는 데에는 성공했던
것으로 보이고, 결국 하승 역시 죽임을 당했다.[68] 이렇게 영종이 정식으로
즉위하기 전부터 시작된 광범위한 복수는 인종의 舊臣 세력을 대폭 약화시
키는 결과를 낳았고, 영종이 권신 테무데르와 태황태후 세력에 휘둘리지
않기 위해서는 새로운 인사를 등용해야 할 필요성이 생겼다.[69]

---

66) 『元史』卷27, 「英宗本紀一」, 600쪽.
67) 『元史』卷27, 「英宗本紀一」, 601쪽.
68) 『道園學古錄』卷18, 「賀丞相墓誌銘」(王頲 點校, 『虞集全集』, 天津: 天津古籍出版
社, 2007, 886쪽) ; 『元史』卷179, 「賀勝傳」, 4151쪽. 『元史』의 다른 기록에는
하승이 便服을 입고 詔書를 받았다는 죄목으로 棄市되고 家産도 몰수되었다는
내용도 보이고 있다(『元史』卷27, 「英宗本紀一」, 602쪽 ; 『元史』卷205, 「鐵木迭
兒傳」, 4580쪽).
69) 일부 연구에서는 영종이 자신의 권위를 세우기 위해 테무데르의 보복을 사실상
방조하면서 테무데르와 결합하여 정치투쟁을 전개했다는 주장이 있지만(傅光森,
『元朝中葉中央權力結構與政治生態』, 國立中興大學歷史學系 博士學位論文, 2008,
178쪽), 그렇게 보기에는 무리가 있다고 생각된다. 오히려 영종이 테무데르의 복
수에 미온적으로 반응하고 있다는 것을 조세연, 우룩테무르, 소바이주, 양도르지,

이때 영종이 적극적으로 추진한 것이 바로 바이주(拜住, Baiju)의 등용이다. 영종은 즉위 1개월이 지난 후 太常禮儀院使였던 바이주를 중서평장정사에 임명했던 것이다.[70] 다음 달에 테무데르의 하승에 대한 복수가 이루어진 후, 영종은 좌승상 하산을 파직시켜 嶺北行省平章政事로 내보내고 바이주를 좌승상에 임명했다.[71] 좌승상 하산은 인종 시기부터 테무데르 세력과 협조를 했는데, 그를 쫓아버리고 바이주를 좌승상으로 삼았다는 것은 태황태후에 대한 영종의 정치적 도전이나 마찬가지였다.

하산을 쫓아내고 바이주를 좌승상으로 임명한 영종의 조치에 대한 태황태후 세력의 반응은 거의 즉각적으로 나타났다. 嶺北行省平章政事 하산, 중서평장정사 黑驢, 어사대부 토트칵, 휘정사 시레문과 黑驢의 母親인 이린지발(亦列失八, Irinjibal) 등이 영종의 廢立을 도모하고 있다는 보고가 들어온 것이다.[72] 하산은 좌승상에서 쫓겨났기 때문에 당연히 불만을 가지고 있었을 것이고, 이 모의에 토트칵과 시레문이 가담하고 있는 것은 태황태후가 영종의 옹립을 후회하고 있었다는 사실과도 연결되는 부분이었다. 여기에 등장한 黑驢는 테무데르가 우승상으로 복귀하고 난 이후에 중서평장정사에 임명되어 중앙 조정에서 정치적 영향력을 행사한 인물인데, 역시 태황태후 세력으로 분류될 수 있다. 그렇다면, 이 폐립 논의는 태황태후의 주도 혹은 묵인 아래에 이루어졌을 가능성이 높다. 바이주는 이 모의를 적발한 후, 가담한 자들을 鞫問할 것을 영종에게 요청했다. 이때 영종은 의미심장한 대답을 내놓는다. "그들이 만약 태황태후를 핑계로 삼는다면 어찌하겠는가?"[73]라고 한 것이다. 결국 국문의 절차를 거치지도 않고 모의 가담자들을 모두 처형했고, 가산을 몰수했다.

한약우 등의 사례를 통해 확인할 수 있다.
70) 『元史』 卷27, 「英宗本紀一」, 601쪽.
71) 『元史』 卷27, 「英宗本紀一」, 602쪽.
72) 『元史』 卷27, 「英宗本紀一」, 602쪽.
73) 『元史』 卷27, 「英宗本紀一」, 602쪽.

영종은 자신을 폐위시키고자 하는 모의에 태황태후가 연루되었음을 알고 있었다. 그러나 차마 태황태후를 처벌할 수는 없었고, 이 사건이 더욱 커지기 전에 속히 마무리를 지었던 것이다. 그리고 가담자를 재빨리 처형시킨 이유는 바로 테무데르의 前例를 감안했을 가능성이 높다. 테무데르가 탄핵을 당해서 인종의 분노를 샀을 때, 그를 구해준 사람이 바로 태황태후였기 때문이다. 영종은 모의 가담자들이 태황태후를 또 내세워서 이전의 테무데르처럼 가벼운 처벌만을 받고 넘어갈 가능성을 미리 차단한 것이다. 先朝의 좌승상을 지냈던 하산, 훈신의 후예로서 어사대부가 되어 어사대를 관리했던 토트칵, 태황태후의 명령을 충실히 수행했던 시레문 등 정치적 비중이 큰 인물들을 단번에 처형시킨 이 사건은 영종의 강인한 면모를 그대로 보여주고 있었다. 이는 태황태후 세력에 대한 영종의 강력한 타격이었다.

무종, 인종 시기에 걸쳐 강력한 정치적 영향력을 행사했던 태황태후 세력의 폐립 음모를 밝혀낸 자는 누구였을까? 일부 연구들은 테무데르를 지목하고 있다.[74] 기록을 살펴보면, 시레문 일당을 주살하는 데에 있어서 테무데르가 최고의 공을 세웠다고 자부했다는 점이 분명히 확인된다.[75] 테무데르가 폐립 모의를 영종에게 직접 보고했는지에 대해서는 알 수 없지만, 테무데르와 태황태후의 黨與들이 권세를 놓고 서로 갈등이 생겨 날마다 틈이 벌어지고 결국 스스로 보전할 수 없었다고 한 기록[76]을 주목할 만하다. 영종이 즉위한 이후, 테무데르가 권세를 휘두르며 조그만 원한이라도 있으

---

74) 王頲, 「元英宗朝政治與南坡之變」 『暨南史學』 1, 廣州: 暨南大學出版社, 2002, 174쪽 ; 최윤정, 「14세기 초(1307~1323) 元 政局과 고려−1320년 충선왕 토번 유배 원인 재론」 『歷史學報』 226, 2015, 308쪽.

75) 『元史』 卷175, 「張珪傳」, 4075쪽 ; 『至正集』 卷77, 「正始十事」(傅瑛·雷近芳 校點, 『許有壬集』, 鄭州: 中州古籍出版社, 1998, 817쪽).

76) 『金華黃先生文集』 卷24, 「中書右丞相贈孚道志仁淸忠一德功臣太師開府儀同三司上柱國追封郢王諡文忠神道碑」(王頲 點校, 『黃溍全集』, 天津: 天津古籍出版社, 2008, 641쪽).

면 이를 보복하지 않음이 없자 태후가 놀라면서 후회했다는 기록도 태후와 테무데르 사이의 분위기가 변화하고 있었음을 보여준다.[77] 영종이 즉위하면서 권력의 차지에 더욱 혈안이 된 테무데르와 태황태후 세력이 서로 충돌했고, 결국 이것이 영종 폐립 모의와 이에 대한 처벌이라는 심각한 정치적 갈등으로 이어졌던 것이다.

테무데르가 정치적 동반자였던 태황태후와 갈라설 수 있게 만든 요인은 무엇이었을까? 이는 테무데르가 자신의 권위 기반을 교체하려고 했다는 것으로 설명할 수 있다. 인종 재위 시기에는 황태후가 절대적인 권한을 행사했기 때문에 여기에 의지했던 것이지만, 영종이 즉위하면서 태황태후 세력의 영향력은 예전 같지 못한 모습을 보였다. 영종은 태황태후 세력의 여러 요구를 드러내놓고 거부하고 있었던 것이다. 그러면서도 영종은 테무데르의 권위는 침해받지 않게 하려는 조치를 취했다. 이러한 정치적 분위기에서 테무데르는 자신이 太子太師였을 때 긴밀한 관계를 형성한 영종을 더 신뢰하게 되지 않았을까 여겨진다. 그래서 태황태후 세력이 자신들의 권력을 되찾고자 황제를 교체하려는 모의를 꾸몄을 때, 이를 막는 것에 테무데르도 적극 공헌했을 가능성이 크다. 테무데르는 자신의 후견인을 태황태후에서 황제로 바꾸려 하고 있었다.

태황태후 세력의 정치적 모험은 실패로 끝났고, 사후조치는 신속하게 진행되었다. 영종은 폐립 모의에 가담한 하산, 黑驢 등과 불경죄를 저지른 하승 등을 처형했다는 사실을 공식 조서를 통해 공포했다.[78] 영종은 폐립 모의와 불경죄를 한 조서에서 함께 언급했는데, 이는 영종의 정치적 권위에 대한 도전에는 엄중하게 대처하겠다는 의지를 보여주고 있는 것이기도 하다. 하승, 시레문, 하산의 재산과 田宅은 테무데르 등에게 분배되었고, 토트칵과 시레문이 탈점한 人畜은 모두 주인에게 돌려주었다. 여기에서 몰

77) 『元史』 卷179, 「楊朵兒只傳」, 4155쪽.
78) 『元典章新集』, 「國典·詔令·阿散等詭謀遭誅詔書」(陳高華·張帆·劉曉·党寶海 點校本, 天津: 天津古籍出版社 ; 北京: 中華書局, 2011, 2026쪽).

수한 재산의 일부가 테무데르에게 하사되었다는 것은 테무데르가 폐립 모의를 막는 데에 어느 정도 기여했다는 사실을 분명히 보여주고 있다. 또한, 토트칵이 가지고 있던 廣平王의 인장은 회수되었다. 태황태후의 직속 기관인 휘정원과 관련해서는 徽政院使 米薛迷가 金剛山으로 유배되는 조치가 시행되었다. 여기에 나오는 米薛迷는 예전에 乞失監의 무고를 당한 우룩테무르를 조사하기 위해 휘정원에서 파견되었던 米撒爾와 동일한 인물이다. 米薛迷의 유배 역시 태황태후의 수족을 제거하는 일이었던 것이다. 그리고 얼마 지나지 않아 영종은 휘정원 자체를 혁파하는 강력한 조치를 취했다.[79]

영종 폐립 모의의 실패로 인해 태황태후는 그 동안 강력하게 행사해왔던 권위를 상실하게 되었다. 물론, 태황태후로서 가지고 있는 위상에 근본적인 타격이 가해졌던 것은 아니었지만 최소한 궁정 정치에 적극적으로 개입하는 데에 필요한 기반은 사라졌던 것이다. 특히 휘정원의 혁파는 태황태후에 대한 영종의 최종적인 견제 조치였다고 할 수 있다. 반면에 테무데르는 폐립 모의에 대한 기민한 대처로 인해 우승상 자리를 계속 유지할 수 있었다. 태황태후가 정치 일선에서 물러나게 되었던 상황 속에서[80] 테무데르는 영종을 지지하면서 건재했던 것이다.

인종이 사망하고 난 이후 영종이 휘정원을 혁파하기까지 약 5개월은 보복과 음모가 궁중에서 펼쳐졌던 기간이었다. 인종이 사망하자마자 테무데르는 다시 우승상 자리에 올라 최고 권력자가 되었고, 이전에 자신의 탄핵과 연관되어 있던 관료들에 대한 무차별 복수를 시도하였다. 영종이 아직 즉위하기 전부터 테무데르는 황태후의 명령을 수단으로 하여 전횡을 일삼았던 것이다. 영종은 테무데르의 이러한 전횡을 막지 못했고, 심지어 테무

---

79) 영종 폐립 모의 발각 이후 사후조치들에 대해서는 『元史』 卷27, 「英宗本紀一」, 603쪽의 내용을 참고.

80) 『高麗史』 卷122, 「任伯顔禿古思傳」에는 인종이 사망하고 황태후 또한 별궁으로 '退居'했다는 표현이 보이는데, 이 기록 역시 태황태후의 영향력이 축소되었음을 의미하는 것이다.

데르에 의해 불경죄라는 무고를 받은 하승을 영종이 직접 나서서 처벌한 사례도 있었다. 한편, 영종이 자신의 독단적인 권위를 세우려 하는 움직임 속에서 태황태후 세력은 이를 받아들이지 못하고 결국 폐립 모의를 시도했다. 하지만 이는 실패로 끝났고, 이 사건을 계기로 영종은 태황태후의 정치적 세력을 대폭 축소시켰다. 결국 인종 사망 후 5개월이 지난 시점에서 테무데르는 태황태후의 위상에 의존하던 태도에서 벗어났다.

이러한 정치적 추이를 통해 살펴보면, 다기 태후와 테무데르를 항상 하나의 정치적 세력으로 묶어 취급하는 것에는 문제가 있음을 알 수 있다. 한인 관료를 대폭 등용하면서 冗官을 줄이고, 『大元通制』라는 법령집을 간행하는 등 漢法을 추진하려 했던 영종과 몽골 귀족의 이익을 대변하는 태황태후·테무데르 세력이 충돌했다는 기존의 설명 방식은 당시 복잡했던 정치 변동을 너무 단순화시킨 측면이 있는 것이다. 최소한 영종 폐립 모의를 전후해서 태황태후와 테무데르는 정치적으로 분리되고 있었다고 보아야 한다. 또한 '몽골 보수'와 '漢法'이라고 하는 문화 이념의 차이를 정치 세력 구분의 잣대로 사용하고 있는 점에 대해서도 다시 생각해 볼 필요가 있다. 몽골-漢의 대립 구도를 강조하게 되면 마치 이념의 수호를 위해서 政爭이 일어난 것처럼 보일 수가 있다. 하지만 궁중 정치에서의 갈등과 경쟁은 자신들의 권위를 우위에 두기 위한 목적의식이 상당히 강했고, 여기에 문화·이념적인 요소가 직접적으로 개입한 흔적이 확실히 보이지 않는다.[81]

영종 폐립 모의의 사후조치가 이루어지면서 보복과 음모의 시기는 끝이 난 것처럼 보였다. 하지만 테무데르는 여전히 복수심에 불타 전횡을 휘둘렀고, 그 권력이 테무데르의 자식들에게까지 전수되려고 있었다. 태황태

---

81) 이와 관련해서는 다기 태후가 漢文化와도 접촉할 기회가 많았고, 따라서 이에 대한 조예도 깊었을 것이라고 추정하면서 元代 중기의 권력 투쟁에서 다기가 했던 역할을 단지 문화 차이의 의식 형태를 통해 분석하기는 어렵다는 것을 주장한 연구가 있어 흥미롭다. 이에 대해서는 許正弘,「元答己太后與漢文化」『中國文化研究所學報』 53, 2011을 참고.

후 세력을 물리친 영종은 이제 테무데르를 견제했고, 이를 위해서 적극적으로 활용했던 인물이 바로 좌승상 바이주였다. 제국 궁정의 정치는 여전히 혼란스러웠고, 서로 간의 견제는 끊임없이 이루어지고 있었다.

元代 중기의 정치를 설명한 기존의 논의들과는 달리 영종 폐립 모의는 중요한 정치적 분기점이라 할 수 있다. 이 사건은 인종, 영종 시기를 단순히 제국의 '漢化'가 본격적으로 진행되었다는 관점에서 하나로 묶어서 설명하지 않고, 그 안에서 벌어진 권력 다툼을 세부적으로 보여준다. 모든 제국의 역사에서 황제의 재위와 정책의 특징을 근거로 시기 구분을 하는 것은 분명한 가치를 지니고 있지만, 그 이면에서 실제적인 권력을 행사하고 있었던 인물들이 부각되지 않는 한계점이 있다. 그래서 단순히 인종의 사망과 영종의 즉위라는 사건보다는 다기 태후와 테무데르의 위상 변화가 어떻게 진행되었는가를 고려해야 당시의 복잡한 정치사를 새로운 시각으로 바라볼 수 있게 된다. 즉, 인종 즉위부터 영종 폐립 모의까지의 시기에는 대체적으로 다기 태후가 주도적으로 정국을 이끌었다고 설명해도 크게 무리가 없다는 것이다. 그래서 태황태후가 정치의 일선에서 물러날 수밖에 없게 된 상황은 당시 궁정 정치에 있어서 커다란 변곡점의 역할을 했다고 볼 수 있다.

2. 南坡之變의 因果

1) 바이주의 등장

영종 폐립 모의의 실패로 인해 다기 태후는 물러났지만, 권신의 존재와 그로 인한 정치적 변동은 지속적으로 이루어졌다. 인종 시기에 浮沈이 있기는 했지만, 어쨌든 다기 태후의 위상을 뒷받침으로 하여 권력을 장악한 권신은 테무데르였다. 게다가 테무데르가 太子太師가 되면서 황태자와의 관계가 긴밀해졌고, 황태자가 영종으로 즉위하면서 테무데르의 권위는 더욱 확고해질 수 있었다. 그렇기 때문에 테무데르는 다기 태황태후의 지원을 더 이상 받지 않겠다는 노선을 취했고, 태황태후가 세력을 잃은 후에도 여전히 권신 정치는 지속될 수 있었던 것이다. 하지만 황제 영종의 정치적 태도에 따라 이러한 상황은 충분히 바뀔 수도 있었다. 이제 테무데르의 권위는 태황태후가 아닌 황제로부터 나오는 것이었기 때문이다. 그런데 영종은 테무데르가 중심이 된 정치 판도에 변혁을 가져오고자 했던 것으로 보인다. 이를 위해 영종은 자신의 寵臣을 전격적으로 등용했다. 이때 등장한 재상은 바로 영종 폐립 모의가 일어나기 얼마 전에 중서좌승상 하산을 축출하고 그 자리를 차지한 바이주였다. 영종은 황태자 시절부터 눈여겨봤던 바이주를 테무데르에 대한 견제를 위해 적극적으로 정계의 핵심에 진출시켰던 것이다.

바이주에 대해서는 『元史』의 열전과 그의 神道碑文 등을 통해 출신, 경력 등의 사실을 파악할 수 있다. 이를 바탕으로 바이주를 주목한 연구들이 일부 존재하는데, 이 연구들의 초점은 주로 바이주가 실시한 '新政'에 맞춰져 있다. 영종과 바이주가 이끌었던 新政은 주로 漢化를 바탕으로 하는 개혁적 조치였는데, 이에 반대하는 보수적 몽골 귀족들로 인해 결국 영종과 바이주가 함께 살해되고 마는 비극이 초래되었다는 것이다.[82] 최근에는 바이주에 관한 사료와 연구 성과들을 종합하면서 그를 '賢相'으로 파악한 연구도 발표되었다.[83] 이러한 연구들은 모두 '姦臣' 테무데르와 대립하면서 '올바른' 방향의 개혁을 바이주가 추구했다고 하는 기본적인 역사적 시각

---

82) 이러한 연구들로는 蕭功秦, 「英宗新政與"南坡之變"」『元史論叢』 2, 北京: 中華書局, 1983 ; 匡裕徹, 「元朝中期蒙古族政治家拜住」『中國蒙古史學會論文選集(1983)』, 呼和浩特: 內蒙古人民出版社, 1987 ; 匡裕徹, 「拜住及其新政」『內蒙古社會科學』 1984-5 ; 舒正方, 「英宗與拜住的鳳姝靚圖治」『內蒙古師大學報(哲學社會科學版)』 1994-2 등이 있다.

83) 咸成海, 「壯志未酬遺中彼-略論元朝中期賢相拜住」『西部蒙古論壇』 2011-3. 이 논문이 일부분으로 포함된 咸成海의 학위논문도 곧 발표되었다. 이는 咸成海, 『元英宗朝政治研究』, 西北師範大學 碩士學位論文, 2012를 참고.

을 반영하고 있다. 또한 바이주의 출신 및 그가 유교의 영향을 많이 받았다고 하는 점 역시 중요하게 취급되고 있다. 하지만 그가 군사적 실력을 보유하고 있었다는 사실에 대해서는 그다지 많이 주목하지 않고 있다. 바이주의 그러한 역량이 권신 테무데르 견제를 위해 활용되었고, 그 과정에서 바이주 자신의 권력 또한 크게 확대되어 결국 또 다른 권신이 되는 길을 밟았다는 점이 강조될 필요가 있다. 바이주는 자신의 혈통, 군사 배경 등을 바탕으로 상당히 독단적이면서도 고립된 권력을 누렸고, 바이주가 살해된 사건은 이러한 권력 구도의 편중 때문에 일어난 것이라고 볼 수 있다.

『元史』의 바이주 열전에는 그가 안퉁(安童, Antong, 『集史』에서는 한툰 노얀으로 등장)의 손자였다고 기록되어 있다.[84] 열전에는 바이주의 출신이 이렇게 간략하게 기록되어 있지만, 그의 神道碑文을 살펴보면 조금 더 상세한 사실을 파악할 수 있다. 바이주는 잘라이르(札剌爾, Jalair) 씨족이고 그의 6世祖는 칭기스 칸의 나이만(乃蠻, Naiman) 부족 정벌을 함께 했다. 바이주의 5世祖는 칭기스 칸 휘하 4傑 중의 한 사람인 무칼리(木華黎, Muqali)이다. 무칼리는 칭기스 칸을 위해 세운 공적으로 國王이라는 칭호까지 받았고, 그 지위와 영예는 대대로 세습되었다. 그래서 무칼리 이후 바이주의 高祖父인 볼(孛魯, Bol)-曾祖父 바아두르(覇都魯, Ba'adur)-祖父 안퉁에 이르기까지 모두 元의 역사에서 중요한 역할을 담당했다.[85] 바이주는

---

84) 『元史』 卷136, 「拜住傳」, 3300쪽.

85) 『金華黃先生文集』 卷24, 「中書右丞相贈孚道志仁淸忠一德功臣太師開府儀同三司上柱國追封鄆王諡文忠神道碑」(王頲 點校, 『黃溍全集』, 天津: 天津古籍出版社, 2008, 639~640쪽). 한편, 잘라이르 씨족의 향방은 몽골제국 역사의 전개와 밀접한 관련을 지니고 있었는데, 최근에 출판된 한 연구에서는 몽골제국의 확장에 따라 잘라이르 출신 인물들이 제국의 여러 영역에 진출하여 활동했던 모습을 '잘라이르 디아스포라(Jalayir Diaspora)'라는 용어를 사용하며 흥미롭게 설명하고 있다. 이에 대해서는 Patrick Wing, The Jalayirids – Dynastic State Formation in the Mongol Middle East, Edinburgh: Edinburgh University Press, 2016, pp.39~43을 참고. 그만큼 전체 몽골제국에 있어서 잘라이르 출신 인물들의 활약은 중요하게 다루어질 가치가 있는 주제라고 할 수 있는 것이다. 이와 관련된 대표적 연구

勳舊 가문의 후예로서 고귀한 혈통을 보유하고 있었고, 출신의 측면에서는 테무데르와 비교가 될 수 없을 정도로 위상이 높았던 것이었다.

바이주의 가문만 따져보아도 그가 元에서 보유한 '선천적인' 권위를 알 수가 있는데, 제국을 위한 先祖들의 활약은 그 권위에 빛을 더하고 있었다. 무칼리-볼-바아두르는 제국 초기에 주로 군사적인 임무를 담당하면서 공적을 세웠다.[86] 바이주의 祖父 안통의 모친(바아두르의 부인)은 쿠빌라이의 황후 차비(察必, Čabi)와 자매지간이었기 때문에 황실과 혈연의 관계까지 맺고 있었고, 안통 자신은 쿠빌라이 시기 제국의 내적 통치 체제가 갖추어지는 데에 있어서 큰 힘을 발휘했다. 안통은 至元 2년(1265)부터 12년(1275)까지 중서우승상을 역임했고, 至元 12년에 아흐마드 세력에게 밀리면서 카이두와의 북방 戰線으로 파견되었다. 북방으로 쫓겨난 이후 안통은 카이두 측에 사로잡혀 포로가 되었다가 至元 21년(1284)에 풀려나 귀환했다. 쿠빌라이의 궁정으로 돌아온 이후 안통은 다시 중서우승상에 임명되었고, 至元 28년(1291)에 파직될 때까지 지위를 유지하였다. 안통은 세조 쿠빌라이 재위 시기의 절반에 가까운 기간 동안 중서우승상으로서 큰 영향력을 행사했던 것이다. 안통은 쿠빌라이가 사망하기 1년 전(1293)에 세상을 떠났으니 그의 일생은 쿠빌라이 시기의 정치에 온전히 바쳐진 것이나 다름없었다.[87]

칭기스 칸을 위해 여러 공적을 세웠던 이른바 4傑과 그 후예들은 제국의 정치에서 중요한 영향력을 발휘했다.[88] 여기에서 4傑은 구체적으로 보

성과로는 謝咏梅, 『蒙元時期扎刺亦兒部研究』, 瀋陽: 遼寧民族出版社, 2012를 참고.

[86] 이에 대해서는 『元史』 卷119에 수록되어 있는 무칼리, 볼, 바아두르의 열전 내용을 참고.

[87] 안통의 활약에 대한 기본 사료는 『元史』 卷126, 「安童傳」과 『元文類』 卷24, 「丞相東平忠憲王碑」를 참고. 그의 전기를 간략하게 정리한 것으로는 Igor de Rachewiltz, Hok-lam Chan, Hsiao Ch'i-ch'ing, Peter W. Geier eds., *In the Service of the Khan: Eminent Personalities of the Early Mongol-Yüan Period (1200-1300)*, Wiesbaden: Harrassowitz Verlag, 1993, pp.9~11을 참고.

오르추, 보로굴, 무칼리, 칠라운(赤老溫, Čila'un)을 일컫는 것이다. 이 4명이 칭기스 칸과 함께 제국의 건립과 확장에 기여했고, 상세한 기록이 많이 남아 있지 않은 칠라운 가문을 제외하면 나머지 3傑의 후예들은 칭기스 칸 가문과 깊은 관계를 맺고 제국 정치의 핵심에 지속적으로 간여했다. 영종 폐립 모의에 참여했던 어사대부 廣平王 토트칵은 보오르추 가문의 후예였고, 그 이전에 테무데르에 의해 太師의 직함을 빼앗겼다가 陝西에서 반란을 일으킨 아스칸은 보로굴 가문의 후예였다. 토트칵은 자신의 부친 우스 테무르의 길을 따라 어사대부가 되었고, 우스 테무르가 죽은 후에 追封받았던 廣平王 王號를 토트칵은 살아있을 때 받았다. 아스칸 역시 先祖인 우치차르가 받았던 太師의 직함을 이어서 받으면서 권위를 계속 유지했다. 무칼리 가문도 이와 다르지 않았다. 그 중에서도 안통이 쿠빌라이 시기에 중서우승상에 있으면서 최고 지위에 있었던 것이다. 안통 다음으로 무칼리 가문에서 제국 정치의 전면에 등장한 사람이 바로 바이주이다.

4傑의 정치적 영향력에 관한 여러 요소들 중에서 반드시 언급해 두어야 할 것이 바로 케식이다. 케식은 元의 카안 혹은 황제의 친위대를 일컫는 것으로 3일을 교대로 숙위하며 황제의 최측근에서 호위를 담당하는 군사집단이었다. 제국 궁정의 케식은 총 4개의 조직으로 나뉘어져 있었고 이를 4케식이라고 불렀는데, 이 4케식의 기원은 바로 4傑들과 연결되어 있었다.[89]

---

88) 4傑에 관한 대표적인 연구로는 蕭啓慶, 「元代四大蒙古家族」『臺灣大學歷史系學報』 9, 1983이 있다. 필자는 蕭啓慶의 논문집인 蕭啓慶, 『內北國而外中國－蒙元史研究』, 北京: 中華書局, 2007에 재수록되어 있는 해당 논문을 참고하였다.

89) 元代의 케식에 관해서는 이미 여러 연구들이 다방면에서 진행되어 다양한 성과를 축적하고 있다. 선구적인 연구로는 箭內亙, 「元朝怯薛考」『東洋學報』 6-3, 1916(필자는 箭內亙, 『蒙古史研究』, 東京: 刀江書院, 1930에 재수록된 논문을 참고)을 언급할 수 있다. 이후 4케식을 더욱 상세하게 다룬 연구로는 片山共夫, 「元朝四怯薛の輪番制度」『九州大學東洋史論集』 6, 1977과 葉新民, 「關于元代的"四怯薛"」『元史論叢』 2, 北京: 中華書局, 1983을 참고할 수 있다. 4케식의 輪番 실태가 구체적으로 기록되어 있는 자료들에 대한 분석을 바탕으로 4케식의 운영을 밝힌 연구로는 洪金富, 「元朝怯薛輪值史料攷釋」『中央研究院歷史語言研究所集

　　太祖(칭기스 칸)의 功臣이었던 보로굴, 보오르추, 무칼리, 칠라운은 이때에
두르벤 쿨루드(揆里班曲律, dörben külüd)라고 불렸는데, 이것은 四傑을 뜻한
다. 太祖는 이들에게 대대로 케식의 사령관(케식長)을 맡을 것을 명하였다. 케식
은 교대로 宿衛하는 것을 일컫는다. 무릇 숙위는 3일에 한 번씩 바뀐다. 申, 酉,
戌日에는 보로굴이 관할하는데 이것이 제1케식이고, 곧 예케 케식(也可怯薛,
yeke kesig)이다. 보로굴이 일찍 사망하여 太祖는 베수트(別速, Besüt) 부족이
이를 대신하도록 명하였는데, 이들은 四傑 功臣의 부류가 아니었기 때문에 太
祖가 자신의 이름으로 관할하였다. 예케라고 하는 것은 천자가 스스로 관할하
기 때문에 그렇게 부르는 것이다. 亥, 子, 丑日에는 보오르추가 관할하는데 이
것이 제2케식이다. 寅, 卯, 辰日에는 무칼리가 관할하는데 이것이 제3케식이다.
巳, 午, 未日에는 칠라운이 관할하는데, 이것이 제4케식이다. 칠라운의 후계가
끊기자, 그 후에 이 케식은 우승상이 항상 관할하였다.[90]

　　위 기록은 『元史』 「兵志」의 4케식 조항에 있는 케식의 기본 구조에 대
한 내용이다. 예케 케식인 제1케식은 황제, 제2케식은 보오르추 가문, 제3
케식은 무칼리 가문이 관할하고, 제4케식은 칠라운 가문에서 우승상으로
관할의 주체가 바뀌었다는 것이다.[91] 이 중에서 무칼리 가문이 관할했던

　　刊』 74-2, 2003이 있고, 추가적인 자료를 제시한 劉曉, 「元代怯薛輪値新論」 『中
　　國社會科學』 2008-4 및 劉曉, 「《瑞溪金氏族譜》所見兩則元代怯薛輪値史料」 『西
　　北師大學報(社會科學版)』 2015-2도 참고. 그리고 최근에 필자는 『高麗史』에 기
　　록된 케식문서를 새롭게 번역하고 분석한 연구를 시도한 바 있다. 이는 권용철,
　　「『高麗史』에 기록된 元代 케식文書史料의 분석」 『한국중세사연구』 58, 2019를
　　참고.

90) 『元史』 卷99, 「兵志二·宿衛」, 2524쪽.

91) 원래 제1케식을 맡았던 보로굴이 일찍 사망하여 그 뒤를 물려받을 장성한 후예
　　가 없었다가 나중에 우치차르라는 걸출한 인물이 등장하면서 제4케식의 관할권
　　을 뒤늦게 받게 되었음은 이미 지적된 바 있다. Ch'i-ch'ing Hsiao, The Military
　　Establishment of the Yuan Dynasty, Cambridge & London: Harvard University
　　Press, 1978, pp.214~215. 『元史』의 기록처럼 제4케식을 우승상이 관할하게 되

것이 바로 제3케식이다. 케식의 輪番을 알려주는 구체적인 사료를 살펴보면, 제3케식의 長으로서 최초로 확인되는 사람이 바로 안통이다. 안통은 쿠빌라이 즉위 초에 13살의 나이로 케식장이 되어 至元 12년까지 직무를 맡다가 북방으로 쫓겨났고, 귀환한 이후 至元 21년부터 30년까지 다시 제3케식을 이끌었다.[92]

안통이 사망한 후, 제3케식장의 지위는 안통의 아들인 우두타이(兀都帶, Udutai)에게 이어졌다. 하지만 우두타이의 정치적 활약상은 안통에 비해서 크게 두드러지지 않았다. 그래서 기록도 많이 남아 있지 않은 편인데, 그나마 주목할 수 있는 것은 성종이 즉위한 이후 太常寺의 사무를 맡았다는 기록이다.[93] 태상시는 禮樂, 종묘와 사직에 대한 祭享, 시호 封贈 등의 업무를 담당한 관청이므로[94] 태상시의 사무를 맡았다는 것은 이른바 漢法에 따르는 궁정 의례의 절차를 우두타이가 잘 알고 있었다는 뜻이다. 그 이외 우두타이의 행적에 대해서는 기록이 자세하지 않아 알 수가 없으며, 大德 6년(1302) 31세의 나이로 夭折할 때까지 주목할 만한 事迹도 확인되지 않는다.

우두타이가 사망했을 때 그의 아들 바이주는 겨우 5살이었고, 이제 안통의 후손들이 다시 높은 정치적 권위를 가지기는 어려울 것처럼 보였다. 바이주가 너무 어려서 차후 선조들의 지위를 그대로 물려받을 수 있을지 장담할 수 없었기 때문이다. 그럼에도 불구하고, 바이주는 제3케식장의 지

는 것은 1337년 이후의 일이라고 본 연구(Christopher P. Atwood, "*Ulus* Emirs, *Keshig* Elders, Signatures, and Marriage Partners: The Evolution of a Classic Mongol Institution", David Sneath ed., *Imperial Statecraft: Political Forms and Techniques of Governance in Inner Asia, Sixth-Twentieth Centuries*, Bellingham: Western Washington University, 2006, p.150)도 있는데, 1337년이라는 구체적인 연도를 제시한 상세한 근거가 무엇인지는 정확히 알 수 없다.

92) 片山共夫, 「元朝四怯薛の輪番制度」『九州大學東洋史論集』 6, 1977, 115쪽.
93) 『元史』 卷126, 「安童傳」, 3084쪽.
94) 『元史』 卷88, 「百官志四」, 2217쪽.

위를 무사히 계승했다. 무종이 즉위하는 자신을 알현하기 위해 길가에 나온 10살의 바이주에게 친히 다가가 손을 잡고 오랫동안 위로했다는 것을 보면,[95] 아무리 나이가 어렸어도 바이주의 고귀한 혈통은 상당히 중요한 정치적 작용을 했다. 결국 바이주는 12살 때인 至大 2년(1309)에 케식장의 지위를 물려받게 되었다. 그런데 케식 輪番을 보여주는 자료를 살펴보면, 이미 至大 2년 이전에 바이주가 케식장으로 등장하는 부분이 보인다.[96] 至大 원년(1308) 2월 1일이 '바이주 케식 제2일'이라고 되어 있는 것인데, 劉曉는 이것이 황제의 케식이 아니라 당시 황태자였던 아유르바르와다의 케식을 뜻하는 것으로 보고 있다.[97] 바이주는 황제의 케식장을 맡기 이전에 황태자의 케식장이었다는 것이다.[98] 그리고 바이주의 신도비에 케식장의 지위를 물려받은 이후 인종을 섬겼다는 기록이 있는 것을 보면, 바이주는 황태자 아유르바르와다의 측근으로 본격적인 정치 인생을 시작했다고 볼 수 있다.

인종 아유르바르와다가 즉위한 이후에도 바이주는 제3케식장의 지위를 그대로 유지하고 있었다. 그러던 중 延祐 2년(1315)에는 資善大夫(正2品)[99]의 散官 관함을 받았고, 이와 더불어 太常禮儀院使가 되었다. 태상예의원사가 맡은 태상예의원은 이전에는 태상시였고, 延祐 원년(1314)에 院으로

---

95) 『金華黃先生文集』 卷24, 「中書右丞相贈孚道志仁淸忠一德功臣太師開府儀同三司上柱國追封郕王諡文忠神道碑」(王頲 點校, 『黃溍全集』, 天津: 天津古籍出版社, 2008, 640쪽).

96) 『池北偶談』 卷15, 「談藝五·記觀宋荔裳畫」(靳斯仁 點校本, 北京: 中華書局, 1982, 359쪽).

97) 劉曉, 「元代怯薛輪値新論」 『中國社會科學』 2008-4, 198쪽.

98) 元에서는 황제 이외에도 황태후, 황태자, 諸王들도 각자의 케식 집단을 보유할 수 있었고, 輪番 날짜는 황제의 케식 구조와 동일했다. 이에 대해서는 劉曉, 「元代非皇帝怯薛輪値의日次問題－兼談《元典章》與《至正條格》的一則怯薛輪値史料」 『隋唐遼宋金元史論叢』 1, 北京: 紫禁城出版社, 2011을 참고.

99) 바이주의 神道碑에는 資政大夫로 기록되어 있지만, 이 역시 資善大夫와 같은 正2品의 散官이기 때문에 그의 높은 지위를 보여주고 있다는 것에는 변함이 없다.

승격되어 바이주가 태상예의원사가 되었을 때에는 正2品의 품계를 지니고 있었다. 케식장 이외에는 아무런 정치적 경력이 없었던 바이주가 상당히 높은 관품의 직함을 처음부터 받을 수 있었다는 것은 그만큼 케식장이라는 지위와 바이주의 혈통이 그의 출세에 결정적인 역할을 했음을 암시하고 있다.[100] 태상예의원은 바이주의 아버지 우두타이가 맡았던 태상시의 後身이기 때문에 바이주가 태상예의원사가 되었다는 것은 우두타이의 역할을 바이주가 그대로 물려받았다는 의미로 볼 수 있다. 바이주 역시 아버지 우두타이처럼 궁정 의례와 관련된 임무를 수행하게 되었던 것이다.

바이주가 태상예의원사의 임무를 적극적으로 수행했던 모습은 虞集의 行狀을 통해서 확인할 수 있다. 우집은 延祐 원년에 太常博士로 임명되었는데, 그 이듬해에 태상예의원사가 된 바이주는 틈이 날 때마다 우집을 따라다니며 禮器와 祭義에 대해 상세하게 탐문했고 집에 와서도 그 자세한 내용을 하루종일 익히면서도 지친 기색이 없었다고 한다. 또한, 선왕들이 만든 제도의 근본 및 天理와 仁情의 실제 등을 우집이 말해주자 여러 번 탄식하며 유학자들의 유용함을 더욱 믿게 되었다는 내용도 덧붙여져 있다.[101] 아마 바이주가 이때에 태상예의원에서 익힌 다방면의 지식들은 그가 승상이 된 이후에도 적극적으로 의례 제정에 간여하는 데에 도움이 되었을 것이다.

한편, 태상예의원사가 된 이후에도 승급은 계속되어 延祐 4년(1317)에는 榮祿大夫(從1品)의 관함을, 이듬해에는 金紫光祿大夫(正1品)를 받았으며 延祐 6년(1319)에는 開府儀同三司(正1品)의 관함까지 추가로 받기에 이르렀다.[102] 특히 開府儀同三司의 경우에는 바이주의 祖父인 안통도 아버지인

---

100) 片山共夫는 일부 케식장이었던 인물의 初任 관직을 분석하고, 그 결과 케식장은 처음에 관직을 받을 때 적어도 正3品 이상에 해당하는 직책에 임용되었음을 밝힌 바 있다. 이에 대해서는 片山共夫, 「怯薛と元朝官僚制」 『史學雜誌』 89-12, 1980, 18쪽 참고.

101) 『東山存稿』 卷6, 「邵庵先生虞公行狀」.

우두타이도 사망하고 나서야 追贈받았던 호칭이었는데, 바이주는 살아 있는 동안에 이 資品을 받았다. 그만큼 바이주의 위신은 상당히 높아져 있었던 것이다.

영종은 즉위하기 전 황태자였을 때부터 바이주와의 접촉을 시도했다. 케식에 근무하는 신료들 중에서 바이주가 현명하기로 이름이 나 있었기 때문이다. 그러나 바이주는 황태자가 보낸 사신에게 "의심을 받기 쉬울 때 君子는 신중해야 합니다. 저는 천자의 숙위를 맡고 있는데 황태자와 사사로이 서로 왕래하면 제가 물론 죄를 얻을 것이고 또한 이것이 어찌 태자의 복이 되겠습니까?"[103]라고 말하면서 황태자와의 만남을 거절했다. 바이주의 이러한 신중한 태도에 영종은 더욱 신뢰감을 가지게 되었던 것으로 보이고, 결국 즉위한 이후 그를 중서평장정사에 임명하고 또 얼마 지나지 않아 중서좌승상으로 승진시켰다. 그리고 바이주가 영종의 전폭적인 신뢰를 받게 되는 계기는 바로 폐립 모의가 발생했을 때였다. 폐립 모의를 알게 된 영종은 바이주를 불러 대책을 세웠는데, 바이주는 폐립 모의를 주도한 이들을 처벌하여 祖宗의 법도를 바르게 해야 한다고 강력히 건의했다. 이는 영종이 품고 있던 뜻에 정확하게 부합하는 것이었다. 영종은 자신을 실질적으로 옹립했다는 이유로 권력을 장악하고 있었던 태황태후의 측근들을 제거하고자 했던 것인데, 이를 위해서는 영종을 뒷받침해줄 수 있는 武力이 필요했다. 그 조건을 충족시킬 수 있었던 사람이 바로 바이주였다. 폐립 모의를 색출하고 제압하는 데에 있어서는 바이주가 장악했던 케식 인원들과 衛士들이 중요한 역할을 했던 것이다. 궁정 내의 일부 군사력을 보유하고 있었던 바이주는 영종에게 있어서 더할 나위 없는 든든한 지원군이

102) 대원제국 散官의 資品에 대해서는 劉迎勝, 「《元典章·吏部·官制·資品》考」 『元史及民族與邊疆研究集刊』 25, 上海: 上海古籍出版社, 2013을 참고. 散官 제도와 관련된 전반적인 사항들에 대해서는 李鳴飛, 『金元散官制度研究』, 蘭州: 蘭州大學出版社, 2014, 145~316쪽의 내용을 참고.
103) 『元史』 卷136, 「拜住傳」, 3301쪽.

된 셈이었다. 결국 영종이 황태자 시절부터 宿衛를 하는 인물들 중에서 인재를 찾았던 이유는 아마도 황제가 된 이후 자신의 약한 정통성을 극복하게 해 줄 수 있는 실력을 갖춘 자를 등용하려는 의도가 있었기 때문이었을 것이다.

한편, 바이주가 太常禮儀院使였다는 조금은 이색적인 경력을 가지고 있었던 것도 중요하다. 물론 태상예의원은 正2品의 관청으로 지위가 높은 기구였지만, 바이주가 태상예의원사를 맡을 당시는 正3品의 태상시에서 승격된 지 얼마 되지 않은 상태였고, 그나마 영종이 즉위한 후에는 從2品으로 품급이 한 단계 강등되었다. 게다가 태상예의원이 맡은 임무는 주로 의례에 집중되어 있었기 때문에 궁정 정치의 핵심에 간여하는 것과는 약간의 거리가 있었다. 그러나 영종은 오히려 태상예의원사를 지냈던 바이주의 능력을 자신의 위상 강화에 활용했다. 이는 즉위식에서 제후와 諸王들을 大明殿에 모아놓고 바이주로 하여금 칭기스 칸의 金匱寶訓을 낭독하게 했다는 일화를 통해 확인할 수 있다. 칭기스 칸의 '寶訓'을 읽는 것은 황제 즉위식에서 행해지는 중요한 의례적 절차였는데, 바이주의 威儀가 정돈되고 흐트러짐이 없었으며 말하는 목소리도 유창했기 때문에 이를 주목하고 두려워하며 듣지 않을 수 없었다는 것이다.[104]

여기에서 언급된 金匱寶訓은 아마도 칭기스 칸이 생전에 남긴 訓示를 적은 문서를 함부로 열람할 수 없도록 금궤에 보관해놓았기 때문에 붙여진 명칭이라고 생각된다. '칭기스 칸의 빌릭(bilig)'[105]이라고 불린 '聖訓'은 라시드 앗 딘의 『집사』에서도 따로 그 내용을 열거하고 있을 정도로 몽골인

---

104) 『元史』 卷136, 「拜住傳」, 3301쪽 ; 『金華黃先生文集』 卷24, 「中書右丞相贈孚道志仁淸忠一德功臣太師開府儀同三司上柱國追封郓王謚文忠神道碑」(王頲 點校, 『黃溍全集』, 天津 : 天津古籍出版社, 2008, 641쪽).

105) 몽골제국 시기 '빌릭'의 의미와 '칭기스 칸의 빌릭'이 지닌 중요성을 분석한 연구로는 초크트, 「モンゴル帝國時代のビリクについて: 『集史』の用例の分析から」 『內陸アジア史研究』 24, 2009 ; 초크트, 『チンギス·カンの法』, 東京: 山川出版社, 2010, 68~87쪽을 참고.

들에 의해서 상당히 중요하게 인식되며 전승되고 있었다.[106] 쿠빌라이가 사망한 후 제위계승으로 인한 분쟁이 생겼을 때에 칭기스 칸의 성훈을 유창하고 깨끗한 발음으로 말했던 성종이 즉위할 수 있었다는 일화[107]도 칭기스 칸의 빌릭을 막힘없이 읽는 것이 얼마나 중요한 능력이었는지를 잘 보여준다. 영종은 바이주에게 이 귀중한 내용을 읽는 역할을 맡겼고, 바이주는 여러 제후와 제왕들 앞에서 유창하게 칭기스 칸의 성훈을 낭독하면서 영종의 기대에 보답했다.

약간 훗날의 일이기는 하지만, 의례와 관련하여 바이주의 능력이 발현된 것은 太廟에 대한 제사에서였다. 延祐 7년 10월에 영종은 太廟에 제사를 지내고 난 후, 앞으로 1년에 4번은 몸소 太室에 제사를 지낼 것이므로 의례를 논의할 것을 명하면서 典禮를 따를 것을 지시했다.[108] 다음 달인 11월에 또 다시 태묘에 대한 제사가 시행되었고, 태상예의원은 제사의 의례를 정비하여 영종에게 상주했다.[109] 이후 거행된 至治 원년(1321) 정월의 태묘 제사에서는 바이주가 亞獻官의 역할을 수행하였다.[110] 영종은 태묘 제사를 주기적으로 직접 시행하는 것에 그치지 않고 태묘를 확장할 것을 지시하였고, 제사의 의례는 계속 보완 절차를 거쳐 완성되어 갔다. 그리하여 至治 2년(1322) 정월의 제사에서는 처음으로 鹵簿(제왕이 거동할 때 호종하는 儀仗隊)가 진열되었는데, 이때 태상예의원이 만든 祭禮를 올린

---

106) 라시드 앗 딘, 김호동 역주, 『칭기스 칸 기』, 사계절, 2003, 426~437쪽.

107) 라시드 앗 딘, 김호동 역주, 『칸의 후예들』, 사계절, 2005, 470쪽.

108) 『元史』 卷27, 「英宗本紀一」, 606쪽. 이 기록에서는 영종이 태상예의원의 신료에게 조서를 내렸다고 되어 있다. 하지만 『元史』의 「祭祀志」에는 태상예의원 관료와 중서성, 한림원, 집현원 등의 관료들이 모두 모여서 예제를 논의할 것을 명했다는 기록이 보인다(『元史』 卷74, 「祭祀志三」, 1837쪽). 태상예의원사를 지냈던 바이주도 당연히 이 논의에 참여했을 것으로 생각된다. 한편, 대원제국 太廟 제도의 변천에 관해서는 馬曉林, 『元代國家祭祀硏究』, 南開大學 博士學位論文, 2012, 134~183쪽에 잘 정리되어 있어 이를 참고할 수 있다.

109) 『元史』 卷27, 「英宗本紀一」, 607쪽.

110) 『元史』 卷27, 「英宗本紀一」, 609쪽.

사람은 바이주였고 그 제사에서는 바이주가 太尉의 역할을 대신했을 정도
였다.[111] 황실을 상징하는 태묘에 대한 제사와 의례 정비는 영종의 권위와
도 직접적인 연관을 가지는 것이었고, 태상예의원사를 지낸 경력이 있었던
바이주가 이에 주도적으로 간여하면서 영종의 위상 확립에 크게 기여했던
것이다.

蕭啓慶은 영종이 바이주를 정계의 핵심으로 등용하면서 두 가지 이점을
얻을 수 있었다고 보고 있다. 바이주의 혈통을 통해서는 몽골 귀족의 지지
를 확보할 수 있었고, 바이주의 정치적 배경을 통해서는 유학자들의 지지
를 보장할 수 있었다는 것이다.[112] 여기에 추가적으로 언급할 수 있는 점
이 바로 제3케식장, 태상예의원사를 역임했던 바이주의 경력이다. 영종은
황제권 강화를 위해 필요한 실질적, 의례적 요소들을 바이주를 통해 획득하
게 되었던 것이다. 그리고 황제권 강화를 위해 꼭 필요한 것은 바로 테무데
르를 견제하는 일이었다. 바이주의 결정적인 도움으로 태황태후 측근 세력
들을 제거한 영종은 이제 테무데르를 정치적으로 소외시키기 시작했다.

바이주가 테무데르를 견제하는 역할을 수행한 사실은 테무데르의 정치
적 보복을 바이주가 저지하고 있는 점을 통해서 확인할 수 있다. 소바이주,
양도르지를 처형시키는 등 복수가 일부 성공했음에도 불구하고, 테무데르
는 자신을 탄핵시켰던 모든 신료들을 노리고 있었다. 그 중의 한 사람이

---

111) 『金華黃先生文集』 卷24, 「中書右丞相贈孚道志仁清忠一德功臣太師開府儀同三司
上柱國追封郢王諡文忠神道碑」(王頲 點校, 앞의 책, 641~642쪽). 이외에도 바이
주는 태상예의원과 함께 비서감에 소장되어 있던 鹵簿와 禮樂에 관련된 도서를
찾아내 鹵簿의 의례를 크게 흥하게 만들어 태묘를 改作하게 만들었다는 기록은
바이주가 의례 제정에 활발하게 참여했음을 보여주는 사례라고 할 수 있다. 이
에 대해서는 『道園學古錄』 卷19, 「曾巽初墓志銘」(王頲 點校, 『虞集全集』, 天津:
天津古籍出版社, 2007, 921쪽)을 참고.

112) Hsiao Ch'i-ch'ing, "Mid-Yüan politics", Denis Twitchett & John K. Fairbank
eds., *The Cambridge History of China vol. 6—Alien regimes and border
states, 907-1368*, Cambridge: Cambridge University Press, 1994, pp.529~
530.

바로 趙世延이었다. 앞에서 언급했던 것처럼 테무데르는 四川行省平章政事였던 조세연을 대도로 소환하여 처벌할 것을 영종 즉위 이전부터 집요하게 주장했고, 결국 이전에 했던 것과 같은 수법으로 조세연을 不敬罪로 무고하여 하옥시켰다. 영종이 즉위하기 전부터 시작된 이 갈등은 延祐 7년 (1320) 8월에 영종이 "근래 테무데르가 반드시 조세연을 死地에 몰아넣으려고 하는데, 짐은 평소에 그의 忠良을 들어왔기 때문에 (처벌을) 아뢸 때마다 받아들이지 않겠다."[113]라고 말하며 조세연을 처벌하지 않겠다는 의지를 분명히 드러내면서 테무데르의 패배로 종결되었다. 이러한 결과가 발생할 수 있었던 것에는 바이주의 영향력이 크게 작용했다. 바이주는 조세연이 무고를 입었다고 여러 차례 상언하여 결국 조세연이 出獄하게 했고, 테무데르는 이 소식을 듣고 "이는 좌승상이 황상을 속여서 한 짓이다."라고 하며 분노를 표시할 수밖에 없었는데 영종은 모든 것이 자신의 뜻이었다고 바이주를 옹호하기까지 했던 것이다.[114] 영종은 바이주에게 힘을 실어주면서 테무데르의 독단적인 행동을 차단하고 있었다.

조세연에 대한 공격이 실패하자 테무데르는 다른 곳으로 시선을 돌렸다. 그의 정치적 공격은 자신에 대한 탄핵에 직접 가담하지 않았던 관료들을 향해서도 이어졌던 것이다. 조세연에 대한 복수가 실패하고 3개월이 지난 후, 테무데르가 "정부가 백성들로부터 사들인 직물과 비단의 질이 낮은 것은 이를 감독한 사람이 謹愼하지 못했기 때문이니 청컨대 右丞 高昉 등의 관료들을 파면하고 또 군현에 명을 내려 다시 만들라고 하여 원가를 징수하십시오."[115]라고 上言한 것이 공격의 시작이었던 것으로 보인다. 황제에 대한 不敬을 핑계로 무고했던 이전의 보복 수단이 통하지 않았다고 생각했던 것인지 이번에는 업무에 대한 불성실성을 공격하고 나선 것이었다.

---

113) 『元史』 卷27, 「英宗本紀一」, 605쪽.
114) 『元史』 卷180, 「趙世延傳」, 4165쪽.
115) 『元史』 卷27, 「英宗本紀一」, 607쪽.

그리고 倉廩이 비어있다는 죄목을 들고 나와 高昉과 중서평장정사 王毅, 參議中書省事 韓若愚를 비난했다. 테무데르는 자신이 탄핵을 당할 때 이들이 坐視하면서 구원을 해주지 않았던 일에 원한을 품었던 것이다. 이에 테무데르는 세조 시기에 창고에서 재물이 썩어갔다는 죄로 당시 집정자였던 셍게가 창고의 관리를 맡은 사람 2명을 죽였다는 일화를 여러 차례 영종에게 언급했다. 이는 錢穀의 징수와 관리를 담당하고 있었던 왕의, 고방, 한약우를 죽이자는 뜻을 우회적으로 내비친 것이었다.[116] 前例까지 내세웠던 테무데르의 공격은 매우 강력한 것이었지만, 바이주는 이번에도 자신의 영향력을 발휘했다. 바이주는 영종에게 은밀히 "文武로 국가를 다스리는 것이 재상의 일인데, 錢穀과 같은 조그만 일로 질책하는 것이 옳습니까?"라고 상언하여 왕의, 고방, 한약우의 죽음만은 막을 수 있었다.[117] 바이주는 테무데르가 사소한 일을 꼬투리잡고 있다고 비판한 것이다. 비록 테무데르의 압박으로 인해 왕의, 고방, 한약우는 관직을 박탈당하고 고향으로 돌아가야만 했지만, 바이주는 테무데르의 의도를 지속적으로 가로막고 있었다.

영종은 자신의 祖母와 테무데르에 의해 옹립된 것이나 마찬가지였던 황제였고, 그로 인해 권력을 강력하게 행사할 수 없는 환경에 놓여 있었다. 이러한 상황을 극복하기 위해서 황태자 시절부터 현명한 인재를 구하였던 것으로 보이는데, 그 인재 중의 하나가 바로 바이주였다. 바이주는 혈통적으로는 勳舊 무칼리 가문의 후손이었고 그의 祖父가 세조 시기에 오랫동안 중서우승상을 역임했던 안통이었기 때문에 권력의 핵심 위치에 있어도 전혀 손색이 없는 인물이었다. 부친의 구체적인 관직조차도 기록되어 있지

---

116) 『滋溪文稿』 卷11, 「元故贈推誠效節秉義佐理功臣光祿大夫河南行省平章政事追封魏國公諡文貞高公神道碑銘」(陳高華・孟繁淸 點校本, 北京: 中華書局, 1997, 164쪽). 테무데르는 인종 시기부터 한약우가 자신을 따르지 않는 것에 원한을 품고 죄목을 만들어 한약우를 처벌하려고 했지만, 인종이 테무데르의 무고 사실을 알아채고 처벌을 실행하지 않은 적이 있었다(『元史』 卷176, 「韓若愚傳」, 4112쪽).
117) 『元史』 卷136, 「拜住傳」, 3303쪽.

않고, 다기 태후의 정치적 지원 덕분에 중서우승상이 될 수 있었던 테무데르와는 차원이 다른 존재였던 것이다. 무칼리 가문의 후손이 맡을 자격을 가지고 있었던 제3케식장의 임무를 바이주가 어렸을 때부터 물려받았다는 사실 또한 중요하다. 이는 바이주가 자신에게 소속된 衛士들을 통솔할 수 있었던 것을 의미하고, 그 군사적 실력은 영종 폐립 모의를 진압하는 데에 있어서 커다란 힘을 발휘했기 때문이다. 영종이 굳이 아버지 인종의 케식 인원들 중에서 현명한 인재를 찾았던 것에는 나름 이유가 존재했던 것이다.

2) 테무데르의 몰락과 새로운 대립

영종이 바이주를 신임하며 그를 중서좌승상에 임명하면서 元 중앙 조정은 테무데르와 바이주의 정치적 대립 구도로 재편되었다. 『元史』 테무데르 열전에 간명하게 기록되어 있는 것처럼 "영종은 테무데르가 참소하여 비방한 사람이 모두 先帝의 舊臣이었음을 알았고 게다가 그의 행동도 마음에 들지 않아서 이에 바이주를 좌승상에 임명하여 心腹의 역할을 맡겼다."[118] 사료의 기록은 모두 테무데르의 전횡을 막기 위한 목적으로 바이주가 등장했다고 서술되어 있는 것이다. 그런데 테무데르의 입장에서 생각해보면, 영종이 황태자 시절부터 등용할 생각을 가지고 있었던 바이주가 권력을 자신으로부터 탈취하는 것을 반드시 막아야만 하는 상황이었다. 영종은 자신을 옹립한 태후와 테무데르에게 등을 돌리고 바이주에게 전적으로 의지하고 있었고, 이에 따라 바이주를 상당히 빠른 속도로 중서좌승상까지 승진시켰기 때문에 이는 자칫 또 다른 권신의 출현을 예고하는 것이기도 했기 때문이다. 테무데르의 개인적 복수가 바이주의 견제로 인해 성공을 거두지 못하는 상황으로만 판단해보면, 권력의 추는 바이주에게로 기울어지고 있는 것처럼 보였다.

---

118) 『元史』 卷205, 「鐵木迭兒傳」, 4581쪽.

이렇게 바이주와 테무데르의 대립이 지속되던 중 至治 원년(1321) 2월
에 갑작스러운 숙청 사건이 또 발생했다. 『元史』의 「英宗本紀」에는 그 개
요가 간략하게 기록되어 있다. 監察御史 觀音保, 소유르가트미시(鎖咬兒哈
的迷失, Soyuryatmisi), 成珪, 李謙亨이 壽安山에 불교 사원을 짓는 것에 대
해서 간언했다가 관음보와 소유르가트미시는 죽임을 당하고 성규와 이겸
형은 곤장을 맞고 누르간(奴兒干, Nuryan)으로 유배되었다는 것이다.[119]
이 사건은 무엇을 의미하는 것일까? 우선, 壽安山에 사원을 짓게 했다는
기록은 延祐 7년(1320) 9월에 최초로 보이는데, 이때 영종은 鈔 1,000만
貫의 거금을 투여했다.[120] 壽安山은 대도의 서쪽에 있었던 산인데, 영종은
수도와 가까운 곳에 사찰을 건립하여 본인의 佛心을 확인하면서 자신의 권
력을 강화하려는 의지를 가지고 있었던 것으로 보인다. 사원 조영의 규모
는 상당히 컸던 것으로 짐작되고, 심지어 공사를 위한 재부를 관장하는 기
구까지 따로 설치되었을 정도였다.[121] 이렇게 영종이 심혈을 기울이고 있
었던 사원 조영에 반대하는 간언을 올렸다는 이유만으로 감찰어사 2명은
목숨을 잃고, 나머지 2명은 현재의 러시아 사할린 일대로 유배를 가야만
하는 重罰을 받았던 것이다. 그런데 이 사건의 이면에는 또 다른 사정이
내재되어 있었다.

『元史』에 있는 소유르가트미시의 짧은 열전에는 이 사건과 관련된 중
요한 기록이 있다. 이전에 司徒 劉夔가 불법으로 浙右의 民田을 바쳤는데,
內帑庫에 있던 鈔 600만 貫을 몰래 빼내어 승상 테무데르가 그 땅의 반을
나누어 취했던 일을 감찰어사들이 적발했고 이로 인해 테무데르가 臺諫들

---

119) 『元史』 卷27, 「英宗本紀一」, 610쪽.

120) 『元史』 卷27, 「英宗本紀一」, 605쪽.

121) 壽安山의 불교 사원 조영을 위해 설치된 기구는 南寺收支諸物庫와 北寺收支諸
物庫 두 곳이었고, 각각 提領과 大使 1명 및 副使 2명, 창고를 관리하는 屬吏가
10명씩 배치되었다. 『元史』 卷90, 「百官志六」, 2284쪽 참고. 사원의 조성 과정
과 조성 이후의 상황에 대해서는 陳高華, 「再說元大都的皇家佛寺」 『淸華元史』
3, 北京: 商務印書館, 2015, 51~55쪽을 참고.

을 싫어했다는 것이다.[122] 테무데르의 전횡은 국고를 빼돌려 자신의 이익
을 얻어내는 방면으로까지 확장되고 있었다. 그리고 이 사건의 실상을 조
금 더 자세히 알려주고 있는 기록을 확인할 수 있는데, 그 내용은 宋文瓚
이라는 사람의 政績記에 보인다. 송문찬이 浙西道肅政廉訪司經歷이었을
때 아래와 같은 일이 발생했다는 것이다.

> 至治 연간에 백성 중에 吳機孫이라는 자가 있었는데, 뇌물을 가지고 權貴와
> 교류했다. 그는 옛 송나라 高宗의 吳皇后가 그 가족의 祖姑라고 말하면서 이전
> 에 하사받은 湯沐田이 浙西에 있으니 이를 조정에 바치고 싶다고 하였다. 執政
> 者는 관의 비용 12만 5,000錠으로 그 가치를 배상하자고 아뢰었는데, 실제로는
> (그 돈을) 나누어 가져갔고 바쳐진 땅은 普慶僧寺에 주었다. 선정원의 관료에게
> 명하여 旨를 받들어 역참을 이용해 浙西로 가서 그 토지를 조사하였더니 모두
> 編戶의 恒産이었고, 잇달아 수십만 호에 달했는데 각 호에 땅이 있으면 빼앗아
> 모두 관으로 들이니 浙西 지역이 크게 동요하였다. 사신의 위세가 매우 엄혹해
> 서 上下가 두려워하니 명을 받드는 것을 감히 거역하지 못했다.[123]

위 기록에서 至治 연간의 權貴 혹은 執政者가 구체적으로 누구였는지는
나와 있지 않지만, 정황상 테무데르와 그 일파를 가리키는 것임이 분명하
다.[124] 테무데르는 국고의 비용을 빼돌린 것에 그치지 않고, 아예 浙西 지
역의 일반 토지들까지 몰수하려고 했던 것이다. 그런데 이러한 비리를 수
행했던 주체로 선정원이 등장하고 있는 것을 주목할 수 있다. 普慶僧寺라
고 하는 불교 사원에 토지가 귀속되었기 때문에 선정원이 토지 조사를 한

---

122) 『元史』 卷124, 「鎭咬兒哈的迷失傳」, 3046쪽.
123) 『誠意伯文集』 卷6, 「前江淮都轉運鹽使宋公政績記」(國學基本叢書本, 上海: 商務
印書館, 1936, 151~152쪽).
124) 乙坂智子, 『迎佛鳳儀の歌: 元の中國支配とチベット佛敎』, 東京: 白帝社, 2017,
270쪽.

것인데, 선정원을 테무데르와 그의 아들 바르기스가 관할하고 있었다는 점을 상기해보면 테무데르 父子가 자신들이 가진 권한을 충분히 활용하면서 전횡을 저질렀다는 것을 확인할 수 있다.

감찰어사 관음보, 소유르가트미시 등은 테무데르의 이러한 부정을 적발한 것인데, 이는 또 다시 테무데르의 탄핵으로 이어질 소지가 있었다. 하지만 테무데르 측에서는 감찰어사들이 壽安山의 불교 사원 조영을 반대하는 간언을 올린 것을 빌미로 먼저 공격에 나섰다. 테무데르의 아들인 治書侍御史 소드놈(瑣南, Sodnom)은 은밀히 영종에게 "숙위를 했던 저 舊臣들은 불리한 사정이 있다는 것을 들으면 즉시 입조하여 보고하지 않는데, 지금은 황상을 비방하면서 자신들의 정직함을 추켜세우고 있으니 이는 크게 不敬한 것입니다."[125]라고 상주했던 것이다.

소드놈이 감찰어사들의 죄목으로 들고 나온 것은 황제에 대한 '不敬'이었는데, 이는 테무데르가 자신의 원한을 갚을 때 사용했던 방법이기도 했다. 영종은 명분이 약한 황태자의 자격을 가지고 즉위했기 때문에 늘 자신의 권력에 대해 불안감을 가지고 있었고, 이로 인해 불경죄에 대해서는 더욱 민감하게 반응했다. 게다가 자신의 폐립을 모의한 사건이 터진 이후로는 동생인 安王 우두스부카(兀都思不花, Udus-Buqa)를 順陽王으로 降封하고 곧 살해하면서 帝位를 위협하는 세력에 대한 견제 조치를 단호하게 취했을 정도였다.[126] 이러한 상황에서 테무데르 세력이 또 다시 不敬을 죄목으로 들고 나오자 영종은 불교 사원 조영에 반대한 감찰어사들을 엄중하게

---

125) 『元史』 卷124, 「鎖咬兒哈的迷失傳」, 3046쪽.

126) 『元史』 卷108, 「諸王表」, 2741쪽에는 우두스부카가 延祐 7년에 降封되었고, 곧 피살되었다는 간략한 기록만 보이고 있다. 우두스부카가 降封된 구체적 시기는 延祐 7년 7월인데(『元史』 卷27, 「英宗本紀一」, 604쪽), 언제 죽었는지에 대해서는 정확한 기록이 보이지 않는다. 그런데 延祐 7년 11월의 기록 중에서 우두스부카 저택의 재물을 모아 章佩監과 中政院에 들였다는 내용이 있는 것을 보면(『元史』 卷27, 「英宗本紀一」, 607쪽), 아마 이 기록 이전 시기에 우두스부카가 살해되었을 것으로 추정된다.

처벌했던 것이다.

이렇게 감찰어사들이 처벌을 받게 된 또 다른 원인으로는 영종이 특히
불교에 경도되어 있었던 점을 언급할 수 있을 것 같다. 영종의 불교에 대
한 민음은 바이주와의 대화를 통해서도 확인할 수 있다. 영종은 오로지 佛
法으로 천하를 다스릴 것을 권하는 혹자의 말을 듣고 바이주의 의견을 물
어보았는데, 이때 바이주는 불교를 통해 스스로를 다스릴 수는 있지만 다
른 사람을 통치할 수는 없다는 뜻을 분명히 밝혔고 이에 영종은 대답을 하
지 않았다.[127] 바이주의 말에는 대부분 이의를 제기하지 않았던 영종이 불
교에 대한 일에서는 침묵을 통해서 바이주의 의견에 대해 불만을 표시했던
것이다. 그래서 영종은 아랑곳하지 않고 불교 관련 시설 건립을 지원했다.
"至治 초년에 천자께서 여러 郡에 칙을 내려 新廟를 크게 짓는데 그 일이
매우 숭고하면서도 사치스러우니 이는 국가가 (불교를) 장려하는 뜻을 보이
는 것이었다."[128]는 기록과 "무릇 영종 황제 시기에는 佛法을 숭상하고 받
들어 특별히 그 공을 더했다. 至治 연간에는 천하에 조서를 내려 묘를 세우
고 제사를 지내게 하니 또 각 郡에 帝師殿이 있는 것은 이로 인해 시작된
것이다."[129]는 기록을 통해 살펴보면, 영종은 새로운 사당(帝師殿)을 크고
화려하게 지어서 불교의 위상을 높이고 그와 동시에 자신의 권위를 드러내
고자 했던 것이다.[130] 그래서 테무데르의 아들 소드놈이 불교 사원 조성에
반대한 감찰어사들의 不敬을 비판하자 영종은 곧바로 그들을 처벌했다.

영종이 감찰어사들을 처벌한 것은 테무데르 세력이 대를 이어가면서 중
앙 조정에서 큰 영향력을 끼치고 있었음을 보여주는 사례라고 할 수 있다.

---

127) 『金華黃先生文集』卷24,「中書右丞相贈予道志仁淸忠一德功臣太師開府儀同三司
　　上柱國追封郇王諡文忠神道碑」(王頲 點校,『黃溍全集』, 天津: 天津古籍出版社,
　　2008, 642쪽).

128) 『柳待制文集』卷9,「溫州新建帝師殿碑銘」.

129) 『惟實集』卷3,「重修帝師殿記」.

130) 帝師殿의 설치 과정과 의미에 대해서는 乙坂智子,『迎佛鳳儀の歌: 元の中國支配
　　とチベット佛敎』, 東京: 白帝社, 2017, 372~377쪽을 참고.

감찰어사들이 적발한 뇌물 수수 사건에 테무데르는 물론이고, 그의 아들들까지 연루되어 있었던 사실[131]은 테무데르의 권력이 세습되어가는 과정 중이었음을 분명히 보여준다. 그래서 테무데르 父子의 거대한 비리를 적발했음에도 불구하고, 감찰어사들은 인종 시기에 테무데르를 탄핵시켰던 것처럼 일을 진행시키지 못했고 도리어 테무데르 세력으로부터 역공을 당하고 말았던 것이다. 이때 처벌을 당했던 4명의 감찰어사들을 至治 四御史로 지칭한 四言詩에서는 이들의 억울함을 토로하며 테무데르 세력을 '權姦'이라고 부르고 있을 정도였다.[132]

테무데르 세력의 권력 장악을 위해서 극복해야 할 대상은 이제 바이주 뿐이었다. 테무데르는 자신의 개인적 원한을 갚는 과정에서 의견 충돌이 있었던 바이주를 견제했고, 이를 위해 中書左丞 張思明이라는 인물을 자신의 黨與로 끌어들였다. 장사명은 바이주를 몰아내기 위한 노력을 다했고, 바이주의 주변에서는 이러한 움직임을 알아채고 이에 대비할 것을 바이주에게 청했다. 이때 바이주는 아래와 같이 대답했다.

> 나의 선조들은 국가의 元勳으로 대대로 충정을 다한 것이 100여 년이 되었다. 지금 내 나이가 적은데도 외람되게 총애를 받는 것은 아마도 이 때문일 뿐이다. 大臣이 협력하여 화합하는 것은 국가의 이익이다. 지금 우승상이 나에게 원한을 가지고 있다고 해서 내가 보복하려 한다면 이는 우리 두 사람의 불행일 뿐만 아니라 또한 국가의 불행이다. 나는 나의 충심을 다할 것을 알고, 위로는 君父를 저버리지 않고 아래로는 士民을 저버리지 않을 뿐이다. 生死와 禍福은 하늘께서 실로 살피는 것이니 너희들은 다시는 이에 대해 말하지 말라.[133]

---

131) 『至正集』 卷77, 「正始十事」(傅瑛·雷近芳 校點, 『許有壬集』, 鄭州: 中州古籍出版社, 1998, 817쪽).

132) 『禮部集』 卷1, 「至治四御史詩成憲甫廉使徵賦」(邱居里·邢新欣 校點, 『吳師道集』, 長春: 吉林文史出版社, 2008, 7~8쪽).

133) 『元史』 卷136, 「拜住傳」, 3303쪽.

　바이주는 자신이 元勳의 후손임을 다시 한 번 강조했고, 테무데르와 협력하고 화합하는 것이 국가의 이득이라고 말했다. 테무데르가 자신에게 원한을 가지고 있다는 것을 알면서도 바이주는 상당히 이상적인 견해를 표명하고 있는 것인데, 현실은 그렇게 이상적으로 흘러가지 않았다. 협력과 화합은 수사적인 표현일 뿐, 테무데르와 바이주 사이의 관계는 결국 한 쪽으로 권력이 몰리지 않게 만들면서 서로를 견제하는 가운데 균형을 유지하는 것이었다고 할 수 있다.

　한편, 감찰어사 4명을 처벌하여 테무데르 세력이 위기로부터 벗어난 직후인 至治 원년 3월에 테시(鐵失, Tesi)라는 인물이 어사대부에 임명되었다. 어사대부가 되기 이전 테시의 경력 등에 관해서는 상세한 기록이 부재하여 많은 내용은 알아낼 수가 없다. 단지 영종이 즉위하고 난 지 얼마 되지 않아서 翰林學士承旨, 宣徽院使 겸 太醫院使가 되었다는 기록만 있다.[134] 이를 보면 테시는 영종이 황태자 시절이었을 때부터 그를 보필하며 宿衛를 담당했던 케식이었고 이로 인해 영종이 즉위한 이후 중요 직책을 맡게 된 것이 아니었을까 추측만 할 수 있을 뿐이다. 테시가 이렇게 여러 직책을 겸임하고 있었음에도 불구하고, 영종은 테시에게 中都威衛指揮使의 직함까지 주었다. 테시가 맡은 中都威衛의 前身은 大同侍衛親軍都指揮使司로 무종 至大 원년(1308)에 설립되었고,[135] 인종 延祐 원년(1314)에 中都威衛使司로 개칭되었다.[136] 대동시위친군은 인종이 즉위한 해에 휘정원에 예속되었는데,[137] 대동시위친군이 일부 屯田까지 경영했다는 점을 고려한다면[138] 이는 다기 태후의 군사적·경제적 기반이 되었다고 볼 수 있다.

---

134)『元史』卷207,「鐵失傳」, 4599쪽.
135)『元史』卷22,「武宗本紀一」, 498쪽.
136)『元史』卷25,「仁宗本紀二」, 567쪽.
137)『元史』卷86,「百官志二」, 2170쪽.
138) 大同侍衛親軍의 둔전에 대해서는『元史』卷100,「兵志三·屯田」, 2561쪽을 참고.

하지만 영종이 즉위한 이후 휘정원이 혁파되면서 中都威衛의 역할이 모호
해지게 되는데, 이에 대한 관할권을 주었다는 것은 다기 태후 세력의 여러
기반들을 테시가 물려받았음을 의미한다. 至治 원년(1321)에 中都威衛가
忠翊侍衛親軍都指揮使司로 바뀌고 난 이후가 되면, 테시는 어사대부를 겸
하면서 忠翊侍衛親軍都指揮使에 임명되었고 결국 자신이 관할하던 시위친
군이 개편된 이후에도 여전히 기반을 유지하고 있었음이 확인된다.

어사대를 장악하고 있으면서 군사권까지 가지게 된 테시는 테무데르 세
력에 속했고, 이에 테무데르는 장사명과 더불어 바이주를 견제할 수 있는
정치적 집단을 형성했다. 어사대는 감찰이나 탄핵 등의 역할을 수행하기
위해 중서성과 일정한 거리를 유지해야 했지만, 테무데르 세력인 테시가
어사대부가 되면서부터 차츰 어사대도 권신의 휘하에서만 움직일 수 있게
되는 처지로 전락하게 된다.[139] 이제 테무데르는 감찰어사들에 의해 탄핵
될 위기에서 완전히 벗어나게 되었고 권신으로서의 위상을 더욱 안정화시
킬 수 있는 단계에 도달했다.

그러나 문제는 영종의 총애가 오히려 바이주와 테시에게로 향하면서 상
대적으로 테무데르가 점점 정계에서 소외되어 갔다는 사실이다. 테무데르
는 이에 오랫동안 병을 칭하며 정사에 간여하지 않다가 바이주가 자신의
조부 안통을 기리는 비석을 세우러 范陽(현재의 河北省 涿州市)에 가서 자
리를 비운 사이에 정무를 보러 입조했다가 영종에게 "경은 연로하여 마땅
히 自愛해야 하니 새해가 되는 것을 기다렸다가 입조해도 늦지 않다."라는
소리만을 듣고 불만을 품은 채 귀환해야만 했다.[140] 이미 중앙 조정의 실
권은 바이주와 테시가 장악하고 있었고, 테무데르의 실질적 영향력은 줄어
들고 있었다.

---

139) 張帆도 재상이 자신의 세력을 어사대에 들어가게 하여 이를 통제하려는 모습이
元代 中期부터 보이는 새로운 정치적 수단임을 지적하고 있다(張帆, 『元代宰相
制度研究』, 北京: 北京大學出版社, 1997, 187~188쪽).
140) 『元史』卷136, 「拜住傳」, 3303쪽.

영종은 테시가 테무데르 세력이었음에도 불구하고 그를 꽤 신뢰했던 것으로 보인다. 영종이 즉위하면서부터 테시가 빠르게 정계의 핵심에 진출한 것만 보아도 이를 알 수 있는데, 이에 더하여 영종은 테시에게 상당 정도의 권한을 부여했다. 앞서 中都威衛와 그 後身인 忠翊侍衛親軍을 테시가 관할하게 했던 것은 언급했고, 더 나아가 "휘정원은 비록 태황태후의 관할 관청이지만, 짐은 여러 관아와 동일하게 보고 있으니 모든 장부와 서류는 마땅히 御史가 검사하도록 하라."[141]라고 하면서 휘정원에 대한 감독을 테시에게 일임했다. 물론 휘정원은 영종 폐립 모의 이후에 혁파되었지만 태황태후의 재산 등을 관리하기 위해서 이름만 남아 있었던 것으로 보이는데, 이마저도 어사대의 감독을 받게 했던 것이다. 태황태후에 대한 견제의 임무를 테시에게 맡긴 것이었다. 이미 휘정원의 군사적 기반이었던 中都威衛를 테시가 관할하고 있었기 때문에 별다른 충돌 없이 영종의 의도가 실현되었던 것으로 파악된다. 영종이 테시를 신뢰했음을 보여주는 또 다른 증거로는 그에게 左, 右아스(阿速, As)衛를 관할하게 했다는 기록에서 찾을 수 있다.[142] 아스위는 아스人들이 주축이 된 시위친군으로 左, 右아스위는 무종 至大 2년(1309)에 정식으로 창설된 色目衛軍이었다.[143] 상당한 군사력을 보유하고 있었던 아스위까지 테시가 맡게 되면서 바이주에 못지않은 실력을 가진 경쟁자가 탄생하게 된 것이다.

영종이 이렇게 테시를 신뢰한 이유를 알아내기 위해서는 결국 테시의

---

141) 『元史』卷207,「鐵失傳」, 4599쪽.
142) 『元史』卷27,「英宗本紀一」, 614쪽.
143) 『元史』卷86,「百官志二」, 2167~2168쪽. 아스위의 창설과 조직 등에 대해서는 다음 연구들을 참고할 수 있다. 葉新民,「元代的欽察‧康里‧阿速‧唐兀衛軍」『內蒙古社會科學(漢文版)』1983-6, 112~114쪽；井戸一公,「元代侍衛親軍の諸衛について」『九州大學東洋史論集』12, 1983；呂治昊,「元代 아스人(Asud)의 擡頭와 政治的 役割」『東洋史學研究』120, 2012, 191~193쪽；蔡晶晶,「從阿速軍到阿速衛: 元代阿速軍隊組織的起源與變遷」『元史及民族與邊疆研究集刊』28, 上海: 上海古籍出版社, 2014.

출신을 추적할 필요가 있다. 물론 영종이 즉위하기 이전 테시의 경력을 전혀 알 수 없기 때문에 추론하기가 쉽지 않지만, 한 가지 주목할 점은 테시의 누이동생이 영종의 배우자였다는 매우 단편적인 기록("妹爲君偶", "妹爲君配")이다.[144] 그렇다면 『元史』의 「后妃傳」을 살펴볼 필요가 있는데, 여기에는 영종의 후비로 莊靜懿聖皇后 한 사람만 기록되어 있다. 그 내용은 단순하게 "이름은 수케발라(速哥八剌, Süke-Bala)이고 이키레스(亦啓烈, Ikires) 씨족으로 昌國公主 이릭카야(益里海涯, Iriq-Qaya)의 딸이다. 至治 원년에 황후로 책봉되었다. 泰定 4년(1327) 6월에 사망했고, 시호를 莊靜懿聖皇后라고 하였다."[145]라고만 되어 있어서 莊靜懿聖皇后가 테시와 어떤 관계였는지는 전혀 알 수 없다. 다만 위 기록 중 모친이 昌國公主라는 사실을 통해서 莊靜懿聖皇后의 출신 가문은 확인할 수가 있다. 昌國公主 이릭카야는 성종의 딸이었고, 그녀와 혼인을 한 인물은 駙馬 아시(阿失, Asi)였다. 아시의 가문은 칭기스 칸 시대부터 여러 공적을 세우면서 대대로 황실 가문과 통혼관계를 맺었고, 아시는 카이두-두아와의 전쟁에서 활약하며 昌王의 王號를 받을 수 있었다. 다행히 『元史』에는 昌王 가문의 열전이 남아 있고, 아마도 이 열전 서술에 근거가 되었을 것으로 추정되는 世德碑 기록도 전해지고 있다. 만약에 莊靜懿聖皇后가 테시의 누이동생이라고 한다면, 테시는 昌王 아시의 아들인 셈인데 『元史』의 열전과 昌王의 세덕비에는 모두 테시의 이름이 기록되어 있지 않다. 또한 『元史』 테시의 열전에서는 그의 출신과 관련하여 아무런 내용도 찾을 수가 없다. 테시의 누이동생이 莊靜懿聖皇后이고 그렇기 때문에 테시가 昌王의 아들이라고 단정할 수 있게 만드는 구체적인 근거가 부족한 것이다.[146] 하지만 영종과 테시가

---

144) 『至正集』 卷76, 「自劾」·「惡黨論罪」(傅瑛·雷近芳 校點, 『許有壬集』, 鄭州: 中州古籍出版社, 1998, 808쪽·812쪽).

145) 『元史』 卷114, 「后妃傳一」, 2876쪽.

146) 『元史』의 보완을 위해 훗날 편찬된 대표적인 史書인 『蒙兀兒史記』에서는 테시의 누이동생이 영종의 배우자였다는 기록만을 근거로 수케발라가 테시의 여동

혼인관계를 통해 밀접하게 연결되어 있었다는 점은 분명하고, 이로 인해
테시에 대한 영종의 총애가 더욱 깊어졌을 것이라고 짐작할 수 있다.

앞에서 언급한 여러 가지 상황들을 종합해보면, 영종이 즉위한 이듬해
인 至治 원년의 정국은 新·舊 세력의 교체가 진행되는 과정 중에 있었던
것으로 보인다. 영종 즉위와 동시에 정계의 핵심으로 진출한 바이주는 서
서히 정국을 장악하고 있었지만, 테무데르는 자신의 비리를 적발한 감찰어
사들을 도리어 처벌받게 하면서 건재함을 과시했다. 이후 결국 테무데르
세력인 테시가 어사대부에 기용되면서 테무데르가 모든 권력을 장악할 것
처럼 보였다. 그러나 영종의 신뢰가 바이주 및 테시에게로 급격하게 향하
면서 권력의 판도는 점점 변화하고 있었다. 테시는 테무데르의 義子라고
칭하며 심복으로서의 역할을 수행했지만,[147] 영종의 테시에 대한 신뢰가
워낙 컸던 탓에 오히려 테무데르가 정국에서 소외되어갔던 것이다. 반면에
바이주와 테시는 황제의 총애를 받으면서 정치적 권력을 누리고 있음과 동
시에 군사력까지 갖춘 권신으로 급부상했다.[148] 또한 바이주와 테시는 각
각 중서좌승상, 어사대부를 맡고 있었지만 이외에도 다른 관직까지 겸하면
서 더욱 확장된 권한을 행사했다. 이렇게 중앙 조정의 재상급 관료가 여러
핵심 관직을 겸하고 군사(케식군 혹은 시위친군) 기구도 관할하면서 군사
력까지 갖출 수 있게 된 것은 무종 시기의 상서성 신료들이나 인종 시기의

생이고 테시는 駙馬 昌王 아시의 아들이라고 기록했지만(『蒙兀兒史記』卷19의
「后妃傳」과 卷122의 「鐵失傳」(『元史二種』 2冊, 上海: 上海古籍出版社, 1989,
225·742쪽)), 이는 자의적인 추단에 지나지 않는다. 『新元史』는 이와 달리 테시
의 누이동생이 영종의 제2황후였다고 서술했지만(『新元史』卷104의 「后妃傳」
과 卷224의 「鐵失傳」(『元史二種』 1冊, 上海: 上海古籍出版社, 1989, 485·870
쪽)), 이 역시 추정에 불과하다.

147) 『元史』卷175, 「張珪傳」, 4075쪽.

148) 至治 원년 10월에 영종이 친히 太廟에 제사를 지낼 때에 바이주가 亞獻官이었
고 테시가 終獻官이었다는 기록(『元史』卷207, 「鐵失傳」, 4599쪽)도 바이주와
테시가 의례적·상징적인 측면에서도 상당한 권위를 지니고 있었다는 점을 보여
주고 있다.

테무데르, 이맹 등에게서는 볼 수 없었던 현상이었다. 이는 제위계승의 우여곡절을 겪은 영종이 자신의 즉위에 큰 영향을 끼친 중서우승상 테무데르를 견제하고 황제권을 확립하기 위해 새로운 권신에게 강력한 힘을 실어주게 되면서 나타난 결과였다.

舊 권신의 영향력이 크게 축소되고, 새로운 권신들의 권력이 강화되는 현상은 至治 원년 이후에도 계속 이어졌다. 至治 2년(1322)이 되면 테무데르가 정사에 개입하는 모습은 거의 찾아볼 수 없을 정도이다. 반면에 바이주의 위상은 더욱 올라가게 되는데, 우선 至治 2년 정월에 바이주는 左, 右 킵차크(欽察, Qipčaq)衛까지 총괄하라는 명을 받게 된다.[149] 킵차크위는 테시가 맡은 아스위 같은 색목위군인데, 주로 킵차크인들로 구성된 군사 집단이었다. 킵차크위는 대대로 킵차크인들이 관할해왔는데, 영종은 원래 하나였던 킵차크위를 둘로 나누고 킵차크와는 아무런 관련이 없는 바이주에게 두 衛를 모두 맡긴 것이었다. 이제 바이주는 제3케식은 물론이고, 궁정의 侍衛親軍 일부에 대한 권한까지 가지게 되었다. 더 나아가 5월에는 宗仁蒙古侍衛親軍이 창설되었고, 이 새로운 군사 조직을 역시 바이주가 다스리게 하였다.[150]

바이주의 군사적 기반이 확대되면서 테무데르는 더 이상 바이주를 상대하기 어려워졌고, 결국 테무데르로부터 바이주 견제의 임무를 받았던 장사명도 至治 2년 7월에 죄에 연루되어 가산을 몰수당하기에 이르렀다.[151] 이

---

149) 『元史』 卷28, 「英宗本紀二」, 619쪽.

150) 『元史』 卷28, 「英宗本紀二」, 622쪽. 宗仁衛는 이키레스 씨족 100호, 몽골 자녀 3,000호, 淸州의 匠人 2,000호, 屯田漢軍 2,000호를 규합하여 至治 2년에 새로 창설한 군사 조직이었다(『元史』 卷86, 「百官志二」, 2171쪽). 宗仁衛의 창설을 주도한 자는 바로 바이주였고, 영종에게 직접 관련 상주를 올린 것이 기록되어 있다(『元史』 卷99, 「兵志二·宿衛」, 2529쪽). 물론 兵志에 바이주가 우승상으로 기록되어 있지만, 실제 宗仁衛가 창설된 것은 바이주가 우승상이 되기 이전이라는 사실에 주의할 필요가 있다.

151) 『元史』 卷28, 「英宗本紀二」, 623쪽.

에 대한 상세한 정황은 장사명 열전에 기록되어 있다. 장사명은 바이주와 테무데르가 각자 朋黨을 결성하여 대립하는 상황에서 화가 자신에게 미칠 것을 두려워하여 이미 여러 번 사직을 청했으나 받아들여지지 않았고, 결국 몽골 子女의 식량을 지급하지 않아 400명을 굶어 죽게 했다는 모함을 받아 자택에 유폐되었다는 것이다.[152] 테무데르 세력이었던 장사명은 이미 화가 자신에게 미치리라 예상하고 있었는데, 이는 바이주가 점점 권력을 장악하고 있었음을 뜻한다. 또한 장사명이 모함을 받아 죄를 입었다는 사실은 바이주도 자신과 적대되는 인물을 몰아내기 위해 여러 수단을 강구했다는 것을 보여준다. 장사명의 몰락은 바이주가 테무데르에게 최종적으로 승리를 거두었음을 상징하는 사건이었고, 테무데르는 다음 달인 8월에 세상을 떠났다. 그리고 9월에는 태황태후가 세상을 떠났다. 한때 제국 전체의 권력을 좌지우지했던 테무데르와 태황태후가 잇달아 사망하면서 영종은 자신의 제위계승을 지지했던 두 권력자의 그림자로부터 완전히 벗어날 수 있었고, 본격적으로 '親政' 체제를 구축해 나갔다. 그러나 그 체제는 바이주와 테시의 대립 구도 위에서 형성되었던 것이었기 때문에 항상 긴장된 상태에 놓여 있을 수밖에 없었다.

3) 파국의 제위계승과 回回人 權臣

테무데르와 태황태후가 사망하면서 영종의 정치적 권위는 더욱 확고해졌고, 이를 바탕으로 영종은 至治 2년 10월에 바이주를 중서우승상에 임명하였다. 곧 우승상 임명의 조서를 전국에 반포하였고, 여기에서 中統·至元 연간의 정치를 되살리겠다는 포부를 드러냈다.[153] 영종과 바이주는 세조 연간의 정국을 본보기로 삼고 있었던 것이고 그 이후 성종과 무종 및 인종

---

152) 『元史』 卷177, 「張思明傳」, 4123쪽.
153) 『淸容居士集』 卷35, 「特命右丞相詔」(李軍·施賢明·張欣 校點, 『袁桷集』, 長春: 吉林文史出版社, 2010, 497쪽).

시기에 대해서는 아무런 언급도 하지 않았다. 아마도 무력을 배경으로 한 제위계승과 태황태후의 정치 간여 및 권신 테무데르의 부정부패 등 세조 사후에 나타난 여러 정치적 현상들을 긍정적으로 인식하지는 않았던 것으로 여겨진다.

영종은 세조 시기의 정치로 돌아가는 과업에 바이주가 큰 힘이 되어줄 수 있을 것이라고 확신했던 듯하다. 자신의 조치에 대해 딱히 견제를 할 사람이 없는 상황에서 영종은 바이주에게 三公의 작위를 하사하고자 했다.[154] 아마도 이 三公의 작위는 太師를 일컫는 것으로 보인다. 물론 太師의 직함을 받으면서 커다란 논란을 불러일으켰던 테무데르와는 달리 바이주는 勳舊 功臣 가문 출신이었기 때문에 문제될 것은 없었다. 그러나 바이주는 至治 2년 당시 나이가 25살 밖에 되지 않았고 제국을 위한 커다란 공적을 세웠다고 말하기에는 부족한 면이 분명히 존재했다. 바이주 스스로도 이 사실을 잘 알았을 것이고, 결국 작위 하사를 사양했다.

三公의 작위를 하사하지는 못했지만, 영종은 바이주에게 상당 정도의 권력을 부여했다. 중서좌승상을 임명하지 않기로 결정한 것이다. 테무데르와 다기 태후조차도 시행하지 못했던 일을 영종은 단숨에 실현시킨 것이다. 그래서 또 다른 측근 신료인 테시도 이제는 바이주와의 위상 차이를 실감하는 상황이 되었고, 영종은 전적으로 바이주의 의견을 따를 것이라는 의사를 표명했다. 또한 영종은 종실의 여성과 바이주의 혼인을 명하는 조서까지 내리면서 駙馬의 위상까지 더해주려고 했지만 바이주는 이를 사양했다.[155] 영종이 바이주에게 三公의 작위, 부마의 지위를 모두 부여하려고 했다는 것은 테무데르보다도 바이주가 훨씬 더 높은 위상을 가지고 있었음을 상징하는 대목이다. 여기에 더하여 영종은 바이주의 초상을 그리게 하

---

154) 『元史』 卷136, 「拜住傳」, 3304쪽.

155) 『金華黃先生文集』 卷24, 「中書右丞相贈孚道志仁淸忠一德功臣太師開府儀同三司上柱國追封鄆王諡文忠神道碑」(王頲 點校, 『黃溍全集』, 天津: 天津古籍出版社, 2008, 642쪽).

고 學士 袁桷으로 하여금 贊을 작성하게 하여 이를 바이주에게 하사했
다.[156] 영종은 자신의 '진정한' 제위계승과 권력 확립에 바이주가 크게 기
여했다는 점을 누구보다도 명확하게 인지하고 있었고, 이것이 바이주에 대
한 優待로 나타났던 것이다. 무종 시기 상서성의 재상들 이후로 황제의 신
임을 전적으로 받는 권신이 다시 출현한 셈이었다.

바이주가 '獨相'이 되어 테시보다 더 큰 권력을 장악하게 되면서 테무데
르 세력에게는 정치적으로 커다란 압박이 가해지기 시작했다. 至治 2년 12
월에 테무데르의 아들인 선정원사 바르기스가 처형된 것이 신호탄이었
다.[157] 이미 감찰어사들에 의해 적발되었다가 至治 四御史들의 처벌 여파
때문에 다루어지지 않았던 司徒 劉夔의 뇌물 비리 사건이 다시 표면으로
떠오르면서 이에 연루되었던 바르기스가 처형되고 家産도 몰수되었던 것
이다. 테무데르가 죽고 바이주가 우승상이 된 이후에 벌어진 이 일은 당연
히 바이주에 의해 주도되었다. 여기에 더하여 바이주는 眞人 蔡道泰가 살
인을 저질렀을 때 테무데르가 뇌물을 받고 재판의 결과를 바꾼 사안도 다
시 들추어냈다.[158] 테무데르의 위세 때문에 감찰어사들이 하지 못했던 일
을 우승상인 바이주가 직접 나서서 행하고 있었던 것이다. 테무데르가 살
아 있을 때에는 최대한 서로를 견제하는 차원에만 머물렀던 바이주가 이제
는 테무데르 세력에 대한 적극적인 공세에 나서고 있었다. 바르기스는 선
정원 이외에도 여러 부서를 관할하며 세력을 형성하고 있었기 때문에 그를
처형시켰다는 것은 테무데르 일파에게 있어서는 커다란 타격이었다. 또 바
이주는 테무데르의 다른 아들인 治書侍御史 소드놈을 貶黜시키면서 정치
적 공세를 계속 이어갔다.[159]

---

156) 『滋溪文稿』 卷9, 「元故翰林侍講學士知制誥同修國史贈江浙行中書省參知政事袁
文清公墓誌銘」(陳高華·孟繁淸 點校本, 北京: 中華書局, 1997, 135쪽).

157) 『元史』 卷28, 「英宗本紀二」, 626쪽.

158) 『元史』 卷136, 「拜住傳」, 3304쪽.

159) 『金華黃先生文集』 卷24, 「中書右丞相贈予道志仁淸忠一德功臣太師開府儀同三司

　　바이주가 테무데르의 아들들을 목표로 정치적 숙청을 시행하고 있을 시기 전후에 테시는 어떤 상황에 처해 있었을까? 아스위를 관할하게 된 이후로 분명 테시의 권력은 강해졌을 것인데, 여기에 더하여 영종은 至治 2년 2월에 테시의 父祖를 기리는 비석을 하사했다.[160] 사실, 테시는 출신조차 분명하게 기록에 남아 있지 있고 영종이 즉위하고 난 이후가 되어서 갑작스럽게 중앙 정계에 진출한 인물인데 아무런 공적도 세우지 않은 그에게 父祖碑를 세워주었다는 것은 지나친 예우였음에는 틀림없었다. 영종의 총애를 기반으로 테시는 차츰 어사대를 장악하게 되는 것으로 보이는데, 이는 다른 어사대부 톡토(脫脫, Toγto)를 둘러싼 사건을 통해 짐작할 수 있다. 至治 2년 5월에 어사대부 톡토가 江南行臺御史大夫가 되었다는 기록이 보이는데,[161] 이는 사실상의 좌천이라고 말할 수 있다. 그런데 좌천된 지 5개월이 지난 10월에 톡토는 사직을 청하고서는 황제의 명령을 받지도 않고 마음대로 직무를 그만두었다는 죄목으로 곤장을 맞고 雲南으로 유배되기에 이르렀다.[162] 사실상 톡토가 좌천에 대한 자신의 불만을 드러냈다가 오히려 처벌을 받게 된 것으로 이해할 수 있다. 이때 톡토의 파직을 영종에게 주청한 사람은 바로 테시였다.[163] 여기에 이어 테시는 바이주에 의해 폄출된 治書侍御史 소드놈의 復職을 영종에게 요청하기도 했다. 어사대를 중심으로 벌어진 권력 투쟁에서 테시가 중심적 역할을 수행하고 있었던 것

　　上柱國追封鄆王諡文忠神道碑」(王頲 點校, 『黃溍全集』, 天津: 天津古籍出版社, 2008, 641쪽).

160) 『元史』 卷28, 「英宗本紀二」, 620쪽.

161) 『元史』 卷28, 「英宗本紀二」, 622쪽.

162) 『元史』 卷28, 「英宗本紀二」, 624쪽.

163) 『元史』 卷207, 「鐵失傳」, 4599쪽. 이때 테시에 의해 쫓겨난 어사대부 톡토는 바로 무종의 즉위에 큰 공헌을 했다가 인종 즉위 이후 중앙 정계에서 철저히 소외되었던 캉리톡토이다. 영종은 즉위하고 난 후 캉리톡토를 중앙 조정으로 불러 어사대부로 삼았지만, 얼마 지나지 않아 캉리톡토는 테시의 견제를 받아 南臺 어사대부로 쫓겨났고 결국 雲南으로 유배되기에 이른 것이다(『元史』 卷138, 「康里脫脫傳」, 3325쪽).

이다. 특히 소드놈의 폄출과 복직 문제는 바이주와 테시의 직접적인 충돌이라고 해석할 수 있을 정도로 민감한 사안이었다. 결국 영종은 테시의 주청을 받아들이지 않으면서 바이주의 손을 들어줬다.

바이주에 의해 테무데르 가문의 비리가 밝혀지기 시작하면서 영종은 점점 분노했다. 테무데르는 영종이 황태자가 되어 제위를 안정적으로 계승하는 데에 결정적인 역할을 했고, 태황태후 세력의 폐립 모의가 있었을 때에도 여기에 가담하지 않으면서 영종을 지지했기 때문에 테무데르 생전에 영종은 그에 대해 대놓고 불만을 제기하지는 않았다. 단지 정계에서 한발 물러서 있을 것을 은근히 종용했을 뿐이다. 그러나 테무데르 사후 그의 아들 바르기스가 숙청되고, 소드놈이 폄출되는 상황에서 영종은 인식을 다르게 가질 수밖에 없었다. 이에 어사대의 신료들에게 아래와 같이 단언하고 있다.

> 짐이 九重 궁궐에 깊숙이 거처하고 있어 신하의 간사하고 탐욕스러운 것과 백성의 곤궁함을 어찌 두루 알 수가 있겠는가? 때문에 경들을 등용하여 귀와 눈이 되게 한 것이다. 지난날에 테무데르의 탐욕스러움이 절제가 없었는데, 너희들은 손을 맞잡고 침묵하며 이야기하지 않았으니 그가 비록 죽었어도 마땅히 가산을 몰수해서 후대 사람들에게 징계함을 보일 것이다.[164]

영종은 테무데르가 사망했어도 그 가문을 처벌하겠다는 의지를 드러내고 있는데, 그러면서 어사대가 임무를 제대로 수행하지 않았음을 질책하고 있다. 이는 영종이 어사대부 테시에 대한 실망감을 드러내는 것이었을 수도 있다. 바르기스 등의 뇌물 비리 사건에 테시도 연루되어 있었다는 사실은 실망감을 증폭시키는 작용을 했을 것이다. 이런 분위기 속에서 바이주는 테무데르 가문에 대한 숙청을 단행하면서 아마도 테시까지 처벌하려고 했을 것이지만, 무슨 이유인지는 알 수 없으나 테시는 '特赦'를 받았다.[165]

---

164) 『元史』 卷207, 「鐵失傳」, 4600쪽.

또 至治 3년(1323) 정월에 영종은 어사대의 기강을 바로잡으라는 명령을
테시에게 내렸다.[166] 바이주의 과감한 숙청에서도 벗어날 수 있을 정도로
테시는 영종의 신임을 얻고 있었고, 권력에도 변함이 없었던 것이다. 테시
가 뇌물 비리에 연루되었음에도 불구하고, 황제의 총애를 받아 처벌을 받
지 않고 넘어가 계속 권력을 유지했던 점은 훗날 발생하는 황제 암살의 파
국을 예고하는 것이기도 하였다.

바르기스 등의 숙청이 이루어지고 난 후 바이주의 위상은 더욱 굳건해
졌다. 至治 3년 2월의 한 기록을 보면, 상도의 華嚴寺와 팍빠(八思巴,
Phags- pa)帝師寺 및 바이주의 저택을 짓는데 役軍 6,200명이 동원되었
고 한다.[167] 불교를 매우 신봉했던 영종의 입장에서 華嚴寺와 帝師寺의 건
축에 많은 공력이 들어가는 것은 당연하다고 하겠는데, 바이주의 개인 저
택 建造에도 유사한 규모의 인력이 투입되었다는 것은 그만큼 바이주에게
상당 정도의 권력이 집중되었음을 뜻한다. 그 이후에 행해진『仁宗實錄』의
완성,『大元通制』의 반포, 金書로 된『藏經』 2부의 제작, 태황태후를 順宗
의 廟室에 배향하는 등 중요한 일들은 모두 바이주의 주도 하에 이루어졌
다. 그리고 테무데르 가문에 대한 처벌도 지속적으로 시행되는데, 우선 감
찰어사 蓋繼元, 宋翼이 테무데르의 간사함과 탐학함을 이유로 그를 위해
세운 비석을 헐어버리고 官爵과 制書도 모두 회수할 것을 청했다.[168] 결국
이 청에 따라 영종은 테무데르의 父祖碑를 파괴하고 이전에 주었던 制書를
모두 회수하고 家産까지 몰수하면서 테무데르 세력의 권력 기반 자체를 붕
괴시키고자 했다.[169] 더 나아가 테무데르의 또 다른 아들이었던 知樞密院

165)『元史』卷136,「拜住傳」, 3304쪽.
166)『元史』卷28,「英宗本紀二」, 628쪽. 그 聖旨의 상세한 내용은『南臺備要』의「振
　　擧臺綱制」에 실려 있다(屈文軍 點校,『憲臺通紀(外三種)新點校』, 香港: 華夏文化
　　藝術出版社, 2006, 119~121쪽). 여기에서 영종은 바이주의 중서성과 테시의 어
　　사대가 한마음으로 협력하고 보필하여 治功을 이룰 것을 당부하고 있다.
167)『元史』卷28,「英宗本紀二」, 628쪽.
168)『元史』卷28,「英宗本紀二」, 630쪽.

事 반탄(班丹, Bantan)도 뇌물을 받았다는 죄에 연루되어 곤장을 맞고 파
직되었다.[170] 이렇게 바이주의 정치적 경쟁 세력이 차근차근 제거되고 있
었고, 獨相 바이주의 행보를 누구도 거스를 수 없을 것처럼 보였다.

그런데 이미 죽은 테무데르의 모든 권위가 해체되고 家産까지 몰수된
상황에서 어사대가 영종에게 言路를 개방하라는 늡를 내려줄 것을 청했
다.[171] 바이주의 신도비에 언로를 통하게 만들기 위해 治書侍御史 소드놈
을 쫓아내라고 주청했다는 기록이 있다는 점을 고려한다면, 언로를 개방하
라는 요청은 어사대의 역할이 제대로 수행되지 못하게 하는 자가 있음을
은연중에 나타낸 것이었다. 『元史』의 「英宗本紀」에는 어사대의 이러한 주
청이 至治 3년 7월에 있었던 일이라고 기록되어 있는데, 그 이전에 주목해
야 할 기사는 테시가 홀로 어사대부의 일을 맡게 되었다는 至治 3년 5월의
기록이다.[172] 바이주가 승상을 홀로 역임하고 있는 것처럼 테시도 어사대
를 독단적으로 관할할 수 있게 되었던 것이다. 언로를 개방하라고 주청을
올린 것은 테시의 의사였다고 보아도 무방하고 이는 결국 정국 운영의 주
체인 獨相 바이주를 겨냥한 움직임이었다고 할 수 있다.[173]

그런데 언로를 개방할 것을 청하는 어사대의 상주에 영종은 오히려 어
사대를 질책하였다. 영종은 "언로가 열리지 않은 것이 아니고, 단지 경들이
적당하지 않은 사람을 선발한 것일 뿐이다. 짐은 예전에 탄핵된 자들이 대

---

169) 『元史』 卷205, 「鐵木迭兒傳」, 4581쪽 ; 『元史』 卷28, 「英宗本紀二」, 631·632
　　쪽.
170) 『元史』 卷28, 「英宗本紀二」, 632쪽 ; 『至正集』 卷76, 「班丹等」(傅瑛·雷近芳 校
　　點, 『許有壬集』, 鄭州: 中州古籍出版社, 1998, 810쪽).
171) 『元史』 卷28, 「英宗本紀二」, 632쪽.
172) 『元史』 卷28, 「英宗本紀二」, 630쪽.
173) 사실, 테시가 어사대부의 일을 홀로 맡으라는 명령이 내려진 다음날에 영종은
　　言路를 열겠다는 취지의 聖旨를 반포했다(『南臺備要』, 「開言路制」(屈文軍 點校,
　　『憲臺通紀(外三種)新點校』, 香港: 華夏文化藝術出版社, 2006, 121쪽)). 그럼에도
　　불구하고, 어사대에서 言路 개방을 다시 영종에게 청했다는 것은 정국 운영 과
　　정에서 영종과 어사대 사이에 불협화음이 존재했음을 보여준다.

체로 오래된 원한 때문에 무고를 당해 죄에 얽혀 獄事가 성립되고 죄명이
더해져서 마침내 그 사람을 욕되게 하여 종신토록 (억울함을) 밝혀내지 못
하게 하고 있음을 알고 있다. 일찍이 감찰어사는 바르기스가 大事를 맡을
수 있을 것이라고 추천했는데, 얼마 지나지 않아 부정부패로 인해 처형되
었다. 이와 같은데, 언로를 통해 사람을 선발하는 것이 타당한가, 그렇지
않은가?"[174]라고 말하며 바르기스의 뇌물 사건이 발생한 책임을 어사대로
돌리고 있었던 것이다. 확실히 바르기스 숙청을 전후하여 영종은 바이주를
더욱 의지하였던 것으로 보이고, 테시에게 홀로 어사대부를 역임하게 하면
서도 어사대의 정치적 행위에 대해 의심을 가지게 되었다. 이렇게 본다면,
至治 3년 元의 정국은 바이주와 테시의 상호 견제를 통해 형성되는 권력의
균형이 점차 붕괴되는 과정 중에 있었음을 알 수 있다.

테무데르와 관련된 인물들의 제거 및 경제적 기반의 해체와 舊 권신으
로서의 테무데르의 위상까지 무너져버린 상황에서 테시는 어사대를 통해
이의를 제기했으나 영종-바이주의 강력한 단합을 깨뜨릴 수는 없었다. 테
시는 자신의 권력에 대해 불안감을 느끼게 되었고, 비록 特赦를 받기는 했
지만 언젠가 뇌물 비리 사건이 다시 조명되어 숙청을 당할 가능성을 생각
하지 않을 수 없었다. 이렇게 테시 진영에서 불안감이 증폭되고 있었던 때
에 상도에서 佛事를 둘러싸고 또 다시 갈등이 생겨났다.

황제가 상도에 있을 때, 밤에 잠을 편하게 자지 못해 佛事를 행하라고 명했
다. 바이주는 國用이 부족하다고 간언하여 이를 중지시켰다. 이후 처형을 두려
워하던 자들이 다시 은밀히 승려들을 끌어들여 말하기를, "국가에 지금 재앙이
있으니 佛事를 행하지 않고 大赦를 단행하지 않는다면 사악함을 몰아낼 수 없
을 것입니다."라고 하였다. 바이주가 질책하면서 말하기를, "너희들은 단지 金
帛을 얻고자 하는 것일 뿐인데, 또 죄가 있는 사람을 비호하려고 하는 것인가?"

---

174) 『元史』 卷207, 「鐵失傳」, 4600쪽.

라고 하였다.[175)]

위 기록에서 처형을 두려워하던 자들은 바이주의 숙청을 지속적으로 경계하고 있었던 세력을 가리킨다. 이들은 영종이 불교에 심취해 있다는 것을 간파하고 佛事를 행함과 동시에 '大赦'를 단행하여 자신들을 모든 혐의에서 벗어나게 해 줄 것을 은근히 종용하고 있었던 것이다. 물론, 인종 시기에 佛事를 행하고 일부 죄수를 석방시켜주었다는 기록이 보이기는 한다.[176)] 그러나 죄수 몇 명의 석방과 '大赦'는 정치적 의미에서 차지하는 비중의 측면에서도 단순하게 비교할 수가 없다.[177)] 위의 기록에서 언급된 '大赦'는 獨相 바이주의 독재를 견제하면서 그의 정치적 기반을 흔드는 의미를 가지고 있었던 것으로 해석할 수 있다. 그렇기 때문에 이에 대처하는 바이주의 태도는 단호했고, 숙청의 위험으로부터 벗어나기 어려울 것을 감지한 이들은 결국 파국적 종말을 선택하게 되었다.

至治 3년 8월 癸亥日(음력 8월 4일)에 영종은 상도에서 대도로 남하하던 중 南坡(현재 內蒙古自治區 正藍旗 동북쪽)에 머물렀다. 이때 테시가 주도가 되고 지추밀원사 에센테무르(也先帖木兒, Esen-Temür), 大司農 식투르(失禿兒, Sigtür), 前 중서평장정사 치긴테무르(赤斤鐵木兒, Čigin-Temür) 등이 연합하여 역모를 일으켰다.[178)] 특히 테시가 관할한 아스위의 병사들

175) 『元史』卷136,「拜住傳」, 3305쪽.
176) 『元史』卷24,「仁宗本紀一」, 557쪽 ; 『元史』卷26,「仁宗本紀三」, 586쪽.
177) 元代 大赦가 시행되는 정치적 배경에 대해서는 鄭鵬,「元代大赦與政治關係論析」 『史學月刊』2014-12를 참고.
178) 『元史』의 테시 열전에는 테시, 에센테무르, 식투르, 치긴테무르를 포함하여 역모에 가담한 총 16명의 명단이 기록되어 있다. 이들의 관직과 출신에 대해서는 傅光森, 『元朝中葉中央權力結構與政治生態』, 國立中興大學歷史學系 博士學位論文, 2008, 221쪽을 참고. 한편, 傅光森은 영종 시해 음모에 가담한 이들에 대해서 '宣徽院케식집단'이라는 이름을 붙이고 있는데 이는 그리 적절하지 않은 명칭이다. 비록 선휘원사인 테시의 동생이 역모에 가담했고, 테시도 선휘원사를 역임하기는 했지만 이것만으로 선휘원 전체를 역모 가담 주체로 끌어들이기에

이 이 역모에서 外應의 역할을 수행했고, 결국 테시는 바이주를 살해하였다. 그리고 行宮에 있던 영종마저 시해하였다('南坡之變'). 영종과 바이주는 갑작스러운 사태로 인해 제대로 된 저항조차 해보지 못하고 목숨을 잃게 되는데, 사건이 이렇게 급속도로 전개될 수 있었던 요인은 아스위와 케식군의 연합이라고 설명할 수 있다. 테시가 이끌던 아스위가 外應으로서 정변이 일어나는 것을 관망했다고 한다면, 內應의 역할을 담당한 것이 바로 케식군이었던 것이다. 역모에 참여한 에센테무르가 제4케식장이었고, 식투르는 제2케식장이었는데 정변이 일어난 癸亥日은 2케식이 숙위를 담당하는 첫 번째 날이었다. 즉, 제2케식장인 식투르가 결정적인 역할을 수행했다고 볼 수 있다.[179)]

궁정 정변으로 인해 황제와 최고 재상이 갑자기 사라져버린 상황이 전개되면서 제위계승에서 또 다시 문제가 생길 것으로 예상되지만, 사실 정변을 일으킨 테시 일파는 이미 다음 황제를 晉王 이순테무르(也孫鐵木兒, Yisün-Temür)로 정해놓은 상태였다. 이순테무르는 성종 황제의 형이기도 한 晉王 감말라의 아들로, 감말라가 사망한 이후 왕위를 襲封하고 몽골 본토를 지키고 있었다. 비록 이순테무르의 부친 감말라는 제위계승에서 성종에게 밀리는 바람에 몽골 고원 일대를 鎭守하고 있었지만, 엄연히 친킴의 적장자로서 황제가 될 수 있는 자격은 분명히 갖추고 있었다. 그러므로 감말라의 뒤를 이어 晉王이 된 이순테무르 역시 그런 자격을 가지고 있었고, 몽골 본토를 지키면서 형성한 군사력도 상당했기 때문에 결코 무시할 수 없는 세력이기도 했다. 게다가 정변이 일어나기 이전부터 晉王府의 內史[180)]인 다울라트 샤(倒剌沙, Daulat-Shah)는 자신의 아들로 하여금 바이

는 다소 무리가 있다.

179) 이에 대해서는 劉曉, 「元代怯薛輪值新論」『中國社會科學』 2008-4, 194쪽 ; 劉曉, 「"南坡之變"芻議－從"武仁授受"談起」『元史論叢』 12, 呼和浩特: 內蒙古教育出版社, 2010, 48쪽을 참고.

180) 元代의 諸王들은 분봉을 받은 지역들에 대한 사무를 위해 王傅府나 王相府를

주를 섬기게 하며 케식으로 들여보내 중앙 조정의 정세를 염탐하게 했다. 이를 통해 바이주와 테시 사이의 관계가 좋지 않다는 사실을 다울라트 샤는 이미 알고 있었다. 테시는 정변을 일으키기 이틀 전에 晉王 측으로 사신을 보내 정변의 계획을 미리 알렸고, 성공을 거두면 晉王을 황제로 추대하겠다는 뜻을 분명히 했다. 이를 알게 된 이순테무르는 상도로 사신을 보내 이 사실을 알리려 했으나 그 전에 영종이 시해되고 말았던 것이다.[181]

이순테무르 추대의 움직임은 일사천리로 진행되었다. 정변이 대도에서 일어난 것이 아니었기 때문에 테시 일파는 우선 재빨리 대도로 사신을 보내 府庫를 봉하고 百官의 인장을 거두어들였다.[182] 이러한 조치는 정변을 일으킨 세력이 혼란을 수습하고 제위계승까지 결정짓겠다는 의미를 내포하고 있었다. 이때 사신으로 파견된 인물은 남파지변에 가담한 前 중서평장정사 치긴테무르였고, 百司의 인장을 회수한 다음 兩院(여기에서의 兩院은 翰林兼國史院과 蒙古翰林院을 지칭하는 것으로 보인다)의 學士를 불러 북쪽으로 올라가게 하였다.[183] 이러한 제반 조치는 황제는 물론이고 우승상 바이주까지 제거해버렸기 때문에 이루어질 수 있었고, 이를 주도한 사람은 어사대부 테시와 지추밀원사 에센테무르였다. 이들은 영종과 바이주

두었는데, 晉王은 칭기스 칸의 4大오르도가 있는 몽골 故地를 지키는 등 정치적 위상이 특수했기 때문에 王傅보다 品秩이 높은 內史를 두고 內史府를 至元 29년(1292)에 설치하게 하였다. 延祐 5년(1318)에는 品秩을 正2品으로 높이고 分司를 京師에 두게 하는 등 특별한 배려 조치를 취했다. 內史府에 대해서는 『元史』 卷89, 「百官志五」, 2266쪽을 참고. 그 상세한 職權에 대해서는 李治安, 「元代晋王封藩問題探討」 『元史論叢』 5, 北京: 中國社會科學出版社, 1993, 123~25쪽 ; 李治安, 『元代政治制度研究』, 北京: 人民出版社, 2003, 471~474쪽을 참고.

181) 『元史』 卷29, 「泰定帝本紀一」, 637~638쪽.
182) 『元史』 卷182, 「許有壬傳」, 4200쪽. 사신이 대도에 도착하여 百司를 소집해 그 인장을 빼앗은 사건은 정변으로부터 3일이 지난 8월 7일 밤에 일어났다. 이에 대해서는 『道園學古錄』 卷20, 「王貞傳」(王頲 點校, 『虞集全集』, 天津: 天津古籍出版社, 2007, 848쪽)을 참고.
183) 『元史』 卷172, 「曹元用傳」, 4027쪽.

를 살해했다는 사실도 처음부터 알리지 않고, 거짓으로 황제의 명을 조작하여 중서성의 官人들을 장악하고자 했던 것으로 보인다. 테시는 대도에서 또 다른 혼란이 일어나는 것을 막는 역할을 수행했고, 그러는 동안에 에센테무르는 晉王 이순테무르에게 옥새를 바치면서 제위계승이 순조롭게 이루어지게 했다. 결국 정변이 일어나고 1개월이 지난 至治 3년 9월에 이순테무르는 龍居河(현재 몽골의 케룰렌 강)에서 즉위했다. 그가 바로 泰定帝다.

태정제가 즉위하면서 반포한 조서에는 逆賊들에 의해 옹립된 황제라는 汚名을 감추고 최대한 즉위의 정당성과 혈통의 정통성을 강조하고자 했던 모습이 보인다. 또한, 다른 황제의 즉위 조서와는 달리 蒙文直譯體로 서술되어 있다는 점도 독특한 특징이다. 조금 더 구체적으로 살펴보기 위해서 즉위 조서의 全文을 번역해보면 아래와 같다.

> 薛禪皇帝(세조)께서는 어여삐 여겼던 嫡孫이자 裕宗皇帝(세조의 嫡子 친킴)의 長子이시고 나의 인자하신 감말라 아버지를 晉王으로 봉해 주시면서 成吉思皇帝(칭기스 칸)의 4大오르도를 관할하게 하시고 軍馬와 達達의 국토를 모두 맡기셨다. 薛禪皇帝의 聖旨에 따르면서 소심히 근신하면서도 무릇 軍馬, 人民(과 관련된) 어떠한 일에서라도 正道를 준수해왔기 때문에 수년 동안 백성이 安業할 수 있었다. 그 후에 完澤篤皇帝(성종)께서 나로 하여금 (晉王의) 位次를 계승하게 하시고 大오르도를 맡기셨다. 이미 맡겨진 大營盤을 지키면서 2명의 형 曲律皇帝(무종), 普顔篤皇帝(인종)와 조카 碩德八剌皇帝(영종)를 도와 옹립하였다. 나는 累朝 황제께 異心을 꾀하지 않고 位次를 도모하지도 않으면서 本分에 따라 (나의) 국가에 힘을 다했다. 諸王 형제들과 여러 백성들도 모두 이를 알고 있다.
>
> 지금 나의 조카 황제께서 세상을 떠나셨다고 하여 進南의 諸王大臣과 軍에 있는 諸王, 駙馬 신료, 達達 백성들과 여러 사람들이 헤아리기를 大位次를 오래 비워서는 안 되고 오직 내가 薛禪皇帝의 嫡派이고 裕宗皇帝의 長孫이니 大位次에 마땅히 오를 차례이고 나머지 (位次를) 다투는 형제들은 없다고 한다. 이렇게 황제께서 돌아가신 사이부터 안정된 통치가 될 때까지 人心을 헤아리기 어

려우니 마땅히 백성을 安撫하고 천하의 인심이 편안할 수 있게 빨리 이렇게 즉
위해야 한다고 말하기 때문에 여러 사람들의 마음에 따라 9월 初 4일에 成吉思
皇帝의 大오르도에서 大位次에 앉는다. 여러 백성들의 마음을 편안하게 해 주
어야 하므로 赦書를 내린다.[184] (괄호 안의 내용은 필자가 첨부)

위 즉위 조서에서 분명히 드러나고 있는 점은 크게 두 가지로 나누어
볼 수 있다. 첫째는 晉王으로서의 본분을 지키면서 성종-무종-인종-영종으
로 이어지는 제위계승에서 일정 부분의 공로를 세웠다는 사실이다. 황제의
계승이 이루어질 때에는 몽골 諸王과 귀족들이 모두 모여 동의의 의사를
표시하는 쿠릴타이의 전통은 비록 형식적이라고 할지라도 계속 유지되고
있었는데, 晉王 가문 역시 여기에 참여하여 자신들이 제위를 넘보고 있지
않다는 점을 보여주고자 했을 것이다. 그래서 여러 황제들을 '도와서 옹립
[扶立]'했다는 즉위 조서의 표현은 이전의 제위계승에서 거부 의사를 표시
하지 않았다는 점을 의미한다. 둘째는 공석이 되어버린 제위에 마땅히 嫡長
孫인 자신이 즉위해야 한다는 정통성의 표명이다. 혈통의 측면에서도 즉위
의 명분이 적절하고, 모든 諸王과 귀족들이 자신을 지지하고 있다는 점을
밝힌 것이다. 대도나 상도가 아닌 칭기스 칸의 대오르도에서 즉위하는 것도
시일이 촉박하여 급하게 즉위했다는 인상을 줄 수 있지만, 이 조서에서는
오히려 이순테무르가 정통 후계자임을 보여주는 장치로 활용되고 있다.[185]

이렇게 태정제가 자신의 정통성을 강조하고 있지만, 영종과 바이주의
암살로 인해서 '예상치 못한' 즉위를 하게 되었다는 점은 부정할 수 없다.
그리고 그 과정에서 태정제의 최측근 신료인 다울라트 샤가 일정한 역할을

---

184) 『元史』 卷29, 「泰定帝本紀一」, 638~639쪽. 이 조서의 일본어 번역으로는 杉山
正明, 「大元ウルスの三大王國−カイシャンの奪權とその前後(上)」 『京都大學文
學部研究紀要』 34, 1995, 141쪽을 참고.
185) 野口周一, 「元代泰定帝朝における宰相層についての一考察」 『新島學園女子短期
大學紀要』 15, 1998, 143쪽.

수행했다는 점에도 주목할 필요가 있다. 다울라트 샤는 정변을 일으킨 세력과 이미 모종의 연결 관계를 맺고 있었고, 아마도 정변 후에 이순테무르를 황제로 옹립하려는 의도에도 적극적으로 나서서 영향력을 행사했을 것으로 생각된다. 이를 확대해서 해석하면, 결국 이순테무르가 영종 시해 모의에 적극적으로 가담했던 것으로 볼 수도 있다.[186] 하지만 이순테무르가 시해 모의를 알리는 테시 측의 사신이 왔을 때 사신을 가두고 그 모의를 고발하려고 노력했고, 다울라트 샤는 이순테무르의 또 다른 측근 신료인 旭邁傑에게는 이 모의를 알리지 말라고 은폐했다는 기록[187]이 있다는 점은 이순테무르보다는 다울라트 샤가 영종 시해 모의와 연관되어 있음을 보여준다.[188]

영종과 바이주를 암살한 이후 테시 세력이 신속하게 대도로 사신을 보내 百官들을 통제하고 있었던 상황이었지만, 그 안에서 불만이 표출되는 것까지 막을 수는 없었다. 추밀원의 掾史였던 王貞이라는 인물은 테시가 보낸 사신을 붙잡아 중서성과 추밀원이 함께 국문하고 군대를 통솔하여 역적들을 사로잡아 다른 변고가 발생하지 않게 하면서 사신을 이순테무르에게 파견하여 빨리 대도로 올 것을 청하자는 건의를 하였다.[189] 이 건의에서 주목할 것은 테시 일당을 역적으로 규정하면서도 그들에 의해 옹립된

---

186) 薛磊, 『元代宮廷史』, 天津: 百花文藝出版社, 2008, 211쪽.

187) 『元史』 卷29, 「泰定帝本紀一」, 638쪽.

188) 楊訥 역시 남파지변에 이순테무르가 적극적으로 직접 가담했다는 기존의 설명 방식에 의문을 제기하면서 훗날 문종이 즉위하는 과정에서 태정제의 정통성을 폄하시켜야 했기 때문에 이순테무르를 역적으로 규정할 수밖에 없게 된 것이라고 보고 있다. 이에 대해서는 楊訥, 「泰定帝與南坡之變」, 『慶祝鄧廣銘教授九十華誕論文集』, 石家莊: 河北敎育出版社, 1997을 참고. 楊訥의 이 논문은 그의 논문집인 楊訥, 『元史論集』, 北京: 國家圖書館出版社, 2012에도 재수록되어 있다.

189) 『元文類』 卷39, 「書王貞事」(商務印書館 標點本, 『元文類(下)』, 北京: 商務印書館, 1958, 522쪽). 이 내용은 『道園學古錄』 卷20, 「王貞傳」과 상당 부분 같지만 사신을 서쪽으로 내보내 今上(태정제)의 潛邸로 가게 하여 빨리 대도로 올 것을 청한다는 부분은 『元文類』에만 보인다.

이순테무르는 다음 황제로 분명히 인정하고 있다는 점이다. 태정제가 자신의 즉위 조서에서 迤南의 諸王, 大臣들이 빨리 제위에 오를 것을 자신에게 청했다는 내용과도 연결되는 부분이다. 이미 영종이 시해된 상황에서 제위가 오랫동안 비어서는 안 된다는 것이 百官들의 공통된 생각이었을 것이고, 이순테무르는 황제가 될 여러 자격을 충분히 갖추고 있었기 때문에 그의 옹립 자체에 대한 반대는 크지 않았던 것이다. 승상이 암살된 상황에서 중서성의 최고 권위자가 된 중서평장정사 장규 역시 "일이 이미 이와 같이 되었다면, 大統은 마땅히 晉邸에 있다."[190]라고 말하면서 이순테무르의 정통성에 이의를 제기하지 않았다.

이순테무르의 정통성이 인정되고 또 자신이 역모에 직접 참여한 것도 아니었지만, 역모 가담 세력에 의해 추대되어 옹립되었고 최측근인 다울라트 샤가 그 과정에 개입되어 있었다는 점은 변하지 않았다. 결국 이순테무르의 즉위를 주도한 테시 세력과 다울라트 샤가 모두 황제 옹립의 공으로 권신의 반열에 오를 수 있는 상황이 조성되었다고 볼 수 있다. 그러나 이순테무르는 즉위의 정통성을 위해 역모와의 연결 관계를 최대한 차단하려는 노력을 차후 진행하게 된다.

至治 3년(1323) 9월에 또 다른 변고 없이 이순테무르가 즉위(태정제)했고, 역모를 일으켰던 이들을 위주로 새로운 인사를 단행했다. 에센테무르가 우승상이 되었고, 테시는 지추밀원사에 임용되었으며 다울라트 샤는 중서평장정사에 임명되었다.[191] 바이주가 홀로 우승상이 되었던 관례를 그대

---

190) 『元文類』 卷53, 「平章政事張公墓志銘」(商務印書館 標點本, 『元文類(下)』, 北京: 商務印書館, 1958, 771쪽).

191) 『元史』 卷29, 「泰定帝本紀一」, 639쪽. 여기에서 에센테무르는 '淇陽王'으로 기록되어 있는데, 이는 에센테무르가 제국의 元勳 보로굴의 후손인 우치차르 가문 출신이었음을 뜻한다. 「太師淇陽忠武王碑」에 우치차르의 아들들 중 에센테무르가 기록되어 있는데(『元文類』 卷23, 「太師淇陽忠武王碑」(商務印書館 標點本, 『元文類(上)』, 北京: 商務印書館, 1958, 293쪽)), 이는 남파지변에 가담한 에센테무르와 동일한 인물을 지칭하는 것이다. 최근에 출판된 『元代人名大辭典』

로 이어받아 좌승상은 임명하지 않았다. 그러나 이 인사 임명은 임시적인 조치였음이 곧 드러나게 된다. 태정제는 1개월이 지난 후인 至治 3년 10월 에 대도로 사신을 보내 자신의 즉위를 알리는 제사를 지낼 것을 명령하고, 에센테무르 등 정변에 가담했던 인물들을 처형시켰던 것이다. 우승상 에센 테무르를 죽이면서 생긴 공석에는 旭邁傑을 임명하였고, 그 이후에는 대도 에 남아 있던 테시 등 정변 모의 세력들을 붙잡아 처형시키고 가산을 몰수 했다. 이렇게 해서 태정제는 남파지변을 일으킨 주축 세력들을 정계에서 대거 숙청시켰고, 자신의 정통성을 더욱 강화할 수 있었다. 이후에도 테시 와 관련된 인물들의 숙청과 남파지변에 가담한 諸王들을 유배 보내는 등의 조치를 통해 정변으로 즉위한 황제라는 이미지를 씻어내고자 했다. 태정제 는 역모 주도 세력을 재상으로 임명하여 이들을 우선 안심시켜 놓은 상태 에서 이들에게 반감을 가진 대도 측의 인사들과 연계하여 재빠른 숙청을 단행했던 것이다. 이를 통해 태정제 옹립의 주역들은 대부분 사라졌다.

문제는 영종 시해 모의에 '간접적으로' 연루되어 있었던 다울라트 샤였 다. 다울라트 샤가 비록 남파지변에 직접 가담한 것은 아니었다고 할지라 도, 모의의 사전 준비 과정에 어느 정도 기여했던 것은 사실이었다. 그렇기 때문에 테시와 다울라트 샤가 '搆謀'했다는 인식도 분명히 생겨나고 있었 다.[192] 태정제도 이러한 분위기를 분명히 감지하고 있었을 것으로 생각되 지만, 다울라트 샤는 결코 처벌 대상에 포함되지 않았다. 오히려 至治 3년 12월에 역적 토벌의 공적을 치하한다는 명목으로 다울라트 샤를 중서좌승 상에 임명했다.[193] 이는 남파지변과 다울라트 샤를 연계시키려는 어떠한

에 따르면, 元代 문헌에는 에센테무르라는 이름을 가진 인물이 46명이나 존재한 다(余大鈞 編著, 『元代人名大辭典』, 呼和浩特: 內蒙古人民出版社, 2016, 33~35 쪽). 이 중에서 淇陽王 에센테무르는 『元代人名大辭典』에서 也先鐵木兒⑤에 배 치되어 있다.

192) 『元史』 卷184, 「任速哥傳」, 4235~4236쪽.

193) 『元史』 卷29, 「泰定帝本紀一」, 642쪽.

시도도 성공하지 못했음을 의미하고, 더 나아가 다울라트 샤가 역적들을 처벌하는 것에 적극 나섰다는 점을 시사한다. 다울라트 샤는 테시 등과 권력을 나누어 보유해야만 했던 상황이었기 때문에 이른바 역적을 제거하면서 태정제의 정통성을 강화하고 자신의 위상도 제고하며 권력을 독점할 수 있을 것이라고 생각했을 가능성이 높다. 결국 테시 등을 모두 처형하는데 성공하면서 '킹메이커'로서의 위상은 오로지 다울라트 샤만이 가질 수 있게 되었던 것이다. 이렇게 되면서 태정제는 역모로 인해 즉위한 혐의로부터 완벽하게 벗어날 수가 없었고, 이것이 훗날 또 다른 제위계승분쟁이 발생하는 단초가 된다.

泰定 원년(1324)부터 태정제를 보좌한 우승상은 旭邁傑, 좌승상은 다울라트 샤로 두 사람 모두 晉王의 潛邸에서부터 태정제의 신임을 얻었다. 정치적 숙청이라는 과정을 거치면서 결국에는 태정제의 측근 신료들이 권력을 가지게 된 것이다.[194] 그런데 이 이상의 다른 사실들을 알아내기가 쉽지 않은데, 旭邁傑과 다울라트 샤 모두 『元史』에는 따로 열전이 없기 때문이다. 그래서 두 사람과 관련된 상세한 사항을 한눈에 파악하기가 어렵고, 결국 散見해 있는 기록들을 추적해야만 한다. 먼저 旭邁傑에 대해서 살펴보면, 野口周一은 그를 宗室諸王으로 추정만 하고 있을 뿐 구체적인 근거가 되는 사료는 전혀 제시하지 못하고 있다.[195] 그만큼 旭邁傑에 대해서는

---

194) 태정제가 즉위하게 되면서 晉王의 潛邸에서부터 활약한 인물들과 기존의 신료들 사이에 권력을 두고 충돌이 발생하는 모습은 고려 출신 환관 方臣祐의 祠堂碑에서 엿볼 수 있다. 태정제의 황후가 방신우를 후하게 대우하니 晉邸의 환관들이 방신우를 헐뜯었다는 내용(『益齋亂藁』 卷7, 「光祿大夫平章政事上洛府院君方公祠堂碑」)이 바로 그것이다. 환관들 사이에서도 권력 다툼이 발생하는데, 그보다 더 상위층에 있는 관료나 지배층들 사이에서도 당연히 권력 분쟁이 일어났을 것이다.

195) 野口周一, 「元代泰定帝朝における宰相層についての一考察」 『新島學園女子短期大學紀要』 15, 1998, 144쪽. 아마도 이러한 추정은 『新元史』의 내용을 참고했기 때문에 나온 것으로 생각되는데, 『新元史』 역시 旭邁傑을 宗室 諸王으로 단언한 근거를 제시하지 않고 있다. 『新元史』 卷204, 「旭邁傑傳」(『元史二種』 1冊,

알려진 것이 전혀 없었는데, 최근에 케식 관련 사료를 연구한 劉曉가 중요한 사료를 한 건 발굴했다. 이 자료에는 케식의 輪番 날짜가 나와 있는 중서성의 咨文이 기록되어 있는데, 여기에 '泰定 원년 10월 25일 旭邁傑 케식 1일'[196]이라는 내용이 확인된다. 劉曉의 연구에 따르면, 泰定 원년 10월 25일은 제3케식이 숙위를 담당하는 1일차에 해당되기 때문에 위 기록의 날짜에는 오류가 없고 그렇기 때문에 旭邁傑은 元勳 무칼리의 후예들이 맡은 제3케식장이었음을 알 수 있다.[197] 旭邁傑이 宗室 諸王이었다는 추정은 결국 사실과 부합하지 않은 셈이다. 旭邁傑은 바이주와 거의 동등한 혈통적 권위를 보유하고 있었던 것이고, 케식장으로서 일정 정도의 군사력도 가지고 있었음을 알 수 있다. 그러나 그의 두드러진 정치적 활약상은 많이 확인되지 않고 있고, 泰定 2년(1325) 12월에 타스테무르(塔失帖木兒, Tas-Temür)가 우승상에 오르고 있어[198] 그 이전에 사망한 것으로 보인다.

旭邁傑이 제3케식장이었다는 간명한 자료 덕분에 旭邁傑은 몽골제국 元勳 무칼리의 후손이라는 것이 밝혀졌지만, 다울라트 샤의 출신에 대해서는 여전히 알려진 것이 거의 없다. 단지 回回人이라는 정도만 확인할 수 있을 뿐이다. 다울라트 샤가 언제부터 晉王 휘하에서 內史가 되었는지도 알 수 없지만, 內史로 활약하며 이순테무르의 신임을 받으면서 지위가 높아졌음은 분명해 보인다. 그렇기 때문에 元의 중앙 조정에서 일어나는 일들에 간접적으로 간여할 수 있었던 것이다. 그런데 앞서 살펴보았던 것처럼, 남파지변과 관련된 일들을 旭邁傑에게는 알리지 말라고 했다는 기록이 있는 것을 보면 다울라트 샤는 旭邁傑의 눈치를 보고 있지 않았나 생각된다. 至治 3년 12월에 다울라트 샤가 좌승상이 되면서 이미 그 해 10월부터

上海: 上海古籍出版社, 1989, 814쪽)을 참고.

196) 『水利集』 卷1(元代史料叢刊編委會, 『元代史料叢刊初編－元代地理方志(下) 第30册』, 合肥: 黃山書社, 2012, 38쪽).

197) 劉曉, 「元代怯辭輪値新論」 『中國社會科學』 2008-4, 193~194쪽.

198) 『元史』 卷29, 「泰定帝本紀一」, 661쪽.

우승상이었던 旭邁傑과 함께 최고 재상의 반열에 오르게 되는데, 몽골제국 최고의 勳臣 가문 출신이자 케식장인 旭邁傑의 정치적인 위상까지 다울라트 샤가 따라잡을 수는 없었다. 그러나 출신 자체가 불분명한 回回人 다울라트 샤가 결과적으로 태정제의 즉위에 일조하며 총애를 받아 바이주 집권 시기에 없어졌던 좌승상이 될 수 있었던 것은 새로운 권신의 출현을 예고하는 것이기도 했다. 남파지변의 최대 수익자가 바로 다울라트 샤였다는 지적[199]은 바로 이러한 사실을 반영하는 것이기도 하다.

우승상 旭邁傑은 제3케식을 맡고 있고, 그와 동시에 아스위 다루가치에도 임명되어[200] 바이주가 그랬던 것처럼 독자적인 군사력을 보유하고 있었다. 하지만 다울라트 샤의 경우에는 중서좌승상이 된 이후로 다른 직함을 겸한 사례는 확인되지 않는다. 다울라트 샤는 자신이 직접 이끄는 별도의 군사적 세력이나 권력 기반을 가지고 있지 않았다. 다울라트 샤의 권력은 오로지 태정제의 신임에 기반을 두고 있었던 것이다.[201] 그런데 泰定 2년 10월의 기록을 보면 다울라트 샤가 어사대부에 임명되었다는 내용이 확인된다.[202] 중서좌승상 이외의 다른 관직을 다울라트 샤가 보유한 첫 사례에 해당되는데, 『元史』의 본기에는 이러한 조치가 실행된 배경에 대한 별다른 설명이 없다. 단지 다음 달에 다시 다울라트 샤를 중서좌승상으로 삼으면서 開府儀同三司와 錄軍國重事의 명예직 직함을 더해주었다는 기록

---

199) 馬娟, 「元代回回人倒剌沙史事鉤沈」『回族研究』 2002-4, 52쪽.

200) 『元史』 卷29, 「泰定帝本紀一」, 640쪽. 여기에서 아스위 다루가치는 아스위의 최고 감독관 역할을 수행했던 것으로 생각할 수 있다. 남파지변의 外應 역할을 했던 아스위의 통제와 견제를 우승상 旭邁傑에게 맡겼던 것이다. 한편 몽골제국의 다루가치에 대해서는 이미 많은 연구들이 진행되어 있는데, 그 중에서 국내학계의 최근 연구로는 조원, 「元 前期 達魯花赤의 제도화와 그 위상의 변화」『동아시아문화연구』 51, 2012와 조원, 「大元제국 다루가치체제와 지방통치-다루가치의 掌印權과 職任을 중심으로」『東洋史學研究』 125, 2013을 참고.

201) 喬志勇, 「論元代家臣的兩種類型-以"兩都之戰"後降臣塔失鐵木兒與倒剌沙之命運差異爲中心的考察」『史林』 2015-3, 53쪽.

202) 『元史』 卷29, 「泰定帝本紀一」, 660쪽.

만 확인될 뿐이다.[203] 이를 통해서 다울라트 샤는 1달 동안 중서좌승상에
서 면직되고 어사대부에 임명되었던 것이 확인되며, 결국 이도 兼職은 결
코 아니었음을 알 수 있다.

다울라트 샤가 어사대부가 되었다가 다시 중서좌승상으로 복직한 것은
다울라트 샤와 어사대 사이의 정치적 갈등을 보여주는 사건이었다. 『元史』
의 韓若愚 열전에는 사건의 대략적인 내용이 기록되어 있다. 이때 좌승상 다
울라트 샤가 威福을 임의로 하고 있으면서 侍御史 이린친(亦憐珍, Irinčin)
등을 誣陷하여 추밀원에 하옥시켰는데 감히 아무도 억울함을 말하지 못하
자 한약우가 좌승상 다울라트 샤를 右大夫로 삼을 것을 협의하여 아뢰니
이 일이 마침내 해결되었다는 것이다.[204] 여기에서 右大夫는 정확히 말하
면 右御史大夫이지만, 어사대부는 통상 左右로 구분을 짓지는 않기 때문에
그대로 어사대부라고 보면 된다. 여기에서 주목할 점은 다울라트 샤가 '威
服을 擅斷'하고 있으면서 侍御史를 무고하여 감옥에 가두었다는 사실이다.
황제의 신임 이외의 권력 기반은 가지고 있지 않은 좌승상이 권력을 농단
했다는 것은 당시 우승상의 권위도 무시하고 있었음을 보여준다. 그리고
다울라트 샤의 독단을 막기 위한 조치가 테무데르의 경우처럼 탄핵을 한
것도 아니고 단지 어사대부로의 轉任에만 머물렀다는 점은 다울라트 샤의
권위가 상당히 완고했음을 상징한다. 그런데 다울라트 샤와 어사대 사이의
갈등을 보여주는 이 사건을 더욱 구체적으로 설명하고 있는 기록이 있어
주목된다. 다소 긴 관련 내용은 다음과 같다.

> 泰定 연간에 승상 다울라트 샤가 當國하고 있었는데, 그의 黨與 중에 貪墨에
> 연루된 자가 있었다. 이때 車駕가 上京에 있었고, 公(李思明)이 都事로서 황제에
> 게 가서 그 일을 상주하려 하니 승상이 노하여 온갖 방법을 써서 이를 막으려고

---

203) 『元史』 卷29, 「泰定帝本紀一」, 661쪽.
204) 『元史』 卷176, 「韓若愚傳」, 4112쪽.

하였다. 中書參政 楊庭玉 또한 관에서 사들인 비단을 뇌물로 받은 일이 발각되었는데, 그 말이 승상의 사위 大都路治中 某에 연결되자 승상은 어사대, 중서성, 宗正府가 국문하게 할 것을 청했다. 어사대의 신료들은 세조가 제도를 만들 때에 貪墨한 관리는 오직 臺憲으로 하여금 조사하여 다스리게 했는데 지금은 중서성, 종정부가 함께 (조사한다고) 하니 이는 祖宗의 舊制를 어기는 것이라고 말했다. 위로 7번이나 청했는데, 응하지 않았다. 이에 公이 사직하여 京師로 돌아가고, 어사대 신료들이 다시 보고하니 비로소 그 청을 받아들였다. 양정옥 등은 죄를 인정했고, 마땅히 그 죄를 다스려야 했다. 승상은 급히 이를 관대하게 다스릴 것을 상주하였으나 (결과에 영향을) 끼치지 못하자 이에 더욱 분노했다. 마침 御史가 상소하여 말하기를, "천하의 홍수와 가뭄, 빈민의 유랑은 모두 중추 기구의 신료가 변고를 조절하는 데에 도움이 되지 못해서 생긴 결과입니다." 라고 하였다. 승상은 그 상소를 가지고 들어가서 말하기를, "지난번에 바이주와 테시의 언론이 맞지 않아서 국가에 화를 조성했다. 지금은 어사가 大臣을 무함하고 비난하여 朝政을 미혹하게 하고 어지럽히니 마땅히 獄을 두어 국문할 것이다."라고 하였다. 이에 칙령을 사칭하여 중서성, 추밀원, 종정부의 諸生이 함께 다스리게 하고 中丞과 侍御史를 모두 옥에 가두었다. (그러나) 얻어낸 것이 없자 마침내 어사대의 신료들이 어사가 아뢴 상소에 (글자를) 빼고 더했다는 점을 죄로 삼았다. 公이 말하기를, "이는 모두 某 등의 책임이고, 어사대의 신료들은 간여한 것이 없습니다."라고 하였다. 그 말과 얼굴빛이 奮激하니 사람들이 모두 열중하며 들었다. 다울라트 샤는 여러 번 그를 죽이라고 상주하였으나 황제는 그가 무죄였음을 알았기 때문에 허락하지 않았다. 다시 어사대부가 되기를 自請해서 그 일을 해결해 줄 것을 상주하였다. 公은 고향으로 돌아가 담담하게 이에 개의치 않았다.[205)]

---

205) 『滋溪文稿』 卷16, 「高邑李氏先德碑銘」(陳高華・孟繁清 點校本, 北京: 中華書局, 1997, 254쪽).

위에서 인용한 사료는『元史』韓若愚 열전보다 훨씬 상세한 전말을 알려주고 있는데, 여기에서는 다울라트 샤가 威服을 擅斷하고 있다는 표현 대신에 더 객관적인 용어인 '當國'을 사용하고 있다. 하지만 세조가 만들어 놓은 舊制를 위반하고 칙령을 사칭하여 어사대의 신료들을 가두는 등 다울라트 샤의 행동은 단순한 국정 운영의 차원을 넘어서는 것이었다. 자신과 대립하던 李思明을 죽일 것을 황제에게 청한 것은 개인적인 복수로 여러 사람을 죽였던 테무데르를 연상시키는 행위이기도 했다. 그야말로 다울라트 샤의 행동은 거칠 것이 없었다고 볼 수 있는데, 여기에서 주목할 점은 그가 어사대부가 되기를 '自請'했다는 사실이다. 이는『元史』한약우 열전의 서술과는 분명한 차이가 나는 대목이다. 단순히 다울라트 샤가 侍御史와의 갈등으로 인해 전임된 것이 아니라 직접 어사대부가 되어 어사대를 장악하고 자신에게 유리한 방향으로 정국을 이끌어가고자 했던 것이다. 단지 1개월 동안 어사대부를 역임한 다울라트 샤에 대해서 '中臺를 강력히 점거[狼據]'[206]하고 있다는 표현이 사료에 등장했던 것도 다울라트 샤가 어사대부로 강등되어 견제를 받았다기보다는 어사대까지 장악하기 위한 정치적 수단을 구사했던 것임을 알 수 있게 한다. 결국 다울라트 샤와 언쟁을 벌였던 관리들은 모두 파면되어 고향으로 돌아가는 것으로 사건은 마무리되었다.[207]

다울라트 샤는 어사대와의 정쟁에서 최종적으로 승리를 거두었고, 이후 다시 중서좌승상이 되면서 자신의 권력을 더욱 공고하게 형성했다. 그리고 얼마 지나지 않아 旭邁傑이 죽고 타스테무르가 우승상이 되었는데, 旭邁傑이 사망한 이후 다울라트 샤가 當國하면서 황제의 신임을 얻었다는 기록[208]이 있는 것을 보면 다울라트 샤의 위세는 더욱 강해졌음을 알 수 있

---

206)『朝京稿』卷1,「元贈開府儀同三司上柱國錄軍國重事江西等處行中書省丞相追封咸寧王謚忠肅星吉公神道碑銘」(黃靈庚 編輯校點,『宋濂全集』, 北京: 人民文學出版社, 2014, 1281쪽).

207)『元史』卷182,「張起巖傳」, 4194쪽.

다. 특히 다울라트 샤와 출신이 비슷한 서역인들이 조정에서 당여를 결성하면서[209] 확고한 정치 세력으로 결집되었고, 이에 사료에서는 서역 출신의 좌승상이 '當國', '柄國'한다는 등의 표현을 사용하면서 태정제 재위 시기에는 그가 권신이었음을 명확히 나타냈다.

지금까지 2장에서 살펴본 것처럼, 인종−영종−태정제의 순서로 제위가 계승되는 전후의 정치적 과정은 결코 순탄하지 않았다. 인종은 자신의 적장자를 황태자로 세우기 위해 형 무종과의 약속을 스스로 파기해 버렸고, 영종은 적장자였음에도 불구하고 정통성에 일부 결함이 있는 황제가 될 수밖에 없었다. 그 여파로 인해 영종은 시해를 당하는 비극의 주인공이 되었고, 태정제는 의도치 않게 제위를 계승했다. 그리 길지 않은 시간 동안에 진행된 이러한 정치적 변화는 결국 지나친 권력을 보유한 재상의 지속적인 출현을 야기했다. 인종은 황태자의 안위를 위해 황태후 및 테무데르와 연합을 해야만 했고, 이로 인해 테무데르는 어사대 관원들의 탄핵에도 불구하고 살아남아 영종 즉위 이후 탄핵에 대한 복수를 행하는 등 국정을 농단했다. 다기 태후와 테무데르의 정치적 그늘에서 벗어나고자 했던 영종은 폐립 모의 적발을 통해 태후 세력을 제거했고, 새로운 친신인 바이주를 등용하여 테무데르를 견제했다. 결과적으로 테무데르 견제에는 성공을 거두었지만, 이를 위해 바이주에게 상당한 권력을 부여했던 것은 테무데르 세력을 모두 타파하지 못한 국면 속에서 결국 영종과 바이주가 암살되는 파국으로 연결되었다.

이후 새로운 황제인 태정제가 즉위하는 과정은 테시를 중심으로 하는 세력과 태정제 측근 신료들의 경쟁으로 이어졌고, 여기에서 후자가 승리를 거두어 인종 시기부터 이어져 온 정치적 여파를 일거에 청산했다. 하지만

---

208) 『元史』 卷182, 「宋本傳」, 4205쪽.

209) 『元史』 卷190, 「儒學二」, 4351쪽 ; 『滋溪文稿』 卷8, 「元故中奉大夫江浙行中書省參知政事追封南陽郡公諡文靖字尤魯公神道碑銘」(陳高華·孟繁清 點校本, 北京: 中華書局, 1997, 124쪽).

킹메이커로서 다울라트 샤가 중앙 조정에서 세력을 결집하기 시작했고, 결국 몽골인도 아니고 우승상도 아닌 인물이 권신이 되는 사태가 발생했다. 물론, 세조 시기의 권신 아흐마드와 셍게도 몽골인이 아니었고 중서우승상의 지위에도 오르지 못했지만 이들은 어사대의 탄핵을 받은 이후 황제로부터의 신임을 잃어 아흐마드는 죽은 이후에 처벌되었고 셍게는 목숨을 잃었다. 하지만 다울라트 샤는 자신을 공격했던 어사대를 오히려 장악하면서 태정제의 신임을 끝까지 잃지 않았다는 점에서 차이가 있다. 결국 황제가 바뀔 때마다 새로운 성격을 가진 권신이 점점 더 강력한 권력을 차지하면서 주기적으로 등장했던 것이다.

태정제가 비록 남파지변의 주도자들을 모두 처형시켰다고 하지만, 태정제가 영종 시해와 관련되었다는 의심까지 지워낼 수는 없었다. 게다가 영종 시해 모의에 간접적으로라도 연루되어 있었던 다울라트 샤가 권신이 된 상황에서는 그러한 의문이 더욱 확대되기 마련이었다. 결국 태정제 사후에 제위를 둘러싼 정치적 갈등이 그로 인해 다시 일어나게 되고, 그 과정에서 이전보다 훨씬 더 독자적이면서 강력한 권력을 보유한 권신이 등장하게 된다.

제 3 장

제위계승내란과
全權 權臣의 집권

태정제 시기에 좌승상 다울라트 샤의 국정 장악은 오로지 태정제의 신임을 바탕으로 이루어졌다. 그렇기 때문에 다울라트 샤는 자신의 권력 기반을 유지하기 위한 목적으로 태정제와 다른 신료들 사이의 관계를 차단시키는 방법을 사용하였다. 다울라트 샤가 은밀히 황제의 모든 명령을 관리하며 조정 내외의 신료들은 미리 알지 못하게 했다는 기록[1]은 다울라트 샤의 국정 운영 방식을 간명하게 보여주고 있다. 영종과 바이주를 시해한 것이 결정적인 계기가 되어 권력을 장악한 다울라트 샤로서는 정권 유지를 위한 수단을 강구하고 있었던 것이었다. 그러나 이러한 정치적 상황 속에서 불만이 생기는 것까지 막을 수는 없었는데, 심지어 이러한 불만은 암살된 영종에 대한 복수 차원에서 정권을 뒤엎는 정변을 일으키자는 방향으로까지 발전해 나갔다.

태정제가 사망한 이후, 실제로 제위계승의 향방을 놓고 군사 쿠데타가 발생했고 이로 인해 元의 두 수도인 대도와 상도를 중심으로 하는 세력들 사이의 내전이 일어났다. 제위계승을 둘러싸고 벌어진 이 내전에서 대도 진영이 승리를 거두었고, 그 결과로 이전과는 권력 기반의 차원이 다른 새로운 권신이 등장하게 되었다. 황태후나 황제의 신임을 기반으로 권력을 장악한 것이 아니라 독자적인 군사력과 통솔력을 지니면서 새로운 황제를 주체적으로 옹립한 권신이 나타나 정국의 주도권을 잡게 된 것이다. 제위계승과정의 모든 것을 결정하는 권신의 등장으로 인해 자연스럽게 황제의 위상은 약화될 수밖에 없었다. 권신의 위상이 황제의 그것과도 비슷해지면서 실질적인 모든 정무에 영향력을 미치게 되는 '全權 權臣'의 시대가 시작된 것이다. 이에 제위계승의 결과와 全權 權臣의 등장에 저항하는 내란이 일어나기는 했지만 모두 진압되면서 오히려 권신의 권력을 더욱 강하게 만

---

1) 『元史』 卷176, 「趙師魯傳」, 4113쪽.

들어주는 결과를 야기하였다.

이러한 쇼權 權臣의 등장은 황제의 권력이 급속하게 약화되는 현상을 초래하였고, 그로 인해 제위계승을 둘러싼 정치적 분쟁은 권신의 직접적인 주도 하에 이루어졌다. 이러한 환경 속에서 태후 역시 정치적인 발언권을 행사하며 제위계승에 일정 역할을 담당하게 되었다. 그 결과 혜종은 중앙 조정의 복잡한 권력 구조 속에서 귀양살이를 하는 시련을 거친 이후에야 겨우 즉위할 수 있었고, 제위계승이 이루어진 뒤에는 권신의 자리를 놓고 정치적 분쟁이 벌어졌다. 예전에는 황제와 권신이 같은 정치적 입장에 놓여 있었지만, 이제는 권신이 더욱 독자적인 권한을 가지게 되면서 황제와는 별도의 세력을 형성하기 시작했던 것이다. 이로 인해 권신이 황제와 대립하게 되는 현상이 나타났다.

이에 본 장에서는 元代 후기 정치사의 출발점이라고 할 수 있는 쇼權 權臣의 등장 배경과 권력 강화 과정에 대해서 살펴볼 것이다. 그리고 권신이 성장하는 정치적 환경 속에서 元代의 제위계승분쟁은 어떠한 방식으로 지속되었는지를 검토하고, 혜종 즉위 이후 권신들 사이의 투쟁이 전개된 상황에 대해서도 알아보고자 한다. 이를 통해 元代 후기 중앙 조정 정치의 특징을 도출해낼 수 있을 것이라 생각한다.

1. 킵차크인 權臣 엘테무르

1) 엘테무르의 등장 배경

킵차크인 엘테무르는 祖父 토트칵(Totqaq, 土土哈)과 父親 중구르(Jünggür, 牀兀兒)가 구축한 군사적 기반을 바탕으로 권력을 장악해갔고, 토트칵과 중구르의 활약은 虞集이 쓴 「句容郡王世績碑」에 비교적 상세하게 기록되어 있다.[2] 물론, 이 비문은 엘테무르가 최고 권력자가 된 상황에서 그의 선조들이 세워놓은 업적을 찬양하기 위해 지어진 것이기 때문에 사실 관계에서 약간의 과장이 없지는 않을 것이다. 그럼에도 불구하고, 대원제국 역사의 중요한 정치·군사적 사건들에서 토트칵·중구르 父子가 지속적으로 활약하고 있음을 서술한 비문의 내용은 그들의 역할이 상당히 중요했음을 보여주는 자료라고 할 수 있다.

토트칵의 조부인 쿠르스만(忽魯速蠻, Qursman)이 몽골제국에 귀부한 것은 우구데이 시기였고, 쿠르스만의 아들인 발두착(班都察, Baldučaq)은 쿠빌라이의 大理 원정 및 남송 공략 시기에 그를 수행하며 신임을 얻었다. 발두착은 킵차크인 100명을 데리고 쿠빌라이의 곁에 있으면서 芻牧의 일을 관장하고 특히 馬乳를 공급하는 임무를 맡았다. 이 馬乳의 색깔이 검은 색이었기 때문에 발두착을 포함한 킵차크인들은 카라치(哈剌赤, qarači)[3] 라고 불렸는데, 이는 그들이 쿠빌라이의 케식 일원으로서 활동했음을 보여주는 것이다. 발두착의 아들인 토트칵은 아버지를 따라 카라치로서 쿠빌라이를 호종했고, 아릭부케와의 전투에서 공을 세우며 두각을 나타내기 시작했다. 즉, 이들 킵차크인들이 쿠빌라이의 케식으로부터 정치적 경력을 쌓아갔다는 점이 무엇보다도 중요하다고 할 수 있다.

발두착이 사망하면서 토트칵은 아버지의 뒤를 이어 宿衛를 맡게 되었

---

2) 『道園學古錄』 卷23, 「句容郡王世績碑」(王頲 點校, 『虞集全集』, 天津: 天津古籍出版社, 2007, 1018~1022쪽). 토트칵의 업적은 『元朝名臣事略』 卷3, 「樞密句容武毅王」(姚景安 點校本, 北京: 中華書局, 1996, 47~52쪽)에도 기록되어 있다. 토트칵과 중구르의 활약을 정리한 것으로는 이개석, 『14世紀 初 元朝支配體制의 再編과 그 背景』, 서울대학교 대학원 동양사학과 박사학위논문, 1998, 127~130쪽도 참고.

3) 카라치는 黑馬乳를 관리하여 이를 군량으로 공급하는 임무를 맡은 사람들을 일컫는 말로 처음 사용되었고, 이후에는 말을 기르는 牧人을 칭하기도 하였다(太田彌一郎, 「元代の哈剌赤軍と哈剌赤戶-〈探馬赤戶〉の理解に關って」 『集刊東洋學』 46, 1981, 2쪽 ; 曹永年, 「關於喀喇沁的變遷」 『蒙古史研究』 4, 呼和浩特: 內蒙古大學出版社, 1993, 58쪽). 카라치와 킵차크인의 관계에 대한 여러 측면들에 관해서는 寶玉柱, 「喀喇沁探源-元代宿衛與哈剌赤」 『西北民族大學學報(哲學社會科學版)』 2013-5를 참고.

고, 세조 쿠빌라이 시기에 발생했던 諸王들의 반란을 제압하는 과정에서 수많은 戰功을 세웠다. 그래서 세조는 至元 23년(1286)에 킵차크衛를 별도로 설치하고, 토트칵이 이를 관할하게 하였다. 이후에도 토트칵은 킵차크衛軍을 이끌며 훗날 성종으로 즉위하게 되는 皇孫 테무르를 보좌하기도 하였고, 카이두와의 전투에서 곤경에 빠진 晉王을 구출해내는 등 戰線에서 두드러진 활약을 보였다. 이에 세조는 칭기스 칸이 어려움에 처했을 때 끝까지 남아 있었던 신하들과 발주나 호수의 물을 같이 마시면서 맹약을 맺었던 일화[4]까지 언급하면서 토트칵을 극찬했고, 논공행상에서도 킵차크 병사들을 우선순위에 두었을 정도였다.

토트칵의 셋째 아들인 중구르는 至元 24년(1287)부터 太師 月兒律(=月赤察兒)을 따라 군사적 공적을 세웠고, 이때 昭武大將軍 겸 左衛親軍都指揮使의 직함을 이미 받았다. 토트칵은 大德 원년(1297)에 사망할 때까지 줄곧 北邊에서 군사적 임무를 수행하였고, 그가 사망하면서 중구르가 토트칵의 임무를 그대로 물려받았다. 중구르는 카이두와의 막바지 전쟁에서 돋보이는 활약을 보였고, 당시에 北邊에 出鎭하고 있었던 카이샨은 군사와 관련된 일을 반드시 중구르에게 물어보았을 정도였다. 카이두 세력이 진압되고 난 이후에 카이샨은 楚王 야쿠두의 딸과 중구르의 혼인을 성사시키면서 그의 공적에 대한 포상을 내렸다. 중구르가 몽골 諸王의 딸과 혼인했다는 점은 카이샨이 중구르를 매우 신뢰했음을 보여주는 또 다른 증거라고 할 수 있다. 중구르는 이후 성종이 사망하면서 제위계승분쟁이 시작되었을 때 카이샨의 즉위를 위해 1만의 병력을 지원하는 것으로 총애에 보답했다.[5] 무종 카이샨은 즉위한 이후 중구르를 句容郡王에 봉하면서 세조가 大

---

4) 발주나 맹약에 관해서는 Francis Woodman Cleaves, "The Historicity of the Baljuna Covenant", *Harvard Journal of Asiatic Studies* Vol. 18, No. 3/4, 1955 ; 楊志玖, 「蒙古初期飮渾水功臣十九人考」『內陸亞洲歷史文化硏究－韓儒林先生紀念文集』, 南京: 南京大學出版社, 1986을 참고.

5) 至元 28년(1291)에 토트칵이 카라치軍 1만 명을 이끌고 漢荅海에서 사냥을 하는

理를 정벌할 때 사용했던 武帳과 그가 입었던 珠衣를 하사하기까지 하였다. 이렇게 세조와 토트칵, 무종과 중구르의 관계가 밀접해지면서 대원제국 내에서 킵차크衛의 지위 및 토트칵 가문의 위상은 더욱 확고해질 수 있었던 것이다.

엘테무르의 아버지인 중구르가 戰場에서 활약하고 있었던 시기에 엘테무르는 카이샨의 케식에 10여 년 동안 있으면서 총애를 받았다.[6] 엘테무르가 北邊에 出鎭하여 카이두와의 전투에서 고초를 겪고 있었던 카이샨을 扈從하는 임무를 성실히 수행하였던 것이다. 특히 카이두와의 전쟁이 마감된 이후 공로를 인정받아 카이샨은 大德 8년(1304)에 성종으로부터 懷寧王의 王號를 수여받았고,[7] 그 이후에는 카이샨의 수행원들이 諸王을 호위하는 케식으로서의 지위를 갖추게 되면서 임무가 더욱 막중해졌을 것이다. 황태자, 后妃, 諸王의 케식은 황제의 케식과 똑같은 4교대의 輪番 구조로 되어 있으면서 자신들의 주인에게 충성했기 때문에, 懷寧王의 케식 내에서 카이샨은 마치 황제와 다름없는 권위를 지니고 있었다. 그랬던 懷寧王 카이샨이 무종으로 즉위하여 황제가 되고, 이로 인해 카이샨을 호위했던 인원들이 중앙 政界에 대거 진출하게 되면서 무종에 대한 충성심은 더욱 커질 수밖에 없었다.

무종은 즉위한 이후에 자신을 따랐던 臣僚들을 요직에 배치하였고, 이 과정에서 엘테무르는 正奉大夫(從2品 文散官) 겸 同知宣徽院事(正2品)에 拜受되었다.[8] 케식 출신으로서 관직에 처음으로 임용될 때에 케식長이 正3品

데 邊寇들이 이를 듣고 모두 물러났다고 하는 기록(『元史』 卷128, 「土土哈傳」, 3134쪽)과 무종이 대도로 향할 때 대군을 이끌고 西道로 진군하고 按灰는 中道로, 床兀兒(牀兀兒)는 東道로 진군하는데 각각 勁卒 1만 명을 따르게 했다는 기록(『元史』 卷138, 「康里脫脫傳」, 3322쪽)을 통해서 킵차크衛軍의 숫자가 1만에 달했음을 확인할 수 있다.

6) 『元史』 卷138, 「燕鐵木兒傳」, 3326쪽.
7) 『元史』 卷21, 「成宗本紀四」, 461쪽.
8) 『元史』 卷138, 「燕鐵木兒傳」, 3326쪽.

이상의 관품을 받았다는 점을 생각한다면,[9] 正2品 관직을 받은 엘테무르
는 무종으로부터 케식長 수준의 대우를 받은 것이나 마찬가지였다. 한편,
同知宣徽院事인 엘테무르가 소속된 宣徽院은 각종 의식과 접대 및 賞賜에
필요한 물자를 관리하는 기본적인 임무에 더하여 황제와 케식의 일상적 생
활을 관할하고 황제와 諸王 사이의 관계를 유지하는 중개자로서의 역할도
수행했던 관청이었다.[10] 토트칵과 중구르가 각각 역임했던 同知太僕院事,
太僕少卿이라는 직함은 그들이 케식에서 카라치의 임무를 수행했기 때문
에 받을 수 있었던 것이고, 엘테무르가 받았던 同知宣徽院事라는 직함도
그가 祖父와 父親과 같은 카라치였음을 알려주는 것이기도 하다.[11] 그래서
엘테무르는 카라치의 임무와 관련된 선휘원에 배속되었던 것이고, "禁近의
신료들은 服御, 弓矢, 食飮, 文史, 車馬, 盧帳, 府庫, 醫藥, 卜祝의 일을 분담
하는데 모두 세습하여 임무를 맡는다."[12]라고 한 기록에도 부합한다. 엘테
무르는 가문에서 맡아오던 카라치의 직함을 세습하였고, 무종이 즉위하면
서 단숨에 요직으로 임명되어 중앙 政界에 등장할 수 있었던 것이다.

　무종의 측근 신료들이 중앙 조정을 장악했던 상황은 至大 4년(1311) 정
월에 무종이 갑자기 사망하면서 급변하기 시작했다. 앞서 1장에서 살펴보

---

9) 片山共夫, 「怯薛と元朝官僚制」 『史學雜誌』 89-12, 1980, 18쪽.

10) 大元帝國의 宣徽院에 대해서는 達力扎布, 「元朝宣徽院的機構和職司」 『元史及北
方民族史研究集刊』 11, 1987을 참고. 이 논문에서 達力扎布가 정리한 표(50~51
쪽)를 살펴보면, 宣徽院에서 관직을 역임했던 인물들 중 다수가 훗날에 승상이나
어사대부가 되고 있는데, 이는 宣徽院이 중앙 조정의 핵심적인 관료기구였음을
보여주는 증거라고 할 수 있다. 그리고 최근에 설배환은 각종 식품 제공을 담당
하는 역할을 중심으로 宣徽院과 그 휘하 기관을 분석한 바 있다(설배환, 「13~14
세기 카안의 부엌과 몽골 風味의 지속과 변화」 『몽골학』 49, 2017, 8~13쪽).

11) 片山共夫, 「元朝怯薛出身者の家柄について」 『九州大學東洋史論集』 8, 1980, 28
쪽 ; 張沛之, 『元代色目人家族及其文化傾向研究』, 天津: 天津古籍出版社, 2009,
18쪽.

12) 『道園類稿』 卷40, 「賈忠隱公神道碑」(王頲 點校, 『虞集全集』, 天津: 天津古籍出版
社, 2007, 1059쪽).

았던 것처럼, 인종은 무종이 세운 상서성의 권신들을 대부분 숙청했고 무
종의 장남인 코실라를 雲南으로 보내 버리면서 제위계승에서 배제시켰던
것이다. 이로 인해 무종 계열의 신료들은 정치적 기반을 상실할 수밖에 없
게 되었다. 그러나 중구르와 엘테무르는 이러한 정치적 위기 속에서 결정
적인 타격을 입지는 않았던 것으로 보인다. 중구르는 무종 재위 기간 동안
에 계속 변경에 거주하면서 중앙 정치에 개입을 하지 않았고 엘테무르는
상서성과 직접적으로 관련되어 있지는 않았기 때문에 인종 즉위 이후에도
지위를 보전할 수 있었던 것이다. 또한, 인종 재위 초기에 발생했던 차가타
이 울루스와의 군사적 긴장관계도 중구르가 지위를 유지할 수 있었던 하나
의 요인이 되었다.[13] 중구르는 서북 변경에서 5만 명의 휘하 병력을 이끌
며 알타이 지방의 본거지에서 강력한 군단을 지속적으로 통솔할 수 있었던
것이다.[14] 그러나 周王 코실라의 반란[關陝之變]과 뒤이어 일어난 토가치
(脫火赤, Toɣači)의 반란[15]이 제압되고 변경의 정세가 안정된 이후인 延祐

---

13) 元과 차가타이 울루스 사이의 군사적 충돌에 대해서는 劉迎勝, 「皇慶, 至治年間
元朝與察合台汗國和戰始末」 『元史論叢』 5, 北京: 中國社會科學出版社, 1993을
참고. 차가타이 울루스와의 전투에서 중구르가 보여주었던 활약에 대해서는 劉
迎勝, 「牀兀兒及其家族的活動」 『西域研究』 1993-3을 참고.

14) 大葉昇一, 「元朝中期における西北邊境軍の展開」 『內陸アジア史研究』 9, 1993,
58쪽. 당시 알타이 以西 지역의 元 주둔군의 위치에 대해서는 沈昊成, 「몽골帝國
期 東部 중앙아시아 驛站 교통로의 변천」 『東洋史學研究』 118, 2012, 117~120
쪽을 참고. 沈昊成의 논문은 영어로도 발표되어 세계 학계 연구자들의 주목을 받
고 있다. Hosung Shim, "The Postal Roads of the Great Khans in Central Asia
under the Mongol-Yuan Empire", *Journal of Song-Yuan Studies* Vol. 44,
2014를 참고.

15) 토가치가 반란을 일으킨 상세한 정황은 잘 드러나지 않고 있지만, 서북 변경에서
의 활약[劉迎勝, 「脫火赤丞相與元金山戍軍」 『南京大學學報(哲學, 人文, 社會科學)』
1992-4 참고]으로 인해 延祐 2년(1315)에 威寧郡王에 봉해진 그가 延祐 4년
(1317) 2월의 기록에 반란을 일으켰다고 되어 있으며 같은 해 6월의 기록에는
'叛王'으로 기재되어 있는 것이 확인된다. 그러므로 延祐 3년(1316) 11월에 일어
났던 關陝之變에 이어 토가치가 휘하 군사들을 모아 반란을 일으켰던 것으로 보
인다. 기존의 연구들 역시 威寧郡王 토가치가 곧 '叛王' 토가치와 같은 사람이라

4년(1317)에 인종은 중구르를 중앙으로 불러들이고 宗室의 대우를 해 주었다. 기록에는 인종이 중구르의 노쇠함을 걱정하여 그를 소환했다고 되어 있지만, 아마도 서쪽으로 도망간 周王과 중구르의 연계가 이루어지는 것을 염려하여 이루어진 조치가 아니었나 생각된다. 그렇게 소환된 이후 至治 2년(1322)에 사망할 때까지 중구르가 구체적으로 무엇을 했는지에 대해서는 기록이 존재하지 않는다.

부친 중구르가 서북 변경에서 활약하고 돌아와서 사망하는 인종, 영종 시기 엘테무르의 행적에 관련된 기록은 상당히 소략하다. 우선 皇慶 원년(1312)에 엘테무르는 중구르가 가지고 있던 左衛親軍都指揮使(正3品)의 직함을 물려받고 있다.[16] 엘테무르는 인종 즉위 이후에 중앙 조정 侍衛親軍의 根幹이었던 左衛親軍을 관할하는 직책을 맡게 되었던 것이다.[17] 그런데

고 보고 있는데(杉山正明, 『モンゴル帝國と大元ウルス』, 京都: 京都大學學術出版會, 2004, 340~342쪽 ; 党寶海, 「元朝延祐年間北方邊將脫忽赤叛亂考 - 讀〈大元贈嶺北行省右丞忠愍公廟碑〉」 『西域研究』 2007-2, 61~66쪽), 赤坂恒明은 이에 의문을 제기하면서 '叛王' 토가치는 寧肅王 토가치일 가능성이 있다는 의견을 제시하기도 하였다(赤坂恒明, 「ホシラの西行とバイダル裔チャガタイ家」 『東洋史研究』 67-4, 2009, 42~53쪽). 비록 토가치가 누구인지에 대해서는 논란이 있지만, 그의 반란이 周王의 西行 및 關陝之變과 관련되어 있음은 위 연구들에서 모두 인정하고 있다.

16) 『元史』 卷138, 「燕鐵木兒傳」, 3326쪽. 劉迎勝은 이 기록을 토대로 엘테무르가 欽察親軍左衛都指揮使를 물려받은 것이라고 보았지만(劉迎勝, 「欽察親軍左右翼考」 『元史論叢』 11, 天津: 天津古籍出版社, 2009, 14쪽), 중구르의 직함을 확인해보면 欽察親軍都指揮使와 左衛親軍都指揮使가 분명히 구별되어 있고, 左欽察衛가 생긴 것은 영종 재위 기간인 至治 2년(1322)의 일이므로 시기상으로도 엘테무르가 皇慶 원년에 欽察親軍左衛都指揮使가 되었다는 설명에는 오류가 있다. 그리고 『元史』 전체에서 중구르 열전에만 기록된 欽察左衛(『元史』 卷128, 「牀兀兒傳」, 3137쪽)가 영종 시기에 설치된 左欽察衛와 어떠한 관련이 있는지도 확인할 수 없다.

17) 侍衛親軍의 성립, 구성 및 이를 관할했던 軍官들에 대해서는 井戶一公, 「元代侍衛親軍の諸衛について」 『九州大學東洋史論集』 12, 1983을 참조. 또한 侍衛親軍이 원 제국에서 가지는 의미 등에 대해서는 李基天, 「元代 侍衛親軍의 起源과 性格 - 侍衛親軍의 '중원왕조 계통설'에 대한 재검토를 중심으로」 『경상사학』 27,

『元史』의 「仁宗本紀」를 보면, 延祐 3년(1316) 7월에 "엘테무르를 다시 지추밀원사로 삼았다."[18]는 기록이 보이고 있어 엘테무르가 지추밀원사의 직함을 한번 받았던 적이 있었던 것으로 보인다. 엘테무르의 열전에는 해당 기록이 없는데, 『類編歷擧三場文選』이라고 하는 문헌의 冒頭에 기록된 공문서에 皇慶 2년(1313) 10월 23일의 숙직을 맡았던 케식으로 '哈剌赤燕帖木兒知院'이 등장하고 있다.[19] 카라치 엘테무르는 당연히 킵차크인 엘테무르와 동일 인물일 것이고, 그가 '知院'이라고 기록되어 있기 때문에 적어도 皇慶 2년에는 이미 지추밀원사가 되었던 것이라고 볼 수 있다. 하지만, 延祐 3년에 다시 지추밀원사가 된 이후 인종이 사망할 때까지 엘테무르의 행적에 대한 기록은 확인되지 않는다.

인종의 뒤를 이은 영종은 제위계승분쟁으로 인해 발생한 여러 우여곡절을 거쳐 즉위했기 때문에 계승 문제에 매우 민감하게 반응했다. 즉위하자마자 동생인 安王 우두스부카를 順陽王으로 降封시켰다가 얼마 후 살해했고,[20] 至治 원년(1321) 5월에는 무종의 차남인 톡테무르(圖帖睦爾, Toq-Temür, 훗날의 문종)를 海南으로 보내서 중앙 조정에서 멀어지게 했다.[21] 귀양이나 다름없는 조치였다. 영종이 톡테무르에게 王號도 주지 않고 海南으로 보낸 것은 周王을 몰아내고 즉위한 자신의 불안한 지위를 공고하게 만들기 위한 것이었고, 무종의 후손이 제위계승에 앞으로 연루되지 못하도록 하려는 심산이었다.[22]

이러한 정치적 상황에서 영종은 至治 원년 10월에 엘테무르를 변경 순

2011을 참고.

18) 『元史』 卷25, 「仁宗本紀二」, 574쪽.

19) 片山共夫, 「元朝怯薛の職掌について(その一)」 『中國社會·制度·文化史の諸問題: 日野開三郎博士頌壽記念論集』, 東京: 中國書店, 1987, 561쪽에서 재인용.

20) 『元史』 卷108, 「諸王表」, 2741쪽.

21) 『元史』 卷27, 「英宗本紀一」, 612쪽.

22) 이에 대해서는 王獻軍, 「元文宗圖帖睦爾出居海南考」 『海南大學學報(人文社會科學版)』 22-1, 2004를 참고.

행에 파견하였다.[23] 馬娟은 엘테무르의 변경 순행이 先祖의 職任을 물려받기 위한 과정이었다고 보았지만,[24] 실상은 그렇지 않다. 엘테무르를 변경 순행에 보낸 이듬해에 영종은 킵차크衛를 左·右 둘로 나누어 당시 중서좌승상이었던 바이주가 관할하도록 했기 때문이다.[25] 앞에서 살펴보았듯이 바이주는 칭기스 칸의 4傑 중의 한 사람인 무칼리의 후손이고, 킵차크와는 아무런 혈연적 관련성이 없는 인물이다. 만약에 엘테무르가 先祖들의 職任을 물려받았다고 한다면, 킵차크衛는 엘테무르가 통솔하고 있었어야 한다. 하지만 킵차크衛는 영종이 바이주에게 권력을 실어주는 수단으로 활용되었을 뿐이었다. 그리고 킵차크衛의 직임을 물려받기 위한 변경 순행이었다면 마땅히 그들이 활약했던 서북 방면으로 향해야 하는데, 明代 正德 연간에 간행된 『瓊臺志』라는 자료를 보면 엘테무르는 至治 원년에 톡테무르가 있던 海南의 瓊州로 따라왔다고 기록되어 있다.[26] 그러므로 엘테무르의 변경 순행은 결국 영종이 그를 톡테무르가 있던 海南으로 보낸 사실을 표현한 것으로 보아야 한다. 엘테무르의 정치적 영향력은 크게 감소했고, 심지어 그의 가문이 관할했던 군사적 기반마저도 상실하는 시련을 맞이하게 되었던 것이다. 그러나 海南으로 쫓겨났던 경험으로 인해 엘테무르는 훗날 문종으로 즉위하는 톡테무르와 긴밀한 관계를 맺을 수 있었고, 이것이 훗날 엘테무르의 쿠데타에 중요한 요소로 작용하게 된다.

엘테무르의 정치적 시련은 영종과 바이주가 살해되고 태정제가 즉위하면서 전환점을 맞게 되었다. 태정제는 元 조정 내의 해묵은 갈등을 해소하려고 하였고, 이에 따라 무종 계열 신료들에 대한 억압적 분위기도 바뀌게

---

23) 『元史』 卷27, 「英宗本紀一」, 614쪽.

24) 馬娟, 「元代欽察人燕鐵木兒事迹考論」 『元史論叢』 10, 北京: 中國廣播電視出版社, 2005, 100쪽.

25) 『元史』 卷28, 「英宗本紀二」, 619쪽.

26) 『(正德)瓊臺志』 卷34, 「流寓」(彭靜中 點校, 『正德瓊臺志』 下冊, 海口: 海南出版社, 2006, 721쪽).

된 것이다. 이러한 정책의 일환으로 태정제는 海南으로 쫓겨났던 톡테무르를 대도로 소환하여 懷王이라는 王號를 하사한 이후 建康(현재의 江蘇省 南京市)에서 거주하게 하였고,[27] 서쪽으로 도망갔던 周王에게도 따로 사신을 파견하였다.[28] 엘테무르 역시 톡테무르를 따라 귀환했고, 泰定 2년(1325)에는 太僕卿의 직함을 받았다. 泰定 3년(1326)에는 同僉樞密院事(正4品)가 되어 軍事에 간여할 수 있게 되었다.[29] 하지만 太僕卿과 同知樞密院事는 엘테무르가 이전에 맡았던 同知宣徽院事, 지추밀원사보다 모두 品級이 낮은 관직이었다. 그나마 태정제가 泰定 4년(1327) 2월에 엘테무르에게 諸衛軍을 敎閱할 수 있는 권한을 주었고,[30] 致和[31] 원년(1328)에는 엘테무르가 僉書樞密院事(正3品)로 승진하면서 어느 정도의 병권을 장악할 수 있었던 것으로 보인다.

엘테무르는 元에서 대대로 군사적으로 활약했던 킵차크인 군사 귀족 가문 출신으로 무종의 즉위 이후 그의 총애를 받아 중앙 정계에 본격적으로 진출하였다. 엘테무르 가문은 무종이 사망하고 정치적 환경이 급변하는 상황 속에서도 어느 정도의 지위를 유지할 수 있었지만, 영종이 즉위한 이후

---

27) 『元史』卷29, 「泰定帝本紀一」, 651쪽, 653쪽. 懷王 톡테무르가 建康에 거주하고 있던 시기의 정황에 대해서는 陳得芝, 「元文宗在建康」『西部蒙古論壇』2012-3을 참고. 이 논문은 陳得芝의 논문집 陳得芝, 『蒙元史與中華多元文化論集』, 上海: 上海古籍出版社, 2013에 재수록되어 있다.

28) 『元史』卷29, 「泰定帝本紀一」, 656쪽.

29) 『元史』卷138, 「燕鐵木兒傳」, 3326쪽.

30) 『元史』卷30, 「泰定帝本紀二」, 677쪽.

31) 태정제는 '泰定'이라는 연호를 사용했기 때문에 붙여진 호칭이지만, 泰定 5년 2월에 致和로 연호가 바뀌었다는 사실을 고려하면 실제로는 두 개의 연호를 쓴 것이다. 하지만 致和로 改元했을 때의 조서가 『元史』에는 기록되어 있지 않고, 『元文類』에서도 찾아볼 수 없어서 더욱 구체적인 사정을 확인하기가 어렵다. 게다가 태정제 사망 이후 내전의 과정에서 天曆이라는 연호만 부각되면서 致和는 말 그대로 '잊힌 연호'가 되었다. 다만 改元을 하례하는 同恕의 表文은 남아 있다. 이 표문은 『榘庵集』卷1, 「賀改元表」(孫學功 點校整理, 『元代關學三家集』, 西安: 西北大學出版社, 2015, 130쪽)를 참고.

로는 군사적 기반을 잃는 등의 시련을 맞이했다. 영종이 암살되고 태정제가 즉위하면서 이전만큼은 아니지만 엘테무르는 어느 정도의 정치·군사적 위상을 회복할 수 있었고, 이는 훗날 쿠데타를 일으키는 발판으로 작용했다. 또한 엘테무르가 무종의 총애를 계속 기억하고 있었던 점은 제위계승 분쟁에 다시 불을 지피는 쿠데타를 일으키는 명분으로 연결되었다.

2) 엘테무르의 쿠데타

엘테무르가 톡테무르를 황제로 옹립하고 조정의 모든 권한을 장악한 숲權 權臣이 될 수 있었던 결정적인 요인은 제위계승을 둘러싸고 벌어진 내전에서 거둔 군사적 승리였다. 이 내전의 단초가 된 엘테무르의 쿠데타가 발생하게 된 근원을 따져보면, 결국은 태정제 정권에 대한 불만으로 연결된다. 그 중에서도 특히 태정제 시기의 권신이었던 다울라트 샤의 전횡이 정권에 반대하는 세력을 형성하게 만든 주요한 원인이었다. 다울라트 샤는 몽골인도 아니었고, 케식 등의 독자적인 군사력을 보유하지도 않았다. 오로지 황제의 권위에 기대고 있는 상황에서 전횡을 저지르고 있었기 때문에 그만큼 반대 세력이 집결될 가능성이 높았다. 그리고 권위의 원천이라고 할 수 있는 태정제가 영종 시해라는 과정을 통해 결과적으로 즉위할 수 있었던 것이기 때문에 정통성의 측면에서는 한계를 분명히 지니고 있었다. 그렇기 때문에 영종 시해에 대해 앙심을 품고 있던 일부 세력들은 이러한 틈을 파고들 기회를 늘 엿보고 있었다고 할 수 있다.

특히 회회인이었던 다울라트 샤는 같은 종족 계열인 회회 상인들과 모종의 연계를 맺고 있었던 것으로 보이고, 이로 인해 특히 재정 방면에서의 전횡이 두드러지게 나타나고 있다. 2장에서 황제에게 高價의 물건을 헌상하고 이에 대한 답례로 물건 가격의 몇 배에 달하는 물품 혹은 돈을 상인에게 回賜하는 관행인 '중매보화'에 테무데르가 간여했다는 언급을 했는데, 다울라트 샤도 마찬가지였다. 관련 기록을 살펴보면 중서평장정사 우베이둘라(烏伯都剌, 'Ubayd Allah)라는 인물이 다울라트 샤와 함께 등장하는 모습이 보인다. 우베이둘라는 무종 시기부터 중앙 조정에서 활약하기 시작했던 회회인이었고,[32] 다울라트 샤의 집권으로 회회인 관원들이 重用되는 정치적 분위기[33] 속에서 우베이둘라는 '다울라트 샤의 黨與'[34]라고 표현될 정도로 다울라트 샤의 측근 역할을 했다. 이 두 사람이 주축이 되어 서역 상인이 오랫동안 바친 보석의 가격을 鈔로 돌려줄 것을 청하는 상주를 올렸고, 이에 반대하는 사람을 制를 어긴 죄로 다스리려고 했다는 기록은 이들이 상인들과 연계되어 모종의 이득을 취하고 있었던 것이 아니었을까 짐작하게 한다.[35] 또 아래 기록도 주목할 만하다.

> 左丞相 다울라트 샤가 국가를 장악하고 황제의 신임을 얻었는데 그와 平章政事 우베이둘라는 모두 西域人이었다. 西域의 富賈가 그 국가에서 瓓[36]이라고 불리는 기이한 돌을 바쳤고 그 가치가 상당했으나 일부 가치를 보상해주지 않

---

32) 우베이둘라의 家系 및 그와 관련된 단편적인 기록들에 대해서는 馬娟, 「對元代色目人家族的考察-以烏伯都剌家族爲例」 『元史及民族史硏究集刊』 15, 海口: 南方出版社, 2002를 참고.

33) 楊志娟, 「回回人與蒙古宮廷政變-兼論元朝回回商人與回回法的盛衰」 『西北民族硏究』 2012-1, 153쪽.

34) 『元史』 卷132, 「拔都兒傳」, 3212쪽.

35) 『金華黃先生文集』 卷26, 「集賢大學士榮祿大夫史公神道碑」(王頲 點校, 『黃溍全集』, 天津: 天津古籍出版社, 2008, 678쪽). 또한, 조정에서는 서역 상인들이 바쳤던 보석을 그대로 돌려주려고 하자 이들이 승상의 권세를 믿고 자신들이 바쳤던 물건이 아니라고 거짓말을 했다는 내용에서도 다울라트 샤를 대표로 하는 서역 출신 재상들이 이들 상인과 결탁하고 있었던 정황을 확인할 수 있다. 한편, 元代에 서역 상인들이 펼쳤던 여러 활동들에 대해서는 修曉波, 『元代的色目商人』, 廣州: 廣東人民出版社, 2013을 참조할 수 있다.

36) '瓓'은 '루비'를 뜻하는 페르시아어 لعل(lāl)의 音譯으로 성종 大德 연간에 西域의 巨商이 바친 이후 累朝 황제들이 서로 귀중한 보물이라 여겼다는 紅剌를 가리킨다. 이에 대해서는 『南村輟耕錄』 卷7, 「回回石頭」(元明史料筆記叢刊本, 北京: 中華書局, 1959, 84쪽)의 내용을 참고.

았다. 일찍이 過失이 있었던 모든 이들은 司憲(어사대)에 의해 관원에서 제명되었는데, 혹은 이들 門下에서 나온 이들도 있었다. (泰定) 3년(1326) 겨울, 우베이둘라가 禁中에서 나와서 政事堂에 오더니 宰執僚佐를 모아놓고 左司員外郎 胡彝에게 명하여 詔書의 초고를 宋本에게 보여주게 했는데, 그 내용은 星象이 괴이하고 지진이 일어나니 天下에 사면을 내리고 또한 中書에 명하여 累朝에 바쳐온 모든 물건들의 가치를 보상해주게 하며 영종 시기부터 현재에 이르기까지 憲臺에 의해 관원에서 제명된 사람들을 擢用한다는 것이었다.[37]

위 기록에서 특히 우베이둘라가 '禁中'에서 나와 자신들의 의사가 전적으로 반영되어 있는 詔書의 초고를 보여주게 했다는 부분은 다울라트 샤와 우베이둘라가 태정제와 직접 대면하여 詔書의 작성에 간여했음을 나타낸다. 특히 西域 상인이 바친 물건에 대한 가치를 마음대로 지급했던 행위에 대해서는 훗날 즉위한 문종도 다울라트 샤와 우베이둘라를 간신이라고 칭하면서 거세게 비판했을 정도였다.[38]

다울라트 샤 등 서역 출신 관료들이 중심이 된 세력들의 전횡에 대한 불만은 갈수록 증폭되었고, 이러한 분위기 속에서 새로운 황제 추대에 대한 논의가 시작되었다. 특히 영종이 후사를 남기지 않은 상태에서 암살되었던 탓에 인종 계열의 혈통은 단절되었고, 무종의 장남 周王 코실라는 차가타이 울루스 관할 영역으로 도망가 대도로부터 너무 멀리 떨어져 있었기 때문에 무종의 차남인 懷王 톡테무르를 옹립하려는 모의가 이루어졌던 것이다. 이 모의를 들은 엘테무르는 처음에는 두려워했지만, "公은 국가의 世臣이고, 국가와 고락을 함께 했는데 지금의 國難을 구제하지 않으면 다른 날에 우리보다 먼저 모의하는 자가 있어 반드시 화가 생길 것입니다."라는 말을 듣고 톡테무르 옹립 계획에 동의했다.[39] 이 계획의 명분은 암살된 영

---

37) 『元史』 卷182, 「宋本傳」, 4205쪽.
38) 『至正條格』 條格 卷28 「關市·禁中寶貨」(韓國學中央研究院 編, 『至正條格 校註本』, 휴머니스트, 2007, 95쪽).

종의 원한을 갚겠다는 것이었는데, 여기에 엘테무르를 끌어들인 것은 그가
泰定 3년부터 추밀원에 있으면서 군사 업무를 관할하고 있었다고 하는 현
실적인 이유도 있었지만 '世臣'으로서 엘테무르가 보유하고 있었던 상징적
인 측면도 간과할 수 없었다. 이렇게 톡테무르 옹립 계획에 엘테무르가 동
의하면서 영종 시기에 겪었던 시련을 잊고 무종, 인종 계열의 일부 신료들
이 하나의 목표를 향해 단합하게 되었다.[40] 영종의 암살을 통해 즉위했던
태정제의 정통성을 부정하면서 무종의 皇統을 다시 일으키겠다는 기치를
내걸었던 것이다.

한편, 大元帝國의 황제들은 대도와 상도를 주기적으로 순행하며 유목제
국으로서의 정체성을 유지했는데,[41] 이때에 "宰執大臣을 비롯하여 아래로
는 百司庶府에서 각각 직무를 위해 分官들이 황제를 호종하는 것이 國朝의
舊典"[42]이었기 때문에 많은 궁정 관료들이 황제를 따라 상도로 이동했다.
致和 원년(1328) 3월에 태정제가 상도로 갔을 때에도 다울라트 샤를 비롯
한 핵심 관료들의 일부도 황제를 따라서 이동했다. 그런데 태정제가 상도
로 가기 이전부터 태정제의 病勢를 간파한 僉(書)樞密院事 엘테무르와 그
의 지지자들은 상도에서 태정제가 사망하면 諸王과 大臣들을 죽이고 대도

---

39) 『元史』卷184, 「任速哥傳」, 4236쪽.

40) Igor de Rachewiltz는 1328년에 태정제가 사망한 이후 무종, 인종 계열 사이의
경쟁이 다시 시작되었다고 보고 있지만(Igor de Rachewiltz, "Turks in China
under the Mongols: A Preliminary Investigation of Turco-Mongol Relations
in the 13th and 14th Centuries", Morris Rossabi ed., *China among Equals*,
Berkeley and Los Angeles: University of California Press, 1983, p.291), 이미
영종의 시해로 인해 인종의 혈통이 단절된 상태에서 무종, 인종 계열 사이의 제
위계승분쟁이 다시 일어날 수는 없는 일이었다.

41) 이에 대해서는 葉新民, 「兩都巡幸制與上都的宮廷生活」『元史論叢』4, 北京: 中華
書局, 1992 ; 金浩東, 「몽골帝國 君主들의 兩都巡幸과 遊牧的 習俗」『中央아시아
硏究』7, 2002 참고.

42) 『金華黃先生文集』卷8, 「上都御史臺殿中司題名記」(王頲 點校, 『黃溍全集』, 天津:
天津古籍出版社, 2008, 290쪽).

에서도 이에 호응하여 쿠데타를 일으킬 것을 이미 모의하고 있었다.[43) 과연 태정제는 상도에 도착한 지 4개월 후인 7월에 숨을 거두었다.[44)

태정제가 사망하자 톡테무르를 옹립하려는 쿠데타가 실제로 대도에서 발생했다. 상도에서는 다울라트 샤에 의해 모의가 발각되는 바람에 원래 계획대로 쿠데타를 진행시키지 못했지만, 대도에서는 엘테무르가 추밀원의 符印을 실질적으로 장악하고 西安王 아라트나시리(阿剌忒納失里, Aratnasiri)[45)와 모의하여 은밀히 계획을 실행시켰던 것이다. 결국 致和 원년 8월에 아라트나시리의 도움을 받은 엘테무르는 17명의 정예 병력을 이끌고 궁궐에 침입하여 祖宗의 정통이 무종의 혈통에 있음을 천명하였다. 그리고 궁정을

---

43) 『元史』卷32, 「文宗本紀一」, 704쪽.
44) 김호동은 최근 출간된 책에서 태정제가 유림에서 사냥을 하던 도중 의문의 죽음을 당했다고 서술하고 있는데(김호동, 『아틀라스 중앙유라시아사』, 사계절, 2016, 147쪽), 이는 사실과 다르다. 태정제가 유림에서 사냥을 하다가 병으로 인해 還宮했다는 기록(『元史』卷32, 「文宗本紀一」, 704쪽)이 보이기는 하지만, 그가 사망한 곳은 분명 상도이기 때문이다.
45) 西安王 아라트나시리는 세조의 第7子인 西平王 아우룩치(奧魯赤, A'uruγči)의 아들 鎭西武靖王 테무르부카(鐵木兒不花, Temür-Buqa)의 아들 雲南王 로디칸(老的罕, Lodiqan)의 아들이다(『元史』卷107, 「宗室世系表」, 2725쪽). 한편, 『元史』에는 西安王 아라트나시리가 차가타이의 4세손인 越王 투레(禿剌, Töre)의 아들이었다고 기록된 부분이 있고(『元史』卷117, 「禿剌傳」, 2907쪽), 杉山正明은 아라트나시리를 차가타이 가문인 투레의 아들이라고 서술하고 있다(杉山正明, 『モンゴル帝國と大元ウルス』, 京都: 京都大學學術出版會, 2004, 308~309쪽). 그런데 문종 옹립에 공을 세워 越王印을 물려받는 아라트나시리가 있는데, 『元史』「文宗本紀」에는 이 사람이 투레의 아들이라고 기록되어 있다(『元史』卷33, 「文宗本紀二」, 745쪽). 게다가 문종 즉위 이후 西安王에서 豫王으로 進封된 아라트나시리가 四川, 雲南 등지의 반란을 토벌하는 데에 盡力하는 것을 보면 그는 대대로 西南 지역에서 활약했던 西平王 가문의 일원이라고 보는 것이 더 적절하다. 즉, 西安王과 越王은 同名異人이다. 그래서 西安王 아라트나시리의 家系에 대해서는 『元史』「禿剌傳」보다는 「宗室世系表」의 기록을 참고해야 할 것이고, 杉山正明의 설명을 그대로 받아들이기는 어렵다. 郭曉航 역시 西安王과 越王이 같은 이름을 가지고 있어 일부 연구자들이 착오를 일으킨 경우가 있었음을 지적했다(郭曉航, 「元豫王阿剌忒納失里考述」, 『社會科學』 2007-9, 177~178쪽).

장악하여 태정제 정권의 관료들이었던 平章政事 우베이둘라와 바얀차르 (伯顔察兒, Bayančar) 등을 잡아 옥에 가두었다. 다울라트 샤와 함께 실질 적인 권력을 행사했던 우베이둘라가 사로잡히면서 대도에서의 쿠데타는 의외로 손쉽게 성공을 거두었다. 이는 태정제 사후 제위계승분쟁이 또 다 시 시작됨을 알리는 서곡이었고, 별다른 충돌이 일어났다는 기록도 보이지 않는 것을 보면 적어도 대도에서는 엘테무르의 쿠데타가 신료들로부터 어 느 정도 인정을 받았다고 추정할 수 있다. 엘테무르가 쿠데타를 일으키면 서 내세운 명분은 바로 '무종의 혈통'에 정통성이 있다는 것이었고, 이 명 분이 효력을 발휘하고 있었던 것이다.

엘테무르와 함께 쿠데타를 모의했던 인물로는 公主 차기르(察吉兒, Čagir), '族黨' 알락테무르(阿剌帖木兒, Alay-Temür), '腹心之士' 볼론치(孛 倫赤, Bolonči)와 라라(剌剌, Lala)가 엘테무르 열전에 기록되어 있다.[46] 公 主 차기르는 무종의 명령으로 엘테무르의 부친 중구르와 혼인을 한 인물 로, 그녀가 바로 楚王 야쿠두의 딸이다. 楚王 야쿠두는 무종의 즉위 과정에 서 공을 세워 무종으로부터 왕호를 하사받았고 이를 통해 보면 楚王 역시 엘테무르처럼 '무종의 은총'을 입었던 인물이라고 할 수 있다. 알락테무르 는 族黨이라고 되어 있는 것으로 보아서 엘테무르와 같은 킵차크 계열이었 다고 추측되고,[47] 腹心之士로 기록된 볼론치와 라라는 엘테무르와 동고동 락하면서 그와 행동을 함께했던 측근이었다. 또 다른 기록에는 알락테무르 와 볼론치가 '神將'이었다고 기록되어 있는데,[48] 엘테무르의 쿠데타를 전

46) 『元史』 卷138, 「燕鐵木兒傳」, 3326쪽.
47) 킵차크軍과 카를룩(哈剌魯, Qarluq)萬戶府에서 활동했던 또 다른 킵차크인 토인 (脫因納, Toin)은 상도에 있다가 다울라트 샤에 의해 살해되었다는 기록이 있는 데(『元史』 卷135, 「脫因納傳」, 3287쪽), 이를 통해 토인 역시 톡테무르 옹립 모 의를 지지했던 것으로 보인다. 카라치로 케식의 임무를 맡으면서 킵차크軍에서 도 활약한 킵차크인들의 다수가 무종의 은총을 기억하면서 엘테무르의 쿠데타에 동조했다고 추정된다. 이를 통해 심지어 상도 진영에서도 엘테무르의 쿠데타에 호응했던 인물들이 존재했음을 알 수 있다.

후하여 裨將으로 임명되었던 사례가 또 하나 보이고 있다. 바로 위구르인 오도만(斡都蠻, Odoman)인데, 그의 선조들은 칭기스 칸의 서역 원정부터 시작하여 세조의 北征에도 참여하여 공을 세웠고 성종, 무종, 인종을 차례로 섬기며 지속적으로 총애를 받았다. 이들 선조들의 職任을 물려받은 오도만은 엘테무르가 쿠데타를 일으켰던 致和 원년 8월에 다울라트 샤가 있던 상도에서 도망쳐 대도로 와서 엘테무르에 의해 裨將에 임명되어 활약을 하게 되었다는 것이다.[49] 裨將 오도만 역시 무종의 은총을 받았던 가문에 속해 있었고 엘테무르의 쿠데타에 적극 호응했던 것이다. 알락테무르와 볼론치 역시 오도만과 비슷한 사정에 처해 있었을 것으로 여겨진다. 라라는 『山居新語』에 기록된 라라 바아투르(刺刺拔都兒, Lala Ba'atur)와 동일 인물인 것으로 생각되는데, 그는 엘테무르의 '將佐'였고 훗날 바얀이 엘테무르 가문의 세력을 소멸시키는 쿠데타를 일으켰을 때 이에 저항하다가 목숨을 잃었다.[50] 이를 통해 볼 때, 라라도 엘테무르의 '裨將'으로서 활동했던 알락테무르, 볼론치와 유사한 경력을 보유하고 있었을 것이다. 엘테무르의 쿠데타를 함께 모의했던 인물들은 엘테무르의 최측근으로서 무종의 혈통을 옹립한다는 명분에 적극적으로 호응하고 있었다.

소수의 병력만을 이끌고도 엘테무르가 쿠데타에 성공할 수 있었던 이유는 당시 신료들 사이에서 다울라트 샤를 비롯한 西域人 권력자들에 대해 상당한 불만이 쌓여 있었기 때문이었다. 물론, 주요 관료들이 상도에 있었기 때문에 생긴 공백을 엘테무르가 적절하게 활용했다는 점도 언급할 수 있다. 하지만 제일 중요한 것은 무종의 후손을 황제에 옹립해야 한다는 엘테무르의 선언이었다. 무종이 황제가 되기 이전부터 그의 케식으로 활약하면서 총애를 받고, 그로 인해 고위 관료가 될 수 있었던 엘테무르였기 때

48) 『石田集』卷14, 「太師太平王定策元勳之碑」(李叔毅 點校, 『石田先生文集』, 鄭州: 中州古籍出版社, 1991, 252쪽).
49) 『元史』卷123, 「阿剌瓦而思傳」, 3026쪽.
50) 『山居新語』卷1(元明史料筆記叢刊本, 北京: 中華書局, 2006, 205쪽).

문에 무종과 관련된 그의 발언은 더욱 영향력이 컸다고 볼 수 있다. '영원한 하늘'의 가호를 받아 제국을 확장시키는 군사적 정복을 통해 카안에 즉위하는 것의 정당성을 보여주었던 초기 몽골제국의 경우처럼,[51] 카이샨은 카이두 세력과의 전투에서 활약하며 이들을 제압하는 상징적인 공적을 올린 명확한 '계승 후보자'라는 자격을 갖추고 있었던 것이다. 몽골제국 고유의 武力과 초원에서의 전쟁을 통해 형성된 무종 카이샨의 존재 의미를 엘테무르가 적절하게 활용하여 자신의 정치적 명분을 정당화했다고 볼 수 있다. 이는 '治平'이라고 칭해지던 태정제 시기[52]를 부정하기 위한 과정의 일환이기도 했다.

몽골제국이 성립되면서 칭기스 칸은 케식의 규모를 1만 명으로 늘렸고, 이를 자신의 사유 재산(emčü)처럼 취급했다. 칭기스 칸은 자신의 아들들에게 이 케식을 遺産과 같이 여겨 잘 돌볼 것을 명령했다.[53] 이로부터 칭기스 칸의 후손들이 케식을 그대로 물려받는 관념이 형성되었고, 결국 카안과 그를 호위하는 케식 사이에 맺어진 私屬관계까지도 대대로 유지되었다. 카안 이외에 황태자나 諸王들도 스스로의 케식 집단을 보유하고 있었고, 이들도 역시 세습되는 私屬관계를 유지하고 있었을 것이다. 특히 무종의 경우에는 카이두와의 전쟁, 치열한 계승분쟁을 통한 즉위 등의 정치·군사적으로 험난했던 사건들이 있었을 때에 케식 인원들이 그를 호위했기 때문

---

51) 몽골제국의 카안位 정통성을 뒷받침하는 고유의 이념에 대해서는 Anne F. Broadbridge, *Kingship and Ideology in the Islamic and Mongol Worlds*, Cambridge: Cambridge University Press, 2008, pp.6~11 참고.

52) 『元史』 卷30, 「泰定帝本紀二」, 687쪽. 『元史』의 이러한 평가가 태정제 시기에 수차례 일어난 재해를 구제하는 여러 조치들로부터 비롯되었을 것임을 언급한 연구(張瑞霞, 「論元泰定年間賑災與治平的關係」 『長治學院學報』 32-4, 2015)도 참고.

53) 『몽골비사』 231절(유원수 역주, 『몽골비사』, 사계절, 2004, 232쪽). 한편, 케식과 'emčü'의 관계에 대해서는 村上正二, 「モンゴル朝治下の封邑制の起源 — とくに SoyuryalとQubiとEmčüとの關連について」 『モンゴル帝國史研究』, 東京: 風間書房, 1993, 186~191쪽을 참고.

에 이들은 초원에서의 전쟁에 대한 기억을 공유하고 있었다. 그래서 무종
은 즉위한 이후부터 케식 인원들에게 수시로 관직이나 하사품을 수여했던
것인데, 이는 카안과 케식이라는 몽골제국의 전통을 바탕으로 이루어진 것
이었다. 무종의 이러한 조치는 '세조 시기의 舊制'에 어긋난다는 지적을 받
았을 정도로 지나친 점이 있었다.[54] 전쟁, 계승분쟁 등을 거치면서 무종과
그의 케식 사이의 관계는 더욱 긴밀해졌고, 무종은 자신의 케식 인원들을
위해 세조의 舊制마저도 염두에 두지 않을 정도였던 것이다. 그렇기 때문
에 무종의 케식 인원들이 무종을 왕조의 실질적인 창설자로 여기게 되었다
고 해도 지나치지 않을 것이다.[55] 무종의 몽골어 尊號가 영웅, 호걸을 뜻하
는 쿨룩(külüg)이었다는 것도 세조의 舊制에 얽매이지 않고 자신을 호종했
던 인원들을 과도할 정도로 챙겼던 무종의 성격과 카리스마를 반영하고 있
는 것으로 생각된다.

무종과 케식 인원들 사이에 맺어진 이러한 긴밀한 私屬관계는 대대로
이어지는 것이었고, 그렇기 때문에 무종의 후손을 황제로 옹립하겠다는 엘
테무르의 선언이 나왔을 때에 무종으로부터 혜택을 입었던 사람들, 가문들
은 '은총'의 기억을 떠올리며 엘테무르의 쿠데타에 동조했다. 예를 들면,
무종 시기에 후한 혜택을 받았던 쿠룸시(忽林失, Qurumsi)의 아들 엘부룬
(燕不倫, El-Bürün)은 엘테무르의 쿠데타가 발생했을 때 상도에 있었는데,
무종의 은총을 떠올리며 문종 옹립을 모의했다는 기록이 있다.[56] 무종의

54) "舊制에는 추밀원이 軍官을 선발할 때에 公議하여 황제께 보고했습니다. 지금은
近侍들이 스스로 名分을 택하고 內降旨를 따르고 있으니 세조 황제께서 정하신
제도를 무너뜨리고 國事를 그르칠까 염려됩니다."라는 기록(『元史』卷22,「武宗
本紀一」, 482쪽)과 "세조 황제 시기에는 사람을 임용할 때 반드시 格을 따랐는
데, 지금은 選法이 무너진 채로 爵을 내리고 있다."는 기록(『歸田類稿』卷2,「時
政書」(李鳴‧馬振奎 校點,『張養浩集』, 長春: 吉林文史出版社, 2008, 100쪽))은 무
종 시기의 관직 임용이 세조 시기와는 양상이 분명히 달라졌음을 보여주고 있다.

55) John W. Dardess, *Conquerors and Confucians: Aspects of Political Change
in Late Yüan China*, New York: Columbia University Press, 1973, p.18.

케식에 속한 경험이 있었던 바얀도 엘테무르의 계획을 알고 나서 "이 분
(懷王 톡테무르)은 우리 군주(무종)의 아들이시다. 내가 일찍이 무종 황제
의 두터운 은총을 입고 심복으로서 대우를 받아 지금 爵位가 이에 이르렀
으니 만에 하나라도 내가 富貴하고자 하지 않는데, 大義에 임하는 것에 어
찌 감히 관망하고만 있겠는가?"[57]라고 하면서 역시 무종으로부터 받았던
은총을 언급하고 있다. 이렇게 엘테무르는 무종의 후손 옹립을 쿠데타의
명분으로 들고 나왔기 때문에 무종으로부터 혜택을 받았던 인원들의 지지
를 얻을 수 있었다.[58] 카이샨의 케식으로서 가지고 있던 모종의 연대감과
무종의 은총에 대한 기억은 쿠데타의 성공에서 중요한 심리적 작용을 했던
것이다. 여기에 암살된 영종의 원한을 갚는다는 명분이 더해지면서 무종보
다는 인종이나 영종과 더욱 긴밀하게 연결되었던 사람들의 지지도 확보할
수 있었다. 결국 쿠데타를 성공시킨 후에 엘테무르는 무사히 懷王을 대도
로 데리고 와서 문종 황제로 옹립시킬 수 있었고, 같은 달에 상도에서는
태정제의 아들인 天順帝가 즉위하면서 상황은 본격적인 제위계승내전으로
치닫게 되었다.

그렇다면, 엘테무르가 무종의 장남인 周王 코실라를 제쳐두고 왜 차남
인 懷王 톡테무르를 옹립하려고 했는지에 대한 의문이 생기게 된다. 周王
이 서쪽으로 너무 멀리 떨어져 있었다는 표면적인 이유가 있지만, 이면에
는 또 다른 원인이 있었다고 생각된다. 그것은 바로 周王이 반란의 '前績

---

56) 『元史』 卷135, 「忽林失傳」, 3283쪽.
57) 『元史』 卷138, 「伯顔傳」, 3336쪽.
58) Dardess는 엘테무르 이외에는 무종 계열에 속하는 핵심적 신료들의 후손이 쿠데
    타에서 어떠한 역할을 수행했다는 기록이 보이지 않는다며 사례를 몇 가지 제시
    하기도 했지만(John W. Dardess, *Conquerors and Confucians: Aspects of
    Political Change in Late Yüan China*, New York: Columbia University Press,
    1973, p.44, pp.188~189), 필자가 위에서 제시했듯이 무종의 은총을 기억하며
    엘테무르에게 동조한 사례들도 분명히 확인되고 있다는 점을 염두에 두어야 할
    것이다.

을 가지고 있었다는 점이다. 앞에서도 언급했듯이, 인종 시기에 周王이 쫓
겨나듯이 雲南으로 보내진 것은 제위를 둘러싸고 벌어진 계승분쟁과 깊이
관련되어 있는 민감한 사안이었다. 그런데 周王 세력은 雲南에 도착하기도
전에 중앙 조정을 향한 반란을 일으켰고, 반란이 실패로 끝나자 周王이 차
가타이 울루스 영역으로 도망을 가면서 갈등의 골은 더욱 깊어졌다. 그렇
기 때문에 인종과 영종을 모셨던 신료들의 입장에서는 반란을 일으켰다가
도망친 周王이 상당히 껄끄러운 존재가 될 수밖에 없었다. 결국 무종의 후
손을 옹립하려는 명분에 대한 전반적인 지지를 확보하기 위해서 엘테무르
는 정치적으로 민감한 존재였던 周王보다는 懷王 쪽을 선택하게 되었다고
할 수 있다.

톡테무르가 태정제로부터 懷王의 王號를 수여받고 泰定 2년(1325)부터
머무르기 시작했던 建康과 그 주변은 엘테무르 가문과 관련이 깊은 지역이
기도 했다. 엘테무르의 祖父인 토트칵은 세조 쿠빌라이로부터 建康路(治所
는 현재의 江蘇省 南京市)[59], 盧州路(治所는 현재의 安徽省 合肥市), 饒州路
(治所는 현재의 江西省 波陽縣)의 舊籍에 편성되어 있었던 1,000戶를 카라
치戶로 하사받으면서 카라치軍의 경제적 기반을 마련할 수 있었고, 南宋과
의 전쟁을 통해 획득한 1,700戶도 하사받았는데 사료에서 토트칵戶로 불
리고 있는 이들은 토트칵 가문의 경제적 기반이 되었다. 세 개의 路에서
모은 카라치戶를 관리하는 다루가치는 建康路 관할의 溧水州(현재의 江蘇
省 溧水縣)에 설치되었고,[60] 토트칵의 다섯째 아들인 테무르부카(帖木兒不
花, Temür-Buqa)가 다루가치였다는 기록[61]을 통해서 토트칵 가문이 建康
에서 그리 멀지 않은 곳에서 자신들의 경제적 기반을 관리했음을 확인할

---

59) 建康路는 문종이 즉위한 이후인 天曆 2년(1329)에 문종의 潛邸였다는 이유로 명
　칭이 集慶路로 변경되었다.
60) 『至正金陵新志』 卷3, 「金陵表」(田崇 校點本, 南京: 南京出版社, 1991, 184쪽).
61) 『道園學古錄』 卷23, 「句容郡王世績碑」(王頲 點校, 『虞集全集』, 天津: 天津古籍出
　版社, 2007, 1023쪽).

수 있다. 또한, 무종 즉위 이후에 중구르가 하사받았던 王號인 句容郡王은 句容縣(현재의 江蘇省 句容縣)과 관련되어 있는 것이고, 이 역시 建康路 관할 영역에 해당된다. 훗날, 문종 즉위 이후에 엘테무르는 太平王이라는 王號를 하사받으면서 太平路(治所는 현재의 安徽省 當涂縣)를 食邑으로 받게 되는데[62] 太平路도 역시 建康路와 지리적으로 가깝다. 엘테무르 가문의 경제적 기반이 되었던 지역들은 문종의 潛邸였던 建康과 상당히 가까웠고, 이는 엘테무르와 문종이 매우 친밀한 관계를 맺을 수 있었던 또 하나의 실마리가 되었다. 엘테무르가 문종을 옹립하고자 한 배경에는 몽골제국의 고유한 제도인 케식과 中原의 경제적 기반 및 지역적 연고라는 요소가 함께 작용하고 있었던 것이다.

'入正大統'이라는 용어로 표현되고 있는 톡테무르 옹립 계획으로 인해 상도와 대도 사이에는 서로 다른 황제를 지지하는 세력이 자연스럽게 형성되기에 이르렀다. 태정제가 상도에서 사망하고 그 틈을 타서 대도에서 쿠데타가 일어났기 때문에 발생한 정치적 분열이었던 것이다. 하지만 기존의 연구들은 이 현상을 '北方派'를 대표하는 상도와 '漢地派'를 대표하는 대도 사이의 '이념적' 대립이었다고 설명하려는 경향이 있다.[63] 그러나 이 내전은 정치적 연합과 군사력을 이용하여 개인적 혹은 가문의 이익을 차지하려는 政爭이었지, 草原과 中原의 이념 대립이 아니었다.[64] 엘테무르가 내전 이전에 일으켰던 쿠데타에서 들고 나왔던 중요한 정치적 명분은 이른바 '北方派'들이 공유하고 있었던 무종의 은총이었고, 여기에 '漢地派'라고 불릴 수 있는 세력이 가세했던 것이라고 볼 수 있다. 그러므로 엘테무르의

---

62) 『元史』 卷32, 「文宗本紀一」, 710쪽. 또한, 엘테무르는 太平路의 토지 500頃을 따로 分與받아 자신의 경제적 기반으로 활용하였다(『元史』 卷95, 「食貨志三」, 2444쪽).

63) 田村實造, 『中國征服王朝の研究(中)』, 京都: 東洋史研究會, 1964, 253쪽.

64) David M. Robinson, *Empire's Twilight: Northeast Asia under the Mongols*, Cambridge, Mass.& London: Harvard University Press, 2009, p.40.

주도로 형성된 대도의 정세는 쿠데타를 통해 무종의 은총을 입었던 인물들을 규합하고 그 이후에 草原과 中原이 절충되는 양상을 보여주고 있었다고 할 수 있다.

이렇게 되면, 엘테무르의 집권이 '유교화' 혹은 '漢化'의 출발점이었다고 본 Dardess와 杉山正明의 주장과 문종 옹립을 지지했던 대도 세력을 단순히 '漢地派'로 명명하는 기존의 논의에 분명히 재고의 여지가 있다는 것을 알 수 있다. 물론, 엘테무르 가문의 경제적 기반이 中原에 있었고 그것이 결국에는 내전을 승리로 이끄는 토대가 되었다고 할 수 있지만, 그 이전에 엘테무르가 대도에서 정권을 장악할 수 있었던 명분이 草原을 통해 형성되었던 황제-케식의 관계에 있었다는 점을 간과해서는 안 된다. 엘테무르가 이러한 명분을 내세울 수 있었던 것은 그 자신도 무종의 케식이었기 때문에 가능했다. 케식의 인원이면서 군사력을 장악하고 있는 世臣 가문 출신이었던 엘테무르가 단순히 中原의 가치나 이념만을 대변하지는 않았던 것이다.

2. 天曆의 내란과 그 영향

1) 엘테무르의 위상 강화

엘테무르는 대도에서 쿠데타를 성공시킨 후, 문종 톡테무르를 옹립하여 致和 원년(1328) 9월에 황제로 즉위시켰다. 이와 거의 비슷한 시점에 상도의 다울라트 샤는 태정제가 세운 황태자 아라지박(阿剌吉八, Arajibay)을 황제로 옹립했다. 대도에서는 즉위한 해의 연호를 天曆으로 고쳤고, 상도에서는 天順으로 고쳤다. 이로 인해 각각의 두 황제를 옹립한 권신 정권이 兩都를 사이에 두고 생겨나게 되었고, 결국 내전을 통해 어느 한쪽은 제거되어야만 했다. 치열했던 내전은 결국 엘테무르의 승리로 끝났고, 다울라트 샤는 옥새를 들고 나와 항복할 수밖에 없었다.[65]

상도의 황제 아라지박의 행방에 대해서는 자세한 내용이 전해지지 않고
있는데, 『元史』에서는 태정제의 네 아들이 모두 일찍 죽었다고만 언급하고
있고[66] 18세기의 몽골어 사료인 『恒河之流』(γanγ-a-yin urusqal)에서는 아
라지박이 사라져 버렸다고 적고 있다.[67] 그런데 14세기 후반에 저술된 티
베트어 사료인 『紅史』(Deb-ther dmar-po)는 아라지박이 망갈라의 아들
아난다의 아들 우룩테무르(티베트어의 轉寫로는 u rug thi mur)에게 살해
되었다고 기록했다.[68] 성종 사후 제위계승분쟁에서 패배한 안서왕 아난다
의 아들 우룩테무르에 대한 한문 기록을 추적해보면 티베트어 사료의 내용
을 이해할 수 있는 실마리를 찾아볼 수 있다. 안서왕 아난다가 처형된 후,
무종과 인종은 안서왕 가문의 모든 특권을 박탈했는데 이에 불만을 품은
우룩테무르가 南坡之變에 가담해 태정제 즉위에 공을 세워 안서왕의 王號
를 다시 받게 되었다. 하지만 태정제가 자신의 정통성을 위해 남파지변의
주모자들을 처벌하는 과정에서 우룩테무르는 운남으로 유배를 가게 되었

---

65) 대도와 상도 진영 사이에 펼쳐진 이른바 '兩都內戰'의 상세한 경과에 대해서는 張金
　　銑, 「元兩都之戰及其社會影響」 『安徽大學學報(哲學社會科學版)』 30-5, 2006 ; 鈕
　　希强, 「論兩都之戰的社會影響」 『邢臺學院學報』 2009-3 ; 鈕希强, 『元朝兩都之戰
　　研究』, 西北師範大學 碩士學位論文, 2010 등의 연구 성과가 있다. 국내의 연구
　　성과로는 윤은숙, 『몽골제국의 만주 지배사』, 소나무, 2010, 262~267쪽이 있고
　　요양행성과 동도제왕 세력의 향배를 중심으로 양도내전을 살펴본 최윤정의 연구
　　(최윤정, 「元代 兩都內戰(1328)과 동북지역 - 요양행성과 동도제왕 세력의 향배
　　및 세력 浮沈을 중심으로」 『동북아역사논총』 46, 2014)도 참고할 수 있다.
66) 『元史』 卷107, 「宗室世系表」, 2729쪽.
67) 몽골어 원문은 喬吉 校注, 『恒河之流』, 呼和浩特: 內蒙古人民出版社, 1981, 74쪽.
　　중국어 번역은 風曉, 『《恒河之流》研究』, 內蒙古大學 博士學位論文, 2013, 63쪽.
68) 티베트어 원문은 東嘎·洛桑赤列 校注, 『紅史』, 北京: 民族出版社, 1981, 31쪽. 중
　　국어 번역은 蔡巴·貢噶多吉 著, 陳慶英·周潤年 譯, 『紅史』, 拉薩: 西藏人民出版社,
　　1988, 28쪽. 『紅史』의 몽골 王統 서술 부분의 라틴 문자 전사는 劉相措, 『《紅史·
　　蒙古王統簡述》及其史料來源』, 西北民族大學 碩士學位論文, 2016, 41~51쪽을 참
　　고. 여기에서 劉相措는 우룩테무르를 u rug ti mur로 표기했지만 정확하게는 u
　　rug thi mur이기 때문에 필자가 수정했다.

다.[69] 아마 이로 인해 우룩테무르는 태정제에 대해서도 앙심을 품었을 것이고, 그 결과가 아라지박 살해로 연결되지 않았을까 생각된다. 물론, 운남으로 유배를 간 우룩테무르가 어떻게 상도까지 왔는지는 의문이지만 결과적으로 아라지박이 사라지면서 엘테무르가 중심이 된 대도 진영은 1차적으로 커다란 관문을 통과했다. 하지만 내전의 여파가 여전히 남아 있었고, 여기에 周王 코실라가 제위계승에 본격적으로 간여하게 되면서 정치적 갈등은 끝나지 않고 지속되었다. 이른바 '天曆의 내란'[70]이라고 불리는 시기가 시작된 것이다.

문종은 자신의 즉위조서에서 오랫동안 제위를 비워둘 수는 없기 때문에 즉위하라는 주변의 요청을 임시로 따랐다는 점을 밝혔고, '大兄'이 오기를 기다렸다가 양위하겠다는 의사를 드러냈다.[71] 여기에서 말하는 '大兄'[72]은

---

69) 우룩테무르의 행적에 대해서는 張岱玉, 『《元史·諸王表》補證及部分諸王研究』, 內蒙古大學 博士學位論文, 2008, 157~159쪽을 참고. 우룩테무르의 이름은 페르시아어 사료『집사』에서도 확인된다(라시드 앗 딘, 김호동 역주, 『칸의 후예들』, 사계절, 2005, 362쪽).

70) '天曆의 내란'이라는 용어는 주로 일본학계에서 사용되는 것인데, 杉山正明은 양도내전과 그 이후에 벌어진 문종과 명종 사이의 제위계승분쟁을 통틀어서 일컫는 명칭으로 정의를 내리고 있다(스기야마 마사아키(杉山正明), 임대희·김장구·양영우 譯, 『몽골세계제국』, 신서원, 1999, 352쪽). 그러나 양도내전은 '天曆'과 '天順'이라는 연호를 각각 사용하는 정권 사이의 대결이었다는 측면을 고려해보면, 여기에 '天曆의 내란'이라는 명칭을 붙이는 것은 내전에서 승리한 쪽의 입장만을 일방적으로 도입한 것에 지나지 않는다. 그러므로 본서에서는 양도내전 이후 '天曆'이라는 연호만 사용하게 되는 시기에 벌어진 내분을 지칭하는 말로 '天曆의 내란'이라는 용어를 정의하고자 한다.

71) 『元文類』卷9, 「(天曆元年) 即位改元詔」(商務印書館 標點本, 『元文類(上)』, 北京: 商務印書館, 1958, 115쪽).

72) 大兄은 몽골어 예케 아카(yeke aqa)를 한자로 번역한 것인데, 아카는 '長者' 혹은 '尊者'의 의미를 내포하고 있는 단어였다. 이에 대해서는 金浩東, 「몽골제국과 '大元'」 『歷史學報』192, 2006, 245~246쪽 참고. 최근에는 『몽골비사』 등의 사료에서 아카의 용례를 분석하고, 이를 바탕으로 아카의 역할과 권한을 분석한 연구(서윤아, 「몽골제국 시기(1206~1259)의 '아카(aqa)'와 그 역할 – 바투의 정치활동을 중심으로」 『中央아시아硏究』 22-1, 2017)가 제출되어 아카가 몽골제국

곧 周王 코실라를 일컫는 것으로 차가타이 울루스 영역으로 도망간 周王이 다시 대도로 오려면 상당한 시일이 소모될 것이었기 때문에 그가 오는 동안 잠시 제위에 올라 있겠다는 뜻을 표시한 것이다. "제위가 오랫동안 비어 있는 것은 국가의 福이 아니니 皇弟가 마땅히 섭정하여 다른 변고를 막아야 할 것입니다."[73]와 같은 건의도 문종의 임시 즉위에 중요한 영향을 끼쳤다. 이때의 상황은 마치 성종 사망 이후 벌어졌던 카이샨과 아유르바르와다 사이의 경쟁 구도를 연상시키는데, 그때와 다른 점이라고 한다면 대도 측의 군사력이 상당히 막강했다는 사실이다. 그리고 그 군사력을 총괄적으로 이끌고 있던 사람은 바로 엘테무르였다. 문종이 다짐했던 양위도 실력자 엘테무르의 의사에 따라 실현의 여부가 정해질 수 있었던 상황이었다. 그만큼 엘테무르의 위상은 문종 옹립 이후 극도로 커져 있었다.

양도내전이 아직 끝나지도 않았던 시점부터 엘테무르의 권위는 점차 커지기 시작했는데, 문종으로서는 아무런 힘도 없었던 자신을 옹립시킨 엘테무르를 떠받들 수밖에 없었다. 그런 문종이 즉위 후 엘테무르에 대해서 가장 먼저 시행한 조치는 그를 太平王에 봉한 것이었다.[74] 황실 구성원도 아니고 駙馬도 아니었던 킵차크인 엘테무르에게 諸王의 칭호를 생전에 주었다는 것은 그야말로 파격적인 대우에 해당되었다. 이전 시기의 권신들이었던 테무데르, 바이주, 테시 및 다울라트 샤 모두 이 정도까지의 예우는 받아본 적이 없었고 그나마 바이주가 사후에 王號를 추증받은 것이 전부였기 때문이다. 이는 황실의 혈통은 물론이고, 몽골이라는 민족과도 거리가 있었던 권신에게 황실의 一家로서의 대접을 해 준다는 의미로 받아들여졌을 것이다. 그래서 엘테무르가 몽골인이 아닌 색목인으로서 집권을 했다는 점은 이전에도 다울라트 샤와 같은 선례가 있었기 때문에 놀라운 것이 아니

정치에서 중요한 역할을 담당했음을 밝혔다.

73) 『潛溪後集』 卷8, 「元故榮祿大夫陝西等處行中書省平章政事康里公神道碑銘」(黃靈庚 編輯校點, 『宋濂全集』, 北京: 人民文學出版社, 2014, 1197쪽).

74) 『元史』 卷32, 「文宗本紀一」, 710쪽.

었을지 몰라도 諸王이 되었다는 것은 결국 全權 權臣으로 가는 출발점이었다고 볼 수 있다. 이렇게 太平王에 봉해진 지 며칠이 지나 문종은 엘테무르에게 開府儀同三司, 上柱國, 錄軍國重事, 中書右丞相, 監修國史, 知樞密院事의 관함을 한꺼번에 내려주었다.[75] 이 중에서도 특히 중서우승상과 지추밀원사를 겸하고 있는 것도 드문 사례인데, 결국 엘테무르 한 사람이 元의 국정 운영과 군사를 장악했다는 사실을 보여주는 것이다. 문종은 단지 엘테무르의 권력을 공식 승인하는 역할만 맡았을 뿐이었다.

문종과 천순제가 각각 즉위하고 1달이 지난 후, 양도내전의 승패는 엘테무르가 이끄는 대도 진영의 승리로 일단 귀결되었다. 다울라트 샤는 옥새를 들고 나와 항복했고, 대도로 끌려와 하옥되었다. 이후 엘테무르는 지추밀원사에서 사임했다. 군사적으로 시급한 사안은 어느 정도 마무리되었다고 생각했던 것으로 보인다. 그럼에도 불구하고, 양도내전에서 군사적으로 가장 큰 역할을 한 사람이 엘테무르라는 점은 누구도 부인할 수 없었다. 이에 문종은 엘테무르에게 다르칸(答刺罕, Darqan) 칭호를 더해주었고, 이 칭호를 자손 대대로 세습할 수 있도록 허락하였다.[76] 그렇다면, '다르칸'이 의미하는 바가 무엇인지를 조금 더 상세하게 파악할 필요가 있을 것 같다. 먼저 『몽골비사』의 관련 내용을 살펴보자.

칭기스 카한이 "메르키드의 땅 셀렝게를 목영지로 하여 목영지를 자유로 선택할 것, 자손 대대로 전통을 휴대케 하고, 의식의 술을 마시게 하며, 다르칸으로서 살게 하라! 아홉 번까지 죄를 벌하지 말라!"고 명을 내렸다. …… "또한 소르칸 시라, 바다이, 키실릭 그대들 다르칸들은 자유를 누리면서 많은 적을 공격하여 전리품을 얻으면 얻는 대로 가져라! 도망 잘 하는 짐승을 사냥하면 죽이는 대로 가져라!"하고 분부를 내렸다. "소르칸 시라로 말하자면 타이치오드의 투데

75) 『元史』 卷32, 「文宗本紀一」, 710쪽.
76) 『元史』 卷32, 「文宗本紀一」, 717쪽.

게의 속민이었다. 바다이와 키실릭으로 말하자면 체렌의 말치기였다. 이제 나의 지팡이[가 되어] 전통을 휴대하고, 의식의 잔을 비우며, 다르칸의 지위를 누리거라!"하고 은혜를 베풀었다.[77]

위 사료의 내용은 칭기스 칸이 위기에 처했을 때에 그를 구해준 공적이 있었던 소르칸 시라, 바다이, 키실릭이라는 세 사람에게 다르칸의 지위를 부여한 일화에 해당된다. 기록에 따르면, 다르칸에게는 상당 정도의 특권이 주어졌다는 것을 확인할 수 있다. 페르시아어 사료인『세계 정복자의 역사』에서도 다르칸이 보유할 수 있는 이와 같은 면책 특권의 내용을 언급하면서 특히 바다이와 키실릭의 후손들이 상당한 명예와 위신을 지니고 있었다고 기록했다.[78] 그 중에서 키실릭의 증손자가 바로 무종의 즉위에 큰 역할을 했던 우승상 카라카순이었고, 키실릭의 후예들이 대대로 다르칸 칭호를 취한다는 원칙 아래에 카라카순 역시 다르칸이라고 불렸다.[79] 그만큼 다르칸은 몽골제국 초기부터 큰 공을 세운 사람과 그 후손들에게 부여되는 상징적인 칭호였다고 할 수 있고,[80] 엘테무르에게 다르칸 칭호를 주었다는 것은 문종의 옹립으로 제국을 '재건'한 공적에 대한 보답이었다.

그러나 엘테무르가 '재건'한 제국은 여러 방면에서 위기에 봉착해 있었다. 문종은 즉위하면서부터 자신의 형인 周王 코실라에게 양위를 하겠다고

77)『몽골비사』219절(유원수 역주,『몽골비사』, 사계절, 2004, 219~221쪽).

78) J. A. Boyle tr., *Genghis Khan: The History of the World Conqueror*, Manchester: Manchester University Press, 1997, pp.37~38.

79) 권용철,「高麗人 宦官 高龍普와 大元帝國 徽政院使 투멘데르(禿滿迭兒)의 관계에 대한 小考」『사학연구』117, 2015, 223쪽.

80) 다르칸의 語源 문제나 여러 사료에 등장하는 다르칸의 사례들과 관련된 내용들은 惠谷俊之,「答剌罕考」『東洋史研究』22-2, 1963과 韓儒林,「蒙古答剌罕考」『穹廬集』, 上海: 上海人民出版社, 1982 등의 기존 연구 성과들에서 이미 다룬 바 있다. 기존 연구들의 내용을 보완하면서 다르칸에 대해 더욱 상세한 연구를 진행한 것으로는 李樹輝,「"答剌罕"新考」『西部蒙古論壇』2008-3과 李曉紅,『蒙元時期的答剌罕研究』, 內蒙古大學 碩士學位論文, 2013 등을 참고.

공식적으로 선언을 했기 때문에 이 약속을 지켜야만 했다. 차가타이 울루스 지역으로 도망을 가 있었던 코실라는 남쪽으로 가서 즉위하라는 諸王들의 권유를 받고 자신을 따라온 신료들과 병사들을 이끌고 남하하기 시작했다.[81] 이듬해인 天曆 2년(1329) 정월에 카라코룸의 북쪽에서 명종 코실라가 정식으로 즉위했고, 엘테무르와 문종은 명종을 맞이해야만 하는 상황에 놓여 있었다. 그리고 명종의 공식적인 즉위 이전에 발생한 또 다른 위기는 四川 지역에서 발생한 내분이었다. 四川行省平章인 낭기야다이(囊加台, Nangyiyadai)가 天曆 원년 11月에 鎮西王을 자칭하며 행성의 관원을 임의로 임명하거나 죽이고 병력을 일으키면서 棧道를 불태워 없앴던 것이 그 시작이었다.[82]

낭기야다이에 대해서는 많은 정보가 남아 있지는 않지만, 그 조상인 네우릴(紐鄰, Neüril)이 병력을 활용하여 사천을 평정하고 이 지역을 대대로 지켜왔다는 기록과 종실 諸王인 옹샨(王禪, Ongšan)과 서로 응하여 중앙 조정에서 파견한 사신의 말을 따르지 않고 병력을 일으키려 했다는 일화가 확인된다.[83] 네우릴은 『元史』의 열전에 紐璘으로 표기되어 있고, 사천 지역에서 군사적으로 공적을 올렸던 모습이 기록되어 있다. 낭기야다이는 南加台로 표기되어 있고, 네우릴의 아들 발라(八剌, Bala)의 아들이었음을 확인할 수 있다.[84]

옹샨은 태정제의 형 梁王 숭샨(松山, Sungšan)의 아들로, 延祐 7년(1320)에 雲南王에 봉해졌다가 泰定 원년(1324)에 梁王으로 進封되었다.[85] 낭기

---

81) 심지어 周王의 謀客 중에 史彬然이라고 하는 사람은 周王에게 카라코룸에서 먼저 즉위하여 조서를 천하에 반포한 이후에 대도로 갈 것을 권했는데, 周王은 이 권유를 그대로 실행하였다. 이에 대해서는 『梧溪集』 卷6, 「題武州守張公奉先遺稾後」(李軍 標點本, 北京: 北京師範大學出版社, 2016, 510쪽)의 내용을 참고.

82) 『元史』 卷32, 「文宗本紀一」, 721쪽.

83) 『道園類稿』 卷43, 「江西行省參政董公神道碑」(王頲 點校, 『虞集全集』, 天津: 天津古籍出版社, 2007, 1106~1107쪽).

84) 『元史』 卷129, 「紐璘傳」, 3143~3146쪽의 내용을 참고.

야다이와 직접 협력을 했던 것은 옹샨이 雲南王이었을 때의 일이고, 梁王
에 봉해진 이후에는 몽골 초원을 지키는 임무를 부여받았다. 이렇게 옹샨
은 태정제의 조카로서 몽골 본토를 지키는 특별한 임무를 부여받아 중요한
지위에 오르게 되었고, 태정제가 사망하고 양도내전이 벌어졌을 때 상도의
다울라트 샤와 협력하여 엘테무르 진영과 군사적 대결을 벌였다. 양도내전
이 상도 측의 패배로 끝나면서 옹샨은 도주할 수밖에 없었지만, 이후에 사
로잡혀 결국 처형되었다. 옹샨은 태정제와도 혈연적으로 가장 가까운 諸王
이면서 태정제 정권을 끝까지 옹호한 인물이었다. 옹샨과 가까운 관계를
유지했던 낭기야다이 역시 태정제 정권 지지자였던 것으로 생각되고, 옹샨
이 처형되자 자신이 직접 諸王을 자칭하며 문종·엘테무르 정권에 대한 반
란을 일으켰던 것이다.

이러한 위기 상황 속에서도 엘테무르가 조정에서 차지하는 위상은 더욱
커져 갔다. 이미 論功行賞에서 엘테무르는 절대적인 권한을 행사하며 양도
내전에서 패배한 인사들의 재산을 자신의 뜻대로 분배했다. 심지어 엘테무
르 자신은 태정제의 황후를 부인으로 취하고,[86] 宗室 여성 40명과 혼인을
하는 등[87] 황제도 함부로 할 수 없는 행동을 이미 저지르고 있었다. 여기
에 더해 문종은 龍翊侍衛親軍都指揮使司를 세우고 이를 엘테무르가 관할
하게 하여 그의 군사적 기반을 더 늘려주기까지 했다.[88] 龍翊衛는 킵차크
衛가 별도로 존재하고 있는 상태에서 확대·편성된 것인데, 여기에는 左킵
차크衛의 9,000戶가 예속되어 엘테무르는 물론이고, 그 가문의 군사적 기

---

85) 元代의 운남왕에 대해서는 牛根靖裕, 「元代雲南王位の變遷と諸王の印制」 『立命
館文學』 608, 2008을 참고. 양왕에 대해서는 張岱玉, 「《元史·諸王表》金印獸紐欄
"梁王"一項訂補及其事迹鉤校」 『元史及民族與邊疆研究集刊』 23, 上海: 上海古籍
出版社, 2011을 참고. 운남으로 出鎭한 元代 諸王의 성격에 관해서는 李治安, 『元
代分封制度研究(增訂本)』, 北京: 中華書局, 2007, 354~368쪽을 참고.

86) 『至正直記』 卷1, 「文宗潛邸」(宋元筆記叢書本, 上海: 上海古籍出版社, 1987, 2쪽).

87) 『元史』 卷138, 「燕鐵木兒傳」, 3333쪽.

88) 『元史』 卷32, 「文宗本紀一」, 722쪽.

반이 되었다. 이러한 상황에서 엘테무르의 권력 성장을 견제할 사람이 등 장하기는 어려웠다.

중서우승상의 독단적인 권력을 견제하는 역할은 이전에 바이주가 그랬 던 것처럼 중서좌승상이 수행하거나 혹은 테무데르를 탄핵했을 시기처럼 어사대가 그 역할을 수행하기도 했다. 사실, 문종은 정식으로 즉위하기 전 에 이미 벡부카(別不花, Beg-Buqa)라는 인물을 중서좌승상에 임명했다.[89] 문종이 즉위하고 엘테무르가 우승상이 된 이후에는 벡부카를 지추밀원사 에 임명하여 중서성과 추밀원의 관원을 겸하게 했는데,[90] 이는 당시 우승 상과 지추밀원사를 겸하고 있었던 엘테무르 바로 아래의 지위에 해당되는 것이었다. 그러다가 양도내전에서 승리가 확정되고 있을 무렵에 벡부카에 게 太保 관함을 더해주고 지추밀원사에서 사임하게 했다.[91] 그로부터 얼마 후 엘테무르도 지추밀원사에서 물러났다. 비록 엘테무르가 문종으로부터 三公의 관함을 받지는 않았지만, 그보다 더욱 실질적인 권위를 보여주는 太 平王과 다르칸의 지위를 모두 보유하고 있었기 때문에 太保 벡부카보다는 위상 면에서 훨씬 앞서 있었다고 볼 수 있다. 그래서 특별히 엘테무르와 벡 부카가 권력을 두고 충돌했던 구체적인 모습이 확인되지는 않고 있다.

그런데 天曆 원년 11월에 벡부카가 파직되었다는 기사가 갑자기 등장 하는데,[92] 그 배경을 살펴볼 필요가 있다. 벡부카가 무엇 때문에 파직되었 는지에 대해서는 훗날 天曆 2년 감찰어사의 탄핵을 통해 파악할 수 있다. 탄핵의 내용은 "전 승상 벡부카는 과거에 뇌물을 받아 파직되었다가 天曆 초에 남에게 의지하여 공을 세워 마침내 승상의 위에 올랐습니다. 그런데 制를 사칭하여 買驢의 가산을 평장 速速에게 주었고, 또 速速 등과 함께 점 쟁이를 비밀리에 불러 황제의 수명을 추측했습니다."[93]로 확인된다. 이 탄

---

89) 『元史』 卷32, 「文宗本紀一」, 705쪽.
90) 『元史』 卷32, 「文宗本紀一」, 711쪽.
91) 『元史』 卷32, 「文宗本紀一」, 716쪽.
92) 『元史』 卷32, 「文宗本紀一」, 721쪽.

핵 내용에서 주목할 것은 벡부카가 制를 사칭하여 買驢의 가산을 速速에게 주었다는 사실이다. 문종은 논공행상 및 이로 인한 재물 분배와 관련된 문제는 모두 엘테무르의 논의를 거치게 하였는데, 벡부카의 행동은 이를 위반한 것이나 마찬가지였다. 황제의 수명을 몰래 점쳐보았다는 것은 황제의 권위와도 연결된 중요한 문제였다. 이로 인해 벡부카는 문종과 엘테무르의 권위를 침범했다는 혐의를 받았고, 그 여파로 인해 파직되었을 것이다. 이러한 상황에서 중서좌승상이 우승상 엘테무르를 견제한다는 것은 사실상 불가능했다.[94)]

그렇다면 어사대가 중서우승상 견제의 역할을 수행할 수도 있었지만, 이 역시 이루어지지 못했다. 그러한 사례로 낭기야다이 처리 문제를 놓고 벌어진 어사대와 중서성 사이의 의견 충돌을 언급할 수 있다. 반란을 일으킨 낭기야다이에 대해 어사대는 그가 받은 모든 制敕을 회수하자고 했지만, 중서성에서는 낭기야다이가 自新할 것이니 어사대의 말을 따를 필요가 없다고 대응했던 것이다.[95)] 두 관료기구 사이의 대립에서 문종은 엘테무르가 관할하는 중서성의 의견을 따랐고, 이는 어사대가 권력 경쟁에서 이미 밀리고 있었다는 점을 시사한다. 이렇게 양도내전 이후 전반적으로 엘테무르에게 거의 모든 권력이 편중되고 있었다는 사실을 염두에 두고 이듬해 天曆 2년에 일어난 일들을 살펴볼 필요가 있다.

天曆 2년 정월이 되면 주목할 사건들이 몇몇 발생하게 되는데 그 중에서 정월 삭일에 시행된 조치가 바로 都督府의 설치였다. 이는 킵차크親軍 都督府를 일컫는 것으로 킵차크 좌위와 우위, 龍翊衛를 총괄하기 위해 두어진 기구였다. 이는 제국 초기에 잠시 설치된 행정 기구인 都督府와는 성격이 완전히 달랐고, 오로지 킵차크衛를 통괄하는 군사 기구였던 것이다.

93) 『元史』 卷33, 「文宗本紀二」, 740쪽.
94) 벡부카의 등장과 그의 행적에 대해서는 陳高華, 「元朝中書左丞相別不花事迹考」 『隋唐遼宋金元史論叢』 9, 上海: 上海古籍出版社, 2019를 참고.
95) 『元史』 卷32, 「文宗本紀一」, 723쪽.

훗날 都督府는 大都督府로 개칭되어 위상이 올라갔고, 관할하는 범위도 東路蒙古軍元帥府와 東路蒙古軍萬戶府 및 카를룩만호부가 추가되기에 이르렀다.[96] 東路蒙古軍元帥府, 東路蒙古軍萬戶府, 카를룩만호부는 至元 24년 (1287) 나얀(乃顔, Nayan)의 반란이 진압된 이후 추가로 설치된 군사 기구로 모두 킵차크 출신 인물들이 관할하고 있었다는 공통점을 가진다.[97] 독립적인 성향을 지녔던 이들 세 조직이 天曆 2년이 되어서야 비로소 대도독부 관할 아래로 편성되었던 것인데, 이 대도독부를 이끄는 大都督이 바로 엘테무르였다. 결국 엘테무르의 군사적 기반은 더욱 확대되었고, 특히 東路蒙古軍元帥府와 東路蒙古軍萬戶府는 대도가 아닌 동북 지역에 근거지를 두고 있었다는 점[98]을 염두에 두면 엘테무르의 직접적인 권력이 대도 밖으로까지 뻗어나갈 수 있게 되었음을 알 수 있다.

또 한 가지 주목할 것은 엘테무르가 어사대부에 임명되었다는 점이다. 같은 해 2월에 엘테무르가 다시 중서우승상이 되었다는 기록[99]이 있기 때문에 엘테무르가 중서우승상과 어사대부를 겸직했던 것은 아니었음을 알 수 있다. 분명 중서우승상에서 사직을 한 것이었지만, 그 이외의 나머지 직함은 그대로 유지하고 있었다. 『元史』의 「文宗本紀」를 통해서는 단순한 임명 사실만을 알 수 있을 뿐이지만, 그 내막은 엘테무르 열전에 기록되어 있다. 엘테무르가 승상의 인장을 해제하고 숙위로 돌아갈 것을 문종에게 청하자 문종은 엘테무르가 이미 省院(중서성과 추밀원)에 있었고 아직 어사대에만 들어가지 못하였으니 훗날의 명령을 기다리라고 대답했다는 것이다.[100] 엘테무르를 어사대부로 임명한 것은 그를 降職시킨 것이 아니라

---

96) 『元史』 卷86, 「百官志二」, 2175쪽.
97) 東路蒙古軍元帥府, 東路蒙古軍萬戶府, 카를룩만호부의 설치와 이를 이끌었던 인물들에 대해서는 劉迎勝, 「欽察親軍左右翼考」 『元史論叢』 11, 天津: 天津古籍出版社, 2009를 참고.
98) 薛磊, 『元代東北統治研究』, 北京: 社會科學文獻出版社, 2012, 245~250쪽.
99) 『元史』 卷33, 「文宗本紀二」, 729쪽.
100) 『元史』 卷138, 「燕鐵木兒傳」, 3331쪽.

엘테무르가 어사대까지 장악하게 만들어주었음을 의미한다. 이는 태정제 시기에 권신 다울라트 샤가 잠시 어사대부를 맡았다가 중서좌승상으로 복직되었던 사실을 연상시키는 대목이기도 하다. 물론 다울라트 샤는 중서좌 승상과 어사대부만을 맡았을 뿐이지만, 엘테무르는 중서우승상과 지추밀 원사, 어사대부 관직을 모두 거쳤고 심지어 여기에 다르칸과 諸王號까지 겸하고 있었기 때문에 위상의 측면에서는 다울라트 샤와 비교도 할 수 없을 정도였다. 상황이 이렇게 전개되면서 이제는 어사대에서도 엘테무르의 과중한 권력을 견제할 수 없게 되었다.

이렇게 엘테무르의 위상이 계속 올라가고 있던 시점에서 四川의 낭기야 다이는 조금씩 세력을 확장해가기 시작했다. 이에 대비해 조정에서는 진압 병력을 조금씩 파견하면서 또 다른 한편으로는 낭기야다이를 회유하려는 조치도 시행했다.[101] 낭기야다이는 명종을 추대하려는 의도를 가지고 있었고 이에 엘테무르는 그를 죽이려 했지만,[102] 대도 조정 내에서는 명종의 즉위를 지지하는 세력도 상당수 존재했기 때문에 낭기야다이 진압에 대해서도 일치된 의견이 형성되지 못했던 것이다. 그 와중에 명종이 정월에 카라코룸의 북쪽에서 즉위했고, 그 소식은 다음 달에 대도에 당도했다. 이후에도 낭기야다이를 평정하기 위한 군사 징발은 계속되었으나 中書參知政事 王結은 四川이 중앙으로부터 멀리 떨어져 소식을 알지 못할 것이 염려되니 사신을 보내 깨우치라는 건의를 했다.[103] 왕결의 이 제안은 명종의 즉위를 낭기야다이에게 알려주면 반란을 계속 진행할 명분이 없다는 점을 간파한 것이었다. 결국 4월에 낭기야다이는 자신을 사면한다는 조서를 받들었고,

---

101) 낭기야다이의 반란 및 이에 대한 조정의 대응 등에 관한 자세한 내용은 曹金成, 『元朝兩都之戰與各地反文宗政權的叛亂』, 內蒙古大學 碩士學位論文, 2014, 22~24쪽을 참고.

102) 『芝園後集』 卷9, 「故翰林侍講學士中順大夫知制誥同修國史危公新墓碑銘」(黃靈庚 編輯校點, 『宋濂全集』, 北京: 人民文學出版社, 2014, 1271쪽).

103) 『滋溪文稿』 卷23, 「元故資政大夫中書左丞知經筵事王公行狀」(陳高華・孟繁清 點 校本, 北京: 中華書局, 1997, 385쪽).

이에 '蜀亂'[104]은 평정되었으며 四川을 향한 공격도 중지되었다.[105] 사실 주력부대가 四川에 도착하지도 않았고 승부를 결정짓는 전투가 벌어지지도 않았지만,[106] 명종의 즉위라는 정치적 위기로 인해 역설적으로 엘테무르와 문종은 반란의 여파에서 벗어날 수 있었다.

2) 엘테무르의 '再造之功'

四川에서의 소요가 진정의 국면으로 접어들고 있었던 天曆 2년 3월에 문종은 엘테무르 등에게 옥새를 가지고 명종의 行在所로 가도록 했다. 그리고 "寶璽가 이미 북쪽으로 올라갔으니 이제부터 국가의 政事는 사람을 보내 行在所에 보고할 것이다."[107]라고 하면서 정식 황제는 명종이라는 사실을 분명히 했다. 그러나 상도 혹은 대도에서 공식으로 즉위를 해야 하는 절차는 남아 있었고, 이를 위해서는 명종과 문종 진영 사이의 협의가 반드시 이루어져야 했다. 명종은 공식적인 즉위 절차를 상도에 도착한 이후 진행하려는 계획을 가지고 있었고, 문종이 명종의 행재소로 보낸 中書左丞 욜테무르(躍里帖木兒, Yol-Temür)[108]에게 "짐이 상도에 도착하면 宗藩, 諸王이 반드시 모두 와서 모일 것이니 평상시의 朝會와는 비교도 되지 않을 것이다. 諸王 차아타이(察阿台, Ča'atai)도 지금 짐을 따라 멀리서부터 오고 있으니 有司에서는 朝會에 필요한 물품들을 모두 준비해야 할 것이다. 卿

---

104) 낭기야다이의 起兵을 '蜀亂'이라고 언급한 사례는 『道園類稿』卷43, 「天水郡侯秦公神道碑」(王頲 點校, 『虞集全集』, 天津: 天津古籍出版社, 2007, 1113쪽)에 보인다.

105) 『元史』卷33, 「文宗本紀二」, 733쪽.

106) 王頲, 「燕鐵木兒的軍事政變與明文禪替」 『歐亞學刊』 3, 北京: 中華書局, 2002, 236쪽.

107) 『元史』卷33, 「文宗本紀二」, 731쪽.

108) 문종 시기 욜테무르의 활약에 대해서는 小田壽典, 「1330年の雲南遠征余談」 『內陸アジア史研究』 1, 1984, 17~19쪽을 참고.

은 중서성의 신료들과 함께 이를 논의하라."[109]라고 직접 명령을 내렸다. 명종은 대도와 상도의 재정 상태가 극도로 좋지 않다는 것을 알고 있기 때문에 자신의 즉위를 위해서 어사대와 司農司 및 추밀원, 선휘원, 선정원 등이 비축해놓은 것들을 활용하라는 요구도 잊지 않았다.[110]

명종에게 옥새를 전달하기 위해 북상한 엘테무르 일행은 1개월 후인 4월에 명종의 행재소에 도착했다. 엘테무르는 百官들을 이끌고 명종에게 옥새를 바쳤고, 명종은 엘테무르에게 太師 칭호를 하사하면서 이전에 문종으로부터 받았던 모든 직함을 그대로 유지하게 하였다.[111] 『元史』의 엘테무르 열전에는 명종이 엘테무르에게 太師 칭호를 하사한 것이 6월이라고 다르게 기록되어 있지만,[112] 어쨌든 명종이 옥새를 공식적으로 받은 이후에도 엘테무르의 위상을 그대로 인정하면서 거기에 太師의 칭호까지 추가적으로 하사한 것은 분명한 사실이다.[113] 옥새의 전달을 통해 太師의 칭호까지 받은 엘테무르의 지위는 더욱 견고해질 수 있었고, 옥새를 전달받은 명종은 이제 본격적으로 공식 즉위에 박차를 가할 수 있게 되었다.

여기에서 17세기에 편찬된 몽골문 연대기 사료들 중의 하나인 '신발견 『황금사』'의 기록을 주목할 필요가 있다. 17세기 몽골문 史書들은 우구데이부터 토곤테무르의 즉위 이전까지를 서술할 때 카안들이 즉위했을 때의 나이, 사망한 장소와 재위 기간과 같은 아주 간략한 정보만을 기록하고 있는데 명종과 관련해서는 "정월 19일 30세에 寶璽를 지닌 알테무르 칭상을 살해하려고 적대적인 이들을 맞이하도록 보내고, 코톡토 카안이 체첵투 호수에서 4월 초3일에 칸위에 올랐다"[114]는 내용이 보이고 있는 것이다. 『황

---

109) 『元史』 卷31, 「明宗本紀」, 696쪽.
110) 『元史』 卷33, 「文宗本紀二」, 732쪽.
111) 『元史』 卷31, 「明宗本紀」, 696쪽.
112) 『元史』 卷138, 「燕鐵木兒傳」, 3331쪽.
113) 『石田集』 卷14, 「太師太平王定策元勳之碑」(李叔毅 點校, 『石田先生文集』, 鄭州: 中州古籍出版社, 1991, 254쪽).
114) 김장구 역주, 『역주 몽골 황금사』, 동북아역사재단, 2014, 85쪽. 김장구가 저본

금사』의 다른 판본에서는 '알테무르'라는 이름이 기록되어 있지 않아서 명종이 죽이고자 했던 승상이 누구였는지를 단정할 수 없었지만, '신발견『황금사』'의 기록은 명종이 엘테무르를 적대적인 태도로 대했을 가능성이 매우 높았음을 입증하고 있다. 또한, 4월에 즉위했다고 적어놓은 기록은 옥새를 전달받은 것이 즉위를 상징할 정도의 중요한 의미를 지니고 있었음을 보여주는 것이기도 하다.[115] 이제 엘테무르는 비록 명종으로부터 太師 칭호를 받기는 했으나 언제라도 敵意를 드러낼 수 있는 명종과 그의 近侍들과의 관계 문제를 해결해야 하는 새로운 과제를 떠안게 되었다.

명종에게 옥새를 바치고 난 이후 엘테무르는 중서성, 추밀원, 어사대에 사람을 선발하여 관료로 임명할 것을 주청했다. 이에 명종은 카바르투(哈八兒禿, Qabartu)를 중서평장정사로, 前 중서평장정사 벡테무르(伯帖木兒, Beg-Temür)를 지추밀원사로, 常侍 볼로드(孛羅, Bolod)를 어사대부로 각각 임명했다.[116] '무종의 舊人'으로 기록되어 있는 카바르투는 명종이 周王으로 봉해져 쫓겨나 延安에 왔을 때에 합류했고,[117] 반란의 실패 후 명종이 차가타이 울루스 지역으로 망명했을 때에도 함께 따라갔던 것으로 보인다. 벡테무르는 인종 재위 시기인 延祐 3년 6월부터 이듬해 7월까지 중서평장정사에 재직했음이 『元史』의 「宰相年表」에 기록되어 있고,[118] 「仁宗本紀」에는 延祐 3년 5월에 大都留守 벡테무르를 중서평장정사로 삼았다는

으로 삼고 '신발견『황금사』'라는 명칭을 붙인 연구에는 이 부분의 라틴 문자 전사와 원문(Ш. Чоймаа, *Хаадын үндсэн хураангуй Алтан товч*, Улаанбаатар: Болор Судар, 2011, p.95 ; p.264)이 수록되어 있고 '알테무르 칭상'이라는 인물이 분명히 기록되었음을 확인할 수 있다.

115) 權容徹, 「17~18세기 전반 몽골문 史書의 大元帝國 역사 서술－황제들의 生沒, 즉위 연도 및 계보에 대한 비교 분석을 중심으로」『東洋史學研究』128, 2014, 308~309쪽.

116) 『元史』卷31, 「明宗本紀」, 696~697쪽.

117) 『元史』卷31, 「明宗本紀」, 694쪽.

118) 『元史』卷112, 「宰相年表」, 2819~2820쪽.

기록이 보인다.[119] 벡테무르는 그의 부친 시절부터 인종을 섬겨왔지만,[120] 아마도 중서평장정사에서 물러난 이후에 周王 진영으로 넘어왔던 것으로 추정된다. 마지막으로 볼로드는 명종이 쫓겨났을 때에 그를 호종하기 위해 설치되었던 周王常侍府의 官屬으로, 명종의 近侍 중에서도 가장 최측근의 인물이었을 것임이 틀림없다. 관료 체제의 핵심부에 명종 역시 자신의 측근 인물들을 등용할 수밖에 없었던 것이다.

명종은 자신의 권위를 제대로 확립하기 위해서는 확고한 권신의 지위에 올라 있는 엘테무르를 견제해야만 했다. 비록 엘테무르가 이미 확보하고 있었던 모든 위상을 인정하기는 했지만, 명종은 문종을 옹립하는 데 기여한 엘테무르에게 의지할 이유가 없었다. 이러한 상황에서 명종은 어사대의 신료에게 아래와 같은 의미심장한 말을 남긴다.

> 天下의 國家는 비유하자면 한 사람의 몸과 같으니, 중서성은 오른손이고 추밀원은 왼손에 해당된다. 왼손, 오른손에 병이 있으면 훌륭한 醫員이 치료하는데 중서성과 추밀원에 闕失이 있는데도 어사대가 이를 다스리지 않는 것이 가능한가? 무릇 諸王, 百司가 법을 어기고 예를 벗어나면 모두 탄핵을 받아야 한다. 風紀가 엄하면 탐관오리들이 두려워할 것이니 이는 斧斤이 무거우면 나무를 깊게 패는 이치와 같다. 짐에게 闕失이 있으면 卿이 또한 보고하라. 짐은 卿을 문책하지 않을 것이다.[121]

위 기록의 핵심 내용은 어사대가 본연의 임무를 제대로 수행하지 못하고 있음을 명종이 질책하면서 風紀를 강화시킬 것을 명하고 있는 것이다. 이는 중서성과 추밀원을 실질적으로 장악하고 있었던 엘테무르에 대한 경

---

119) 『元史』 卷25, 「仁宗本紀二」, 573쪽.
120) 『元史』 卷137, 「曲樞傳」, 3312~3313쪽.
121) 『元史』 卷31, 「明宗本紀」, 697쪽.

고 메시지였다.[122] 엘테무르에 대한 어사대의 견제가 제대로 이루어지지 않는 상황을 명종은 우회적으로 비판한 것이었다. 그래서 어사대부에 자신의 최측근인 볼로드를 기용했던 것도 차후에 발생할 권력 다툼을 대비하는 조치였다고 볼 수 있다. 명종은 어사대부 볼로드와 中政使 샹기야누(尚家奴, Šangyianu)에게 4케식 관할의 업무를 맡겼는데,[123] 볼로드와 마찬가지로 샹기야누 역시 常侍로서 명종과 오랫동안 고락을 함께 했던 인물이었다. 이들이 황제의 4케식을 관할했다는 것은 엘테무르를 견제할 수 있을 정도의 세력을 형성할 수 있는 분위기가 조성되었음을 의미한다.

한편, 제위계승과 관련하여 주목할 점은 명종이 옥새를 엘테무르로부터 전달받은 이후 문종을 황태자로 지명했다는 사실이다. 이 조치는 빠른 속도로 이루어졌고, 옥새를 받은 그 달에 바로 문종 측에 황태자 지명을 알리는 사신이 파견되었다. 이 중요한 임무를 수행한 사신은 武寧王 체첵투(徹徹禿, Čečektü)와 명종이 중서평장정사로 기용한 카바르투 두 사람이었다.[124] 이들은 1개월 후에 대도에 도착하여 황태자 책립의 명령을 직접 전달하였고, 문종은 그 명령에 따라 자신이 황태자가 되는 것을 받아들이면서 황태자의 전속 기구인 詹事院을 설치하였다. 그리고 첨사원에서 자신을 보좌할 太子詹事를 지정한 이후, 명종을 직접 영접하기 위해 북쪽으로 향했다. 이러한 사건 전개 과정은 무종이 자신의 즉위에 기여한 동생 아유르바르와다를 황태자로 삼았던 것과 똑같은 형태라고 할 수 있는데, 다른 점이 있다면 이번에는 대도 진영에 강력한 군사력을 가진 권신 엘테무르가 존재하고 있었다는 것이었다.

명종의 황태자 책립 명령을 전달하기 위해 파견된 카바르투는 명종을 수행했던 측근 신료로 중서평장정사에 임명된 인물이었으니 명종으로부터

---

122) 邱樹森, 『安懽貼睦爾傳』, 長春: 吉林敎育出版社, 1991, 43쪽.
123) 『元史』 卷31, 「明宗本紀」, 698쪽.
124) 『元史』 卷31, 「明宗本紀」, 698쪽 ; 『元史』 卷33, 「文宗本紀二」, 733쪽.

큰 신임을 받고 있었음이 분명하다. 카바르투와 함께 온 체첵투는 영종 재위 시기인 至治 2년(1322) 12월에 武寧王에 봉해졌고,[125] 이보다 5개월 전에 영종은 북쪽 변경의 병력을 총괄하는 임무를 체첵투에게 맡겨 그를 북쪽으로 보내면서 많은 양의 금, 은, 鈔를 하사한 바 있었다.[126] 이후 태정제 시기에도 체첵투는 北邊 방어에 임하면서 휘하 군사들을 이끌고 있었고, 그 세력이 점차 강화되었다.

몽골고원에 설치되었던 嶺北行省에서 변경을 지키는 역할을 맡았던 '嶺北守邊諸王'[127]으로서 체첵투는 양도내전에서 상도 진영에 가담했던 옹산과 비슷한 위상을 지니고 있었다. 특히 태정제는 즉위하기 전 晉王에 봉해져 漠北 전역을 통치한 경력이 있었기 때문에[128] 北邊 방어의 필요성을 누구보다도 중요하게 인식했을 것이고, 그래서 자신의 조카 옹산에게 이 지역을 맡겼다. 그래서 체첵투가 옹산과 함께 몽골 본토를 지키는 諸王으로 언급된다는 점은 그만큼 체첵투의 군사적 위상이 상당했음을 보여주는 것이다. 이 두 諸王 중에서 옹산은 내전 과정에서 패배해 달아나다가 결국 죽음을 맞이했지만, 체첵투는 내전 과정에서 구체적으로 어떠한 활약을 했는지 기록이 남아있지 않다. 아마도 내전에 직접 개입하지는 않고 정세를 관망했던 것으로 여겨진다.

양도내전이 엘테무르의 승리로 끝난 이후, 체첵투의 이름은 명종이 즉위를 위해 망명 생활을 끝내고 되돌아오는 과정에서 金山(현재의 알타이 산맥)에 이르렀을 때의 기록에서 확인되고 있다. 기록의 내용은 嶺北行省平章

---

125) 『元史』 卷28, 「英宗本紀二」, 626쪽. 『元史』 諸王表에는 체첵투가 泰定 3년(1326)에 武寧王에 봉해진 것으로 되어 있어 기록에 혼동이 있지만, 본서에서는 본기의 기록에 따랐다. 한편, 뭉케의 후손인 체첵투의 家系에 대해서는 村岡倫, 「モンケ·カアンの後裔たちとカラコルム」, 松田孝一·オチル 編 『モンゴル國現存モンゴル帝國·元朝碑文の研究』, 枚方: 大阪國際大學, 2013, 104~106쪽을 참고.
126) 『元史』 卷28, 「英宗本紀二」, 623쪽.
127) 『元史』 卷29, 「泰定帝本紀一」, 641쪽.
128) 白石典之, 『モンゴル帝國史の考古學的硏究』, 東京: 同成社, 2002, 194쪽.

政事 보비(潑皮, Bobi)가 명종을 奉迎했고, 뒤이어 체첵투와 僉樞密院事 테무르부카가 명종에게 왔다는 것인데,[129] 이는 몽골리아 본토를 통치하는 관료와 諸王이 모두 명종의 귀환을 직접 맞이했다는 사실을 보여준다. 명종은 이후 카라코룸의 북쪽에서 즉위하게 되는데, 그 지역을 유목지로 삼고 있었던 체첵투가 즉위 과정에서 큰 역할을 담당했다는 점은 분명해 보인다.[130] 체첵투는 명종의 귀환과 즉위에 큰 도움을 주었던 諸王이었고, 또한 막북에서 양성한 군사적 실력이 뒷받침되고 있었기 때문에 그를 대도로 보내 문종을 황태자로 지명하면서 은근한 정치적 압박의 효과도 노렸다.

명종이 문종을 황태자로 지명하면서 한편으로는 자신의 측근 세력들에게 힘을 실어주고 있는 분위기 속에서 엘테무르는 위기의식을 느낄 수밖에 없었다. 중앙 조정의 거의 모든 것을 관할했던 권신 엘테무르에 대한 견제가 이루어지고 있는 것은 분명했고, 명종의 常侍 출신 인물들이 케식을 관장하는 상황은 불안감을 확대시키는 요인이 될 수 있었다. 특히 엘테무르가 명종에게 아뢰었던 아래의 上奏 내용은 엘테무르와 명종 측근 세력의 정치적 갈등이 표면으로 드러나고 있었음을 보여준다.

> 中政院이 중서성을 뛰어넘어 마음대로 황제께 관직의 除授를 상주하면서 공문을 보내 制敕을 요구했고, 이미 요구한 바대로 制敕을 주셨습니다. 그러나 이는 大體에 합당하지 않으니 청컨대 이를 금지시키는 명령을 내리셔서 政權을 하나로 돌아가게 하시기를 바랍니다.[131]

위 상주문은 엘테무르가 관할하는 중서성과 상의도 없이 中政院이 관직 除授 사항과 관련된 制敕을 요구한 점에 대한 불만을 주된 내용으로 삼고

---

129) 『元史』 卷31, 「明宗本紀」, 695쪽.
130) 村岡倫, 「モンケ・カアンの後裔たちとカラコルム」, 松田孝一・オチル 編, 『モンゴル國現存モンゴル帝國・元朝碑文の研究』, 枚方: 大阪國際大學, 2013, 111쪽.
131) 『元史』 卷31, 「明宗本紀」, 699쪽.

있다. 중정원은 황후의 財賦 및 궁실의 건축과 물자 공급을 담당하면서 숙위 군사를 파견하고 황후의 封邑을 관리하는 역할을 맡았던 기구이기 때문에[132] 관리 임명과는 직접적인 연관관계가 없음에도 불구하고 일종의 월권행위를 저지르고 있었다고 볼 수 있다.[133] 게다가 이 내용을 중서성을 거치지 않고 황제에게 직접 상주했다는 것은 엘테무르의 권위를 드러내놓고 무시하는 행위였으므로 엘테무르는 당연히 이에 대한 시정을 요구했던 것이다. 더욱 결정적인 사실은 중정원을 관할하는 中政使가 바로 명종의 常侍였던 샹기야누였다는 점이다. 명종의 近侍들은 엘테무르를 거치지 않고 황제와 직접 소통하고 있었고, 결국 이는 엘테무르와의 권력 갈등으로 연결되었다.

엘테무르의 상주를 접한 명종은 近侍들이 번번이 직접 주청하는 행동을 하지 말 것을 당부했다.[134] 그리고 이후에는 감찰어사가 재정의 궁핍을 언급하면서 近侍들이 恩賜를 주청했던 것을 모두 중지시키고 백성들의 부담을 덜어줄 것을 간언했는데, 명종은 이 역시 긍정적으로 받아들였다. 이를 통해서 명종의 近侍들은 명종의 즉위 이후 지속적으로 정치에 적극 간여하면서 그에 상응하는 보상을 받을 것을 기대했음을 알 수 있다. 이는 지난날 무종의 近侍들이 정권을 장악하고 상서성을 세웠던 전철을 명종의 近侍들도 따르려는 움직임으로도 볼 수 있다. 물론, 상서성 재상들이 황태자 아유르바르와다에 의해 숙청되었던 일이 반복되지 않게 하려면 이번에는 황태자로 지명된 문종의 측근들을 엄중하게 제어해야만 했다. 문종 측근의 대표는 당연히 엘테무르였고, 더 이상의 자세한 내용은 기록되어 있지 않지만 명종이 귀환하는 와중에도 항상 엘테무르와 명종 近侍들 사이의 팽팽한 긴장은 유지되고 있었을 것임을 추정할 수 있다. 이러한 정치적 관계는

---

132) 『元史』 卷88, 「百官志四」, 2230쪽.
133) 藤島建樹, 「元の明宗の生涯」 『大谷史學』 12, 1970, 22쪽.
134) 『元史』 卷31, 「明宗本紀」, 700쪽.

결국 '제2의 南坡之變'이 발생하는 결정적인 계기로 작용하였다.

天曆 2년 8월 삭일에 명종은 옹구차두(王忽察都, Ongyučadu, 현재 河北省 張北縣 부근)에 도착했고, 이튿날에 황태자가 명종을 직접 알현했다. 명종이 인종 정권에 대한 반란을 일으키고 망명을 한 지 13년 만에 이루어진 형제의 만남이었고, 諸王과 大臣들이 모두 모인 자리에서 성대한 연회가 열렸다. 역사적인 장소가 된 옹구차두는 명종과 문종 형제의 아버지인 무종이 새로운 수도인 中都를 세우려 했던 곳이었다. 무종은 자신만의 정치적 기반을 형성하려는 의도를 가지고 이곳에 行宮을 짓는 등의 노력을 했지만, 무종이 사망한 뒤 인종은 새로운 수도의 건설 계획을 모두 폐기시켰던 것이다.[135] 옹구차두는 무종과도 직접적으로 연결된 상징적인 地點이었고 이제 황제와 황태자가 공식적으로 만나 새로운 조정을 이끌어가는 일을 결정하고, 명종이 대도에 입성하는 절차만 남게 되었다.

그런데 옹구차두 연회가 열린 지 4일 후에 명종이 갑자기 사망했다. 명종이 병환을 앓았다는 어떠한 기록도 찾아볼 수 없고, 즉위에 대한 강한 자신감을 가지고 있었던 명종의 갑작스러운 사망은 누구도 예상하지 못한 것이었다. 그런데 명종 사망 이후 엘테무르의 행동은 명종의 사망에 석연치 않은 사정이 있었음을 추정하게 한다. 엘테무르는 황후의 명을 받아 황제의 璽寶를 문종에게 주고 재빨리 말을 달려 돌아가는데 낮에는 宿衛 병사들을 이끌고 扈從했고 밤에는 직접 甲冑를 입고 문종의 幄殿 주위를 돌아다니며 지켰다는 것이다.[136] 문종과 엘테무르 일행은 옹구차두를 도망치듯이 빠져 나왔고, 경비를 삼엄하게 했을 정도로 비상사태에 대비하고 있

---

135) 무종이 건설하려 했던 中都에 대해서는 여러 연구들이 진행되어 있는데, 특히 고고학적인 발굴 성과에 대해서는 河北省文物研究所 編, 『元中都 1998-2003年 發掘報告』, 北京: 文物出版社, 2012를 참고. 이외에 中都와 관련된 기존 연구 성과를 정리한 것으로는 李瑞杰·陳穎, 「元中都研究綜述」 『河北北方學院學報(社會科學版)』 2010-6 참고.

136) 『元史』 卷138, 「燕鐵木兒傳」, 3332쪽.

었다. 명종 사망 이후의 사후처리보다는 문종의 호위에 더욱 신경을 쓰고 있는 엘테무르의 모습에서 의심스러운 측면이 존재하고 있다. 명종 近侍들과 갈등 관계에 있었던 엘테무르는 결국 명종을 암살하는 방법으로 정치적 위기를 타개하고자 하였던 것이다.

명종의 암살은 사료 상에서 구체적인 실상이 거의 기록되어 있지 않지만, 흔적은 남아 있어 추정을 가능하게 한다. 『庚申外史』에는 훗날 문종이 사망할 때 남긴 유언 중에서 "지난 날, 晁忽叉의 일은 짐의 평생 큰 잘못인데 짐이 일찍이 中夜에 생각해보니 후회막급이다."[137]라는 내용이 있다. 여기에서 晁忽叉는 옹구차두를 가리키는 것이고, 옹구차두에서 발생한 명종의 사망이 후회막급일 정도로 가장 큰 잘못이었다고 문종이 토로한 것 자체는 문종이 암살을 묵인했다는 점을 시인한 것이다. 『元史』엘테무르 열전에는 "명종의 죽음은 확실히 (엘테무르가) 간여한 逆謀[138]라는 기록도 보인다. 또한, 고려 측의 자료에도 이와 관련된 언급이 있어 주목할 필요가 있다. 내용은 아래와 같다.

문종이 江南에서부터 먼저 궁으로 들어와서 즉위하고 명종을 朔方에서 맞이하였다. 문종이 교외로 나가서 명종을 위로하는데, 승상 엘테무르가 毒酒를 올렸고 명종이 中夜에 사망하니 六軍이 소란하였다.[139]

위 기록은 엘테무르가 毒酒를 바쳐 명종을 毒殺했다고 간략하게 적고 있지만, 명종 사망의 원인을 가장 명료하게 알려주고 있다. 六軍이 소란했다는 것은 명종 사망 이후의 혼란을 표현한 것인데, 이를 통해 순식간에 이루어진 역모에 제대로 대처하지 못하고 있는 명종 측근들의 모습을 상상

---

137) 『庚申外史』卷上(任崇岳, 『庚申外史箋証』, 鄭州: 中州古籍出版社, 1991, 7쪽).
138) 『元史』卷138, 「燕鐵木兒傳」, 3333쪽.
139) 『牧隱文藁』卷17, 「海平君諡忠簡尹公墓誌銘」(金龍善 編, 『高麗墓誌銘集成』第5版, 한림대학교 출판부, 2012, 610~611쪽).

해볼 수 있다. 결국 문종과 엘테무르가 명종을 독살했던 것이고,[140] 이에 대한 관념은 후대에도 그대로 이어졌다. 대표적으로 명태조 주원장은 北伐을 선언하는 檄文에서 元의 천명이 다했음을 논하면서 "天曆이 동생으로서 형을 독살"[141]했다는 사실을 언급했다. 淸代의 趙翼이 저술한 『二十二史箚記』에서도 "명종이 죽었는데, 이는 분명히 문종과 엘테무르의 弑逆이다."[142]라고 적고 있다. 엘테무르는 또 다시 제위계승분쟁에 개입하여 승리를 거둔 셈이었다.

엘테무르와 문종 일행은 옹구차두에서 급히 빠져나와 이동하면서 중앙 조정의 핵심 관료를 다시 임명했다. 이는 명종 중심의 정치적 구도를 재편하는 과정이었고, 그 이후에 이들은 상도에 도착했다. 상도에 다다른 이후 시행했던 조치 중에 주목할 것은 바로 낭기야다이의 처형이었다. 낭기야다이는 명종의 즉위 소식을 들은 후 四川에서 일으켰던 반란을 중지했고 이후에는 별다른 행동을 취했다는 기록이 보이지 않는다. 그런데 문종과 엘테무르는 상도에 도착한 이후, 낭기야다이가 황제를 질책했다는 이유로 '大(逆)不道'의 죄목에 연루시켜 그를 棄市했던 것이다.[143] 이는 낭기야다이가 명종을 추대했다는 것에 대한 보복임이 틀림없었다. 이렇게 낭기야다이를 처형한 바로 다음 날에 문종은 상도 大安閣에서 두 번째 즉위식을 거행했다.

이렇게 문종이 다시 즉위하면서 권신 엘테무르의 위상은 더욱 확고해졌

---

140) 『元史』의 「刑法志」에는 '大惡'으로 분류된 여러 죄목들이 열거되어 있는데, 이 중에서 독을 만들어 사람을 해친 자는 사형에 처한다는 내용이 보인다(『元史』 卷104, 「刑法志三」, 2653쪽). 毒殺은 元에서 가장 악질적인 죄목으로 인식되고 있었던 것이다. 한편, 전체 몽골의 역사에서 '독'이 끼친 결정적인 영향력에 대해서는 Elizabeth Endicott, "The Role of Poison in Mongolian History", *Archivum Eurasiae Medii Aevi* Vol. 21, 2014-2015를 참고.

141) 『明太祖實錄』 卷26, 吳元年 10月 丙寅.

142) 『二十二史箚記』 卷29, 「元史廻護處」(王樹民 校證, 『廿二史箚記校證』, 北京: 中華書局, 1984, 660쪽).

143) 『元史』 卷33, 「文宗本紀二」, 737쪽.

다. 엘테무르가 내전을 거치면서까지 문종을 옹립시킨 것도 큰 공적이라 할 수 있는데, 여기에 더하여 껄끄러운 존재였던 명종을 제거하고 별다른 큰 소요 없이 문종을 두 번째로 옹립한 '再造之功'[144]을 세운 것이다. 그렇기 때문에 모든 권력은 엘테무르에게 집중될 수밖에 없었다. 이를 보여주는 가장 대표적인 조치들을 살펴보면, 우선 엘테무르의 先祖 三代에 대한 王號 追封을 언급할 수 있다. 문종은 天曆 2년 12월에 엘테무르의 증조부인 발두착을 溧陽王으로, 조부 토트칵을 昇王으로, 부친 중구르를 揚王으로 추봉했는데,[145] 특히 토트칵과 중구르가 一字 王號를 받았다는 것은 엘테무르의 높은 지위가 그대로 반영된 조치였다고 할 수 있다. 또 한 가지 주목할 사실은 至順 원년(1330) 2월에 당시 중서좌승상이었던 바얀을 지추밀원사에 임명하면서 앞으로는 중서좌승상을 두지 않겠다는 조서를 문종이 반포한 것이었다.[146] 이로 인해 엘테무르는 '獨相'으로서의 지위까지 최종적으로 차지할 수 있었다.

그렇다면, 명종은 왜 이렇게 허무하게 역사 무대에서 사라져 버린 것일까? 명종의 군사력이 생각보다 강력하지 못했다는 점을 이유로 들 수 있을 것 같다. 명종은 諸王 차아타이(차가타이 울루스 수장을 의미)가 멀리에서부터 자신을 지원하기 위해 오고 있다고 했지만, 무종이 3만의 군사를 이끌고 남쪽으로 내려왔다는 구체적인 기록이 있는 것에 비해 명종의 휘하 군사력에 대한 기록은 보이지 않는다. 훗날, 문종이 명종의 衛士 1,830명에게 각각 鈔 50錠을, 케식官 12명에게는 각각 鈔 200錠을 하사하여 그들을 포섭했다는 기록[147]을 보면 명종 측근의 군사 규모는 그렇게 크지 않았다. 엘테무르의 군사력에 대적할 정도의 힘을 명종은 가지고 있지 못했던

---

144) 張沛之, 『元代色目人家族及其文化傾向研究』, 天津: 天津古籍出版社, 2009, 25 쪽.

145) 『元史』 卷33, 「文宗本紀二」, 745쪽.

146) 『元史』 卷34, 「文宗本紀三」, 752~753쪽.

147) 『元史』 卷33, 「文宗本紀二」, 739쪽.

것이다. 또 하나 주목할 기록은 「夏侯尙玄傳」에 실린 내용이다. 영종 시기
에 侍儀司典簿를 지냈던 夏侯尙玄이라는 사람이 명종의 사망 소식을 카이
두에게 알리려고 했지만 武平王과 嘉王이 이를 막는 바람에 알리지 못했다
는 것이다.[148] 여기에서 카이두는 차가타이 울루스를 가리키는 명칭이
고,[149] 그렇다면 명종의 죽음을 알지도 못했을 정도로 차가타이 울루스 수
장은 명종과 멀리 떨어져 있었음을 알 수 있다. 차가타이 울루스의 군사력
은 명종이 긴급하게 직접 활용할 수 없었던 것이다. 그리고 武平王과 嘉王
등 諸王마저도 명종의 갑작스러운 죽음 때문에 일이 커지는 것을 원하지
않고 있었다. 엘테무르가 독살이라는 방법을 선택한 것은 유효했고, 이로
인해 더 이상의 내전은 발생하지 않았다. 이렇게 '天曆의 내란'이 끝났지
만, 제위계승분쟁의 여파는 이후에도 지속되었고 결과는 혜종의 즉위와 권
신들 사이의 치열한 갈등으로 연결되었다.

3) 明宗 암살의 여파

　문종의 두 번째 즉위가 성공적으로 이루어지면서 양도내전부터 시작된
제위계승분쟁은 마무리되었다. 그러나 명종을 암살했다는 죄과는 분명 문
종과 엘테무르의 발목을 잡는 요인으로 항상 작용할 수 있었다. 그렇기 때
문에 문종과 엘테무르의 입장에서는 차후 안정적인 제위계승을 위한 조치
를 마련해야 했다. 첫 번째 조치는 至順 원년 3월에 시행되었는데, 바로 皇
子 아라트나다라(阿剌忒納答剌, Aratnadara)를 燕王에 봉하고 燕王과 관련
된 사무를 처리하는 宮相府를 두어 이를 엘테무르가 관할하게 했던 것이었
다.[150] 아라트나다라는 문종의 장남이었고, 그를 燕王에 봉했다는 것에는

---

148) 『危太樸文續集』 卷8, 「夏侯尙玄傳」(『元人文集珍本叢刊』 卷7, 臺北: 新文豊出版
　　公司, 1985, 578쪽).
149) 村岡倫, 「モンケ・カアンの後裔たちとカラコルム」, 松田孝一・オチル 編 『モンゴ
　　ル國現存モンゴル帝國・元朝碑文の硏究』, 枚方: 大阪國際大學, 2013, 102~103쪽.

상징적인 의미가 담겨 있었다. 燕王은 쿠빌라이가 세운 황태자였던 친킴이 처음으로 받았던 王號였고, 친킴이 황태자로 책립된 이후에는 어느 누구도 취하지 못했던 王號였기 때문이다. 즉 아라트나다라를 燕王으로 봉한 것 자체는 자연스럽게 친킴을 연상시키게 만들었고, 이는 결국 아라트나다라를 황태자로 책립하겠다는 의지와도 연결되는 것이었다. 燕王宮相府의 설립과 이를 엘테무르가 관할하게 했다는 것은 엘테무르와 燕王, 더 나아가 황태자 후보와의 관계가 더욱 긴밀해지는 것을 뜻했다. 이는 문종 이후의 제위계승에서 엘테무르가 강력한 영향력을 행사할 것임을 예고하는 대목이기도 하다.

　조정의 거의 모든 정치적·군사적 업무를 장악한 全權 權臣 엘테무르가 제위계승에까지 간여할 분위기가 조성되고 얼마 지나지 않아 또 다른 사건이 발생했다. 至順 원년 6월에 지추밀원사 쿤첵벡(闊徹伯, Könček-Beg)을 필두로 하여 총 11명이 변란을 모의했다는 죄로 모두 사형에 처해지고 가산이 몰수되는 사태가 터졌던 것이다.[151] 『元史』의 「文宗本紀」에는 간략하게만 기록된 '謀變'의 원인은 엘테무르를 향한 과도한 권력 집중이었다. 엘테무르의 열전 내용에 따르면, 이들은 엘테무르를 제거하려고 했지만 계획이 누설되면서 엘테무르가 이끄는 킵차크군에 의해 체포되어 모두 죽임을 당했다.[152] 엘테무르 제거 음모에 가담한 인물들의 관직은 지추밀원사, 通政使, 翰林學士承旨, 燕王宮相, 中政使, 右아스위지휘사로 다양했는데 그만큼 엘테무르의 권력 확장에 불만을 가진 세력들이 도처에 존재했음을 보여주는 것이다. 모의가 있다는 보고를 받자마자 엘테무르가 휘하의 킵차크 군단을 이끌고 가서 진압했을 정도로, 이 사건은 중요한 정치적 함의를 지니고 있었다. 그 함의를 밝히기 위해서는 일부 모의 가담자들을 조금 더

---

150) 『元史』 卷34, 「文宗本紀三」, 754쪽.
151) 『元史』 卷34, 「文宗本紀三」, 759쪽.
152) 『元史』 卷138, 「燕鐵木兒傳」, 3332쪽.

구체적으로 살펴볼 필요가 있다.

至順 원년 6월의 謀變에 참여한 11인 중 먼저 살펴볼 두 인물은 바로 通政使 지르칼랑과 中政使 샹기야누이다. 이들 두 인물은 사후에 각각 威寧王, 東平王으로 追封되고 있는데, 그 내용을 담은 制書가 기록으로 남아 있기 때문에 약간의 정보를 얻을 수 있다. 이를 통해 알 수 있는 가장 중요한 사실은 지르칼랑과 샹기야누가 모두 명종의 측근이었다는 점이다. 샹기야누의 경우에는 이미 앞에서도 언급되었듯이 명종이 차가타이 울루스 지역으로 망명할 때부터 옆에 있었던 常侍였고, 엘테무르의 권위를 침범하면서까지 명종에게 직접 상주를 올릴 정도의 측근이었다. 지르칼랑은 무종황제의 侍衛로 오랫동안 변경의 일을 맡았고, 명종을 영접하면서 제위가 돌아오는 것[曆數之歸]을 분명하게 알고 있었다는 기록을 통해 확인해보면,[153] 그 역시 명종의 신하였음을 알 수 있다. 이 둘을 제외한 나머지 인물들이 명종과 어떤 관련이 있는지는 알 수 없지만, 어쨌든 명종의 측근이 엘테무르 제거 계획에 가담했다는 것은 '天曆의 내란'의 여파가 여전히 정치적으로 중요한 작용을 하고 있음을 나타내는 것이었다.

엘테무르 제거 모의에 가담한 인물들 중에서 짚고 넘어갈 또 한 사람은 바로 지추밀원사 쿤첵벡이다. 그가 지추밀원사로 처음 등장하는 것은 영종 즉위 이후이고, 至治 원년(1321) 정월에 치러진 太廟에 대한 제사에서 終獻官의 역할을 수행했다는 기록이 있다.[154] 泰定 원년(1324)에도 太廟 제사를 주관했다는 기록이 한번 등장하고,[155] 문종은 그를 모든 지추밀원사보다 높은 지위를 가질 수 있도록 허락했다는 기록이 보인다.[156] 이러한

---

153) 『金華黃先生文集』 卷7, 「只兒哈郞封威寧王制」(王頲 點校, 『黃溍全集』, 天津: 天津古籍出版社, 2008, 161쪽). 이 기록에 나오는 지르칼랑과 通政使 지르칼랑을 동일한 인물이라고 보는 것에 대해서는 喬志勇, 「元至順元年只兒哈郞等"謀變"案探微」 『元史及民族與邊疆硏究集刊』 23, 上海: 上海古籍出版社, 2011, 49쪽의 내용을 참고.

154) 『元史』 卷27, 「英宗本紀一」, 609쪽.

155) 『元史』 卷29, 「泰定帝本紀一」, 645쪽.

단편적인 기록들로 추정해보면, 쿤첵벡은 군사와 의례 방면을 통해 조정에서 위상을 정립하고 있었던 것으로 생각된다. 여기에 더하여 쿤첵벡의 위상을 더욱 명확하게 보여주는 것은 바로 天曆 2년(1329) 3월 21일이 쿤첵벡 케식 제2일이었다는 기록이다.[157] 쿤첵벡은 天曆 2년의 시점에서 제3케식장이었고, 이 지위는 모의가 이루어질 당시까지도 유지되었을 것이다. 케식장이 이 모의에 참여했다는 것만으로도 엘테무르는 상당한 위협을 느꼈을 것임이 틀림없다. 이외에도 燕王宮相이 가담했다는 것은 엘테무르가 관할하는 기구 내부에서 생겨난 불만과도 연결되고, 右아스위지휘사의 가담은 시위친군의 일부도 움직일 태세를 갖추고 있었다는 점을 보여준다.

그렇다면, 엘테무르 제거 모의가 이루어지게 된 계기는 무엇이었을까? 당연히 엘테무르에 대한 과도한 권력 집중이 표면적인 요인이었지만, 또 한 가지 주목할 점은 명종 황후의 사망이다. 『元史』의 「文宗本紀」에는 至順 원년 4월에 명종의 황후 바부샤(八不沙, Babuša)가 죽었다고만 간략하게 기록되어 있는데,[158] 사실은 이렇게 간단하게 처리할 정도의 것이 아니었다. 다행히도 「文宗本紀」 이외의 부분에 바부샤 황후 사망의 직접적인 원인을 알려주는 기록들이 있다. 기록들에 따르면, 바부샤 황후는 문종의 황후인 보타시리(卜答失里, Botasiri)에 의해 살해된 것이었다.[159] 이는 기존에 명종을 따르던 신료들의 강력한 분노를 발생시키는 사건이었고, 이것

---

156) 『元史』 卷33, 「文宗本紀二」, 744쪽.

157) 『秘書監志』 卷6, 「秘書庫」(高榮盛 點校本, 杭州: 浙江古籍出版社, 1992, 108쪽). 洪金富는 이 기록의 날짜와 케식 윤번 순서를 비교하여 이 기록은 쿤첵벡 케식 제1일을 제2일로 잘못 쓴 것이라는 오류를 지적했다. 이에 대해서는 洪金富, 「元朝怯薛輪值史料攷釋」 『中央研究院歷史語言研究所集刊』 74-2, 2003, 371쪽을 참고.

158) 『元史』 卷34, 「文宗本紀三」, 756쪽.

159) 『元史』 卷114, 「后妃傳一」, 2877쪽. 또 다른 기록에는 문종의 황후가 바부샤를 양을 태우는 불구덩이 안에서 죽었다고 적고 있다. 이에 대해서는 『至正直記』 卷1, 「周王妃」(宋元筆記叢書本, 上海: 上海古籍出版社, 1987, 3쪽)를 참고.

이 촉발제가 되어 결국 명종 측근들을 주도로 엘테무르 정권을 무너뜨리려는 논의가 시작되었다고 할 수 있다. 훗날 혜종의 즉위 조서에서는 이 모의가 명종의 태자 名義로 발생했고, 문종은 나중에야 그것이 거짓이었음을 알았다고 밝히고 있다.[160] 하지만, 모의의 적절한 명분 확립과 세력 결집을 위해서 명종의 태자가 거론되었을 것이고 아마 모의가 성공했다면 이들은 명종의 아들을 황태자로 세우려 했을 가능성이 크다. 엘테무르 제거 모의의 목적은 명종의 '부활'이었다.

엘테무르는 자신이 암살한 명종을 다시 정치적으로 언급했다는 사실 자체만으로도 모의 가담자들을 제거해야만 했다. 휘하 킵차크 군단이 직접 모의 진압에 활용되었던 것도 그만큼 이 사안의 처리가 긴급한 것이었음을 암시한다. 그리고 모의의 名義로 언급된 명종의 태자인 토곤테무르(妥懽貼睦爾, Toγon-Temür) 역시 더 이상 가만히 방치해 둘 수는 없었다. 토곤테무르의 존재가 명종을 상징하는 것이었기 때문에 언제든지 똑같은 모의가 일어날 수 있었기 때문이다. 결국 엘테무르는 당시 11살이었던 토곤테무르를 고려 대청도로 유배 보내는 것으로 처벌을 마무리했다.[161] 기존의 일부 연구들에서는 바부샤의 살해와 토곤테무르의 고려 유배를 바로 연결시켜 문종과 엘테무르가 명종 세력을 일방적으로 제거한 것으로 보았지만,[162] 그 두 사건의 사이에는 명종 측근들이 포함된 '謀逆'과 그에 대한 진압이 진행되었음을 반드시 염두에 두어야 한다. 문종과 엘테무르의 입장에서 이는 커다란 위기였지만, 오히려 그들이 중앙 권력을 장악하는 데 방해가 되는 세력을 숙청할 수 있었던 기회이기도 했다.[163]

---

160) 『元史』 卷38, 「順帝本紀一」, 816쪽.

161) 토곤테무르는 엘테무르 제거 모의가 진압되고 1개월이 지난 후에 고려에 도착하였다. 『高麗史』 卷36, 「忠惠王世家」, 忠惠王 卽位年 7月 丁巳.

162) 藤島建樹, 「元の順帝とその時代」 『大谷學報』 49-4, 1970, 51쪽 ; 장동익, 『高麗時代 對外關係史 綜合年表』, 동북아역사재단, 2009, 303쪽.

163) 呂治昊, 「元代 아스人(Asud)의 擡頭와 政治的 役割」 『東洋史學研究』 120, 2012, 206쪽.

한 차례의 위기를 넘긴 문종과 엘테무르는 한 달 뒤인 至順 원년 7월에 또 다른 모의를 처리해야 했다. 이미 죽은 테무데르의 아들들이 중심이 되어 부적을 만들고 北斗星에 제사를 지내며 저주를 내린 일이 발각되었던 것이다.[164] 이는 테무데르의 옛 권위를 되찾아보려는 무모한 희망 때문에 발생한 일로 생각되는데, 결국은 현재 권위자인 엘테무르 혹은 더 나아가 문종을 저주의 대상으로 삼고 있었음이 분명하다. 문종은 즉시 조서를 내려 중서성에서 관련자를 국문하게 하였다. 국문의 과정에서 이에 연루된 사람들이 추가로 밝혀지게 되는데, 그 중에서 前 어사대부 볼로드가 눈에 띈다. 앞에서 언급되었듯이, 볼로드는 명종의 常侍로 명종 즉위 이후 어사대부로 임명되었고 샹기야누와 함께 케식을 맡으며 엘테무르를 견제하는 역할을 맡았었다. 아마 명종이 사망하면서 어사대부 직함을 박탈당했던 것으로 보인다. 엘테무르는 저주 사건에 연루된 모든 이들을 처형했고, 이로 인해 명종이 즉위한 이후에 세력을 형성했던 명종의 주요 측근인 볼로드와 샹기야누는 각각 저주 사건과 엘테무르 제거 모의로 인해 모두 숙청되었다.

이렇게 명종의 주요 측근들이 사라지게 되면서 황태자 책립 문제가 본격적으로 제기되기 시작했다. 제위계승의 중요 경쟁자인 토곤테무르를 고려로 쫓아낸 상태였고, 더 이상 황태자 선정 문제를 미룰 이유도 없었기 때문이다. 至順 원년 8월에 어사대에서 먼저 황태자 선정을 요청했다. 그런데 문종은 "짐의 아들은 아직 어려서 裕宗이 燕王이었을 때와 비교할 수 없으니 엘테무르가 오기를 기다려 함께 논의할 것이다."[165]라고 대답하였다. 문종은 황태자 선정 문제에 있어서까지 엘테무르에 의존하고 있었던 것이다. 이후 10월에는 諸王과 대신들이 다시 황태자 책립을 요청했지만, 문종은 燕王의 나이가 어리므로 천천히 논의해도 늦지 않다는 의견만을 제시할 뿐이었다.[166] 하지만 문종의 고집은 오래가지 못했고, 결국 같은 해

---

164) 『元史』 卷34, 「文宗本紀三」, 761쪽.
165) 『元史』 卷34, 「文宗本紀三」, 764~765쪽.

12월에 燕王 아라트나다라를 황태자로 책봉하는 조서를 내리면서 황태자 선정 문제는 마무리되었다.[167] 이제 비로소 안정적인 제위계승이 이루어질 수 있는 여건이 마련되었다.

아라트나다라를 황태자로 선정한 지 1개월이 지난 至順 2년(1331) 정월, 황태자가 갑자기 사망했다.[168] 이로 인해 제위계승 문제는 다시 혼란 속으로 빠져들 수밖에 없었고, 황태자 후보로 문종의 차남인 구나다라(古納答剌, Γunadara)가 부각되기 시작했다. 문종은 구나다라의 발진 증세가 호전되었을 때에 엘테무르 가문에게 막대한 금, 은, 鈔를 하사하고 이외에 醫巫, 乳媼, 환관, 衛士들에게도 많은 양의 금, 은, 鈔를 내릴 정도로 구나다라를 각별하게 생각하고 있었다.[169] 구나다라가 정확히 언제 태어났는지는 확인할 수 없지만, 명종이 사망할 당시에 襁褓에 싸여 있었다고 하는 기록[170]을 통해서 명종이 사망한 天曆 2년(1329) 전후에 출생했다고 볼 수 있다. 그렇다면, 至順 2년에 구나다라는 3~4세의 어린 아이였던 것인데 문종은 엘테무르에게 명하여 구나다라와 함께 거주하게 했다.[171] 이는 구나다라의 양육을 엘테무르에게 맡긴 파격적인 조치였고, 더 나아가 문종은 엘테무르의 아들인 타라카이(塔剌海, Taraqai)를 양자로 받아들인다는 조서를 내렸다.[172] 문종과 엘테무르는 서로의 아들을 양자로 교환한 것이었는데 이렇게 되면 구나다라와 타라카이 모두 황태자가 될 수 있는 자격을 갖춘 것이었고 엘테무르는 이 둘에게 강력한 영향력을 발휘할 수 있었다. 이듬해인 至順 3년(1332)에 구나다라가 엘테구스(燕帖古思, El-Tegüs)로 이름을 바꾼 것도 그 영향력을 보여주는 것이다.[173]

---

166) 『元史』 卷34, 「文宗本紀三」, 767쪽.
167) 『元史』 卷34, 「文宗本紀三」, 770쪽.
168) 『元史』 卷35, 「文宗本紀四」, 774쪽.
169) 『元史』 卷35, 「文宗本紀四」, 775쪽.
170) 『元史』 卷184, 「崔敬傳」, 4242쪽.
171) 『元史』 卷35, 「文宗本紀四」, 790쪽.
172) 『元史』 卷35, 「文宗本紀四」, 793쪽.

문종과 엘테무르가 서로의 아들을 교환하여 양육할 무렵인 至順 2년 12월에 고려 대청도로 유배를 가 있던 토곤테무르가 대원제국 내지로 소환되었다.[174] 문종은 조서를 내려 명종이 朔漠에 있을 때에 평소에 토곤테무르는 자신의 아들이 아니라고 말했다는 점을 언급하며 廣西의 靜江(현재 廣西壯族自治區 桂林市)으로 토곤테무르를 移配시켰던 것이다.[175] 하지만 이는 표면적으로 만들어낸 이유였고, 실제로는 요양행성과 고려가 토곤테무르를 내세워 반역을 일으키려 한다는 誣告[176]가 더욱 결정적인 원인이었다고 할 수 있다. 문종과 엘테무르는 혹시나 일어날 수 있는 '謀逆'을 미리 방지하기 위해 토곤테무르를 불러들여 더욱 외딴 곳으로 보낸 것이었다. 이 사건으로 인해 고려에서는 충혜왕이 폐위되고 충숙왕이 복위할 정도로 커다란 정치적 변동이 있었다.[177] 더 나아가 중서성은 관리를 고려에 파견하여 임의로 軍器를 搜撿했을 정도로 토곤테무르와 관련된 무고에 민감하게 반응했다.[178] 중국측 자료에는 제대로 기록되어 있지 않은 내용이 다행히도 『高麗史』에 나와 있어 이를 통해 엘테무르가 얼마나 제위계승에 촉각을 곤두세우고 있었는지를 확인할 수 있다.

至順 3년 8월, 문종이 29세의 젊은 나이로 세상을 떠났다. 황태자 아라

---

173) 『元史』卷36, 「文宗本紀五」, 802쪽. 구나다라가 엘테구스로 개명한 것은 엘테무르의 양자가 되었음을 표현하는 것이라고 본 연구도 있다. 이에 대해서는 邱樹森, 『安懽貼睦爾傳』, 長春: 吉林敎育出版社, 1991, 53쪽을 참고.

174) 『高麗史』卷36, 「忠惠王世家」, 忠惠王 元年(1331) 12月 甲寅. 한편, 조선왕조실록은 태자 陶于帖木兒가 忠肅王 17년(1330)에 유배를 와서 壬申年(1332) 12月에 소환되었다고 기록했다(『朝鮮世宗實錄』卷152, 「地理志·黃海道·海州牧·甕津縣」). 陶于帖木兒는 당연히 토곤테무르를 일컫는 것이지만, 그가 소환되었다고 한 壬申年은 辛未年(1331)의 오류이다.

175) 『元史』卷38, 「順帝本紀一」, 815쪽.

176) 『高麗史』卷36, 「忠惠王世家」, 忠惠王 2年(1332) 正月 庚辰.

177) 이에 대해서는 권용철, 「大元帝國 末期 政局과 고려 충혜왕의 즉위, 복위, 폐위」 『韓國史學報』56, 2014, 76~79쪽을 참고.

178) 『高麗史』卷35, 「忠肅王世家二」, 忠肅王 後元年(1332) 3月 癸酉.

트나다라가 사망한 이후, 새로운 황태자를 아직 정해놓지도 않은 상태에서 문종이 사망했기 때문에 정국은 다시 제위계승을 둘러싼 갈등에 휩싸이게 되었다. 그러나 이전과는 상황이 조금 다른 것이 全權 權臣 엘테무르가 엘테구스 태자를 직접 양육하고 있었고 이미 문종 생전에도 황태자 선정 권한을 가지고 있었다는 점이다.[179] 별다른 견제가 이루어지지 않는 이상, 제위계승은 엘테무르의 뜻대로 될 가능성이 높았다. 그런데 문제는 문종이 죽기 전에 남긴 유언의 내용이었다. 문종은 다음 보위에 명종의 아들을 등극시키라는 말을 남겼기 때문이다.[180] 하지만 엘테무르는 문종의 유언을 그대로 따를 수 없었다. 자신이 암살한 황제의 아들을 즉위시킨다는 것은 스스로의 무덤을 파는 일이 될 수 있었기 때문이다. 문종이 명종에 대해 가지고 있었던 죄의식을 엘테무르는 그대로 받아들이기 어려웠던 것이다.

엘테무르는 문종의 유언을 따르지 않고, 엘테구스 태자를 제위에 올리고자 했다. 이때 엘테무르의 계획에 제동을 건 사람은 문종의 황후 보타시리였다. 보타시리는 문종의 末命을 부각시키면서 제위를 명종의 아들에게 양보하겠다는 초심을 굳건히 유지했고,[181] 모든 결정 권한을 가지고 있었던 엘테무르도 황후의 의사까지 거스를 수는 없었다. 황제가 사망하면 황후가 제위계승의 결정에 큰 권한을 가졌던 몽골-대원제국의 관행으로 인

---

179) 문종이 사망한 뒤 이를 애도하는 내용의 시를 文人 사둘라(薩都拉, Sadula)가 지었는데, 여기에는 문종이 사망한 이후 백성들이 어떻게 살아가야 할지를 걱정하면서 "우리 황제가 이를 생각하여 남긴 遺詔가 있고, 국가에는 社稷燕太師가 있다"는 구절이 있다. 燕太師는 엘테무르를 지칭하는 것인데, 엘테무르가 社稷과 동등한 위치로 인식되고 있을 정도로 영향력이 막강했음을 알 수 있다. 이 시는 『雁門集』卷5, 「鼎湖哀」(中國古典文學叢書本, 上海: 上海古籍出版社, 1982, 145쪽)를 참고.

180) 『元史』卷38, 「順帝本紀一」, 816~817쪽. 『庚申外史』에는 조금 더 구체적으로 문종의 유언이 기록되어 있는데, 문종은 명종 암살을 후회한다고 하면서 정확히 토곤테무르를 지목하여 그를 大位에 올릴 것을 당부했다. 『庚申外史』卷上(任崇岳, 『庚申外史箋証』, 鄭州: 中州古籍出版社, 1991, 7~9쪽)의 내용을 참고.

181) 『元史』卷37, 「寧宗本紀」, 809쪽.

해 보타시리의 위상은 엘테무르도 무시할 수 없는 것이었고, 게다가 보타시리는 콩기라트 데이 세첸 가문 출신이었기 때문에 혈통 자체에서 나오는 권위도 상당히 높았다. 이에 엘테무르는 토곤테무르 대신 명종의 차남인 이린진발(懿璘質班, Irinjinbal)을 즉위시키는 것으로 제위계승문제를 처결했다. 寧宗 이린진발은 즉위 당시 7살의 어린 아이였기 때문에 정국은 엘테무르와 문종 황후가 이끌어나가게 되었다. 문종 황후는 곧 황태후가 되어 위상이 높아졌고, 휘정원을 다시 세워 세력 기반으로 삼으면서 정치적 입지를 다져나가기 시작했다. 하지만 이린진발은 즉위한 후 53일 만에 사망했고,[182] 정국은 또 다시 혼란의 소용돌이 속으로 빠져들게 되었다.

엘테무르는 또 다시 엘테구스 태자를 제위에 올릴 것을 황태후에게 요청했다. 황태후는 엘테구스가 아직 어리므로 토곤테무르가 황제가 되는 것이 마땅하다고 이야기하며 엘테무르의 요구를 거절했다.[183] 사실, 이린진발이 7세의 나이에 제위에 올랐던 것을 생각하면 엘테구스의 나이가 어리다는 점은 결격 사유가 아니었다. 그나마 황태후가 지목했던 토곤테무르도 이제 13살에 불과했다. 그런데도 굳이 황태후가 토곤테무르를 지지한 이유는 문종의 유언을 따른다는 명분을 유지하면서 엘테무르를 견제할 수 있

---

182) 『元史』卷37, 「寧宗本紀」에 따르면 寧宗은 至順 3년(1332) 10월 庚子(10. 4)에 즉위하여 11月 壬辰(11. 26)에 사망했으므로 53일 동안 즉위한 것이다. 그런데, 『永樂大典』卷17085에는 寧宗의 사망 날짜가 11월 25일로 기록되어 『元史』보다 하루가 빠르다. 洪金富는 元의 일부 황제와 황후들의 生卒 날짜가 기록된 『永樂大典』의 이 부분을 분석한 연구(洪金富, 「元《析津志・原廟・行香》篇疏證」 『中央研究院歷史語言研究所集刊』 79-1, 2008)를 발표했고, 필자는 이 논문을 통해 寧宗의 사망 날짜가 『元史』와 다르게 기록한 자료가 있음을 알게 되었다. 한편, 이 자료에서 인종의 생일이 『元史』와 하루 차이가 나는 것에 주목하여 관련 자료를 검토한 결과 기존의 曆日 계산이 잘못되었음을 주장한 연구(許正弘, 「元仁宗生日及其干支問題」 『元代文獻與文化研究』 3, 北京: 中華書局, 2015)가 최근에 제출된 바 있어 앞으로 寧宗의 사망 날짜와 관련해서도 추후 이를 밝혀줄 자료가 나오기를 기대한다.

183) 『元史』卷38, 「順帝本紀一」, 816쪽.

었기 때문이었다. 또 한 가지 이유는 『庚申外史』의 내용을 통해 추정할 수
있다. 엘테무르가 엘테구스 태자의 옹립을 요청할 때에 황태후는 "天位가
지극히 중요한 자리인데, 나의 아이는 어린 것이 염려되며 夭折할 수도 있
지 않겠는가?"[184]라고 대답했다. 황태후는 이전에 황태자로 책립되었던 아
라트나다라와 황제로 즉위한 이린진발이 모두 비명횡사했던 前例가 또 다
시 발생할 것을 걱정했던 것이다. 이는 암살된 명종이 저주를 내리고 있다
는 미신과도 관련된 것이었다.[185] 결국 엘테무르는 황태후의 뜻을 받들어
토곤테무르를 유배지에서 소환해 올 수밖에 없었다. 무소불위의 권력을 행
사했던 엘테무르는 문종과 寧宗의 이른 죽음과 보타시리 황태후의 정치적
견제로 인해 뜻밖의 위기를 맞이하게 되었던 것이다. 하지만 엘테무르는
보타시리 황태후의 권위에 도전할 수 있을 정도로 막강한 권력을 가지고
있었고, 대원제국의 정국은 제위계승과 이에 동반한 권신들 사이의 갈등으
로 한동안 혼란을 겪게 된다.

3. 權臣 권력의 극대화

1) 바얀의 초기 행적

엘테무르의 뒤를 이어 권력자로 부상하는 바얀의 家系와 초기 행적은

---

184) 『庚申外史』卷上(任崇岳, 『庚申外史箋証』, 鄭州: 中州古籍出版社, 1991, 10쪽).
185) 邱樹森, 『安權貼睦爾傳』, 長春: 吉林教育出版社, 1991, 55쪽. 문종과 보타시리
는 독실한 불교 신자였는데 황태자 아라트나다라의 사망이 코실라와 바부샤를
살해한 결과 나타난 저주였다고 믿기 시작하면서 보타시리가 자신의 남은 아들
엘테구스를 제위에 올리지 않으려고 했다는 설명도 가능하다. 이에 대해서는
George Q. Zhao & Richard W. L. Guisso, "Female Anxiety and Female
Power: Political Interventions by Mongol Empresses during the 13th and
14th Centuries in China", *Toronto Studies in Central and Inner Asia* No. 7,
2005, p.31 참고.

『元史』 바얀 열전을 통해서 확인할 수 있는데, 그 내용이 그리 자세하지는 않다. 특히 바얀의 선조들의 활약은 숙위를 하거나 정벌에 참여했다는 정도의 극히 소략한 내용에 불과하다. 엘테무르의 선조들이 군사적으로 더 나아가 정치적으로도 활발한 활동을 펼쳤던 것과는 선명하게 대조되는 부분이다. 선조들의 업적에 그다지 의존할 수 없었던 바얀은 그야말로 '자수성가'의 길을 걷게 되는데, 그의 최초 경력은 15세 되던 해에 성종의 명을 받아 카이샨의 숙위에 들어갔고 이후 카이두와의 전쟁에서 공을 세워 무종으로부터 바아투르(拔都兒, ba'atur)라는 칭호를 하사받았던 것으로 시작되었다.[186] 바아투르는 '영웅'을 뜻하는 몽골어로서, 이 칭호는 단호하고 강인한 백절불굴의 정신을 갖춘 사람에게 주어지는 것이고 몽골 사회에서는 상당히 중요한 의미를 가지는 것이었다.[187] 숙위라는 점을 제외하고는 정치적 기반이 거의 존재하지 않았던 바얀이 무종으로부터 바아투르 칭호를 하사받았던 것은 상징적인 사건이었고, 이는 바얀이 중앙 정계에 진출할 수 있게 되는 발판으로 작용했다.

무종 시기에 바얀은 吏部尚書(大德 11년(1307)) → 尚服(院)使(至大 元年 (1308)) → 御史中丞(至大 元年 11월) → 尚書平章政事(至大 2년(1309) 11월)를 거치며 차례차례 고위관료로 승진했다.[188] 특히 상서성은 무종 近侍들이 주축이 되어 정국을 이끌어가기 위해 설치한 핵심관료기구였기 때문에 바얀이 尚書平章政事가 되었다는 것은 그가 정권의 핵심부에 소속되어 있었음을 의미한다. 하지만 상서성이 설립되었던 至大 2년 8월이 아니라 이보다 3개월이 지난 11월에 바얀이 尚書平章政事가 되었다는 사실을 통해서 그가 상서성 건립을 직접 주도한 무종의 최측근 세력들과는 다소 거

---

186) 『元史』 卷138, 「伯顔傳」, 3335쪽.

187) 잭 웨더포드 지음, 이종인 옮김, 『칭기스칸의 딸들, 제국을 경영하다』, 책과함께, 2012, 29쪽.

188) 『石田集』 卷14, 「敕賜太師秦王佐命元勳之碑」(李叔毅 點校, 『石田先生文集』, 鄭州: 中州古籍出版社, 1991, 249쪽).

리가 있었음을 추측할 수 있다. 또한, 尚書平章政事가 된 이후에도 바얀이 정책 입안이나 추진에 있어서 적극적인 역할을 담당했다는 기록도 확인되지 않는다.[189]

至大 4년(1311) 정월에 무종이 갑자기 사망하면서 시작된 정국의 변동으로 인해 상서성의 관원 대부분은 숙청되었고, 바얀도 상서성의 구성원이었기 때문에 원칙적으로는 이 숙청에서 벗어날 수 없었다. 그러나 바얀은 買奴라는 인물의 도움을 받아 목숨을 건질 수 있었는데, 관련 기록은 다음과 같다.

　　이전에 무종 황제께서 멸망한 宋 太后의 湯沐地를 모두 大崇恩福元寺에 귀속시키라고 명하였는데, 平章政事 바얀은 계속 불가하다고 하였다. 황제께서는 진노하셨으나 바얀의 抗論은 그치지 않았다. 이후 인종 황제께서 鈔法 때문에 前代의 재상들을 詰責했는데, 公(買奴)이 말하기를, "바얀이 先朝(무종)의 싫어하는 얼굴을 보면서도 諫言을 올릴 수 있었던 것은 충심을 다한 행동이라 일컬을 수 있으니 죄를 더해서 견책하지는 마십시오."라고 하니 황제는 바얀을 풀어주었다.[190]

위 기록을 통해 볼 때, 바얀은 尚書平章政事였음에도 불구하고 무종의 정책들을 모두 따르지는 않았음을 알 수 있다. 이때에 남송 태후의 재산과 직결된 토지를 처리하고자 하는 무종의 정책 방향에 바얀은 격렬히 반대 의사를 표명했던 것이다. 아마도 인종이 상서성의 핵심 관료들을 대부분

---

189) 무종 시기에 건립된 상서성의 주요 관원들에 대해서는 李鳴飛의 연구(李鳴飛, 「元武宗尚書省官員小考」『中國史研究』 2011-3)가 있는데, 이 연구에서는 바얀에 대해서 언급조차 하지 않고 있다. 아마도 바얀이 상서성에서 평장정사로서 별다른 역할을 하지 못했기 때문이 아닌가 생각된다.

190) 『金華黃先生文集』 卷24, 「宣徽使太保定國忠亮公神道第二碑」(王頲 點校, 『黃溍全集』, 天津: 天津古籍出版社, 2008, 653쪽).

숙청시켰으면서도 바얀을 무사히 살려두었던 이유는 무종의 정책을 거부한 사건 등을 통해서 그가 무종 정권의 성향으로부터 벗어나 있는 인물로 인식했기 때문이었다고 생각된다.

인종은 그 이후 바얀에게 별다른 관직을 내리지 않다가 延祐 3년(1316)에 그를 周王常侍府의 常侍로 임명하였다. 앞에서 살펴보았듯이 周王常侍府는 제위계승에서 무종의 장남을 배제시키기 위해 인종이 설치한 것이었고, 바얀이 常侍에 임명되었다는 것은 곧 周王을 계속 호종한다는 의미를 가지고 있었다. 그런데 바얀은 周王이 도중에 반란을 일으켰다가 도망친 다음 해인 延祐 4년(1317)에 南臺御史中丞에 임명되었다. 이는 바얀이 常侍로서 周王을 호위하는 직임을 끝까지 수행하지 않고 돌아와서 인종이 내리는 관직을 받았음을 보여주는 것이다. 周王 진영 내부에서 이탈자가 발생했던 것이었는데 아래 기록에서 사례를 더 확인할 수 있다.

> 명종이 潛邸에 있을 때 武恪을 글을 講說하는 秀才로 선발했고 雲南으로 出鎮할 때 武恪이 동행했다. 명종이 陝西에서 군사를 일으키려 하자 武恪이 간언하기를, "태자께서 북쪽으로 가시는 것은 나라에 있어서는 임금의 명이고 집안에 있어서는 숙부의 명이니 지금 만약에 京師를 향하여 한 발의 화살이라도 쏘게 되면 史官은 반드시 태자를 반역자로 기록할 것입니다."라고 하니 좌우에서는 武恪의 말을 싫어하여 "武秀才의 어머니가 京師에 있으니 마땅히 돌려보내셔야 합니다."라고 말했고 이에 武恪은 京師로 돌아왔다.[191]

武恪은 周王의 군사 행동에 반대했고, 결국 쫓겨나듯이 대도로 돌아왔던 것이다. 또한 훗날 至正 연간에 중서우승상을 역임하게 되는 베르케부카(別兒怯不花, Berke-Buqa)도 周王이 雲南으로 出鎮할 때 따라갔다가 大同에 이르러서 다시 돌아왔고, 이에 인종이 그를 불러서 숙위로 삼았다는

---

191) 『元史』 卷199, 「隱逸·武恪傳」, 4480쪽.

기록이 보인다.[192] 바얀도 이들처럼 도중에 周王 진영에서 이탈하면서 다시 관직에 오를 수 있었고, 『元史』 바얀 열전에 따르면 南臺御史中丞(延祐 4년, 1317) → 南臺御史大夫(延祐 5년, 1318) → 江浙行省平章政事(延祐 6년, 1319) → 陝西行臺御史大夫(延祐 7년, 1320) → 南臺御史大夫(至治 2년, 1322)[193] → 江西行省平章政事(泰定 2년, 1325) → 河南行省平章政事(泰定 3년, 1326)의 순서로 관직에 拜受되고 있다.[194] 이렇게 바얀이 중앙보다는 지방에서 관직을 지내면서 최종적으로 河南行省平章政事로 재직하고 있을 때에 대도에서는 엘테무르의 쿠데타가 발생했다.

엘테무르는 무종의 혈통을 제위에 복귀시킨다는 명분을 내세워 쿠데타를 성공시켰고, 당시 江陵(현재 湖北省 荊沙市 부근)에 있었던 懷王 톡테무르를 옹립하고자 했다. 그래서 톡테무르를 대도까지 무사히 데려오는 것이 어느 무엇보다도 중요한 사안이 되었다. 엘테무르는 이 시점에서 바얀에게 도움을 요청했다. 엘테무르가 바얀에게 도움을 요청한 이유는 크게 두 가지로 볼 수 있다. 첫째, 바얀은 무종이 황제가 되기 이전부터 北邊에서의 전투에서 활약하면서 그때의 戰功으로 인해 정계에 진출했던 인물이었다는 점이다. 이러한 초기 경력은 엘테무르의 그것과 상당히 유사했고 아마도 두 사람은 무종의 숙위를 지내면서 관직을 역임했다는 공통점 때문에 긴밀한 관계를 가지고 있었을 것이다. 둘째, 바얀이 가지고 있었던 정치·군사적 힘을 활용할 필요가 있었다는 점이다. 懷王을 江陵에서 대도로 데려오기 위해서는 河南行省이 관할하는 지역을 거칠 수밖에 없었는데, 도중에 변란이 일어나지 않게 하려면 懷王을 扈從할 군사력이 필요했다. 하지만 엘테무르는 당시 양도내전에 집중을 해야만 했기 때문에 남쪽의 상황까

192) 『元史』卷140, 「別兒怯不花傳」, 3365쪽.
193) 바얀이 두 번째로 南臺御史大夫가 된 해를 至治 3년(1323)으로 적은 기록도 있다. 『至正金陵新志』卷6, 「官守志·題名·行御史臺」(田崇 校點本, 南京: 南京出版社, 1991, 271쪽)의 기록을 참고.
194) 『元史』卷138, 「伯顔傳」, 3335쪽.

지 세세히 돌볼 여유가 없었다. 엘테무르는 바얀이 대도 이남을 어느 정도
장악하여 톡테무르를 무사히 데려오면서 전쟁에 필요한 물자도 지원해주
기를 바라고 있었던 것이다.

바얀은 엘테무르의 요청에 적극적으로 응대했다. 경제적으로는 전쟁에
필요한 물자를 조달하기 위해 노력했고, 군사적으로는 民丁의 징발 및 驛
馬의 증치, 무기 보수 등의 조치를 시행했다. 바얀의 이러한 행동에 반대하
는 사람들이 많았지만, 그는 平章政事 쿠레(Küre, 曲列)와 右丞 베키테무르
(Beki-Temür, 別吉帖木兒), 參政 투베테이(Tübetei, 脫別台) 등을 비롯한
반대파들을 모두 죽이고 河南行省을 장악했다.[195] 河南行省의 주요 관원
중에서는 左丞 韓若愚만이 바얀의 노선을 따르면서 살아남을 수 있었
다.[196] 이렇게 바얀이 河南行省의 동료 관원들까지 모두 죽인 것은 行省官
의 직권을 뛰어넘는 쿠데타와 다를 바가 없었다.[197] 더 나아가 바얀이 制
를 위조하여 汴梁路總管이었던 우룩테무르(Ürüg-Temür, 月魯帖木兒)를 河
南行省參知政事에 임명하고 함께 병력을 일으키고자 하였는데, 우룩테무
르가 "皇子께서 북쪽으로 돌아오고 계신데, 參政은 누구의 명을 받았느냐
고 물어 보시면 무슨 말로 대답하겠습니까?"라고 말하며 거절했다는 기
록[198]은 바얀이 行省의 人事까지 마음대로 장악하려 했음을 보여주고 있
다. 하지만 톡테무르는 오히려 바얀을 河南行省左丞相으로 승진시키면
서[199] 그의 월권행위를 적극적으로 지지하는 모습을 보여주었다.

이렇게 또 다른 쿠데타를 일으킨 바얀은 별도로 용사 5,000명을 모아
懷王을 직접 호종하기 위한 준비를 마쳤다. 또한 山東河北蒙古軍都萬戶府

195) 『石田集』 卷14, 「敕賜太師秦王佐命元勳之碑」(李叔毅 點校, 『石田先生文集』, 鄭
     州: 中州古籍出版社, 1991, 247~248쪽).
196) 『元史』 卷176, 「韓若愚傳」, 4112쪽.
197) 李治安, 『元代行省制度』, 北京: 中華書局, 2011, 212쪽.
198) 『危太樸文續集』 卷7, 「故榮祿大夫江淛等處行中書省平章政事月魯帖木兒公行狀」
     (『元人文集珍本叢刊』 卷7, 臺北: 新文豊出版公司, 1985, 568~569쪽).
199) 『元史』 卷32, 「文宗本紀一」, 706쪽.

左手萬戶 예수데르(也速迭兒, Yesüder)에게 휘하의 군대를 이끌고 올 것을
명하였고, 이에 따른 예수데르를 河南行省參知政事에 임명하였다. 예수데
르는 이후 懷王을 대도로 호송하는 데에 있어서 중요한 역할을 맡았고, 더
나아가 병력을 이끌고 내전에 참여하여 혁혁한 전공을 올렸다.[200] 엘테무르
의 도움 요청을 받고 이에 응한 바얀은 군사와 경제 방면에서 적극적인 지원
을 해 주었고, 특히 懷王을 안전하게 대도로 호종하여 무사히 문종 황제로
즉위할 수 있게 하는 데에 가장 중요한 역할을 수행했다고 할 수 있다.

문종의 첫 번째 즉위에 결정적인 기여를 한 두 사람은 바로 엘테무르와
바얀이었다. 이로 인해 앞에서 언급했듯이 엘테무르는 全權 權臣이 되는
과정을 밟아 나갈 수 있었지만 바얀에 대한 문종의 처우는 엘테무르와 사
뭇 달랐다. 물론, 문종은 대도로 무사히 들어오자마자 바얀을 어사대부에
임명하고,[201] 엘테무르와 바얀에게만 三職署事를 겸할 수 있게 허락하
여[202] 그들이 자신의 즉위에 커다란 공을 세웠음을 인정했다. 바얀을 忠翊
侍衛都指揮使에 임명하고,[203] 太保의 관함을 더해주었던 것[204]도 바얀의
공적을 문종이 분명히 인지하고 있었음을 보여주는 것이었다. 그러나 문종
은 엘테무르에게는 이보다 더 막대한 권한을 부여하였고, 이에 바얀과 엘
테무르가 함께 논공행상의 반열에 올라야 된다고 하는 監察御史의 간언이
나왔을 때에도 문종은 "바얀의 공은 짐이 마음으로 알고 있으니, 御史는
이에 대해 말할 필요가 없다."[205]라고 하면서 냉소적인 반응을 보이기도

---

200) 『道園學古錄』 卷24, 「曹南王勳德碑」(王頲 點校, 『虞集全集』, 天津: 天津古籍出
    版社, 2007, 1026~1027쪽) ; 『至正集』 卷45, 「敕賜推誠宣力定遠佐運功臣太師
    開府儀同三司上柱國曹南忠宣王神道碑銘幷序」(傅瑛·雷近芳 校點, 『許有壬集』,
    鄭州: 中州古籍出版社, 1998, 533쪽).

201) 『元史』 卷32, 「文宗本紀一」, 707쪽.

202) 『元史』 卷32, 「文宗本紀一」, 718쪽.

203) 『元史』 卷32, 「文宗本紀一」, 719쪽.

204) 『元史』 卷32, 「文宗本紀一」, 723쪽.

205) 『元史』 卷32, 「文宗本紀一」, 722쪽.

했다. 그 이후 문종은 바얀과 일치(Ilči, 亦列赤)를 함께 어사대부에 임명한다는 '공식적인' 聖旨를 반포했다.[206] 이미 어사대부에 임명되었던 바얀에게 더 이상의 實權을 주지 않는 선에서 그에 대한 논공행상을 마무리했던 것이다. 얼마 지나지 않아 문종은 엘테무르를 어사대부에 1개월 정도 임명했는데, 이 조치는 어사대부 바얀에 대한 경고 메시지였으며 결코 엘테무르와 함께 논공행상의 반열에 오를 수 없음을 간접적으로 드러내는 것이기도 하였다. 결국 바얀은 영원한 '2인자'로서의 지위 이상으로는 올라갈 수가 없었다.

이후 명종의 즉위로 인해 문종은 황태자로 지명되었고 새로운 황제를 맞이하기 위해 문종이 직접 북쪽으로 떠났다. 이때 바얀은 太子詹事에 임명되어 황태자를 호종하는 임무를 수행했다. 얼마 후 명종이 암살되자 문종은 상도로 돌아가는 도중에 바얀을 중서좌승상에 임명했지만,[207] 6개월 후에 엘테무르를 '獨相'으로 삼으면서 바얀이 중서성의 사무에 개입할 수 있는 가능성을 차단했다. 이러한 엘테무르의 권력 독점에 바얀은 불만을 가지게 되었고, 이와 관련된 명료한 기록은 『高麗史』에 보이고 있다.

이전에 (忠惠)王이 世子로서 入朝했을 때, 丞相 엘테무르가 그를 보고 크게 기뻐하며 아들처럼 여겼다. 그래서 忠肅王이 왕위를 사양하니 황제에게 아뢰어 (忠惠王을) 왕위에 오르게 하였다. 이때 太保 바얀은 엘테무르가 정권을 독차지

---

206) 『憲臺通紀』 「命伯顔亦列赤并爲御史大夫制」(屈文軍 點校, 『憲臺通紀(外三種) 新點校』, 香港: 華夏文化藝術出版社, 2006, 49쪽).

207) 『元史』 卷33, 「文宗本紀二」, 737쪽. 張建新은 바얀이 명종의 侍臣이었기 때문에 명종 독살에 관여하지 않았고, 바얀을 회유하기 위해서 문종이 그에게 태자 첨사 및 중서좌승상의 직위를 수여했다고 보고 있다(張建新, 『蔑兒吉鯟伯顔研究』, 香港大學中古文史 碩士學位論文, 1999, 92쪽). 하지만, 바얀이 명종을 끝까지 보필하지 않았다는 점과 명종 즉위를 명분으로 군사를 일으킨 낭기야다이를 엘테무르와 바얀이 함께 죽이려 했다는 사실 등은 문종이 바얀을 회유할 이유가 전혀 없음을 보여준다.

한 것을 싫어하여 忠惠王에게 무례하게 대하였다.[208]

위 기록은 고려 충혜왕이 엘테무르와 상당히 긴밀한 관계였고, 그로 인
해 충숙왕이 양위의 의사를 표시했을 때 엘테무르의 후원으로 고려왕이 될
수 있었음을 암시하는 내용이다. 그리고 바얀은 엘테무르의 독재를 달갑게
여기지 않았기 때문에 엘테무르와 가까운 충혜왕도 싫어했다는 서술이 덧
붙여져 있다. 중국 측의 기록에서는 엘테무르에 대한 바얀의 인식이 직접
적으로 드러나지 않고 있지만, 『高麗史』를 통해서는 엘테무르에게 눌려 있
었던 바얀의 심리를 분명히 확인할 수 있다.

바얀이 엘테무르의 권력 독점에 불만을 가지고 있었다고 하지만, 사실
바얀도 문종으로부터 상당 정도의 권위를 부여받았다. 至順 2년(1331) 3월
에는 諸王의 딸과 혼인하여 駙馬의 지위를 획득했고,[209] 7월에는 浚寧王에
봉해지면서 이전에 받았던 太保와 지추밀원사의 직함은 그대로 유지했
다.[210] 이는 엘테무르가 황실 여성들을 취하고, 太平王의 王號를 받은 것에
비견되는 조치라고 할 수 있었다. 바얀은 이미 忠翊侍衛를 관할하고 있으
면서 지추밀원사를 겸하고 있었는데, 여기에 더하여 至順 2년 5월에 아스
萬戶府가 宣毅萬戶府로 개칭되면서 이에 대한 통제권이 바얀에게 넘어갔
고,[211] 같은 해 10월에는 昭功萬戶都總使府가 설립되어 바얀이 이를 관리
하는 임무를 맡았다.[212] 이를 통해 보면, 바얀 역시 막강한 권력을 보유하

---

208) 『高麗史』卷36, 「忠惠王世家」, 忠肅王 後元年.
209) 『元史』卷35, 「文宗本紀四」, 779쪽. 한편, 『元史』 바얀 열전에는 본기의 기록보
　　다 1년 전인 至順 원년(1330)에 세조 쿠빌라이의 아들 쿠케추(闊闊出, Kökečü)
　　의 손녀 부얀테긴(卜顔的斤, Buyan-Tegin)과 바얀이 혼인했다는 기록이 있다(『元
　　史』卷138, 「伯顔傳」, 3337쪽).
210) 『元史』卷35, 「文宗本紀四」, 788쪽. 여기에 더하여 바얀의 증조부, 조부, 부 三
　　代에게 王號가 추봉되었다는 기록이 『元史』 바얀 열전에 보인다(『元史』卷138,
　　「伯顔傳」, 3337쪽).
211) 『元史』卷35, 「文宗本紀四」, 786쪽.

고 있었던 것이지만 엘테무르의 그늘에 가려 그다지 주목을 받지 못한 것
일 뿐이었다.

이 시점에서 엘테무르와 바얀의 권력 서열을 분명히 보여주는 기록이
확인된다. 그것은 宮相都總管府를 昭功都總使府에 예속시키지 말라는 문
종의 칙령이다.[213] 昭功都總使府는 앞에서 바얀이 이끄는 기구였음을 확인
했는데, 그렇다면 宮相都總管府의 성격에 대해서 조금 더 알아볼 필요가
있다. 원래 문종이 장남 아라트나다라를 燕王에 봉하면서 그를 보좌하는
宮相府를 설치했는데, 얼마 지나지 않아 燕王이 사망했기 때문에 존재의
이유가 없어졌다. 그래서 宮相府를 없애고, 至順 2년 3월에 宮相都總管府
라는 별개의 기구를 다시 설치하였다.[214] 宮相都總管府는 이전의 怯憐口錢
糧總管府를 개칭하여 만든 것이었고,[215] 문종은 이를 엘테무르가 다스리게
하였다.[216] 엘테무르는 宮相府에 이어 宮相都總管府까지 관할하게 된 것이
었다. 宮相都總管府의 전신인 怯憐口錢糧總管府는 至順 원년 4월에 설치되
었고,[217] 아마도 기구의 명칭 그대로 怯憐口[218]의 錢糧을 관리하는 역할을
수행했을 것이다. 그런데 昭功都總使府가 설치된 이후, 엘테무르가 운영하
는 경제 기구인 宮相都總管府를 관할 아래에 두고자 했고 문종은 이러한

---

212) 『元史』 卷35, 「文宗本紀四」, 792쪽. 『元史』의 「百官志」에는 昭功萬戶都總使司
라고 기록되어 있고, 문종을 潛邸에서부터 호종한 신료들이 이를 관할했다고
되어 있다(『元史』 卷89, 「百官志五」, 2262쪽). 아마 문종 近侍들이 주축이 되어
별개의 군정 기구를 만든 것으로 추측된다.

213) 『元史』 卷35, 「文宗本紀四」, 793쪽.

214) 『元史』 卷35, 「文宗本紀四」, 781쪽.

215) 『元史』 卷89, 「百官志五」, 2262쪽.

216) 『元史』 卷35, 「文宗本紀四」, 782쪽.

217) 『元史』 卷34, 「文宗本紀三」, 755쪽.

218) 怯憐口는 몽골의 皇室·公主·諸王에게 종속되어 주인을 위해 狩獵·牧畜·廚房·
工匠·護衛등 여러 직종에 종사하는 사속인을 일컫는 말로 정의되어 있다. 이들
은 몽골 지배자의 측근 세력이라고도 할 수 있고, 상황에 따라 강한 권세를 획
득하기도 했다. 이에 대해서는 고명수, 「충렬왕대 怯憐口(怯怜口) 출신 관원-
몽골-고려 통혼관계의 한 단면」 『사학연구』 118, 2015를 참고.

시도가 실현되지 못하게 한 것이다. 이로 인해 엘테무르의 독자적인 경제 역량은 그대로 유지되었고, 바얀은 엘테무르의 권위를 어떤 수단을 통해서도 침범하기 어렵다는 것을 알게 되었다.

대만의 元代史 연구자 蕭啓慶은 문종 재위 시기의 엘테무르와 바얀의 정치적 관계를 '합동 독재(joint dictatorship)'[219]라는 '모순적인' 용어로 설명하고 있지만, 실상은 엘테무르의 독재에 더 가까웠던 것으로 볼 수 있다. 문종의 즉위에 커다란 공을 세운 바얀은 엘테무르의 엄청난 위상으로 인해 합동 독재를 이끌어내지 못했던 것이다. 이러한 상황은 문종이 사망하면서 변화하게 되는데, 특히 엘테무르가 자신이 후원하던 엘테구스 태자를 끝내 제위에 옹립하지 못하고 갑자기 사망하면서 바얀이 정치 무대의 전면에 등장하게 된다.

2) 바얀의 집권과 권력 투쟁

문종과 寧宗 사망 이후 제위계승을 둘러싸고 벌어진 의견 대립 속에서 엘테무르는 보타시리 황태후를 설득하지 못했고, 결국 廣西의 靜江에 유배되어 있었던 토곤테무르가 대도로 소환되었다. 엘테무르는 직접 의장대를 갖추고 良鄕(현재 北京市 房山區 良鄕鎭)에 가서 토곤테무르를 맞이하였다. 이때 엘테무르는 토곤테무르와 말을 나란히 타고 오면서 토곤테무르를 소환하는 원인에 대해 이야기했지만, 토곤테무르는 엘테무르와의 대화에 전혀 응하지 않았다.[220] 엘테무르는 토곤테무르의 태도를 보고 난 이후 그를 즉위시키면 자신이 위험해질 것이라고 확신했고, 토곤테무르의 즉위를 차

219) Hsiao Ch'i-Ch'ing(蕭啓慶), "Mid-Yüan Politics", Herbert Franke & Denis Twitchett eds., *The Cambridge History of China vol. 6: Alien Regimes and Border States, 907~1368*, Cambridge: Cambridge University Press, 1994, p.547.

220) 『元史』卷138, 「燕鐵木兒傳」, 3333쪽.

일피일 미루었다.

엘테무르는 보타시리 황태후와의 갈등 속에서 토곤테무르를 대도까지 데려왔지만, 곧바로 즉위시키지 않을 정도의 권력을 가지고 있었다. 황제가 사망한 이후 제위계승이 곧바로 이루어지지 않거나 어린 아들이 즉위했을 경우에 황후 혹은 황태후가 '攝政'의 역할을 하는데 엘테무르는 섭정의 지시를 드러놓고 따르지 않았던 것이다. 이러한 상황은 티베트어 사료인 『紅史』에 "황위가 비어있는 6개월 동안에 國政은 엘테무르 타시(티베트어 轉寫는 el ti mur tha srid, 여기에서 타시는 太師)가 지켰다."[221]라는 기록을 통해 분명하게 드러난다. 寧宗이 사망하고 토곤테무르가 즉위할 때까지 6개월 동안 엘테무르가 모든 결정권을 행사했다는 뜻이다. 비록 보타시리 황태후가 최종 결정권자였지만 이는 형식적인 것이었고, 실질적인 권한은 엘테무르에게 집중되어 있었다. 자신이 세운 황제가 죽고 그 황제의 직계 후손이 계승을 하지 못하는 정국에서도 엘테무르가 권한을 유지했다는 것은 그만큼 全權 權臣으로서의 영향력이 막강했음을 반영한다.

엘테무르는 토곤테무르의 즉위를 막는 방법으로 예언을 활용했다. 토곤테무르가 대도로 소환된 이후에 토곤테무르가 즉위하면 천하가 어지러울 것이라는 太史의 언급이 나오면서 제위계승 논의가 중단되었다는 내용이 『元史』에 있다.[222] 엘테무르는 황제를 자신이 즉위시키지 않는 비정상적인 상황을 억지로 정당화했던 것이다. 티베트어 사료 중의 하나인 『雅隆尊者敎法史』에도 이와는 다소 다르지만 토곤테무르의 즉위에 관한 예언이 아래와 같이 기록되어 있다.

　　이에 점을 쳐서 운명을 보게 했는데, (占卜者가) 말하기를 코실라의 長子 토

---

221) 티베트어 원문은 東嘎·洛桑赤列 校注, 『紅史』, 北京: 民族出版社, 1981, 31쪽. 중국어 번역은 蔡巴·貢噶多吉 著, 陳慶英·周潤年 譯, 『紅史』, 拉薩: 西藏人民出版社, 1988, 28쪽.

222) 『元史』 卷38, 「順帝本紀一」, 816쪽.

곤테무르가 닭의 해 6월이 되기를 기다렸다가 즉위하면 英主가 될 것이고, 세
첸 황제(쿠빌라이)와 명성이 같아질 것이라고 했다. 신료들은 "그런데 황위를
비우게 되면, 누가 國事를 주관합니까?"라고 물었다. 엘테무르는 "너희 太史들
은 다시 자세히 점을 쳐 보아라. 만약 진실이 이와 같다면, 황제께서는 장수하
실 것이다. 이 기간에 國事는 내가 맡을 것이다."라고 말했다. 그래서 6개월 동
안 황제 없이 엘테무르가 모든 國事를 처결했다.[223]

위 기록에 따르면, 太史에게 토곤테무르 즉위에 관한 일을 묻기 전에 이
미 占卜의 결과를 받았음을 확인할 수 있다. 최소한 닭의 해(1333년 癸酉
年) 6월까지는 즉위하지 않는 것이 좋다는 내용이었고 엘테무르는 이를 활
용하여 자신의 권력을 정당화했다. 여기에는 토곤테무르에 대한 부정적인
내용은 기록되어 있지 않은데, 점을 다시 본 太史는 토곤테무르의 즉위를
'亂'과 연결시켰다. 엘테무르의 입장에서는 아주 반가운 결과였다. 그런데
이후 엘테무르는 荒淫이 나날이 심해져 갑작스럽게 사망했고,[224] 비로소
토곤테무르는 至順 4년(1333, 혜종 즉위 후 元統 원년으로 변경) 6월에 제
위를 계승할 수 있었다.

우여곡절 끝에 혜종 토곤테무르가 즉위한 후 가장 먼저 시행된 조치는
재상의 임명이었다. 중서우승상에는 바얀이 임명되었는데, 이때 太師를 포
함한 칭호를 함께 받았고 奎章閣, 太史院, 司天監의 사무까지 동시에 관장
하게 되었다.[225] 이렇게 바얀이 조정의 1인자가 될 수 있었던 이유는 혜종
의 즉위에 기여했기 때문이었는데, 이는 혜종의 즉위를 끝까지 반대했던

---

223) 釋迦仁欽德 著, 湯池安 譯, 『雅隆尊者教法史』, 拉薩: 西藏人民出版社, 2002, 49
쪽.
224) 필자는 엘테무르의 사망 시기를 『高麗史』와 『至正條格』의 기록을 근거로 元統
元年(1333) 3월 이후, 5월 5일 이전이라고 추정한 바 있다. 이에 대해서는 권용
철, 「大元帝國 末期 政局과 고려 충혜왕의 즉위, 복위, 폐위」 『韓國史學報』 56,
2014, 80~81쪽을 참고.
225) 『元史』 卷38, 「順帝本紀一」, 817쪽.

엘테무르와 바얀이 대립 관계에 있었다는 것을 의미한다. 이는 바얀이 寧宗 즉위 후에 徽政使가 되었던 사실과도 관련이 있다.[226] 휘정사는 황태후의 직속 기관인 휘정원을 관장하는 관료였기 때문에 황태후와 긴밀한 관계를 형성할 수 있었고, 또한 바얀과 황태후는 엘테무르 견제에도 뜻을 같이했던 것이다. 엘테무르의 의도를 차단하고 혜종을 즉위시키는 데에 있어서는 보타시리 황태후의 역할이 누구보다도 컸고, 이로 인해 당연히 혜종 즉위 이후에 그녀의 정치적 영향력이 커질 수밖에 없었으며 바얀의 중서우승상 임명도 이러한 정국 변화와 직접적으로 연결되어 있었다.

　바얀이 중서우승상이 된 사실 못지않게 주목해야만 할 또 다른 점은 바로 사둔(撒敦, Sadun)이라는 인물이 중서좌승상에 임명되고 太傅의 관함을 받았다는 것이다. 이는 바얀이 獨相은 아니었다는 점을 의미하기 때문에 엘테무르의 지위를 그대로 바얀이 물려받았던 것은 아니었음을 알 수 있다. 게다가 사둔은 엘테무르의 동생으로 양도내전 승리에 큰 기여를 했고, 문종 시기에 지추밀원사에 임명되고[227] 다르칸 칭호를 하사받는 등[228] 엘테무르 가문의 일원으로서 권력을 장악하고 있었다. 바얀이 엘테무르 가문을 제치고 중서우승상이 되었다는 것은 당시 정국의 판도를 뒤바꾸는 것이었지만, 그럼에도 불구하고 중서좌승상에 엘테무르의 동생이 임명되었다는 것은 全權 權臣 엘테무르의 영향력이 그의 사후에도 사라지지 않았음을 보여준다. 게다가 엘테무르의 딸 타나시리(答納失里, Tanasiri)가 혜종의 황후가 되면서 엘테무르가 사망했어도 그 가문은 여전히 큰 권세를 지니고 있음이 분명해졌다. 보타시리 황태후가 바얀을 중서우승상으로 내세운 것도 엘테무르 가문의 사라지지 않은 권위에 대처하기 위한 것이었다. 이제 정국은 재상들 상호 간의 견제를 통한 '긴장 속의 평화' 상태로 접어들게

---

226) 『元史』 卷37, 「寧宗本紀」, 812쪽.
227) 『元史』 卷34, 「文宗本紀三」, 749쪽.
228) 『元史』 卷34, 「文宗本紀三」, 768쪽.

되었다.

바얀과 사둔이 이 시기에 보유하고 있었던 정치적 위상은 그들이 수여받은 王號를 통해서도 짐작할 수 있다. 혜종은 먼저 元統 元年(1333) 10월에 사둔을 榮王에 봉했고, 엘테무르의 아들 탕기스(唐其勢, Tanggis)를 太平王에 봉해 엘테무르의 王爵을 그대로 물려받게 했다.[229] 榮王은 사둔에게 처음으로 부여된 王號였는데, 엘테무르도 받지 못했던 一字王號를 생전에 받았다는 것은 사둔으로 대표되는 엘테무르 가문의 위상이 더욱 올라갔음을 의미한다. 그리고 엘테무르의 사망으로 太平王이 없어지지 않고 대대로 이어졌다는 점은 권신의 위세가 王號의 承襲을 통해서 이제는 가문 단위로 형성·계승되기 시작했음을 나타내는 것이었다. 혜종의 제위계승을 반대했던 권신 가문이 혜종 즉위 이후에도 계속 세력을 유지하고 확장시켜 갔다는 점 역시 제위계승 여파와는 상관없이 권신의 권위만으로도 영향력을 지속할 수 있는 새로운 정세가 만들어졌다는 것을 시사한다.

이처럼 더욱 견고해진 엘테무르 가문을 견제하기 위해서 취해진 조치 중 하나가 바로 바얀에게 王號를 수여한 것이었다. 사둔이 榮王에 봉해진 다음 달인 11월에 바얀을 秦王에 봉한 것이다.[230] 이를 통해 볼 때 사둔과 바얀이 모두 一字王號를 받으면서 위세가 높아졌음을 알 수 있다. 그런데 여기에서 주목할 것은 사둔이 수여받은 榮王과 바얀이 수여받은 秦王 사이에 존재하는 위계의 격차이다. 榮王은 사둔에게 처음으로 수여된 王號였지만, 秦王은 그렇지 않았기 때문이다. 사실, 秦王은 세조 쿠빌라이의 셋째 아들인 망갈라(忙哥剌, Mangyala) 가문에 봉해졌다가 폐지된 王號였는데,[231] 이를 부활시켜 바얀에게 수여한다는 것은 엄청난 특혜였다. 禮部에

---

229) 『元史』 卷38, 「順帝本紀一」, 818쪽.

230) 『元史』 卷38, 「順帝本紀一」, 819쪽.

231) 이에 대해서는 松田孝一, 「元朝期の分封制-安西王の事例を中心として」 『史學雜誌』 88-8, 1979, 46~49쪽을 참고. 또한, 杉山正明은 元代의 '三大王國'을 언급하면서 그 중 하나를 秦王-安西王 가문으로 설정했을 정도로 秦王의 중요한

서는 이에 대하여 "秦은 大國이기 때문에 宗王이 아니면 (王號로 삼는 것이) 불가합니다. 지금 승상의 식읍은 高郵인데, 高郵는 驛의 명칭이고 秦淮는 秦의 땅이 아니니 마땅히 淮로 바꾸어야 합니다."라고 하면서 淮王으로 명칭을 변경할 것을 건의했지만, 바얀이 불쾌감을 드러내자 禮部의 논의는 묵살되었다.[232] 바얀은 "나는 淮東에 秦郵라는 곳이 있다고 들어서 秦郵에서 취하여 秦王이라 했고, 이는 西秦이 아닌데 무엇이 불가하겠는가?"[233]라고 하며 자신이 수여받은 秦王은 망갈라 가문의 秦王과는 다른 것이라고 주장하였다. 바얀의 말이 사실이라고 할지라도,[234] 秦王이라는 명칭이 가지고 있는 상징성은 결코 사라지지 않는 것이므로 바얀이 秦王에 봉해지면서 그의 지위는 皇室의 강력한 諸王 수준으로까지 올라가게 되었음을 알수 있다. 王號만 놓고 본다면 위상의 측면에서 사둔보다 바얀이 훨씬 앞서가고 있었고 이는 엘테무르 가문 견제를 위해 바얀의 권위를 과도하게 높여준 것이었다. 이러한 조치의 시행에는 결국 보타시리 황태후의 입김이 작용했다.

그렇지만 바얀은 혼자서 엘테무르 가문 전체를 견제하기는 어려웠을 것으로 생각되고, 이에 자신의 동생인 마자르타이(馬札兒台, Majartai)를 활용했다. 마자르타이는 무종과 인종을 모두 섬기면서 여러 관직을 역임하다가 泰定 4년(1327)에 陝西行臺治書侍御史에 임명되었다.[235] 문종이 즉위한

위상을 인정하고 있다. 이에 대해서는 杉山正明, 「大元ウルスの三大王國－カイシャンの奪權とその前後(上)」『京都大學文學部研究紀要』34, 1995를 참고.

232) 『滋溪文稿』 卷8, 「元故中奉大夫江浙行中書省參知政事追封南陽郡公謚文靖李旭魯公神道碑銘」(陳高華·孟繁清 點校本, 北京: 中華書局, 1997, 126쪽).

233) 『庚申外史』 卷上(任崇岳, 『庚申外史箋証』, 鄭州: 中州古籍出版社, 1991, 18쪽).

234) 『大明一統志』 卷12, 「揚州府·古蹟」에는 明代의 高郵州에 秦郵亭(秦代에 설치한 郵亭)이 있었고, 이것이 漢代에 高郵縣으로 바뀌었다고 기록되어 있다(臺聯國風出版社印行本, 1977, 857쪽). 또한, 『(嘉慶)高郵州志』 卷1, 「建置·沿革」에도 秦代에 郵亭을 설치했고, 이를 秦郵라고 칭했다는 기록이 보이기는 한다(中國地方志集成本, 南京: 江蘇古籍出版社, 1991, 70쪽).

235) 마자르타이의 구체적인 관직 경력에 대해서는 『元史』 卷138, 「馬札兒台傳」,

이후에는 上都留守가 되었는데, 이에 대해서 「文宗本紀」에는 마자르타이가 이전에 황제의 조서를 훼손한 혐의가 있었지만 형 바얀이 문종 옹립에 공을 세웠기 때문에 특별히 임명된 것이었다고 서술하고 있다.[236] 여기에서 황제의 조서를 훼손했다고 하는 것은 엘테무르가 쿠데타를 일으킨 후 각지에서 지원 세력을 규합하고 있을 때에 마자르타이가 이에 응하지 않았던 사실[237]을 일컫는 것으로 보인다. 형 바얀과는 달리 문종의 옹립을 처음부터 지지하지 않은 것인데, 그럼에도 불구하고 바얀의 공적으로 인해 관직 생활을 계속 해나갈 수 있었던 것이다. 혜종 즉위 이후에는 바얀의 강화된 위상에 힘입어 마자르타이 역시 고위 관료가 되면서 엘테무르 가문 견제에 일조하게 된다.

바얀과 사둔 두 승상이 중서성을 운영하며 세력 균형을 유지하고 있을 때, 조정의 다른 중추 기관에서도 이와 비슷한 현상이 나타났다. 우선, 元統 2년(1334) 4월에 탕기스와 마자르타이가 동시에 등장하는 기록을 주목할 필요가 있다. 탕기스가 總管高麗女直漢軍萬戶府의 다루가치에 임명되면서 이와 동시에 마자르타이와 함께 어사대부가 되었다는 것이다.[238] 이는 엘테무르 가문과 바얀 가문에서 각각 어사대부가 임명되었음을 보여주는 것이고, 이러한 관직 임명은 중서성처럼 어사대에서도 두 가문 사이의 세력 균형이 실현되고 있었음을 나타낸다. 탕기스가 總管高麗女直漢軍萬戶府 다루가치를 맡게 된 것도 위와 같은 세력 균형을 보여주는 또 하나의 현상으로 생각된다. 원래 總管高麗女直漢軍萬戶府는 至元 29년(1292)에 설치되어 6,000명의 군사를 통제하는 기구였는데,[239] 그 전신은 東征左副都元帥府였다.[240] 아마도 일본 원정을 준비하기 위한 과정에서 생겨나 요동

　　3339~3340쪽의 내용을 참고.
236)『元史』卷33,「文宗本紀二」, 739쪽.
237)『元史』卷32,「文宗本紀一」, 706쪽.
238)『元史』卷38,「順帝本紀一」, 821쪽.
239)『元史』卷17,「世祖本紀十四」, 359쪽.

지역에 배치된 군사 기구였던 것으로 보이는데, 이에 대한 감독의 권한은 결국 감독자의 군사적 기반으로 연결되었다. 그런데 『元史』마자르타이 열전을 보면, 마자르타이가 어사대부가 되고 난 이후에도 여전히 高麗女直漢軍萬戶府를 관할했다는 기록이 있다.[241] 高麗女直漢軍萬戶府에도 탕기스와 마자르타이 두 사람이 동시에 영향력을 행사하고 있었던 것이다.

중서성, 어사대, 高麗女直漢軍萬戶府에서 보이는 두 재상 가문 사이의 세력 균형은 추밀원에서도 확인되고 있다. 지추밀원사도 엘테무르 가문과 바얀 가문에서 모두 배출되었던 것이다. 우선, 엘테무르 가문에서는 다린다리(答鄰答里, Darindari)라는 인물이 확인된다. 그의 이름은 다리(答里, Dari)로도 기록되어 있는데, 엘테무르와 사둔의 동생이다. 양도내전에서 형 엘테무르를 도와 활약했고, 그 공으로 天曆 2년(1329)에 句容郡王에 봉해졌다.[242] 句容郡王은 엘테무르 형제들의 부친인 중구르가 받았던 王號인데, 이를 중구르가 사망한 지 7년이 지난 후에야 비로소 다리가 襲封받았던 것이다. 이는 엘테무르의 권력이 확대되는 정치적 상황 속에서 이루어진 조치였고, 얼마 지나지 않아 같은 해 11월에 다리는 知行樞密院事에 임명되었다.[243] 至順 2년(1331) 2월에 다리는 정식으로 지추밀원사가 되었고,[244] 이후부터 줄곧 엘테무르 가문을 대표하여 추밀원을 관장하였다. 이러던 와중에 어사대부가 된 마자르타이가 곧 지추밀원사에 임명되고 이전 관직을 그대로 겸하게 되면서[245] 추밀원에서도 두 재상 가문의 세력 균형 구도가 만들어졌던 것이다.

혜종 즉위 직후의 정국은 바얀과 사둔 두 재상의 협의와 견제 하에 황

240) 『元史』卷166,「王綧傳」, 3892쪽.
241) 『元史』卷138,「馬札兒台傳」, 3340쪽.
242) 『元史』卷33,「文宗本紀二」, 727쪽.
243) 『元史』卷33,「文宗本紀二」, 744쪽.
244) 『元史』卷35,「文宗本紀四」, 776쪽.
245) 『元史』卷138,「馬札兒台傳」, 3340쪽.

제와 황태후가 최종 결정권을 가지는 형태로 운영되었다.[246] 그러나 커다란 충돌 없이 나름 안정적으로 운영되던 이러한 체제는 그리 오래가지 못했다. 사둔이 사망하고 난 이후, 元統 3년(1335, 後至元 元年) 5월에 바얀은 중서우승상의 직함을 탕기스에게 양보하려 했으나 혜종은 이를 허락하지 않고 탕기스를 중서좌승상에 임명했던 것이 갈등의 발단이 되었다.[247] 탕기스는 "天下는 본래 우리 집안의 天下인데, 바얀이 어떤 자인데 지위가 우리 위에 있는가?"[248]라고 하며 바얀이 중서우승상이라는 사실에 노골적으로 불만을 드러내기 시작했던 것이다. 결국 탕기스는 쿠데타를 모의하여 諸王 콩코테무르(晃火帖木兒, Qongqo-Temür)를 옹립하기로 결의하고 6월에 궁궐로 침입했다. 그러나 이 음모는 이미 발각되어 바얀은 궁궐의 방비를 엄하게 하고 있었고, 탕기스와 그의 동생 타라카이(문종이 자신의 양자로 삼았던 인물)는 궁중에서 사로잡혀 처형되었다. 그리고 타라카이를 숨겨주었다는 이유로 바얀은 황후마저 폐하여 出宮시켜 開平의 民舍에서 독살하였다. 이 과정에서 바얀은 친히 300여 명의 기병을 이끌고 탕기스가 매복시켜 놓은 병사들을 죽여 급한 후환을 없앴고,[249] 쿠데타에 연루된 콩코테무르는 자살로 생을 마감했다. 지추밀원사 다린다리 역시 병사들을 이끌고 저항했지만, 결국에는 사로잡혀 상도로 호송되어 처형되었다.

탕기스를 중심으로 한 엘테무르 가문 세력이 일으킨 궁정 쿠데타는 콩코테무르를 명분으로 끌어들이면서 제위계승분쟁의 모습을 보여주었지만,

---

246) 이러한 국정 운영을 구체적으로 잘 보여주는 사례가 『元代白話碑集錄』에 실려 있다. 元統 2년 정월에 顔子의 부모 및 처에 대한 加封을 결정하는 자리에 바얀과 사둔이 함께 논의를 진행하고, 그 결과를 혜종에게 상주하여 허락을 받은 다음에 이를 황태후에게 아뢰어 최종 결정을 받는 절차가 이루어졌음을 확인할 수 있는 것이다. 이에 대해서는 蔡美彪 編, 『元代白話碑集錄』, 北京: 科學出版社, 1955, 82~83쪽을 참고.

247) 『元史』 卷38, 「順帝本紀一」, 827쪽.

248) 『元史』 卷138, 「燕鐵木兒傳」, 3334쪽.

249) 『山居新話』 卷1(元明史料筆記叢刊本, 北京: 中華書局, 2006, 205쪽).

실제로는 엘테무르 가문과 바얀 가문의 권력 쟁탈이라고 할 수 있었다. 엘테무르가 문종 시기에 구축한 단일 재상 통치 체제가 寧宗, 혜종으로 이어지는 제위계승 과정에서 변화를 겪으면서 바얀과 엘테무르 가문의 경쟁 구도가 성립되었는데, 탕기스는 이를 타파하고 다시 단일 권신 체제로 회귀하고자 쿠데타를 일으켰던 것이다. 탕기스는 아버지 엘테무르의 예전 지위를 완전하게 회복하려는 의도를 가지고 있었고 그러기 위해서는 자신이 직접 새로운 황제를 옹립할 필요가 있었다. 그러나 이는 바얀을 목표 대상으로 삼은 것을 넘어서는 '逆謀'였기 때문에 상대 진영에 의해 철저하게 제압되었다.

새로운 제위계승을 수반한 쿠데타는 바얀에게 있어서 가장 큰 정치적 위기였다고 할 수 있다. 특히 怯薛官인 아차치(阿察赤, Ačači)가 바얀을 죽이려 했다는 기록[250]은 이 아차치라는 인물이 탕기스 진영에 가담하여 바얀을 제거 대상으로 삼았음을 보여주는데, 케식 인원까지 들고 일어났을 정도의 어려운 상황을 바얀은 맞이하고 있었다. 케식관 아차치는 天曆 3년 (1330) 2월 6일과 元統 3년(1335) 5월 7일에 '아차치 케식'의 이름으로 등장하는 기록[251]이 확인되고 있는 것으로 보아 단순한 케식관이 아닌 케식장이었다. 그렇다면 이 쿠데타의 규모가 상당 정도로 커질 가능성이 있었고, 자칫하면 南坡之變과 같이 황제와 재상이 동시에 시해될 수도 있는 상황이 또 벌어질 수도 있었다. 그러나 이 음모는 사전에 발각되었고, 이로 인해 바얀은 오히려 단일 권신이 될 수 있는 기회를 잡았던 것이다. 바얀은 탕기스의 쿠데타를 쉽게 진압한 것처럼 기록되어 있지만, 사건은 상당히 긴박한 흐름으로 전개되었고 바얀이 문종을 옹립하기 위해 河南行省에

---

250) 『元史』 卷138, 「燕鐵木兒傳」, 3334쪽.

251) 天曆 3년 2월 6일의 기록은 『救荒活民類要』(『北京圖書館古籍珍本叢刊』 卷56, 北京: 書目文獻出版社, 1998, 678쪽)에서 확인되고, 元統 3년 5월 7일의 기록은 蔡美彪 編, 『元代白話碑集錄』, 北京: 科學出版社, 1955, 111쪽에서 찾아볼 수 있다.

서 일으켰던 쿠데타보다 이 음모를 진압하는 것이 더욱 어려웠다는 기
록[252]은 바얀의 승리가 결코 순탄하게 이루어진 것이 아니었음을 보여준
다. 그렇기 때문에 엘테무르가 사라지면 바얀이 쉽게 그 지위를 획득할 수
있는 위치에 있었다고 한 기존의 주장[253]은 너무 단순한 해석이라 하지 않
을 수 없다. 이 권력 투쟁은 諸王들도 자신들의 이익을 따라 움직였을 정
도로 중요한 정치적 사안이었고,[254] 최종적으로 바얀이 승리를 거둠에 따
라 정국의 구도는 바얀을 중심으로 재편되기에 이르렀다.

3) 全權 權臣의 몰락

탕기스가 일으킨 쿠데타가 바얀에 의해 완벽하게 제압되면서 권력의 추
는 급속하게 바얀에게로 기울어졌다. 대대로 킵차크위를 이끌면서 군사적
기반을 쌓아왔던 엘테무르 가문을 바얀이 제압했던 것은 그에게도 군사적
세력이 있었기 때문이었다고 할 수 있다. 그러므로 바얀 가문이 무종 시기
부터 또 다른 색목위군인 아스위와 인연을 맺어왔고, 권력을 탈취하는 과
정에서 그 관계가 더욱 긴밀하게 발전했다는 지적을 주목할 만하다.[255] 또
한 가지 언급할 수 있는 것은 鄭王이 탕기스의 모의를 적발해냈다는 사실
이다.[256] 鄭王은 명종의 즉위에 큰 역할을 했던 武寧王 체첵투가 至順 2년

---

252) 『至正集』 卷71, 「恭題太師秦王所藏手詔」(傅瑛・雷近芳 校點, 『許有壬集』, 鄭州:
   中州古籍出版社, 1998, 752쪽).

253) John W. Dardess, *Conquerors and Confucians: Aspects of Political Change
   in Late Yüan China*, New York and London: Columbia University Press,
   1973, p.55.

254) 洪麗珠, 『肝膽楚越－蒙元晚期的政爭(1333-1368)』, 新北: 花木蘭文化出版社, 2011,
   23쪽.

255) 呂治昊, 「元代 아스人(Asud)의 擡頭와 政治的 役割」『東洋史學硏究』 120, 2012,
   208~209쪽.

256) 『元史』 卷138, 「燕鐵木兒傳」, 3334쪽.

(1331)에 문종으로부터 받았던 王號였고,[257] 북방 초원에서 강력한 세력을 형성했던 諸王 중의 한 사람이었다. 郯王을 포함한 諸王들도 탕기스 세력을 진압하는 데 동조하면서 바얀에게 힘을 실어주었던 것이다. 이로 인해 대대로 권신의 위세를 유지했던 엘테무르 가문은 몰락하고 말았다.

권력 구도의 재편은 빠른 속도로 진행되었다. 혜종은 음모 진압 직후인 元統 3년(1335) 7월에 바얀이 오로지 중서우승상을 맡을 것이고, 중서좌승상은 두지 않겠다는 의사를 표시했다.[258] 이는 엘테무르가 홀로 중서우승상을 맡으며 전권을 장악했던 모습이 재현되는 것이었다. 또한 혜종은 특별히 조서를 내려 엘테무르가 자신을 遠方으로 내쫓고 소환된 이후에는 즉위를 미루었던 점을 공개적으로 비판했고, 문종의 遺詔를 따라 자신을 옹립한 것과 탕기스 등의 음모를 처단한 공적을 내세워 바얀에게 다르칸 칭호까지 사여하였다.[259] 그리고 다음 달인 8월에는 황태후를 태황태후로 높이기 위한 논의를 진행시켰다. 이때 中書參知政事 許有壬은 "황제와 황태후께서는 母子 관계이십니다. 만약 태황태후로 올리시게 되면 황제께서는 손자가 되는 것이니 이는 禮法이 아닙니다."[260]라고 반대 의사를 표시했다. 황제가 교체된 것도 아닌데 황태후를 태황태후로 격상시킬 명분이 전혀 없었던 것이다. 그럼에도 불구하고, 이 논의는 그대로 진행되어 문종의 황후였던 보타시리는 결국 태황태후의 지위까지 차지했다. 이는 태황태후와 獨

---

257) 『元史』卷35, 「文宗本紀四」, 777쪽.
258) 『元史』卷38, 「順帝本紀一」, 827쪽.
259) 『元史』卷38, 「順帝本紀一」, 827~828쪽. 한편, 王敬松은 혜종의 다르칸 칭호 사여는 명목적인 것에 불과하고 실제로는 바얀이 혜종의 조서 작성에 개입하여 다르칸 칭호를 '自封'한 것이라고 설명하고 있다(王敬松, 「談元朝與右相有關的 兩次詔敕」『元史論叢』13, 天津: 天津古籍出版社, 2010, 163쪽).
260) 『元史』卷182, 「許有壬傳」, 4201쪽. 이러한 논의가 있었다는 것은 태황태후는 황제의 祖母여야 한다는 전통적인 관념에 구애받지 않고, 태황태후가 단지 황태후보다 한 단계 위의 칭호라는 점만을 인식한 대원제국 특유의 개념이 영향을 끼쳤음을 의미한다. 이에 대해서는 洪金富, 「元代文獻攷釋與歷史硏究－稱謂篇」『中央硏究院歷史語言硏究所集刊』81-4, 2010, 758~762쪽 참고.

相 바얀이 어린 혜종을 등에 업고 國政을 장악하는 결과를 초래했다.

바얀은 元의 전성기였던 세조 시기의 정치적 분위기를 회복하려는 의지를 가지고 있었다. 이는 엘테무르 가문이 주도했던 궁정 정치의 권력 구도를 완전히 자신 위주로 재편하고자 하는 움직임과 관련되었다. 이를 위해 엘테무르와 탕기스가 등용했던 인물들을 모두 파직시켰고,[261] 콩코테무르와 다리 및 탕기스의 자손들은 변방으로 유배를 보냈다.[262] 이렇게 조정의 분위기를 쇄신시킨 후인 元統 3년 10월에 바얀 홀로 중서우승상이 되었다는 조서가 전국에 반포되었다.[263] 이는 바얀 중심으로 정국이 재편되었음을 알리는 공식적인 신호였고, 11월에는 곧바로 과거제를 폐지한다는 결정이 내려졌다. 인종 시기 중서평장정사 이맹이 주도가 되어 과거제를 시행한지 20여 년 만에 이루어진 조치였다. 과거제 시행 이후에도 이에 대한 불만이 없지 않았고, 폐단도 생겨나고 있었기 때문에 과거제 폐지가 전혀 생각하지도 못했던 갑작스런 정책은 아니었다.[264] 그래도 과거제 시행이 테무데르가 물러난 이후 변화하게 된 정국 구도라는 정치적 환경 속에서 진행되었던 것처럼, 과거제 폐지가 바얀이 홀로 정국을 장악하게 되는 변화 속에서 실제로 추진되었다는 사실에 주목할 필요가 있다.

과거제 폐지 논의를 꺼낸 인물은 중서평장정사 체릭테무르(徹里帖木兒, Čerig-Temür)였다. 그가 과거제 관련 시설에 지원되는 물자를 케식의 衣糧으로 지급하자고 하면서 과거제 폐지를 주장하자 바얀이 동조를 표했던 것이다. 세조 시기에는 과거제도가 실시되지 않았고 케식 혹은 吏로부터 관료를 충원했던 모습으로 회귀하려는 것이었다. 그러나 중서참지정사 許有壬을 비롯한 신료들이 이에 반발했고, 심지어 許有壬은 御史 30명이 바얀을 두려워하지 않고 자신의 말을 듣고 있다면서 바얀의 기세를 제압하며

261) 『元史』 卷38, 「順帝本紀一」, 827쪽.
262) 『元史』 卷38, 「順帝本紀一」, 829쪽.
263) 『元史』 卷38, 「順帝本紀一」, 829쪽.
264) 余來明, 『元代科擧與文學』, 武漢: 武漢大學出版社, 2013, 218쪽.

과거제가 오히려 選法을 해치고 있다는 바얀의 말에 차근차근 반박했다. 바얀은 許有壬의 논법에 설득을 당했지만, 이미 진행된 논의를 그칠 수는 없다고 하면서 許有壬을 위로했다.[265] 이후에 바얀은 어사대의 표적이 되어 탄핵을 받았던 체릭테무르를 몰아내면서 갈등이 더 이상 확산되지 않게 하면서도 과거제도는 결국 시행하지 않았다.

과거제 폐지 이후 시행된 조치 중에서 또 한 가지 주목할 것은 연호 개정이었다. 이는 세조 시기로 돌아가고자 하는 바얀의 의지를 가장 직접적으로 보여주는 것이라고 할 수 있다. 물론, 연호 개정의 조서를 반포한 주체는 혜종이지만 결정의 이면에 바얀의 정치적 영향력이 강력하게 작용하고 있었다는 점은 분명하다. 세조가 30년 동안 사용했던 至元이라는 연호를 다시 사용하면서 바얀은 조정의 정치적 분위기를 쇄신하고자 했던 것이다. 하지만 여기에도 반발은 존재했다. 당시에 監察御史였던 李好文은 "이전의 연호를 답습하는 것은 古來에 듣지 못했던 일이고, 그 명칭을 답습하면서도 실질을 따르지 못하니 이익이 될 것이 없습니다."라고 하면서 세조 至元 연간에는 존재하지 않았던 당시의 폐단 10여 가지를 언급했다.[266] 李好文이 언급했던 폐단들이 더 상세하게 기록되지 않아서 아쉬운 점이 있지만, 사실 李好文의 말은 정곡을 찌르고 있었다. 바얀이 집권한 시기에는 여러 차례의 계승분쟁 및 내분으로 인해 세조 시기보다 케식의 영향력이 약화되었고, 과거제도를 통해 政界에 진출하고자 하는 몽골인, 색목인, 漢人들의 숫자가 늘어나고 있었다. 세조 시기와는 정치적, 사회적 상황이 달라졌는데 단지 연호만을 답습한다고 해서 해결될 일이 아니라는 것이다. 하지만, 이러한 반발에도 불구하고 바얀은 자신의 정책을 계속 추진해 나갔다.

곳곳에서 자신에 대한 반발이 터져 나오고 지방에서는 반란이 일어나는 상황 속에서도 바얀의 권위는 상당히 높아졌다. 이를 상징적으로 보여주는

---

265) 과거제 폐지 논의 및 이에 대한 바얀과 허유임의 토론 내용은 『元史』 卷142, 「徹里帖木兒傳」, 3404~3405쪽을 참고.

266) 『元史』 卷183, 「李好文傳」, 4216쪽.

것은 後至元 5년(1339) 당시 바얀의 官銜이 무려 246字에 달했다는 사실이
다.[267] 이렇게 긴 官銜을 한 번에 받았을 리는 만무하고, 자신이 집권하는
동안 필요한 官銜을 수시로 취했던 것이다. 그 긴 官銜을 살펴보면 조정의
핵심 기구를 바얀이 거의 모두 직접 관할했고, 조정의 중추 기구를 다 장
악했던 全權 權臣 엘테무르의 차원을 뛰어넘어 군사, 경제, 행정, 학문 등
구석구석까지 영향력을 미치려 했음을 알 수 있다. 이 246자의 官銜은 바
얀의 권력이 극도로 팽창되어 있었음을 가장 잘 보여주는 상징이었다. 이
외에도 바얀의 위세가 어느 정도였는지는 『南村輟耕錄』에 기록된 대표적
인 일화를 통해서도 확인할 수 있다.

> 王爵을 가진 어떤 사람이 아뢰기를, "薛禪 두 글자는 사람들이 모두 이름으
> 로 쓸 수 있는데, 세조 황제의 廟號가 된 이후로는 감히 사용하지 못합니다. 지
> 금 太師 바얀의 공덕이 高重하므로 薛禪이라는 이름을 수여해도 될 것입니다."
> 라고 하였다. 이때 어사대부 테무르부카(帖木兒不花, Temür-Buqa)가 또한 그
> 心腹이었는데 매번 은밀히 省臣을 부추겨 청을 윤허할 것을 아뢰게 하였다.[268]

---

267) 『山居新語』 卷2(元明史料筆記叢刊本, 北京: 中華書局, 2006, 213~214쪽). 이 기
  록에 나온 至正 5년은 (後)至元 5년의 誤記이다. 참고로 246자에 달하는 긴 官
  銜은 다음과 같다. "元德上輔廣忠宣義正節振武佐運功臣, 太師, 開府儀同三司,
  秦王, 答剌罕, 中書右丞相, 上柱國, 錄軍國重事, 監修國史, 兼徽政院侍正, 昭功萬
  戶府都總使, 虎符威武阿速衛親軍都指揮使司達魯花赤, 忠翊侍衛親軍都指揮使, 奎
  章閣大學士, 領學士院知經筵事, 太史院宣政院事, 也可千戶哈必陳千戶達魯花赤,
  宣忠斡羅思扈衛親軍都指揮使司達魯花赤, 提調回回漢人司天監群牧監廣惠司內史
  府左都威衛使司事, 欽察親軍都指揮使司事, 宮相都總管府, 領太禧宗禋院兼都典
  制神御殿事, 中政院事, 宣鎮侍衛親軍都指揮使司達魯花赤, 提調宗仁蒙古侍衛親軍
  都指揮使司事, 提調哈剌赤也不干察兒, 領隆祥使司事." 최근의 한 연구는 1982
  년에 雲南省圖書館에서 발견된 元代 官刻 『大藏經』 중에 실린 「大慧普覺禪師住
  徑山能仁禪院語錄」에 後至元 2년(1336) 혹은 3년(1337)에 바얀이 지녔던 官銜
  이 기록되어 있음을 소개했는데, 이때에도 명칭이 174자에 달했다. 이에 대해
  서는 蔡晶晶, 「元代阿速衛研究兩則」 『元史及民族與邊疆硏究集刊』 31, 上海: 上
  海古籍出版社, 2016, 51쪽을 참고.

‘현명한’이라는 뜻의 몽골어 세첸(sečen)을 한자로 音寫한 薛禪은 세조의 몽골식 廟號인데, 이 칭호를 바얀에게 수여하자는 건의는 그에게 세조의 권위를 부여하자는 것과 다를 바가 없었다. 최고의 官衛이라고 할 수 있는 太師, 대원제국 황실 일원만이 받을 수 있는 상당히 높은 지위에 해당되는 王號인 秦王, 결정적인 공훈을 세운 사람만이 수여받는 다르칸 등 이미 모든 것을 받았다고 할 수 있는 바얀에게 점점 도를 넘어서는 지위를 주려는 논의가 생겨났던 것이다. 결국 혜종은 ‘元德上輔’라는 호칭을 바얀에게 내리는 것으로 대신했지만, 이러한 논의가 있었다는 자체는 그만큼 바얀의 권위가 대단했음을 보여주는 것이다. 또한, 바얀의 心腹이었던 어사대부 테무르부카가 이를 은밀히 부추겼다는 기록은 이 논의가 원칙적으로는 전혀 성립될 수 없는 것이었음을 반증하고 있다. 여기에 더하여 後至元 5년 10월에 바얀은 元에서는 前例가 없었던 大丞相에 임명되면서 권위의 정점을 찍게 되었다.[269]

기존의 연구들에서는 과거제 폐지로 대표되는 바얀의 정책들을 언급하면서 그를 反漢주의자, 몽골식 가치를 고수하는 보수주의자 등으로 규정하는 경향이 있다. 하지만, 그의 모습에는 ‘反漢주의’ 혹은 ‘보수주의’로 단정할 수 있는 일관성이 결여되어 있다는 점이 발견된다. 바얀이 비록 과거제도를 폐지하기는 했지만, 바얀 집권 시기에 조정에서의 經筵은 계속 거행되었고[270] 상도에 있는 孔子廟의 碑文 작성을 漢人 유학자들에게 맡길 것

---

268) 『南村輟耕錄』 卷2, 「權臣擅政」(元明史料筆記叢刊本, 北京: 中華書局, 1959, 29쪽).

269) 『元史』 卷40, 「順帝本紀三」, 853쪽.

270) 張帆, 「元代經筵述論」 『元史論叢』 5, 北京: 中國社會科學出版社, 1993, 139쪽. 後至元 연간에 알린테무르(阿鄰帖木兒, Alin-Temür)가 大司徒知經筵事를 역임하고, 그의 아들인 샤라발(沙剌班, Šarabal)이 奎章閣侍書學士 兼 經筵官이 되었다는 기록(『山居新語』 卷2(元明史料筆記叢刊本, 北京: 中華書局, 2006, 210쪽))을 통해서도 바얀 집권 시기에 經筵이 폐지되지 않았음을 확인할 수 있다. 심지어 혜종에게 經筵을 다시 시행할 것을 바얀이 직접 주청했다는 기록(『元史』

을 바얀이 주청했다는 기록[271]은 그가 漢人들의 문화를 완전히 배척한 것
은 아니었음을 보여준다. 앞에서 언급한 세조의 몽골식 廟號를 바얀에게
수여하라는 건의는 '몽골식' 가치마저도 고수하지 않고 권위에 집착하는
바얀의 모습을 상징적으로 보여주고 있는 대목이다.

　몽골 諸王에 대한 처벌은 그를 反漢주의자(혹은 민족차별주의자)라는
관점에서만 다루기 어렵게 만든다. 『元史』 바얀 열전에는 바얀이 혜종의
허락도 받지 않고 마음대로 처벌한 諸王으로 郯王 체첵투, 宣讓王 테무르
부카, 威順王 쿤첵부카(寬徹普化, Könčeg-Buqa)가 기록되어 있고,[272] 張楨
의 열전에는 바얀이 종실의 嘉王, 郯王을 죽였다는 내용이 보인다.[273] 『南村
輟耕錄』에는 바얀이 剡(郯의 誤記)王 체첵투와 高昌王 테무르부카가 무죄
인데도 죽였다고 기록되어 있다.[274] 이는 엘테무르도 함부로 시도하지 않
았던 행동이었다. 위 기록에 등장하는 諸王들 중에서 嘉王은 탕기스의 쿠
데타에 연루된 콩코테무르를 가리키는 것이지만, 나머지 諸王들은 모두 문
종 즉위 이후에 황제로부터 인정을 받으며 세력을 형성했던 인물들이었다.
郯王은 북방 초원 일대를 관할했고 宣讓王과 威順王은 줄곧 湖廣 일대를 다
스렸으며, 高昌王은 문종의 총애를 받아 지추밀원사가 되었고 天曆 2년
(1329)에는 중서좌승상, 太子詹事, 어사대부를 모두 역임했던 인물이다.[275]

　　卷138, 「伯顔傳」, 3337쪽)도 보인다.

271)『至正集』 卷44, 「上都孔子廟碑」(傅瑛·雷近芳 校點, 『許有壬集』, 鄭州: 中州古籍
　　出版社, 1998, 518쪽).

272)『元史』 卷138, 「伯顔傳」, 3338~3339쪽.

273)『元史』 卷186, 「張楨傳」, 4266쪽.

274)『南村輟耕錄』 卷8, 「岷江綠」(元明史料筆記叢刊本, 北京: 中華書局, 1959, 103
　　쪽).

275)『道園學古錄』 卷24, 「高昌王世勳之碑」(王頲 點校, 『虞集全集』, 天津: 天津古籍
　　出版社, 2007, 1017쪽). 하지만, 高昌王 테무르부카의 죽음을 직접적으로 알려
　　주는 기록이 보이지 않고 있기 때문에 바얀이 高昌王 테무르부카를 죽였다고
　　단정하기는 어렵고, 高昌王 테무르부카가 바얀이 아니라 그 이후에 집권한 톡
　　토에 의해 제거되었다고 보는 주장도 있다. 이에 대해서는 羅賢佑, 「元代畏兀兒

바얀은 엘테무르 집권 시기에 세력을 키웠던 대표적인 몽골 諸王들을 자신의 政敵으로 간주하고 그들을 견제했던 것이다. 특히 바얀은 본래 鄃王의 家奴였기 때문에 鄃王을 계속 使長이라고 불러야 하는 것에 대한 분노로 인해 鄃王을 죽인 것이라는 『庚申外史』의 기록은 출신에 대한 바얀의 열등감도 권력 집착의 한 요인이었음을 보여주고 있다.[276] 결국 몽골 諸王들을 임의로 처벌한 것, 세조의 몽골식 廟號를 사용하려 한 행위 등은 자신의 권력에 계속 집착하는 바얀의 모습을 드러내고 있고, 바얀이 보수주의자 혹은 복고주의자로서의 면모를 스스로 깨뜨리고 있었음을 알 수 있다. 바얀의 최고 관심사는 '이념'이 아니라 자신의 권력을 지키고 확대하는 것에 있었던 것이다.

세조 시기로 되돌아간다는 명분은 그럴 듯 했지만, 바얀 자신이 그 명분을 지키지 않으면서 그는 서서히 몰락의 길을 걷게 된다. 권력의 정점에 있으면서 그를 둘러싸고 일어났던 일들이 점점 도를 넘어서고 있었고, 혜종의 권위는 철저히 무시되고 있었던 것이다. 앞에서 언급했던 세조의 몽골식 廟號를 바얀에게 수여하라는 건의 이외에도 바얀의 막대한 권력을 보여주는 기록은 도처에서 확인된다. 聖旨의 제목에서나 쓸 수 있는 金書를 바얀이 사용할 수 있도록 해야 한다는 건의,[277] 바얀의 생일 때 百官들이 너무 많이 모여서 御史中丞 耿煥이 인파에 밀려 넘어져 부상을 당했다는 일화[278]는 최고 권력자로서의 바얀의 위세를 잘 보여준다. 바얀이 집권한

亦都隷舊譜系及其地位變遷」『民族研究』1997-2, 77~79쪽 참고.

276) 『庚申外史』卷上(任崇岳, 『庚申外史箋証』, 鄭州: 中州古籍出版社, 1991, 17~18 쪽). 바얀은 메르키트 부족 출신으로 그 선조들은 뭉케의 노예였고, 몽골의 관습에 따라 바얀은 뭉케의 후예인 鄃王을 使長이라고 불러야 했다. 결국 자신의 使長을 살해한 바얀의 행위는 몽골의 전통을 파괴한 것이나 마찬가지였다. 바얀의 권위가 아무리 높다고 하더라도 몽골 고유의 '主奴' 관계 개념까지 파괴할 수는 없었던 것이다(劉迎勝, 「從成吉思汗使團到沙哈魯國王的使團」, 實力格 主編 『中國蒙古學國際學術討論會論文集』, 呼和浩特: 內蒙古敎育出版社, 2008, 476~477쪽).

277) 『南村輟耕錄』卷2, 「權臣擅政」(元明史料筆記叢刊本, 北京: 中華書局, 1959, 30 쪽).

이후로 臺憲官은 모두 막대한 뇌물을 바치고 임명되었다는 기록,[279] 바얀의 무리인 乞失과 耆延不花가 대도, 河南, 江淮, 腹裏 등지를 奪占하고 保定, 雄州, 覇州 등지의 官民이 소유한 田土 및 房産을 자신의 재산으로 만들었다는 기록[280] 등은 바얀의 권위에 빌붙어 국가에 해를 끼쳤던 무리들이 곳곳에 존재했음을 보여주고 있다. 이러한 상황에서 바얀이 혜종의 뜻을 무시하고 諸王들을 마음대로 죽이는 행위를 저지르면서 혜종은 더 이상 바얀의 전횡을 좌시할 수 없게 되었다.

바얀이 정권을 장악할 수 있었던 가장 중요한 요소는 그가 혜종을 즉위시키는 데에 공을 세웠다는 점이었다. 그리고 엘테무르 가문을 제거하고 그가 단독으로 집권했던 것도 혜종의 지지가 명분상으로 커다란 도움이 되었다. 문종 사망 이후에 엘테무르가 위기를 겪었던 것처럼, 바얀도 혜종의 지지가 없으면 정치적으로 곤란한 상황을 겪을 수 있었다. 그럼에도 불구하고, 바얀은 혜종의 존재를 무시하는 행동을 서슴지 않았는데 그 배경에는 태황태후가 있었다. 바얀과 태황태후의 관계는 엘테무르 가문을 몰아낸 이후 더욱 긴밀해졌을 것으로 생각되고, 태황태후가 직접 나서서 바얀과 바얀의 부인에게 귀중한 물품을 하사했다는 기록[281]은 이를 구체적으로 입증하고 있다. 또한, 바얀이 여러 차례 태황태후의 궁에 들어가서 밤이 새도록 나오지 않았다는 『庚申外史』의 기록[282] 역시 둘 사이의 관계가 매우 밀접했음을 보여주고 있다.

위기감을 느낀 혜종은 바얀의 조카인 톡토(脫脫, Toγto)를 활용하여 바얀을 제거하기에 이른다. 사실, 바얀은 톡토를 後至元 4년(1338)에 어사대

278) 『山居新語』卷2(元明史料筆記叢刊本, 北京: 中華書局, 2006, 210쪽).
279) 『草木子』卷4下, 「雜俎篇」(元明史料筆記叢刊本, 北京: 中華書局, 1959, 82쪽).
280) 『至正條格』條格 卷26, 「田令·豪奪官民田土」(韓國學中央研究院 編, 『至正條格校註本』, 휴머니스트, 2007, 64쪽).
281) 『山居新語』卷1(元明史料筆記叢刊本, 北京: 中華書局, 2006, 200쪽·207쪽).
282) 『庚申外史』卷上(任崇岳, 『庚申外史箋証』, 鄭州: 中州古籍出版社, 1991, 21쪽).

부에 임명하면서[283] 자신의 가문을 위주로 정국을 운영하려고 했다. 하지만 톡토는 바얀의 교만함이 너무 심하여 그 화가 가족에게 미칠 것을 염려했고, 톡토의 스승이었던 吳直方은 톡토에게 '大義滅親'을 강조했다.[284] 이에 톡토는 자신을 믿지 않았던 혜종을 설득하여 바얀을 몰아내기 위한 모의를 계획했다. 바얀은 톡토가 오로지 漢人들과 우호를 맺고 있는 것을 항상 의심했고 조정의 분위기가 심상치 않아지자 자신을 수비하는 병력을 더욱 늘려 만약의 사태에 대비했다. 하지만 後至元 6년(1340) 2월, 바얀이 엘테구스와 함께 柳林으로 사냥을 나간 사이에 바얀 축출 계획이 실행되었다. 톡토를 비롯한 혜종의 최측근들만 이 계획을 알고 있는 상태에서 바얀의 죄상을 알리는 조서가 작성되었고, 태자의 케식인 우케차르(月可察兒, Ukečar)에게 명하여 30명의 기병을 이끌고 엘테구스 진영에 가서 그를 성으로 데려왔다. 만약의 사태에 대비해 엘테구스를 미리 성으로 데리고 온 이후, 바얀을 河南行省左丞相으로 좌천시킨다는 혜종의 조서가 유림에 있던 바얀에게 전달되었다. 바얀은 사람을 보내 이 사태를 파악하고자 했지만, 톡토는 성문을 열지 않고 지금 황제의 조서는 바얀 한 사람만 축출하는 것이므로 주위 병력은 모두 본래의 자리로 돌아가라고만 말했을 뿐이었다. 이에 바얀이 이끌고 갔던 군사들은 뿔뿔이 흩어졌고, 바얀은 속수무책으로 쫓겨나야 했다.[285] 다음 달인 3월에 혜종은 바얀을 陽春縣(현재 廣東省 陽春市)에 安置하라는 조서를 내렸고,[286] 이는 바얀을 단순히 좌천시킨 것이 아니라 유배를 보내는 조치였다. 바얀은 모든 것을 잃은 채 유배를 가던 도중 龍興路(치소는 현재 江西省 南昌市)의 驛舍에서 사망했다.

---

283) 『憲臺通紀續集』「命脫脫爲御史大夫」(屈文軍 點校, 『憲臺通紀(外三種) 新點校』, 香港: 華夏文化藝術出版社, 2006, 59쪽).

284) 『潛溪後集』 卷9, 「元故集賢大學士榮祿大夫致仕吳公行狀」(黃靈庚 編輯校點, 『宋濂全集』, 北京: 人民文學出版社, 2014, 1846쪽).

285) 바얀 축출 당시의 사건 전개에 대해서는 『元史』 卷138, 「伯顏傳」, 3339쪽과 『元史』 卷138, 「脫脫傳」, 3343쪽의 내용을 참고.

286) 『元史』 卷40, 「順帝本紀三」, 855쪽.

中書大丞相의 지위까지 취하면서 엄청난 권위를 보유했던 바얀의 몰락은 순식간에 진행되었다. 톡토를 위시한 조정 내의 세력들이 바얀을 몰아내기 위한 계획을 치밀하게 준비했고 바얀에게 등을 돌린 사람들이 많았던 것이 이유이겠지만, 가장 중요한 것은 혜종이 궁정 정치에 적극적으로 개입하기 시작했다는 사실이다. 그 많은 군사력을 확보하고 있었던 바얀이 아무런 저항조차 하지 못하고 좌천되어 그 명령에 순순히 따른 것은 혜종의 권력을 향한 의지가 톡토의 치밀한 계획과 결부되어 있었기 때문일 것이다. 대원제국의 권신들 중 가장 막대한 권위를 가지고 있었던 바얀이 이렇게 허무하게 몰락했던 것과 "大惡을 제거한 것이 마치 썩어서 벌레 먹은 나무를 베어낸 것과 같았다."[287)라는 평가 및 바얀 축출에 대한 별다른 저항 움직임이 없었던 점도 혜종이 가지고 있었던 근본적인 정치적 권위를 바얀이 결코 초월할 수 없었음을 보여준다.

바얀의 貶黜과 그의 病死는 새로운 시대가 시작됨을 알리는 사건이었다. 이제 조정에서 초원에서의 전쟁을 직접 경험하고 그를 통해 권력을 장악할 수 있는 사람은 모두 사라졌다. 엘테무르와 바얀은 무종의 近侍로 출발하여 北邊에서의 전투를 경험했던 사람들이었는데, 이들이 政界에서 사라져 버린 것이다. 문종의 즉위와 명종의 암살을 통해 집권했던 두 명의 全權 權臣이 정치 무대에서 물러나면서 정국 구도는 또 다시 재편될 수밖에 없게 되었다. 그리고 혜종도 제위계승문제를 피해갈 수는 없었고, 이 시기에 정치적으로 급부상하는 기황후의 존재는 元代 정치의 향방에 커다란 영향을 끼쳤다.

여기에서 한 가지 주목해야 할 점은 훗날 『元史』의 편찬자들이 엘테무르와 바얀을 姦臣 열전에 싣지 않았다는 사실이다. 특히 바얀에 대해서는 많은 한문 사료에서 부정적인 측면이 강조되고 있다는 점을 생각한다면 의외라고 할 수 있다. 아마도 무종의 혈통을 다시 황제에 옹립한다는 엘테무

---

287) 『東維子文集』 卷24, 「元故中奉大夫浙東宣慰楊公神道碑」.

르와 바얀의 정치적 명분을 『元史』의 편찬자들이 인정했기 때문에 나온 결과라고 생각된다. 테무데르처럼 姦臣으로 분류되지 않고 '정당한 권신'으로 여겨졌다는 것은 그들의 집권이 元代 후기 政治史에서 상당히 중요한 위치를 차지하고 있음을 드러내는 것이라고 할 수 있다.

제4장

元代 후기의 제위계승문제와
權臣 정치

문종의 즉위와 명종의 암살을 계기로 전개되었던 全權 權臣의 집권과 그들에 의한 정치는 엘테무르 가문이 제거되고, 혜종과 톡토의 결합으로 이루어진 궁정 무혈 쿠데타로 인해 바얀이 축출되면서 막을 내렸다. 결과적으로 혜종은 全權 權臣들의 전횡 속에서도 꿋꿋이 자리를 지키다가 결국 자신이 직접 권신을 몰아내는 일종의 정변을 성공시키면서 권위를 확립할 수 있었다. 그 이후 혜종은 이전의 다른 황제들처럼 갑자기 요절하지 않았기 때문에 전과 같이 내전에 가까운 제위계승분쟁은 일어나지 않았다. 이로 인해 엘테무르나 바얀과 같은 全權 權臣이 배출될 수 있는 정치적 환경이 조성되지 않았다는 점은 바얀 사후 혜종 시기의 가장 중요한 특징이라고 할 수 있다.

바얀 몰락 이후 元 궁정 정치의 중요한 또 하나의 변수로 떠오른 사람은 바로 기황후이다. 기황후는 아들 아유시리다라(愛猷識理達臘, Ayusiridara)를 황태자로 만들기 위해 갖은 노력을 다하면서 이에 반대하는 세력과 충돌을 빚었다. 이 과정에서 톡토가 장사성의 반란 진압 도중에 축출되어 사망하면서 대원제국은 결정적인 타격을 입었다. 그래도 기황후는 만족하지 않았고, 황태자에 대한 禪位를 목표로 혜종을 압박하기 시작했다. 그래서 살아있는 혜종과 황태자 사이에서 제위계승을 둘러싼 갈등이 전개되었고, 이는 지방 군벌들이 중앙 정치에 직접 개입하게 되는 사태로까지 확산되었다. 제위계승분쟁은 끈질기게 생명력을 유지하고 있었던 셈이다.

이에 본 장에서는 바얀 사후 권신 정치가 타파되었다가 톡토에 의해 재개되는 과정, 황태자 책립 이후 새로 시작되는 제위계승문제를 중심으로 元代 후기의 여러 정치적 갈등들에 대해 살펴보려 한다. 기황후가 정치의 전면에 나서는 상황에서 황태자 책립 및 선위 문제가 어떠한 결과를 초래했는지에 대해서 검토하고, 황제와 황태자 사이의 대립이 군벌 권신들 사이의 갈등과 연계된 정황을 언급할 것이다. 이를 통해서 제위계승을 둘러

싸고 벌어진 문제로 인해 대원제국이 강남에서 일어난 신흥 무장 세력들에
결과적으로 제대로 대응을 하지 못하면서 북방 초원으로 귀환할 수밖에 없
었음을 설명해보고자 한다.

1. 惠宗의 親政

1) 惠宗의 권위 확립

後至元 6년(1340) 2월에 바얀이 조카 톡토에 의해 축출되면서 元의 정
치 구도는 또 다시 재편되었다. 톡토의 부친이자 바얀의 동생인 마자르타
이가 중서우승상이 되었고, 톡토는 지추밀원사가 되었으며 톡토의 동생인
에센테무르가 어사대부로 임명되었다. 이렇게 톡토 가문이 바얀의 뒤를 이
어 정권을 장악하는 것은 당연한 수순이었다고 할 수 있기 때문에 커다란 문
제가 없었다. 문제는 태자 엘테구스의 위상을 어떻게 정립하느냐에 있었다.
사실, 혜종이 즉위할 때 보타시리는 다음 제위가 엘테구스에게 계승된
다는 원칙 아닌 원칙을 정해놓았다.[1] 이는 무종이 즉위하고 난 이후 동생
을 황태자로 삼았던 전례를 그대로 따르는 것이었다. 그러나 「順帝本紀」의
혜종 즉위 초기에 대한 기록이 워낙 소략한 탓인지는 모르겠지만, 엘테구
스가 정식으로 황태자에 책봉되거나 그 지위에 준하는 王號를 받았다는 기
록은 보이지 않는다. 그저 엘테구스는 太子라는 호칭으로만 불렸을 뿐이
다. 아마 정식 책립 절차를 거치지 않았더라도 엘테구스는 이미 황태자의
위상을 당연히 가지고 있다고 인식되었던 것으로 보인다. 게다가 혜종은
첫 번째 황후인 타나시리와의 사이에서 아들을 낳지 않았기 때문에 황태자
지위를 둘러싸고 갈등이 발생할 소지는 전혀 없었다. 보타시리 태황태후가
건재한 이상 엘테구스가 유력한 제위계승 후보자임은 부인할 수 없는 사실

---

1) 『元史』卷38, 「順帝本紀一」, 816쪽.

이었다.

하지만 바얀이 축출된 이후에는 상황이 달라졌다. 태황태후와 엘테구스 母子도 바얀 사후의 정국 재편에서 제외될 수는 없었던 것이다. 게다가 일부 기록들은 바얀이 태황태후와 은밀히 협력하여 혜종을 폐위시키려고 했다는 사실을 언급하고 있는데,[2] 이는 혜종의 위기감을 한층 더 고조시켰을 것이라고 생각된다. 물론, 바얀이 실제로 혜종 폐위 음모를 계획했을 가능성은 그리 크지 않지만[3] 그러한 소문이 있다는 것 자체만으로도 혜종은 결코 이 문제를 좌시할 수 없었다. 그리고 바얀이 엘테구스와 함께 사냥을 나갔던 일은 혜종의 의심을 분명히 불러일으킬 수 있는 행동이기도 했다. 비록 혜종은 바얀 축출 당시에는 바얀만을 제거 대상으로 삼았지만, 곧 전개될 또 다른 '정변'을 준비하고 있었다.

이 시점에서 또 하나의 변수로 제기될 수 있는 점은 혜종의 총애를 받던 궁녀 奇氏가 아들을 낳았다는 사실이었다. 기씨는 고려에서 摠部散郎을 역임한 적이 있었던 奇子敖의 막내딸이었는데,[4] 휘정원사 투멘데르(禿滿迭兒, Tümender)가 기씨를 궁녀로 들이면서 그녀의 궁정 생활이 시작되었다.[5] 기씨는 혜종의 차 시중을 들면서 총애를 받았고, 혜종은 탕기스의 쿠데타로 인해 타나시리 황후가 쫓겨나 사망한 이후 기씨를 황후로 책립하고

---

2) 『庚申外史』 卷上(任崇岳, 『庚申外史箋証』, 鄭州: 中州古籍出版社, 1991, 24쪽) ; 『農田餘話』 卷下(『叢書集成新編』 87冊, 臺北: 新文豊出版公司, 1985, 444쪽).

3) 洪麗珠, 『肝膽楚越－蒙元晚期的政爭(1333-1368)』, 新北: 花木蘭文化出版社, 2011, 41쪽.

4) 『稼亭集』 卷12, 「高麗國承奉郎摠部散郎賜緋魚袋贈三重大匡僉議政丞判典理司事上護軍奇公行狀」.

5) 『元史』 卷114, 「后妃傳一」, 2880쪽. 『庚申外史』에는 기씨를 궁녀로 추천한 투멘데르가 고려인 환관이었다고 기록되어 있고, 이를 토대로 투멘데르를 高龍普와 동일인이라고 보는 경우가 많았다. 필자는 이 점에 대해 의문을 제기하고, 투멘데르를 고룡보가 아닌 다른 인물에 비정하는 주장을 펼친 바가 있는데 이에 대해서는 권용철, 「高麗人 宦官 高龍普와 大元帝國 徽政院使 투멘데르(禿滿迭兒)의 관계에 대한 小考」 『사학연구』 117, 2015를 참고.

자 했다. 그러나 당시 전권을 장악하고 있었던 바얀은 기씨의 황후 책립을 반대했고, 결국 後至元 3년(1337) 3월에 콩기라트 씨족 출신의 바얀쿠투 (伯顔忽都, Bayan-Qutu)가 황후가 되었다.[6] 그런데 2년 후인 後至元 5년 (1339)에 황후가 아닌 기씨가 아유시리다라를 낳고,[7] 또 얼마 지나지 않아 바얀이 축출되었던 것이다. 皇子를 생산하면서 기씨의 입지는 전보다 더욱 강화되었고,[8] 결국 바얀 축출 이후 혜종은 기씨를 제2황후에 봉했다.

기씨가 제2황후에 봉해진 사실에 대한 기록은 아주 소략하다. 『元史』의 「順帝本紀」에는 기씨를 제2황후로 책립했다는 것이 기록도 되어 있지 않고, 단지 기황후의 열전에 바얀이 파직된 이후 샤라발(沙剌班, Šarabal)이 책립을 청했다는 내용만이 보일 뿐이다.[9] 元代의 역사 기록에서는 샤라발 이라는 이름을 가진 인물이 적어도 2명 이상 보이는데, 여기에서 언급할 샤라발은 위구르인으로 뛰어난 학문적 능력을 갖추고 있었던 사람이었 다.[10] 샤라발의 부친 알린테무르(阿鄰帖木兒, Alin-Temür)는 國書(몽골어)

---

6) 바얀이 기씨의 황후 책립을 반대한 것에 대한 상세한 내용은 李龍範, 「奇皇后의 册立과 元代의 資政院」『歷史學報』 17·18, 1962, 470~475쪽을 참고. 바얀쿠투 역시 콩기라트 데이 세첸 가문 출신이었기 때문에 보타시리 태황태후와 혈연을 통해 밀접한 관계를 맺고 있었다. 바얀이 바얀쿠투를 황후로 만든 것은 몽골-대 원제국의 황실 혼인 관례에 따른 것이었지만, 엘테무르의 딸이 황후가 되었던 것 처럼 권신의 영향력이 과도하게 개입한 사례에 해당된다.

7) 아유시리다라의 출생 시기에 대해서는 논란이 있었지만, 『庚申外史』와 『稼亭集』 및 『朴通事諺解』의 관련 기록을 정리한 한 연구는 아유시리다라가 1339년 12월 24일(양력으로는 1340년 1월 23일)에 태어났음을 논증하였다. 이에 대해서는 喜 蕾, 「北元昭宗愛猷識理達臘生年考辨」『內蒙古大學學報(人文社會科學版)』 32-4, 2000을 참고.

8) 申萬里, 『敎育 士人 社會: 元史新探』, 北京: 商務印書館, 2013, 374쪽.

9) 『元史』 卷114, 「后妃傳一」, 2880쪽.

10) 元代의 기록에 등장하는 동명이인 샤라발과 그에 대한 분석에 대해서는 尙衍斌, 「元代西域史事雜錄」『中國邊疆史地研究』 2006-4, 134~138쪽(尙衍斌, 『元史及西 域史叢考』, 北京: 中央民族大學出版社, 2013, 55~68쪽에 재수록)과 관련 사료를 더욱 상세하게 제시하면서 2명의 샤라발을 논한 尙衍斌, 「說沙剌班－兼論《山居 新語》的史料價值」『中國邊疆民族研究』 5, 北京: 中央民族大學出版社, 2011을 참

에 능하고 아는 것이 많아 역대 조정에서 계속 활약하며 翰林學士承旨에까지 올랐으며, 명종은 그를 보고 자신의 스승이라고 일컬었을 정도였다.[11] 샤라발 역시 부친과 비슷한 경력을 거쳤는데, 문종이 설립한 奎章閣에서 供奉學士(正4品), 承制學士(正3品), 侍書學士(從2品)를 차례로 역임하였다.[12] 바얀이 전권을 장악했던 後至元 연간에도 알린테무르는 大司徒, 知經筵事를 맡았고 샤라발은 奎章閣侍書學士, 經筵官을 맡게 되는데, 父子가 동시에 經筵을 담당할 수 없기 때문에 사임하려는 샤라발을 혜종이 적극 만류하기도 했다.[13] 그 정도로 바얀 집권의 경색된 조정의 분위기 속에서도 알린테무르와 샤라발 부자는 꾸준히 혜종과 접촉하며 학문적 교류를 했던 것이다.

특히 샤라발은 혜종의 스승으로서 혜종의 측근에서 그를 보좌하는 역할을 담당했다.[14] 바얀에게 세첸 칭호를 하사할 것을 재촉하는 상주가 들어왔을 때, 샤라발이 혜종에게 이 일의 심각성을 아뢰어 바얀이 세조 황제의

고. 元代의 문헌에 기록된 샤라발을 종합적으로 정리한 연구로는 王力春, 「元人 沙剌班考」 『北方論叢』 2011-3도 참고할 수 있다.

11) 『元史』 卷124, 「阿鄰帖木兒傳」, 3047~3048쪽.

12) 姜一涵, 『元代奎章閣及奎章人物』, 臺北: 聯經出版事業公司, 1981, 91쪽. 한편, 문종이 자신의 학문적 욕구를 충족하면서 자신을 보좌하는 학자 관료들을 양성하기 위해 설치한 규장각에 대해서는 여러 연구들이 이루어져 있는데 최근에 邱江寧이 규장각의 설치와 이로 인해 형성된 元代 중·후기의 文壇에 대해서 상세하게 논한 연구가 있어 참고할 가치가 있다. 이에 대해서는 邱江寧, 『奎章閣文人群體與元代中期文學研究』, 北京: 人民出版社, 2013과 邱江寧, 『元代奎章閣學士院與元代文壇』, 北京: 中國社會科學出版社, 2013을 참고.

13) 『山居新語』 卷2(元明史料筆記叢刊本, 北京: 中華書局, 2006, 210쪽). 한편, 後至元 2년(1336)에 샤라발이 이미 奎章閣大學士(正2品)의 지위에 올라 있었음을 보여주는 기록도 있어서 아마 바얀 집권 초기부터 샤라발은 규장각을 이끌어간 대표적인 학자로 자리매김했을 것이다. 이에 대해서는 『圭齋文集』 卷9, 「元封秘書少監累贈中奉大夫河南江北等處行省參知政事護軍追封齊郡公張公先世碑」(湯銳 校點, 『歐陽玄全集』, 成都: 四川大學出版社, 2010, 248쪽)를 참고.

14) 『南村輟耕錄』 卷2, 「隆師重道」(元明史料筆記叢刊本, 北京: 中華書局, 1959, 20쪽).

권위를 부여받는 것을 막게 했다는 일화는 샤라발이 혜종의 충실한 侍從이었음을 드러내고 있다. 바얀 축출 모의가 실행되었을 때에도 혜종은 샤라발을 불러들이면서 모의에 참여하도록 했다. 바얀을 몰아낸 이후, 혜종은 샤라발을 중서평장정사에 기용했고 그만큼 샤라발은 혜종의 신임을 받고 있었다. 그렇기 때문에 황후 책립에 대한 샤라발의 건의는 혜종이 자신의 의사를 정하는 데에 있어서 결정적인 작용을 했다고 볼 수 있다. 게다가 샤라발이 기씨의 오빠 奇轍의 친족과 혼인을 했던 사실이 고려 측의 기록에 나와 있어 샤라발과 기씨의 관계도 긴밀했음을 파악할 수 있다.[15] 샤라발의 지원 덕분에 기씨는 제2황후가 될 수 있었고, 『高麗史』에는 그 책봉이 後至元 6년(1340) 4월에 이루어졌다고 기록되어 있다.[16]

스승의 요청에 따라 기씨를 제2황후로 책립한 이후, 혜종은 이번에는 태황태후와 엘테구스를 축출시켰다. 『庚申外史』에 따르면, 어사대에서 "태황태후는 폐하의 모친이 아니고 폐하의 작은어머니인데, 이전에 양을 태우는 화로에 폐하의 어머니를 떨어뜨려 죽게 했으니 부모의 원수이고 같은 하늘을 이고 살 수 없습니다."[17]라고 혜종에게 상주하며 내재해 있던 갈등을 폭발시켰다. 결국 後至元 6년 6월에 혜종은 조서를 내려 지난 제위계승 문제와 태황태후의 과오를 총체적으로 언급하면서 문종의 정치적 영향력을 제거하고자 했다. 이 조서는 『元史』의 「順帝本紀」에 기록되어 있는데, 이보다 조금 더 상세한 내용을 담고 있는 기록이 『高麗史』에 있다. 『高麗史』에서는 이 조서가 같은 해 4월의 기사에 실려 있지만, 『元史』를 참조하게 되면 적어도 6월 이후에 조서를 받았다고 보는 편이 타당할 것이다. 내용의 이해를 위해 해당 조서의 중요 부분을 번역해보면 아래와 같다.

⋯⋯ 나의 조부이신 무종 황제께서 황제 자리에 올랐다가 승하하신 뒤, 조모

---

15) 『稼亭集』 卷2, 「金剛山普賢菴法會記」.

16) 『高麗史』 卷36, 「忠惠王世家」, 忠惠王 後元年 4月.

17) 『庚申外史』 卷上(任崇岳, 『庚申外史箋証』, 鄭州: 中州古籍出版社, 1991, 29쪽).

인 태황태후가 간특한 자들에게 현혹되어 부친인 명종 황제를 운남으로 내쳤으며 영종 황제는 시해를 당해 황통을 잇는 일이 점점 어그러지게 되었다. 무종 황제의 적자인 나의 부친은 먼 북방 사막에 머물고 계시다가 宗王과 대신들이 한마음으로 추대하여 大事를 일으켰다. 이때, 가까운 곳에 있던 문종을 우선 맞이하여 잠시 국정을 총괄하게 했는데 그는 천명이 누구에게 내렸고 인륜의 도리가 어떠해야 하는가를 알아차리고서 양위라는 허울 좋은 이름을 빌려 하늘을 속여 보려는 마음을 품고 寶璽를 가지고 와서 나의 부친께 올리니 부친께서는 그 정성을 감안해 아무런 의심도 없이 그를 황태자로 책봉했던 것이다. 그러나 문종은 악독한 마음을 고치지 않고 (나의 부친을) 몸소 맞아들일 때 그의 신하 우룩부카(月魯不花, Ürüg-Buqa), 예리야(也里阿, Yeriya), 밍리퉁아(明里董阿, Mingli-Tong'a) 등이 변란을 일으켜 내 부친으로 하여금 한을 품고 세상을 떠나게 만들었다. 돌아와서 다시 황제의 자리에 올라서는 천하 사람들에게 자기의 악행을 변명하려고 "며칠이 지났는데도 무슨 일로 황제께서 행차하지 않으시는가?"하고 말하니 전국에서 듣고 이를 갈지 않는 사람이 없었다. 그 후로 다시 자기 아들에게 황위를 전할 방법을 궁리하다가 간사한 말을 끌어들여 바부샤 황후에게 허물을 뒤집어 씌우고 말하기를 내가 명종의 아들이 아니라고 하면서 마침내 나를 먼 벽지로 쫓아 보냈다. …… 하늘이 외면하여 결국 천벌이 내려 (문종은) 죽고 말았다. 숙모인 보타시리가 자신의 권세를 믿고서 명종의 아끼는 후사인 (나를) 옹립하지 않고 아직 어린 동생인 이린진발을 황위에 올렸으나 그 역시 곧 죽어버렸다. …… 하늘의 영험 덕분으로 권력을 잡았던 간신배들을 모두 축출한 마당에 효도를 다하고 명분을 바르게 하는 일을 어찌 늦출 수 있겠는가? 부친께서 나를 길러주셨던 그 큰 은혜를 생각한다면 불구대천의 뜻을 차마 잊을 수 있겠는가? 그들이 과거 저질렀던 죄는 처형시키는 것으로도 감당할 수 없으니 太常寺로 하여금 태묘에 있는 톡테무르의 신주를 철거하게 하라. 보타시리는 본래 짐의 숙모인데도 간신들과 몰래 음모를 꾸며 짐의 뜻을 무시한 채 참람하게 태황태후의 칭호를 받고서 황실에 참화를 불러들였으며 골육지간을 이간질했으니 그 죄악이 더욱 무겁도다. 대의에 따라 鴻名을 박탈하고 東安州로 옮겨 안치하도록 하라. 엘테구스는 비록 어리긴 하나 도리상 나와 같이 살 수 없다. 그러나 짐은 오로지 잔혹함에만 힘썼던 전철을 끝내 밟지 않을 것이니 그를 고려로 추방하라. …… 해당관청으로 하여금 나의 부친인 쿠툭투 황제의 존호를 결정하게 한 후 길일을 택해 의례를 갖추어 짐이 몸소 태묘에서 제사지냄으로써 적으나마 은혜에 보답하는 예를 다할 것이다.[18]

위 조서에서는 무종 사망 이후 혜종의 즉위에 이르기까지 벌어졌던 제위계승 과정을 간략하게 요약하면서 특히 문종과 문종 황후에 대해 거침없는 비난을 퍼붓고 있다. 제위계승을 포함한 궁정 정치에 간여했던 '간신'들에 대한 논의도 있지만, 그들이 주된 비난 대상은 아니었다. 오히려 조서의 후반부에서는 문종의 이름 톡테무르와 문종 황후의 이름 보타시리를 직접 언급하면서 그들의 권위를 깎아내리고 있는데, 이는 모든 책임을 문종 부부에게 전가시키고 있음을 보여준다. 특히 문종의 즉위에 기여하며 이후 정치사의 전개에 결정적인 역할을 담당했던 엘테무르와 바얀에 대해서는 전혀 언급하지 않으면서 명종과 바부샤 황후의 억울한 죽음에 대한 비난의 초점을 문종과 문종 황후에게 돌리고 있었다. 그 결과, 이미 사망한 문종의 神主가 태묘에서 철거되었고 보타시리는 東安州(현재 河北省 廊坊市 서쪽)에 안치되었다. 이 사건 이후 반포된 聖旨들에서는 문종의 이름이 삭제되어 있는 것이 분명히 확인되는데,[19] 이는 문종을 황제의 반열에서 완전히 지워버렸음을 의미했다.[20] 보타시리를 '安置'시킨 장소인 동안주는 무종과의 제위계승분쟁에서 패배한 불루간 황후가 쫓겨난 곳이었고, 결국 보타시

---

18) 『高麗史』 卷36, 「忠惠王世家」, 忠惠王 後元年 4月 辛亥.

19) 蔡美彪, 『八思巴字碑刻文物集釋』, 北京: 中國社會科學出版社, 2011, 231쪽.

20) 몽골제국에서는 이전 정권을 부정하거나 또는 연속성을 강조해야 할 필요가 없을 때에는 기존 칙령들을 계승하지 않는 모습들이 보이고 있음은 김석환이 지적한 바 있다(김석환, 『13~14세기 몽골제국 勅令制度 硏究』, 서울대학교 대학원 동양사학과 박사학위논문, 2019, 53쪽). 혜종이 聖旨에서 문종의 이름을 삭제한 것은 문종 정권을 부정한다는 뜻이기도 했던 것이다.

리 역시 궁정의 정치 투쟁 속에서 살아남지 못했던 것이었음을 알 수 있다. 동안주로 쫓겨난 보타시리는 얼마 지나지 않아 세상을 떠났다.

바얀의 죽음과 뒤이은 문종의 신주 철폐 및 보타시리 태황태후의 축출 등 일련의 사건은 혜종이 문종의 흔적을 철저히 지워나가는 과정이었다. 이는 자신의 아버지인 명종을 억울하게 죽게 만든 사람들에 대한 앙갚음이기도 했다. 이제 혜종은 문종의 아들인 엘테구스를 어떻게 처리해야 하는가를 고민할 수밖에 없었다. 위 조서에서도 분명하게 언급되어 있듯이 문종이 남긴 모든 것을 지워버리려는 혜종이 엘테구스와 함께 지낼 수는 없었기 때문이다. 이에 혜종은 엘테구스를 고려로 추방했는데, 이는 자신이 엘테무르에게 당했던 것과 똑같은 조치였다. 감찰어사 崔敬은 문종의 신주를 철폐하고 보타시리의 존호를 박탈한 것으로 억울하게 죽은 명종에 대한 효를 다한 것이고, 무종이 명종과 문종을 모두 親子로 여겼고 이에 따라 혜종과 엘테구스 모두 嫡系이라는 이유 등을 들면서 엘테구스의 추방을 반대했다.[21] 하지만 혜종의 입장에서는 오히려 엘테구스도 역시 嫡系이라는 사실이 커다란 걸림돌이 되었을 것이고 결국 결정은 번복되지 않았다. 『高麗史』의 기록에 따르면, 엘테구스는 고려로 가던 도중에 瀋陽에 도착하여 갑자기 사망했다.[22] 엘테구스를 죽인 사람은 바로 엘테구스의 케식관이었던 우케차르였고,[23] 엘테구스는 자신이 죽을 것을 예감하고 말을 타고 도망가다가 우케차르에게 사로잡혀 허리를 꺾여 죽임을 당했다고 한다.[24] 혜종은 엘테구스를 둘러싸고 또 다른 제위계승분쟁이 일어나는 것을 사전에 차단하기 위해서 조서에서는 잔혹한 방법을 사용하지 않겠다고 해놓고서 실제로는 엘테구스를 암살했던 것이다. 이렇게 되면서 문종의 후손은 모두 세상을 떠났고, 무종의 제위계승분쟁 때부터 시작된 형제 사이의 갈등이

---

21) 『元史』 卷184, 「崔敬傳」, 4242쪽.
22) 『高麗史』 卷36, 「忠惠王世家」, 忠惠王 後元年 4月 辛亥.
23) 『元史』 卷36, 「文宗本紀五」, 806쪽.
24) 『庚申外史』 卷上(任崇岳, 『庚申外史箋証』, 鄭州: 中州古籍出版社, 1991, 29쪽).

남긴 여파는 완벽하게 사라질 수 있었다.[25]

혜종은 문종의 신주 철폐를 명한 이후, 이전에 자신이 명종의 아들이 아니라고 하는 내용의 조서를 작성한 인물이 누구인지를 추궁했다. 『庚申外史』의 기록에 따르면, 혜종은 조서 작성에 간여한 虞集과 馬祖常을 죽이려고 했는데 이 두 사람은 문종의 칙령을 받았기 때문에 어쩔 수 없이 작성했다고 변명했고, 톡토가 혜종을 만류하면서 모든 사건을 불문에 부쳤다고 되어 있다.[26] 하지만, 마조상은 이미 後至元 4년(1338)에 세상을 떠났기 때문에 직접 추궁을 할 수 없는 상황이었다. 우집의 경우에는 조서 작성에 간여한 정황을 분명히 확인할 수 있다. 문종이 혜종을 명종의 아들이 아니라는 이유로 귀양을 보냈을 때에 翰林學士承旨 알린테무르와 奎章閣大學士 쿠틀룩두르미시(忽都魯篤彌實, Qutluɣ-Durmisi)로 하여금 이 사건을 톱치얀(脫卜赤顔, tobčiyan)에 기록하게 했고, 우집을 불러 조서를 작성하게 하여 中外에 반포했다는 기록이 보이기 때문이다.[27] 톱치얀은 한문이 아니라 몽골어로 된 元代 특유의 史書로, 蒙文實錄을 위시하여 帝王들의 事蹟을 기록한 것이었기 때문에 함부로 공개되지 않는 자료였다. 그러한 톱치얀에 혜종이 명종의 아들이 아니라는 내용을 기록하라고 했다는 것은 이 사건이 문종의 정통성 측면에서 상당히 중요한 위상을 가지고 있었음을 시사한다. 우집은 몽골어를 알지 못했기 때문에 톱치얀 작성에는 간여할 수 없었지만, 한문 조서를 통한 문종의 정통성 확립에서는 결정적인 역할을 담당하고 있었던 것이다. 문종의 모든 흔적을 지우려고 했던 혜종의 입장

---

25) 혜종은 아유시리다라와 그를 낳은 기씨의 지위 보장을 위해 바얀의 축출을 시작으로 기씨의 황후 책립, 보타시리와 엘테구스의 제거에 이르기까지의 절차를 순식간에 진행시킨 것이라고 할 수 있다. 또한, 이를 통해 혜종 역시 자신의 권위를 강화하는 성과를 얻었다. 윤은숙도 아유시리다라의 출생을 중요한 계기로 보고 있다(윤은숙, 「고려의 北元칭호 사용과 동아시아 인식 – 고려의 양면 외교를 중심으로」 『中央亞細亞研究』 15, 2010, 192쪽).

26) 『庚申外史』 卷上(任崇岳, 『庚申外史箋証』, 鄭州: 中州古籍出版社, 1991, 30쪽).

27) 『元史』 卷181, 「虞集傳」, 4180쪽.

에서는 이미 지나간 일이었어도 짚고 넘어갈 수는 있는 문제였다.

우집의 관직 경력은 성종 大德 6년(1302)에 大都路儒學敎授로 발탁되면서 시작되었다. 그 이후, 여러 번 황제가 바뀌는 정치적 혼란 속에서도 학문의 방면에서 우집은 본인의 역할을 꾸준히 수행했고 그 위상이 가장 절정에 달했을 때가 바로 문종 재위 시기였다.[28] 우집과 같은 시기에 활동한 학자인 歐陽玄은 "한때 종묘와 조정의 典冊 및 公卿大夫의 碑銘 등이 모두 우집의 손에서 작성되었다."[29]고 했을 정도로 우집의 명성은 널리 퍼져 있었다. 문종은 우집의 이러한 영향력을 활용하여 자신의 정치적 약점을 보완하려 했고, 이에 문종의 즉위 조서를 우집이 쓰게 되었던 것이다. 문종 사후에는 寧宗의 즉위 조서도 우집이 작성했다.[30] 그러나 혜종이 즉위한 이후 우집은 갑작스럽게 모든 정치적 활동을 중단했고, 중앙 조정으로부터의 소환 명령이 있었으나 병을 칭하며 모두 응하지 않았다. 이는 元의 제위계승분쟁에 본의 아니게 휘말리게 된 우집이 취할 수 있었던 최선의 행동이었다. 결국 우집은 혜종이 즉위한 해부터 자신이 사망하는 至正 8년(1348)까지 관직에 나아가지 않았고, 혜종은 지방에 閑居하고 있던 우집의 처벌 문제를 더 이상 언급하지 않았다.

문종과 관련된 모든 흔적을 지워나가는 과정에서 처리되어야 할 또 다

---

28) 우집의 仕宦을 중심으로 그의 생애를 살펴본 연구로는 鄭忠, 「決去豈我志, 知止亦所諳」-略論元代虞集的政治生涯 『徐州師範學院學報(哲學社會科學版)』 1994-1과 姬尤育, 「頌揚盛世, 盡心輸誠-元代著名作家虞集仕宦生涯的一個側面」 『首都師範大學學報(社會科學版)』 2007-4 등을 참고.

29) 『圭齋文集補編』 卷9, 「雍虞公文序」(湯銳 校點, 『歐陽玄全集』, 成都: 四川大學出版社, 2010, 618쪽).

30) 문종 시기 우집의 역할과 문종의 정통성 확립과의 관련성에 대해서는 John D. Langlois, Jr., "Yü Chi and His Mongol Sovereign: The Scholar as Apologist", The Journal of Asian Studies Vol. 38, No. 1, 1978을 참고. 이 논문은 최근에 중국어로 번역되어 출간되었을 정도로 元代 후기 역사 연구에서 중요한 의미를 지니고 있다. 중국어 번역은 沈衛榮 譯, 「虞集和他的蒙古君主-作爲辯護者的學者」 『重新講述蒙元史』, 北京: 生活·讀書·新知三聯書店, 2016, 174~197쪽을 참고.

른 대상은 바로 奎章閣이었다. 규장각은 문종이 선호했던 각종 회화, 서예 작품 등을 소장하는 공간이면서 소장품의 내용을 열람하고 논의하기 위해 학자들이 모이는 장소였다. 그래서 실제로는 규장각이 어떠한 통치의 역할을 수행했다고는 볼 수 없지만,[31] 문종의 執政 행위를 대표하는 상징과도 같았다.[32] 全權 權臣인 엘테무르와 바얀도 규장각대학사를 역임했을 정도로 규장각은 문종 재위 시기에 상당한 위상을 보유했던 기관이었기 때문이다. 혜종 즉위 이후가 되면 규장각의 역할은 눈에 띄게 감소하게 되었고, 『元史』의 「順帝本紀」에 따르면 문종의 신주를 철폐하고 난 이후인 後至元 6년 12월에 규장각도 결국 혁파되었다.[33] 물론, 얼마 지나지 않아 규장각 대학사였던 嶢嶢가 혜종을 설득하면서 혜종은 규장각의 명칭을 宣文閣으로 바꾸고 기구를 다시 설립했지만[34] 그 위상은 문종 시기에 비하면 한참 뒤떨어져 있었다. 혜종은 규장각을 혁파하고 대신에 선문각을 설치하면서 문종 정권의 상징을 없애버렸던 것이다.[35]

---

31) Shane McCausland, *The Mongol Century: Visual Cultures of Yuan China, 1271-1368*, London: Reaktion Books, 2014, p.148.

32) 邱江寧, 『元代奎章閣學士院與元代文壇』, 北京: 中國社會科學出版社, 2013, 54쪽. 이에 대한 더욱 자세한 논의로는 Ankeney Weitz, "Art and Politics at the Mongol Court of China: Tugh Temür's Collection of Chinese Paintings", *Artibus Asiae* Vol. 64, No. 2, 2004를 참고. 문종이 규장각을 설립하고 '天曆之寶'와 '奎章閣寶'라는 두 개의 國璽를 만들었다는 기록도 규장각이 문종의 정치에서 차지하는 위상을 가늠하게 한다. 이는 『南村輟耕錄』 卷2, 「國璽」(元明史料筆記叢刊本, 北京: 中華書局, 1959, 27쪽)를 참고.

33) 『元史』 卷40, 「順帝本紀三」, 859쪽. 규장각의 혁파 시기는 기록에 따라 약간 차이가 있다. 「順帝本紀」에는 後至元 6년 12월 戊子로 기록되어 있고, 「百官志」에는 後至元 6년 11월로 기록되어 있다(『元史』 卷92, 「百官志八」, 2329쪽).

34) 『元史』 卷143, 「嶢嶢傳」, 3415쪽. 宣文閣의 설립 시기는 至正 원년(1341) 6월(『元史』 卷40, 「順帝本紀三」, 861쪽)과 같은 해 9월(『元史』 卷92, 「百官志八」, 2329쪽)로 기록에 따라 약간 차이가 있다.

35) 선문각의 설치 배경과 그 의의 등에 대한 상세한 연구로는 趙利光, 「元順帝奎章閣改宣文閣考辨」 『中國書法』 2017-7 및 趙利光, 「元順帝宣文閣改址及其學術價值」 『文獻』 2018-2 등을 참고.

　　後至元 6년은 바얀의 축출로 시작하여 규장각의 혁파로 끝이 났다고 할
수 있을 정도로 문종이 남긴 정치적 흔적을 지우는 데에 할애되었다. 이는
혜종이 자신의 권위를 드러내놓고 침탈했던 바얀으로 인해 생긴 상처를 극
복하는 것이었고, 더 나아가 문종 즉위의 정통성을 완전히 부정하는 과정
이기도 하였다. 또한 억울하게 죽음을 당한 명종의 정치적 위상을 되살리
고 자신을 명종의 아들이 아니라고 했던 문종 시기의 訛言을 바로잡아 무
너졌던 정통성과 권위를 확립시키는 중요한 정치적 사안이라고도 할 수 있
었다. 그리고 같은 해 12월에 기황후를 위한 기구인 資政院이 설치되면서
혜종은 자신의 의지에 따라 책립한 제2황후의 정치적 위상을 끌어올렸
고,[36] 이는 곧 혜종 자신의 권위 향상과도 연결되는 것이었다.[37] 이로 인해
엘테무르와 바얀과 같은 全權 權臣은 더 이상 출현하지 않았으나 오히려
기황후의 세력이 부각되기 시작하면서 새로운 양상의 갈등 상황이 차후 조
성되기에 이르렀다.

2) 至正 초기의 정쟁

　　바얀 축출 이후 중서우승상의 자리는 바얀의 동생 마자르타이에게 돌아
갔지만, 마자르타이는 얼마 지나지 않아 병을 이유로 사직했다. 결국 바얀

---

36) 資政院의 설치와 그 의미에 대해서는 李龍範, 「奇皇后의 冊立과 元代의 資政院」
　　『歷史學報』 17・18, 1962, 487~494쪽을 참고.
37) 혜종의 권위 향상을 보여주는 또 다른 사례로는 바얀 축출 이후 맞이하는 혜종의
　　생일에 京師에서 大會를 개최했던 것이다. 이때 고려에서는 아직 제2황후로 책
　　봉되지 않았던 기씨의 兄인 奇轍을 사신으로 파견하였는데, 이는 기씨가 황후로
　　책립되기 이전부터 이미 황제의 총애가 널리 알려졌음을 의미한다. 이와 관련된
　　내용은 『稼亭集』 卷9, 「送辛寺丞入朝序」에 기록되어 있고, 이때 고려에서 가져
　　간 표문과 당시 상황에 대한 분석은 鄭東勳, 『高麗時代 外交文書 硏究』, 서울대
　　학교 대학원 국사학과 박사학위논문, 2016, 407~410쪽을 참고. 이는 당시 고려
　　측의 기록을 통해 바얀 축출 이후 혜종의 권위 강화를 확인할 수 있다는 점에서
　　중요한 역사적 가치를 지니고 있다.

축출을 주도했던 톡토가 後至元 6년 10월에 중서우승상이 되었고,[38] 폐지
되었던 과거 제도가 12월에 다시 시작되었다.[39] 그리고 이듬해의 연호를
至正으로 바꾸면서 이른바 '至正更化'의 시기가 도래하였고, 우승상 톡토
의 주도 하에 여러 가지 개혁 조치가 시행되었다.[40] 그러나 톡토의 집권은
그리 오래 지속되지 못하는데, 至正 4년(1344) 5월에 톡토가 갑자기 사직
을 청했던 것이다. 혜종은 톡토의 청을 처음에는 받아들이지 않았지만, 톡
토가 무려 17번이나 표문을 올리며 간청하자 허락할 수밖에 없었다. 이에
혜종은 톡토를 鄭王에 봉하고, 상당한 양의 하사품을 내렸으나 톡토는 모
두 받지 않았다.[41] 톡토의 열전에서는 톡토의 병이 점점 깊어졌고, 術者가
年月이 不利하다고 말했기 때문에 톡토가 사직한 것이라고 설명하고 있을
뿐 더욱 자세한 내막은 기록되어 있지 않다.

　　바얀이 축출된 후 채 5년도 지나지 않아 마자르타이·톡토 父子가 모두
우승상 직에서 물러나면서 한동안 잠잠했던 정쟁이 다시 시작되었다. 이때

---

38) 『元史』卷40, 「順帝本紀三」, 858쪽. 톡토는 자신의 伯父 바얀의 과도한 권력 행
　　사를 이유로 정변을 일으켰던 장본인이었기 때문에 윤리적인 결함을 가지고 있
　　어 곧바로 우승상이 되지는 않았고, 마자르타이가 권력 계승의 완충 역할을 수행
　　했던 것으로 보인다(洪麗珠, 『肝膽楚越－蒙元晚期的政爭(1333-1368)』, 新北: 花
　　木蘭文化出版社, 2011, 45쪽).
39) 『元史』卷40, 「順帝本紀三」, 859쪽. 과거제도의 재개와 그 영향에 대해서는 彭署
　　蓉, 『元順帝詞壇編年與考論』, 天津: 南開大學出版社, 2016, 218~232쪽을 참고.
40) 至正更化와 그 시기 개혁에 대해서는 孟繁淸, 「評元順帝至正初年的奉使宣撫」『歷
　　史敎學』 1988-9 ; 王明軍·楊軍·鄭玉艶, 「試論元朝末年的"至正更化"」『松遼學刊
　　(社會科學版)』 1998-4 등의 기초적인 연구가 있고, 최근에는 이 시기 개혁조치들
　　을 종합적으로 정리하고 그 의미와 한계점을 언급한 연구가 발표되었다. 이에 대
　　해서는 郭軍, 『元末"至正更化"探究』, 西北師範大學 碩士學位論文, 2012를 참고.
41) 『元史』卷138, 「脫脫傳」, 3344쪽. 이때 톡토를 鄭王에 봉하는 조서가 기록에 남
　　아 있는데, 톡토가 보유한 직함은 開府儀同三司, 上柱國, 錄軍國重事, 監修國史,
　　中書右丞相이었다. 엘테무르나 바얀 및 마자르타이와는 달리 중서우승상이 된
　　이후 太師의 官銜을 겸하지 않은 것이 눈에 띈다. 톡토는 여러 방면으로의 권위
　　를 모두 보유하는 것에 있어서 상당히 조심스러운 입장을 견지했음을 추측하게
　　하는 대목이다. 그 조서는 『伊濱集』卷13, 「封鄭王詔」를 참고.

정쟁을 주도한 사람은 베르케부카(別兒怯不花, Berke-Buqa)였다. 베르케부카는 톡토가 물러나기 전인 至正 3년(1343) 12월에 중서좌승상에 임명되어[42] 영향력을 행사하기 시작했고, 톡토가 물러나면서 추천한 아룩투(阿魯圖, Aruγtu)가 중서우승상이 되자 아룩투와 함께 톡토를 없애려고 모의를 했던 것이다.[43]

톡토의 추천을 받아 중서우승상이 된 아룩투는 보오르추의 후예로, 그 후예들이 襲封했던 廣平王의 王號를 後至元 3년(1337)에 받았고[44] 또한 제2케식장으로서 케식을 관할하고 있었다. 예전 영종 재위 시기에 바이주가 재상이 되고 난 이후에도 계속 케식장의 임무를 맡았던 것처럼, 아룩투 역시 그 선례를 따랐다.[45] 톡토는 元의 '根脚'으로서 혈통, 실력 등의 측면에서 충분한 자격을 갖추고 있었던 인물을 추천하고 사임했던 것이다. 이에 반해 베르케부카는 4傑의 후예는 아니었고, 부친은 성종 사후의 제위계승분쟁에서 불루간 황후를 지지했다가 죽임을 당한 아쿠타이라는 사실이 기록에 남아 있다.[46] 명종을 潛邸에서 섬긴 것으로부터 정치 경력을 시작한 베르케부카는 이후 중앙과 지방을 전전하며 경력을 쌓았고, 後至元 연간에는 중서평장정사의 자리까지 차지했다. 그러다가 톡토가 집권한 이후인 至正 2년(1342)에 江浙行省左丞相이 되었다가 곧 소환되어 중서좌승상에 임명되었던 것이다. 그리고 베르케부카의 경력 중에서 특히 주목해야 할 것은 그가 4케식장을 맡았다는 사실이다. 케식 윤번 자료 중에서 베르케부카

42) 『元史』 卷41, 「順帝本紀四」, 869쪽.
43) 톡토와 베르케부카 사이의 대립을 상세하게 분석한 연구로는 윤은숙, 「元末 토곤 테무르 카안의 宰相政治와 黨爭－톡토 派와 베르케 부카 派의 대립을 중심으로」 『中央아시아硏究』 23-2, 2018도 참고할 수 있다.
44) 『元史』 卷139, 「阿魯圖傳」, 3361쪽.
45) 아룩투가 중서우승상이었을 때에 케식장을 동시에 맡고 있었음이 확인되는 사례로는 『憲臺通紀續集』 「命太平爲御史大夫制」(屈文軍 點校, 『憲臺通紀(外三種) 新點校』, 香港: 華夏文化藝術出版社, 2006, 78쪽)를 참고.
46) 『元史』 卷140, 「別兒怯不花傳」, 3365쪽.

가 처음으로 보이는 것은 後至元 6년 9월 7일의 사례인데,[47] 아직 승상의
자리에도 오르지 않았던 베르케부카가 4케식장을 역임하고 있었던 것이
다. 이는 케식이 4傑의 후예들 혹은 황제가 관할한다는 원칙이 이때 깨졌
음을 의미하고, 그만큼 베르케부카의 능력이 출중했음을 보여주는 사례라
고 생각된다.[48]

베르케부카는 마자르타이·톡토 부자에 대해 개인적으로 좋지 않은 감
정을 가지고 있었다. 그 이유가 무엇인지에 대해서는 명확하게 알 수가 없
지만, 추정을 가능하게 하는 사례들이 보인다. 우선, 바얀 집권 시기에 해
당되는 後至元 5년(1339)에 范孟의 반란이 일어났을 때 바얀은 漢人들이
廉訪使가 되어서는 안 된다는 의견을 제시했고 이를 신속하게 처리하라고
재촉하자 당시 어사대부였던 베르케부카는 우물쭈물하며 상소를 올리지
않았는데, 톡토가 대신 나서서 바얀에 대한 반대 의견을 혜종에게 아뢰었
던 일화가 확인된다.[49] 이는 당시 印章을 관장했던 베르케부카를 거치지
않고 톡토가 독단적으로 행한 일이었고, 이로 인해 베르케부카의 입장이
난처해지면서 톡토와 대립하게 되었다는 설명[50]을 주목할 수 있을 듯하다.
톡토가 집권했을 때 江浙行省左丞相에 임명되어 지방으로 좌천되듯이 내
려갔던 것도 베르케부카와 톡토의 관계를 악화시키는 하나의 요인이 되었
다고 파악할 수도 있다.[51]

---

47) 『憲臺通紀續集』「勉勵臺察」(屈文軍 點校, 『憲臺通紀(外三種) 新點校』, 香港: 華夏
文化藝術出版社, 2006, 66쪽).

48) 劉曉는 새로 발굴한 케식 윤번 사료에 대한 연구에서 제4케식장을 베르케부카가
맡게 된 것은 혜종 재위 초년의 일이었다고 추정했다. 劉曉, 「《瑞溪金氏族譜》所
見兩則元代怯薛輪值史料」『西北師大學報(社會科學版)』 52-2, 2015, 45쪽을 참고.

49) 『元史』卷138, 「脫脫傳」, 3342쪽.

50) John W. Dardess, *Conquerors and Confucians: Aspects of Political Change
in Late Yüan China*, New York and London: Columbia University Press,
1973, p.91.

51) 洪麗珠, 『肝膽楚越－蒙元晚期的政爭(1333-1368)』, 新北: 花木蘭文化出版社, 2011,
63쪽.

베르케부카는 아룩투가 우승상이 되고 난 이후부터 아룩투를 설득하여
이미 물러난 톡토를 완전히 제거하려고 했다. 그러나 아룩투는 "우리들이
어찌 오랫동안 재상의 위치에 머무를 수 있겠는가? 마땅히 우리도 물러나
휴양하는 날이 있을 것인데, 사람들이 장차 우리에 대해 무엇이라고 얘기
하겠는가?"라고 하며 베르케부카의 종용에 따르지 않았다.[52] 아룩투는 톡
토의 추천을 받아 우승상이 되었고, 톡토가 예전에 親王의 지위를 회복시
켜 주었던 적도 있었기 때문에[53] 자신이 나서서 톡토를 제거할 이유가 없
었던 것이다. 게다가 톡토 집권 시기에 更化의 일환으로 추진되었던 三史
(『遼史』, 『金史』, 『宋史』) 편찬[54]이 톡토의 사임 이후에도 아룩투의 주도 하
에 그대로 진행되고 있었던 사실은 아룩투가 톡토의 통치 방식을 따르면서
혜종을 보좌했음을 보여주는 사례라고 할 수 있다.[55] 결국 베르케부카는 아

---

52) 『元史』 卷139, 「阿魯圖傳」, 3362쪽.

53) 『元史』 卷138, 「脫脫傳」, 3343쪽.

54) 『遼史』는 톡토가 중서우승상으로 재임하고 있던 至正 4년(1344) 3월에 완성되었
다. 『金史』와 『宋史』는 각각 톡토가 물러난 이후인 至正 4년 11월과 至正 5년
(1345) 10월에 완성되어 최종적으로 아룩투에 의해 혜종에게 進獻되었다. 이때
의 三史 편찬에 대해서는 여러 연구들이 있는데 대표적인 것만을 소개하면 다음
과 같다. 愛宕松男, 「遼金宋三史の編纂と北族王朝の立場」 『文化』 15-4, 1951(愛
宕松男, 『愛宕松男 東洋史學論集 第4卷-元朝史』, 東京: 三一書房, 1988에 재수
록) ; Hok-lam Chan, "Chinese Official Historiography at the Yüan Court:
The Composition of the Liao, Chin, and Sung Histories", John D. Langlois,
Jr. ed., *China under Mongol Rule*, Princeton: Princeton University Press,
1981 ; 邱樹森, 「脫脫和遼金宋三史」 『元史及北方民族史研究集刊』 7, 1983 ; 古
松崇志, 「脩端「辯遼宋金正統」をめぐって-元代における『遼史』『金史』『宋史』
三史編纂の過程」 『東方學報』 75, 2003.

55) 김호동은 『至正條格』의 편찬 과정을 다룬 논문에서 아룩투가 완성된 三史를 혜
종에게 進獻할 때 자신이 한자를 몰라서 그 뜻을 알 수 없다고 하자 혜종에게 질
책을 들었던 일화를 언급하면서 아룩투는 톡토의 유교주의적 정책을 계승하기에
는 부적절한 인물이었다는 점을 지적했다(김호동, 「《지정조격(至正條格)》의 편
찬과 원(元) 말의 정치」, 韓國學中央研究院 編, 『至正條格 校註本』, 휴머니스트,
2007, 374·379쪽). 그러나 집권자가 바뀌면 이전에 시행했던 정책들도 모두 폐
기되거나 교체되었던 元代의 정치사를 감안하면, 톡토가 물러나고 재상이 바뀐

룩투를 통해서는 자신의 뜻을 실현시킬 수 없다는 것을 깨닫고 감찰어사의 탄핵을 이용하여 아룩투를 몰아내는 방법을 택했다. 至正 6년(1346)에 아룩투는 탄핵을 받자 별다른 저항도 하지 않고 자리에서 물러났다.

이듬해인 至正 7년(1347) 정월에 베르케부카가 중서우승상이 되었지만, 곧 자리에서 물러났다.[56] 같은 해 4월에 혜종은 베르케부카를 다시 중서우승상에 임명했고,[57] 5월에는 음양의 조화가 부적합하고 災異가 여러 차례 나타났다는 이유로 베르케부카를 파직시키고 대신 太保의 직위를 내렸다.[58] 베르케부카가 아룩투를 탄핵으로 몰아내고 중서우승상이 된 기간은 고작 1개월 남짓에 지나지 않았던 것이다. 그러나 중서우승상 임명과 사임을 반복했던 짧은 기간 동안에 베르케부카는 톡토를 성공적으로 공격했다. 우선, 3월에 감찰어사 王士點은 集賢大學士 吳直方이 등급을 뛰어넘어 官階를 받았다는 이유로 그를 탄핵했고, 결국 혜종은 관직 임명을 취소했다.[59] 오직방은 톡토의 스승으로서 톡토가 권력을 획득하는 과정에서 중요한 조언자의 역할을 했다는 점을 생각하면, 오직방에 대한 공격은 곧 톡토를 무력하게 만드는 것과 같았다. 얼마 지나지 않아 베르케부카는 중서우승상에서 물러나게 되지만, 결국 톡토의 부친 마자르타이를 참소하여 6월에 혜종이 마자르타이의 太師 官銜을 없애고 西寧州(현재 靑海省 西寧市)에 안치시킬 것을 명하는 조서를 이끌어냈다.[60] 톡토는 혜종에게 마자르타

이후에도 三史 편찬이 그대로 진행되었다는 사실은 중요한 의미를 가지고 있다. 이 점에서 아룩투의 정책 계승자로서의 역할을 너무 과소평가해서는 안 될 것이고, 更化 정책에 혜종 자신도 적극적으로 나서고 있었다는 점 또한 고려해야 할 것이다. 이에 대해서는 윤은숙, 「元末 토곤 테무르 카안의 통치와 至正更化」『역사문화연구』 65, 2018의 내용을 참고.

56) 『元史』 卷41, 「順帝本紀四」, 876쪽.
57) 『元史』 卷41, 「順帝本紀四」, 877쪽.
58) 『元史』 卷41, 「順帝本紀四」, 878쪽.
59) 『元史』 卷41, 「順帝本紀四」, 877쪽.
60) 『元史』 卷41, 「順帝本紀四」, 878쪽.

이의 귀양에 자신도 동행하겠다는 의사를 표시했고, 결국 마자르타이·톡토 부자는 함께 축출되었다. 마자르타이는 귀양을 간 해의 11월에 甘州(현재 甘肅省 張掖市)에서 세상을 떠났다.

마자르타이의 사망과 톡토의 축출이라는 결과만 놓고 본다면, 베르케부카는 政敵을 제거하는 상당한 성과를 거두었다. 이로 인해 기존의 연구들 중에서는 이미 톡토가 물러난 至正 4년부터 베르케부카가 실질적으로 정권을 장악한 것이라고 보는 경우가 있다.[61] 심지어 톡토가 병환으로 인해 물러난 것을 당시 중서좌승상이었던 베르케부카의 견제 때문이었다고 직접 연결시키기도 한다.[62] 그러나 베르케부카의 견제 때문에 톡토가 물러났다고 하는 설명은 사료에 명확히 기록되어 있지 않아 단지 추정을 한 것일 뿐이다.[63] 그리고 베르케부카가 톡토 사임 이후에 집권자로서 어떠한 역할을 수행했는지에 대한 구체적인 기록이 부족하고, 중서우승상 재임 기간이 극도로 짧았던 것은 그의 권력 기반이 그다지 강하지 못했음을 시사한다. 게다가 사료 상에서 톡토가 직접적으로 공격을 당했다는 내용이 나오는 것도 아니다. 탄핵 혹은 참소의 대상은 톡토의 스승과 부친이었고, 이는 베르케부카가 아직 톡토를 직격할 수 있는 명분을 찾지 못했다는 것을 보여준

---

61) 김호동, 「《지정조격(至正條格)》의 편찬과 원(元) 말의 정치」, 韓國學中央研究院 編, 『至正條格 校註本』, 휴머니스트, 2007, 375쪽. 신은제는 고려 충목왕 재위 시기의 정세를 논하면서 베르케부카의 집권을 설명하기도 했다. 이에 대해서는 신은제, 「14세기 전반 원의 정국동향과 고려의 정치도감」 『한국중세사연구』 26, 2009를 참고.

62) 楊育鎂, 「元代皇太子預政的探討」 『淡江史學』 15, 2004, 91쪽.

63) 藤島建樹는 『庚申外史』에서 마자르타이가 甘州로 물러나 있을 때 참소를 당했고, 이에 톡토가 승상 직에서 사임한 것이라는 기록을 그대로 받아들여 톡토의 사임이 베르케부카와 관련이 없다고는 생각하기 어렵다고 서술하고 있다(藤島建樹, 「元の順帝とその時代」 『大谷學報』 49-4, 1970, 62쪽). 하지만 앞에서 언급했듯이 마자르타이는 至正 7년에 베르케부카의 참소로 인해 甘州로 간 것이었고, 톡토의 사임은 그보다 앞선 至正 4년의 일이기 때문에 『庚申外史』의 저자 權衡은 사건의 순서를 뒤섞어 기록했던 것이다. 그러므로 藤島建樹의 설명 역시 추측 이상의 차원으로까지 발전할 수는 없다고 할 수 있다.

다. 베르케부카는 자신의 안정된 집권 환경을 완벽하게 조성하지 못했던 것이었고 마자르타이의 축출은 단기적인 성과였을 뿐이었다.

이 시기 정쟁의 양상은 꽤 복잡하게 전개되고 있는데, 우선 베르케부카는 至正 7년 정월에 처음으로 중서우승상에 임명되었을 때에 이미 공격을 받았다. 그가 중서우승상의 지위에서 곧바로 물러났던 것도 어사대 신료들에 의한 탄핵 때문이었고, 4월에 다시 중서우승상이 될 때에는 어사대의 탄핵이 잘못되었음을 詞臣들이 상주해 줄 것을 요청했으나 당시 翰林學士承旨였던 張起巖이 끝까지 불가함을 주장했던 것이다.[64] 이러한 갈등 분위기로 인해 베르케부카는 다시 중서우승상이 된 지 1개월 만에 파직되었던 것으로 보인다. 그러나 정세가 베르케부카에게 전적으로 불리하게 진행된 것은 아니었다. 중서우승상에서 물러난 대신 베르케부카는 太保의 직함을 받았고, 마자르타이는 결국 축출되어 톡토와 함께 西邊으로 떠났기 때문이다. 혜종은 어느 한 쪽으로 치우치지 않고 상호 견제를 통한 세력 균형을 유지하고자 했던 것 같다.

한편, 이 시점에서 주목할 수 있는 또 다른 탄핵 사건이 발견된다. 감찰어사 李稷이 환관 高龍卜을 탄핵한 것이다. 이직은 고룡복이 총애에 의지하여 政事에 간여하면서 이를 어지럽히고 威福을 멋대로 행사하며, 時相과 결탁하고 公行을 청탁하여 국가의 근본에 화를 끼치고 있으니 그를 추방하여 형법을 바로잡을 것을 劾奏했던 것이다.[65] 고룡복은 『高麗史』에 등장하는 환관 高龍普와 동일한 인물로, 기황후의 심복 역할을 수행하며 상당한 정치적 영향력을 행사하고 있었다. 그렇기 때문에 이직의 고룡복에 대한

---

64) 『元史』卷182,「張起巖傳」, 4195쪽.

65) 『元史』卷185,「李稷傳」, 4257쪽. 『高麗史節要』에는 고룡복이 "은총을 믿고 마음대로 권력을 부려 친왕이나 승상까지도 쳐다보고 쫓아가 절해야 하며 뇌물을 모아들여 金帛이 산처럼 쌓여 그 권세가 천하를 기울이고 있다"는 내용으로 된 어사대의 탄핵이 기록되어 있다. 『高麗史節要』卷25, 忠穆王 3년 6월(노명호 외 교감, 『校勘 高麗史節要』, 집문당, 2016, 653쪽)에 수록된 내용을 참고.

탄핵은 곧 기황후에 대한 공격으로 볼 수도 있지만, 탄핵의 奏文에서는 기
황후가 직접 언급되어 있지는 않다. 오히려 눈에 띄는 대목은 '時相과 결
탁'했다는 부분이다. 그렇다면, 여기에서 時相이 누구인지가 궁금해지는데
이는 고룡복의 행적을 통해서 추정할 수 있다. 고룡복은 이직의 탄핵을 받
고, 征東(고려)으로 추방되는데 사실 『元史』에는 탄핵과 추방이 이루어진
정확한 시기가 기록되어 있지 않다. 그런데 고려 측의 기록을 통해서 고룡
복이 충목왕 3년 6월에 금강산으로 추방되어 왔음을 확인할 수 있다.[66] 충
목왕 3년은 곧 至正 7년이기 때문에 시기적으로 보면 고룡복은 베르케부
카가 최종적으로 중서우승상에서 물러난 직후에 고려로 추방되어 온 것임
을 알 수 있다. 그래서 고룡복과 결탁한 '時相'은 베르케부카였을 가능성이
높다.

고려로 추방을 당한 고룡복은 얼마 지나지 않아 같은 해 10월에 소환되
었다.[67] 베르케부카가 중서우승상에서 물러났음에도 太保의 직함을 내려
준 것처럼, 고룡복의 처벌도 그저 감찰어사들의 탄핵을 일시적으로 잠재우
기 위한 조치에 불과했음을 보여주는 것이다. 이에 11월에는 환관 隴普가
총애를 빙자하여 榮祿大夫로 빠르게 승진하고 三代가 追封되었으며 田宅
이 규정을 벗어났다는 이유로 감찰어사 曲曲이 또 탄핵 상소를 올렸다.[68]
여기에서 환관 隴普는 고룡복, 고룡보의 또 다른 표기라고 여겨지고 여타
자료에서 고룡복이 資德大夫(正2品)[69], 崇祿大夫[70]로 기록되어 있는 점은

---

66) 『高麗史』卷37,「忠穆王世家」, 忠穆王 3年 6月 丁亥.

67) 『高麗史』卷37,「忠穆王世家」, 忠穆王 3年 10月 乙酉.

68) 『元史』卷41,「順帝本紀四」, 879쪽.

69) 『光緒順天府志』卷113,「人物志二十三」(北京古籍叢書本, 北京: 北京古籍出版社,
1987, 5448쪽).

70) 許興植 編著, 『韓國金石全文 中世下』, 亞細亞文化社, 1984, 1188쪽. 여기에 기록
된 崇祿大夫는 원래 光祿大夫인데, 遼 太宗의 이름인 德光을 피휘하기 위해 光을
崇으로 변경한 것이었다(邱樹森 主編, 『遼金史辭典』, 濟南: 山東教育出版社,
2011, 623쪽). 그런데 정작 元의 文散官에 崇祿大夫라는 명칭은 존재하지 않는

빠른 陞級을 실제로 보여주고 있는 것이다. 어쨌든 고룡복은 元으로 돌아오
자마자 또 탄핵을 당했다. 고룡복이 두 번째 탄핵을 당한 달에 마자르타이는
甘州에서 客死했고, 톡토는 다시 정치 무대에 등장할 준비를 하고 있었다.

　　마자르타이가 사망한 후, 12월에 혜종은 도르지(朶兒只, Dorji)와 太平
을 각각 중서우승상과 중서좌승상으로 임명하는 인사 개편을 단행했다.[71]
그리고 얼마 지나지 않아 陝西行御史臺에서는 베르케부카가 逆臣의 아들
이므로 太保의 직함을 받을 수 없다는 이유로 베르케부카를 탄핵했다.[72]
혜종은 이 탄핵을 받아들이지 않았다고 기록되어 있지만, 『元史』의 「三公
表」를 보면 이듬해 至正 8년(1348)에 太保가 아무도 임명되지 않았던 사실
이 보이고 있어[73] 베르케부카의 太保 직함은 실제로 해제되었던 것으로 보
인다. 재상이 새롭게 구성되는 정계 재편 분위기 속에서 베르케부카의 입
지는 점점 좁아지고 있었다. 그러나 이에 그치지 않고 정쟁은 계속 진행되
었는데, 至正 8년에 감찰어사 張楨이 또 베르케부카를 탄핵했던 것이다.

다. 아마 從1品 光祿大夫나 榮祿大夫의 誤記일 것이다.

71) 도르지와 太平의 행적에 대해서는 각각 『元史』 卷139, 卷140에 실린 열전의 기
　　록이 중요한 자료가 된다. 도르지는 무칼리의 후손으로 國王位를 물려받았다가
　　바얀에 의해 축출된 이후 遼陽行省左丞相, 河南行省左丞相, 江浙行省左丞相을 거
　　치면서 행정 능력을 쌓고 중앙 조정에 돌아와 어사대부, 중서좌승상을 역임했다.
　　출신과 능력 면에서 모두 뛰어난 조건을 가지고 있던 인물이었다. 太平은 본명이
　　賀惟一로 테무데르에 의해 억울하게 죽임을 당한 賀勝의 아들이다. 문종 시기부
　　터 중앙 조정의 관직을 역임하기 시작했고, 도르지의 추천으로 인해 중서좌승상
　　의 지위까지 오를 수 있었다. 太平과 그 가문에 대해서는 吳海濤의 연구들이 구
　　체적으로 다루고 있는데 대표적인 연구로는 吳海濤, 「賀惟一與元末政治」 『阜陽師
　　範學院學報(社會科學版)』 1997-1과 吳海濤, 「元代賀氏家族的興起及原因探析」 『內
　　蒙古社會科學(漢文版)』 2002-1 등이 있다. 한편, 도르지와 太平을 각각 중서우승
　　상과 중서좌승상으로 임명하는 조서는 『金華黃先生文集』 卷7, 「命相詔」(王頲 點
　　校, 『黃溍全集』, 天津: 天津古籍出版社, 2008, 162~163쪽)에 실려 있어 참고가
　　된다.

72) 『元史』 卷41, 「順帝本紀四」, 880쪽.

73) 『元史』 卷111, 「三公表二」, 2785쪽.

탄핵 내용의 일부는 다음과 같다.

> 밍리퉁아, 예리야, 우룩부카는 모두 폐하와 불구대천의 원수들이고 바얀은
> 宗室의 嘉王, 郯王 등 12명을 죽였으니 고대의 법률을 살펴보면 마땅히 一族을
> 모두 주살해야 되는데, 그 아들과 형제가 아직도 조정에서 벼슬하고 있으니 속
> 히 주살해야 합니다. 베르케부카는 權姦에게 阿附했으니 또한 먼 곳으로 貶黜
> 해야 합니다.[74]

감찰어사 장정은 명종의 암살에 간여했던 문종의 측근 신료들과 바얀의
월권행위를 다시 언급하면서 이들의 자손이 아직 조정에서 활동하고 있다
는 점을 비판하며 철저한 처리를 촉구했다. 그런데 여기에 베르케부카가
'權姦에게 阿附'했기 때문에 멀리 추방해야 한다는 주장을 덧붙이고 있
다.[75] 혜종은 이 탄핵에도 따르지 않았는데, 여기에는 고룡복이 혜종의 옆
에서 베르케부카를 변호해 준 것이 결정적으로 작용했다.[76] 이는 앞서 고
룡복이 결탁한 '時相'이 베르케부카라는 가능성을 더욱 높여주는 대목이기
도 하다. 혜종이 베르케부카를 처벌하지 않자 이전에 마자르타이·톡토 부

---

74) 『元史』 卷41, 「順帝本紀四」, 883쪽 ; 『元史』 卷186, 「張楨傳」, 4266쪽.
75) 일찍이 이용범은 베르케부카가 아부한 權姦을 資政院을 중심으로 한 기황후의
   일당이라고 추정했다(李龍範, 「奇皇后의 冊立과 元代의 資政院」 『歷史學報』 17·
   18, 1962, 504쪽). 그러나 이는 고룡복과 기황후를 단순히 하나의 세력으로 연결
   시켰기 때문에 나올 수밖에 없는 주장이다. 고려 충목왕 즉위 이후에는 고룡복과
   기황후의 관계가 불편해졌을 가능성을 제시한 연구(신은제, 「14세기 전반 원의
   정국동향과 고려의 정치도감」 『한국중세사연구』 26, 2009, 203~214쪽)를 참조
   하면, 적어도 至正 4년부터 고룡복은 혜종의 총애를 기반으로 기황후와는 별도
   로 활약하면서 베르케부카와 연합했던 것으로 보인다. 그렇기 때문에 여기에서
   의 權姦은 고룡복만을 가리킨다고 보아야 할 것이다. 물론, 앞뒤 내용과의 연결
   성이라는 측면에서 살펴본다면 權姦이 앞에서 언급된 바얀일 가능성도 전혀 배
   제할 수 없다.
76) 『元史』 卷140, 「別兒怯不花傳」, 3367쪽.

자가 큰 잘못이 없는데도 위험한 지경에 몰아가려 한다고 베르케부카를 비판한 적이 있었던 어사대부 이린진발(亦憐眞班, Irinjinbal)은 계속 베르케부카의 탄핵을 주장하다가 江浙로 쫓겨났다.[77] 베르케부카 탄핵 문제로 인해 어사대부가 쫓겨나는 상황까지 전개되자 당시 어사중승이었던 도르지발(朵爾直班, Dorjibal)은 다시 혜종에게 상소했지만, 이 역시 받아들여지지 않자 어사대의 신료들이 모두 印綬를 반납하고 사직했다.[78] 혜종은 베르케부카에게 다시 太保의 직함을 하사하려 했지만,[79] 어사대 전체가 모두 들고 일어나는 분위기 속에서 실제로 그 의지를 관철시키지는 못했던 것 같다.

결국 바얀 축출 이후 元의 정국은 톡토와 베르케부카의 갈등 구조 속에서 전개되었던 것인데, 그렇다고 해서 至正 초기부터 실시된 新政의 시행 자체가 중단되지는 않았다. 혜종은 바얀 축출 이후 '親政' 체제를 확립하면서 주도적으로 정책을 실행했고, 톡토나 베르케부카는 혜종을 보좌하는 조력자로서의 역할을 충실히 수행했다. 톡토와 베르케부카가 가지고 있는 정책 노선이나 이념 사이에 차이가 존재했지만,[80] 그것이 둘 사이의 갈등을

---

77) 『元史』 卷145, 「亦憐眞班傳」, 3446쪽.
78) 『元史』 卷139, 「朵爾直班傳」, 3358쪽.
79) 『元史』 卷140, 「別兒怯不花傳」, 3367쪽. 혜종이 '다시' 太保의 직함을 내린다는 조서를 반포한 것은 至正 7년에 베르케부카에 대한 탄핵이 있었을 때 그의 太保 직함을 해제시켰다는 점을 입증하고 있다.
80) 톡토와 베르케부카가 가진 정책 이념의 차이점에 대해서 일찍이 Dardess는 베르케부카가 톡토보다 '보수적인(conservative)' 유교주의를 제창했고 이는 공공 정책보다는 개인적 도덕성을, 그리고 정치적·당파적 조직보다는 자발적 합의(consensus)를 중시하는 것이라고 보았다. 이러한 이념은 베르케부카가 중앙집권보다는 지방의 역할을 더욱 강조했다는 논의로 연결되었다(John W. Dardess, *Conquerors and Confucians: Aspects of Political Change in Late Yüan China*, New York and London: Columbia University Press, 1973, p.82). 김호동은 Dardess의 주장이 핵심을 찌르고 있으면서도 베르케부카의 입장을 '보수적인 유교주의'로 규정하는 것은 재고할 필요성이 있다고 보았고, 몽·한 양 세계의 가치관 병존을 지향하는 현실주의자로 보는 것이 타당하다는 견해를 제시하였다

야기하는 직접적인 원인이었다고 단정하기에는 이를 뒷받침하는 증거가 부족하다. 단, 혜종이 至正 8년의 시점까지는 톡토와 베르케부카의 이념 차이를 적절히 활용하는 선에서 정책을 운용했다는 설명은 가능하다. 그렇기 때문에 혜종은 굳이 톡토 혹은 베르케부카에 대한 직접적인 처벌 조치를 내릴 필요가 없었다. 이들은 엘테무르나 바얀처럼 太師의 칭호를 하사받고 온갖 권력을 장악한 권신이 아니었기 때문이다. 또한, 중서우승상과 중서좌승상이 모두 임명되고 어사대의 탄핵 활동이 활발하게 이루어지고 있었으며 엘테구스의 축출로 인해 제위계승분쟁이 일어날 가능성을 차단한 것 등의 상황은 분명 권신의 출현을 억제하고 있었다.

톡토와 베르케부카의 상호 견제로 인해 전권을 행사하는 재상이 등장하지 않는 상황은 至正 8년에 접어들면서 조금씩 변화하기 시작했다. 베르케부카는 지속적으로 탄핵을 받고 있었고, 마자르타이의 사망 이후 톡토는 소환되어 재기의 기회를 노리고 있었다. 톡토의 소환에 크게 기여한 사람은 좌승상 太平이었는데, 그는 주위의 반대에도 불구하고 톡토가 마자르타이의 장례를 치를 수 있게 해야 한다고 청하며 톡토가 조정으로 복귀하는 데에 기여했다.[81] 혜종은 4월에 톡토에게 太傅의 관함을 하사했고,[82] 이는 베르케부카에게 주려고 했던 太保보다 한 단계 높은 관함이었다는 사실을 감안하면 이때 혜종은 분명 톡토를 베르케부카보다 우대했다고 볼 수 있다. 그러나 톡토와 베르케부카는 모두 실제 관직에 임용되지는 않았기 때문에 둘 사이의 권력 투쟁이 어느 한쪽의 승리로 마무리된 것은 아니었다. 그러나 이듬해인 至正 9년(1349)에 결국 톡토가 다시 중서우승상에 임명되

(김호동, 「《지정조격(至正條格)》의 편찬과 원(元) 말의 정치」, 韓國學中央硏究院 編, 『至正條格 校註本』, 휴머니스트, 2007, 381~382쪽). 洪麗珠 역시 비슷한 점을 지적하였고, 베르케부카가 톡토보다 民政를 더욱 중시하여 정책 방향에 地方性이 드러나고 있다고 설명했다(洪麗珠, 『肝膽楚越－蒙元晚期的政爭(1333-1368)』, 新北: 花木蘭文化出版社, 2011, 66쪽).

81) 『元史』 卷140, 「太平傳」, 3369쪽.
82) 『元史』 卷41, 「順帝本紀四」, 882쪽.

면서 베르케부카는 모든 정치적 명망을 잃게 되었다.

바얀이 축출되고 톡토가 두 번째로 중서우승상에 임명되는 사이의 기간 (1340~1349)은 혜종이 제위계승과 관련된 사안들을 일거에 해결하고 '至正更化'로 불리는 제반 개혁을 주도적으로 시행했으며, 재상의 권한이 엘테무르와 바얀이 가졌던 것에 비해 훨씬 줄어들면서 혜종의 위상이 상대적으로 강화되었다고 볼 수 있는 시기였다. 중서우승상의 교체 측면에서 본다면, 10년 동안에 톡토-아룩투-베르케부카-도르지 4명의 재상이 등장하는 혼란스러운 상황 속에서 혜종의 위상은 결코 하락하지 않았고, 재상 상호 간의 견제를 통해서 권력이 어느 한 사람에게 집중되는 현상도 피할 수 있었다. 그러나 톡토가 두 번째로 중서우승상에 임명되면서부터는 이러한 경향에 변화가 생겼고, 기황후와 황태자 아유시리다라가 元代 궁정 정치에서 핵심적인 역할을 수행하기 시작했다.

2. 權臣 정치의 재개와 '內禪' 분쟁

1) 기황후와 톡토

톡토가 至正 8년에 京師로 돌아오고, 太傅의 직함을 수여받으면서 베르케부카의 입지는 극도로 좁아졌다. 비록 베르케부카가 太平, 韓嘉訥, 투멘데르(禿滿迭兒, Tümender) 등 10인과 형제의 결의를 맺고 밀접한 관계를 가지며 당여를 형성했지만,[83] 톡토의 귀환을 막을 수는 없었던 것이다. 오히려 앞에서 언급했듯이 太平이 톡토의 귀환을 적극적으로 지지했던 점은 베르케부카가 톡토를 공격하는 대의적 명분이 폭넓은 지지를 받지 못했음을 입증하고 있다. 또 중요한 것은 톡토의 귀환에 기황후도 일정한 역할을 담당하면서 톡토에게 힘을 실어주었다는 사실이다. 이는 톡토가 황태자 아

---

83) 『元史』 卷205, 「哈麻傳」, 4582쪽.

유시리다라와 친밀한 관계를 형성하고 있었기 때문에 가능한 일이었다.

톡토와 기황후의 관계를 바탕으로 톡토는 황태자 아유시리다라를 자신의 집에서 길렀다. 이는 『元史』 톡토 열전에 기록되어 있는 사실인데, 여기에 아유시리다라가 병이 있어 약을 먹을 때에 톡토가 먼저 맛을 보고 바쳤다는 일화와 혜종이 雲州(현재 河北省 赤城縣 북쪽의 雲州鄕)에 갔을 때 폭풍우를 만나 사람과 가축이 모두 물에 잠겼을 때 톡토가 아유시리다라를 안고 홀로 산에 올라가 피해를 면했다는 기록이 보인다. 그만큼 톡토는 아유시리다라를 지극히 아꼈고, 아유시리다라가 6살이 되어 조정으로 돌아간 이후에는 私財를 털어서 황태자의 축원을 비는 사찰을 건립하기도 했다.[84] 그리고 그 사찰의 주지를 톡토 스스로가 직접 초빙하려 했을 정도로 아유시리다라의 안위에 촉각을 곤두세우고 있었다.[85] 혜종은 아유시리다라 양육에 들어간 톡토의 노력을 충분히 알고 있었고, 아유시리다라가 궁으로 돌아온 이후에도 혜종은 톡토의 아들 카라장(哈剌章, Qarajang)과 아유시리다라가 함께 톡토의 집에서 교육받았으면 좋겠다는 취지의 명령을 내리기도 했다.[86] 혜종의 톡토에 대한 호감이 구체적으로 드러난 것과는 달리 기황후가 이때 톡토에 대해서 어떻게 생각했는지에 대해서는 정확한 기록이 보이지 않는다. 하지만, 기황후가 자신의 아들을 극진하게 키운 사람을 굳이 싫어했을 이유는 없었다고 생각된다.

기황후가 톡토의 귀환에 적극적으로 나섰다는 기록은 『庚申外史』에 보이는데, 그 장면은 매우 극적으로 묘사되어 있다. 혜종이 톡토의 아들 카라장의 현명함을 칭찬하자 기황후가 나서서 톡토가 好人이라는 점을 깨우쳤고, 측근 신료 카마(哈麻, Qama)가 또 다시 톡토를 승상으로 삼을 것을 혜

---

84) 『元史』 卷138, 「脫脫傳」, 3344쪽.
85) 『潛溪後集』 卷8, 「佛慧圓明廣照無邊普利大禪師塔銘」(黃靈庚 編輯校點, 『宋濂全集』, 北京: 人民文學出版社, 2014, 1755쪽).
86) 『宋學士文集』 卷17, 「故江東僉憲鄭君墓誌銘」(黃靈庚 編輯校點, 『宋濂全集』, 北京: 人民文學出版社, 2014, 1465쪽).

종에게 주청하자 기황후가 은밀히 사신을 보내 톡토를 불러와 혜종과의 만
남이 이루어졌고 그 다음날에 혜종이 바로 승상으로 임명했다는 것이다.[87]
물론, 이 기록을 그대로 신뢰하기는 어렵다. 앞서『元史』의 기록을 토대로
살펴보았듯이, 마자르타이가 사망한 후 장례를 치러야 한다는 太尉의 건의
에 따라 톡토는 이미 소환되었고 太傅의 직함을 받았기 때문이다. 그러므
로 혜종이 톡토의 귀환 사실을 아예 몰랐다가 기황후의 주선으로 인해 갑
자기 만나 다시 승상으로 임명했다는 기록은 분명 각색된 것으로 보아야
할 것이다. 그러나 여기에서 기황후가 아유시리다라와 밀접한 관계를 가졌
던 톡토를 복귀시켜 아유시리다라의 황태자로서의 지위를 확보하려 했을
개연성은 파악할 수 있다. 왜 기황후는 아유시리다라의 후원자 톡토를 위
해 이때 적극적으로 나섰던 것일까? 그 이유를 추정하기 위해서는 至正 8
년에 감찰어사 李泌이 기황후를 공격했던 일을 주목할 필요가 있다. 내용
은 다음과 같다.

> 세조 황제께서는 고려와 함께 일하지 않겠다고 다짐하셨는데, 폐하께서 세
> 조 황제의 지위에 오르셔서는 세조 황제의 말씀을 어찌 차마 잊어버리고 고려
> 기씨를 또한 황후로 삼으셨습니다. 지금 災異가 여러 차례 일어나고, 황하가 범
> 람하고 땅이 진동하며 도적들이 많아진 것은 모두 陰이 성하고 陽이 약해진 현
> 상이니 妃로 강등하시어 바라건대 해, 달, 별의 위치를 정하시면 災異가 그칠
> 수 있을 것입니다.[88]

기씨가 제2황후로 책립된 지 8년이 지난 이때에 굳이 세조 쿠빌라이의
말까지 언급하면서 기황후를 妃로 강등하라고 한 것은 다분히 정치적인 공
격이라고 할 수 있다. 그러나 공격의 명분은 기황후의 위상 강화나 총애를

---

87)『庚申外史』卷上(任崇岳,『庚申外史箋証』, 鄭州: 中州古籍出版社, 1991, 50~52
   쪽).
88)『元史』卷41,「順帝本紀四」, 883쪽.

민고 권세를 휘두르는 세력의 횡포에 있지 않고, 단지 음양의 성쇠에만 초점이 두어졌을 뿐이었다. 기황후에 대한 이 공격에 대해서는 앞선 베르케부카에 대한 탄핵과 연결시켜 資政院 세력의 발호를 견제하는 것이라 보는 입장이 있고,[89] 이와는 달리 기황후와 베르케부카를 대립적인 관계로 설정하여 서로 간의 치열한 공방으로 보는 주장도 있다.[90] 어느 주장이 옳은가에 대해서는 더욱 진일보한 연구가 필요하겠지만, 기황후에 대한 공격이 최소한 기황후의 세력 확장이나 위상 강화를 우려했기 때문에 일어났다고 보는 공통점은 추출할 수 있다. 이에 기황후는 자신과 아유시리다라를 정치적으로 뒷받침할 수 있는 자격을 가진 톡토의 복귀를 적극적으로 지지했다.

한편, 『庚申外史』의 기록에서 또 한 가지 주목할 수 있는 부분은 카마가 톡토를 다시 승상으로 삼을 것을 혜종에게 주청했다는 내용이다. 캉글리人 카마는 그의 모친이 寧宗의 유모였고, 동생 수수(雪雪, Sösö)와 함께 어렸을 때부터 케식으로 활동하며 혜종의 총애를 받았다. 카마는 혜종의 총애를 바탕으로 聲勢가 점점 높아졌는데, 무슨 이유인지는 알 수 없으나 톡토를 해하려고 하다가 오히려 폄출되었고 그 이후 조정으로 돌아와서 톡토가 첫 번째로 중서우승상이 된 이후부터는 톡토의 편에 서서 베르케부카의 참소를 막아주기도 했다.[91] 결국 톡토는 기황후뿐만이 아니라 혜종 측근 寵臣의 지지를 받아 복귀할 수 있었고, 최종적으로는 혜종이 톡토의 복귀를 결정하여 중앙 조정의 정치 구도를 재편했던 것이다.

『元史』의 톡토 열전에 따르면, 至正 8년에 톡토가 太傅에 임명되었을 때에 그와 동시에 혜종은 톡토로 하여금 宮傅를 관장하고 東宮의 사무를 총괄하게 했다.[92] 여기에서 宮傅는 宮傅府를 가리키는 것으로, 至正 6년

(1346) 4월에 아유시리다라를 위해 설치된 기구였다.[93] 혜종은 톡토를 소환하여 가장 먼저 아유시리다라와 관련된 일체의 사무를 수행하게 했던 것이다. 이러한 정황으로 인해 한 연구에서는 이때 톡토가 太子太傅에 임명된 것이라고 설명했지만,[94] 太子太傅와 太傅는 사료에서 표기가 확실히 구분되어 있기 때문에 太傅를 아무런 증거 없이 太子太傅로 보아서는 안 된다. 어쨌든 톡토가 宮傅府를 맡게 되었다는 사실은 그만큼 톡토와 아유시리다라의 관계가 밀접했음을 보여주는 것이고, 이는 아유시리다라를 둘러싼 정국의 전개에 톡토 역시 직접적으로 관련될 수밖에 없음을 나타낸다.

혜종의 총애를 받고 있던 기황후와 카마 등의 지지를 받고 황태자 아유시리다라와의 정치적 관계를 본격적으로 구축하기 시작하면서 톡토의 위상은 급속하게 강화되었다. 1년 전에 베르케부카의 참소를 받은 부친을 따라 甘州로 갔을 때의 처지와 명확하게 대조되는 상황이었던 것이다. 至正 9년(1349)이 되어도 이러한 국면은 지속되는데, 5월에 혜종은 톡토에게 大斡耳朶內史府를 관장할 것을 명하였다.[95] 여기에서 內史府는 칭기스 칸의 4大오르도(ordo, 斡耳朶)[96]를 관리하는 기구로, 大斡耳朶가 바로 칭기스 칸의 오르도를 지칭하는 것이다. 특히 內史府와 관련해서는 태정제가 즉위

---

93) 『元史』 卷92, 「百官志八」, 2331쪽.
94) 藤島建樹, 「元の順帝とその時代」 『大谷學報』 49-4, 1970, 62쪽.
95) 『元史』 卷42, 「順帝本紀五」, 886쪽.
96) 오르도는 몽골제국의 황제나 諸王들의 거처와 이를 중심으로 구성된 진영을 가리키는 말이다. 오르도를 더욱 자세하게 다룬 연구로는 宇野伸浩, 「モンゴル帝國のオルド」 『東方學』 76, 1988이 있고, 개괄적인 설명은 Christopher P. Atwood, *Encyclopedia of Mongolia and the Mongol Empire*, New York: Facts On File, Inc., 2004, pp.426~427을 참고. 최근에 김호동은 몽골제국의 세계 지배에 대한 시론적 연구에서 몽골제국 전역에 걸쳐 시행되었던 제도 중에서 오르도의 중요성을 언급했고, 오르도라는 공간에서 몽골의 핵심집단을 중심으로 이루어지는 '오르도 정치'라는 개념을 제시하며 몽골제국사 분석을 위한 틀을 제공하기도 했다(김호동, 「몽골제국의 세계정복과 지배: 거시적 시론」 『歷史學報』 217, 2013, 87~97쪽).

할 때 이 기구를 이끌었던 다울라트 샤가 중요한 역할을 했음은 이미 살펴
본 바 있다. 태정제가 사망하고 난 이후에도 內史府는 없어지지 않고 유지
된 것으로 보이며, 몽골제국의 '根本'을 상징하는 지역을 이제 톡토가 통제
할 수 있게 되었다. 이는 톡토가 중서우승상으로 복귀를 하게 되는 전주곡
과도 같은 조치였다고 할 수 있다.

도르지와 太平이 각각 중서우승상, 중서좌승상으로 국정을 이끌어갔던
정국 구도는 특별한 갈등 없이 원만하게 운영되었다.『元史』도르지 열전
에는 이때의 분위기를 다음과 같이 설명하고 있다.

> 도르지는 승상이 되어 大體를 보존하는 것에 힘쓰고, 太平이 庶務를 모두 관
> 리하니 한때의 政權이 자못 太平으로부터 나와 권력자에 아부하는 사람이 많았
> 지만 도르지는 凝然하게 처신하며 논쟁하지 않았다. 그러나 太平 역시 겸손하
> 게 사양하며 예를 다하는 능력이 있었기 때문에 中外에서 모두 賢相이라 불렀
> 다고 한다.[97]

위 기록을 보면, 도르지와 太平이 각각 역할을 분담하여 정국을 이끌어
가면서 별다른 갈등을 만들어내지 않았고 아부하는 사람들에게도 휘둘리
지 않았음을 확인할 수 있다. 비록 太平이 베르케부카와 형제의 결의를 맺
었다고는 하지만, 탄핵된 베르케부카를 위해 太平이 전면에 나섰던 것도
아니었으며 앞에서 살펴보았듯이 톡토의 소환을 위해 太平이 힘썼던 것을
고려하면 이들 두 승상은 廷爭과는 다소 거리를 두고 있었던 것으로 보인
다. 이렇게 별다른 문제점이 없는 상황이라면 톡토의 복귀를 위한 명분이
만들어지기 어려웠다.

그러나 至正 9년 7월에 있었던 탄핵 사건은 톡토가 중서우승상으로 복
귀하는 도화선으로 작용했다. 이에 대해『元史』의「順帝本紀」에는 감찰어

---

97)『元史』卷139,「朶兒只傳」, 3355쪽.

사 斡勒海壽가 카마와 그의 동생 수수의 죄에 대해 탄핵했고, 어사대부 韓嘉訥이 이를 혜종에게 여러 번 상주했고 결국 혜종은 카마 형제의 관직을 삭탈함과 동시에 탄핵을 했던 斡勒海壽는 陝西廉訪副使로 韓家訥은 宣政院使로 좌천시켰다는 기록이 있다.[98] 카마의 구체적인 죄상으로는 宣讓王 등으로부터 뇌물을 받았다는 것과 자신의 거처를 황제의 오르도 바로 뒤에 설치했다는 점, 혜종의 庶母 거처에 거리낌없이 출입했다는 것 등이 지적되었다.[99] 특히 황제의 오르도 뒤에 거처를 설치한 행동은 君臣의 구분이 없는 것이라는 비판을 받았다. 이보다 한 세기 전에 몽골을 방문한 선교사 윌리엄 루브룩도 바투의 오르도에 대해서 설명하면서 그의 오르도 바로 앞이나 뒤에 자리를 잡는 것은 피한다고 서술한 것을 고려하면,[100] 카마가 혜종과 가장 가까운 곳에 자신의 거처를 둔 행동은 몽골제국의 관례에도 맞지 않는 것이었다. 그러나 카마에 대한 정당한 탄핵은 곧 정쟁으로 비화되었고, 연루된 인물들이 모두 처벌을 받게 되었던 것이다. 중서좌승상 太平도 탄핵을 도운 혐의로 翰林學士承旨로 좌천되었다.

카마의 탄핵으로 조정에서 분쟁이 일어나고 있던 시기에 주목할 만한 인사 임명 사례가 보인다. 하나는 에센테무르가 어사대부가 된 것이고, 또 하나는 湖廣行省左丞相 이린진발이 지추밀원사에 임명된 것이다.[101] 에센테무르는 카마를 탄핵했다가 좌천된 韓嘉訥의 뒤를 이어 어사대부가 되었는데, 에센테무르는 톡토의 동생이었다. 원래 에센테무르는 톡토의 주도로 바얀이 축출된 이후 어사대부에 임명되었다가 베르케부카가 실질적으로 정권을 장악하고 있었던 至正 6년에 어사대부 직에서 물러났다.[102] 그러다

98) 『元史』 卷42, 「順帝本紀五」, 886쪽.

99) 『元史』 卷205, 「哈麻傳」, 4582쪽.

100) 김호동 역주, 『몽골 제국 기행－마르코 폴로의 선구자들』, 까치, 2015, 237~238쪽.

101) 『元史』 卷42, 「順帝本紀五」, 886쪽.

102) 至正 6년 7월 8일에 이린진발로 하여금 에센테무르를 대신해서 어사대부를 맡게 한다는 聖旨가 있는 것을 보면(『憲臺通紀續集』 「命亦憐眞班爲御史大夫制」

가 베르케부카가 탄핵을 당하고 있던 至正 8년 정월에 지추밀원사에 임명되었고,[103] 1년 반이 지나 다시 어사대부로 복귀한 것이다. 에센테무르를 대신해서 어사대부에 임명되었던 이린진발은 베르케부카를 탄핵했다가 쫓겨나서 湖廣行省左丞相이 되었는데,[104] 에센테무르의 어사대부 복귀와 거의 동시에 지추밀원사로 소환되었던 것이다. 이는 추밀원과 어사대에 톡토를 비호하는 인물들이 자리를 잡았음을 뜻한다. 톡토의 복귀 절차는 그렇게 차근차근 진행되고 있었고, 최종적으로 도르지와 太平이 모두 승상 직에서 파면되었다.

至正 9년 閏7월, 톡토는 5년 만에 다시 중서우승상이 되었다. 이때 5년 전과 크게 달라진 점은 베르케부카와 같은 중서좌승상이 임명되지 않았다는 사실이다.[105] 톡토를 견제할 수 있는 세력은 사라졌고 바얀이 축출된 지 9년 만에 다시 獨相 체제로 회귀했던 것이다. 혜종은 톡토에게 강력한 권위를 부여하면서 톡토 사임 이후 정쟁으로 점철된 분위기를 일신하려고 했던 것으로 보인다. 그러나 톡토는 '至正更化' 개혁을 추진했을 때와는 달리 자신이 정쟁의 중심에 위치하고 있었고, 중서우승상으로 복귀한 이후에 정치적 보복을 먼저 실행하기 시작했다. 『元史』의 톡토 열전에서는 이러한 상황을 "톡토가 중서성으로 다시 들어온 이후, 恩怨을 갚지 않는 것이 없었다."라고 간명하게 서술하고 있다.[106] 정치 보복의 결과 太平은 陝西로 유배되었고, 韓嘉訥은 누르간으로 유배되었다가 처형되었으며 베르케부카는 般陽(치소는 현재 山東省 淄博市 서남쪽)으로 쫓겨났고 투멘데르는 四

(屈文軍 點校, 『憲臺通紀(外三種) 新點校』, 香港: 華夏文化藝術出版社, 2006, 79쪽)), 에센테무르가 이때 파직되었음을 알 수 있다.

103) 『元史』卷41, 「順帝本紀四」, 880쪽.
104) 『元史』卷145, 「亦憐眞班傳」, 3446쪽.
105) 薛磊는 이때 톡토가 중서좌승상으로 복귀했다고 설명하고 있지만(薛磊, 『元代宮廷史』, 天津: 百花文藝出版社, 2008, 261~262쪽), 이는 사료를 잘못 읽은 것이다.
106) 『元史』卷138, 「脫脫傳」, 3344쪽.

川으로 폄출되어 가던 도중 살해되었다.[107] 베르케부카를 위시하여 그와
친밀한 관계에 있었던 인물들이 모두 톡토의 주도 하에 처벌을 받았던 것
이었다. 특히 太平은 톡토의 소환에 기여한 바가 있고, 톡토의 모친이 직접
나서서 太平의 처벌을 강력하게 만류했음에도 불구하고 톡토는 보복의 의
사를 거두어들이지 않았다.[108] 톡토의 복수는 베르케부카가 至正 10년
(1350) 정월에 渤海縣(현재 山東省 濱州市 濱城鎭)에서 사망하면서 종결되
었다. 혜종은 至正 연간 초기의 정쟁 구도를 재편하고 혼란스러운 정국을
수습하는 차원에서 톡토를 지원했던 것인데, 이는 결과적으로 영종 시기의
바이주처럼 황제의 신임을 독차지한 권신의 탄생으로 연결되었다.

톡토가 자신의 政敵들을 어렵지 않게 제거하면서 복귀할 수 있었던 것
에는 여러 가지 요인이 있겠지만, 황태자 아유시리다라의 든든한 조력자로
서의 역할을 기대한 혜종과 기황후의 지지가 가장 중요한 역할을 했다. 그
래서 톡토가 다시 중서우승상이 되면서 아유시리다라의 위상 강화도 함께
고려되었을 것으로 추정되는데, 이를 가장 잘 보여주는 것이 바로 端本堂
의 설립이다. 至正 9년 10월에 혜종은 아유시리다라에게 단본당에 들어가
학업을 익힐 것을 명하면서 톡토에게 단본당의 사무를 맡겼다.[109] 사실, 톡
토가 중서우승상으로 복귀하기 전부터 혜종은 아유시리다라의 교육에 신
경을 쓰고 있었고[110] 이때 태자를 위한 전담 교육 기관인 단본당을 설치하

---

107) 『元史』 卷205, 「哈麻傳」, 4582쪽.

108) 『元史』 卷140, 「太平傳」, 3369쪽.

109) 『元史』 卷42, 「順帝本紀五」, 887쪽. 단본당에 대해서는 王風雷, 「元代的端本堂
教育」 『內蒙古大學學報(哲學社會科學版)』 1992-2를 참조할 수 있지만 이 연구
는 '단본당 교육'이라는 개념을 元代의 황태자 교육 전반으로 확대 해석하고 있
어 정작 혜종 때에 설립된 단본당 자체에 대해서는 상세히 다루지 않고 있다.

110) 至正 8년 2월에는 아유시리다라로 하여금 위구르 문자를 익히게 했다는 사실(『元
史』 卷41, 「順帝本紀四」, 881쪽)이 보이고, 至正 9년 7월에는 아유시리다라가
漢人들의 문서를 배울 수 있도록 하기 위해 李好文, 歸暘, 張沖을 각각 諭德, 贊
善, 文學으로 삼았다는 기록(『元史』 卷42, 「順帝本紀五」, 886쪽)도 확인된다.
한편, 至正 9년 7월의 기록에서 이호문 등이 諭德 등에 임명되었다는 것은 이호

고 톡토에게 이를 관리하게 하면서 본격적으로 황태자 수업을 실시했던 것이다. 그리고 톡토가 단본당을 맡게 되면서 톡토와 아유시리다라의 정치적 관계가 더욱 밀접해졌을 것임은 분명하다.

　단본당의 위치는 興聖宮 西偏의 옛 선문각이 있던 곳이었다는 기록이 보이는데,[111] 여기에서 옛 선문각은 문종 시기에 설치된 규장각을 가리키는 것이다. 규장각의 위치는 西宮 興聖殿의 서쪽 행랑이라고 기록되어 있다는 사실까지 고려한다면,[112] 단본당의 위치가 곧 규장각의 자리였다는 점을 알 수 있다. 문종 시기의 정치를 상징하는 공간을 황태자 교육 기관으로 활용하면서 혜종은 문종에 대한 기억을 없애는 동시에 태자의 위상을 강화시켰던 것이다. 또한 단본당 내에서 황제를 포함하여 태자 및 여러 신료들 사이의 자리 배치 및 의례가 엄격하게 제정되고 시행되었다는 사실은 단본당에서 위상이 강화된 아유시리다라에 걸맞은 철저한 교육이 이루어졌음을 시사한다.[113] 단본당의 설립 이유를 "종묘와 사직의 萬世之計는 國本을 정하는 것에 있음을 고려하고, (國本을) 호위하고 보필하면서 輔導할 것을 생각했다."[114]라고 설명한 기록 역시 단본당과 아유시리다라의 위상 제고가 직접적으로 연관되어 있음을 알려주는 것이라고 볼 수 있다. 至正 9년은 톡토와 황태자 아유시리다라가 모두 元代 궁정 정치에서 핵심적인

문, 귀양의 열전에 따르면 단본당 설립과 함께 진행되었던 사실이다. 『元史』의 「順帝本紀」에는 至正 9년 10월에 단본당이 처음 등장하고, 「百官志」에는 단본당이 至正 9년 겨울에 설립되었음을 기록(『元史』卷92, 「百官志八」, 2331쪽)하고 있기 때문에 10월을 단본당의 설립 시기로 보는 것이 타당하다. 그런데 그보다 앞선 7월에 단본당의 인사 임명이 「順帝本紀」에 기록된 것은 시기를 착각한 결과일 수도 있고, 단본당의 설립을 이때부터 미리 준비했던 것이라고 생각할 수도 있다.

111) 『王忠文集』卷15, 「端本堂頌」.
112) 『山居新語』卷2(元明史料筆記叢刊本, 北京: 中華書局, 2006, 214쪽).
113) 이에 대해서는 『潛溪前集』卷2, 「皇太子入學頌」(黃靈庚 編輯校點, 『宋濂全集』, 北京: 人民文學出版社, 2014, 26~27쪽)의 내용을 참고.
114) 『王忠文集』卷15, 「端本堂頌」.

역할을 수행하게 되는 중요한 출발점이었던 것이다.

이러한 元의 정치 변동은 당시 고려의 상황에도 어느 정도 영향을 끼치고 있었다고 판단된다. 고려에서는 충혜왕이 失政을 이유로 元에 잡혀가서 귀양을 가던 도중 사망하고, 뒤를 이어 나이 어린 충목왕이 즉위하면서 개혁의 분위기가 형성되었다. 혜종은 고려의 개혁을 지지하는 입장에 있었고, 그 결과 충목왕 3년(1347, 至正 7년) 2월에 整治都監이 설치되었다.[115] 당시 元에서는 베르케부카가 정치적 영향력을 발휘하고 있었고, 때마침 고려에서는 베르케부카의 妹夫 좌정승 金永旽[116]이 정치도감의 判事들 중 한 명으로 임명되었다. 이후 정치도감은 개혁의 과정에서 기황후의 族弟 奇三萬을 獄死하게 만들었고, 이로 인해 당시 기씨 가문이 장악하고 있었던 정동행성과 충돌을 일으켰다.[117] 이는 元의 정치 구도가 고려라는 공간에서

---

115) 整治都監에 대해서는 閔賢九가 그 설치 경위를 상세하게 밝힌 논고(閔賢九, 「整治都監의 設置經緯」 『國民大學校 論文集』 11, 1977)를 시작으로 여러 관점에서 관련 연구들이 진행되어 왔다. 중요 연구들을 제시하면 다음과 같다. 閔賢九, 「整治都監의 性格」 『東方學志』 23·24, 1980 ; 변은숙, 「고려 忠穆王代 整治都監과 정치세력」 『明知史論』 14·15, 2004 ; 변은숙, 「고려 충목왕대 정치세력의 성격－整治都監의 整治官을 중심으로」 『중앙사론』 19, 2004 ; 이정란, 「整治都監 활동에서 드러난 家 속의 개인과 그의 행동방식」 『韓國史學報』 21, 2005 ; 이강한, 「정치도감(整治都監) 운영의 제양상에 대한 재검토」 『역사와 현실』 67, 2008 ; 신은제, 「14세기 전반 원의 정국동향과 고려의 정치도감」 『한국중세사연구』 26, 2009 ; 朴延華, 「高麗忠穆王代整治都監改革與元廷關係」 『朝鮮·韓國歷史硏究』 13, 延吉: 延邊大學出版社, 2013 ; 권용철, 「『高麗史』에 기록된 元代 케식文書史料의 분석」 『한국중세사연구』 58, 2019.

116) 베르케부카가 江浙行省參知政事로 재직하고 있을 때, 金恂의 막내딸과 혼인했는데 金恂의 큰아들이 바로 김영돈이고 막내아들이 金永煦였다(『益齋亂藁』 卷 7, 「金文英公夫人許氏墓誌銘」). 김영돈, 김영후 형제는 충목왕 시기에 각각 좌정승, 우정승으로 높은 지위에 올랐는데 이도 元에서 베르케부카가 집권했던 것과 무관하지 않을 듯하다. 한편, 베르케부카와 고려의 관계에 대한 기존 연구를 체계적으로 정리하면서 지배층의 통혼관계를 통한 고려-몽골 관계 탐색 가능성을 제안한 연구로는 이개석, 『고려-대원 관계 연구』, 지식산업사, 2013, 284~291쪽을 참고.

117) 정치도감과 정동행성의 갈등 과정에 대해서는 고명수, 「征東行省 기능의 변천－

또 다른 방식으로 재현되고 있던 것이었다. 정치도감은 결국 충정왕 원년 (1349) 8월에 폐지되는데,[118] 이때는 톡토가 이미 중서우승상으로 복귀하고 베르케부카가 귀양을 갔던 시점이었다. 정치적 변곡점으로서의 至正 9년은 고려의 정치적 상황에서도 확인되고 있는 것이다.

톡토가 중서우승상으로 복귀한 至正 9년의 정치적 의미는 기황후가 관리하는 資政院과도 관련지어 살펴볼 수 있다. 이에 대한 중요한 정보를 알려주는 것은 黃溍이 서술한 「資正備覽序」라는 제목의 기록이다. 이는 자정원의 統轄을 받고 있는 官屬의 인원수와 品級 등을 포함하여 자정원이 관리하는 모든 사항을 기재한 『資正備覽』이라는 책의 서문으로, 자정원의 중요성이 다른 관청과는 비교될 수 없을 정도라는 서술을 남기고 있다.[119] 여기에서 주목할 것은 서문의 맨 앞에 나오는 내용으로, "至正 9년 겨울에 中政院使이자 榮祿大夫인 잘라이르(札剌爾, Jalair) 公을 資政院使로 삼으라는 조서를 내렸다."라는 기록이다. 필자의 管見으로는 이 기록의 의미를 주목한 연구는 아직까지 없다. 그나마 기록 자체를 언급했다고 하더라도 문자 그대로 옮기는 정도이고 잘라이르가 누구를 지칭하는가에 대한 분석은 시도되지 않고 있다.[120]

필자가 군이 '잘라이르 公'을 더욱 구체적으로 분석하고자 하는 이유는 기황후의 심복에 해당되는 관직인 자정원사에 임명되었다는 점과 그 시기가 바로 至正 9년 겨울이라는 사실에 있다. 톡토가 중서우승상으로 복귀하여 본격적으로 활동을 개시하고 황태자 전담 교육 기구인 단본당이 설치된 시점과 동시에 이루어진 새로운 자정원사의 임명은 톡토-황태자-기황후가 일련의 세력을 형성하는 시발점으로 작용했을 가능성이 높다고 볼 수 있

시기구분을 겸하여」『韓國史學報』66, 2017, 107~109쪽을 참고.

118) 『高麗史』卷37, 「忠定王世家」, 忠定王 元年 8月 甲辰.

119) 『金華黃先生文集』卷16, 「資正備覽序」(王頲 點校, 『黃溍全集』, 天津: 天津古籍出版社, 2008, 231~232쪽).

120) 邱江寧, 『元代館閣文人活動系年』, 北京: 人民出版社, 2015, 661쪽.

다. 그렇기 때문에 잘라이르 공의 존재가 중요해지는데, 『元史』에는 잘라이르 공이 누구인지를 알려주는 단서가 있다. 어사대부 이린진발이 베르케부카를 탄핵했다가 오히려 쫓겨나게 되자 어사중승이었던 도르지발 역시 辭職이라는 수단을 통해 이에 저항했다는 사실을 앞에서 언급했는데, 이후 도르지발이 榮祿大夫가 되고 소환되어 태상예의원사, 中政使, 資正使로 관직을 옮겼다는 기록이 추가로 확인된다.[121] 이는 「資正備覽序」에서 언급된 내용과도 일치하고 있다.

결국 「資正備覽序」에 나오는 잘라이르 공은 곧 도르지발을 가리키는 것인데, 이는 관직 임명 내용이 『元史』 열전과 일치한다는 단서 이외에도 도르지발의 출신을 통해서도 입증된다. 도르지발은 칭기스 칸 휘하에서 활약한 4傑 중 한 사람인 무칼리의 7세손이고, 무칼리가 잘라이르 씨족이기 때문에 도르지발을 '잘라이르 공'이라고 지칭했던 것이다. 이러한 사례는 도르지발의 부친인 베르케테무르(別理哥帖木爾, Berke-Temür)의 신도비에서도 찾아볼 수 있다. 베르케테무르의 신도비 역시 黃溍이 작성했는데, 그 신도비의 제목에서 베르케테무르를 잘라이르 공이라고 표현했던 것이다.[122] 黃溍은 베르케테무르-도르지발 父子를 자신의 문집에서 모두 잘라이르 공이라고 표기했음을 확인할 수 있다.

도르지발이 至正 9년 겨울에 자정원사가 된 것에는 분명한 정치적 의미가 담겨 있다. 사실, 도르지발은 이전에도 이미 자정원사에 임명되었다가 至正 5년에 中書參知政事가 되면서 중서성에서 활약하기 시작했다. 그러다가 어사중승이 되어 베르케부카에 대한 탄핵이 받아들여지지 않는 것에

---

121) 『元史』 卷139, 「朵爾直班傳」, 3358쪽.

122) 베르케테무르-도르지발 가문의 家系와 그들의 공적에 대해서는 베르케테무르의 신도비에 비교적 상세하게 기록되어 있어 참고가 된다. 이에 대해서는 『金華黃先生文集』 卷25, 「朝列大夫僉通政院事贈榮祿大夫河南江北等處行中書省平章政事柱國追封魯國公札剌爾公神道碑銘」(王頲 點校, 『黃溍全集』, 天津: 天津古籍出版社, 2008, 667~671쪽)을 참고.

강력하게 반발하며 혜종의 만류에도 불구하고 사직을 감행했던 것이다. 즉, 도르지발은 베르케부카와는 대척점에 서 있던 인물로 톡토-기황후와 더 긴밀한 관계를 유지했던 것임을 추정할 수 있다. 도르지발이 다시 자정원사에 임명되면서 중서성의 톡토, 추밀원의 이린진발, 어사대의 에센테무르가 합심하여 정국을 이끌어가는 상황에서 단본당-자정원까지 이에 합세하는 형국이 만들어졌던 것이다. 이렇게 되면서 톡토는 중서성-추밀원-어사대를 모두 장악하고, 황제와 황태자 및 기황후의 지원까지 확보하면서 상당히 막강한 권력을 행사할 수 있게 되었다. 또한 톡토는 유력한 차기 제위계승 후보자의 후견인 역할까지 수행하면서 차후 제위계승의 추이에 따라 全權 權臣의 지위에까지 오를 수도 있는 발판을 마련했다.

2) 톡토의 權臣 정치

至正 9년에 톡토를 중심으로 정계 구도가 재편되면서 元의 정치는 또다시 개혁의 길로 접어들었다. 이를 주도했던 것은 당연히 톡토였고, 혜종은 톡토에게 힘을 실어주기 위해 至正 10년 4월에 사면의 조서를 반포했다. 조서에서 혜종은 "근래에 의지하고 신임했던 관원이 부적합하여 治理가 법도에 어긋나서 한 명의 승상을 등용하여 모든 사무를 이끌게 했다. 이에 톡토를 중서우승상으로 임명하여 百官을 통할하여 바르게 하고 수많은 사업을 잘 처리하게 했는데, 1개월도 되지 않아 여러 가지 폐단이 모두 바로잡히고 中外가 따르고 우러러보니 짐이 매우 기쁘다."[123]라고 하며 톡토를 獨相으로 등용한 것이 매우 성공적이었다고 평가했다. 이는 톡토에 대한 혜종의 신임을 공개적으로 선포한 것이었고, 톡토는 자신이 주도하는 개혁에 더욱 박차를 가할 수 있게 되었다. 이때 톡토가 시행한 대표적인 정책은 바로 鈔法의 변혁과 황하가 범람하기 이전의 河道를 회복하는 보

---

123) 『元史』 卷42, 「順帝本紀五」, 888쪽.

수 공사였다.

鈔法의 개혁은 元의 재정 위기를 타개하는 방책 중의 하나로 제시되었는데, 관련 기록들을 보면 톡토가 먼저 나서서 제안했던 것은 아니었다. 至正 10년 4월에 左司都事 武祺가 가장 먼저 鈔法의 변혁을 건의했고,[124] 10월에는 吏部尚書 偰哲篤이 다시 이를 건의하여 본격적으로 논의가 시작되었다.[125] 이에 관한 내용은 『元史』의 「食貨志」에 비교적 자세하게 기록되어 있는데, 여기에서는 武祺와 偰哲篤이 승상의 뜻에 모두 영합하고자 했다는 평을 덧붙이고 있다.[126] 또한, 武祺는 겨우 7品에 해당되는 관직을 지닌 인물임에도 불구하고 중요한 정책 결정에 직접 의견을 내고 있다는 점과 偰哲篤은 鈔法과는 관련이 없는 吏部尚書의 직책을 수행하면서 다른 부서 관할 사무에까지 간섭하고 있음을 지적한 연구는 「食貨志」의 평이 결코 잘못된 것이 아니었음을 보여주고 있다.[127] 이는 톡토의 鈔法 개혁에 대한 부정적인 시선이 존재했다는 것을 의미하는데, 실제로 당시 集賢大學士이자 國子祭酒였던 呂思誠은 분명한 반대 의견을 표명했다.

呂思誠은 鈔法을 개혁하려는 시도는 祖宗의 成憲을 함부로 바꾸는 것이고, 이는 세조 쿠빌라이의 권위에 대한 도전이라고까지 말하면서 偰哲篤과 격렬한 논쟁을 벌였다. 이에 톡토조차도 주춤했는데, 이때 해결책을 들고 나온 인물은 톡토의 동생 어사대부 에센테무르였다. 에센테무르는 "呂祭酒의 말 또한 옳지만, 조정에서 크게 소리를 지르며 정색한 것은 부당합니다."라고 말했고, 결국 감찰어사는 방자하게 멋대로 행동했다는 이유를 들며 呂思誠을 탄핵했다.[128] 톡토 세력은 鈔法 개혁을 반대하는 논리에 제대

---

124) 『元史』卷42, 「順帝本紀五」, 888쪽.

125) 『元史』卷42, 「順帝本紀五」, 889쪽. 偰哲篤의 鈔法 변경 논의를 조금 더 상세하게 설명한 연구로는 羅賢佑, 「論元代畏兀兒人桑哥與偰哲篤的理財活動」『民族研究』1991-6, 106~109쪽을 참고.

126) 『元史』卷97, 「食貨志五·鈔法」, 2483쪽.

127) 洪麗珠, 『肝膽楚越－蒙元晚期的政爭(1333-1368)』, 新北: 花木蘭文化出版社, 2011, 72쪽.

로 반박을 하지 못했고 오히려 엉뚱하게 呂思誠의 태도 문제를 지적했던 것이다. 이는 반대 의견을 독단적으로 묵살해 버리는 전형적인 수단이었고, 탄핵을 당한 呂思誠은 더 이상 중앙 조정에 머무를 수 없게 되었다.[129] 이렇게 일방적으로 반대 목소리를 제거한 후, 至正 10년 11월부터 至正通寶를 주조하는 등 본격적으로 화폐 개혁이 시행되었다.[130]

鈔法 개혁과 더불어 톡토의 복귀 이후 대대적으로 시행되었던 정책은 바로 治水 사업이었다.[131] 이미 至正 연간 초기부터 황하의 범람은 元의 커다란 사회적 문제로 부각되기 시작했지만, 정쟁이 수시로 일어나는 환경 속에서 이를 해결할 수 있는 방안이 실행의 단계로 옮겨지지 못하고 있었던 것이다. 그러나 톡토가 중서우승상으로 복귀하고 나자 賈魯라는 인물이 황하 치수 사업 실행을 앞장서서 주장했다. 賈魯는 이미 至正 8년에 濟寧

---

128) 鈔法 개혁에 대한 呂思誠의 반대 의견과 이로 인해 탄핵된 일화는 『元史』 卷97, 「食貨志五·鈔法」, 2483~2484쪽과 『元史』 卷185, 「呂思誠傳」, 4250~4251쪽의 내용을 참고.

129) 「題呂仲實詩後」라는 기록에는 呂思誠이 錢幣의 일을 논의하다가 승상 톡토와 서로 어긋나면서 급하게 동쪽으로 돌아왔는데, 이때가 대략 至正 庚寅年(1350) 10월 20일이었다고 적고 있다(『宋學士文集』 卷13, 「題呂仲實詩後」(黃靈庚 編輯校點, 『宋濂全集』, 北京: 人民文學出版社, 2014, 907쪽)). 偰哲篤이 鈔法 개혁을 건의한 것이 10월 乙未(10월 13일)였기 때문에 약 1주일 정도의 시간에 논쟁을 전개하고 呂思誠을 축출하기까지 했음을 알 수 있다.

130) 至正 연간에 새로 만들어진 화폐에 대한 설명과 그 실물에 대해서는 羅衛 編, 『元代至正年鑄幣』, 北京: 文物出版社, 2010을 참고.

131) 至正 11년(1351)에 본격적으로 착수된 황하 치수 사업에 대해서는 이것이 元末 농민반란을 야기한 직접적인 계기라고 하는 설명과 연계되면서 많은 연구자들의 주목을 받은 바 있다. 주로 역사학과 水利學 방면에서 집중적으로 연구가 이루어져 일일이 소개하기 어려울 정도로 다채로운 성과들이 발표되어 왔다. 그 중에서 이때의 치수 사업에 대해 역사학적인 연구 방법론을 활용한 대표적인 연구로는 邱樹森, 「元代河患與賈魯治河」 『元史論叢』 3, 北京: 中華書局, 1986과 王永寬, 「元代賈魯治河的歷史功績」, 「黃河科技大學學報」 10-5, 2008 등을 언급할 수 있다. 당시의 황하 치수 논의에서도 찬반이 팽팽하게 갈렸던 것처럼, 현재의 연구에서도 이때의 치수를 역사적 업적으로 평가하는 쪽과 대원제국 붕괴의 원인이었다고 보는 쪽으로 양분되어 있다.

(治所는 현재 山東省 濟寧市) 鄆城(현재 山東省 鄆城縣)에 行都水監이 설립되었을 때에 都水에 임명되어 치수와 관련된 사무를 맡고 있었다.[132] 이때에 황하가 지나는 길을 탐사하고 대책을 적극적으로 건의했으나 실행되지 못했는데, 톡토가 복귀하면서 賈魯의 방책을 받아들이고 그를 치수 사업의 책임자로 임명했다.[133] 그러나 至正 10년에 벌어진 鈔法 개혁에 대한 논의로 인해 치수 사업이 곧바로 실행에 옮겨지지는 못했고, 새로운 화폐가 발행되기 시작한 이후인 12월에 大司農 투르(禿魯, Tür) 등에게 都水監을 관할하게 하고 河防을 맡은 관료들을 모아 본격적으로 논의를 할 것을 지시했다.[134]

이 논의 과정에서 鈔法 개혁 때와 마찬가지로 반대 의견이 표명되었다. 賈魯의 주장에 따라 범람 이전으로 황하의 물길을 되돌리기 위해서는 엄청난 노동력과 재정이 소모될 수밖에 없었기 때문이다. 그래서 찬반의 의견이 갈리게 되었고, 현지 조사를 위해 투르와 工部尚書 成遵이 파견되었다. 이듬해인 至正 11년(1351) 봄에 조사를 마친 투르와 成遵은 해마다 기근이 든 상황에서 20만의 노동력을 동원하게 되면 황하의 범람으로 인한 피해보다 더욱 큰 우환이 닥칠 수도 있음을 톡토에게 경고했다.[135] 그러나 톡토는 이를 받아들일 생각이 전혀 없었고, 오히려 賈魯를 工部尚書에 임명할 것을 주청하면서 鈔法에 이어 치수 사업도 본인의 의지대로 강력하게

---

132) 『元史』 卷41, 「順帝本紀四」, 881쪽.

133) 『元史』 卷187, 「賈魯傳」, 4290~4291쪽. 賈魯가 치수 사업의 책임자로 임명되는 개략적인 과정은 『元史』 卷66, 「河渠志三·黃河」, 1645~1646쪽에서도 확인할 수 있다. 훨씬 상세한 관련 기록으로는 치수 공사 완료 이후 혜종의 명에 의해 작성된 歐陽玄의 記文이 있다. 『圭齋文集補編』 卷7, 「至正河防記」(湯銳 校點, 『歐陽玄全集』, 成都: 四川大學出版社, 2010, 569~578쪽)를 참고. 이와 함께 賈魯의 치수 사업이 실시된 배경과 방침을 간명하게 소개한 任崇岳·薄音湖, 「元代河患與賈魯治河」 『皖北文化研究集刊』 3, 合肥: 黃山書社, 2012도 참고.

134) 『元史』 卷42, 「順帝本紀五」, 889쪽.

135) 『元史』 卷186, 「成遵傳」, 4280쪽.

추진했다. 그 결과 반대 의견을 개진했던 成遵은 폄출되었고, 4월에 혜종
이 조서를 내리면서 공사가 본격적으로 시작되었다. 『元史』의 「順帝本紀」,
「河渠志」 및 賈魯 열전 등에 따르면, 이때 공사에 汴梁路(治所는 현재 河南
省 開封市)와 大名路(治所는 현재 河北省 大名縣 동북쪽의 大街鄕) 등 13개
로의 백성 15만 명과 廬州(현재 安徽省 合肥市) 등의 주둔지에 배치된 18
翼軍 2만 명이 함께 동원되었다.[136] 이렇게 軍民이 대거 투입된 국가 주도의
황하 치수 사업이었기 때문에 이는 톡토의 정치적 명운과도 직접적으로 연
결되었다고 할 수 있다. 게다가 至正 8년에 台州(현재 浙江省 臨海市)에서 方
國珍이 일으킨 반란이 진압되지 않고 오히려 더욱 확대되는 양상을 보이면
서 해양 운송에 차질이 빚어졌고, 이로 인해 황하를 통한 수송을 진작시킬
수밖에 없었던 당시 상황도 톡토에게 있어서는 매우 중대한 문제였다.[137]

　至正 11년 4월부터 시작된 공사는 같은 해 11월에 종료되었다. 물론,
공사를 시작한지 얼마 지나지 않은 5월에 潁州(현재 安徽省 阜陽市)에서
劉福通과 韓山童의 반란이 터지면서 이른바 '홍건적'이 본격적으로 출현하
기 시작했지만 이것이 치수 공사에 지장을 초래하지는 않았던 것으로 보인
다. 치수 공사에 참여한 사람들이 반란에 가담했다는 사례도 보이지 않고,
반란이 일어난 潁州는 공사 지점에서 멀리 떨어져 있었기 때문이다.[138] 오
히려 곳곳에서 반란이 터지는 와중에도 치수 공사는 비교적 순조롭게 진행
되었고, 그 결과 1년도 되지 않아 공사가 마무리되고 河伯에게 제사까지
지낼 수 있었던 것이다. 혜종은 공사에 기여한 관료들에게 포상을 내렸고,
이때 톡토는 다르칸의 칭호를 하사받음과 동시에 淮安路(治所는 현재 江蘇

---

136) 『草木子』에서는 이때의 황하 치수를 언급하면서 황하 연안의 丁夫 약 26만 명
　　이 동원되었다고 기록하여 『元史』보다 더욱 높은 수치를 제시하기도 한다. 『草
　　木子』 卷3上, 「克謹篇」(元明史料筆記叢刊本, 北京: 中華書局, 1959, 50쪽).

137) John W. Dardess, *Conquerors and Confucians: Aspects of Political Change
　　in Late Yüan China*, New York and London: Columbia University Press,
　　1973, pp.99~101.

138) 邱樹森, 『妥懽貼睦爾傳』, 長春: 吉林教育出版社, 1991, 125쪽.

省 淮安市)를 식읍으로 받게 되었다.[139] 바얀 축출 이후 중서우승상이 된 마자르타이와 톡토는 다르칸의 칭호를 받는 것을 끝까지 거절했지만, 1350년대의 톡토는 그렇지 않았다. 이제 톡토는 엘테무르와 바얀처럼 다르칸 칭호를 겸비한 중서우승상이 되었고, 이는 톡토의 권력이 점점 비대해지고 있음을 알리는 신호탄이었다.[140]

톡토가 중서우승상으로 복귀한 이후의 정책 운영 방식은 매우 독단적이었다. 제국의 운영에서 가장 중요한 화폐 개혁과 치수 사업에 대한 논의 과정에서 반대 의견을 제시했던 관료들을 모두 배척했던 사실은 이를 잘 보여준다. 또한 톡토가 烏古孫良楨, 龔伯遂, 汝中柏 등을 僚屬으로 삼아 심복으로 만들고 모든 일을 그들과만 모의하여 다른 신료들은 이를 알지도 못했다는 기록 역시 톡토 정권의 성격을 간명하게 드러낸 것이다.[141] 이러한 방식이 당시 元의 여러 위기들을 '중앙집권적'으로 해결하는 것에 있어서는 적절했을 수도 있지만, 이 시기를 전후하여 兵亂들이 잇달아 발생했던 사실은 지역적인 차원에서는 통제가 제대로 이루어지지 못했음을 시사한다. 톡토는 이제 1340년대에는 그리 주목하지 않았던 지방 반란 문제라는 새로운 사안의 처리를 고심해야만 하는 처지에 놓이게 되었다. 톡토는 이 문제 역시 자신의 방식대로 풀어나가고자 했다.

사실, 至正 11년에 穎州에서 일어난 劉福通, 韓山童의 반란은 '紅巾'을 호칭으로 삼았다는 점에서는 최초라고 할 수 있지만, 이미 그 전부터 반란의 움직임은 포착되고 있었다. 가장 대표적인 사례로는 절강 지역의 方國珍을 언급할 수 있다. 方國珍의 반란은 至正 8년부터 시작되었고, 이를 토

---

139) 『元史』 卷42, 「順帝本紀五」, 893쪽.
140) 톡토가 다르칸 칭호를 받고 1개월이 지난 뒤 혜종이 톡토에게 명해 淮安에 從3品의 諸路打捕鷹房民匠錢糧總管府를 세우게 했다는 기사(『元史』 卷42, 「順帝本紀五」, 893쪽)가 있는데, 이는 톡토의 식읍에 각종 경제적 사안을 관리하는 기구를 따로 설립하여 톡토에게 경제적 권한까지 부여했던 조치로 볼 수 있다는 점에서 톡토의 권력 비대화를 보여주는 또 하나의 사례로 언급할 수 있다.
141) 『元史』 卷138, 「脫脫傳」, 3345쪽.

벌하기 위해 파견된 官軍을 격파하고 해양을 장악했을 정도로 세력이 확대
되었다. 元 중앙 조정에서는 方國珍을 招諭하려는 노력을 기울였지만, 그
다지 성과를 거두지 못하고 있었다.[142] 게다가 다른 지역에서도 반란들이
연이어 터지며 확산될 조짐이 보이면서 톡토의 입장에서는 더 이상 좌시할
수 없었다. 이에 至正 11년 9월, 톡토의 동생 어사대부 에센테무르가 지추
밀원사에 임명되고 衛王과 함께 대군을 이끌고 河南의 '妖寇'들을 정벌하
라는 명을 받게 되었다.[143] 이로 인해 톡토 가문은 대규모의 군사력을 직
접 통솔할 수 있는 자격까지 갖추게 되었고, 톡토가 이미 아스, 킵차크衛를
관할하면서[144] 제4케식까지 이끌고 있었던 점을 고려한다면[145] 동원 가능
한 물리력이 더욱 막강해졌음을 확인할 수 있다. 제국의 위기가 오히려 권
력을 집중화할 수 있는 직접적인 계기로 작용했던 셈이다.

　에센테무르의 정벌 활동은 초기에는 비교적 순조롭게 진행되었던 것으
로 보인다. 12월에는 上蔡縣(현재 河南省 上蔡縣)을 수복하고 韓咬兒 등을
사로잡는 戰果를 올린 기록이 있기 때문이다.[146] 그러나 至正 12년(1352)
윤3월에 에센테무르가 沙河(현재 河北省 沙河市의 북쪽)에 주둔하고 있을
때 야습을 받아 군대가 궤멸되는 뜻밖의 일이 발생했다.[147] 에센테무르는

---

142) 方國珍의 반란 및 이에 대한 대처와 관련된 일화로는 『元史』 卷143, 「泰不華傳」,
　　 3424~3425쪽과 『元史』 卷186, 「歸暘傳」, 4271쪽 등을 참고.
143) 『元史』 卷42, 「順帝本紀五」, 892쪽. 여기에서 '妖寇'는 백련교와 연계된 반란
　　 집단을 일컫는 말로 사용된 것임이 분명하다. 이는 당시의 반란들을 농민들의
　　 단순한 항쟁으로 인식하지는 않았음을 보여준다. 백련교의 발생 및 발전 과정
　　 과 紅巾 세력과의 관련성에 대해서는 楊訥, 『元代白蓮敎硏究』, 上海: 上海古籍
　　 出版社, 2004를 참고.
144) 『元史』 卷138, 「脫脫傳」, 3345쪽.
145) 톡토가 제4케식을 이끌었음을 보여주는 사례는 至正 12년 2월 9일의 날짜로
　　 '톡토 케식 제3일'이라고 기록된 문서가 확인된다. 이 문서는 『南臺備要』, 「劉
　　 捕反賊」(屈文軍 點校, 『憲臺通紀(外三種)新點校』, 香港: 華夏文化藝術出版社, 2006,
　　 164~165쪽)에 수록되어 있다.
146) 『元史』 卷42, 「順帝本紀五」, 893쪽.
147) 『元史』 卷42, 「順帝本紀五」, 898쪽.

군수 물자와 무기를 모두 버린 채 도주했고, 혜종은 다른 장수로 에센테무르를 대체한다는 조서를 내렸으며 에센테무르는 소환되어 다시 어사대부에 임명되었다.[148] 이에 陝西行臺에서는 에센테무르가 군대를 잃고 국가를 욕되게 했다는 이유로 분명히 죄를 다스릴 것을 청했지만, 톡토가 이에 반대하면서 오히려 탄핵에 연루된 모든 관료들이 폄출되었다.[149] 이들이 폄출된 것은 당연히 톡토의 동생을 직접 공격했기 때문이었지만, 그 명분은 '本分을 넘어 명예를 추구'[150]했다는 것이었다. 陝西行臺가 자신의 본분을 망각했다는 지적을 받으면서까지 톡토를 둘러싼 정쟁을 다시 시작한 배경은 무엇이었을까?

이에 대한 비교적 상세한 일화는 『元史』 도르지발 열전을 통해서 확인할 수 있다. 앞서 언급했듯이 도르지발은 톡토가 중서우승상으로 복귀한 해에 자정원사에 임명되면서 톡토와 자정원의 협력 관계를 유지하는 역할을 부여받은 인물이었다. 그러나 지방의 반란이 발생하기 시작하면서 이에 대한 처리 방법 문제를 놓고 도르지발과 톡토의 사이가 극도로 나빠졌다. 도르지발은 "祖宗의 用兵은 사람을 죽이는 것에만 있지 않고 반드시 도리가 있어야 합니다. 지금 앞장서서 반란을 일으킨 자는 단지 몇 명인데, 도리어 中華의 백성들을 모두 반역에 연루시키고 있으니 어찌 人心을 복종시킬 수 있겠습니까?"라는 말을 여러 차례 하면서 톡토의 심기를 불편하게 만들었고, 권력을 멋대로 부리고 있던 톡토의 심복들에게도 굽히려는 뜻을 전혀 드러내지 않으면서 결국 陝西行臺御史大夫로 폄출되었던 것이다.[151]

---

148) 『元史』卷138,「脫脫傳」, 3345~3346쪽. 한편, 『草木子』에도 에센테무르의 패배에 관한 내용이 기록되어 있다. 그에 따르면, 에센테무르가 이끌고 간 군사는 30만 명에 달했음에도 불구하고 적과 싸우지도 않은 채 도주했으며 톡토는 이를 은폐하려 했다고 되어 있다. 『草木子』卷3上,「克謹篇」(元明史料筆記叢刊本, 北京: 中華書局, 1959, 52쪽).

149) 『元史』卷42,「順帝本紀五」, 899쪽.

150) 『元史』卷187,「周伯琦傳」, 4297쪽.

151) 『元史』卷139,「朶爾直班傳」, 3359쪽. 陝西行臺御史大夫로 부임하는 도르지발

그래서 陝西行臺의 에센테무르에 대한 탄핵에 대해서는 당연히 도르지발
이 최종 책임자 역할을 맡았던 것이고, 그로 인해 湖廣行省平章政事로 또
다시 좌천되고 말았다. 또, 톡토의 복귀에 일정한 기여를 했던 이린진발도
군대의 패배와 관련해 여러 차례 톡토에게 進言했다가 쫓겨났다는 기록[152]
도 있어 至正 11년 이후부터 톡토는 자신의 권력을 뒷받침할 수 있는 인물
마저도 배척했을 정도로 반란 진압 상황에 상당히 민감하게 반응했음을 알
수 있다.

에센테무르에 대한 탄핵이 시도되고, 반란 진압은 효율적으로 이루어지
지 못하는 상황이 전개되면서 톡토는 위기의식을 느꼈던 것으로 보인다.
결국 至正 12년 7월에 톡토는 徐州(현재 江蘇省 徐州市)를 토벌하기 위해
본인이 직접 군대를 이끌고 갈 것을 청했고, 혜종은 이를 허락하였다.[153]
1개월 정도의 준비 시간이 지난 뒤, 톡토가 군대를 이끌고 출발할 때에 혜
종은 아래와 같은 조서를 반포했다.

> 톡토는 다르칸, 太傅, 중서우승상으로서 外地에서 分省하고 곳곳의 軍馬를
> 감독·통제하여 徐州를 토벌하라. 중서성, 추밀원, 어사대는 官屬을 나누어 수행
> 하면서 節制를 받아 공이 있는 자에게는 爵賞을 내리고 죄가 있는 자는 誅殺하
> 여 귀순자는 안정시키고 반역자는 토벌하는 것을 모두 (톡토의) 편의대로 처리
> 하도록 하라.[154]

을 전송하는 시에서도 "거리낌 없이 올바로 천하의 일을 敢言하니 당당하게 세
상 사람들을 복종시킬 수 있었다"라고 한 것을 보아도 도르지발이 자신의 소신
을 절대로 굽히지 않았다는 것을 알 수 있다. 『金臺集』 卷1, 「送平章札剌爾公赴
西臺御史大夫」(葉愛欣 校注, 『廼賢集校注』, 鄭州: 河南大學出版社, 2011, 137
쪽)를 참고.
152) 『元史』 卷145, 「亦憐眞班傳」, 3446쪽.
153) 『元史』 卷42, 「順帝本紀五」, 901쪽.
154) 『元史』 卷42, 「順帝本紀五」, 902쪽.

중서우승상이 지방의 반란을 토벌하러 직접 출정하는 긴급한 상황 속에서 혜종은 톡토에게 상당 정도의 권한을 위임했다. '分省'이라는 표현을 썼을 정도로 톡토에게 여러 지방에 대한 관할을 맡겼던 것이다. 톡토는 이를 기회로 더욱 막강한 권력을 보유할 수 있게 되었다. 이를 보여주는 것은 톡토가 출정한 지 얼마 지나지 않아 에센테무르가 河南에서 세운 공적을 언급했던 일련의 上言들이었다. 에센테무르는 분명히 敗將이었음에도 불구하고 소환된 후 이전처럼 어사대부에 그대로 임명되어 패배에 대한 어떠한 책임도 지지 않았는데, 이를 탄핵했던 이들이 모두 쫓겨난 이후 그의 공적을 치하하라는 상소가 올라온 것은 톡토의 위력이 작용한 결과라고 볼 수밖에 없다.

만약에 톡토의 군사 원정 결과가 에센테무르의 경우처럼 좋지 않은 방향으로 전개되었다면, 분명히 조정의 권력 구도는 달라졌을 것이다. 그러나 톡토는 巨石을 탄환으로 활용하여 밤낮으로 쉬지 않고 공격을 지휘하면서 徐州城의 견고함을 무너뜨렸고,[155] 결국 상당히 빠른 시간에 徐州를 탈환했다. 이렇게 戰果까지 올리면서 톡토는 엘테무르나 바얀과 같은 全權權臣이 될 수 있는 또 하나의 조건을 보유하게 되었다. 혜종 역시 톡토의 승전에 즉각적으로 반응했고, 톡토가 아직 귀환하지도 않았는데 조서를 내려 太師의 칭호를 더해주었다. 徐州 戰役 이후로 톡토의 지위는 엘테무르나 바얀에 비견될 수 있을 정도로 상승했다. 조정으로 돌아온 톡토는 후한 하사품을 받았고, 아유시리다라는 私第에서 연회를 베풀며 톡토의 강화된 위상을 입증했다.[156] 중서성에서는 徐州의 평정을 기념하기 위한 비석을 세우고, 톡토에게 王爵을 내려줄 것을 청하기까지 했다.[157] 이듬해 至正 13년(1353) 2월에는 徐州의 백성들이 톡토의 生祠를 세우기를 원하고 있

---

155) 『元史』 卷142, 「也速傳」, 3400쪽.
156) 『元史』 卷138, 「脫脫傳」, 3346쪽.
157) 『元史』 卷42, 「順帝本紀五」, 903쪽.

다는 것을 중서성에서 상주했고, 혜종은 건립을 허락했다.[158] 에센테무르의 패배는 기억에서 점점 지워져 가고 있었고, 톡토의 승전은 필요 이상으로 부각되었다.

톡토가 全權 權臣으로 차츰 변모하는 모습을 보이는 가운데 至正 13년 6월에는 아유시리다라가 비로소 정식 황태자로 책립되었다. 이 과정에서 황태자를 보좌하는 기구인 詹事院이 다시 설치되었고, 이전 至正 6년에 세운 宮傅府는 폐지되었다.[159] 아유시리다라는 황태자가 공식적으로 맡은 中書令, 樞密使의 자격으로 정무에 본격적으로 참여할 수 있게 되었고,[160] 톡토는 詹事를 겸하면서 여전히 황태자와 가까운 관계를 유지할 수 있었다. 자정원에서는 관할하던 左, 右都威衛를 詹事院 소속으로 옮기게 하면서 황태자의 무력적 기반을 강화시켜 주었다.[161] 이러한 아유시리다라의 황태자 책립은 元代 후기의 또 하나의 정치적 분수령이 되었다. 톡토의 재집권으로 인해 잠시 잠잠해졌던 정쟁이 至正 13년 이후 다시 치열하게 전개되었고, 여기에 제위를 둘러싼 분쟁까지 겹치면서 조정의 정치는 더욱 혼란스러운 상황으로 빠져들었기 때문이다. 또한, 아유시리다라가 국정에 참여하면서 기황후의 영향력이 국정에 미치기 시작했다는 점도 주목할 부분이다.[162]

---

158) 『元史』 卷43, 「順帝本紀六」, 908쪽.

159) 『元史』 卷92, 「百官志八」, 2331쪽. 한편, 이때의 황태자 책봉 조서는 『高麗史』 卷38, 「恭愍王世家一」, 恭愍王 2년 7월 乙亥條에 기록된 것을 참고할 수 있다.

160) 元代의 황태자가 정무에 직접 간여할 수 있었던 것은 이미 쿠빌라이 시기 친킴의 사례에서부터 확인된다. 그 이후에도 아유르바르와다가 무종 측근 신료들과 대립을 겪으면서까지 자신의 정치 세력을 형성하기도 했다. 아유시리다라 역시 이러한 전통을 이어받고 기황후의 지원에 힘입어 적극적으로 정치에 간여하는 모습을 보여주었다. 이에 대해서는 陳一鳴, 「論元代的太子參政問題」 『內蒙古社會科學(文史哲版)』 1992-1과 楊育鎂, 「元代皇太子預政的探討」 『淡江史學』 15, 2004 등을 참고.

161) 『元史』 卷43, 「順帝本紀六」, 910쪽.

162) 윤은숙, 「대원제국 말기 아유시리다라의 覇權 쟁탈 분쟁」 『2012년 중앙아시아학회 춘계학술대회 발표요지』, 2012년 4월 21일, 8쪽.

至正 14년(1354) 9월, 혜종은 톡토에게 諸王 및 각 省의 軍馬를 통솔하여 高郵(현재 江蘇省 高郵市)로 출정하라는 조서를 내렸다.[163] 톡토가 徐州를 토벌하러 갔을 때와 마찬가지로 이때에도 혜종은 톡토에게 모든 권한을 위임했고, 중요 관부에서 관료들을 선발하여 함께 보내 톡토의 통제를 받도록 했으며 심지어 서역, 西蕃의 군대도 동참하게 했다.[164] 至正 13년 5월에 泰州(현재 江蘇省 泰州市) 출신의 張士誠 형제가 반란을 일으켜 高郵를 점령하고 세력을 확장하기 시작하자 혜종은 徐州 정벌을 성공적으로 완료한 톡토를 다시 출정시킨 것이다. 아마 이 원정을 위해 전국에서 병력이 동원되었던 것으로 보이고, 심지어 『高麗史』에는 고려에도 병력 원조를 요청한 사실이 기록되어 있다.[165] 이때 톡토의 원정군 규모를 『高麗史』에서는 800만이라고 기록하고 있지만,[166] 이는 너무 과장된 수치인 것으로 보이고 필자는 『草木子』에 기록된 40만[167]과 『庚申外史』에 기록된 100만[168] 사이 정도였지 않았을까 추측한다.

이렇게 톡토가 高郵로 출정을 나간 전후의 정치 상황은 또 한 번의 정쟁을 만들어나가는 과정으로 전개되고 있었다. 그 과정의 주역은 바로 카마였다. 앞서 살펴보았듯이 카마는 톡토가 중서우승상으로 복귀하는 것에 어느 정도 기여하며 실세로 떠오를 수 있는 기회를 잡았다. 하지만 톡토의 독단적인 정권 운영으로 인해 카마는 차츰 배제되기 시작했으며, 至正 13

---

163) 『元史』 卷43, 「順帝本紀六」, 916쪽.

164) 『元史』 卷138, 「脫脫傳」, 3346쪽.

165) 『高麗史』 卷38, 「恭愍王世家一」, 恭愍王 3年 6月 辛卯. 『高麗史』의 이 기록은 혜종이 조서를 내려 톡토에게 원정을 명한 『元史』의 기사보다 3개월 정도 앞선 시점에 해당된다. 이는 원정이 공식화되기 이전부터 이미 톡토가 병력을 동원하고 있었음을 보여주는 증거일 수도 있지만, 『高麗史』 기록의 착오일 가능성도 없지 않다. 이에 대해서는 차후 별도의 고찰이 필요하다.

166) 『高麗史』 卷38, 「恭愍王世家一」, 恭愍王 3年 11月 丁亥.

167) 『草木子』 卷3上, 「克謹篇」(元明史料筆記叢刊本, 北京: 中華書局, 1959, 44쪽).

168) 『庚申外史』 卷上(任崇岳, 『庚申外史箋証』, 鄭州: 中州古籍出版社, 1991, 76쪽).

년 정월에 中書右丞이 된 카마는 톡토의 심복 汝中柏과 갈등을 빚다가 8월
에 宣政院使로 폄출되기에 이르렀다.[169] 아마 이때부터 카마는 톡토를 견
제하기 위한 계책을 꾸미기 시작한 것으로 보이는데, 그 방법은 자신의 妹
壻인 투르테무르(禿魯帖木兒, Tür-Temür)와 함께 은밀히 인도와 티베트의
승려들을 불러와 방중술, 밀법 등을 혜종에게 익히게 하는 것이었다.[170] 이
는 혜종의 환심을 사면서 주의를 돌리기 위한 책략으로 권력을 향한 투쟁
이 다시 시작되었음을 의미하는 것이었다.

　至正 14년 11월, 톡토는 원정군을 이끌고 高郵에 도착하여 본격적인 토
벌에 착수했다. 그러나 중앙 조정에서는 의외의 방향으로 사태가 전개되었
다. 이는 다음 달인 12월에 중서평장정사였던 딩주(定住, Dingju)가 좌승상
이 되고 카마가 중서평장정사로 임명되는 변화로 나타났다.[171] 톡토가 부
재한 상황에서 갑자기 좌승상이 임명되어 獨相 체제가 와해되고 카마가 중
서평장정사로 복귀한 것이다. 이는 톡토 중심의 정권이 무너졌다는 상징적
인 인사 임명이었고, 곧바로 톡토와 에센테무르에 대한 탄핵이 이어졌다.
톡토가 군대를 이끌고 간 지 3개월이 지났는데도 戰功을 올리지 못하고 국
가의 재산을 자신을 위해 쓰고 있으며 에센테무르는 재주도 없으면서 어사
대의 기강을 흐트러뜨리고 貪淫한 마음을 품고 있다는 것이었다. 탄핵 내
용은 억지에 가까웠다. 3개월 만에 전과를 올리라는 것 자체가 무리한 요
구라고 볼 수 있고, 정작 톡토가 高郵에 도착한 것은 1개월 전의 일에 지나
지 않았기 때문이다. 에센테무르에 대한 탄핵에서도 구체적인 부정 혐의에
대한 언급은 없었다. 그러나 혜종은 탄핵을 받아들여 에센테무르를 파면하
면서 그 자리에 옹기야누(汪家奴, Ongyianu)를 임명했고, 톡토의 모든 관
작을 삭탈하고 그의 식읍에 안치할 것을 명했다.

---

169) 『元史』 卷205, 「哈麻傳」, 4583쪽.
170) 『元史』 卷43, 「順帝本紀六」, 913쪽.
171) 『元史』 卷43, 「順帝本紀六」, 917쪽.

바얀이 사냥을 나갔다가 톡토에 의해 갑자기 쫓겨났던 것처럼, 톡토 역시 원정을 떠나 있는 상황에서 순식간에 모든 권위를 상실했다. 수십 만 대군을 이끌고 있었던 총지휘관을 별다른 큰 죄를 범하지 않았는데도 교체해버린 것은 高郵 원정군의 사기에 결정적인 타격을 입혔고, 이후 제국은 반란을 더 이상 자체의 힘으로는 제어하지 못했다.[172] 이렇게 국가의 명운을 좌우할 정도의 전쟁을 눈앞에 둔 상태에서 권신으로서 자리를 잡고 있었던 톡토가 몰락하게 된 배경은 무엇일까? 남아 있는 기록과 이를 바탕으로 한 연구들에서는 톡토에 대한 카마의 참소를 주된 원인으로 지적하고 있다.[173] 『元史』 톡토 열전에는 톡토의 심복으로 이미 카마와 갈등 관계에 있었던 汝中柏이 후환을 걱정하여 카마를 제거하려 했지만, 톡토와 에센테무르가 결정을 내리지 못했고 이를 감지한 카마가 톡토를 황태자와 기황후에게 참소했다고 기록되어 있기 때문이다.[174]

여기에서 흥미로운 부분은 카마가 혜종이 아니라 황태자와 기황후에게 톡토를 참소했다는 사실이다. 왜냐하면 카마는 처음부터 혜종이 총애하는 신료였고, 기황후와 별도로 긴밀한 정치적 관계를 맺은 것도 아니었기 때문이다. 게다가 황태자 아유시리다라는 카마와 투르테무르가 혜종과 함께 至正 13년부터 음란한 술법을 행하는 것을 증오하고 있었다.[175] 이러한 상황에서 카마는 황태자와 기황후의 약점을 건드리면서 톡토를 제거했다. 카마는 톡토와 함께 황태자의 冊寶 의례에 대해서 논의했는데, 톡토는 그때

---

172) 張金銑 역시 진압을 당하고 있었던 반란군이 高郵의 전투를 계기로 세력을 회복하게 되면서 이것이 元末 농민전쟁의 전환점이 되었다고 평가하고 있다. 이에 대해서는 張金銑, 「論元末高郵之戰及其影響」 『元史論叢』 14, 天津: 天津古籍出版社, 2014를 참고.

173) 톡토의 폄출을 다룬 연구로는 李岭, 「奇后與脫脫高郵陣前被貶」 『內蒙古師範大學學報(哲學社會科學版)』 34-4, 2005와 張婧, 「脫脫之貶及其亡滇考」 『紅河學院學報』 6-1, 2008 등을 참고할 수 있다.

174) 『元史』 卷138, 「脫脫傳」, 3347쪽.

175) 『元史』 卷205, 「哈麻傳」, 4583쪽.

마다 "中宮에 아들이 있는데, 장차 어디에 위치시킬 것인가?"라고 하면서 오랫동안 의례를 시행하지 않았던 점을 지적했던 것이다.[176] 톡토가 언급한 中宮은 제1황후인 바얀쿠투를 지칭하는데, 황후 열전에 따르면 바얀쿠투에게는 황자 친킴이 있었으나 2세에 요절했다고 기록되어 있다.[177] 至正 13~14년에 바얀쿠투의 아들이 생존하고 있었다면, 황태자가 제2황후의 소생이라는 점 때문에 톡토가 冊寶의 의례 거행을 망설였다는 혐의가 있는 것이고 카마는 이 점을 들춰내면서 기황후를 자극한 것이었다.[178]

하지만, 이전까지 톡토가 아유시리다라의 적극적 후원자 역할을 했다는 점을 고려하면 무언가 석연치 않은 점이 있는 것도 사실이다. 至正 13년에 아유시리다라가 황태자에 책립되기 위해서는 무엇보다도 톡토의 인정이 필요했을 것이고, 톡토의 심복 중 한 사람인 烏古孫良楨의 간곡한 건의를 듣고 비로소 황태자를 책립했다는 기록은 이를 잘 보여준다.[179] 톡토는 아유시리다라가 제2황후 소생이라는 점을 황태자 책립 과정에서는 전혀 언급하지 않고 있었던 것이다. 아유시리다라가 어렸을 때 톡토의 집에서 길러졌던 경험이 있고, 톡토 자신이 아유시리다라의 교육 담당 기관인 단본당을 맡았다는 점 등은 아유시리다라의 황태자 책립이 톡토에게 절대로 불리한 것이 아니었음을 보여준다. 그래서 이미 정식으로 황태자가 책립된 상황에서 뒤늦게 冊寶 의례 수행을 미뤘다는 것은 상당히 부자연스러운 행동이라고 하지 않을 수 없다. 이를 설명할 수 있는 하나의 가능성은 결국 제1황후 바얀쿠투와 관련되어 있다. 바얀쿠투의 아들 친킴의 존재로 인해 콩기라트 데이 세첸 가문의 일원인 바얀쿠투의 영향력이 강해지게 되었고, 톡토

---

176) 『元史』卷138,「脫脫傳」, 3347쪽 ; 『元史』卷205,「哈麻傳」, 4584쪽.
177) 『元史』卷114,「后妃傳一」, 2879쪽.
178) 아유시리다라의 冊寶 의례 거행을 둘러싼 당시 조정의 갈등에 대해서는 윤은숙,「아유시리다라의 冊寶禮를 둘러싼 大元帝國 말기의 권력쟁탈」『史叢』 98, 2019를 참고.
179) 『元史』卷187,「烏古孫良楨傳」, 4289쪽.

는 이를 무시할 수 없었다. 황실과의 대대에 걸친 혼인을 통해 강력한 위상을 확보했던 콩기라트 데이 세첸 가문의 힘은 아직도 건재했던 것이다.[180]

이러한 상황에서 기황후는 카마의 참소를 그대로 받아들였던 것으로 보인다. 톡토는 일찍이 자정원사를 두 번이나 맡았던 도르지발을 陝西로 쫓아냈다가 여기에서 에센테무르에 대한 탄핵이 발생하자 湖廣으로 다시 보낸 적이 있었다. 톡토는 湖廣行省平章政事가 된 도르지발을 계속 괴롭혔고, 결국 도르지발은 40세의 나이에 병으로 사망하고 말았다. 도르지발이 기황후의 권력 기관인 자정원과 연결되어 있고, 또 그가 몽골제국의 元勳인 무칼리의 후손이라는 점을 생각한다면 톡토는 정치적으로 상징성이 큰 인물을 공격했던 것이었다. 이때부터 톡토와 기황후 사이에 어느 정도 틈이 생겼을 가능성이 크고, 아유시리다라가 황태자로 책립된 이후부터는 1차 목표를 달성한 기황후 진영이 톡토의 권력 강화를 본격적으로 견제하기 시작했던 것이다. 게다가 카마의 공작으로 인해 혜종은 政事에 태만해지는 모습을 보였고, 톡토가 高郵로 출정을 나가 있을 때에 "중서성, 추밀원, 어사대에서 아뢸 일은 먼저 모두 황태자에게 알려라."[181]라는 칙령을 내리면서 아유시리다라에게 권력을 실어주고 있었던 상황이었다. 톡토의 퇴출은 徐州 원정을 통해 위기를 벗어나고 오히려 강화된 권력을 보유하게 된 톡토가 高郵 원정으로 더 강력해질 것을 두려워한 기황후·황태자와 권력을 향한 야심을 품은 카마의 이해관계가 맞아떨어지면서 발생한 결과였다.

톡토의 몰락은 바얀의 그것과도 매우 유사한 과정으로 진행되었지만, 한 가지 다른 점은 있었다. 바얀은 사냥을 나갔다가 갑자기 쫓겨난 것이었

---

180) 기황후와 아유시리다라는 대대로 황후를 배출했던 콩기라트 부의 위상을 결코 뛰어넘을 수 없었고, 이는 아유시리다라가 황태자가 되었음에도 제위를 단번에 계승하기 어려운 환경을 조성했다. 이러한 정치적 상황은 훗날 기황후에 의한 內禪 시도가 여러 차례 이루어지는 것으로 연결된다. 이에 대해서는 윤은숙, 「大元帝國 말기 奇皇后의 內禪시도」『몽골학』47, 2016, 12~18쪽에서 상세히 설명하고 있다.

181) 『元史』卷43, 「順帝本紀六」, 916쪽.

기 때문에 휘하의 병력이 그렇게 많지 않았지만, 톡토는 최소 40만의 군사력을 보유한 원정군 총사령관이었다는 것이다. 톡토가 오히려 조정을 향한 반란을 일으킬 수도 있었다. 실제로 高郵 원정군 내에서는 그러한 분위기가 감지되었다. 톡토의 심복으로서 원정에 동행했던 龔伯遂는 "장군이 軍中에 있으면, 임금의 명령을 받지 않습니다. 또한 승상께서는 출병할 때에 密旨를 받았으니 지금은 密旨를 받들어 한 뜻으로 나아가 토벌하는 것이 옳습니다. 조서는 열어보지 마십시오. 열면 大事가 끝나는 것입니다."라고 말하며 정벌을 계속 진행할 것을 톡토에게 요구했다.[182] 또한 정벌을 마친 이후에 조서를 받들어 입조하자고 권유하는 자가 있었고, 심지어 鎭南王을 군주로 옹립하여 남북조의 형세를 만들자고 하는 사람도 있었다.[183] 그러나 톡토는 황제의 명령을 어길 수 없다는 원칙을 끝까지 고수했고, 결국 귀양길에 오르게 되었다.

톡토가 혜종의 권위에 도전할 수 없었던 이유는 바얀을 축출하여 혜종의 황권을 견고하게 만든 장본인이 톡토 자신이었고, 톡토가 다르칸과 太師의 칭호를 받으면서 위상이 강화된 것도 혜종의 적극적인 지원 하에서 가능했기 때문이었다. 그만큼 혜종은 실질적인 권한을 조정 정치에서 발휘했다고 할 수 있는데, 이는 출신의 한계와 이를 지적하는 정치적 분위기 속에서도 기황후가 혜종의 총애에 힘입어 여전히 권력을 유지하고 톡토와 직접적인 갈등이 없었다는 점에서도 확인된다. 그러나 至正 13년에 아유시리다라가 황태자에 책립된 이후부터는 톡토의 지위에 대한 견제가 정쟁으로 확산되었고, 결국 혜종은 기황후와 카마의 손을 들어주었던 것이다. 톡토의 폄출 과정에는 황태자 아유시리다라 역시 일정한 역할을 했던 것으로 보이고,[184] 이 역시 혜종의 결정이 이루어지는 데에 영향을 끼쳤을 것이다.

---

182) 『元史』卷138, 「脫脫傳」, 3347쪽. 이 요청은 톡토에게 군대를 이끌고 북쪽으로 향할 것을 권유했다는 식으로 조정에 와전되어 이에 대한 심문이 진행되기도 했다(『元史』卷187, 「烏古孫良楨傳」, 4289쪽).
183) 『農田餘話』卷下(『叢書集成新編』87册, 臺北: 新文豐出版公司, 1985, 445쪽).

일부 서술에서는 혜종 스스로가 톡토의 명성이 높아지는 것을 경계했기 때문에 톡토를 쫓아냈다고 설명하기도 하지만,[185] 그렇게만 보기에는 高郵 원정군의 총사령관을 맡기면서 모든 권한을 톡토에게 위임했던 점을 설명하기 어려워진다. 톡토의 권력 독점에 대한 관료들의 불만, 황태자 문제를 둘러싸고 생긴 혜종과 톡토 사이의 충돌 등 다양한 요인이 상호 작용하면서 톡토가 퇴출되었다는 Dardess의 설명이 여전히 유효하다고 볼 수 있을 것이다.[186] 한 가지 덧붙이자면, 至正 13년 이후 기황후와 황태자의 위상이 변했다는 점도 고려해야 한다. 혜종이 결국 권신의 권력 확대를 저지하고 아유시리다라의 정치적 지위를 확고하게 만드는 일에 동참하게 된 것에는 분명 기황후와 황태자의 확대된 영향력이 결정적으로 작용했기 때문이다. 결국 만약에 아유시리다라가 황제에 즉위하게 될 경우 엘테무르, 바얀과 같은 全權 權臣이 될 가능성이 농후했던 톡토를 사전에 제거한 것으로 볼 수 있다. 그만큼 혜종의 황권이 강력하게 발휘되었던 것이다.

그러나 이후 일련의 정치적 사태는 혜종의 의도와는 전혀 다른 방향으로 전개되었다. 高郵 원정군에는 톡토를 대신할 군사령관들이 임명되었지만 통제가 제대로 이루어지지 못해 대군이 와해되어 버렸고,[187] 기황후와

---

184) 韓志遠, 「愛猷識理達臘與元末政治」『元史論叢』 4, 北京: 中華書局, 1992, 186~187쪽.

185) Morris Rossabi, *The Mongols: A Very Short Introduction*, New York: Oxford University Press, 2012, p.115.

186) John W. Dardess, *Conquerors and Confucians: Aspects of Political Change in Late Yüan China*, New York and London: Columbia University Press, 1973, pp.122~127.

187) 『南村輟耕錄』 卷29, 「紀隆平」에는 "(장사성은) 갑자기 톡토의 병권을 해제했다는 조서가 왔음을 듣고 용기백배하여 성에서 나와 적과 맞섰고, 각 衛의 철갑병과 포병 중에 불만을 가지고 있던 자들은 모두 흩어졌고 서로 山林에서 모여 도적이 되어 버리는 경우도 있었으니 高郵를 수복할 수 없었다."라는 기록(元明史料筆記叢刊本, 北京: 中華書局, 1959, 357쪽)이 있고, 『草木子』 卷4上, 「談藪篇」의 "병력이 마침내 크게 붕괴되어 대부분 紅巾에 귀부했다. 서로 도적이 되었으니 결국 다시는 제어할 수 없었다."는 기록(元明史料筆記叢刊本, 北京: 中華

카마는 승리에 도취된 탓인지 혜종까지 제위에서 끌어내리려는 모의를 진행했던 것이다. 톡토의 퇴출로 인해 지방에서는 반란이 진압되지 못했고 중앙 조정에서는 권력을 탈취하려는 새로운 세력이 등장하는 결과를 야기했다. 그리고 이는 대원제국 쇠락의 결정적인 계기가 되었다. 톡토의 퇴출과 제국의 몰락을 직접적인 因果로 보는 인식은 이미 當代부터 생겨나기 시작했고,[188] 관련 기록들도 확인된다.[189] 톡토가 정치 무대에서 사라진 이후 대원제국은 또 다시 제위계승분쟁의 혼란을 겪게 되었고, 이로 인해 강남에서 형성된 군웅 세력의 확대를 제지하지 못하고 정국의 주도권을 명태조 주원장에게 내어주고 말았다.

3) '內禪' 시도와 제위계승분쟁

톡토가 高郵의 軍中에서 퇴출된 이후, 카마는 經正監과 都水監 및 會同

書局, 1959, 72~73쪽) 등은 톡토가 兵權을 상실한 이후의 혼란을 압축적으로 보여주고 있다.

188) 『元史』 톡토 열전에는 元이 몽골 초원으로 쫓겨나기 얼마 전인 至正 26년(1366)에 감찰어사들이 했던 흥미로운 발언이 기록되어 있다. "간신이 大臣을 모해하여 적과 대치한 상황에서 장수를 바꾸게 했으니 우리 국가의 兵機가 부진한 것은 이로부터 시작되었고 錢糧의 부족함도 이로부터 시작되었으며 도적이 종횡한 것도 이로부터 시작되었고 백성들의 도탄도 이로부터 시작되었습니다. 만약 톡토가 죽지 않았다면, 어찌 천하에 지금과 같은 환란이 있겠습니까!"라고 한 것이다(『元史』 卷138, 「脫脫傳」, 3349쪽). 元 관료들의 톡토에 대한 인식을 잘 보여주고 있는 대목이다.

189) 『草木子』 卷3上, 「克謹篇」에서는 "元朝의 멸망은 (톡토의 폄출)에서 결정되었다."라고 간명하게 서술하고 있고(元明史料筆記叢刊本, 北京: 中華書局, 1959, 43쪽), 심지어 17세기 몽골문 史書인 『蒙古源流』의 이른바 '順帝悲歌' 부분에는 톡토 太師를 혜종 자신이 잘못 죽였다고 안타까워하는 내용이 남아 있다(岡田英弘, 譯注, 『蒙古源流』, 東京: 刀水書房, 2004, 174쪽). 이는 17세기까지도 몽골인 고유의 역사 인식 속에서 톡토의 폄출 및 죽음과 元의 쇠락이 연결되어 있었음을 보여준다.

舘을 맡게 되고 知經筵事에 임명되면서 조정의 실세로 부상했으며 톡토의 관직 중 하나였던 大司農까지 역임했다.[190] 이러한 분위기에서 至正 15년 (1355) 정월에는 톡토를 亦集乃路(治所는 현재 內蒙古自治區 額濟納旗 동남쪽 哈拉浩特 古城)로 안치시키고, 하사한 田土를 모두 회수하라는 조서가 내려졌다.[191] 이는 톡토의 식읍 淮安에 그를 묶어놓으려는 최초의 조치를 변경시킨 것으로 톡토의 세력 회복을 막기 위한 목적으로 시행되었던 것으로 보인다. 그러나 또 얼마 지나지 않아 3월에 톡토를 鎭西路(治所는 현재 雲南省 盈江縣 동쪽), 에센테무르를 碉門(治所는 현재 四川省 天全縣), 톡토의 장남 카라장은 肅州(현재 甘肅省 酒泉市), 톡토의 차남 삼보노는 蘭州(현재 甘肅省 蘭州市)에 안치하고 가산을 모두 몰수할 것을 감찰어사들이 건의했고 혜종은 이에 그대로 따랐다.[192] 이렇게 톡토 가문 전체가 귀양길에 오르고 난 뒤인 4월에 중서좌승상이었던 딩주가 중서우승상에 오르고, 카마가 중서좌승상에 임명되었다.[193]

딩주와 카마의 승상 임명과 동시에 이루어진 또 다른 인사 개편에도 주목할 필요가 있을 것 같다. 바로 수수가 어사대부가 되고, 太子詹事 셍게시리(桑哥失里, Senggesiri)가 중서평장정사가 되었다는 대목이다. 우선, 수수는 카마의 동생이기 때문에 이는 톡토-에센테무르 형제가 각각 중서성과 어사대를 장악했던 모습을 카마-수수 형제가 그대로 이어받았음을 상징하

---

190) 『元史』 卷43, 「順帝本紀六」, 918쪽.
191) 『元史』 卷44, 「順帝本紀七」, 922쪽.
192) 『元史』 卷138, 「脫脫傳」, 3348쪽.
193) 『元史』 卷44, 「順帝本紀七」, 924쪽. 이보다 2개월 전에 혜종은 에센테무르를 대신하여 어사대부가 된 옹기야누를 중서우승상에 임명했지만, 결과적으로 이는 카마가 중서좌승상이 되기 위한 중간 단계에 불과했던 것으로 보인다. 한편, 『高麗史』에는 딩주와 카마의 승상 임명을 고려에 알려왔던 기사가 恭愍王 3년 (1354)에 기록되어 있는데(『高麗史』 卷38, 「恭愍王世家一」, 恭愍王 3년 6월 庚子), 이는 마땅히 恭愍王 4년(1355)에 있어야 할 기사가 착오로 인해 잘못 기록된 것이다.

는 것이었다. 6월이 되면, 수수는 단본당까지 장악하게 되면서[194] 황태자와 더욱 긴밀한 관계를 형성할 수 있는 발판을 마련하게 된다. 한편, 셍게시리의 경우에는 이미 '太子詹事'라는 관직에서 보이듯이 황태자의 측근이었고 이때 중서평장정사가 된 것은 카마의 톡토 제거에 협조한 결과였다. 카마는 "太師(톡토)가 제거된 후 내가 우승상이 되면, 좌승상은 반드시 詹事가 맡을 것이다."라고 맹세를 한 바 있었고,[195] 그 약속을 지킨 것이었다. 이를 통해 카마와 황태자 사이의 관계는 더욱 긴밀해질 수 있었고, 차츰 권신의 지위를 향해 나아가고 있었던 카마는 더 나아가 황태자를 제위에 올리려는 '內禪'을 시도하게 된다.

카마-수수 형제가 조정의 대권을 실질적으로 장악하게 된 이후, 카마는 이전에 인도와 티베트 승려들을 몰래 혜종에게 추천하여 은밀한 방중술을 행하게 한 것이 훗날 자신이 비방을 당하는 원인이 될 것을 염려하게 되었다. 카마가 갑자기 자신의 행동을 후회하는 모습을 내비친 것은 아마도 황태자 아유시리다라가 이를 평소에 굉장히 증오했다는 점과도 관련되었다고 생각된다. 황태자와의 관계를 더욱 친밀하게 형성하기 위해서는 카마 스스로의 과오를 감출 필요가 있었던 것이다.[196] 문제는 카마와 함께 혜종을 현혹시키려는 계획을 꾸몄던 카마의 妹壻 투르테무르의 존재였다. 이와 관련된 내용을 기록하고 있는 『元史』 카마 열전과 『庚申外史』에서는 카마가 투르테무르를 제거하고자 하였고, 이를 알게 된 카마의 누이동생이 투르테무르에게 이 사실을 말해주었다는 점을 알려주고 있다. 그런데 이 두 기록의 차이점이 눈에 띄는데, 『庚申外史』에서는 투르테무르가 자신이 제거될 수도 있다는 사실을 알게 된 바로 다음 날에 카마-수수 형제가 쫓겨났다고만 간략하게 서술하고 있는 반면[197] 『元史』 카마 열전에는 태만해

---

194) 『元史』 卷44, 「順帝本紀七」, 924쪽.
195) 『南村輟耕錄』 卷15, 「幽圄」(元明史料筆記叢刊本, 北京: 中華書局, 1959, 179쪽).
196) 洪麗珠, 『肝膽楚越－蒙元晚期的政爭(1333-1368)』, 新北: 花木蘭文化出版社, 2011, 96쪽.

진 혜종을 대신해 황태자를 제위에 올리고 혜종을 태상황으로 받들겠다는 內禪 계획까지 기록되어 있다.[198]

『庚申外史』보다 자료적 신뢰도가 높은 『元史』에서 카마의 內禪 시도를 서술하고 있는 것을 보면, 이때에 혜종과 황태자 아유시리다라 사이에 제위계승분쟁의 전주곡이 시작되었다고 보아야 할 것이다. 이 계획을 혜종에게 알린 것은 바로 투르테무르였고, 혜종은 곧바로 카마-수수 형제를 중앙 조정에서 쫓아내려는 의지를 드러냈다. 물론, 혜종이 카마를 중서좌승상에 임명한 지 1년도 되지 않아 퇴출시키려 한 것에는 內禪 시도가 직접적인 원인으로 작용했지만 이것만으로 모든 일을 설명하기에는 부족함이 있다. 이때 카마가 기황후 및 황태자와 적극적으로 협조했다는 증거는 찾아볼 수 없기 때문이다. 內禪을 실제로 추진하지도 않고 시도의 '의지'만 보였던 상황에서 혜종이 이렇게 신속하게 대응한 것에는 또 다른 이유가 있었기 때문이 아니었을까 추정해볼 수 있다.

카마의 퇴출 이유를 추정해보기 위해서는 톡토를 다시 언급할 필요가 있다. 카마가 중서좌승상이 되었을 때 톡토는 高郵에서부터 安置 장소로 결정된 鎮西路까지 귀양의 길을 가고 있었다. 목적지에 근접한 騰衝府(治所는 현재 雲南省 騰衝縣)에 도착했을 때 知府인 高惠는 톡토를 정성스럽게 대접했다.[199] 그리고 얼마 지나지 않은 至正 15년 9월에 톡토를 阿輕乞

---

197) 『庚申外史』 卷下(任崇岳, 『庚申外史箋証』, 鄭州: 中州古籍出版社, 1991, 84쪽).
198) 『元史』 卷205, 「哈麻傳」, 4584쪽. 한편, 이 사건을 언급한 첵메드 체렝도르지는 몽골 학자 달라이의 연구를 인용하면서 "우승상 哈麻가 주도하여 토곤테무르칸을 살해하려는 음모"라고 서술했지만(첵메드 체렝도르지, 『14세기 후반 동아시아의 국제정세와 북원과 고려의 관계』, 한국학중앙연구원 한국학대학원 박사학위논문, 2011, 40쪽), 이는 사실과 다르다. 카마는 혜종을 태상황으로 만들어 실권을 없애려고 했던 것이었을 뿐 그를 살해하려는 단계까지 갔다는 것을 보여주는 증거는 없기 때문이다. 게다가 카마는 중서좌승상이었기 때문에 우승상이라고 서술한 것도 오류이다.
199) 『元史』 卷138, 「脫脫傳」, 3348쪽.

지역으로 옮겨 安置하라는 명령이 내려졌다.[200] 阿輕乞은 騰衝府에서 얼마 떨어지지 않은 곳으로 추정되는데,[201] 혜종은 그나마 귀양의 강도를 조금 낮춰준 것이었다. 그러나 3개월이 지난 12월에 톡토는 결국 죽음을 맞이하게 되는데, 이는 혜종의 뜻이 아니라 카마가 조서를 사칭한 결과였다. 카마는 톡토가 상황에 따라 또 다시 복귀할 수도 있는 가능성을 감지하고 권한을 넘어서는 일을 자행했던 것이다.[202] 그런데 흥미로운 것은 톡토의 죽음이 알려지자 중서성에서 尙舍卿을 보내 수의를 바꿔 입히고 시신을 殮襲해 주었다는 사실이다.[203] 이는 톡토의 죽음을 안타까워하는 분위기가 중앙 조정에서 이미 조성되었음을 의미하는 것으로 파악할 수 있고, 또한 카마의 內禪 시도로 인해 불편해진 혜종의 심기를 더욱 자극했으리라 추정된다. 『庚申外史』에서 혜종이 톡토에 대한 참소를 그때 알았다고 기록하고 있는 것[204]도 이러한 정황을 반영하고 있는 것이다.

결국 톡토가 죽고 1개월이 지난 至正 16년(1356) 정월에 혜종은 카마-수수 형제를 파직시켰다. 그 후 딩주는 중서우승상으로 복귀했고, 어사대부에는 초스감(搠思監, Čosgam)[205]이 임명되었다. 초스감은 至正 연간에

---

200) 『元史』 卷44, 「順帝本紀七」, 927쪽.

201) 邱樹森 主編, 『元史辭典』, 濟南: 山東教育出版社, 2000, 546쪽.

202) 카마가 저지른 이른바 '矯詔' 행동은 톡토를 죽이기 1개월 전에 중서우승상 딩주가 병으로 사직한 것(『元史』 卷44, 「順帝本紀七」, 928쪽)과도 관련이 있을 것이다. 상세한 정황은 파악되지 않지만, 딩주가 물러나면서 카마의 전횡을 견제할 수 있는 또 하나의 인물이 사라지게 된 것이기 때문이다.

203) 『元史』 卷138, 「脫脫傳」, 3348쪽.

204) 『庚申外史』 卷下(任崇岳, 『庚申外史箋証』, 鄭州: 中州古籍出版社, 1991, 85쪽).

205) 搠思監이라는 인명의 발음 복원은 연구자에 따라 차이가 있다. Cleaves는 Paul Pelliot와 Louis Hambis의 주장을 받아들여 'Čösgem'으로 복원했고(Francis Woodman Cleaves, "The Sino-Mongolian Inscription of 1346", *Harvard Journal of Asiatic Studies* Vol. 15, No. 1/2, 1952, pp.92~93), 첵메드 체렝도르지는 '소슬란'으로 복원했다(첵메드 체렝도르지, 『14세기 후반 동아시아의 국제정세와 북원과 고려의 관계』, 한국학중앙연구원 한국학대학원 박사학위논문, 2011, 34쪽). 최근에 윤은숙은 '치수간(Čisugan)'이라는 새로운 명칭을 제시하

중서성, 어사대 등에서 여러 관직을 역임한 바 있고 자정원사에도 임명된 적이 있었다.[206] 아마 초스감은 혜종과 기황후 모두에게서 신임을 받았던 것으로 보이고, 이를 바탕으로 어사대부가 되자마자 카마-수수 형제를 공격했다. 혜종은 초스감의 말을 듣고서도 적극적인 반응을 보이지 않았지만, 딩주와 셍게시리가 카마 형제의 죄악을 상주하면서 상황은 달라졌다. 중서우승상 딩주 역시 카마에 대해 불편한 감정을 가지고 있었던 것이었고, 심지어 카마 때문에 중서평장정사에 오를 수 있었던 셍게시리마저도 카마 형제에게 등을 돌렸던 것이다.[207] 결국 혜종은 카마와 수수를 각각

기도 했다(윤은숙, 「大元帝國 말기 奇皇后의 內禪시도」『몽골학』47, 2016, 17쪽). 이에 필자는 's' 발음이 확실한 思 이외에『몽골비사』와『華夷譯語』에서 '搠'이 어떤 발음을 표기하는지를 확인해보았다. 우선 搠은『몽골비사』141절에 나오는 인명 중에서 巴中忽·搠舌羅吉이 보이는데 이를 Baqu-čorogi로 전사(유원수 역주,『몽골비사』, 사계절, 2004, 372쪽)했기 때문에 搠은 'čo' 발음에 해당된다. 이외에도 čo를 搠으로 표기한 사례는 상당히 많다(栗林均 編,『『元朝秘史』モンゴル語漢字音譯·傍譯漢語對照語彙』, 仙台: 東北大學東北アジア研究センター, 2009, 125쪽).『華夷譯語』에는 鎖를 뜻하는 몽골어를 '搠斡兒中合'이라고 기록했는데, 이는 čo'orqa로 전사할 수 있다(栗林均 編,『『華夷譯語』(甲種本)モンゴル語全單語·語尾索引』, 仙台: 東北大學東北アジア研究センター, 2003, 28~29쪽 ; 黃宗鑑,『《華夷譯語》研究』, 北京: 昆侖出版社, 2014, 252쪽). 이때에도 搠은 'čo' 발음을 표기한 것이다. 監은『몽골비사』와『華夷譯語』에서 쓰이지 않고 있고, 몽골어 표기를 위해서 많이 사용된 글자는 아니었다. 그렇다면 이것이 티베트어 chos sgam을 표기한 형태라고 추정했던 Pelliot의 언급을 수용하여 필자는 이의 몽골 형태인 Čosgam으로 우선 받아들이고자 한다. 차후 티베트어의 한문 표기에서 監이 어떻게 사용되는지에 대해서는 별도의 조사가 필요할 것이다.

206) 至正 16년 이전까지 초스감의 관직 경력에 대해서는『元史』卷205, 「搠思監傳」, 4585~4586쪽을 참고. 초스감의 家系와 선조들의 활약에 대해서는 최근에 발표된 翁根其其格,『蒙元時期克烈部也先不花家族史事研究』, 內蒙古大學 碩士學位論文, 2015에 비교적 상세하게 서술되어 있다.

207)『南村輟耕錄』의 기록에 따르면, 카마는 권력을 독차지하기 위해 셍게시리를 宣政院使에 임명할 것을 혜종에게 상주했다고 되어 있는데 이는 카마와 셍게시리의 협력 관계가 금방 무너졌음을 보여주고 있다.『南村輟耕錄』卷15, 「幽圄」(元明史料筆記叢刊本, 北京: 中華書局, 1959, 179쪽)를 참고.

惠州(현재 廣東省 惠州市)와 肇州(현재 黑龍江省 肇源縣의 서쪽)에 安置할
것을 명했다가 곧 주살시켜 버렸다. 이렇게 기황후와 황태자가 직접적으로
연루되지는 않은 1차 內禪 시도는 실패로 끝났다. 혜종의 신임 여부가 여
전히 권신의 生死를 결정하고 있었던 것이다.

1차 內禪 시도는 카마 형제가 사망하면서 종결되었고, 그 직후에 기황
후의 선조 三代에게 하사할 공신 諡號와 王爵을 정하게 했다는 기록[208]이
있는 것을 보면 기황후 혹은 황태자의 위상은 오히려 더욱 강고해졌다는
것을 알 수 있다. 4월에는 초스감이 중서좌승상으로 임명되었고,[209] 이듬
해 至正 17년(1357) 5월에는 초스감이 중서우승상, 太平이 중서좌승상에
각각 임명되었다.[210] 太平은 톡토가 至正 9년에 중서우승상으로 복귀할 때
쫓겨났다가 톡토가 폄출된 이후인 至正 15년에 江浙行省左丞相과 淮南行
省左丞相을 거쳐 이때 비로소 중서좌승상으로 돌아왔다. 톡토-카마 사이의
정쟁과 그로 인한 여파로 인해 혼란스러웠던 중앙 조정의 정국이 초스감-
太平의 두 승상 체제로 안정화되었던 것이었다.

그러나 강남 군웅 세력의 확장 속에서 안정이 오랫동안 유지되기는 어
려웠다. 특히 元을 향한 반란의 움직임이 지금의 山東 일대까지 확대되면
서 자칫 대도나 상도까지 직접적인 위협에 처할 수도 있었다. 이에 혜종은
至正 18년(1358) 2월에 타이부카(太不花, Tai-Buqa)를 중서우승상에 임명
하고 山東에서 병력을 지휘하게 하였다.[211] 아직 초스감이 중서우승상이
고, 그가 물러났다는 별다른 기록이 없는 상황에서 타이부카를 중서우승상
에 임명했다는 것은 분명 앞뒤가 맞지 않는 부분이다. 필자는 紅巾 세력의

---

208) 『元史』 卷44, 「順帝本紀七」, 930쪽. 논의가 정해지고 3개월 뒤, 기황후의 부친
이 지녔던 榮安王을 敬王으로 격상하고 조상 三代에게 王號를 追贈한 기사가 『
高麗史』에 기록되어 있는 것(『高麗史』 卷39, 「恭愍王世家二」, 恭愍王 5年 5月
戊子)이 확인된다.
209) 『元史』 卷44, 「順帝本紀七」, 931쪽.
210) 『元史』 卷45, 「順帝本紀八」, 937쪽.
211) 『元史』 卷45, 「順帝本紀八」, 941쪽.

홍기가 시작된 至正 11년에 이를 막기 위해 설치된 中書分省을 타이부카가 통합하라는 것이 아니었을까 생각하지만, 더 이상의 자세한 내막은 파악하기 어렵다.

문제는 타이부카가 太平과 불편한 관계에 있었다는 사실이다. 타이부카는 톡토에 의해 太平이 쫓겨나는 것에 도움을 주기도 했고, 太平이 복귀하자 이에 불만을 품고 일부러 戰果를 올리지 않기도 했던 것이다. 게다가 타이부카 본인이 중서우승상이 되고 난 이후에는 太平을 戰場에 끌어들여 해칠 생각까지 가지고 있었다.[212] 이에 중앙 조정의 감찰어사들은 타이부카를 탄핵했고, 혜종은 3개월 만에 타이부카의 관작을 삭탈하고 蓋州(현재 遼寧省 蓋州市)에 安置할 것을 명했다.[213] 타이부카는 자신의 부하였던 유카라부카(劉哈剌不花, 劉Qara-Buqa)의 도움을 받아 위기를 모면하고자 했지만, 오히려 太平을 만난 유카라부카는 방법이 없다는 것을 알고 타이부카를 배신하는 바람에 결국 타이부카는 주살되었다.[214] 이는 반란을 진압할 사령관이 중앙 조정과 연계된 갈등으로 인해 처벌된 또 다른 사례라고 할 수 있고, 당시에 元代 정국이 얼마나 혼란스러웠는지를 보여주고 있다.

정국의 혼란은 멈추지 않았다. 타이부카가 주살된 지 4개월이 지난 10월에 이번에는 초스감이 偽鈔 제작을 이유로 탄핵을 당했고, 혜종은 그 印綬를 회수하라는 명령을 내렸다.[215] 이때 중서좌승상 太平은 초스감을 힘써 변호했고, 심지어 太平 자신의 봉록을 써서 초스감을 구제해주었을 정도였다.[216] 그만큼 두 승상 사이의 관계는 나쁘지 않았던 것이라고 판단되지만, 문제는 초스감이 파직되면서 새로운 중서우승상이 임명되지 않았다

---

212) 『元史』卷141, 「太不花傳」, 3381~3383쪽.
213) 『元史』卷45, 「順帝本紀八」, 943쪽.
214) 『元史』卷141, 「太不花傳」, 3383쪽 ; 『元史』卷188, 「劉哈剌不花傳」, 4307~4308쪽.
215) 『元史』卷45, 「順帝本紀八」, 945쪽 ; 『元史』卷205, 「搠思監傳」, 4586~4587쪽.
216) 『元史』卷140, 「太平傳」, 3370쪽.

는 것이었다. 결국 중서좌승상 太平이 정국을 주도하게 되는데, 이때에 2
차 內禪 시도가 발생했다.

至正 19년(1359) 4월, 혜종은 天壽節의 朝賀를 받지 않겠다고 선언했고
여러 신하들이 이를 만류했음에도 자신의 의사를 철회하지 않았다. 혜종은
제국의 위기에 직면하여 자신의 不德을 언급하며 처절한 반성의 자세를 취
하고 있었던 것이다.[217] 이러한 상황에서 황태자와 기황후는 여전히 세력
확장에 몰두하는 모습을 보인다. 5월에는 황태자가 직접 北邊을 순시하며
軍民을 안무하겠다고 주청했는데 어사대에서 이를 만류하는 상소를 올려
혜종이 어사대의 손을 들어준 일이 있었다.[218] 여기에서 '北邊'은 무종, 태
정제, 명종 등의 황제들이 즉위 이전 세력 기반을 형성했던 상징적인 공간
이라고 할 수 있는데 황태자가 여기에 스스로 가겠다고 한 것에서 자신의
정치·군사적 기반을 확보하려는 의도가 드러나고 있다. 물론, 至正 18년
12월에 關先生 등의 紅巾 세력에 의해 상도가 함락되어 궁궐이 불에 타는
최악의 사태가 전개되었지만 기본적으로 北邊 지역은 이때 일어난 반란의
영향을 크게 받지 않는 곳이었다. 황태자가 北邊으로 가겠다고 자청한 것
은 紅巾 세력의 진압과는 큰 연관이 없었고 본인의 세력 구축이라는 측면
에서 바라보아야 할 필요가 있다.

황태자가 北邊으로 가려는 시도는 좌절되었지만, 2개월 후에 기황후는
차간노르(察罕腦兒, Čaγan na'ur)宣慰司[219]의 땅을 자정원에 예속시켜달라

---

217) 『元史』 卷45, 「順帝本紀八」, 947쪽.
218) 『元史』 卷45, 「順帝本紀八」, 947쪽.
219) 元代의 차간노르는 대도와 상도 사이에 있는 지명으로 황제의 行宮이 위치했다
　　는 기록들을 통해 주로 등장하는데, 이외에도 현재의 오르도스[鄂爾多斯市 근
　　처에도 같은 지명이 존재했고 정치·군사적으로 상당히 중요한 위상을 가지고
　　있었다는 점에 주목해야 한다. 차간노르선위사는 현재의 오르도스市 부근에 설
　　치되었고, 다기나 보타시리 태후의 경제적 기반으로서의 역할을 수행하기도 했
　　다. 이에 관한 상세한 내용은 周淸澍, 『元蒙史札』, 呼和浩特: 內蒙古大學出版社,
　　2001, 271~289쪽을 참고.

고 청했고 혜종은 이를 받아들였다.[220] 자정원이 설치되었을 때 그 경제적 기반은 集慶路(治所는 현재 江蘇省 南京市)의 錢糧이었는데, 강남 군웅 세력들의 활동으로 인해 이 지역이 元의 통제에서 벗어나면서 기황후는 새로운 보급 기지를 찾고자 했던 것이다.[221] 차간노르선위사 관할 지역이 集慶路보다 경제적으로 더 풍족했을 것 같지는 않지만, 정치·군사적으로 상당히 중요한 위상을 가지고 있었던 점을 감안한다면 기황후는 元의 상징적인 공간을 확보하는 성과를 올렸다고 할 수 있다.

이렇게 기황후와 황태자가 스스로의 권위를 강화하는 과정 속에서 2차 內禪 시도가 이루어졌다. 우선, 『元史』의 「順帝本紀」에서는 그 결과가 간략하게 기록되어 있다. 至正 19년 12월에 황태자가 太平이 자신의 뜻을 거역한 것에 불만을 품고 太平이 기용한 중서좌승 成遵과 참지정사 趙中을 뇌물죄로 무고하여 죽였다는 것이다.[222] 황태자 아유시리다라의 이러한 행동은 太平을 압박하기 위한 것이었는데, 그 이유는 결국 황태자와 太平 사이의 갈등 관계로 설명할 수 있다. 특히 기황후와 황태자가 2차 內禪을 시도하면서 당시 정국을 이끌고 있었던 太平과 협의하고자 했지만, 太平이 이에 응하지 않은 것이 갈등 생성의 결정적인 원인으로 작용하였다.[223] 혜

---

220) 『元史』卷45, 「順帝本紀八」, 948쪽.

221) 李龍範, 「奇皇后의 册立과 元代의 資政院」 『歷史學報』 17·18, 1962, 500쪽 ; David M. Robinson, *Empire's Twilight: Northeast Asia under the Mongols*, Cambridge & London: Harvard University Press, 2009, p.120.

222) 『元史』卷45, 「順帝本紀八」, 949쪽. 成遵 열전에는 총 6명이 황태자의 음모에 연루되어 처벌을 받았던 것으로 기록되어 있다(『元史』卷186, 「成遵傳」, 4282쪽). 한편, 李龍範은 이때의 內禪을 설명하면서 이 기사에는 주목하지 못하고 사건이 至正 20년(1360)에 발생했던 것으로 추정했지만(李龍範, 「奇皇后의 册立과 元代의 資政院」 『歷史學報』 17·18, 1962, 507쪽), 太平에 대한 황태자의 압박은 이미 至正 19년 말부터 시작되었던 것이 확인되므로 2차 內禪 시도는 至正 19년의 일이라고 파악할 수 있다고 본다. 한편, 성준의 행적을 대원제국의 정치 상황과 결부시켜 전반적으로 설명한 연구로는 楊育鎂, 「元人成遵仕宦考述」 『淡江人文社會學刊』 24, 2005를 참고.

223) 『元史』卷140, 「太平傳」, 3370쪽 ; 『元史』卷204, 「朴不花傳」, 4552쪽. 기황

종은 기황후의 뜻을 감지하고, 분노의 표시로 2개월 동안 기황후를 만나지 않았고,[224] 결국 2차 內禪 시도 역시 실패로 마무리되었다.[225] 그러나 1차 內禪 시도 때와는 달리 기황후와 황태자가 직접 행동에 나서기 시작했다는 것은 제위를 둘러싼 조정 내부의 분쟁이 갈수록 첨예해지고 있음을 보여주는 지표와도 같았다.

비록 2차 內禪 시도는 성공하지 못했지만, 정치적 여파는 대원제국 정치 구도의 재편을 야기했다. 至正 20년(1360) 2월에 太平은 결국 파직되어 太保의 직함만을 유지한 채 상도로 쫓겨났고, 3월에 초스감이 중서우승상으로 복귀했던 것이다.[226] 太平이 파직될 때에 어사대에서는 국가의 위기 극복을 위해서 이를 막아야 할 것을 건의했지만, 혜종은 이에 "따를 수 없었다."고 기록되어 있다.[227] 이 기록을 통해서 혜종이 어사대의 만류를 주

후·황태자와 太平의 갈등 관계는 『庚申外史』의 서술에서도 확인된다. 『庚申外史』卷下(任崇岳, 『庚申外史箋証』, 鄭州: 中州古籍出版社, 1991, 105~106쪽).

224) 『元史』卷114, 「后妃傳一」, 2880쪽.

225) 티베트어 사료인 『漢藏史集』에도 이때의 계승문제에 대해 언급한 기록이 보이는데, 한문 사료와는 정반대의 내용을 담고 있다. 혜종은 漢人 占卜者가 황태자에게 제위를 계승해야 재앙이 없어질 것이라는 말을 듣고 이를 그대로 시행하라는 조서를 내리고 신료들의 동의를 얻었지만 아유시리다라는 황제가 사망한 것도 아닌데 제위를 절대 계승할 수 없다고 하며 혜종의 뜻을 받아들이지 않았다는 것이다. 『漢藏史集』의 저자는 티베트에서 조정으로 갔던 法師들의 말을 근거로 이러한 내용을 서술했다고 기록했다. 혹시 2차 內禪 시도가 실패하고 혜종의 강고한 권력 의지를 확인한 아유시리다라가 의례적으로 사양의 발언을 한 것일 수도 있겠지만, 티베트어 사료에 이러한 내용이 보이는 정황에 대해서는 차후 별도의 연구가 필요할 것이라 생각된다. 이 부분은 達倉宗巴·班覺桑布 著, 陳慶英 譯, 『漢藏史集』, 拉薩: 西藏人民出版社, 1986, 158~159쪽(티베트어 원문은 藏文 鉛印版本 『漢藏史集』, 成都: 四川民族出版社, 1985, 260쪽)을 참고. 최근에 티베트어 사료인 『漢藏史集』에 대한 한국어 해설 및 역주 성과가 나와 큰 도움을 줄 것으로 예상된다. 앞의 일화는 최소영, 『15세기 티베트 저작 『漢藏史集(Rgya bod yig tshang)』 譯註와 연구』, 서울대학교 대학원 동양사학과 박사학위논문, 2019, 301~302쪽을 참고.

226) 『元史』卷45, 「順帝本紀八」, 950쪽.

227) 『元史』卷140, 「太平傳」, 3370쪽.

체적으로 수용하지 않은 것이라기보다는 혜종도 어쩔 수 없이 太平을 파직
시킬 수밖에 없었음을 알 수 있다. 그만큼 기황후·황태자의 정치적 영향력
이 상당히 커져 있었던 것이다. 太平이 상도로 쫓겨난 것도 陽翟王 알쿠이
테무르(阿魯輝帖木兒, Alqui-Temür)가 반란[228]을 일으킨 곳으로 太平을 보
내 목숨을 잃게 하려는 황태자의 의도에서 비롯된 것이었다. 太平을 축출
한 후, 元 중앙 조정은 다시 초스감이 단독으로 중서우승상을 맡는 獨相
체제로 운영되었다.[229] 이때부터 초스감은 자정원사 박부카[朴不花]와 함
께 조정을 좌지우지했고, 이는 기황후와 연합하여 혜종의 권위를 약화시키
는 것으로 연결되었다.

기황후와 황태자의 정권 장악에 제동이 걸렸던 것은 至正 23년(1363)이
되어서였다. 감찰어사 傅公讓 등이 박부카와 그 당여인 토곤(脫歡, Toyon)
을 탄핵했던 것이다. 기황후는 황태자에게 사건을 해결할 것을 요구했고,
황태자는 감찰어사들을 모두 축출하는 것으로 대응했다.[230] 그러나 어사대
도 뜻을 굽히지 않았고, 治書侍御史 陳祖仁은 황태자가 직분을 넘어서서
행동하고 있고 박부카와 토곤의 교만함을 황태자만 모르고 있다는 강력한
발언들을 쏟아낸 후 사직했다. 이에 황태자는 박부카와 토곤을 관직에서
물러나게 했지만, 이는 표면적인 조치에 불과했다. 이후 陳祖仁과 侍御史
李國鳳은 혜종에게 박부카와 토곤을 貶斥해야 한다는 상소를 올렸다가 모

---

228) 알쿠이테무르는 우구데이의 일곱 번째 아들인 멜릭(滅里, Meliq)의 후손으로,
　　 혜종이 제국의 절반을 빼앗겼다는 이유로 반란을 일으켰다가 至正 21년(1361)
　　 에 진압되었다(『元史』 卷206, 「阿魯輝帖木兒傳」, 4596~4597쪽). 陽翟王의 家系
　　 에 대해서는 張岱玉, 「元朝高闊台系諸王爵邑考」 『元史及民族與邊疆研究集刊』
　　 28, 上海: 上海古籍出版社, 2014, 13~15쪽을 참고.
229) 기황후와 황태자의 지원을 받아 獨相이 된 초스감은 이때부터 명실상부한 권신
　　 의 지위를 확보했다. 그러나 三公의 작위 중 가장 낮은 太保에 머물렀던 점과
　　 先祖 三代는 王號를 받았지만 본인은 王號를 받지 못했다는 점, 다르칸 칭호를
　　 받지 못했다는 점 등은 이전의 엘테무르, 바얀, 톡토와 같은 위상은 가지지 못
　　 했음을 의미한다.
230) 『庚申外史』 卷下(任崇岳, 『庚申外史箋証』, 鄭州: 中州古籍出版社, 1991, 119쪽).

두 쫓겨났다.[231)

당시 기황후는 고려 공민왕에 대한 복수 및 세력 강화 차원의 고려 원정[232)에 신경을 집중하고 있었던 탓에 중앙 조정의 일은 황태자가 처리를 하려고 했던 것으로 보인다. 하지만, 앞에서 살펴보았듯이 황태자에 반대하는 세력은 생각보다 강력한 대응을 했고 이에 황태자는 어사대부 로디샤(老的沙, Lodisha)[233)에게 분노의 화살을 돌렸다. 복귀의 가능성이 있었던 太平을 탄핵하여 결국 자살하게 만들었을 정도로 황태자는 점점 政敵 제거에 혈안이 되어 있었고,[234) 결국 혜종의 외삼촌이기도 했던 로디샤도 제거 대상이 되고 말았다. 초스감은 황태자의 뜻을 따라 로디샤를 포함한 여러 인물들을 무고했고, 로디샤는 요행히 목숨을 건져 大同(현재 山西省 大同市)에 있던 볼로드테무르(孛羅帖木兒, Bolod-Temür)의 진영으로 도망갔다.

---

231) 陳祖仁이 올린 상소의 자세한 내용에 대해서는 『元史』 卷186, 「陳祖仁傳」, 4274~4275쪽을 참고.

232) 고려 공민왕이 기황후의 兄인 奇轍을 죽인 것은 至正 16년(1356)의 일이었는데, 그때 당시에는 별다른 조치를 취하지 못하고 있다가 至正 22년(1362)에 공민왕을 폐위시키려는 움직임이 시작되었다(『高麗史』 卷40, 「恭愍王世家三」, 恭愍王 11年 12月 癸酉). 至正 23년(1363)에는 공민왕 폐위를 둘러싸고 元과 고려 조정 사이에 갈등이 지속되었고, 이듬해 至正 24년(1364) 정월에 元의 1만 군사가 압록강을 건넜다가 오히려 고려군에 의해 크게 패배하였다. 기황후의 고려 원정 실패는 그녀의 위상에 결정적인 타격을 입혔고, 황태자와 어사대의 갈등은 기황후 세력이 잠시 주춤하는 사이에 정국이 예상치 못한 방향으로 전개되는 데에 일조했다. 한편, 기황후의 공민왕 폐위 시도 배경과 의미에 대해서는 李命美, 「奇皇后세력의 恭愍王 폐위시도와 高麗國王權－奇三寶奴 元子책봉의 의미」 『歷史學報』 206, 2010에서 비교적 상세하게 다루고 있다. 이익주 역시 이 사건에 주목하면서 원과 고려의 관계를 새로운 형식으로 만들어가려고 했던 것이라고 평가했다(이익주, 「14세기 후반 고려-원 관계의 연구」 『동북아역사논총』 53, 2016, 365~366쪽). 기황후와 황태자는 元 내에서의 제위계승 질서를 새롭게 편성하려는 시도에 이어 고려의 왕위계승까지 자신들이 위주가 된 질서로 재편하려고 했던 것이다.

233) 로디샤의 출신 및 행적에 대한 간명한 연구로는 馬娟, 「元代哈剌魯人老的沙述略」 『回族研究』 2005-2를 참고.

234) 『元史』 卷140, 「太平傳」, 3371쪽.

紅巾 세력의 등장 이후, 이를 진압하는 과정에서 일부 지역 군벌의 힘이 성장하게 되는데 至正 23~24년의 시점에 가장 대표적인 인물은 바로 大同 의 볼로드테무르와 冀寧(현재 山西省 太原市)의 쿠케테무르(擴廓帖木兒, Köke-Temür)였다. 그들은 각각 부친 타스바아투르(荅失八都魯, Tas-Ba'atur) 와 차간테무르(察罕帖木兒, Čayan-Temür)의 군사력을 물려받았고, 세력 확장을 위해 서로 대립하는 단계에 놓여 있었다.[235] 게다가 볼로드테무르 와 쿠케테무르 모두 至正 22년(1362)에 중서평장정사의 직함을 받아놓은 상태였기 때문에 중앙 조정의 정국에 간여할 수 있는 위치에 올라 있었다. 이러한 상황에서 황태자의 압박을 피해 볼로드테무르의 진영으로 도망친 로디샤의 처결 여부는 상당히 민감한 사안으로 확대되었다. 여기에 로디샤 를 끝까지 보호하려 했던 혜종이 볼로드테무르에게 은밀히 그들의 행적을 숨겨달라는 명령을 내리면서[236] 이 갈등이 황제와 황태자 사이의 분쟁으 로 연결될 조짐까지 보이고 있었다.

至正 24년(1364) 3월, 황태자 아유시리다라는 로디샤를 소환하는 것에 실패하자 역모를 꾸미고 있다는 혐의를 만들어 볼로드테무르의 兵權을 해 제하고 관작을 삭탈하라는 조서를 이끌어냈다. 이때 中書參議였던 李士瞻 은 "권력을 삭탈하는 일은 중대한 것이니 마땅히 먼저 군사를 배치하여 수 도 부근을 지켜야 합니다."[237]라고 건의했다. 이는 군사력이 동반되어야 할

---

235) 타스바아투르-볼로드테무르 父子와 차간테무르-쿠케테무르 父子(실제로 쿠케 테무르는 차간테무르의 조카이고, 차간테무르가 어렸을 때부터 쿠케테무르를 양육하면서 양자로 삼았다)의 활약 및 대립의 과정은『元史』본기와 열전의 곳 곳에 서술되어 있다. 상세한 내용은 John W. Dardess, *Conquerors and Confucians: Aspects of Political Change in Late Yüan China*, New York and London: Columbia University Press, 1973, pp.132~146을 참고. 紅巾 세력의 출현 이후 군벌들의 등장과 세력 구도에 대해서는 周松, 「元末黃河中游地區的 政治形勢與軍閥集團」『中國歷史地理論叢』21-1, 2006을 참고.

236)『元史』卷141,「察罕帖木兒傳」, 3390쪽.

237)『經濟文集』卷6,「附錄·翰林學士承旨榮祿大夫知制誥兼修國史王時題盖翰林承旨 楚國李公行狀」.

정도로 볼로드테무르를 상대하는 일이 어려웠다는 점을 암시한다. 그러나
별다른 대비 없이 혜종은 황태자의 뜻에 따라 볼로드테무르의 兵權과 관작
을 모두 삭탈하고 사천 지역으로 돌아가라는 조서를 내렸던 것이다.[238]

하지만 볼로드테무르는 이 조서가 혜종의 진심이 아니라는 이유를 들며
명령에 따르지 않았고, 오히려 로디샤와 함께 도망쳐 왔던 투겐테무르(禿
堅帖木兒, Tügen-Temür)가 이끄는 군대를 궁궐로 보내는 무력시위를 4월
에 감행했다. 혜종은 갈등이 커지는 것을 막기 위해 초스감을 嶺北으로, 박
부카를 甘肅으로 보내라는 조서를 내리기도 했지만 실제로는 처벌이 시행
되지 않자 투겐테무르는 초스감과 박부카를 잡아서 보낼 것을 요구했다.
결국 혜종은 초스감과 박부카를 투겐테무르에게 보냈고, 볼로드테무르의
관작을 이전처럼 복귀시킨다는 조서를 다시 내렸다. 또한, 볼로드테무르에
게 太保의 직함이 더해지고 투겐테무르가 중서평장정사에 임명되기까지
했다.[239] 이 과정에서 기황후와 황태자는 별다른 조치를 취하지 못했고, 혜
종이 볼로드테무르의 요구를 그대로 들어주면서 초스감과 박부카는 결국
볼로드테무르에 의해 살해되었다.

기황후와 황태자는 심복인 초스감과 박부카를 혜종이 순순히 볼로드테
무르 진영에 넘긴 상황에서 이제 쿠케테무르에 의지하게 되었다. 하지만
쿠케테무르가 본격적으로 볼로드테무르를 공격할 태세를 갖추자 볼로드테
무르는 투겐테무르와 로디샤를 이끌고 7월에 다시 대도로 침입했다. 새로
중서좌승상으로 임명된 이수(也速, Yisü)[240]의 군대는 싸울 의지가 결여되
어 모두 흩어져 버렸고, 결국 황태자는 쿠케테무르의 본진이 있는 冀寧으

238) 『元史』 卷46, 「順帝本紀九」, 966쪽.
239) 『元史』 卷46, 「順帝本紀九」, 966쪽.
240) 이수에 대해서는 최근 그의 행적을 중심에 두고 당시 대원제국의 정국을 설명
     한 연구가 발표되어 참고의 가치가 있다. 이는 張岱玉, 「元朝末代中書右丞相也
     速行迹及其與時局關係探究」 『元史及民族與邊疆研究集刊』 32, 上海: 上海古籍
     出版社, 2017을 참고.

로 달아났다.[241] 대도에 입성한 볼로드테무르와 로디샤는 각각 중서좌승상과 중서평장정사에 임명되었고, 주요 관직은 모두 그 휘하의 인물들이 차지했다.[242] 지역 군벌 세력이 중앙 조정의 통제를 벗어나 있다가 내분을 틈타 군사력을 활용하여 궁성을 장악하고 승상에까지 임명된 초유의 사태였다. 한 달이 지난 후에 혜종은 볼로드테무르를 중서우승상에 임명했고, 전국의 軍馬를 장악하게 했다.[243] 물론 톡토가 중서우승상으로서 병권을 장악했었지만, 이는 徐州와 高郵를 정벌하기 위한 목적이 있었기 때문에 가능했다. 그러나 볼로드테무르는 중서우승상으로서 평상시에도 전국의 군사력을 관할하는 막대한 권한을 받게 되었고, 이 과정이 계승후보자인 황태자와의 직접적인 충돌을 통한 것이었기 때문에 제위계승분쟁과도 얽혀 있을 수밖에 없었다.

실제로 볼로드테무르는 탈출한 황태자를 쫓아가 잡으려 했다가 로디샤의 만류로 그만둔 일이 있었고, 우승상이 된 이후에도 황태자가 있는 곳으로 여러 차례 사신을 보내 대도로 돌아올 것을 촉구했다.[244] 하지만 황태자가 무작정 환궁할 리가 없었고, 이에 볼로드테무르는 황태자를 교체하기 위한 계획을 진행했다. 『元史』에는 볼로드테무르의 황태자 교체 시도에 대한 언급이 없지만, 『草木子』에는 관련 기록이 남아 있다. 高麗氏 태자를 폐하고 雍吉剌 소생의 幼子 雪山을 세우려고 했다는 것이다.[245] 고려씨 태

---

241) 『元史』卷142,「也速傳」, 3402쪽. 당시 中書參知政事였던 李士瞻이 혜종에게 국가의 정세가 망해가는 기운이 있고 다시 떨치려는 위세가 없으며 곤경에 빠진 국가를 구하려는 의지조차 없다는 점을 지적하면서 볼로드테무르를 토벌해야 된다는 상소를 올렸지만, 혜종은 응답하지 않았다(『經濟文集』卷6,「附錄・翰林學士承旨榮祿大夫知制誥兼修國史王時題盖翰林承旨楚國李公行狀」). 이렇게 혜종이 볼로드테무르에 대한 적극적인 공세를 취하지 않는 태도를 보이면서 군사들은 혜종과 황태자의 서로 다른 명령 사이에서 우왕좌왕할 수밖에 없었다.

242) 『元史』卷46,「順帝本紀九」, 967쪽.

243) 『元史』卷46,「順帝本紀九」, 968쪽. 『一山文集』卷6,「劉則禮傳」에는 이때 볼로드테무르가 '스스로' 중서우승상이 되었다고 서술하기도 했다.

244) 『元史』卷207,「孛羅帖木兒傳」, 4604쪽.

자는 당연히 기황후의 아들인 아유시리다라를 의미하고, 雍吉剌은 콩기라
트를 가리키므로 결국 바얀쿠투 황후를 지칭하는 표현이다. 그렇다면 바얀
쿠투에게는 『元史』의 열전에 기록된 친킴 이외에 雪山이라는 아들이 있었
다는 것을 확인할 수 있다. 결국 콩기라트 출신 바얀쿠투의 아들은 황태자
아유시리다라의 지위를 언제라도 끌어내릴 수 있는 존재였던 것이다. 그래
서 볼로드테무르는 권력을 손에 넣자마자 제위계승에 직접적으로 간여하
는 방식으로 기황후-아유시리다라와 맞섰다. 바얀쿠투 역시 황태자 교체
에 일정 정도 개입하면서[246] 권신 볼로드테무르를 지원했다.

  그러나 至正 25년(1365)에 황태자가 쿠케테무르를 중심으로 군사력을
결집하고 대도를 압박하기 시작하면서 볼로드테무르는 수세에 몰렸다. 황
태자는 冀寧에 있으면서 상도에 分省을 설치하여 관원을 임명하고,[247] 자
신의 지위를 활용하여 甘肅과 嶺北 및 遼陽, 陝西 등에 있는 諸王들의 군대
도 동원했다.[248] 4월에는 볼로드테무르의 본진인 大同이 쿠케테무르의 부
하인 關保에 의해 함락되면서[249] 볼로드테무르는 자신의 근거지를 상실하
고 대도에서 포위된 형국에 놓이게 되었다.

  사방의 군사들이 대도로 진격할 준비를 마친 상황에서 볼로드테무르는
불안감에 사로잡혀 매일 술을 마시고 사람을 죽이는 등 횡포를 자행하기
시작했다.[250] 특히 볼로드테무르가 女色에 탐닉했음을 추정하게 하는 기록
이 있는데,[251] 그 정도가 심해지면서 혜종의 심기까지 불편하게 만들었던

---

245) 『草木子』 卷3上, 「克謹篇」(元明史料筆記叢刊本, 北京: 中華書局, 1959, 45쪽).
246) 윤은숙, 「大元帝國 말기 奇皇后의 內禪시도」 『몽골학』 47, 2016, 18쪽.
247) 『元史』 卷145, 「達禮麻識理傳」, 3453쪽.
248) 『元史』 卷142, 「也速傳」, 3402쪽.
249) 『元史』 卷46, 「順帝本紀九」, 969쪽.
250) 『元史』 卷207, 「孛羅帖木兒傳」, 4604쪽.
251) 볼로드테무르는 기황후를 유폐했다가 100일이 지나 풀어주었는데, 이는 기황후
   가 여러 차례 볼로드테무르에게 미녀를 보내주었기 때문이었다(『元史』 卷114,
   「后妃傳一」, 2881쪽). 심지어 『庚申外史』에는 볼로드테무르가 기황후의 거처에

것으로 보인다. 볼로드테무르가 중서우승상이 될 수 있었던 이유는 자신의 군사력은 물론이고 혜종의 암묵적 지지가 확보되었기 때문이었는데, 어느 순간 볼로드테무르는 혜종의 위상을 고려하지 않고 있었던 것이다. 볼로드테무르가 혜종이 총애하는 여성을 취하자 혜종이 "나를 기만하는 것이 이에 이르렀다는 말인가?"라고 했다는 『庚申外史』의 기록은 사실의 여부를 떠나서 볼로드테무르가 혜종의 권위를 생각하지 않고 있었던 정황을 보여준다.[252]

혜종은 즉위할 때부터 계승을 둘러싼 분쟁과 권신들 사이의 갈등이라는 복잡한 정치적 상황에 직면했다. 심지어 혜종은 제위를 박탈당할 수도 있는 위기를 여러 차례 겪으면서도 권신의 교체 과정에 직접 개입하면서 황제로서의 권위를 유지했다. 볼로드테무르의 집권을 용인한 것 역시 황태자의 월권을 견제하면서 본인의 권력을 지키고자 했던 혜종의 의지와도 연결될 수 있다. 볼로드테무르는 결코 혜종을 상대로 군사 행동을 일으킨 것이 아니었고, 혜종이 묵인하지 않았다면 대도를 점령하고 중서우승상까지 될 수 없었을 것이기 때문이다. 하지만 볼로드테무르가 혜종의 권위를 침범하고, 황태자를 중심으로 대도를 포위한 군사력이 집결되면서 혜종은 또 다시 특유의 책략을 사용했다. 볼로드테무르를 제거하기로 결심한 것이다.

볼로드테무르를 중심으로 그 세력이 조정을 장악하고 있는 상황에서 혜종은 자신의 측근을 활용하여 볼로드테무르 제거 계획을 실행했다. 혜종은 威順王 쿤첵부카의 아들 義王 코상(和尙, Qosang)을 주도자로 선택했다. 코상은 쿠빌라이의 증손으로, 혜종의 侍從 역할을 충실히 수행했던 인물이었는데 그는 황제를 염두에 두지 않는 볼로드테무르의 행동에 불만을 품고 이미 혜종에게 여러 차례 이를 언급한 바 있었다.[253] 혜종은 코상에게 '密

들른 이후 기황후가 돌아올 수 있었다는 이야기, 볼로드테무르가 대도에 들어온 이후 40여 명의 여성을 취했다는 이야기까지 기록되어 있다(『庚申外史』卷下(任崇岳, 『庚申外史箋証』, 鄭州: 中州古籍出版社, 1991, 127·128쪽)).

252) 『庚申外史』卷下(任崇岳, 『庚申外史箋証』, 鄭州: 中州古籍出版社, 1991, 129쪽).

旨'를 내렸고, 코상은 자객들을 소집했다. 결국 至正 25년 7월, 볼로드테무르는 자객에 의해 延春閣[254]의 배나무 아래에서 살해되었다.[255] 또한 혜종은 볼로드테무르의 일당을 민간에서도 모두 주살하라는 명령을 내렸다. 그리고 볼로드테무르의 首級을 황태자가 있는 冀寧으로 보내고 황태자에게 돌아오라는 지시도 하달했다. 황태자가 승리를 거둔 것처럼 보이지만, 모든 것은 혜종의 명령에 따라 움직이고 있었고 볼로드테무르를 공격하기 위해 모였던 군대들도 모두 흩어지면서 황태자는 정작 본인의 힘으로 실질적 성과를 거두지 못했다. 이제 황태자가 대도로 돌아가면서 활용할 수 있는 것은 자신을 호종하는 쿠케테무르가 지휘하는 군사들이었다.

내전의 여파가 아직 수습되지 못하고 있던 이 시점에 3차 內禪 시도가 발생했다. 볼로드테무르가 암살되고 한 달이 지나 제1황후인 바얀쿠투가 사망하고[256] 쿠케테무르의 호위와 함께 황태자가 '개선'하면서 기황후는 다시 기회를 포착했다. 기황후는 직접 旨를 내려 쿠케테무르에게 병력을 이끌고 황태자와 함께 入城하라고 명했는데, 여기에는 혜종에게 禪位를 강

---

253) 『元史』 卷117, 「寬徹普化傳」, 2911쪽.

254) 延春閣은 대도 宮城 內廷의 正殿으로 그 위치는 郭超, 『元大都的規劃與復原』, 北京: 中華書局, 2016, 347쪽의 그림을 참고.

255) 『元史』의 쿤첵부카 열전에서는 코상의 행적을 다루면서 볼로드테무르 암살 사건을 언급하는데, 자세한 내용은 볼로드테무르의 열전을 직접 참고하라고 기록되어 있다. Geoffrey Humble은 쿤첵부카 열전에 기록할 내용으로서 이 사건은 별로 중요하지 않았기 때문에 상세한 서술을 하지 않았다고 보았지만(Geoffrey Humble, "Princely Qualities and Unexpected Coherence: Rhetoric and Representation in 'Juan' 117 of the 'Yuanshi'", *Journal of Song-Yuan Studies* Vol. 45, 2015, p.334), 정작 볼로드테무르가 암살되는 장면은 두 열전 사이에 내용의 큰 차이가 없다. 오히려 쿤첵부카 열전에 따로 기록될 정도로 코상이 관여한 암살 사건이 대원제국 후기 궁정 정치사에서 결정적인 장면이었다고 볼 수도 있다.

256) 『元史』 卷46, 「順帝本紀九」, 970쪽. 『草木子』에서는 바얀쿠투의 죽음이 볼로드테무르 암살 이후의 정국 전개를 걱정했기 때문이라고 서술했다. 『草木子』 卷3 上, 「克謹篇」(元明史料筆記叢刊本, 北京: 中華書局, 1959, 45쪽).

요하려는 뜻이 담겨 있었다.[257] 그러나 쿠케테무르는 대도를 30리 남겨놓은 지점에 군대를 머무르게 한 뒤에 자신은 기병 몇 명만을 이끌고 입조했다.[258] 이는 군사력을 압박 수단으로 삼아 內禪을 시도하려 했던 기황후와 황태자의 계획이 틀어지는 것을 의미했고, 이때부터 이미 황태자와 쿠케테무르의 관계는 악화 단계로 접어들었다. 사실, 황태자는 冀寧으로 피신해 있을 때부터 唐 肅宗의 靈武 故事[259]를 언급하며 自立의 뜻을 품고 있었지만 쿠케테무르가 이에 따르지 않았던 적이 있었다. 쿠케테무르는 볼로드테무르와 달리 제위분쟁에 간여하지 않고자 했던 것이다.[260]

결국 至正 15년부터 25년까지의 기간에 세 번에 걸쳐 이루어졌던 內禪 시도는 모두 실패로 끝났다. 1차 시도는 이를 주동한 카마-수수 형제를 혜종이 주살하면서 비교적 별다른 파장 없이 지나갔지만, 2차 시도부터는 기황후와 황태자가 적극적으로 개입하면서 본격적인 정쟁이 시작되었다. 2

---

257) 『元史』 卷141, 「擴廓帖木兒傳」, 3391쪽.

258) 『明史』 卷124, 「擴廓帖木兒傳」, 3711쪽. 『元史』의 쿠케테무르 열전에는 이때 쿠케테무르가 군대를 해산시켜 돌려보냈다고 되어 있지만, 내분의 진원지인 대도로 들어가면서 쿠케테무르가 자신의 세력 기반을 해체했을 것 같지는 않다. 그래서 대도 외곽에 군대를 머무르게 했다는 『明史』 열전의 서술이 더 사실에 부합할 것이다.

259) '唐 肅宗의 靈武 故事'는 안록산의 반란으로 인해 피난을 가던 唐 玄宗·肅宗 父子가 각각 成都와 靈武에 도착한 후 肅宗이 스스로 즉위하고 玄宗을 태상황으로 추대한 일을 말한다. 황태자 아유시리다라는 이에 따라 쿠케테무르의 본거지에서 즉위하고 혜종을 태상황으로 만들고자 했던 것이다. 唐 肅宗의 즉위 과정과 玄宗과의 관계에 대해서는 任士英 저, 류준형 옮김, 『황제들의 당제국사』, 푸른역사, 2016, 199~207쪽의 내용을 참고했다.

260) 쿠케테무르는 대도로 오기 전에 儒臣 張楨에게 時事를 탐문한 적이 있었는데, 이때 장정은 쿠케테무르에게 사방에 적들이 존재하는 상황 속에서 임금과 국가를 보위해야 한다고 강력하게 주장했고, 당 숙종이 즉위한 것은 사악한 음모를 통해 찬탈을 한 것이었다고 비난했다. 장정이 쿠케테무르에게 했던 말은 철저한 유교적 원칙을 강조하는 내용이었고, 장정의 이러한 권고를 쿠케테무르는 받아들였다(『元史』 卷186, 「張楨傳」, 4268~4269쪽). 이로 인해 쿠케테무르는 황태자의 내선 시도에 동의하지 않았다.

차 시도는 太平의 반대로 인해 실행되지 못했지만, 기황후와 황태자는 太
平을 몰아내고 초스감과 박부카에게 권력을 실어주면서 어느 정도 성과는
거둘 수 있었다. 그러나 초스감과 박부카의 전횡은 또 다른 분쟁을 야기했
고, 이는 지역 군벌 사이의 갈등과 연계되어 더욱 규모가 큰 내전의 형태
로 진행되고 말았다. 황태자는 대도에서 도망치면서도 제위를 향한 군건한
의지를 보여주었고, 쿠케테무르의 군사력을 등에 업고 3차 내선 시도를 준
비했지만 쿠케테무르가 동의하지 않으면서 이 또한 실행에 옮기지 못했다.
이렇게 세 번에 걸친 제위계승 시도가 모두 실패했지만, 기황후와 황태자
는 출신의 한계를 극복하고 서서히 권위를 강화해 나갔다.

　이러한 복잡한 정쟁의 상황 속에서 혜종은 비교적 안정적으로 제위를
유지했다. 政事를 돌보는 것에 태만했다는 기록이 간혹 보이기는 하지만,
결정적인 순간에는 늘 혜종이 개입했고 여러 차례의 內禪 시도가 실패했을
정도로 권력을 향한 혜종의 의지는 상당히 컸다고 볼 수 있다. 그러나 至
正 25년에 제1황후가 사망하고, 뒤이어 황태자가 쿠케테무르와 함께 입조
하면서 혜종의 입지는 더욱 좁아질 수밖에 없었다. 쿠케테무르의 정권 장
악 이후의 元 정국은 급격한 변모의 과정을 겪을 가능성이 있었고, 제위계
승분쟁은 언제든지 또 일어날 수 있었다.

4) 내전의 지속과 大撫軍院

　황태자가 대도로 돌아온 9월에 혜종은 벡살릭(伯撒里, Beg-Saliq)과 쿠
케테무르를 각각 중서우승상과 중서좌승상으로 임명하였다. 그리고 벡살
릭은 太師, 쿠케테무르는 太傅의 관함을 받았다.[261] 그러나 쿠케테무르는

---

261)『元史』卷46,「順帝本紀九」, 970쪽. 여기에서는 쿠케테무르가 太尉의 칭호를
　　받았다고 되어 있지만,『元史』의 교감기에서는 여러 관련 기록들을 참조했을
　　때 太傅를 받았을 가능성이 더 높다고 보고 있다.「三公表」에서도 쿠케테무르
　　가 至正 25년에 太傅로 기록되어 있는 것(『元史』卷111,「三公表二」, 2787쪽)

2개월 정도를 대도에 머무르다가 출정을 나가겠다는 의사를 표시했다. 쿠케테무르가 황태자 호종의 공으로 갑자기 승상이 된 것을 시기하는 사람들이 상당히 많았고,[262] 元의 훈구 공신 가문 출신이 아니라는 점을 공격하는 일도 있었기 때문이다.[263] 게다가 3차 內禪 시도에 실패한 황태자도 쿠케테무르를 점점 政敵으로 보고 있었던 탓에 계속 견제의 의사를 표시했을 것으로 생각된다.

황태자는 대도로 돌아온 이후 혜종에게 여러 번 군대를 이끌고 출정하겠다는 뜻을 내비쳤다.[264] 그러나 혜종은 황태자가 직접 출정하는 것을 계속 만류했다. 아마도 황태자가 병권을 장악하게 되면 또 다른 內禪 시도를 할 것을 감지하고 이를 미리 차단하려고 했던 것 같다. 이러한 상황에서 쿠케테무르가 출정을 자청하자 혜종은 閏10월에 쿠케테무르를 河南王에 봉하고 황태자를 대신해 親征하면서 병력을 지휘할 권한까지 주었다.[265] 황태자에게도 주지 않았던 王號를 쿠케테무르에게 하사하고 황태자가 요청했던 병력 지휘권까지 주었던 것은 이때까지만 해도 혜종이 쿠케테무르를 이용하여 황태자를 견제하려 했음을 보여준다. 그러나 기황후 측에서는 기황후의 제1황후 책립을 끈질기게 요구했고, 결국 12월에 혜종이 이를 받아들이면서 기황후는 제2황후가 된 지 25년 만에 출신의 한계를 완전히 극복했다. 이는 아유시리다라의 위상에도 큰 영향을 끼쳤다.

至正 26년(1366) 2월, 쿠케테무르는 대도를 떠나 다시 '지역 군벌'의 위치로 돌아갔다. 하지만 이전과는 달리 중서좌승상 등의 여러 직함을 가지고 병권을 획득했기 때문에 각 지역에 할거해 있는 군사력을 자신의 지휘

도 이를 뒷받침한다. 또한, 승상 임명을 알리는 조서가 고려에 도착한 것을 기록한 『高麗史』에도 쿠케테무르가 분명히 '太傅左丞相'이 되었다고 전하고 있다 (『高麗史』 卷41, 「恭愍王世家四」, 恭愍王 14年 11月 癸巳).

262) 『明史』 卷124, 「擴廓帖木兒傳」, 3710쪽.

263) 『庚申外史』 卷下(任崇岳, 「庚申外史箋証」, 鄭州: 中州古籍出版社, 1991, 133쪽).

264) 『元史』 卷141, 「擴廓帖木兒傳」, 3391쪽.

265) 『元史』 卷46, 「順帝本紀九」, 971쪽.

아래로 단합시킬 수 있는 자격을 갖추고 있었다. 지역 군벌의 단계를 뛰어넘어 '중앙의 군벌'이라고도 부를 수 있는 입지에 오른 것이다. 쿠케테무르는 주원장 등이 차지하고 있었던 江淮 지역을 토벌할 임무를 수행하기 위해 彰德(현재 河南省 安陽市)에 머무르면서 關中에 위치하고 있던 다른 군벌 세력들에게 협력을 요청하는 격문을 보냈다. 그러나 이들은 쿠케테무르 휘하에 들어가는 것을 격렬하게 거부했고, 쿠케테무르는 이들 군벌들과 먼저 승부를 내고자 했다. 혜종은 군벌들 사이의 내전을 말리려는 노력을 했지만, 쿠케테무르는 혜종이 보낸 사신을 죽이는 것으로 응답했다. 쿠케테무르는 조정의 권위를 자신이 활용할 수 없는 상황에 대한 분노를 표시했고, 이로써 혜종도 쿠케테무르에게 등을 돌렸다.

쿠케테무르는 元 중앙 조정의 정치적 영향력에 상당한 회의감을 가졌던 것으로 보인다. 太傅, 중서좌승상, 河南王의 칭호를 받으면서 권위를 확대했지만 정작 대도에서는 심한 견제를 받거나 무시를 당했고 병력을 동원하려 했을 때에도 조정의 권위가 전혀 먹혀들지 않았기 때문이다. 쿠케테무르는 자신의 권위를 활용하여 다른 군벌들을 흡수하면서 독자적인 세력 기반을 구축하려 했지만, 군벌 중 한 사람인 李思齊는 쿠케테무르의 격문을 받고서 "내가 너의 부친과 교분을 맺었을 때에 네 머리카락은 아직 마르지도 않았는데, 감히 나에게 격문을 보내는 것이냐!"[266]라고 외치며 분노했을 정도로 그의 권위를 인정하지 않았던 것이다. 결국 쿠케테무르는 계속된 내분을 그만두고 江淮의 토벌에 집중하라는 혜종의 요구를 표면적으로 따르는 것처럼 행동하다가[267] 결국 사신을 죽이면서 반기를 들었다.[268] 이렇게

---

266) 『明史』 卷124, 「擴廓帖木兒傳」, 3710쪽. 『庚申外史』에는 李思齊가 쿠케테무르를 비난하면서 마지막에 "너는 내 앞에서 설 자리도 없는데, 오늘에 와서 공연히 總兵을 칭하면서 나를 길들이려고 하는가?"라고 말했다는 기록이 있다(『庚申外史』 卷下(任崇岳, 『庚申外史箋証』, 鄭州: 中州古籍出版社, 1991, 135쪽)). '總兵'이라고 하는 조정의 공식적인 직함이나 임무가 지역 군벌들을 통제하는 것에 있어서 전혀 효력을 발휘하지 못했음을 알 수 있다.

267) 至正 26년 10월에 쿠케테무르가 동생 토인테무르(脫因帖木兒, Toin-Temür) 등

급박해진 정세에 대처하기 위해 만들어진 것이 바로 大撫軍院이었다.

혜종은 쿠케테무르의 반역과도 같은 대응을 스스로 제어할 힘과 권위가 없었고, 결국 황태자에게 손을 내밀었다. 至正 25년 이후로 황태자의 권위가 기황후의 제1황후 책립과 더불어 크게 강화되었음을 혜종도 인정할 수밖에 없었던 것이다. 결국 至正 27년(1367) 8월, 혜종은 황태자에게 전국의 兵馬를 관리할 권한을 주는 조서를 내리면서 각 군벌들의 임무를 할당했다.[269] 조정의 권위가 추락해 있는 상태에서 내려진 이 조서가 효력을 발휘할 리는 없었지만, 황태자를 전면에 내세운 것은 나름 효과를 거두었던 것 같다. 쿠케테무르가 혜종의 명령을 또 다시 거절하자 쿠케테무르 휘하의 장수였던 貊高와 關保 등이 쿠케테무르를 배신하고 조정으로 들어온 것이다.[270] 자신감을 얻은 혜종은 쿠케테무르의 병권을 해제했다.

혜종이 황태자에게 전국의 군사 지휘권을 주는 조서를 내린 지 6일이 지난 후 혜종은 황태자를 위해 大撫軍院을 설치했다. 知大撫軍院事에는 중

을 濟南에 보내 山東을 통제하려 했다는 것(『元史』 卷47, 「順帝本紀十」, 977쪽)은 이때까지만 해도 쿠케테무르가 혜종의 조서를 의식하고 있었음을 보여준다.

268) 이 당시 상황을 예의주시하고 있었던 주원장도 쿠케테무르의 행동을 다음과 같이 비판했다. "(쿠케테무르) 스스로 관직을 제수하면서 그 휘하에 左右丞, 參政, 院官을 칭하는 이가 셀 수도 없다. 그리고 곳곳의 錢糧이 모두 軍中으로 들어오고 國用으로 쓰이지 않고 있다. 이와 반란은 무엇이 다른가! 명분으로는 元을 받든다고 하지만, 실제로는 跋扈한 것이다."『明太祖實錄』 卷28下, 吳元年 12月 丁卯. 『高麗史』에서는 쿠케테무르가 중앙 조정과는 별개로 고려와 사신을 주고받았던 것을 확인할 수 있는데 이 역시 쿠케테무르의 '반역'을 의미하는 것으로 해석될 수도 있다. 또한, 황태자가 쿠케테무르와 고려와의 내왕을 싫어했다는 기록(『高麗史』 卷104, 「金齊顔傳」)은 중앙 조정의 인식을 단적으로 보여주는 것이다.

269) 『元史』 卷47, 「順帝本紀十」, 979~980쪽. 윤은숙은 이때 혜종이 아유시리다라에게 모든 권력을 이양했던 것이라고 설명했다(윤은숙, 「元末 토곤 테무르 카안의 耽羅宮殿」『耽羅文化』 53, 2016, 212쪽). 이렇게 권력을 이양하면서도 혜종은 끝까지 禪位의 방법은 사용하지 않았다.

270) 『元史』 卷141, 「擴廓帖木兒傳」, 3392쪽.

서우승상 울제이테무르(完者帖木兒, Öljei-Temür)가 임명되었는데 이는 중
앙 조정 전체가 大撫軍院의 운영에 동원되었음을 의미한다. 그리고 울제이
테무르가 "大撫軍院은 오로지 軍機를 관장하고 지금부터 북쪽의 軍務는 옛
제도를 따라 추밀원에서 관할하고 나머지 內外의 諸王, 駙馬, 각지의 總兵
과 統兵, 行省, 行院, 宣慰司의 모든 軍情은 隔越을 허락하지 않고 직접 大
撫軍院으로 行移한다."[271]라고 말한 것은 황태자에게 군사와 관련된 모든
권한이 집중되었음을 분명히 보여준다. 그러나 주원장의 군대가 세력을 확
장하고 있는 와중에 세워진 大撫軍院이 오로지 쿠케테무르와 상대하기 위
한 기구였다는 기록[272]은 풍전등화의 상황에서도 元의 내분은 지속되었음
을 단적으로 드러내고 있다. 황태자 아유시리다라가 쿠케테무르를 마지막
政敵으로 생각하고 있었던 것이다.

　대원제국의 황태자는 비록 실질적이지는 않았지만 중서령, 추밀사 등의
지위를 겸하면서 정치에 참여할 수 있는 충분한 자격을 보유했다. 또한, 황
태자를 위한 보필 기구라고 할 수 있는 詹事院이나 儲政院과 같은 기구가
설립되어 황태자의 세력 기반으로서 역할을 수행하기도 했다. 하지만, 至
正 27년에 설치된 大撫軍院은 이와는 성격이 판이하게 다른 것이었다. 비
록 황태자를 위해 세웠다고 하는 목적은 같을지라도 大撫軍院이 수행하는
임무의 범위는 大都 이남 전체에 걸쳐 있었던 것이다. 그리고 大撫軍院의
설치로 인해 혜종이 가지고 있는 권력 중 상당 부분이 황태자에게 넘어갔
는데, 이는 大撫軍院이 설치되면서 황태자가 편의로 관직을 내릴 수 있었
다는 기록을 통해서도 확인된다.[273]

　大撫軍院의 설치 이후 황태자의 권위가 상당히 높아졌다는 점은 그의
'令旨'를 통해서도 확인된다. 이 令旨는 眞定路 平山縣(현재 河北省 平山縣)

---

271) 『元史』卷47, 「順帝本紀十」, 980쪽.
272) 『元史』卷145, 「達禮麻識理傳」, 3453쪽.
273) 『泊菴集』卷8, 「竹亭王先生行狀」.

에 있는 天寧萬壽寺의 여러 의무를 면제할 것을 명령하는 내용을 담고 있
는데, 그 冒頭 부분에 황제의 聖旨에서만 쓸 수 있는 '大福蔭護助裏'라는
문구[274]가 들어가 있는 것이다. 황태자의 슈旨가 새겨진 비석에는 혜종의
聖旨도 함께 기록되어 있는데, 오래 전에 元代 白話碑文들을 연구한 蔡美
彪는 혜종의 명령은 至正 5년(1345)에, 황태자의 명령은 至正 16년(1356)
에 반포된 것이라고 보았다.[275] 최근에 蔡美彪는 聖旨와 슈旨 사이의 시간
차이가 얼마 나지 않을 것이라 보고 혜종의 聖旨가 至正 17년(1357)에 반
포되었을 것이라고 의견을 수정하기도 했다.[276] 하지만 황태자의 신분으로
'大福蔭護助裏'를 칭한 것은 황태자가 國政의 全權을 장악했던 시기에 이
슈旨가 반포되었음을 보여주는 것이며, 따라서 이 슈旨가 반포된 원숭이의
해를 至正 16년이 아닌 至正 28년으로 보는 김호동의 의견이 더 타당하다
고 생각된다.[277]

大撫軍院을 통해 황태자는 조정의 중심 관료들을 확고하게 장악할 수
있었지만, 이것이 쿠케테무르 세력의 제압으로 이어질 수 있는가는 또 다
른 문제였다. 大撫軍院 설립 이후 취해진 조치는 쿠케테무르 휘하의 군대
에 대한 지휘권을 다른 장수들에게 위임하는 등 병권의 실질적인 박탈을
시도한 것이었다. 또한, 쿠케테무르가 받았던 太傅와 중서좌승상 등의 관
함 역시 삭제하고 河南王의 王號만 남겨두어 汝州(현재 河南省 汝州市)를
식읍으로 주어 이곳에 동생 토인테무르와 함께 머무르라는 지시를 내렸
다.[278] 즉, 지휘하는 모든 군대를 포기하고 戰線에서 물러나라는 것이었다.
하지만 쿠케테무르는 지시를 따르지 않았고, 이에 혜종은 至正 28년(1368)

---

274) 松川節, 「大元ウルス命令文の書式」 『待兼山論叢(史學篇)』 29, 1995, 40쪽.

275) 蔡美彪 編, 『元代白話碑集錄』, 北京: 科學出版社, 1955, 92·95쪽.

276) 蔡美彪 編著, 『元代白話碑集錄(修訂版)』, 北京: 中國社會科學出版社, 2017, 238·
246쪽.

277) 金浩東, 「몽골帝國期 文化의 交流와 統合: '命令文'의 特徵과 起源을 中心으로」
『文化: 受容과 發展』, 새미, 2010, 33쪽.

278) 『元史』 卷47, 「順帝本紀十」, 981쪽.

정월에 쿠케테무르에게 또 다시 조서를 내렸다. 주된 내용은 혜종 자신이 쿠케테무르를 아들처럼 생각하고 있고, 스스로 뉘우치길 바라며 貃高를 치겠다는 명분으로 공격을 하지 말라는 것이었다.[279]

쿠케테무르를 회유하기 위한 혜종의 조서는 결국 효과를 발휘하지 못했다. 至正 28년 2월에 혜종이 쿠케테무르의 남은 爵邑마저 삭탈하고 그에 대한 토벌을 지시하는 조서를 내린 것을 보면 쿠케테무르가 혜종의 설득을 듣지 않았음을 알 수 있다. 2월에 내린 조서에는 황태자의 뜻까지 담겨 있었을 것인데, 여기에서 혜종은 쿠케테무르가 '跋扈'했음을 지적했고 그의 부하였던 貃高와 關保가 사악한 음모에 빠져들지 않고 大義에 따랐다고 분명하게 입장을 밝혔다.[280] 大撫軍院 설치 이후에도 끝까지 쿠케테무르에게 미련을 가지고 그를 주원장과의 싸움에 끌어들이려 했던 혜종의 뜻은 실현되지 못했고, 결국 쿠케테무르를 제거하려는 황태자의 의지에 따를 수밖에 없는 상황을 맞이했음을 알 수 있다.

쿠케테무르는 澤州(현재 山西省 晋城市)에서 晋寧(현재 山西省 臨汾市)으로 물러나 수비 태세를 갖추었고, 大撫軍院의 지시를 받은 군벌 세력들은 연합 공격을 준비했다. 이때 陳祖仁은 혜종과 황태자에게 모두 상소를 올려 쿠케테무르보다 주원장 세력이 더욱 위협이 되고 있음을 경고하면서 쿠케테무르를 반드시 대원제국의 중요한 군사력으로 활용해야 될 필요성을 주장했다.[281] 쿠케테무르의 세력은 분열되었으니 이제 더욱 강대한 적을 상대하기 위한 준비를 해야 된다는 점을 강조한 것이다. 하지만, 진조인의 이 상소를 혜종과 황태자 모두 받아들이지 않았고 결국 쿠케테무르와의

---

279) 『元史』 卷47, 「順帝本紀十」, 983쪽.
280) 『元史』 卷47, 「順帝本紀十」, 983~984쪽.
281) 『元史』 卷186, 「陳祖仁傳」, 4276~4277쪽. 진조인의 열전에서는 이 상소가 至正 27년(1367)의 일로 기록되어 있는데, 본기에서는 至正 28년 3월에 기록되어 있다(『元史』 卷47, 「順帝本紀十」, 984쪽). 본서에서는 본기의 시간에 따라 서술했다.

전투가 시작되려 하고 있었다. 大撫軍院 자체는 황태자가 쿠케테무르를 방어하기 위한 목적으로만 설치되었다는 기록[282]만 보아도 쿠케테무르 이외의 세력은 조정이 심각하게 염두에 두지 않고 있었다는 점을 확인할 수 있다. 분명 大撫軍院의 임무는 대도 이남 전체에 대한 방어였고 여기에는 明軍에 대한 대처도 포함되어 있었을 것이지만, 황태자가 인식한 제국의 가장 큰 위기는 쿠케테무르의 성장이었다.

쿠케테무르에 대한 공격의 선봉 역할을 해야 할 이사제는 3월에 明軍이 潼關까지 진입해 올라와 자신의 진영을 공격하자 鳳翔(현재 陝西省 鳳翔縣)으로 도망갔다. 대원제국의 군벌들이 주로 활약했던 곳에 명의 군사들이 도착하기 시작하면서 쿠케테무르를 토벌하기 위한 군벌 연합군이 조직되지 못하는 상황에 놓인 것이다. 이에 7월이 되어서야 貊高와 關保만이 쿠케테무르가 있는 晉寧을 공격했고, 나머지 군벌들은 鳳翔에서 대기했다. 이 과정까지 大撫軍院이 적극적으로 무언가를 했다는 기록은 확인되지 않는다. 明軍의 북상을 막는 시도도 거의 하지 않았고, 쿠케테무르 토벌을 위한 연합군도 제대로 통솔하지 못하고 있었던 것이다. 政權이 통일되지 못하니 事務가 더욱 혼란해져 군벌들이 각자 흩어져버렸다는 기록[283] 역시 이러한 실정을 반영하고 있다.

쿠케테무르와 貊高-關保 연합군의 전투는 閏7월 초하루에 쿠케테무르의 승리로 종결되었다. 심지어 貊高와 關保는 모두 사로잡혀 죽임을 당했다. 쿠케테무르의 부하였다가 쿠케테무르의 '不臣之心'을 비판하며 중앙조정으로 들어와 '忠義功臣'이라는 호칭까지 받았던 이들이 살해되자 분위기는 바로 역전되었다. 또 다시 조정의 무력함을 보여준 이 사건으로 인해 혜종은 결국 大撫軍院을 폐지했다. 大撫軍院을 설치하는 데에 큰 역할을 하면서 이를 운영했던 황태자 측근 관료들을 주살했고, 삭탈되었던 쿠케테

---

282) 『元史』卷141, 「擴廓帖木兒傳」, 3392쪽 ; 『明史』卷124, 「擴廓帖木兒傳」, 3711쪽.

283) 『元史』卷145, 「達禮麻識理傳」, 3453쪽.

무르의 王號와 직함은 모두 복구되었다.[284] 황태자는 여전히 전국의 兵馬를 통할하는 권한은 유지했지만, 사실상 쿠케테무르에게 패배를 당한 것이나 마찬가지였다. 이에 앞서 明軍은 이미 중서성의 관할 영역인 衛輝(현재 河南省 衛輝市), 彰德(현재 河南省 安陽市), 廣平(현재 河北省 永年縣 동남쪽)을 점령했다. 大撫軍院의 폐지로 내분이 일단락되었지만, 그 동안에 대원제국의 운명은 풍전등화의 상황에 놓이게 되었던 것이다.

大撫軍院의 설치는 3차 內禪이 실패로 돌아간 이후, 쿠케테무르에게 원한을 품었던 황태자 아유시리다라가 쿠케테무르를 토벌하기 위해 설치한 기구였다. 그 목적이 너무나도 분명했기 때문에 大撫軍院은 심지어 빠른 속도로 북상하는 明軍에 대해서는 쿠케테무르 토벌보다 더욱 적극적인 조치를 취하지도 않았다. 이에 貊高와 關保가 사로잡혀 쿠케테무르에 의해 처형되면서 토벌이 실패로 돌아가자 혜종은 가차 없이 大撫軍院을 폐지했는데, 이 역시 大撫軍院이 오로지 쿠케테무르만을 표적으로 삼고 있었음을 보여주는 것이다. 즉, 大撫軍院의 설치와 폐지 과정은 대원제국 내부의 분열로 인한 것이었고 明軍에 대한 대응과는 그다지 관련이 없었음을 알 수 있다.

大撫軍院이 폐지된 至正 28년 閏7월 丁巳日(윤7. 19)의 시점에 대원제국은 더 이상 明軍에 대한 조치를 취할 수 없었다. 당시 중서좌승상이었던 시레문(失列門, Siremün)이 翰林承旨 危素에게 계책을 물었을 때 그는 "撫軍院이 국가를 그르친 것이 이에 이르렀으니 救援할 수가 없습니다. 河南王 쿠케테무르에게 병력을 총괄하여 畿甸을 방어하여 군게 지켜달라고 빨리 요청해야 합니다."라고 대답했다.[285] 위소는 大撫軍院이 나라를 그르쳤다[誤國]고 판단하면서 국가를 지키기 위한 마지막 방법은 결국 쿠케테무르의 병력에 의존해서 수도권만을 지켜야 한다고 본 것이다. 하지만, 쿠케

---

284) 『元史』 卷47, 「順帝本紀十」, 985쪽.
285) 『芝園後集』 卷9, 「故翰林侍講學士中順大夫知制誥同修國史危公新墓碑銘」(黃靈庚 編輯校點, 『宋濂全集』, 北京: 人民文學出版社, 2014, 1273쪽).

테무르는 甲子日(윤7. 26)에 병력을 冀寧으로 후퇴시키고[286] 적극적인 '勤王'의 자세를 취하지 않았다. 형세가 이미 결정되었다고 본 것이다. 결국 혜종은 后妃, 황태자, 황태자비 등을 이끌고 丙寅日(윤7. 28) 밤에 북쪽으로 도주했다. 大撫軍院을 폐지하고 겨우 9일이 지났을 때였다. 즉, 대원제국 조정은 明軍이 大都로 육박해오는 상황에서도 내분의 소용돌이에서 벗어나지 못하고 있었고 여기에 明軍에 관한 정보도 제대로 파악하지 못하고 있었던 것이다. 大撫軍院의 置廢 과정은 그 혼란을 단적으로 보여주는 하나의 현상이었다고 볼 수 있다.

대원제국 황실의 이러한 몰락 과정에서 결정적인 계기로 작용한 것은 바로 황태자 아유시리다라와 쿠케테무르 사이의 갈등이었다. 황태자는 쿠케테무르의 진영으로 도망쳐서 재기의 발판을 마련한 것은 잊어버리고, 3차 內禪 시도에 쿠케테무르가 동의하지 않은 것에만 불만을 품었다. 이로 인해 內禪 시도의 실패와 기황후의 제1황후 책립으로 제위계승분쟁이 일단락되었음에도 불구하고, 분쟁의 여파가 제위계승후보자와 군벌 사이의 내전으로 확대되었던 것이다. 당연히 급속도로 북상하는 주원장 군대를 막을 수 있는 힘은 결집되지 못했고, 몰락 직전의 순간까지도 내전은 지속되었다.

至正 14년에 톡토를 몰아내는 것에서부터 시작된 갈등은 세 번에 걸친 內禪 시도로 연결되었는데, 이때마다 희생자들이 속출했다. 톡토와 太平과 같은 賢相은 물론이고 카마, 볼로드테무르 등은 목숨을 잃었고 쿠케테무르는 황실을 상대로 전쟁을 치러야 했다. 이는 고려의 피를 물려받았다는 혈

---

286) 『元史』卷47, 「順帝本紀十」, 986쪽. 『庚申外史』에는 雲中으로 향하는 쿠케테무르에게 그 측근들이 "조정에서 撫軍院을 설치하여 차차 승상을 죽이려 했는데, 이제 勤王을 요구하니 우리가 雲中에 주둔하면서 그 成敗를 살피는 것이 계책일 뿐입니다."라고 했다는 기록이 있다. 『庚申外史』卷下(任崇岳, 『庚申外史箋証』, 鄭州: 中州古籍出版社, 1991, 147쪽)를 참고. 쿠케테무르가 雲中으로 향했다는 것은 사실이 아니지만, 大撫軍院의 설치에 대해 의심을 품고 혜종과 황태자를 적극적으로 돕지 않았을 가능성은 충분히 있다고 생각된다.

통 상의 한계에 얽매인 아유시리다라가 제위계승 및 자신의 권위와 관련된
사안에 극도로 민감하게 반응했기 때문에 생긴 결과라고 볼 수 있다. 기황
후 역시 25년 동안 제2황후라는 '열등한' 위치를 받아들이고 있었기 때문
에 아유시리다라의 열등감을 더욱 부추기는 역할을 담당했을 가능성이 높
다. 또한 혜종은 분명 기황후와 아유시리다라를 총애하면서도 예전 황제들
과 달리 황태자 책봉을 서두르지 않았고, 內禪 시도에 모두 굴복하지 않았
으며 기황후를 제1황후에 책립할 때도 단번에 허락하지 않았다. 이러한 혜
종의 권력 지향적 면모 때문에 기황후와 황태자가 더욱 불안감에 사로잡혔
던 것이다.

대원제국 황실이 대도에서 탈출한 후, 역설적으로 쿠케테무르는 조정의
최고 권위자 반열에 올랐다. 혜종은 至正 28년 10월 25일에 쿠케테무르를
齊王에 봉했는데, 이 조치는 河南王이라는 2字 王號에서 1字 王號로 지위
가 격상되었음을 의미한다.[287] 元代의 齊王은 칭기스 칸의 동생 조치 카사
르(搠只哈撒兒, Joči-Qasar)의 후손이 물려받았던 王號였는데 이를 쿠케테
무르에게 하사했다는 것은 그만큼 쿠케테무르의 위상이 높아졌음을 반영
하는 것이다. 이듬해인 至正 29년(1369, 明의 연호로는 洪武 2년) 정월 21
일에는 쿠케테무르에게 중서우승상의 직함까지 하사했다.[288] 이때 쿠케테
무르는 혜종의 명을 받아 대도 수복에 나섰는데, 명나라의 장군 徐達이 쿠
케테무르의 본거지를 공격하는 바람에 이를 막으러 군대를 되돌렸다가 패
배하여 甘肅 지역까지 도망쳐 있던 상태였다.[289] 그야말로 쿠케테무르는

---

287) 『北巡私記』(薄音湖·王雄 編輯點校, 『明代蒙古漢籍史料彙編 第1輯』, 呼和浩特:
內蒙古大學出版社, 2006, 4쪽). 그러나 여러 기록들에서는 쿠케테무르를 계속
齊王이 아닌 河南王으로 지칭하고 있어 새로 수여된 王號가 쿠케테무르의 실질
적인 위상 제고로 이어지지는 못한 것으로 보인다.

288) 『北巡私記』(薄音湖·王雄 編輯點校, 『明代蒙古漢籍史料彙編 第1輯』, 呼和浩特:
內蒙古大學出版社, 2006, 5쪽).

289) 『國初群雄事略』 卷11, 「河南擴廓帖木兒」(張德信·韓志遠 點校本, 北京: 中華書局,
1982, 259~260쪽).

최악의 상황에서 중서우승상의 직함을 받은 것인데, 황태자와 대립 상태에 있을 때와는 달리 쿠케테무르는 끝까지 元을 배반하지 않았다.[290]

至正 30년(1370, 明의 연호로는 洪武 3년) 4월에 쿠케테무르는 定西(현재 甘肅省 定西縣)에서 明軍에게 패배하면서 카라코룸으로 도망쳤고, 5월에는 應昌府(현재 內蒙古自治區 克什克騰旗 서쪽)에 있었던 아유시리다라 역시 明軍의 공격을 받아 겨우 카라코룸으로 도주했다. 그 전에 이미 應昌府에서 사망한 혜종의 뒤를 이어 아유시리다라는 그렇게 고대하던 제위에 오르게 되었고, 쿠케테무르와 함께 중흥의 기반을 마련하고자 했다. 실제로 쿠케테무르는 宣光[291] 5년(1375, 明의 연호로는 洪武 8년)에 사망[292]할 때까지 明軍을 괴롭혔고, 명태조 주원장은 그가 죽은 이후 쿠케테무르가 유일한 好漢이었다고 할 정도로 그의 용맹함을 칭찬했다.[293] 아유시리다라

---

290) 明 제국 측의 여러 기록에서도 쿠케테무르가 대원제국 황실을 배신하지 않았음이 확인된다. 『北平錄』에서는 군대를 지휘하던 元의 신료들은 모두 항복했는데, 오직 쿠케테무르만이 대군을 이끌고 돌아와 서북변의 우환이 되고 있음을 기록했다(薄音湖·王雄 編輯點校, 『明代蒙古漢籍史料彙編 第1輯』, 呼和浩特: 內蒙古大學出版社, 2006, 8쪽).

291) 아유시리다라가 즉위 후 사용한 연호 宣光에 대해서는 方齡貴, 「關于北元宣光年號的考證」, 南京大學歷史系元史硏究室 編, 『元史論集』, 北京: 人民出版社, 1984를 참고.

292) 쿠케테무르의 사망 시기는 明代의 기록에 모두 洪武 8년으로 서술되어 있다. 문제는 『高麗史』의 기록인데, 洪武 8년 이후인 禑王 2년(1376) 10월에 쿠케테무르가 등장하고(『高麗史』 卷133, 「辛禑列傳一」, 禑王 2年 10月), 이듬해 3월에는 太師 闊闊帖木兒라는 이름이 보이고 있는 것이다(『高麗史』 卷133, 「辛禑列傳一」, 禑王 3年 3月). 이에 대한 문제를 제기한 和田淸은 元이 쿠케테무르의 죽음을 고려에 일부러 알리지 않았기 때문에 고려에서는 쿠케테무르의 사망 사실을 알지 못했다고 추정했고, 太師 闊闊帖木兒에 대해서는 굳이 지금까지 써오던 擴廓帖木兒라는 표기를 바꾸었을까를 의심하며 쿠케테무르와는 또 다른 사람일 것이라 보았다. 즉, 쿠케테무르의 사망은 明代의 기록에 나온 대로 洪武 8년의 일이라고 볼 수 있다는 것이다. 이에 대해서는 和田淸, 『東亞史硏究(蒙古篇)』, 東京: 東洋文庫, 1959, 845~854쪽을 참고.

293) 『殊域周咨錄』 卷16, 「北狄·韃靼」(余思黎 點校本, 北京: 中華書局, 2000, 526쪽).

의 즉위로 황태자 책립 17년 만에 제위계승분쟁이 완전히 종결된 이후, 중
서우승상 쿠케테무르와의 協治는 북쪽으로 쫓겨난 대원의 수명을 조금이
라도 연장시켜줄 수 있었던 것이다. 그러나 대원제국을 明의 북상 이전 상
태로 돌이키기에는 역부족이었다.

결 론

만 무종이 인종에게 제위를 물려주고 인종은 무종의 아들에게 제위를 계승한다는 약속은 여전히 영향력을 발휘하고 있었다. 이에 따른다면, 인종은 무종의 장남 코실라를 황태자로 삼아야 했지만 정작 인종은 자신의 아들인 시데발라를 제위계승후보로 염두에 두고 있었다. 시데발라를 황태자로 만들기 위해 인종은 황태후와 테무데르의 도움을 받아야 했고, 여러 신료들의 반대에도 불구하고 테무데르에게 太師 칭호를 수여하면서 막대한 권력을 스스로 부여했다. 곧이어 코실라를 황태자가 아닌 周王에 봉했고, 운남으로 出鎭하라는 명령까지 내리면서 무종과의 약조를 지키지 않겠다는 의향을 분명히 표시했다. 테무데르는 황태후의 비호 아래에 이 제위계승문제에 직접 간여했고, 코실라는 운남으로 가던 도중에 반란을 일으켰다가 실패하여 차가타이 울루스로 망명하면서 테무데르의 권력은 더욱 성장할 수 있었다.

延祐 3년(1316) 12월에 시데발라가 정식으로 황태자에 책립되면서 인종과 황태후의 1차 목표는 달성되었다. 이후 테무데르는 갈수록 자신의 권력을 남용하는 모습을 보였고, 얼마 지나지 않아 어사대 관료들과 본격적인 갈등 관계에 놓이게 되었다. 특히 여러 감찰어사들이 테무데르의 비리들을 적발하기 시작했고, 그 중에서 元의 국가 위신을 손상시키는 행위까지 표면으로 드러나자 인종은 더 이상 테무데르의 전횡을 묵과할 수 없었다. 사태가 긴박하게 전개되고 있음을 파악한 테무데르는 황태후에게 보호를 요청했고, 인종은 테무데르를 중서우승상에서 파면시키는 선에서 일을 매듭지었다. 인종은 황태후에 대한 정치적 공격으로까지 사건을 확대시키려고 하지 않았고 결과적으로 테무데르의 영향력을 완벽하게 제거하지 못했다.

인종은 정치적 정당성을 확보하지 못한 황태자 시데발라의 위상 문제에 신경을 곤두세우고 있었고, 결국에는 다시 테무데르를 불러냈다. 延祐 6년(1319)에 테무데르는 인종의 부름을 받아 太子太師의 직함을 받게 되는데, 이는 인종이 황태자의 권위를 강화하기 위해 시행한 여러 가지 조치 가운데 하나였다. 시데발라를 황태자로 책립하는 과정에서 큰 도움을 주었던 인물이 테무데르였고, 또 그는 황태후의 정치적 비호를 받고 있었기 때문에 차후에 벌어질 수도 있는 황태자에 대한 정치적 공격을 막는 역할을 충분히 수행할 수 있으리라 보았던 것이었다. 그래서 인종이 사망한 직후에 테무데르는 쉽게 중서우승상으로 복귀할 수 있었고, 이전에 자신을 탄핵했던 감찰어사들에 대한 보복을 자행하기 시작했다.

테무데르의 보복이 전격적으로 시행되던 중에 영종 시데발라가 즉위했고, 다기는 이제 태황태후가 되어 조정의 정무에 개입할 수 있었다. 그러나 영종은 태황태후를 향한 불만을 드러냈고, 이에 태황태후를 중심으로 한 세력들은 영종을 폐립시키려는 모의를 진행했다가 적발되어 숙청을 당했다. 이로부터 태황태후의 정치적 영향력은 급속하게 쇠락했지만, 테무데르는 폐립 모의에 가담하지 않으면서 오히려 중서우승상으로서의 지위를 굳건히 지켜 나갈 수 있었다. 하지만 테무데르의 복수심은 끝이 보이지 않았고, 심지어 테무데르의 권력이 그의 자식들에게까지 전수되는 움직임이 드러나자 영종은 테무데르를 견제하기 시작했다. 이에 영종은 자신이 중서좌승상에 등용한 바이주를 적극적으로 활용했다. 영종과 바이주는 합세하여 테무데르의 독단적인 행동을 저지시켰고, 차츰 테무데르를 정치적으로 소외시키는 데에 성공했다. 하지만 영종은 테무데르 세력으로 분류되는 테시를 총애하여 그를 어사대부에 임명했고, 이는 차후 권신들이 어사대까지 장악하여 탄핵조차 받지 않게 되는 지위까지 차지하는 단초로 작용했다.

至治 2년(1322)에 테무데르와 다기 태황태후가 사망하면서 영종은 본격적으로 親政 체제를 구축해 나갔다. 이를 위해 영종은 바이주를 중서우승상에 임명했고, 중서좌승상은 따로 등용하지 않으면서 '獨相' 정치가 시행되었다. 바이주는 이러한 상황 속에서 테무데르 가문의 비리를 밝히는 데에 집중했고, 영종의 총애를 받았던 어사대부 테시도 이에 연루되었다. 비록 테시는 特赦의 조치를 통해 직접적인 처벌을 받지는 않았지만, 영종은 갈수록 바이주를 더욱 신뢰하는 경향을 드러냈다. 이는 바이주와 테시의 상호 견제를 통해 형성되었던 권력의 균형이 점차 무너지고 바이주에게 유리한 쪽으로 정세가 기울어지고 있었음을 뜻하는 것이었다. 테시는 열세를 만회하기 위해 극단적인 방법을 선택했고, 결국 영종과 바이주는 테무데르가 사망하고 1년 만에 암살되는 비운을 맞이했다. 테시에게 아스위의 관할을 맡긴 것이 영종에게 있어서는 화근이 된 셈이었다.

후사를 보지 못한 젊은 황제 영종이 갑자기 사망하면서 제위계승에서 또 다시 문제가 생길 조짐이 보였지만, 정변을 일으킨 테시 세력은 晉王 이순테무르를 이미 염두에 두고 있었다. 이순테무르는 혈통, 실력 등의 측면에서 분명히 황제가 될 수 있는 자격을 갖추고 있었지만, 문제는 이순테무르가 영종 시해 세력에 의해 옹립되었다는 점이었다. 게다가 정변이 일어나기 이전부터 晉王府의 內史 다울라트 샤는 이미 중앙 조정의 정세를 염탐하고 있었고, 반역의 모의를 알면서도 은폐하며 영종 시해에 동조했다. 결국 태정제 이순테무르가 즉위할 수 있었던 것은 테시 세력과 다울라트 샤의 협력 때문이었고, 제위계승에 직접적으로 간여한 이들은 모두 권신으로서의 지위를 차지할 준비를 하고 있었다. 그러나 태정제는 자신을 옹립한 '반역자'들에게 고위 관직을 주었다가 얼마 지나지 않아 이들을 모두 숙청하면서 스스로의 정통성을 강화했다. 영종 시해 모의에 '간접적으로' 연루되어 있었던 다울라트 샤에 대해서는 역적 토벌의 공적을 치하한다는 명목으로 중서좌승상에 임명했다. 이렇게 되면서 '킹메이커'로서의 위상은 오로지 다울라트 샤만이 보유할 수 있게 되었고, 이로 인해 태정제는 역모로 인해 즉위했다는 혐의에서 완벽하게 벗어날 수 없었으며 결국 이것이 태정제 사후 제위계승분쟁이 또 다시 발생하는 원인으로 작용했다. 回回人 다울라트 샤는 중서좌승상이었음에도 불구하고, 중서우승상을 제치고 당시 정국을 주도해 나갔다. 특히 어사대와의 정치적 갈등에서 최종적으로 승리를 거두면서 권력을 더욱 공고하게 형성했다. 이는 어사대에 의해 탄핵을 당해 물러나기까지 했던 테무데르보다 권신의 권력이 한 단계 성장했음을 보여주는 상징과도 같았다.

致和 원년(1328) 태정제가 상도에서 사망하면서 제위계승과 권신의 자리를 놓고 또 다시 분쟁이 발생했다. 대도에서는 무종의 신료였던 엘테무르가 주도가 되어 궁정 쿠데타를 일으켜 무종의 후손을 제위에 옹립해야 한다는 명분을 내세웠던 것이다. 이 명분은 분명한 효력을 발휘했고, 엘테무르는 무종의 차남 톡테무르를 대도로 데려와 문종 황제에 즉위시키는 과정에서 무종의 휘하에서 활약했던 인물들로부터 큰 도움을 받았다. 무종이라고 하는 커다란 정치적 상징은 무종이 사망한 지 20여 년이 지났음에도 여전히 영향력을 지니고 있었던 것이다. 이에 대응하기 위해 상도의 다울라트 샤는 태정제의 황태자를 제위에 올렸고, 결국 두 명의 황제가 대도와 상도에서 각각 출현하게 되었다. 이로 인해 생긴 분쟁은 내전의 형태로 확대되었고, 결국 엘테무르가 승리하여 최종적으로 조정의 권력을 장악했다.

문종은 무종의 차남이라는 점을 제외하면, 본인 스스로의 실력을 거의 아무것도 갖추지 못했다. 그렇기 때문에 모든 정치적 과정에서 엘테무르에게 의존할 수밖에 없었고, 자연스럽게 엘테무르에게 막대한 권한을 부여하기 시작했다. 문종은 太平王이라는 王號를 킵차크인 엘테무르에게 하사한 파격적인 조치를 시작으로 중서우승상과 지추밀원사를 겸하게 하여 국정 운영과 군사 관할을 모두 장악하게 만들어 주었다. 또한, 다르칸이라는 몽골의 고유한 공신에 대한 칭호를 부여했고 별도의 군사 기구인 大都督府를 관리하게 했으며 어사대까지 장악할 수 있도록 했다. 엘테무르는 국정 운영의 모든 중추 기능을 장악한 '全權 權臣'이 되는 길을 밟았고, 마지막으로 명종으로부터 太師의 관함까지 하사받으면서 어느 누구도 엘테무르의 권위를 견제하기 어려워졌다.

엘테무르는 문종을 옹립하여 최고의 권력을 부여받은 이후에 문종의 형인 명종과의 분쟁에 직면해야 했다. 인종을 향한 반란을 일으켰다가 망명한 코실라가 주변 신료들의 추대를 받아 명종 황제로 즉위하여 대도를 향해 내려오고 있었기 때문이다. 명종은 자신의 아버지 무종이 그랬던 것처럼, 동생 문종을 황태자로 지명했다. 하지만 무종이 전쟁을 통해 정예 군사력을 양성했던 것과는 달리, 명종은 중앙 조정에 의해 쫓겨났다가 차가타이 울루스의 지원을 받아 겨우 돌아오고 있는 처지에 지나지 않았다. 이런 명종에게 엘테무르는 직접 옥새를 전달하면서 새로운 황제를 맞이하는 행동을 취했지만, 명종의 近侍들과 권력을 두고 마찰을 빚게 되었다. 결국 엘테무르는 명종을 독살하는 방식으로 권력 투쟁에서 승리를 거두었고, 문종을 두 번째로 옹립하면서 자신의 위상을 더욱 확고하게 만들었으며 문종은 엘테무르를 '獨相'으로 만들어 자신을 두 번 옹립시킨 공적에 보답했다.

명종이 독살된 이후에도 엘테무르는 제위계승문제로 인해 고심의 나날을 보내야 했다. 명종의 측근 신료들을 중심으로 엘테무르를 향한 반발이 발생하자 엘테무르는 또 다른 반역 모의를 미리 방지하기 위해 명종의 장남 토곤테무르를 고려로 쫓아냈다. 이후 고려에서 토곤테무르를 둘러싸고 수상한 움직임이 포착되자 엘테무르는 즉시 토곤테무르를 소환하여 廣西로 유배를 보냈고, 고려의 충혜왕을 폐위시키기까지 했다. 그만큼 엘테무르는 제위계승문제에 극도로 민감하게 반응했고, 문종 역시 황태자 선정에 있어서 엘테무르에게 전적으로 의존했다. 그러나 문종은 至順 3년(1332) 사망하기 직전에 명종의 암살에 대한 죄책감으로 인해 명종의 아들을 제위에 올리라는 유언을 남겼다. 엘테무르는 문종 사후의 제위계승문제가 자신의 신변과 직접적으로 관련된 중대한 것이었기 때문에 문종의 유언을 끝까지 따르지 않았고, 결국 엘테무르가 사망하고 나서야 토곤테무르가 즉위할 수 있었다.

혜종 토곤테무르의 즉위에는 엘테무르의 그늘에 가려 항상 2인자에 머물러 있던 바얀이 핵심 역할을 수행했고, 본격적으로 엘테무르 가문과 바얀의 대립이 시작되었다. 이 대립은 매우 치열하게 전개되었고, 결국 바얀이 엘테무르의 아들이 일으킨 쿠데타를 진압하면서 보타시리 태후의 지원을 받은 바얀의 승리로 끝이 났다. 이후 바얀은 엘테무르보다 훨씬 더 막대한 권력을 차지했고, 이를 지키고 확대하는 것에 집착하며 전횡을 휘둘렀다. 권신 권력의 이러한 극대화는 바얀 가문의 내부에서 불화가 생기게 만들었고, 後至元 6년(1340) 바얀은 결국 조카 톡토에 의해 축출되는 운명을 맞이했다. 톡토와 연합하여 바얀을 몰아낸 혜종은 본격적으로 親政을 시작하면서 엘테무르와 바얀이 만들어 놓은 全權 權臣 정치를 타파했다.

혜종은 자신의 아들을 낳은 고려인 기씨를 제2황후에 책립하고, 암살된 아버지 명종의 위상을 부활시키고 문종의 정치적 흔적을 지워내는 노력을 통해 자신의 권위를 강화했다. 이 과정에서 문종의 황후와 아들을 모두 제거했고, 무종의 제위계승분쟁 때부터 시작된 형제 사이의 갈등이 남긴 여파는 완벽하게 사라졌다. 그리고 조정 내부에서는 톡토와 베르케부카의 상호 견제를 통해 엘테무르나 바얀과 같은 권신은 등장하지 않았다. 혜종은 이러한 상황을 활용하여 자신의 위상을 유지했지만, 정계에서 물러나 있던 톡토가 至正 9년(1349)에 중서우승상으로 복귀하고 '獨相'이 되면서 권신 정치의 부활 움직임이 시작되었다.

톡토는 중서우승상으로 복귀한 이후, 자신을 공격했던 이들에 대한 보복 정치를 시행했다. 또한, 중서성과 추밀원 및 어사대를 모두 장악하고 황제와 기황후의 지원까지 확보하면서 막강한 권력을 행사했다. 이에 화폐 개혁과 황하 치수 사업에서도 반대 세력들의 건의를 모조리 묵살하고 독단적인 정권 운영의 모습을 보여주었다. 황하 치수 사업의 완료 후 혜종은 톡토에게 다르칸 칭호를 하사했고, 이는 톡토의 권력이 점점 비대해지고 있음을 알리는 신호탄이었다. 이후 계속되는 갈등 상황에서 톡토는 至正 12년(1352)에 徐州의 홍건적을 직접 토벌한 것을 계기로 太師의 관함까지 받으면서 이전의 全權 權臣들이 보유했던 지위를 차지할 수 있게 되었다. 게다가 톡토와 친밀한 관계에 있던 기황후의 아들 아유시리다라가 至正 13년(1353)에 황태자에 책립되면서 톡토는 더욱 유리한 위치에 오른 듯 보였다.

至正 14년(1354)에 톡토는 高郵의 장사성을 진압하기 위해 직접 출정했고, 이는 톡토의 권력을 한 단계 더 상승시킬 수 있는 기회이기도 했다. 그러나 중앙 조정에서는 톡토에 대한 탄핵이 진행되었는데, 표면적인 이유는 톡토가 황태자의 책봉 의례를 미루고 있다는 것이었다. 이는 톡토의 권력이 더욱 강력해질 것을 염려한 기황후와 권력에 대한 야심을 품은 카마의 이해관계가 맞아떨어지면서 발생한 결과였다. 이로부터 기황후와 황태자의 정치적 영향력이 크게 확대되었고, 이는 세 번에 걸친 內禪 시도로 나타났다. 황태자는 마치 권신이 된 듯 정권 장악에 계속 몰두하며 반대파들을 거침없이 숙청했고, 이는 조정 내부에서의 갈등을 야기했다. 톡토의 폄출로 시작되어 지속적인 內禪 계획으로 세력을 형성하려 했던 황태자는 군벌 볼로드테무르와의 내분 끝에 至正 24년(1364)에 궁성에서 탈출하여 볼로드테무르와 대립 관계에 있던 또 다른 군벌 쿠케테무르의 진영으로 도망갔다.

볼로드테무르는 대도를 장악하고 단숨에 중서우승상의 지위에 올라 황태자를 향한 내전의 단계에 돌입했다. 이는 지역 군벌이 중앙 조정의 권신이 되는 과정이었다고 할 수 있는데, 至正 25년(1365)에 황태자가 쿠케테무르와 함께 반격을 시도하면서 볼로드테무르는 암살되었다. 황태자는 이를 기회로 또 다시 內禪을 시도했지만, 쿠케테무르가 이를 지지하지 않고 '지역 군벌'로 돌아가면서 독자적인 노선을 추구하자 이제 황태자와 쿠케테무르 사이의 대립이 시작되었다. 결국 세 번에 걸친 內禪 시도와 그 여파는 제위계승문제에 간여했던 여러 신료들을 죽음으로 몰아넣었고, 군벌과 정부 사이의 단합도 이루어내지 못하게 하면서 파죽지세로 북상하는 주원장의 군대를 막을 수 없게 만들었다. 결국 대원제국 조정은 제국 창설의 故土로 되돌아갈 수밖에 없었고, 아유시리다라와 쿠케테무르는 뒤늦게 협력을 하며 중흥을 위한 노력을 했지만 더 이상의 반전은 이루지 못했다.

이와 같이 무종이 즉위한 1307년부터 元 조정이 몽골 초원으로 쫓겨난 1368년 사이의 정치 구조에 대해 살펴보았는데, 여기에서 몇 가지 특징들을 도출해낼 수 있다. 첫째, 정치적 상징으로서 무종의 영향력이 상당히 강력하게 유지되고 있었다는 점이다. 무종은 제위계승의 과정에서 휘하 신료들의 도움을 많이 받았고, 즉위 이후에는 그들의 공적을 치하하기 위해 많은 관직을 내려주었다. 이로 인해 정계에 새로 진출한 인물들의 숫자가 늘어났고, 이들은 자연스럽게 무종의 '은총'에 대해 강력한 기억을 가질 수밖에 없었다. 그래서 무종 사후 발생한 여러 풍파에도 불구하고 살아남은 이들은 여전히 무종을 그리워하고 있었고, 엘테무르가 대도에서 무종의 후손을 제위에 옹립한다는 명분으로 쿠데타를 일으켰을 때에 세력을 결집할 수 있었다. 게다가 문종 즉위 이후 全權 權臣이 되어 권력을 장악한 엘테무르와 바얀이 모두 무종의 휘하에서 카이두와의 전쟁을 직접 경험한 인물들이었다는 사실은 적어도 바얀이 축출된 1340년까지 무종의 흔적이 元代 중·후기의 정치에 짙게 반영되어 있었음을 의미한다.

둘째, 제위계승문제에서 '적임자 계승제'라고 하는 유목제국 고유의 관행에 황태자 제도가 결부되어 새로운 질서가 형성되는 등 양상이 복잡하게 전개되고 있다는 점이다. 갈등의 시작은 무종이 자신의 즉위에 큰 공을 세운 동생을 황태자로 책립한 것에서 비롯되었다. 무종은 황태자를 제위계승 후보자의 자격으로 생각했을 뿐, 황태자가 황제의 적장자라고 하는 중국의 전통적인 개념을 염두에 두고 있지 않았다. 그렇기 때문에 '兄弟叔姪世世相承'이라고 하는 특이한 정치 질서가 만들어졌지만, 이를 기반으로 즉위한 인종은 오히려 전통적인 황태자의 개념을 수용하면서 본인의 적장자를 황태자로 책립하기 위한 노력을 기울였다. 인종은 叔姪 사이의 제위계승을 적극적으로 거부했던 것이다. 그래서 인종은 조카를 변경으로 쫓아내면서까지 중국식 황태자 제도의 실현을 추구했고, 이로 인해 영종은 분명 '전통적인' 황태자로서의 모든 자격을 갖추고 인종의 뒤를 이어 즉위했던 것임에도 불구하고 완벽한 정통성을 보유하지 못했다. 이는 중국식 제도만을 따르는 것은 대원제국의 제위계승을 결정하는 중요한 동력이 될 수 없다는 것을 의미하고, 몽골 고유의 정치 질서 역시 강력한 영향력을 발휘하고 있었음을 보여준다.

영종은 약해진 자신의 권위 강화를 위해 독단적인 개혁 정책을 추진하다가 암살을 당했다. 이 암살 사건으로 인해 태정제는 본의 아니게 '적임

자'로서 즉위를 했지만, 문종을 옹립한 엘테무르 세력은 자신들의 정치적
시련을 근본적으로 야기한 인종과 영종보다는 오히려 태정제를 집중적으
로 공격했고 무종의 혈통을 적임자의 중요한 명분으로 제시했다. 그러나
이 명분은 적임자에 더욱 가까웠던 명종의 즉위로 인해 약화될 위기에 처
했고, 엘테무르는 명종을 독살시키는 것으로 사태를 해결했다. 인종과는
달리 문종은 황태자로 책립한 아들이 사망한 이후 죄책감에 시달려 결국
조카를 제위에 올리라는 유언을 남겼고, 이는 제위계승에서 명종의 혈통이
새로운 정통성으로 설정되는 계기로 작용했다. 무종의 혈통을 내세우며 恣
權 權臣으로서 조정의 모든 권력을 장악했던 엘테무르와 바얀은 명종의 위
상을 넘어서지 못하면서 결국 몰락의 길을 걸었다. 명종의 권위 회복을 통
해 위상을 확보한 혜종은 고려인 출신의 기씨를 제2황후로, 그녀가 낳은
아들을 황태자로 책립했지만 출신의 한계를 극복하고 권력을 장악하려는
母子의 움직임이 內禪 분쟁으로 이어지면서 제위계승문제에 휘말렸다. 이
제 황태자 스스로가 제위계승에 적극적으로 간여하는 것으로 양상이 변화
했고, 이는 새로운 질서를 창출하려는 시도였다고 할 수 있다.

　셋째, 제위계승문제의 향방에 따라 권신의 권력이 점점 확대되었다는
점이다. 인종 즉위 이후 테무데르는 황태후의 비호를 받아 권력을 장악하
고 인종의 황태자 교체 계획에 적극적으로 간여하며 권신의 지위를 구축했
다. 그러나 테무데르의 여러 부정행위는 어사대에 의해 적발되었고, 테무
데르는 별다른 대항을 하지 못하고 황태후에게 신변 보호를 의지해야만 했
다. 인종이 사망하고 난 이후에는 테무데르가 적극적으로 권력을 장악하고
아들들에게까지 이를 물려주려는 움직임을 드러냈다. 하지만 영종은 이를
그대로 보고만 있을 정도의 유약한 황제가 아니었고, 바이주를 등용하여
테무데르를 효과적으로 견제했다. 결국 테무데르는 오로지 다기 태후의 총
애를 기반으로 권신의 지위에 올라 太師의 관함까지 차지했지만, 바이주에
의해 견제를 당하고 테무데르 사망 이후에는 그 가문이 비리에 연루되어
숙청되면서 모든 권력을 상실했다. 이후, 바이주가 영종의 신임을 바탕으

로 獨相의 지위에 올랐다가 얼마 지나지 않아 암살되었지만 獨相이 되었다
는 자체는 권신 권력의 성장을 의미하고 있었다.

태정제 시기의 권신으로 등장한 다울라트 샤는 回回人으로서 권력을 장
악하고 같은 민족 출신들을 모아 세력을 결집하였다. 다울라트 샤는 중서
좌승상을 넘어서는 지위를 보유하지 못했고 太師의 관함도 받지 못했지만,
테무데르와는 달리 어사대와의 갈등에서 최종적으로 승리를 거두었다. 다
울라트 샤 본인이 잠시 어사대부가 되고 어사대를 장악하면서 견제 세력을
물리친 것이었다. 그러나 태정제 사후 벌어진 양도내전에서 패배하면서 권
신의 자리는 킵차크인 엘테무르에게로 넘어가게 되었다. 엘테무르는 휘하
의 군사력을 직접 활용하여 내전에서 승리를 거두고 혈통 이외에는 아무런
기반이 없던 문종을 옹립하는 데에 결정적인 공을 세웠다. 이때부터 권
신의 권력은 황제의 승인 하에 대폭 확대되었다. 엘테무르는 중서성과 추
밀원 및 어사대를 차근차근 장악했고 太師와 다르칸 칭호 및 심지어 王號
까지 받았다. 게다가 엘테무르가 독자적으로 관할하는 군사력까지 확대되
기에 이르렀고, 더 나아가 중서좌승상을 임명하지 않는 獨相 체제가 다시
시작되면서 본격적으로 全權 權臣의 집권 시기가 시작되었다.

혜종 즉위 이후 全權 權臣의 자리를 놓고 벌어진 분쟁에서 바얀이 엘테
무르 가문을 제거하면서 권신의 권력은 극대화되었다. 바얀은 엘테무르의
모든 지위를 물려받으면서도 보다 위상이 높은 王號를 수여받았고, 총 246
字에 달하는 직함을 보유했을 정도로 과도한 권력을 장악했다. 특히 바얀
은 조카 톡토를 어사대부에 임명하면서 자신의 권력이 가문 전체로 확장되
는 것을 기도했으며 중서우승상에도 만족하지 않고 元에서는 전례가 없던
中書大丞相의 지위에까지 올랐다. 하지만 역설적으로 이렇게 비대해진 권
력 때문에 바얀은 내부의 반발을 받아 몰락했다.

바얀 축출 이후, 혜종은 이를 기회로 자신의 권위를 강화했고 더 이상
의 제위계승문제가 발생하지 않는 상황에서 권신 정치를 잠시 타파할 수
있었다. 그러나 상호 견제의 정치가 펼쳐지는 와중에 기황후가 자신의 아

들을 양육한 적이 있었던 톡토를 적극적으로 지원하고 혜종이 이를 받아들이면서 권신 정치 재개의 발판이 마련되었다. 톡토는 王號를 스스로 받지 않은 것을 제외하면 獨相의 지위, 太師, 다르칸 칭호를 받았고 자신의 동생 에센테무르를 어사대부에 임명하면서 全權 權臣의 전철을 밟아 나갔다. 톡토의 복귀와 권신으로서의 지위 향상은 황태자 선정 과정과 연결되어 있었고 이로 인해 高郵 원정 도중 갑자기 축출될 때에도 황태자 책립 의례 문제가 결정적으로 작용했던 것이다. 톡토를 축출하고 1차 內禪 시도를 일으켜 제위계승에 간여하려 했던 카마는 본인이 중서좌승상에 오르고 동생 수수가 어사대부에 임명되면서 이전 권신들의 권력 장악 방식을 그대로 따랐다. 이는 엘테무르의 집권 시기부터 확대된 권신의 권력이 점점 '公式化'되고 있었음을 보여주는 것이었다.

　지속적인 제위계승분쟁과 권신 권력의 확대는 '內蒙外漢'이라고 하는 대원제국 고유의 정치 구조를 반영하는 현상이었다. 중국에서 오래된 전통을 가지고 있는 황태자 제도가 대원제국에도 도입되었지만, 황태자라는 지위만으로는 안정적인 계승을 담보할 수 없었고 결국 치열한 실력 경쟁 과정을 거쳐야만 했던 것이다. 그런데 무종과 인종이 즉위 과정에서 자신이 직접 측근들을 이끌며 계승의 적임자임을 드러낸 것과는 달리 이후의 황제들은 스스로의 실력을 보여주지 못했다. 그러다보니 제위계승을 위한 경쟁에 황제 후보자보다 그를 보좌하는 측근 신료들의 힘이 더욱 강하게 발휘되었고, 이들의 힘을 통해 즉위한 황제는 자신을 옹립한 권신에게 중국식 재상 제도 속의 최고 관직인 승상에 머무르는 것이 아니라 명예직인 三公, 王號, 다르칸 등의 칭호와 군사권, 감찰권까지 부여했다. 권신의 권위는 중국식 제도의 틀 속에만 갇혀 있지 않았던 것이다. 게다가 이들 권신이 자체적인 힘을 가지고 있었음에도 불구하고 칭기스 칸 가문을 끌어내리려 하지 않았던 것은 칭기스 칸의 후손들이 가진 위상이 여전히 강력했고, 권신은 분명 여기에 존립 근거를 두고 있었음을 보여준다. 결국 14세기 대원제국에서 권신이 지속적으로 출현할 수 있었던 것은 황권의 전제화 현상 속에서 중국식 제도가 완벽하게 정착되지 않고 草原 제도가 여전히 강력한 영향력을 가지고 있었던 점에서 기인한다고 볼 수 있다.

몽골의 정치 세력은 중원을 포기하고 몽골 초원으로 돌아간 이후에도 고유한 역사를 지탱해갔다. 이때에도 카안의 자리를 놓고 내부 분쟁이 빈번하게 발생했고, 이로 인해 실질적으로 권력을 장악한 권신들은 지속적으로 출현했다. 15세기가 되면, 이러한 권신들은 카안보다 강력한 정치적 영향력을 행사했는데 주목할 것은 아룩타이(Aruytai)나 토곤 및 에센(Esen)과 같은 대표적인 당시 권신들이 '타이시(Tayisi)'라는 호칭을 취하고 있었다는 점이다. 타이시는 바로 太師에서 유래한 것으로[1] 이는 테무데르부터 엘테무르, 바얀, 톡토 등의 권신들이 공통적으로 받았던 칭호였다. 元이 중원으로부터 물러나고 한참이 지난 후에도 권신 정치의 모습은 '타이시'라는 상징을 통해 발현되고 있었다. 이렇게 '타이시'들의 정치가 14세기부터 형성되어 몽골 정치의 또 다른 전통으로 오랫동안 이어졌던 사실은 그만큼 권신 정치의 영향력이 막대했음을 보여주는 현상이라고 할 수 있다. 칭기스 칸의 혈통이 아닌 에센이 스스로 카안에 올랐지만 곧 살해된 것도 카안의 지위까지 초월하지는 못하는 권신 정치의 특성이 그대로 반영된 것이다. 에센 사후에도 타이시의 정치는 1542년에 마지막 타이시 부르카이(卜兒孩, Burqai)가 알탄 카안(俺答汗, Altan Qa'an)에게 복속할 때까지 유지되었다.

본서에서는 몽골제국의 권신 정치를 대원제국에만 한정하여 살펴보았지만, 서방의 다른 울루스의 역사에서도 이러한 현상을 찾아볼 수 있지 않을까 생각한다. 치열한 계승분쟁은 대원제국은 물론이고, 차가타이나 주치 및 훌레구 울루스에서도 확인되는 현상이기 때문이다. 이 중에서 연구가 많이 진척되어 있는 서아시아의 훌레구 울루스의 경우 페르시아어 사료에

---

1) 이에 대해서는 Henry Serruys, "The Office of Tayisi in Mongolia in the Fifteenth Century", *Harvard Journal of Asiatic Studies* Vol. 37, No. 2, 1977을 참고.

서 칭기스 칸 가문의 家人 혹은 從者를 의미하는 amīr-i buzurg[2]라고 불렸던 이들의 활동을 검토해보면 흥미로운 분석이 나올 수 있을 것이다. 특히 14세기 훌레구 울루스 후기에 활약한 초반(Čoban)이라는 인물을 주목할 필요가 있을 것 같다. 초반은 군사적 능력을 통해 가잔 칸 시기부터 두각을 드러냈고, 울제이투와 아부 사이드 시기에 엄청난 권력을 행사하면서 amīr al-umarā라는 칭호를 받고 아부 사이드의 여동생과 혼인하면서 구레겐(güregen, 駙馬)의 직함까지 획득했다. 1319년에는 政敵들을 모두 물리치며 궁정을 장악했고, 그 권력은 초반의 아들들에게까지 이어졌다. 하지만 1327년에 아부 사이드가 주도하여 초반 가문을 제거하는 와중에 헤라트에서 살해되었다.[3] 이러한 초반의 행적은 대원제국 권신들과 비슷한 측면이 있고, 결국에는 칸의 권위로 인해 살해되었던 점도 칭기스 칸 가문 자체를 뛰어넘을 수 없었던 한계를 명확하게 보여준다. 앞으로 이와 관련된 더욱 상세한 연구가 발표되기를 기대해 본다.

본서에서는 계승분쟁과 권신 정치를 중심으로 元代 중·후기의 정치사를 상세하게 서술하고자 노력했는데, 미처 다루지 못한 중요한 사안들은 여전히 남아 있다. 예를 들면 황실 여성들(황후, 황태후, 태황태후 등)의 구

---

2) 志茂碩敏, 『モンゴル帝國史研究 正篇: 中央ユーラシア遊牧諸政權の國家構造』, 東京: 東京大學出版會, 2013, 15~16쪽.

3) 초반의 정치적 행적에 대한 간략한 설명으로는 Timothy May ed., *The Mongol Empire: A Historical Encyclopedia Vol. 1*, Santa Barbara: ABC-CLIO, 2017, pp.143~145를 참고. 1319년 초반과 다른 아미르들 간의 격렬한 전투와 갈등에 대해서는 Charles Melville, "Abū Sa'īd and the Revolt of the Amirs in 1319", Denise Aigle ed., *L'Iran face à la domination mongole*, Teheran: Institut français de recherche en Iran, 1997이 상세하게 다루고 있다. 최근에는 훌레구 울루스의 문서와 印章에 대한 연구 중에서 초반을 언급한 것이 있어 주목할 만하다. 문서와 관련해서는 'Imād al-Dīn Šayb al-Ḥukamā'ī, "Study on a Decree of Amīr Čoban of 726 AH/1326 CE", *Orient* 50, 2015를 참고할 수 있고, 인장에 관해서는 四日市康博, "Two great amīrs, Čoban and Bolad and two āl-tamgā seals brought from Yuan China", 程彤 主編, 『絲綢之路上的照世杯: "中國與伊朗: 絲綢之路上的文化交流"國際研討會論文集』, 上海: 中西書局, 2016을 참고.

체적인 정치적 역할이나 문종 시기의 중요한 기구인 奎章閣의 영향과 엘테
무르와의 관계 등 더욱 세부적인 주제들과 이 시기에 등장하는 여러 인물
들에 대한 상세한 고찰 등의 과제는 차후에 반드시 검토되어야 할 부분이
다. 또한, 대원제국의 정치 제도 및 관료 기구에 대한 체계적인 분석의 바
탕 위에서 권신 정치를 더 넓은 시각에서 구조적으로 분석할 필요도 있다.
앞으로 元代 역사를 이해하기 위해 꼭 필요한 이와 같은 연구 주제들에 대
해서는 본서가 살펴본 내용을 기반으로 더욱 精緻한 연구가 진행될 수 있
기를 기대한다.

참고문헌

1. 사료

漢文 사료

『(嘉慶)高郵州志』(中國地方志集成本, 南京: 江蘇古籍出版社, 1991)

『稼亭集』(한국고전 종합DB → http://db.itkc.or.kr/itkcdb/mainIndexIframe.jsp)

『揭文安集』(李夢生 標校, 『揭傒斯全集』, 上海: 上海古籍出版社, 1985)

『庚申外史』(任崇岳, 『庚申外史箋証』, 鄭州: 中州古籍出版社, 1991)

『經濟文集』(四庫全書本)

『高麗史』(국사편찬위원회 고려시대 史料 Database
        → http://db.history.go.kr/KOREA/)

『高麗史節要』(노명호 외 교감, 『校勘 高麗史節要』, 집문당, 2016)

『光緒順天府志』(北京古籍叢書本, 北京: 北京古籍出版社, 1987)

『渠庵集』(孫學功 點校整理, 『元代關學三家集』, 西安: 西北大學出版社, 2015)

『救荒活民類要』(『北京圖書館古籍珍本叢刊』 卷56, 北京: 書目文獻出版社, 1998)

『國初群雄事略』(張德信·韓志遠 點校本, 北京: 中華書局, 1982)

『歸田類稿』(李鳴·馬振奎 校點, 『張養浩集』, 長春: 吉林文史出版社, 2008)

『圭齋文集』(湯銳 校點, 『歐陽玄全集』, 成都: 四川大學出版社, 2010)

『圭齋文集補編』(湯銳 校點, 『歐陽玄全集』, 成都: 四川大學出版社, 2010)

『金臺集』(葉愛欣 校注, 『迺賢集校注』, 鄭州: 河南大學出版社, 2011)

『金華黃先生文集』(王頲 點校, 『黃溍全集』, 天津: 天津古籍出版社, 2008)

『南臺備要』(屈文軍 點校, 『憲臺通紀(外三種)新點校』, 香港: 華夏文化藝術出版社, 2006)

『南村輟耕錄』(元明史料筆記叢刊本, 北京: 中華書局, 1959)

『農田餘話』(『叢書集成新編』 87冊, 臺北: 新文豊出版公司, 1985)

『大明一統志』(臺聯國風出版社印行本, 1977)

『道園類稿』(王頲 點校, 『虞集全集』, 天津: 天津古籍出版社, 2007)

『道園學古錄』(王頲 點校, 『虞集全集』, 天津: 天津古籍出版社, 2007)

『東山存稿』(四庫全書本)

『東維子文集』(四庫全書本)

『柳待制文集』(四庫全書本)

『明史』(中華書局 標點校勘本, 1974)

『明太祖實錄』(국사편찬위원회 명실록・청실록
　　　　→ http://sillok.history.go.kr/mc/main.do)

『牧庵集』(査洪德 編校, 『姚燧集』, 北京: 人民文學出版社, 2011)

『牧隱文藁』(한국고전 종합DB → http://db.itkc.or.kr/itkcdb/mainIndexIframe.jsp)

『蒙兀兒史記』(『元史二種』 2冊, 上海: 上海古籍出版社, 1989)

『泊菴集』(四庫全書本)

『北巡私記』(薄音湖・王雄 編輯點校, 『明代蒙古漢籍史料彙編 第1輯』, 呼和浩特: 內蒙
　　　　古大學出版社, 2006)

『北平錄』(薄音湖・王雄 編輯點校, 『明代蒙古漢籍史料彙編 第1輯』, 呼和浩特: 內蒙古大
　　　　學出版社, 2006)

『秘書監志』(高榮盛 點校本, 杭州: 浙江古籍出版社, 1992)

『山居新語』(元明史料筆記叢刊本, 北京: 中華書局, 2006)

『三峰集』(한국고전 종합DB → http://db.itkc.or.kr/itkcdb/mainIndexIframe.jsp)

『雪樓集』(張文澍 校點, 『程鉅夫集』, 長春: 吉林文史出版社, 2009)

『石門集』(『元人文集珍本叢刊』 卷8, 臺北: 新文豊出版公司, 1985)

『石田集』(李叔毅 點校, 『石田先生文集』, 鄭州: 中州古籍出版社, 1991)

『析津志』(北京圖書館善本組 輯, 『析津志輯佚』, 北京: 北京古籍出版社, 1983)

『誠意伯文集』(國學基本叢書本, 上海: 商務印書館, 1936)

『松雪齋集』(錢偉彊 點校, 『趙孟頫集』, 杭州: 浙江古籍出版社, 2012)

『宋學士文集』(黃靈庚 編輯校點, 『宋濂全集』, 北京: 人民文學出版社, 2014)

『水利集』(元代史料叢刊編委會, 『元代史料叢刊初編－元代地理方志(下) 第30冊』, 合肥:
　　　　黃山書社, 2012)

『殊域周咨錄』(余思黎 點校本, 北京: 中華書局, 2000)

『新元史』(『元史二種』 1冊, 上海: 上海古籍出版社, 1989)

『雁門集』(中國古典文學叢書本, 上海: 上海古籍出版社, 1982)

『禮部集』(邱居里・邢新欣 校點, 『吳師道集』, 長春: 吉林文史出版社, 2008)

『梧溪集』(李軍 標點本, 北京: 北京師範大學出版社, 2016)

『吳文正集』(四庫全書本)

『王忠文集』(四庫全書本)

『元文類』(商務印書館 標點本, 北京: 商務印書館, 1958)

『元史』(中華書局 標點校勘本, 1976)

『元典章』(陳高華·張帆·劉曉·党寶海 點校本, 天津: 天津古籍出版社 ; 北京: 中華書局, 2011)

『元朝名臣事略』(姚景安 點校本, 北京: 中華書局, 1996)

『危太樸文續集』(『元人文集珍本叢刊』 卷7, 臺北: 新文豊出版公司, 1985)

『惟實集』(四庫全書本)

『伊濱集』(四庫全書本)

『二十二史箚記』(王樹民 校證, 『廿二史箚記校證』, 北京: 中華書局, 1984)

『益齋亂藁』(한국고전 종합DB → http://db.itkc.or.kr/itkcdb/mainIndexIframe.jsp)

『一山文集』(四庫全書本)

『滋溪文稿』(陳高華·孟繁清 點校本, 北京: 中華書局, 1997)

『潛溪前集』(黃靈庚 編輯校點, 『宋濂全集』, 北京: 人民文學出版社, 2014)

『潛溪後集』(黃靈庚 編輯校點, 『宋濂全集』, 北京: 人民文學出版社, 2014)

『(正德)瓊臺志』(彭靜中 點校, 『正德瓊臺志』 下冊, 海口: 海南出版社, 2006)

『朝鮮世宗實錄』(국사편찬위원회 조선왕조실록
            → http://sillok.history.go.kr/main/main.do)

『朝京稿』(黃靈庚 編輯校點, 『宋濂全集』, 北京: 人民文學出版社, 2014)

『中庵集』(鄧瑞全·謝輝 校點, 『劉敏中集』, 長春: 吉林文史出版社, 2008)

『池北偶談』(靳斯仁 點校本, 北京: 中華書局, 1982)

『芝園後集』(黃靈庚 編輯校點, 『宋濂全集』, 北京: 人民文學出版社, 2014)

『至正金陵新志』(田崇 校點本, 南京: 南京出版社, 1991)

『至正條格』(韓國學中央研究院 編, 『至正條格 校註本』, 휴머니스트, 2007)

『至正直記』(宋元筆記叢書本, 上海: 上海古籍出版社, 1987)

『至正集』(傅英·雷近芳 校點, 『許有壬集』, 鄭州: 中州古籍出版社, 1998)

『清容居士集』(李軍·施賢明·張欣 校點, 『袁桷集』, 長春: 吉林文史出版社, 2010)

『草木子』(元明史料筆記叢刊本, 北京: 中華書局, 1959)

『通制條格』(方齡貴 校注, 『通制條格校注』, 北京: 中華書局, 2001)

『憲臺通紀』(屈文軍 點校, 『憲臺通紀(外三種)新點校』, 香港: 華夏文化藝術出版社, 2006)

『憲臺通紀續集』(屈文軍 點校, 『憲臺通紀(外三種) 新點校』, 香港: 華夏文化藝術出版社, 2006)

『湖北金石志』(國家圖書館善本金石組 編, 『歷代石刻史料彙編』 13, 北京: 北京圖書館出版社, 2000)

金龍善 編, 『高麗墓誌銘集成』 第5版, 한림대학교 출판부, 2012.
楊訥·陳高華 編, 『元代農民戰爭史料彙編』, 北京: 中華書局, 1985.
蔡美彪 編, 『元代白話碑集錄』, 北京: 科學出版社, 1955.
蔡美彪 編著, 『元代白話碑集錄(修訂版)』, 北京: 中國社會科學出版社, 2017.
許興植 編著, 『韓國金石全文 中世下』, 亞細亞文化社, 1984.

페르시아어 사료

라시드 앗 딘, 김호동 역주, 『부족지』, 사계절, 2002.
라시드 앗 딘, 김호동 역주, 『칭기스 칸 기』, 사계절, 2003.
라시드 앗 딘, 김호동 역주, 『칸의 후예들』, 사계절, 2005.
Boyle, J. A. tr., *Genghis Khan: The History of the World Conqueror*, Manchester: Manchester University Press, 1997.
Wentker, Sibylle. Wundsam Elisabeth & Klaus eds., *Geschichte Wassaf's: Deutsch Übersetzt von Hammer-Purgstall Band 4*, Wien: Verlag der Österreichischen Akademie der Wissenschaften, 2016.

몽골어 사료

김장구 역주, 『역주 몽골 황금사』, 동북아역사재단, 2014.
유원수 역주, 『몽골비사』, 사계절, 2004.
『蒙古源流』(岡田英弘, 譯注, 『蒙古源流』, 東京: 刀水書房, 2004)
『恒河之流』(喬吉 校注, 『恒河之流』, 呼和浩特: 內蒙古人民出版社, 1981)
Чоймаа, Ш. *Хаадын үндсэн хураангуй Алтан товч*, Улаанбаатар: Болор Судар, 2011.

티베트어 사료

達倉宗巴·班覺桑布 著, 陳慶英 譯, 『漢藏史集』, 拉薩: 西藏人民出版社, 1986.
東嘎·洛桑赤列 校注, 『紅史』, 北京: 民族出版社, 1981.
釋迦仁欽德 著, 湯池安 譯, 『雅隆尊者教法史』, 拉薩: 西藏人民出版社, 2002.
劉相措, 『《紅史·蒙古王統簡述》及其史料來源』, 西北民族大學 碩士學位論文, 2016.
蔡巴·貢噶多吉 著, 陳慶英·周潤年 譯, 『紅史』, 拉薩: 西藏人民出版社, 1988.

기타 사료

김호동 역주, 『몽골 제국 기행 - 마르코 폴로의 선구자들』, 까치, 2015.

2. 연구서

게오르기 베르낫스키(George Vernadsky), 김세웅 옮김, 『몽골제국과 러시아』, 선인,
　　2016.
고명수, 『몽골-고려 관계 연구』, 혜안, 2019.
김호동, 『몽골제국과 고려』, 서울대학교출판부, 2007.
＿＿＿, 『아틀라스 중앙유라시아사』, 사계절, 2016.
데이비드 O. 모건(David O. Morgan), 권용철 옮김, 『몽골족의 역사』, 모노그래프,
　　2012.
박용운, 『高麗時代 尙書省 硏究』, 景仁文化社, 2000.
스기야마 마사아키(杉山正明), 임대희·김장구·양영우 譯, 『몽골세계제국』, 신서원,
　　1999.
윌리엄 H. 맥닐(William H. McNeill), 허정 옮김, 『전염병과 인류의 역사』, 한울, 1998.
윤영인 외, 『외국학계의 정복왕조 연구 시각과 최근 동향』, 동북아역사재단, 2010.
윤은숙, 『몽골제국의 만주 지배사』, 소나무, 2010.
이강한, 『고려와 원제국의 교역의 역사』, 창비, 2013.
이개석, 『고려-대원 관계 연구』, 지식산업사, 2013.
이명미, 『13~14세기 고려·몽골 관계 연구』, 혜안, 2016.
이영옥, 『견제받는 권력: 만주인 청나라의 정치구조, 1616~1912』, 전남대학교출판
　　부, 2016.
任士英 저, 류준형 옮김, 『황제들의 당제국사』, 푸른역사, 2016.
장동익, 『高麗時代 對外關係史 綜合年表』, 동북아역사재단, 2009.
잭 웨더포드(Jack Weatherford), 이종인 옮김, 『칭기스칸의 딸들, 제국을 경영하다』,
　　책과함께, 2012.
정재훈, 『위구르 유목제국사 744~840』, 문학과지성사, 2005.
＿＿＿, 『돌궐 유목제국사 552~745』, 사계절, 2016.
티모시 브룩(Timothy Brook), 조영헌 옮김, 『하버드 중국사 원·명 - 곤경에 빠진 제

국』, 너머북스, 2014.

姜一涵, 『元代奎章閣及奎章人物』, 臺北: 聯經出版事業公司, 1981.
郭超, 『元大都的規劃與復原』, 北京: 中華書局, 2016.
邱江寧, 『奎章閣文人群體與元代中期文學研究』, 北京: 人民出版社, 2013.
_____, 『元代奎章閣學士院與元代文壇』, 北京: 中國社會科學出版社, 2013.
_____, 『元代館閣文人活動系年』, 北京: 人民出版社, 2015.
邱樹森, 『妥懽貼睦爾傳』, 長春: 吉林教育出版社, 1991.
邱樹森 主編, 『元史辭典』, 濟南: 山東教育出版社, 2000.
_____, 『遼金史辭典』, 濟南: 山東教育出版社, 2011.
邱軼皓, 『蒙古帝國視野下的元史與東西文化交流』, 上海: 上海古籍出版社, 2019.
羅衛 編, 『元代至正年鑄幣』, 北京: 文物出版社, 2010.
馬建春, 『元代東遷西域人及其文化研究』, 北京: 民族出版社, 2003.
薄音湖 主編, 『蒙古史詞典(古代卷)』, 呼和浩特: 內蒙古大學出版社, 2010.
謝咏梅, 『蒙元時期札剌亦兒部研究』, 瀋陽: 遼寧民族出版社, 2012.
尚衍斌, 『元史及西域史叢考』, 北京: 中央民族大學出版社, 2013.
徐良利, 『伊兒汗國史研究』, 北京: 人民出版社, 2009.
薛　磊, 『元代宮廷史』, 天津: 百花文藝出版社, 2008.
_____, 『元代東北統治研究』, 北京: 社會科學文獻出版社, 2012.
蕭啓慶, 『內北國而外中國－蒙元史研究』, 北京: 中華書局, 2007.
修曉波, 『元代的色目商人』, 廣州: 廣東人民出版社, 2013.
申萬里, 『教育 士人 社會: 元史新探』, 北京: 商務印書館, 2013.
楊　訥, 『元代白蓮敎研究』, 上海: 上海古籍出版社, 2004.
_____, 『元史論集』, 北京: 國家圖書館出版社, 2012.
梁英華, 『蒙元高麗宗藩關係史述論』, 新北: 花木蘭文化出版社, 2015.
余大鈞 編著, 『元代人名大辭典』, 呼和浩特: 內蒙古人民出版社, 2016.
余來明, 『元代科舉與文學』, 武漢: 武漢大學出版社, 2013.
烏云高娃, 『元朝與高麗關系研究』, 蘭州: 蘭州大學出版社, 2012.
王明蓀·韓桂華 編著, 『戰後臺灣的歷史學研究 1945~2000 第4冊－宋遼金元史』, 臺北: 行政院國家科學委員會, 2004.
王石莊 主編, 『《元史》名詞術語漢蒙對照詞典 上冊』, 呼和浩特: 內蒙古人民出版社, 2015.
王頲, 『龍庭崇汗－元代政治史研究』, 海口: 南方出版社, 2002.

王宗維, 『元代安西王及其與伊斯蘭敎的關系』, 蘭州: 蘭州大學出版社, 1993.

姚大力, 『蒙元制度與政治文化』, 北京: 北京大學出版社, 2011.

劉迎勝, 『西北民族史與察合台汗國史硏究』, 南京: 南京大學出版社, 1994.

_____, 『察合台汗國史硏究』, 上海: 上海古籍出版社, 2011.

_____, 『蒙元帝國與13-15世紀的世界』, 北京: 生活·讀書·新知三聯書店, 2013.

_____, 『蒙元史考論』, 蘭州: 蘭州大學出版社, 2014.

劉曉, 『元史硏究』, 福州: 福建人民出版社, 2006.

李鳴飛, 『金元散官制度硏究』, 蘭州: 蘭州大學出版社, 2014.

李治安, 『元代政治制度硏究』, 北京: 人民出版社, 2003.

_____, 『元代分封制度硏究(增訂本)』, 北京: 中華書局, 2007.

_____, 『元代行省制度』, 北京: 中華書局, 2011.

張 帆, 『元代宰相制度硏究』, 北京: 北京大學出版社, 1997.

張沛之, 『元代色目人家族及其文化傾向硏究』, 天津: 天津古籍出版社, 2009.

程妮娜, 『金代政治制度硏究』, 長春: 吉林大學出版社, 1999.

周淸澍, 『元蒙史札』, 呼和浩特: 內蒙古大學出版社, 2001.

陳高華·史衛民, 『中國經濟通史－元代經濟卷(上)』, 北京: 中國社會科學出版社, 2007.

陳高華, 『中國婦女通史－元代卷』, 杭州: 杭州出版社, 2011.

陳得芝, 『蒙元史與中華多元文化論集』, 上海: 上海古籍出版社, 2013.

陳子丹, 『元朝文書檔案工作硏究』, 北京: 中國社會科學出版社, 2014.

札奇斯欽, 『蒙古文化與社會』, 臺北: 臺灣商務印書館, 1987.

蔡美彪, 『八思巴字碑刻文物集釋』, 北京: 中國社會科學出版社, 2011.

彭署蓉, 『元順帝詞壇編年與考論』, 天津: 南開大學出版社, 2016.

河北省文物硏究所 編, 『元中都 1998-2003年發掘報告』, 北京: 文物出版社, 2012.

何忠禮, 『宋代政治史』, 杭州: 浙江大學出版社, 2007.

洪麗珠, 『肝膽楚越－蒙元晚期的政爭(1333-1368)』, 新北: 花木蘭文化出版社, 2011.

黃宗鑑, 『《華夷譯語》硏究』, 北京: 昆侖出版社, 2014.

加藤和秀, 『ティームール朝成立史の硏究』, 札幌: 北海道大學圖書刊行會, 1999.

岡田英弘, 『チンギス・ハーンとその子孫－もうひとつのモンゴル通史』, 東京: ビジネス社, 2016.

宮紀子, 『モンゴル時代の出版文化』, 名古屋: 名古屋大學出版會, 2006.

_____, 『モンゴル時代の「知」の東西 上』, 名古屋: 名古屋大學出版會, 2018.

白石典之, 『モンゴル帝國史の考古學的研究』, 東京: 同成社, 2002.

本田實信, 『モンゴル時代史研究』, 東京: 東京大學出版會, 1991.

杉山正明, 『世界史を變貌させたモンゴル-時代史のデッサン』, 東京: 角川書店, 2000.

_____, 『モンゴル帝國と大元ウルス』, 京都: 京都大學學術出版會, 2004.

_____, 『モンゴル帝國と長いその後』, 東京: 講談社, 2008.

森平雅彦, 『モンゴル覇權下の高麗』, 名古屋: 名古屋大學出版會, 2013.

愛宕松男, 『愛宕松男 東洋史學論集 第4卷-元朝史』, 東京: 三一書房, 1988.

王瑞來, 『宋代の皇帝權力と士大夫政治』, 東京: 汲古書院, 2001.

栗林均 編, 『『華夷譯語』(甲種本)モンゴル語全單語・語尾索引』, 仙台: 東北大學東北アジア研究センター, 2003.

_____, 『『元朝秘史』モンゴル語漢字音譯・傍譯漢語對照語彙』, 仙台: 東北大學東北アジア研究センター, 2009.

乙坂智子, 『迎佛鳳儀の歌: 元の中國支配とチベット佛敎』, 東京: 白帝社, 2017.

赤木崇敏 等, 『元典章が語ること-元代法令集の諸相』, 吹田: 大阪大學出版會, 2017.

箭内亘, 『蒙古史研究』, 東京: 刀江書院, 1930.

田村實造, 『中國征服王朝の研究(中)』, 京都: 東洋史研究會, 1964.

チョクト(朝克圖), 『チンギス・カンの法』, 東京: 山川出版社, 2010.

早稻田大學モンゴル研究所 編, 『モンゴル史研究: 現狀と展望』, 東京: 明石書店, 2011.

ドーソン 著, 佐口透 譯注, 『モンゴル帝國史 3』, 東京: 平凡社, 1971.

志茂碩敏, 『モンゴル帝國史研究 正篇: 中央ユーラシア遊牧諸政權の國家構造』, 東京: 東京大學出版會, 2013.

川口琢司, 『ティムール帝國支配層の研究』, 札幌: 北海道大學出版會, 2007.

和田淸, 『東亞史研究(蒙古篇)』, 東京: 東洋文庫, 1959.

Aigle, Denis. *The Mongol Empire between Myth and Reality: Studies in Anthropological History*, Leiden: Brill, 2015.

Allsen, Thomas T. *Mongol Imperialism: The Policies of the Grand Qan Möngke in China, Russia, and the Islamic Lands, 1251-1259*, Berkeley·Los Angeles·London: University of California Press, 1987.

_____. *Culture and Conquest in Mongol Eurasia*, Cambridge: Cambridge University Press, 2001.

Amitai, Reuven. *Holy War and Rapprochement: Studies in the Relations between* the Mamluk Sultanate and the Mongol Ilkhanate(1260-1335), Turnhout: Brepols Publishers, 2013.

Atwood, Christopher P. Encyclopedia of Mongolia and the Mongol Empire, New York: Facts On File, Inc., 2004.

Biran, Michal. Qaidu and the Rise of the Independent Mongol State in Central Asia, Richmond Surrey: Curzon, 1997.

Broadbridge, Anne F. Kingship and Ideology in the Islamic and Mongol Worlds, Cambridge: Cambridge University Press, 2008.

Dardess, John W. Conquerors and Confucians: Aspects of Political Change in Late Yüan China, New York & London: Columbia University Press, 1973.

de Nicola, Bruno. Women in Mongol Iran: The Khātūns, 1206-1335, Edinburgh: Edinburgh University Press, 2017.

de Rachewiltz, Igor, Chan, Hok-lam, Hsiao Ch'i-ch'ing, Geier, Peter W. eds., In the Service of the Khan: Eminent Personalities of the Early Mongol-Yüan Period(1200-1300), Wiesbaden: Harrassowitz Verlag, 1993.

Franke, Herbert. Beiträge zur Kulturgeschichte Chinas unter der Mongolenherrschaft: das Shan-kü sin-hua des Yang Yü, Wiesbaden: Franz Steiner, 1956.

Halperin, Charles J. Russia and the Golden Horde: The Mongol Impact on Medieval Russian History, Bloomington: Indiana University Press, 1985.

Hsiao, Ch'i-ch'ing. The Military Establishment of the Yuan Dynasty, Cambridge & London: Harvard University Press, 1978.

Jackson, Peter. The Mongols and the Islamic World: From Conquest to Conversion, New Haven & London: Yale University Press, 2017.

Manz, Beatrice Forbes. The Rise and Rule of Tamerlane, Cambridge: Cambridge University Press, 1989.

May, Timothy. The Mongol Conquests in World History, London: Reaktion Books, 2012.

May, Timothy. ed., The Mongol Empire: A Historical Encyclopedia Vol. 1, Santa Barbara: ABC-CLIO, 2017.

McCausland, Shane. The Mongol Century: Visual Cultures of Yuan China, 1271-1368, London: Reaktion Books, 2014.

Melville, Charles. *The fall of Amir Chupan and the Decline of the Ilkhanate, 1327-1337: a Decade of Discord in Mongol Iran*, Bloomington: Research Institute for Inner Asian Studies, 1999.

Petech, Luciano. *Central Tibet and the Mongols: The Yüan-Sa-Skya Period of Tibetan History*, Rome: Is. M. E. O., 1990.

Robinson, David M. *Empire's Twilight: Northeast Asia under the Mongols*, Cambridge, Mass. & London: Harvard University Press, 2009.

Rossabi, Morris. *The Mongols: A Very Short Introduction*, New York: Oxford University Press, 2012.

_____. *From Yuan to Modern China and Mongolia: The Writings of Morris Rossabi*, Leiden: Brill, 2014.

Schulte-Uffelage, Helmut. *Das Keng-shen wai-shih: eine Quelle zur späten Mongolenzeit*, Berlin: Akademie-Verlag, 1963.

Wing, Patrick. *The Jalayirids: Dynastic State Formation in the Mongol Middle East*, Edinburgh: Edinburgh University Press, 2016.

Zhao, George Qingzhi. *Marriage as Political Strategy and Cultural Expression: Mongolian Royal Marriages from World Empire to Yuan Dynasty*, New York: Peter Lang Publishing, 2008.

3. 연구논문

고명수, 「쿠빌라이 정부의 大都건설과 역참교통체계 구축」 『中央아시아硏究』 15, 2010.

_____, 「潛邸시기 쿠빌라이의 漢地 경영과 세력형성 – 그의 漢化문제에 대한 재검토」 『몽골학』 31, 2011.

_____, 「쿠빌라이 시기 친킴-아흐마드 갈등의 배경과 성격 – 친킴의 漢化문제에 대한 재검토」 『中央아시아硏究』 18-1, 2013.

_____, 「쿠빌라이 집권 초기 관리등용의 성격」 『東國史學』 55, 2013.

_____, 「충렬왕대 怯憐口(怯怜口) 출신 관원 – 몽골-고려 통혼관계의 한 단면」 『사학연구』 118, 2015.

_____, 「征東行省 기능의 변천 – 시기구분을 겸하여」 『韓國史學報』 66, 2017.

고병익, 「高麗 忠宣王의 元 武宗 擁立」『歷史學報』17·18, 1962.

권용철, 『카안 울루스 말기 權臣 엘테무르와 바얀의 집권』, 고려대학교 대학원 사학과 석사학위논문, 2011.

_____, 「大元제국 말기 權臣 바얀의 정치적 行蹟」『東洋史學研究』120, 2012.

_____, 「大元帝國 末期 權臣 엘테무르의 쿠데타-'케식' 출신으로서의 정치적 명분에 대하여」『史叢』80, 2013.

_____, 「大元帝國 末期 政局과 고려 충혜왕의 즉위, 복위, 폐위」『韓國史學報』56, 2014.

_____, 「17~18세기 전반 몽골문 史書의 大元帝國 역사 서술-황제들의 生沒, 즉위연도 및 계보에 대한 비교 분석을 중심으로」『東洋史學研究』128, 2014.

_____, 「高麗人 宦官 高龍普와 大元帝國 徽政院使 투멘데르(禿滿迭兒)의 관계에 대한 小考」『사학연구』117, 2015.

_____, 「대원제국 中期 영종의 위상 강화를 위한 노력-바이주의 중서좌승상 등용과 그의 활약을 중심으로」『東方學志』175, 2016.

_____, 「大元제국 말기 군벌의 갈등과 大撫軍院의 置廢」『몽골학』52, 2018.

_____, 「대원제국 말기 재상 톡토의 至正 9년(1349) 再執權에 대한 검토」『大丘史學』130, 2018.

_____, 「李穀의『稼亭集』에 수록된 大元帝國 역사 관련 기록 분석」『歷史學報』237, 2018.

_____, 「大元제국 말기 재상 톡토의 獨裁 정치와 몰락」『東洋史學研究』143, 2018.

_____, 「大元제국 시기 至順 원년(1330)의 정변 謀議와 그 정치적 영향」『中央아시아研究』23-1, 2018.

_____, 「元代 英宗 시기 정국과 南坡之變의 발생 배경」『전북사학』56, 2019.

_____, 「『高麗史』에 기록된 元代 케식文書史料의 분석」『한국중세사연구』58, 2019.

김광철, 「14세기초 元의 政局동향과 忠宣王의 吐蕃 유배」『한국중세사연구』3, 1996.

김석환, 『14세기 초 두아의 중앙아시아 覇權 장악과 그 意義』, 서울대학교 대학원 동양사학과 석사학위논문, 2010.

_____, 「카안 울루스와 1304년 諸울루스 간 大和約의 성립」『경상사학』27, 2011.

_____, 『13~14세기 몽골제국 勅令制度 研究』, 서울대학교 대학원 동양사학과 박사학위논문, 2019.

김성수, 「한국 역사학계의 유라시아 네트워크, 그 성찰과 과제」『歷史學報』231,

2016.

김장구, 「쿠빌라이칸 政權과 몽골帝國의 발전」 『東國史學』 41, 2005.

김찬영, 『元代 皇室의 物資 조달 과정과 그 특징』, 서울대학교 대학원 동양사학과 석
　　　사학위논문, 2007.

＿＿＿, 「元代 中賣寶貨의 意味와 그 特性」 『中央아시아硏究』 12, 2007.

김한신, 「연구주제의 다양화와 새로운 경향: 송요금원사 회고와 전망 2016~2017」 『歷
　　　史學報』 239, 2018.

김호동, 「古代遊牧國家의 構造」, 서울大學校東洋史學硏究室 編, 『講座 中國史Ⅱ』, 지
　　　식산업사, 1989.

＿＿＿, 「몽골帝國 君主들의 兩都巡幸과 遊牧的 習俗」 『中央아시아硏究』 7, 2002.

＿＿＿, 「몽골제국과 '大元'」 『歷史學報』 192, 2006.

＿＿＿, 「《지정조격(至正條格)》의 편찬과 원(元) 말의 정치」, 韓國學中央硏究院 編, 『至
　　　正條格 校註本』, 휴머니스트, 2007.

＿＿＿, 「元代의 漢文實錄과 蒙文實錄－『元史』 「本紀」의 中國中心的 一面性의 解明
　　　을 위하여」 『東洋史學硏究』 109, 2009.

＿＿＿, 「몽골帝國期 文化의 交流와 統合: '命令文'의 特徵과 起源을 中心으로」 『文
　　　化: 受容과 發展』, 새미, 2010.

＿＿＿, 「라시드 앗 딘(Rashīd al-Dīn, 1247-1318)의 『中國史』 속에 나타난 '中國'
　　　認識」 『東洋史學硏究』 115, 2011.

＿＿＿, 「몽골제국의 세계정복과 지배: 거시적 시론」 『歷史學報』 217, 2013.

＿＿＿, 「몽골제국의 '울루스 체제'의 형성」 『東洋史學硏究』 131, 2015.

＿＿＿, 「변방사의 한계를 넘어－근30년 한국 중앙아시아사 및 요·금·원사 연구의
　　　발전」 『東洋史學硏究』 133, 2015.

＿＿＿, 「'변방사'로 세계사 읽기: 중앙유라시아사를 위한 변명」 『歷史學報』 228,
　　　2015.

＿＿＿, 「最近 30年(1986-2017) 몽골帝國史 硏究: 省察과 提言」 『중앙아시아연구』
　　　22-2, 2017.

나영남, 「遼代 皇位 繼承을 둘러싼 權力鬪爭의 樣相」 『中國史硏究』 98, 2015.

류병재, 「카이두 올로스 성립에 있어 탈라스 코릴타의 역할」 『몽골학』 18, 2005.

＿＿＿, 「카이도 휘하의 제왕(諸王)과 대신(大臣)」 『몽골학』 39, 2014.

＿＿＿, 「카이도의 최후 激戰地 연구」 『몽골학』 55, 2018.

민현구, 「整治都監의 設置經緯」 『國民大學校 論文集』 11, 1977.

_____, 「整治都監의 性格」 『東方學志』 23·24, 1980.

변은숙, 「고려 忠穆王代 整治都監과 정치세력」 『明知史論』 14·15, 2004.

_____, 「고려 충목왕대 정치세력의 성격-整治都監의 整治官을 중심으로」 『중앙사론』 19, 2004.

서윤아, 「몽골제국 시기(1206~1259)의 '아카(aqa)'와 그 역할-바투의 정치 활동을 중심으로」 『中央아시아硏究』 22-1, 2017.

설배환, 「몽골제국에서 황실 여성의 位相 변화」 『歷史學報』 228, 2015.

_____, 『蒙·元제국 쿠릴타이(Quriltai) 연구』, 서울대학교 대학원 동양사학과 박사학위논문, 2016.

_____, 「13~14세기 카안의 부엌과 몽골 風味의 지속과 변화」 『몽골학』 49, 2017.

송재윤, 「皇帝와 宰相: 南宋代(1127~1279) 權力分立理論」 『퇴계학보』 140, 2016.

신은제, 「14세기 전반 원의 정국동향과 고려의 정치도감」 『한국중세사연구』 26, 2009.

심영환, 「몽골시대 高麗의 王命」 『泰東古典硏究』 29, 2012.

심호성, 「몽골帝國期 東部 중앙아시아 驛站 교통로의 변천」 『東洋史學硏究』 118, 2012.

여치호, 「元代 아스人(Asud)의 擡頭와 政治的 役割」 『東洋史學硏究』 120, 2012.

윤은숙, 「옷치긴家 타가차르의 활동과 쿠빌라이의 카안위 쟁탈전」 『몽골학』 22, 2007.

_____, 「몽골제국 초기 帝位 계승 분쟁-옷치긴의 군사행동을 중심으로」 『몽골학』 23, 2007.

_____, 「고려의 北元칭호 사용과 동아시아 인식-고려의 양면 외교를 중심으로」 『中央아시아硏究』 15, 2010.

_____, 「대원제국 말기 아유시리다라의 覇權 쟁탈 분쟁」 『2012년 중앙아시아학회 춘계학술대회 발표요지』, 2012년 4월 21일.

_____, 「元末 토곤 테무르 카안의 耽羅宮殿」 『耽羅文化』 53, 2016.

_____, 「大元帝國 말기 奇皇后의 內禪시도」 『몽골학』 47, 2016.

_____, 「元末 토곤 테무르 카안의 통치와 至正更化」 『역사문화연구』 65, 2018.

_____, 「元末 토곤 테무르 카안의 宰相政治와 黨爭-톡토 派와 베르케 부카 派의 대립을 중심으로」 『中央아시아硏究』 23-2, 2018.

_____, 「元代 중·후기 皇權과 權臣-톡 테무르와 토곤 테무르 시기를 중심으로」 『耽羅文化』 60, 2019.

_____, 「아유시리다라의 冊寶禮를 둘러싼 大元帝國 말기의 권력쟁탈」 『史叢』 98,

2019.

이강한, 「정치도감(整治都監) 운영의 제양상에 대한 재검토」『역사와 현실』 67, 2008.

이개석, 「14世紀 初 漠北游牧經濟의 不安定과 部民生活」『東洋史學研究』 46, 1994.

_____, 「元朝 中期의 財政改革과 그 意義」『慶北史學』 19, 1996.

_____, 「元朝 中期 支配體制의 再編과 그 構造 – 지배세력의 재편을 중심으로」『慶北史學』 20, 1997.

_____, 「漠北의 統合과 武宗의 '創治改法'」, 서울大學校 東洋史學研究室 編, 『近世 東아시아의 國家와 社會』, 지식산업사, 1998.

_____, 『14世紀 初 元朝支配體制의 再編과 그 背景』, 서울대학교 대학원 동양사학과 박사학위논문, 1998.

_____, 「元朝中期 法典編纂 研究와『至正條格』의 發見」『東洋史學研究』 83, 2003.

_____, 「東아시아 諸國의 13~14세기 歷史像과 민족주의」『韓國史學史學報』 18, 2008.

李基天, 「元代 侍衛親軍의 起源과 性格 – 侍衛親軍의 '중원왕조 계통說'에 대한 재검토를 중심으로」『경상사학』 27, 2011.

이명미, 「奇皇后세력의 恭愍王 폐위시도와 高麗國王權 – 奇三寶奴 元子책봉의 의미」『歷史學報』 206, 2010.

이용범, 「奇皇后의 冊立과 元代의 資政院」『歷史學報』 17·18, 1962.

이윤석, 「'史不當滅'과 '論議之公' – 明初『元史』편찬 관념의 배경과 실제」『東洋史學研究』 138, 2017.

이익주, 「14세기 후반 고려-원 관계의 연구」『동북아역사논총』 53, 2016.

이정란, 「整治都監 활동에서 드러난 家 속의 개인과 그의 행동방식」『韓國史學報』 21, 2005.

정동훈, 『高麗時代 外交文書 研究』, 서울대학교 대학원 국사학과 박사학위논문, 2016.

조 원, 「元 前期 達魯花赤의 제도화와 그 위상의 변화」『동아시아문화연구』 51, 2012.

_____, 「大元제국 다루가치체제와 지방통치 – 다루가치의 掌印權과 職任을 중심으로」『東洋史學研究』 125, 2013.

_____, 「17-20세기 몽원사 연구에 나타난 청 지식인들의 '몽골제국' 인식 –『元史類編』, 『元史新編』, 『新元史』를 중심으로」『中國學報』 74, 2015.

첵메드 체렝도르지, 『14세기 후반 동아시아의 국제정세와 북원과 고려의 관계』, 한국학중앙연구원 한국학대학원 박사학위논문, 2011.

최소영, 『13세기 후반 티베트와 훌레구 울루스』, 서울대학교 대학원 동양사학과 석 사학위논문, 2010.

_____, 「13세기 후반 티베트와 훌레구 울루스」『中央아시아硏究』 17-1, 2012.

_____, 『15세기 티베트 저작 『漢藏史集(Rgya bod yig tshang)』 譯註와 연구』, 서울 대학교 대학원 동양사학과 박사학위논문, 2019.

최윤정, 「元代 兩都內戰(1328)과 동북지역 – 요양행성과 동도제왕 세력의 향배 및 세 력 浮沈을 중심으로」『동북아역사논총』 46, 2014.

_____, 「원대 요양행성 宰相考」『大丘史學』 116, 2014.

_____, 「14세기 초(1307~1323) 元 政局과 고려 – 1320년 충선왕 토번유배 원인 재 론」『歷史學報』 226, 2015.

최진열, 「쿠빌라이 시기 皇太子制度와 그 성격」『서울大 東洋史學科論集』 27, 2003.

홍승태, 「다양화·다각화의 지속과 모색: 2014~2015년 송요금원사 연구」『歷史學報』 231, 2016.

賈玉英, 「臺諫與宋代權臣當政」『河南大學學報(社會科學版)』 36-3, 1996.

賈陳亮, 「占卜與元代政治」『黑龍江史志』 2011-13.

葛昊福, 『蒙元時期汗位紛爭硏究』, 蘭州大學 碩士學位論文, 2016.

_____, 「闊闊眞與成宗朝政治」『唐山師範學院學報』 38-3, 2016.

高榮盛, 「元代海外貿易的管理機構」『元史論叢』 7, 南昌: 江西敎育出版社, 1999.

郭軍, 『元末"至正更化"探究』, 西北師範大學 碩士學位論文, 2012.

郭曉航, 「元豫王阿剌忒納失里考述」『社會科學』 2007-9.

匡裕徹, 「拜住及其新政」『內蒙古社會科學』 1984-5.

_____, 「元朝中期蒙古族政治家拜住」『中國蒙古史學會論文選集(1983)』, 呼和浩特: 內 蒙古人民出版社, 1987.

喬志勇, 「元至順元年只兒哈郎等"謀變"案探微」『元史及民族與邊疆硏究集刊』 23, 上 海: 上海古籍出版社, 2011.

_____, 「論元代家臣的兩種類型 – 以"兩都之戰"後降臣塔失鐵木兒與倒剌沙之命運差異 爲中心的考察」『史林』 2015-3.

邱樹森, 「脫脫和遼金宋三史」『元史及北方民族史研究集刊』 7, 1983.

_____, 「元代河患與賈魯治河」『元史論叢』 3, 北京: 中華書局, 1986.

邱軼皓, 『蒙古帝國的權力結構(13~14世紀) – 漢文·波斯文史料之對讀與硏究』, 復旦大

學 博士學位論文, 2011.

金浩東, 「蒙古帝國與“大元”」『淸華元史』 2, 北京: 商務印書館, 2013.

鈕希強, 「論兩都之戰的社會影響」『邢臺學院學報』 2009-3.

_____ 『元朝兩都之戰研究』, 西北師範大學 碩士學位論文, 2010.

達力扎布, 「元朝宣徽院的機構和職司」『元史及北方民族史研究集刊』 11, 1987.

党寶海, 「元朝延祐年間北方邊將脫忽赤叛亂考－讀〈大元贈嶺北行省右丞忠愍公廟碑〉」『西
　　　域研究』 2007-2.

唐統天, 「遼代尙書省研究」『北方文物』 1989-1.

杜鵬, 『元代侍衛親軍研究』, 西北師範大學 碩士學位論文, 2012.

羅賢佑, 「論元代畏兀兒人桑哥與偰哲篤的理財活動」『民族研究』 1991-6.

_____ 「元代畏兀兒亦都護譜系及其地位變遷」『民族研究』 1997-2.

藍　武, 「論元順帝安歡貼睦爾的文化素養及其文治」『元史及民族史研究集刊』 16, 海
　　　口: 南方出版社, 2003.

雷　慶, 「元順帝新論」『東北師大學報』 1999-3.

樓　勁, 「唐代的尙書省-寺監體制及其行政機制」『蘭州大學學報(社會科學版)』 1988-2.

馬　娟, 「元代回回人倒刺沙史事鉤沈」『回族研究』 2002-4.

_____ 「對元代色目人家族的考察－以烏伯都刺家族爲例」『元史及民族史研究集刊』
　　　15, 海口: 南方出版社, 2002.

_____ 「元代欽察人燕鐵木兒事迹考論」『元史論叢』 10, 北京: 中國廣播電視出版社,
　　　2005.

_____ 「元代哈刺魯人老的沙述略」『回族研究』 2005-2.

馬曉林, 『元代國家祭祀研究』, 南開大學 博士學位論文, 2012.

孟繁清, 「評元順帝至正初年的奉使宣撫」『歷史教學』 1988-9.

_____ 「關于鐵木迭兒的幾個問題」『中國史研究』 2006-4.

孟憲軍, 「試論金代尙書省的建立和發展」『遼寧師範大學學報(社會科學版)』 23-3, 2000.

武波, 「2004年以來日本的蒙元史研究」『元史論叢』 11, 天津: 天津古籍出版社, 2009.

朴延華, 「高麗忠穆王代整治都監改革與元廷關係」『朝鮮・韓國歷史研究』 13, 延吉: 延
　　　邊大學出版社, 2013.

方齡貴, 「關于北元宣光年號的考證」, 南京大學歷史系元史研究室 編, 『元史論集』, 北
　　　京: 人民出版社, 1984.

白拉都格其, 「貴由汗卽位的前前後後」『元史論叢』 3, 北京: 中華書局, 1986.

白·特木爾巴根, 「元代學者著述中所見《脫卜赤顏》考述」『中央民族大學學報(哲學社會

科學版)』 2014-3.

寶玉柱, 「喀喇沁探源 - 元代宿衛與哈剌赤」 『西北民族大學學報(哲學社會科學版)』 2013-5.

寶音德力根·傲日格勒, 「從《黃金史綱》的傳說看忽必烈與阿里不哥的汗位之爭」 『慶祝 蔡美彪敎授九十華誕元史論文集』, 北京: 中國社會科學出版社, 2019.

傅光森, 『元朝中葉中央權力結構與政治生態』, 國立中興大學歷史學系 博士學位論文, 2008.

史衛民, 「元代侍衛親軍建置沿革考述」 『元史論叢』 4, 北京: 中華書局, 1992.

常德勝, 「略論蒙哥汗登基與蒙古汗位之轉移」 『內蒙古民族大學學報(社會科學版)』 2009-5.

尙衍斌, 「元代西域史事雜錄」 『中國邊疆史地研究』 2006-4.

_____, 「說沙剌班 - 兼論《山居新語》的史料價值」 『中國邊疆民族研究』 5, 北京: 中央 民族大學出版社, 2011.

舒傳之, 「忽必烈與阿里不哥的汗位之爭及其勝負原因」 『內蒙古師大學報(哲學社會科學 版)』 1988-1.

舒正方, 「英宗與拜住的厲精圖治」 『內蒙古師大學報(哲學社會科學版)』 1994-2.

蕭功秦, 「論大蒙古國的汗位繼承危機」 『元史及北方民族史研究集刊』 5, 1981.

_____, 「論元代皇位繼承問題 - 對一種舊傳統在新的歷史條件下的蛻變過程的考察」 『元 史及北方民族史研究集刊』 7, 1983.

_____, 「英宗新政與"南坡之變"」 『元史論叢』 2, 北京: 中華書局, 1983.

楊繼紅, 「論蒙元時期欽察人土土哈家族」 『內蒙古農業大學學報(社會科學版)』 2009-3.

楊訥, 「泰定帝與南坡之變」 『慶祝鄧廣銘敎授九十華誕論文集』, 石家庄: 河北敎育出版 社, 1997.

楊育鎂, 「大蒙古國的政治特色 - 以汗位之遞嬗爲例」 『淡江人文社會學刊』 15, 2003.

_____, 「元代皇太子預政的探討」 『淡江史學』 15, 2004.

_____, 「元人成遵仕宦考述」 『淡江人文社會學刊』 24, 2005.

楊志玖, 「元代的幾個答失蠻」 『內蒙古社會科學』 1983-4.

_____, 「蒙古初期飮渾水功臣十九人考」 『內陸亞洲歷史文化研究 - 韓儒林先生紀念文 集』, 南京: 南京大學出版社, 1986.

楊志娟, 「回回人與蒙古宮廷政變 - 兼論元朝回回商人與回回法的盛衰」 『西北民族研究』 2012-1.

額爾敦巴特爾, 「樂實小考」 『蒙古史研究』 11, 北京: 科學出版社, 2013.

櫻井智美, 「近年來日本的元史研究 - 以"文化政策"爲中心」 『中國史研究動態』 2004-3.

嚴耕望,「論唐代尙書省之職權與地位」『中央研究院歷史語言研究所集刊』24, 1953.

葉新民,「關于元代的"四怯薛"」『元史論叢』2, 北京: 中華書局, 1983.

_____,「元代的欽察‧康里‧阿速‧唐兀衛軍」『內蒙古社會科學(漢文版)』1983-6.

_____,「兩都巡幸制與上都的宮廷生活」『元史論叢』4, 北京: 中華書局, 1992.

傲日格勒,「對阿里不哥與忽必烈汗位正統問題的小考」『西部蒙古論壇』2013-2.

_____,『蒙元時期汗位繼承問題研究』, 內蒙古大學 博士學位論文, 2017.

吳海濤,「賀惟一與元末政治」『阜陽師範學院學報(社會科學版)』1997-1.

_____,「元代賀氏家族的興起及原因探析」『內蒙古社會科學(漢文版)』2002-1.

翁根其其格,『蒙元時期克烈部也先不花家族史事研究』, 內蒙古大學 碩士學位論文, 2015.

王建軍,「走近李孟」『元史及民族史研究集刊』14, 海口: 南方出版社, 2001.

王敬松,「談元朝與右相有關的兩次詔赦」『元史論叢』13, 天津: 天津古籍出版社, 2010.

王力春,「元人沙剌班考」『北方論叢』2011-3.

王明軍‧楊軍‧鄭玉艷,「試論元朝末年的"至正更化"」『松遼學刊(社會科學版)』1998-4.

王永寬,「元代賈魯治河的歷史功績」,『黃河科技大學學報』10-5, 2008.

王玉連‧鄧亞偉,「南末權臣探究」『焦作大學學報』2011-4.

王　頲,「仁‧英承嗣與鐵木迭兒的弄權」『元史及民族史研究集刊』14, 海口: 南方出版社, 2001.

_____,「燕鐵木兒的軍事政變與明文禪替」『歐亞學刊』3, 北京: 中華書局, 2002.

_____,「元英宗朝政治與南坡之變」『暨南史學』1, 廣州: 暨南大學出版社, 2002.

王風雷,「元代的端本堂教育」『內蒙古大學學報(哲學社會科學版)』1992-2.

王向平,『元成宗時期史實三考』, 暨南大學 碩士學位論文, 2012.

王獻軍,「元文宗圖帖睦爾出居海南考」『海南大學學報(人文社會科學版)』22-1, 2004.

王欣,「元泰定帝登位之原因及歷史背景」『黑河學刊』2016-5.

姚大力,「元仁宗與中元政治」『內陸亞洲歷史文化研究－韓儒林先生紀念文集』, 南京: 南京大學出版社, 1996.

_____,「怎樣看待蒙古帝國與元代中國的關係」『重新講述蒙元史』, 北京: 生活‧讀書‧新知三聯書店, 2016.

袁良勇,「關于北宋前期的尙書省」『河北學刊』23-1, 2003.

魏　堅,「蒙古高原石雕人像源流初探: 兼論羊群廟石雕人像的性質與歸屬」『文物』2011-8.

劉迎勝,「元代蒙古諸汗國間的約和及窩闊台汗國的滅亡」『新疆大學學報』1985-2.

_____,「『史集』窩闊台汗國末年紀事補證－蒙古諸汗國間的約和與窩闊台汗國滅亡之再研究」『元史及北方民族史研究集刊』10, 1986.

_____, 「脫火赤丞相與元金山戍軍」『南京大學學報(哲學, 人文, 社會科學)』 1992-4.

_____, 「皇慶·至治年間元朝與察合台汗國和戰始末」『元史論叢』 5, 北京: 中國社會科學出版社, 1993.

_____, 「牀兀兒及其家族的活動」『西域研究』 1993-3.

_____, 「從成吉思汗使團到沙哈魯國王的使團」, 寶力格 主編, 『中國蒙古學國際學術討論會論文集』, 呼和浩特: 內蒙古教育出版社, 2008.

_____, 「欽察親軍左右翼考」『元史論叢』 11, 天津: 天津古籍出版社, 2009.

_____, 「《元典章·吏部·官制·資品》考」『元史及民族與邊疆研究集刊』 25, 上海: 上海古籍出版社, 2013.

劉艶波, 「略論元順帝時期統治階級內部鬪爭的特點」『松遼學刊(社會科學版)』 1997-4.

劉　曉, 「元代怯薛輪値新論」『中國社會科學』 2008-4.

_____, 「"南坡之變" 芻議－從"武仁授受"談起」『元史論叢』 12, 呼和浩特: 內蒙古教育出版社, 2010.

_____, 「元代非皇帝怯薛輪値的日次問題－兼談《元典章》與《至正條格》的一則怯薛輪値史料」『隋唐遼宋金元論叢』 1, 北京: 紫禁城出版社, 2011.

_____, 「《璫溪金氏族譜》所見兩則元代怯薛輪値史料」『西北師大學報(社會科學版)』 52-2, 2015.

_____, 「改革開放40年來的元史研究」『中國史研究動態』 2018-1.

李玠奭, 「元朝仁宗期的財政穩定措施及其意義」『元史論叢』 7, 南昌: 江西教育出版社, 1999.

李建輝, 『唆魯禾帖尼與大蒙古國汗位的轉移』, 內蒙古大學 碩士學位論文, 2008.

李峆, 「奇后與脫脫高郵車前被貶」『內蒙古師範大學學報(哲學社會科學版)』 34-4, 2005.

李鳴飛, 『元武宗改革諸問題淺探』, 中央民族大學 碩士學位論文, 2007.

_____, 「試論元武宗朝尚書省改革的措施及其影響」『中國邊疆民族研究』 1, 北京: 中央民族大學出版社, 2008.

_____, 「元武宗尚書省官員小考」『中國史研究』 2011-3.

李文勝, 「論元代延祐科擧的意義」『北方論叢』 2015-1.

李符桐, 「奇渥溫氏內訌與亂亡之探討」『國立臺灣師範大學歷史學報』 1974-2.

李瑞杰·陳穎, 「元中都硏究綜述」『河北北方學院學報(社會科學版)』 2010-6.

李楷輝, 「"答剌罕"新考」『西部蒙古論壇』 2008-3.

李治安, 「元代晉王封藩問題探討」『元史論叢』 5, 北京: 中國社會科學出版社, 1993.

_____, 「元代"內蒙外漢"二元政策簡論」『史學集刊』 2016-3.

李曉紅, 『蒙元時期的答剌罕研究』, 內蒙古大學 碩士學位論文, 2013.

任士英, 「略論唐代三省體制下的尙書省及其變化」 『烟臺師範學院學報(哲社版)』 1998-3.

任崇岳·薄音湖, 「元代河患與賈魯治河」 『皖北文化硏究集刊』 3, 合肥: 黃山書社, 2012.

任增强, 「美國學界蒙元史研究模式及文獻擧隅」 『北方民族大學學報(哲學社會科學版)』 2012-3.

張建新, 『蔑兒吉觮伯顔研究』, 香港大學中古文史 碩士學位論文, 1999.

張勁, 「論元代中期的帝位之爭」 『慶賀邱樹森敎授七十華誕史學論文集』, 香港: 華夏文化藝術出版社, 2007.

張國旺, 「元代制國用使司述論」 『史學集刊』 2006-6.

張金銑, 「元兩都之戰及其社會影響」 『安徽大學學報(哲學社會科學版)』 30-5, 2006.

_____, 「論元末高郵之戰及其影響」 『元史論叢』 14, 天津: 天津古籍出版社, 2014.

張念一, 「元朝三權臣擅政的特徵·原因·影響及啓示」 『蕪湖職業技術學院學報』 18-4, 2016.

張岱玉, 「元代漠南弘吉剌氏駙馬家族首領考論－特薛禪·按陳·納陳及其諸子」 『內蒙古社會科學(漢文版)』 27-6, 2006.

_____, 『《元史·諸王表》補證及部分諸王研究』, 內蒙古大學 博士學位論文, 2008.

_____, 「元代成吉思汗家族汗位之爭及善后措置的探討」 『內蒙古社會科學(漢文版)』 30-4, 2009.

_____, 「《元史·諸王表》金印獸紐欄"梁王"一項訂補及其事迹鈎校」 『元史及民族與邊疆研究集刊』 23, 上海: 上海古籍出版社, 2011.

_____, 「元朝窩闊台系諸王爵邑考」 『元史及民族與邊疆研究集刊』 28, 上海: 上海古籍出版社, 2014.

_____, 「元朝末代中書右丞相也速行迹及其與時局關係探究」 『元史及民族與邊疆研究集刊』 32, 上海: 上海古籍出版社, 2017.

張帆, 「元代經筵述論」 『元史論叢』 5, 北京: 中國社會科學出版社, 1993.

_____, 「論金元皇權與貴族政治」, 北京師範大學古籍所 編, 『元代文化研究』 1, 北京: 北京師大學出版社, 2001.

張瑞霞, 「論元泰定年間賑災與治平的關係」 『長治學院學報』 32-4, 2015.

張雲, 「元代宣政院歷任院使考略」 『西北民族研究』 1995-2.

張婧, 「脫脫之貶及其亡滇考」 『紅河學院學報』 6-1, 2008.

張至邈, 『論元文宗圖帖睦爾』, 安徽大學 碩士學位論文, 2015.

張沛之, 「元代土土哈家族探研」 『元史論叢』 8, 南昌: 江西教育出版社, 2001.

儲軍軍, 「蒙元時期的汗位傳承－兼論蒙元政權漢化的特徵」『皖西學院學報』33-3, 2017.

鄭　鵬, 「元代大赦與政治關係論析」『史學月刊』2014-12.

鄭　忠, 「"決去豈我志, 知止亦所諳"－略論元代虞集的政治生涯」『徐州師範學院學報(哲學社會科學版)』1994-1.

曹金成, 『元朝兩都之戰與各地反文宗政權的叛亂』, 內蒙古大學 碩士學位論文, 2014.

趙利光, 「元順帝奎章閣改宣文閣考辨」『中國書法』2017-7.

_____, 「元順帝宣文閣改址及其學術價值」『文獻』2018-2.

趙文壇, 「元武宗改皇儲事件發微」『中國史研究』2005-2.

曹永年, 「關於喀喇沁的變遷」『蒙古史研究』4, 呼和浩特: 內蒙古大學出版社, 1993.

趙永春·蘭婷, 「元順帝時期的黨爭及其危害」『松遼學刊(社會科學版)』1994-2.

趙　晶, 「《至正條格》研究管窺」, 曾憲義 主編, 『法律文化研究』6, 北京: 中國人民大學出版社, 2011.

曹學川, 『元代武宗朝政治問題研究』, 西北師範大學 碩士學位論文, 2012.

周良霄, 「蒙古選汗儀制與元朝皇位繼承問題」『元史論叢』3, 北京: 中華書局, 1986.

_____, 「元代的皇權和相權」, 蕭啓慶 主編, 『蒙元的歷史與文化－蒙元史學術研討會論文集』, 臺北: 臺灣學生書局, 2001.

周　松, 「元末黃河中游地區的政治形勢與軍閥集團」『中國歷史地理論叢』21-1, 2006.

周志鋒, 「試論蒙元時期皇后的政治活動及其影響」『黑龍江民族叢刊』2003-1.

陳高華, 「《稼亭集》·《牧隱稿》與元史研究」, 郝時遠·羅賢佑 主編, 『蒙元史暨民族史論集－紀念翁獨健先生誕辰一百周年』, 北京: 社會科學文獻出版社, 2006.

_____, 「再說元大都的皇家佛寺」『清華元史』3, 北京: 商務印書館, 2015.

_____, 「元朝中書左丞相別不花事迹考」『隋唐遼宋金元史論叢』9, 上海: 上海古籍出版社, 2019.

陳廣恩, 「元安西王阿難答倡導伊斯蘭教的眞正目的」『西域研究』2005-2.

陳得芝, 「耶律楚材·劉秉忠·李孟合論－蒙元時代制度轉變關頭的三位政治家」『元史論叢』9, 北京: 中國廣播電視出版社, 2004.

_____, 「元文宗在建康」『西部蒙古論壇』2012-3.

秦新林, 「元英宗的革新與"南坡之變"」『安陽師專學報』1983-4.

陳新元, 「脫虎脫丞相史事探微－兼論元武宗朝尚書省之用人」『文史』2018-3.

陳永志, 「羊群廟石雕人像與燕鐵木兒家族祭祀地」『內蒙古社會科學(漢文版)』2002-6.

陳一鳴, 「論元代的太子參政問題」『內蒙古社會科學(文史哲版)』1992-1.

蔡晶晶, 「蒙元史的研究成果與方法」『西北民族研究』2013-2.

_____, 「從阿速軍到阿速衛: 元代阿速軍隊組織的起源與變遷」『元史及民族與邊疆研究集刊』 28, 上海: 上海古籍出版社, 2014.

_____, 「元代阿速衛研究兩則」『元史及民族與邊疆研究集刊』 31, 上海: 上海古籍出版社, 2016.

風曉, 『《恒河之流》研究』, 內蒙古大學 博士學位論文, 2013.

馮作典, 「論元朝政權消亡的根本原因及其深刻的歷史敎訓」『內蒙古師大學報(哲學社會科學版)』 1998-5.

韓儒林, 「蒙古答剌罕考」『穹廬集』, 上海: 上海人民出版社, 1982.

韓志遠, 「愛猷識理達臘與元末政治」『元史論叢』 4, 北京: 中華書局, 1992.

咸成海, 「壯志未酬還中彼－略論元朝中期賢相拜住」『西部蒙古壇』 2011-3.

_____, 「元中期"南坡之變"的歷史原因初探」『樂山師範學院學報』 2012-2.

_____, 『元英宗朝政治研究』, 西北師範大學 碩士學位論文, 2012.

許正弘, 「元答己太后與漢文化」『中國文化研究所學報』 53, 2011.

_____, 「元仁宗生日及其干支問題」『元代文獻與文化研究』 3, 北京: 中華書局, 2015.

胡務, 「蒙元皇后與元朝政治」『求索』 1990-3.

洪金富, 「元朝怯薛輪値史料攷釋」『中央研究院歷史語言研究所集刊』 74-2, 2003.

_____, 「元朝皇帝的蒙古語稱號問題」『漢學研究』 23-1, 2005.

_____, 「元《析津志・原廟・行香》篇疏證」『中央研究院歷史語言研究所集刊』 79-1, 2008.

_____, 「元代文獻攷釋與歷史研究－稱謂篇」『中央研究院歷史語言研究所集刊』 81-4, 2010.

黃兆强, 「明人元史學探研」『書目季刊』 34-2, 2000.

喜蕾, 「北元昭宗愛猷識理達臘生年考辨」『內蒙古大學學報(人文社會科學版)』 32-4, 2000.

姬沈育, 「頌揚盛世, 盡心輸誠－元代著名作家虞集仕宦生涯的一個側面」『首都師範大學學報(社會科學版)』 2007-4.

Birge, Bettine. 「北美的元代研究: 歷史槪況・主要貢獻以及當前的趨勢」, 張海惠 主編, 『北美中國學－研究槪述與文獻資源』, 北京: 中華書局, 2010.

高橋琢二, 「右丞相脫脫」『史學』 40-2・3, 1967.

古松崇志, 「脩端「辯遼宋金正統」をめぐって－元代における『遼史』『金史』『宋史』三史編纂の過程」『東方學報』 75, 2003.

大葉昇一, 「元朝中期における西北邊境軍の展開」『內陸アジア史研究』 9, 1993.

東鄕孝仁, 「'妖僧'彭瑩玉－元末西系紅巾の亂の宗敎的指導者－に就いて」『東洋史訪』 2, 1996.

＿＿＿＿, 「杜遵道と紅巾の亂－元末'紅巾'登場の背景」『東洋史訪』3, 1997.

藤島建樹, 「元朝「宣政院」考－その二面的性格を中心として」『大谷學報』46-4, 1967.

＿＿＿＿, 「元の明宗の生涯」『大谷史學』12, 1970.

＿＿＿＿, 「元の順帝とその時代」『大谷學報』49-4, 1970.

＿＿＿＿, 「元朝における權臣と宣政院」『大谷學報』52-4, 1973.

＿＿＿＿, 「元朝における政治と佛敎」『大谷大學硏究年報』27, 1975.

杉山正明, 「西曆1314年前後大元ウルス西境をめぐる小札記」『西南アジア研究』27, 1987.

＿＿＿＿, 「大元ウルスの三大王國－カイシャンの奪權とその前後(上)」『京都大學文學 部硏究紀要』34, 1995.

相田洋, 「元末の反亂とその背景」『歷史學硏究』361, 1970.

小田壽典, 「1330年の雲南遠征余談」『內陸アジア史硏究』1, 1984.

小畑是也, 「元代皇位繼承問題硏究回顧」『廣島大學東洋史硏究室報告』15, 1993.

松田孝一, 「元朝期の分封制－安西王の事例を中心として」『史學雜誌』88-8, 1979.

＿＿＿＿, 「カイシャンの西北モンゴリア出鎭」『東方學』64, 1982.

＿＿＿＿, 「ユブクル等の元朝投降」『立命館史學』4, 1983.

松川節, 「大元ウルス命令文の書式」『待兼山論叢(史學篇)』29, 1995.

野口周一, 「元代武宗期の王號授與について－『元史』諸王表に關する一考察」, 岡本敬二 先生退官記念論集刊行會, 『アジア諸民族における社會と文化－岡本敬二先生 退官記念論集』, 東京: 國書刊行會, 1984.

＿＿＿＿, 「元代後半期の王號授與について」『史學』56-2, 1986.

＿＿＿＿, 「元代世祖・成宗期の王號授與について」, 野口鐵郎 編, 『中國史における亂 の構圖－筑波大學創立十周年記念東洋史論集』, 東京: 雄山閣出版, 1986.

＿＿＿＿, 「元代武宗政權における宰相層の人的構成に關する覺書」『新島學園女子短 期大學紀要』6, 1988.

＿＿＿＿, 「元代仁宗朝における宰相層についての一考察」『比較文化研究』32, 1996.

＿＿＿＿, 「元代仁宗・英宗朝の政治的動向についての一考察」『吉田寅先生古稀記念ア ジア史論集』, 東京: 吉田寅先生古稀記念論文集編集委員會, 1997.

＿＿＿＿, 「元代成宗朝における宰相層についての一考察」『新島學園女子短期大學紀 要』14, 1997.

_____, 「元代泰定帝朝における宰相層についての一考察」『新島學園女子短期大學紀要』15, 1998.

野口鐵郎, 「元末のいわゆる東系紅巾軍諸勢力について: 郭子興と芝麻李」『横浜國立大學人文紀要－第一類 哲學・社會科學』20, 1974.

奥野新太郎, 「蘇天爵『國朝文類』について」『中國文學論集』42, 2013.

牛根靖裕, 「元代雲南王位の變遷と諸王の印制」『立命館文學』608, 2008.

宇野伸浩, 「モンゴル帝國のオルド」『東方學』76, 1988.

_____, 「チンギス・カン家の通婚關係の變遷」『東洋史研究』52-3, 1993.

_____, 「チンギス・カン家の通婚關係に見られる對稱的婚姻緣組」『國立民族學博物館研究報告別冊』20, 1999.

赤坂恒明, 「ホシラの西行とバイダル裔チャガタイ家」『東洋史研究』67-4, 2009.

井戸一公, 「元代侍衛親軍の諸衛について」『九州大學東洋史論集』12, 1983.

チョクト(朝克圖), 「モンゴル帝國時代のビリクについて:『集史』の用例の分析から」『内陸アジア史研究』24, 2009.

佐口透, 「十四世紀における元朝大カーンと西方三王家との連帶性について－チャガタイ・ウルス史研究に寄せて」『北亞細亞學報』1, 1942.

靑山公亮, 「元朝尙書省考」『明治大學文學部研究報告東洋史』1冊, 1951.

村岡倫, 「シリギの亂－元初モンゴリアの爭亂」『東洋史苑』24・25, 1985.

_____, 「カイドゥと中央アジアータラスのクリルタイをめぐって－」『東洋史苑』30・31, 1988.

_____, 「オゴデイ＝ウルスの分立」『東洋史苑』39, 1992.

_____, 「モンケ・カアンの後裔たちとカラコルム」, 松田孝一・オチル 編『モンゴル國現存モンゴル帝國・元朝碑文の研究』, 枚方: 大阪國際大學, 2013.

村上正二, 「モンゴル朝治下の封邑制の起源－とくに SoyuryalとQubiとEmčüとの關連について」『モンゴル帝國史研究』, 東京: 風間書房, 1993.

太田彌一郎, 「元代の哈剌赤軍と哈剌赤戶－〈探馬赤戶〉の理解に關って」『集刊東洋學』46, 1981.

片山共夫, 「元朝四怯薛の輪番制度」『九州大學東洋史論集』6, 1977.

_____, 「怯薛と元朝官僚制」『史學雜誌』89-12, 1980.

_____, 「元朝怯薛出身者の家柄について」『九州大學東洋史論集』8, 1980.

_____, 「ア－マッドの暗殺事件をめぐって－元朝フビライ期の政治史」『九州大學東洋史論集』11, 1983.

_____, 「元朝怯薛の職掌について(その一)」『中國社會・制度・文化史の諸問題: 日野開三郎博士頌壽記念論集』, 東京: 中國書店, 1987.

平野一秋, 「順帝トゴン・テムルとその時代(修士論文要旨)」『龍谷大學大學院文學研究科紀要』 25, 2003.

惠谷俊之, 「荅剌罕考」『東洋史研究』 22-2, 1963.

al-Ḥukamā'ī, 'Imād al-Dīn Šayḫ. "Study on a Decree of Amīr Čoban of 726 AH/1326 CE", *Orient* 50, 2015.

Allsen, Thomas T. "Population Movements in Mongol Eurasia", Reuven Amitai & Michal Biran eds., *Nomads as Agents of Cultural Change*, Honolulu: University of Hawai'i Press, 2015.

Atwood, Christopher P. "*Ulus* Emirs, *Keshig* Elders, Signatures, and Marriage Partners: The Evolution of a Classic Mongol Institution", David Sneath ed., *Imperial Statecraft: Political Forms and Techniques of Governance in Inner Asia, Sixth-Twentieth Centuries*, Bellingham: Western Washington University, 2006.

_____. "Six Pre-Chinggisid Genealogies in the Mongol Empire", *Archivum Eurasiae Medii Aevi* Vol. 19, 2012.

Balaran, Paul. *The Biographies of Three "Evil Ministers" in the Yüan shih*, Ph. D. Dissertation of Harvard University, 1978.

Biran, Michal. "The Mongol Empire in World History: The State of the Field", *History Compass* Vol. 11, Issue 11, 2013.

_____. "The Mongol Empire and inter-civilizational exchange", Benjamin Z. Kedar & Merry E. Wiesner-Hanks eds., *The Cambridge World History vol. 5: Expanding Webs of Exchange and Conflict, 500 CE-1500 CE*, Cambridge: Cambridge University Press, 2015.

Brose, Michael C. "Qipchak Networks of Power in Mongol China", Morris Rossabi ed., *How Mongolia Matters: War, Law, and Society*, Leiden・Boston: Brill, 2017.

Chan, Hok-lam. "Chinese Official Historiography at the Yüan Court: The Composition of the Liao, Chin, and Sung Histories", John D. Langlois, Jr. ed., *China under Mongol Rule*, Princeton: Princeton University Press,

1981.

Cho, Wonhee. "From Military Leaders to Administrative Experts: The Biography of the "Treacherous Minister" Temüder and his Ancestors", *Asiatische Studien Études Asiatiques* Vol. 71, Issue. 4, 2017.

Cleaves, Francis Woodman. "The Sino-Mongolian Inscription of 1346", *Harvard Journal of Asiatic Studies* Vol. 15, No. 1/2, 1952.

_____. "The Historicity of the Baljuna Covenant", *Harvard Journal of Asiatic Studies* Vol. 18, No. 3/4, 1955.

_____. "The Biography of Mang-ko-sa-erh(Menggeser) in the Yüan shih", 『內陸亞洲歷史文化研究－韓儒林先生紀念文集』, 南京: 南京大學出版社, 1996.

de Rachewiltz, Igor. "Turks in China under the Mongols: A Preliminary Investigation of Turco-Mongol Relations in the 13th and 14th Centuries", Morris Rossabi ed., *China among Equals*, Berkeley and Los Angeles: University of California Press, 1983.

Dunnell, Ruth W. "The Anxi Principality: [un]Making a Muslim Mongol Prince in Northwest China during the Yuan Dynasty", *Central Asiatic Journal* Vol. 57, 2014.

Endicott, Elizabeth. "The Role of Poison in Mongolian History", *Archivum Eurasiae Medii Aevi* Vol. 21, 2014-2015.

Fletcher, Joseph F. "Turco-Mongolian monarchic tradition in the Ottoman Empire", *Eucharisterion: Essays Presented to Omeljan Pritsak(Harvard Ukrainian Studies* 3/4), 1979-1980.

_____. "The Mongols: Ecological and Social Perspectives", *Harvard Journal of Asiatic Studies* Vol. 46, No. 1, 1986.

Franke, Herbert. "Some remarks on Yang Yü and his Shan-chü hsin-hua", *Journal of Oriental Studies* 2, 1955.

Gilli-Elewy, Hend. "On Women, Power and Politics During the Last Phase of the Ilkhanate", *Arabica* Vol. 59, Issue. 6, 2012.

Halperin, Charles J. "The Kipchak connection: the Ilkhans, the Mamluks and Ayn Jalut", *Bulletin of the School of Oriental and African Studies* Vol. 63, No. 2, 2000.

Hambis, Louis. "Notes préliminaires à une biographie de Bayan le Märkit",

Journal Asiatique 241, 1953.

Haw, Stephen G. "The Mongol conquest of Tibet", *Journal of the Royal Asiatic Society* Vol. 24, Issue. 1, 2014.

Ho, Kai-lung. "The Office and Noble Titles of the Mongols from the 14th to 16th century, and the study of the "White History" *Čayan Teüke*", *Central Asiatic Journal* Vol. 59, No. 1-2, 2016.

Hodous, Florence. "The *Quriltai* as a Legal Institution in the Mongol Empire", *Central Asiatic Journal* Vol. 56, 2012·2013.

Hsiao, Ch'i-Ch'ing. "Mid-Yüan Politics", Herbert Franke & Denis Twitchett eds, *The Cambridge History of China vol. 6: Alien Regimes and Border States, 907~1368*, Cambridge: Cambridge University Press, 1994.

Humble, Geoffrey. "Princely Qualities and Unexpected Coherence: Rhetoric and Representation in 'Juan' 117 of the 'Yuanshi'", *Journal of Song-Yuan Studies* Vol. 45, 2015.

Jackson, Peter. "The Dissolution of the Mongol Empire", *Central Asiatic Journal* Vol. 22, No. 3/4, 1978.

_____. "The state of research: The Mongol Empire, 1986-1999", *Journal of Medieval History* Vol. 26, No. 2, 2000.

Kim, Hodong. "The Unity of the Mongol Empire and Continental Exchanges over Eurasia", *Journal of Central Eurasian Studies* Vol. 1, 2009.

_____. "At the court of Great khan: Khubilai and his commanders", Ts. Tserendorj & N. Khishigt eds., *Chinggis Khaan and Globalization*, Ulaanbaatar: "БЭМБИ САН" XXK, 2014.

_____. "Qubilai's Commanders(*Amīrs*): A Mongol Perspective", *Archivum Eurasiae Medii Aevi* Vol. 21, 2014-2015.

_____. "Was 'Da Yuan' a Chinese Dynasty?", *Journal of Song-Yuan Studies* Vol. 45, 2015.

Landa, Ishayahu. "Imperial Sons-in-law on the Move: Oyirad and Qonggirad Dispersion in Mongol Eurasia", *Archivum Eurasiae Medii Aevi* Vol. 22, 2016.

Langlois, Jr. John D. "Yü Chi and His Mongol Sovereign: The Scholar as Apologist", *The Journal of Asian Studies* Vol. 38, No. 1, 1978.

Lee, Ik-joo. "Trends and Prospects: Historical Studies on Koryŏ-Mongol Relationship in the 13-14th centuries", *The Review of Korean Studies* Vol. 19, No. 2, 2016.

Lee, Yonggyu. *Seeking Loyalty: The Inner Asian Tradition of Personal Guards and its Influence in Persia and China*, Ph. D. Dissertation of Harvard University, 2004.

Liu, Yingsheng. "War and Peace between the Yuan Dynasty and the Chaghadaid Khanate(1312-1323)", Reuven Amitai & Michal Biran eds., *Mongols, Turks, and Others—Eurasian Nomads and the Sedentary World*, Leiden·Boston: Brill, 2005.

_____. "From the Qipčaq Steppe to the Court in Daidu: A Study of the History of Toqtoq's Family in Yuan China", Morris Rossabi ed., *Eurasian Influences on Yuan China*, Singapore: Institute of Southeast Asian Studies, 2013.

Melville, Charles. "Abū Saʿīd and the Revolt of the Amirs in 1319", Denise Aigle ed., *L'Iran face à la domination mongole*, Teheran: Institut français de recherche en Iran, 1997.

_____. "The End of the Ilkhanate and After: Observations on the Collapse of the Mongol World Empire", Bruno De Nicola and Charles Melville eds., *The Mongols' Middle East: Continuity and Transformation in Ilkhanid Iran*, Leiden: Brill, 2016.

Miyawaki, Junko. "The Role of Women in the Imperial Succession of the Nomadic Empire", Veronika Veit ed., *The Role of Women in the Altaic World*, Wiesbaden: Harrassowitz Verlag, 2007.

Morgan, David. "The Mongol Empire in World History", Linda Komaroff ed., *Beyond the legacy of Genghis Khan*, Leiden: Brill, 2006.

_____. "The Decline and Fall of the Mongol Empire", *Journal of the Royal Asiatic Society*(Third Series) Vol. 19, No. 4, 2009.

_____. "Mongol Historiography since 1985: The Rise of Cultural History", Reuven Amitai & Michal Biran eds., *Nomads as Agents of Cultural Change*, Honolulu: University of Hawai'i Press, 2015.

Robinson, David M. "The Ming Court and the Legacy of the Yuan Mongols",

David M. Robinson ed., *Culture, Courtiers, and Competition: The Ming Court(1368-1644)*, Cambridge & London: Harvard University Press, 2008.

_____. "Controlling Memory and Movement: The Early Ming Court and the Changing Chinggisid World", *Journal of the Economic and Social History of the Orient* Vol. 62, 2019.

Rossabi, Morris. "The Study of the Women of Inner Asia and China in the Mongol Era", *The Gest Library Journal* Vol. 5, No. 2, 1992.

Schamiloglu, Uli. "Preliminary remarks on the role of disease in the history of the Golden Horde", *Central Asian Survey* Vol. 12, No. 4, 1993.

_____. "Climate Change in Central Eurasia and the Golden Horde", *Golden Horde Review* No. 1, 2016.

Serruys, Henry. "The Office of Tayisi in Mongolia in the Fifteenth Century", *Harvard Journal of Asiatic Studies* Vol. 37, No. 2, 1977.

Shim, Hosung. "The Postal Roads of the Great Khans in Central Asia under the Mongol-Yuan Empire", *Journal of Song-Yuan Studies* Vol. 44, 2014.

Shurany, Vered. "Prince Manggala − The Forgotten Prince of Anxi", *Asiatische Studien Études Asiatiques* Vol. 71, Issue. 4, 2017.

Smith, John Masson. "Dietary Decadence and Dynastic Decline in the Mongol Empire", *Journal of Asian History* Vol. 34, No. 1, 2000.

Wang, Feifei. "Negotiating between Mongol Institutions and "Han Traditions": Buddhist Administration in Southeastern China under the Yuan", *Journal of Song-Yuan Studies* Vol. 45, 2015.

Weitz, Ankeney. "Art and Politics at the Mongol Court of China: Tugh Temür's Collection of Chinese Paintings", *Artibus Asiae* Vol. 64, No. 2, 2004.

Yasuhiro, Yokkaichi(四日市康博). "Two great amīrs, Čoban and Bolad and two āl-tamgā seals brought from Yuan China", 程彤 主編, 『絲綢之路上的照世杯: "中國與伊朗: 絲綢之路上的文化交流"國際研討會論文集』, 上海: 中西書局, 2016.

Zhao, George Qingzhi. "Population Decadence and Dynastic Decline in the Mongol Empire", *Toronto Studies in Central and Inner Asia* No. 5, 2002.

Zhao, George Q. & Guisso Richard W. L. "Female Anxiety and Female Power:

Political Interventions by Mongol Empresses during the 13th and 14th Centuries in *China*", *Toronto Studies in Central and Inner Asia* No. 7, 2005.

〈Abstract〉

The Political History of the
Mid to Late Yuan Empire

In the Mongol Empire, succession disputes occurred whenever the emperor was replaced. At the beginning of the 14th century, the unique factional conflict of this nomadic empire began to be combined with the crown prince system of China. The first throne succession dispute with such mixed attributes occurred when Emperor Chengzong(成宗) died without leaving a successor in 1307. The brothers Qaišan and Ayurbarwada seized power using a method typical to nomadic states. However, upon his accession to Emperor Wuzong(武宗), Qaišan partially followed the Chinese royal succession system by appointing his brother as a crown prince. The Chinese crown prince rule was only partially adopted because it originally stipulates that only the eldest son can be a crown prince. This hypocritical policy and the order of Emperor Wuzong, a randomly set royal succession order, caused continuous disputes. Emperor Renzong (仁宗) tried to abolish this order, but it resulted in the emergence of a great vassal who held strong political power, Temüder.

The emergence of Temüder and his tyranny threatened the authority of the emperor. Emperor Yingzong(英宗), a successor of Emperor Renzong, attempted to recover the weakened royal authority. Emperor Yingzong tried to strengthen his authority by appointing his close subject Baiju to a high-ranking post, but it only initiated another conflict. Emperor Yingzong and Baiju were assassinated and the throne succession fell into chaos. In this process, a new great vassal emerged, whose authority was even stronger than before. In order to reshape this political landscape, El-Temür brought about a civil war to secure the lineage of Emperor Wuzong, and finally succeeded in enthroning Emperor Wenzong(文宗). Later, the power of the great vassal grew as much as that of the emperor, and even surpassed the emperor's authority during the period of great vassal Bayan.

Emperor Huizong(惠宗) defeated Bayan and was able to revive royal authority, but in a short time, vassal rule was resumed by Toγto. During Toγto's rule, large-scale reformative measures were taken under the oppressive policies of the state. The rebellion of the Red Turban(紅巾) forces began in 1351 and drove the Yuan Dynasty into crisis. Toγto was able to overcome this crisis using military forces, but was caught up in unexpected party strife and eventually resigned from his position as a great vassal. Later, the Yuan Dynasty failed to respond to national crises due to the throne succession disputes among Emperor Huizong, the crown prince, and Empress Qi(奇皇后). Due to continuous disputes, the Yuan Dynasty could not cope well with new Ming army. Finally Yuan court had to move back to Mongolia.

As seen above, several political characteristics can be found between the coronation of Emperor Wuzong in 1307 and the expulsion of the Yuan court to Mongolia in 1368. First, the strong influence of Emperor Wuzong was maintained as a political symbol during this period. The courtiers of Emperor Wuzong had a strong memory about his grace, and thus, El-Temür was able to gather forces when he staged a coup in Dadu(大都) under the excuse of crowning a descendant of Emperor Wuzong. In addition, the fact that both El-Temür and Bayan, who seized power as great vassals during the reign of Emperor Wuzong, experienced the war with Qaidu under Emperor Wuzong means that the influence of Emperor Wuzong remained throughout the mid to late Yuan Dynasty, at least until 1340 when Bayan was ousted.

Second, there were complex aspects, such as the formation of a new order of throne succession, which was a combination of the traditional nomadic system 'tanistry' and the Chinese crown prince system. The order of Emperor Wuzong exerted a significant influence on throne succession, and El-Temür was able to seize power by taking advantage of it. However, the murder of Emperor Mingzong(明宗) that occurred in this process remained a fatal weakness. Eventually, Emperor Wenzong admitted this, and the so-called order of Emperor Mingzong was newly established. The order of Emperor Mingzong greatly contributed to the enthronement of Emperor Huizong, and Emperor Huizong also utilized it as a means to enhance his own status. But, Emperor Huizong became involved in the throne succession conflict when the crown prince and Empress Qi raised the abdication dispute to seize power regardless of their background limitations. Later, crown prince Ayushiridara began to actively engage in the throne succession disputes, and this was a move to create a new order following the orders of Emperor Wuzong and Emperor Mingzong.

Third, the royal succession conflict gradually increased the power of the great vassals. Temüder was even appointed a taishi(太師) after becoming a great vassal based only on the favor of Empress Dagi(答己). However, he failed to secure a stable status due to being repeatedly ousted for corruption by the Censorate(御史臺). Later, Daulat-Shah emerged as a great vassal during the reign of Emperor Taidingdi(泰定帝) and, unlike Temüder, overcame the conflict with the Censorate. Using military forces, El-Temür won the civil war and played a crucial role in enthroning Emperor Wenzong, who lacked any basis to take the throne other than his lineage. Since then, the authority of the great vassal drastically increased with the approval of the emperor. This trend reached its peak when Bayan was serving as a great vassal. His power was so great that he held a position title composed of 246 letters. However, ironically, Bayan's increased power brought about his own ruin because it caused internal opposition. The power of the great vassal began to increase from the period of El-Temür and became formalized over time.

The continuation of the throne succession disputes and the expansion of the power of great vassal was a phenomenon reflecting the political structure inherent in the Mongol empire, called "Internal Mongolia and External Han(內蒙外漢)". Although the Chinese crown prince system was introduced to the empire, it could not guarantee a stable succession only by the status of crown prince, and eventually it had to go through a fierce competition process. However, in the process of succession disputes, the emperors did not show their own ability except for Wuzong and Renzong. Therefore, the power of the aides who assisted the emperor was demonstrated more strongly. The emperor who was crowned by power of great vassal, gave the great vassal authority over the framework of Chinese system. In the end, the constant appearance of great vassal in 14th century Yuan Dynasty can be attributed to the fact that the Chinese system was not fully established and the steppe system still had a strong influence.

After moving back to Mongolia, the political forces of Mongolia still maintained their unique system. Even there, frequent internal disputes occurred over the position of Qa'an, and accordingly, great vassals with practical power continuously emerged. At the beginning of the 15th century, these great vassals began to exert even stronger political influence than the Qa'an. It is noteworthy that representative great vassals, such as Aruɣtai, Toɣon, and Esen, were all called tayisi. Tayisi originated from taishi(太師), a common title of great vassals, such as Temüder, El-Temür, Bayan, and Toɣto during the Yuan Dynasty. The title tayisi reveals that, even long after expulsion from China, Mongolian politics maintained the vassal rule system. The fact that the governance of tayisi, initially formed in the 14th century, remained for a long time and became another tradition of Mongolian politics shows the enormous influence of the vassal rule of the Yuan Dynasty.

元代 皇室 世系圖

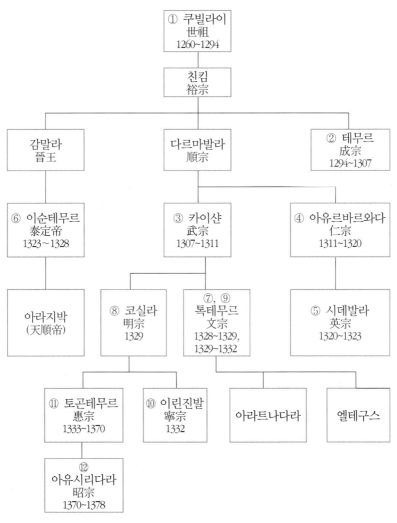

※ 이름 앞의 번호는 재위 순서를 나타내는 것이다.

찾아보기

가

賈魯 343, 344, 345

감말라(甘麻剌, Гammala) 55, 60, 131, 193, 195

乞台普濟 80

高龍卜 322~325

高昉 170, 171

關保 375, 382, 385~387

觀音保 173, 175

구나다라(古納答剌, Гunadara) = 엘테구스 264

歐陽玄 313

구육(貴由, Güyüg) 55, 94

奎章閣 281, 307, 314, 315, 337, 410

奇轍 308

기황후 42, 43, 52, 298, 303, 306, 315, 322, 323, 328~332, 336, 338, 339, 341, 351, 354~358, 362, 364, 365, 367~371, 373, 375, 377~380, 382, 388, 389, 402, 403, 406

金永旽 338

나

나안(乃顔, Nayan) 244

南坡之變 26, 157, 193, 194, 199, 201, 202, 207, 235, 254, 287

낭기야다이(囊加歹, Nangγiyadai) 59, 60

낭기야다이(囊加台, Nangγiyadai) 240, 241, 243, 245, 256

內蒙外漢 30, 44, 49, 407

네우릴(紐鄰, Neüril) 240

嶸嶸 314

盧世榮 75, 76

다

다기(答己, Dagi) 63, 64, 66, 68, 93, 95~97, 101, 104, 149, 150, 156~158, 172, 178, 179, 185, 206, 396, 398, 405

다니시만드(答失蠻, Danišmand) 67, 115, 116, 117

다르마발라(答剌麻八剌, Darmabala) 64

다르칸(答剌汗, Darqan) 44, 238, 239, 242, 245, 281, 289, 293, 345, 346, 349, 357, 400, 402, 406, 407

다울라트 샤(倒剌沙, Daulat-Shah) 193, 194, 196~207, 211, 222~228, 234, 237, 238, 241, 245, 333, 399, 406

端本堂 336, 337, 339, 341, 361

大撫軍院 379, 382~388

德壽 62

도르지(朵兒只, Dorji) 324, 328, 333, 335

도르지발(朵爾直班, Dorjibal) 326, 340, 341, 348, 349, 356

董士恭 119

두르다카(朵兒朵海, Durdaqa) 57

두아(都哇, Du'a) 57, 61, 181

딩주(定住, Dingju) 353, 360, 363, 364

라

로디샤(老的沙, Lodisha) 371, 372, 373, 374

마

마자르타이(馬札兒台, Majartai) 284, 285, 315, 316, 318, 320~ 322, 324, 325, 327, 330, 346

馬祖常 130, 145, 146, 312

忙哥鐵(怗)木兒 80, 90, 91

망갈라(忙哥剌, Mangyala) 64, 235, 283

貊高 382, 385, 386, 387

明宗 = 코실라 27, 28, 37, 115, 116, 121, 240, 245~~258, 260~ 268, 271, 275, 288, 298, 303, 307, 309~312, 315, 317, 325, 367, 395, 400~ 402, 405

武祺 342

武宗 = 카이샨 12, 24, 25, 26, 28, 34, 40, 42, 49, 50, 56, 57, 60, 68~72, 76~87, 89~93, 95, 97~99, 101, 102, 104~106, 109~122, 125, 127, 129, 133, 135, 137, 138, 140, 141, 143, 148, 153, 164, 178, 180, 182, 184, 186, 195, 196, 206, 214~217, 219~ 235, 239, 248, 250, 253, 254, 257, 260, 269, 270~272, 283, 288, 298, 304, 308~311, 367, 395~397, 400, 402~405, 407

무칼리(木華黎, Muqali) 74, 159~162, 171, 172, 201, 220, 340, 356

文宗 = 톡테무르 26~29, 41, 219, 220, 224, 230, 231, 233, 234, 236~244, 246, 247, 249, 250, 252~268, 274~279, 281, 283, 284, 286, 287, 289, 294, 296, 298, 303, 307~315, 325, 337, 395, 400~ 402, 404~406, 410

뭉케(蒙哥, Möngke) 13, 55, 94

바

바르기스(八里吉思, Bargis) 131, 133, 175, 186, 188, 189, 191

바부샤(八不沙, Babuša) 261, 262, 310

바얀(伯顔, Bayan) 29, 36, 37, 41~43, 51, 52, 228, 231, 257, 268, 269~ 299, 303~308, 310, 311, 314~316,

318, 325~328, 334~346, 350, 354, 356~358, 401, 402, 404~406, 408

바얀쿠투(伯顏忽都, Bayan-Qutu) 306, 355, 375, 377

바이다르 샤(伯答沙, Baidar-Shah) 136, 139, 141, 143

바이주(拜住, Baiju) 152, 157~161, 163~173, 176~180, 182~194, 196~ 198, 201, 202, 204, 206, 211, 220, 237, 242, 317, 336, 398, 399, 405

박부카(朴不花) 370, 373, 379

반탄(班丹, Bantan) 190

발두착(班都察, Baldučaq) 213, 257

方國珍 345, 346, 347

베르케부카(別兒怯不花, Berke-Buqa) 271, 317~328, 331~336, 338~ 402

벡부카(別不花, Beg-Buqa) 67, 116, 242, 243

벡살릭(伯撒里, Beg-Saliq) 379

벡테무르(栢鐵木爾, Beg-Temür) 88, 114

벡테무르(伯帖木兒, Beg-Temür) 248, 249

보로굴(博爾忽, Boroɣul) 58, 113, 149, 161, 162

보오르추(博爾朮, Bo'orču) 149, 161, 162, 317

보타시리(卜答失里, Botasiri) 261, 266~ 279, 281, 283, 289, 304, 309~

311, 401

保八 79, 80, 90

볼로드(孛羅, Bolod) 248~250, 263

볼로드테무르(孛羅帖木兒, Bolod-Temür) 371~377, 388, 403

불루간(卜魯罕, Buluyan) 62~68, 96, 310, 317, 395

사

사둔(撒敦, Sadun) 281~286

삼보노(三寶奴, Sambono) 80, 82, 85~ 87, 89~91, 110

尚書省 42, 72~93, 97, 98, 101, 105, 106, 122, 182, 186, 217, 253, 269, 270, 396

샤라발(沙剌班, Šarabal) 306, 307, 308

샹기야누(尚家奴, Šangyianu) 250, 253, 260, 263

宣文閣 314, 337

雪山 374, 375

偰哲篤 342

成宗 25, 26, 49, 55, 57, 61~64, 69, 70, 93, 94, 96, 98, 105, 112, 131, 149, 163, 168, 181, 184, 193, 195, 196, 214, 215, 228, 235, 237, 269, 313, 317, 395

成遵 344, 345, 368

世祖 = 쿠빌라이 11, 34, 55, 56, 57, 63~66, 69~76, 78, 82, 84, 90, 101~103, 115, 134, 137, 149, 160, 171, 184, 185, 195, 204,

205, 207, 214, 215, 228, 230, 232, 282, 290~295, 307, 330, 342, 395

셍게(桑哥, Sengge)　11, 75~78, 80, 83, 85, 90, 101, 171, 207

셍게시리(桑哥失里, Senggesiri)　360, 361, 364

소드놈(瑣南, Sodnom)　175, 176, 186~188, 190

소바이주[蕭拜住]　129~131, 133, 147, 151, 169

소유르가트미시(鎖咬兒哈的迷失, Soyur ɣatmisi)　173, 175

수수(雪雪, Sösö)　331, 334, 360~364, 378

숭산(松山, Sungšan)　240

시데발라(碩德八剌, Sidebala) = 英宗　110, 127, 128, 129, 133, 141, 142, 144~147, 149, 150, 195, 397, 398

시레문(失列門, Siremün, 다기 태후의 심복 환관)　144, 147, 148, 150, 152~154

시레문(失列門, Siremün, 원말의 중서 좌승상)　387

식투르(失禿兒, Sigtür)　192, 193

아

아난다(阿難答, Ananda)　63~67, 235
아라지박(阿剌吉八, Arajibaɣ) = 天順帝　234~236

아라트나다라(阿剌忒納答剌, Aratnadara)　258, 259, 264, 277

아라트나시리(阿剌忒納失里, Aratnasiri)　226

아룩투(阿魯圖, Aruɣtu)　317, 319, 320, 328

아릭부케(阿里不哥, Arig-Böke)　7, 55, 56, 213

아부 사이드(Abū Saʿīd)　22, 409

아샤부카(阿沙不花, Aša-Buqa)　97

아스칸(阿撒(思)罕, Asqan)　112, 113, 118~122, 127, 128, 134, 135, 137, 149, 161

아유르바르와다(愛育黎拔力八達, Ayurbarwada) = 仁宗　63, 64, 66~69, 71, 78, 81, 83~85, 87~93, 96~100, 102~104, 106, 110, 116, 125, 140, 164, 395, 396

아유시리다라(愛猷識里達臘, Ayusiridara)　51, 303, 306, 328~332, 336, 337, 350, 351, 354~358, 361, 362, 368, 372, 375, 380, 383, 387~390, 402, 403

아쿠타이(阿忽台, Aqutai)　62, 65, 317

아흐마드(阿合馬, Ahmad)　11, 34, 73, 74~77, 85, 90, 101, 160, 207

樂實　79, 80, 90

안통(安童, Antong)　74, 159~161, 163, 165, 171, 179

알린테무르(阿鄰帖木兒, Alin-Temür)　306, 307, 312

野訥　83

야쿠두(牙忽都, Yaqudu) 65, 121, 214, 227

양도르지[楊朶兒只] 83, 130, 136, 139, 147, 151, 169

에센부카(也先不花, Esen-Buqa) 126

에센테무르(也先帖木兒, Esen-Temür, 남파지변의 주모자) 192, 193, 194, 198, 199

에센테무르(也先帖木兒, Esen-Temür, 톡토의 동생) 304, 334, 335, 342, 347~351, 353, 356, 360, 407

엘테구스(燕帖古思, El-Tegüs) = 구나다라 264, 266~268, 278, 297, 304, 305, 308, 310, 311, 327

엘테무르(燕鐵木兒, El-Temür) 36~41, 43, 51, 52, 212, 215~222, 224~ 228, 230~234, 236~269, 272~290, 292, 294~296, 298, 303, 310~315, 327, 346, 350, 358, 400~402, 404~407

呂思誠 342, 343

英宗 = 시데발라 26, 28, 29, 50, 56, 125, 126, 143, 147, 150~158, 161, 166~173, 175, 176, 178~99, 206, 207, 211, 218~ 222, 224, 225, 231, 232, 251, 258, 260, 309, 317, 336, 395, 398, 399, 404, 405

예수데르(也速迭兒, Yesüder) 274

吳直方 297, 320

옹구차두(王忽察都, Ongyučadu) 254, 255, 256

옹기야누(汪家奴, Ongyianu) 353

옹산(王禪, Ongšan) 240, 241, 251

王結 245

王羆 80, 90

王約 88, 104

王毅 171

姚樞 137

욜테무르(躍里帖木兒, Yol-Temür) 246

우구데이(窩闊台, Ögödei) 55, 56, 213, 247

우두스부카(兀都思不花, Udus-Buqa) 175, 219

우두타이(兀都帶, Udutai) 163, 165, 166

우룩테무르(月魯帖木兒, Ürüg-Temür, 테무데르를 탄핵한 감찰어사) 144, 146, 147

우룩테무르(月魯帖木兒, Ürüg-Temür, 아난다의 아들) 235, 236

우룩테무르(月魯帖木兒, Ürüg-Temür, 汴梁路總管) 273

우베이둘라(烏伯都剌, Ubayd Allah) 223, 224, 227

우스 테무르(玉昔帖木兒, Üs-Temür) 149, 161

虞集 165, 212, 312, 313

우치차르(月赤察兒, Učičar) 58, 113, 149

旭邁傑 197, 199~202, 205

울루스부카(兀魯思不花, Ulus-buqa) 57

울제이테무르(完者帖木兒, Öljei-Temür) 383

袁桷　186

劉福通　345, 346

유부쿠르(要木忽而, Yubuqur)　57

裕宗 = 친킴　66, 78, 195, 263

劉天孚　120

寧宗 = 이린진발　267, 268, 279, 281, 287, 313, 331

李榖　115

李國鳳　370

이린진발(懿璘質班, Irinjinbal) = 寧宗　267, 268, 309

이린진발(亦憐眞班, Irinjinbal, 원말의 관료)　326, 334, 335, 340, 341, 349

李孟　83, 102~107, 109, 135, 145, 183, 290, 396

李邦寧　85, 86

李思齊　381, 386

이수(也速, Yisü)　373

李守中　84

이순테무르(也孫鐵木兒, Yisun-Temür) = 泰定帝　131, 193, 194, 195, 196, 197, 198, 201, 399

李好文　291, 292

仁宗 = 아유르바르와다　26, 28, 29, 49, 50, 56, 85, 90, 100~122, 125~131, 133, 135~146, 148~157, 164, 172, 177, 178, 182, 184, 192, 195, 196, 206, 217~219, 224, 225, 228, 231, 232, 235, 248, 249, 254, 270, 271, 283, 290, 396~398, 400, 404, 405, 407

자

資政院　315, 331, 339, 341, 348, 351, 356, 367, 368

張珪　103, 104, 111, 148, 198

張思明　177, 179, 184

적임자 계승제　31, 43, 49, 404

鄭春谷　114

制國用使司　73

趙世延　144, 170

朱元璋　6, 8, 24, 256, 359, 381, 383, 385, 388, 390

중구르(牀兀兒, Jünggür)　38, 212~218, 227, 233, 257, 285

中書省　67, 74~84, 90, 91, 92, 103, 104, 106, 120, 128, 130, 151, 179, 195, 197, 198, 204, 242~244, 247~249, 252, 253, 263, 265, 275, 284, 285, 335, 340, 341, 349~ 351, 356, 360, 363, 364, 387, 396, 402, 406

至正更化　316, 335

陳祖仁　370, 385

차

차가타이　16, 23, 71, 126, 237, 240, 248, 257, 258, 260, 397, 408

차간테무르(察罕帖木兒, Čaγan-Temür)　372

차비(察必, Čabi) 160

차파르(察八兒, Čapar) 61

天曆의 내란 234, 236, 258, 260

天順帝 = 아라지박 231, 238

체릭테무르(徹里帖木兒, Čerig-Temür) 291

체첵투(徹徹禿, Čečektü) 250~252, 288, 294

초스감(搠思監, Čosgam) 363~366, 369~371, 373, 379

충선왕 67, 138, 139

충혜왕 265, 276, 338, 401

치긴테무르(赤斤鐵木兒, Čigin-Temür) 192, 194

친킴(眞金, Činkim) = 裕宗 63~66, 113, 193, 195, 259

친킴(眞金, Činkim, 바얀쿠투 황후의 아들) 355, 375

칠라운(赤老溫, Čila'un) 161, 162

칭기스 칸 3, 7, 11, 31, 55, 58, 95, 96, 103, 113, 149, 159~162, 167, 168, 181, 195, 196, 214, 220, 228, 229, 239, 332, 340, 389, 407, 409

카

카라장(哈剌章, Qarajang) 329, 360

카라카순(哈剌哈孫, Qaraqasun) 62, 65~67, 71, 81, 239

카라코룸 57, 71, 81, 240, 252, 390

카마(哈麻, Qama) 329, 331, 332, 334, 352~357, 359~365, 378, 388, 403, 407

카바르투(哈八兒禿, Qabartu) 248, 250, 251

카이두(海都, Qaidu) 49, 56~61, 127, 160, 181, 214, 215, 229, 258, 269, 395, 404

카이산(海山, Qaišan) = 武宗 56~64, 66~69, 125, 214, 215, 229, 231, 237, 269, 395, 396

캉리톡토(康里脫脫, Qangli-Toyto) 66, 68, 86, 87, 97, 98, 148, 187

케식(怯薛, kesig) 10, 11, 44, 67, 110, 161~164, 166, 172, 178, 193, 194, 201, 213, 215, 216, 219, 222, 228~231, 233, 234, 252, 257, 261, 263, 287, 290, 291, 297, 317, 318, 331

코상(和尙, Qosang) 376, 377

코실라(和世瓎, Qosila) = 明宗 109, 110, 113~122, 126, 127, 148, 217, 224, 231, 236~240, 279, 397, 400

콩기라트(Qonggirat) 95, 96, 101, 267, 306, 356

콩코테무르(晃火帖木兒, Qongqo-Temür) 286, 290, 294

쿠두차르(忽都察兒, Qudučar) 74

쿠르구스(闊里吉思, Körgüs) 57

쿠빌라이(忽必烈, Qubilai) = 世祖 5, 7, 11, 30, 31, 33, 49, 55, 56, 103, 113, 138, 160, 161, 163, 168, 213, 214, 232, 259, 280,

282, 330, 342, 376, 395

쿠릴타이 32, 196

쿠케진(闊闊眞, Kökejin) 94, 95, 96

쿠케추(闊闊出, Kökečü) 57

쿠케테무르(擴廓帖木兒, Köke-Temür)
    372, 373, 375, 377~391, 403

쿠틀룩두르미시(忽都魯篤彌實, Qutluγ
    -Durmisi) 312

쿤첵벡(闊徹伯, Könček-Beg) 259, 260,
    261

타

타나시리(答納失里, Tanasiri) 282, 304,
    305

타라카이(塔剌海, Taraqai, 아스칸의 형)
    137, 138

타라카이(塔剌海, Taraqai, 엘테무르의
    아들) 264, 286

타스바아투르(答失八都魯, Tas-Ba'atur)
    372

타스부카(塔思不花, Tas-Buqa) 79

타이부카(太不花, Tai-Buqa) 365, 366

탕기스(唐其勢, Tanggis) 282, 284~
    290, 294, 305

泰定帝 = 이순테무르 25, 28, 50, 125,
    131, 195, 196, 198~200, 202,
    206, 207, 211, 220~222, 224~27,
    229, 231~236, 240, 241, 245,
    251, 332, 333, 395, 399, 400,
    404~406

太平 324, 327, 328, 330, 333~336,

365~371, 379, 388

테무데르(鐵木迭兒, Temüder) 26, 50,
    52, 98~102, 104~111, 113, 117~
    119, 122, 125, 126, 128~137,
    139~161, 169~180, 182~191, 203,
    205, 206, 222, 237, 242, 263,
    290, 299, 396~399, 405, 406, 408

테시(鐵失, Tesi) 178~195, 197~200,
    204, 206, 237, 398, 399

토곤테무르(妥懽貼睦爾, Toγon-Temür)
    = 惠宗 6, 247, 262, 263, 265,
    267, 268, 278~280, 401

토구스테무르(脫古思帖木兒, Toγus-
    Temür) 7

토르치얀(脫兒赤顏, Torčiyan) = 아스
    칸 112, 113, 118

토트카(土土哈, Totqaq) 38, 39, 212~
    216, 232, 257

토트카(禿禿哈, Totqaq) 144, 147~149,
    152~54, 155, 161

톡테무르(圖帖睦爾, Toq-Temür) = 文
    宗 219~222, 224~226, 231~ 234,
    272, 273, 309, 310, 400

톡토(脫脫, Toγto) 27, 29, 51, 52,
    296, 297, 298, 303, 304, 312,
    316~322, 324~337, 339, 341~
    363, 365, 366, 374, 388, 402,
    403, 406~408

톡토(脫虎脫, Toqto) 76, 80, 88, 90

투겐테무르(禿堅帖木兒, Tügen-Temür)
    373

투글룩(禿忽魯, Tuγluq) 107, 108, 117,

120, 127, 138, 143

투레 테무르(脫列帖木兒, Töre-Temür) 121

투레(禿剌, Töre) 67, 71, 81

투르테무르(禿魯帖木兒, Tür-Temür) 353, 354, 361, 362

파

孛尤魯狪 137

하

하르반다(合兒班答, Kharbanda) 131, 132

하산(合(哈)散, Hasan) 108, 109, 135, 136, 143, 144, 152, 153, 154, 158

賀勝 130, 131, 133, 147, 151, 152, 154, 156

韓公麟 84

韓山童 345, 346

韓若愚 171, 203, 205, 273

韓永 115, 116

許有壬 289, 291

惠宗 = 토곤테무르 6, 7, 24, 28, 29, 34, 41, 43, 51, 69, 212, 258, 262, 281, 282, 284, 286, 287, 289~291, 293~298, 303~308, 310~316, 318~320, 322, 324~338, 341, 345, 348~354, 356~ 377, 379~390, 401, 402, 405~ 407

黃肯播 134, 135, 146

훌레구(Hülegü) 13, 22, 23, 126, 132, 408, 409

黑驢 152, 154